中国近代通史

(修订版)

中国社会科学院
近代史研究所 —— 编

张海鹏 主编

[第五卷]

**新政、立宪
与辛亥革命**
(1901—1912)

张海鹏 李细珠 著

江苏人民出版社

图书在版编目(CIP)数据

中国近代通史. 第五卷,新政、立宪与辛亥革命：1901—1912 / 张海鹏主编；张海鹏,李细珠著；中国社会科学院近代史研究所编. —— 修订版. —— 南京：江苏人民出版社,2024.1(2024.7重印)

ISBN 978-7-214-28300-9

Ⅰ.①中… Ⅱ.①张… ②李… ③中… Ⅲ.①中国历史-近代史-1901—1912 Ⅳ.①K25

中国国家版本馆 CIP 数据核字(2023)第 166289 号

书　　名	中国近代通史·第五卷　新政、立宪与辛亥革命:1901—1912
主　　编	张海鹏
著　　者	张海鹏　李细珠
责任编辑	强　薇
特约编辑	王光亚
装帧设计	刘葶葶
责任监制	王　娟
出版发行	江苏人民出版社
地　　址	南京市湖南路 1 号 A 楼,邮编:210009
照　　排	江苏凤凰制版有限公司
印　　刷	苏州市越洋印刷有限公司
开　　本	718 毫米×1000 毫米　1/16
印　　张	43　插页 5
字　　数	621 千字
版　　次	2024 年 1 月第 1 版
印　　次	2024 年 7 月第 2 次印刷
标准书号	ISBN 978-7-214-28300-9
定　　价	218.00 元(精装)

(江苏人民出版社图书凡印装错误可向承印厂调换)

再版前言

《中国近代通史》修订再版,我们感到欣喜,也感到惶恐。一部十卷本的通史性著作,出版十年之后还有再版的机会,说明学术界与社会上是需要的。据从各方面获得的消息,学习中国近代史的学生中,本科生、硕士生,尤其是博士生,读这个十卷本的人是不少的。许多教授都把这部书指定为学生们的必读书。对于作者而言,这无疑是令人欣喜的。但是,一部多卷本的集体著作,每卷的主持人都是大忙人,能否如期完成修订,能否使修订更好地满足读者的需要,这又是令我们惶恐的。

2006—2007年,十卷本《中国近代通史》初版由江苏人民出版社推出,2009年,凤凰出版传媒集团、江苏人民出版社又推出凤凰文库版。中国社会科学院为此书出版举办科研成果发布会和学术座谈会,在学术界与社会上引起广泛关注,不仅有多家媒体报道出版信息,而且还有不少学者在《人民日报》、《求是》杂志、《近代史研究》等报刊发表评介文章,这是始料不及的。应该说,《中国近代通史》初版的面世,在学术界产生了良好的社会反响,同时也赢得了多项荣誉(如入选首届"三个一百"原创图书出版工程、中华优秀出版物图书奖、第二届中国出版政府奖、中国社会科学院优秀科研成果二等奖等)。总体上讲,学术界和社会上的评价是正面的、肯定的,也有建设性的学术批评。所有这些,都是对我们的鼓励,都是对中国近代史学科建设的深入探讨,对推动中国近代史的学术研究是有益的。《中国近代通史》的撰写和出版,圆了近代史研究所几代人的梦想,至今也是中国近代史学界唯一一部十卷本的大型通史。出版近十年来,学术研究有了较大发展,相关的档案文献也有持续公布和新的发现,如清史编纂工程大量刊布清史档案文献史料,美国胡佛研究所公布了蒋介石的日记手稿,以及中外档案馆新发现和公布的史料等等,都为中国近代史的进一步深入研究提供了史料基础和学术路向。因此,《中国近代通史》初版在经过十年发行后,根据新材料、吸收新成果再予修订,是很有必要的。

2016年8月27日,应江苏人民出版社的邀请,《中国近代通史》课题组多位作者到南京凤凰集团,与江苏人民出版社签订出版续约,正式启动修订再版工作。南京之行,大体确定了修订的三项原则:(1)基本风格、基本观点、基本结构不变;(2)字数篇幅总体不突破原版,但各卷也可以有些弹性,允许有的卷补充内容可适当突破;(3)修订时应该注意吸收学术界有代表性的观点,不要求逐一呼应,有的可以在注释中体现。总之,考虑到各卷作者本身任务很重,大修、中修并不现实,这次修订,总体上是小修,但是允许局部大修。

自南京续约以后,各卷作者在繁忙的教学和研究工作之余,对原稿做了认真修订,在通读、通校全文后,各卷都做了不少必要的文字处理,使表述更加准确、平实,并纠正了一些明显的史实错讹,补充了部分注释的文献出处。第六、七、八、十卷还增加了第三级小标题,以与全书体例统一。除此之外,各卷还进行了若干重要修改:

第一卷调整了章节结构,把原第二章调整为第五章,原三、四、五章改为二、三、四章。也有些文字修改。

第二卷对于引用较多的李秀成的亲书供词的版本做了认真考订,对中华书局影印本《忠王李秀成自述》原有错页进行重新整理校订,改题为《李秀成亲书供词》。

第三卷深化了湘淮系洋务派关系以及张之洞从清流派向洋务派转变的分析,改写了增设洋务局的内容,补充了关于郑观应、汤寿潜、邵作舟等早期维新派思想的论述。

第四卷在第八章补写了第五节"庚子中国国会与自立军事件"。

第五卷利用新出版的《袁世凯全集》,厘清了袁世凯修改《清帝逊位诏书》的史实。

第六卷在第一章、第四章、第七章都有重要补充和修订。

第七卷在第十章增加了第三节"工农运动的中介群体"。

第八卷在第二章、第四章、第五章、第十章都有重要补充和修订。

第九卷特别说明了从1937年7月开始的全面抗战与从1931年9月开始的局部抗战,既有相当的延续性,又有极大的不同;并利用新公布的《蒋介石日记》,补充了关于中国争取苏联出兵参战、陶德曼调停、九国公约会议、"桐工作"与中日秘密接触等方面史实的论述;还在第十一章第二节增加了"收复失土与琉球问题的提出"的内容。

第十卷在第一章、第三章、第七章做了重要补充和修订。

本次修订,是在习近平新时代中国特色社会主义思想指导下进行的。原书某些带有含糊不清的、不尽准确的提法,都已经修订了。就全书而言,虽然修改幅度不是太大,尤其在补充新材料方面做得不够,但与初版相比,这个修订版还是有了一些新的面貌,为读者提供了一个更加可信的读本。

我作为《中国近代通史》全书的主编,认为有必要在序卷中阐明全书的基本的编撰原则、对中国近代史的基本观点、基本的写作体例和方法,作为各卷的原则要求。但是,在各卷写作中,不必重复这些原则和要求。这些基本的原则和要求,在课题组组成时,已提交各卷主编讨论和研究。各卷主编大体上赞成这些原则和要求。当然,这些原则主要是由本书主编提出的,体现了一种学术观点。是否妥当,还需要听取学术界批评。读者如有意见,可以提出商榷,开展正常的学术争鸣。任何学术争鸣,都是作者所欢迎的。

我们在《中国近代通史》完稿之时,就想到大概十年左右能够修订一次。这次修订,算是不忘初衷。当然,我们希望以后还有机会不断修订完善。值此修订版面世之际,我们期待能够得到学术界与社会各界人士的批评指教。

当初承担撰写任务的主要学者都是中国社会科学院近代史研究所的研究人员。现在还是这些人在参加修订,但情况已经有了很大变化。王建朗早已是近代史研究所所长,汪朝光担任了中国社会科学院世界历史研究所所长(以上两位所长新近也已退出领导岗位),杨奎松在华东师范大学担任教授,王奇生在北京大学历史系担任教授兼历史系主任,我和虞和平、姜涛、马勇、曾景忠都从近代史研究所退休了。原在华南师范大学历史文化学院担任教授的谢放也已退休。原来是副研究员的李细珠、卞修跃,如今是近代史研究所独当一面的研究员了。当初各位愉快地接受撰写任务,今天各位又愉快地接受修订任务,这是令人感动的。回顾十余年来的合作,深感这是一次很融洽的学术合作。这种合作,在一个人的学术生涯中是不可多得的。

这种合作不仅体现在本书的撰写者方面,也体现在撰写者与出版者的合作方面。当初,江苏人民出版社获悉我们正在筹划《中国近代通史》撰写的消息,立即找上门来,主动要求承担出版任务。从此,我们一拍即合。在出版《中国近代通史》的过程中,我们与江苏人民出版社的合作是非常愉快的。江苏人民出版社吴源社长和金长发主任给我们很好的支持与配合。当《中国近代通史》初版合同即将到期之时,就有几家别的出版社来联系再版事宜,我们也曾有过犹豫,但江苏人民出版社没有轻易放弃,而是努力再续前缘。徐海总经理与府建明总编辑特意到近代史研究所洽谈此事,促使我们下定了继续合作的决心。

在《中国近代通史》再版之际,我作为主持者,谨向各位合作者表示感谢!向有关单位的审读专家表示感谢!本书修订版吸收了他们提出的不少修订意见和建议。向江苏人民出版社王保顶社长、谢山青总编辑表示感谢!向阅读初版和修订版的所有读者表示感谢!

张海鹏

2018年2月21日

2023年9月7日修订

目 录

第一章 清政府被迫开始实施新政 /001
    第一节 残局中的变革 /003
    第二节 江楚会奏的变法方案 /010
    第三节 各项体制内变革的次第展开 /018
    第四节 直隶新政与袁世凯北洋集团的崛起 /042

第二章 《辛丑和约》与新政形势下的社会政治变动 /063
    第一节 中外关系的表面和缓与列强加紧在华掠夺利权 /065
    第二节 民族资本主义经济的初步发展 /088
    第三节 新型知识分子群体的形成 /104
    第四节 社会各阶层的政治动向 /126

第三章 革命党人的政治组织和思想宣传 /143
    第一节 孙中山的早期思想与革命活动 /145
    第二节 民主革命思想的广泛传播 /156
    第三节 中国同盟会的成立 /167
    第四节 改良派与革命派的思想交锋 /180
    第五节 国粹主义与无政府主义的活跃 /191
    第六节 同盟会组织的发展与内部纷争 /207

第四章 预备立宪与官制改革的挫折 /221
    第一节 立宪思潮的涌动 /223
    第二节 出洋考察宪政与预备立宪的宣布 /231

第三节 中央与地方的官制改革及其挫折 /243
第四节 《钦定宪法大纲》与《九年筹备立宪清单》/251
第五节 谘议局与资政院的开办 /263
第六节 地方自治的推行 /274

第五章 立宪运动的开展及其困境 /285
第一节 立宪团体的兴起 /287
第二节 立宪派的议政活动 /303
第三节 国会大请愿运动 /322
第四节 皇族内阁与立宪的绝路 /337

第六章 全国革命高潮与武昌起义 /345
第一节 革命党人领导的武装起义 /347
第二节 风起云涌的民众反抗斗争 /363
第三节 收回利权运动与保路风潮 /369
第四节 武昌首义的酝酿与发动 /385
第五节 各省奋起响应与清王朝统治崩溃 /408

第七章 中华民国成立与清帝退位 /425
第一节 南北对峙与议和 /427
第二节 南京临时政府的组建 /441
第三节 清帝宣布退位 /463

第八章 南京临时政府在内外交困中终结 /477
第一节 列强不承认南京临时政府 /479
第二节 南京临时政府严重的财政危机 /484
第三节 各派政治势力的明争暗斗 /498
第四节 袁世凯攫取中华民国政权 /522

第九章 清末民初的文化观念与社会生活变迁 /539
第一节 传统学术思想与学科体系的转型 /541
第二节 近代新学科的初创与科技的发展 /570
第三节 文学艺术的新动向 /590

第四节　宗教思想与文化的变迁 /616
第五节　社会心理与风习的嬗变 /628

主要参考文献 /642

人名索引 /662

第一章
清政府被迫开始实施新政

在义和团运动与八国联军入侵交织的庚子事变中,清王朝跨入了20世纪。新世纪的到来,并没有给这个旧王朝带来新气象,险恶的国内外政治形势,使清政府面临着生死存亡并难以收拾的局面。如何救亡图存?这个问题又一次严峻地摆到国人的面前。在刚受重创的维新党人与正在成长的革命派人士向西方寻找救国真理的时候,清朝统治阶级内部的有识之士也在疾呼:"欲救中国残局,惟有变西法一策"。①慈禧太后在无奈之中动了改弦更张的念头。"清末新政"②便在这样的历史背景下出台了。"清末新政"是指20世纪初年清政府在其统治的最后十年所进行的各项改革的总称,具体改革涉及政治、经济、军事、文化教育与社会生活各个领域,其目旨在维护清王朝的统治,但客观上也有利于中国社会政治从传统向近代的转型,因而具有某种近代的意义。

---

① 张之洞:《致西安鹿尚书》,见苑书义等主编《张之洞全集》第10册,8527页,石家庄,河北人民出版社,1998。
② "清末新政"是历史学家对清末十年改革的指称。虽然曾经有人只把1901—1905年清政府的改革称为"清末新政",而不包括1905年以后的预备立宪,但是,现在学术界已基本上认同这是清末新政所包含的两个互相关联的历史阶段:第一阶段涉及政治、经济、军事、文化教育与社会生活等领域的变革,这些变革基本上都是在体制内进行;第二阶段是政治体制本身的变革,这是前一阶段各项体制内变革发展的必然趋势。需要指出,清末新政两个阶段的划分不是绝对的。虽然在新政启动之初主要是进行体制内的各项变革,而只有当体制内的变革发展到一定程度才引起体制本身的变革。这个阶段性看来是很明显的,但是在体制本身变革的阶段,其实原来各项体制内的变革也仍在进行。因此,新政两个阶段的划分与其说是一个时间上的限定,毋宁说是对变革过程进一步深化的反映。

第一节　残局中的变革

一　庚子事变的刺激

19—20世纪之交的庚子年（1900年），是清末政局转变的关键时刻。义和团运动的发展与八国联军的入侵，使清王朝的政治统治处于风雨飘摇之中。严重的民族危机和国内政治危机，迫使清政府不得不作最后的挣扎。庚子事变给清王朝的政治生存带来了严重的危机与压力，但伴随着危机与压力而来的还有生机与动力。清末新政正是清政府试图变压力为动力而在危机中求生机的应变举措。

庚子政局颇为复杂。作为民众反帝爱国性质的义和团运动的兴起，可谓长期以来人民反"洋教"运动的大爆发，其主要原因无疑是由于西方列强的侵略。但是，运动的进一步发展，则有着更为复杂的历史背景，甚至与清政府最高层的政治运作有关，从朝中政局转变的角度来看，可见其直接导源于戊戌政变。时人认为：义和团能够声势浩大地进军京津，"非拳匪之力果神于他邪教之为也，则以二三权贵目为义民故。此二三权贵非真以拳匪为义民也，亦非谓拳匪之力真足以扶清而灭洋也，则以戊戌政变得罪皇上故。"① 顽固派载漪、刚毅之流在戊戌政变中得罪了光绪皇帝，因而有"己亥建储"之举；此举虽然纯属内政，却受到西方列强的严重干预。恰值义和团运动标榜"扶清灭洋"，朝中顽固派

---

① 《宝丰谨呈说帖》，见《张之洞存提要清折》第17函第4件，北京，中国社会科学院近代史研究所图书馆藏档案，甲182—299。

势力乘机操纵利用,使义和团运动得以在京津地区迅猛发展,为西方列强进行武力干涉提供了口实,从而导致了八国联军的入侵。以慈禧太后为首的顽固派势力原本希望借义和团之力对付八国联军,于是他们招抚义和团,悍然对外宣战。然而,义和团的血肉之躯并不能抵挡八国联军的洋枪洋炮,结果,在八国联军攻陷京城的炮火声中,慈禧太后不得不携光绪皇帝仓皇"西狩"。正是在西逃途中痛定思痛,慈禧太后在无奈之中动了新政的念头。

清末新政是以慈禧太后为首的清政府应对庚子政局的结果。具体可以从两个方面来看:

第一,是为了改变清政府顽固守旧的形象,缓解各方面的压力。自戊戌政变以后,清廷政治一度趋向反动,顽固派把持着中央政权,清政府的顽固守旧行为引起了各种政治势力的不满和反对。康梁维新派是政变的直接受害者,他们在政变之后流亡海外,成立保皇会,继续拥戴光绪皇帝。庚子年间唐才常自立军的"勤王"活动失败以后,不少人在失望中走上武装反清的革命道路。此时,以孙中山为首的革命势力也在潜滋暗长,革命运动逐渐成为一股势不可挡的潮流。清末新政有其对抗革命的一面,这已为以往的辛亥革命史的研究成果所充分证明。这里需要说明的是,新政的举措也是为了缓解西方列强的压力。当时,清政府正与列强进行议和。列强为了迫使清政府就范而特别提出了两个重要的议和前提条件:一是"惩凶",主要是惩办把持中央政权的顽固派势力;二是"两宫回銮",即慈禧太后与光绪皇帝从西安回京,其实也是为了使慈禧太后脱离顽固派的控制。列强甚至还有另组"新政府"的说法:"中国须将旧政府大臣更换,另选大臣,立一新政府,各国方能议和。"①可见,列强对清政府顽固守旧极端不满。议和局面的获得是以慈禧太后保全自身并且牺牲自己身边的一群顽固派王公大臣为代价的。清廷新政上谕的发布,在此意义上可以说是向西方列强表示一个政府开明而不顽固守旧的姿态。上谕特别点出:"懿训以为,取外国之

---

① 《庚子六月二十八日东京李钦差来电》,见《张之洞存各处来电》第 37 函,北京,中国社会科学院近代史研究所图书馆藏档案,甲 182—139。按:此处的"政府"特指军机处,一般所说的"清政府"是指清廷、清朝中央政权或清王朝。

长,乃可补中国之短",皇上要"恭承慈命,一意振兴,严禁新旧之名,浑融中外之迹"。① 其实,当时一些地方督抚大臣在商讨复奏时也特别注意到"新政"是要努力求得西方列强的同情与理解,"使各国见中华有奋发为雄之志,则鄙我侮我之念渐消"。② 美国学者亨廷顿在分析传统君主制国家进行现代化变革的动因时指出:"十九世纪的君主实行现代化是为了阻挡帝国主义,二十世纪的君主实行现代化是为了阻挡革命。"③事实上,在19—20世纪之交的中国内忧外患的特殊历史背景下,晚清政府进行新政时则有着对抗革命与缓解西方列强压力的双重动因。正如时论所云:"及乎拳祸猝起,两宫蒙尘,既内恐舆情之反侧,又外惧强邻之责言,乃取戊、己两年初举之而复废之政,陆续施行,以表明国家实有维新之意。"④

第二,表明清政府自身也有振作图强的意愿。无论是对抗革命,还是缓解列强的压力,都是外部因素。新政有否内在的动力呢? 回答是肯定的。慈禧太后虽然发动了戊戌政变,但她似乎也不愿意背着顽固派的名声。她在以光绪皇帝的名义发布的一道关于戊戌政变的总结性上谕中,主要是宣布康有为结党"逆谋"的罪行,并没有反对变法自强的意图,反而说:"所有一切自强新政,胥关国计民生,不特已行者亟应实力举行,即尚未兴办者亦当次第推广。"⑤这次新政上谕又特别痛斥了"康逆之祸",并声明"康逆之谈新法,乃乱法也,非变法也"。⑥ 当然,就慈禧太后而言,很难说她有什么"变法"的政见,她所拥有的只是稳固自己统治的权术。也就是说,她在戊戌时期镇压变法和庚子年间提倡新政,都只不过是为了保住自己的权势与地位而已。但是,与当年略施权术即可成功地发动戊戌政变的情形大不相同,要想应付庚子政局却不那么容易。慈禧太后在带着光绪皇帝仓皇逃亡的途中不得不承认,虽

---

① 中国第一历史档案馆编:《光绪宣统两朝上谕档》第26册,461页,桂林,广西师范大学出版社,1996。
② 张之洞:《遵旨筹议变法谨拟采用西法十一条折》,见王树枏编《张文襄公全集》卷五十四,32页,北平,文华斋,1928。
③ [美]塞缪尔·P.亨廷顿:《变动社会的政治秩序》,张岱云等译,170页,上海译文出版社,1989。
④ 《论中国必革政始能维新》,载《东方杂志》第1年第1期,上海,1904。
⑤ 《光绪宣统两朝上谕档》第24册,430—431页。
⑥ 《光绪宣统两朝上谕档》第26册,461页。

然她可以指责刚毅、赵舒翘等"误国"的王公大臣们"实在死有余辜",但最终的责任与后果还得由自己承担。她说:"我总是当家负责的人,现在闹到如此,总是我的错头;上对不起祖宗,下对不起人民,满腔心事,更向何处诉说呢?"①庚子事变给慈禧太后留下了难以弥合的心灵创伤,从而也强烈地刺激她动了改弦更张的念头。曾经随扈的岑春煊回忆说:"太后虽在蒙尘,困苦中尚刻意以兴复为念。一日诸人于召对之际,太后忽顾问:'此耻如何可雪?'众未有应者。余独进曰:'欲雪此耻,要在自强'……两宫卧薪尝胆亟求自强雪耻之志,此时亦为最切矣。"可以说,"自强雪耻"是清末新政的一个根本的内在动因。"朝廷自经庚子之变,知内忧外患,相迫日急,非仅涂饰耳目,所能支此危局。故于西狩途中,首以雪耻自强为询……辛丑回銮以后,即陆续举办各项新政。"②

庚子事变对于顽固守旧势力的打击是致命的,这既为新政的启动扫除了一些障碍,同时又刺激了清廷最高层决策者下定了变法的决心。经此事变,慈禧太后深知自己与大清王朝的命运只有在新政的旗号下才能苟延残喘。清末新政的启动虽然是被迫的,然而,中国社会政治现代化变革的航船却从此艰难地起锚。

二 新政上谕的颁布

当义和团无法阻挡八国联军进攻时,慈禧太后彻底丧失了抵抗的信心。在带着光绪皇帝西逃的途中,她一面授命李鸿章为全权大臣与庆亲王奕劻办理同西方列强议和之事;一面下令痛剿义和团,认为"此案初起,义和团实为肇祸之由,今欲拔本塞源,非痛加剿除不可",命署直隶总督廷雍"严行查办,务绝根株"。③ 与此同时,慈禧太后还以光绪皇帝的名义多次下诏罪己,一方面表示愿意为庚子事变承担责任,"自顾藐躬,负罪实甚","知人不明,皆朕一人之罪","是知祸患之伏于隐微,为朕所不及觉察者多矣",并号召各级政府官员直言进谏,"凡有奏

---

① 吴永述,刘治襄记:《庚子西狩丛谈》,89页,长沙,岳麓书社,1985。
② 岑春煊:《乐斋漫笔》,见荣孟源、章伯锋主编《近代稗海》第1辑,88—89、99页,成都,四川人民出版社,1985。
③ 沈桐生辑:《光绪政要》卷二十六,23页,扬州,江苏广陵古籍刻印社,1991。

事之责者,于朕躬之过误,政事之阙失,民生之休戚,务当随时献替,直陈无隐",希望他们群策群力,"各矢忠忱,共支危局"。另一方面,表示要振作图强的决心,要求全国大小臣工"卧薪尝胆,勿托空言,于一切用人、行政、筹饷、练兵,在在出以精心,视国事如家事,毋怙非而贻误公家,毋专己而轻排群议,涤虑洗心,匡予不逮。朕虽不德,庶几不远而复,天心之悔祸可期矣。"①以慈禧太后为首的清政府在危难之中意识到,除了改弦更张,已是别无出路。

在慈禧太后企求"自强雪耻"的同时,还有多种势力在促动朝廷的新政。一是西方列强,有"英、日劝行新政"之说。② 二是地方绅民,沈曾植曾告知张謇,"有拟东南士民与政府书,意行新政"。③ 三是驻外使臣,驻日公使李盛铎致电张之洞称:"如能请降懿旨,采用西政西律;诏求通达中外人材,以待破格录用;酌改学校教育章程,人心内靖,则强敌外屈,为益尤大。"④四是地方督抚大臣,李鸿章"于十一月间有疏陈请革政",⑤张之洞也与刘坤一、袁世凯、盛宣怀等人商议促成变法。他们联衔会奏吁请:"于和局大定之后,即行宣示整顿内政切实办法,使各国咸知我有发愤自强之望,力除积弊之心。"⑥五是枢臣,最终促成新政上谕的颁布是由于军机大臣荣禄和户部尚书鹿传霖的"赞成",谕旨的文稿为荣禄的幕僚樊增祥的手笔。正是在各种势力的促动之下,清廷的新政被正式提上议事日程。

光绪二十六年十二月初十日(1901年1月29日),尚在西安的慈禧太后以光绪皇帝的名义发布了一道新政上谕。这道上谕的颁布有着重要的意义,它不仅正式宣布了新政的开始,而且为新政作了大致的方向性的规定。首先,关于变革的根本宗旨,强调主张作为中国传统文化核心的纲常伦理是不可变更的,而作为制度层面的"治法"是可变的,即可以因时制宜地调整统治政策。"世有万古不易之常经,无一成不变之

---

① 《光绪宣统两朝上谕档》第26册,271、274—275页。
② 《盛京堂来电》,见苑书义等主编《张之洞全集》第10册,8371页。
③ 张謇:《日记》,见张謇研究中心、南通市图书馆编《张謇全集》第6卷,445页,南京,江苏古籍出版社,1994。
④ 《李盛铎电稿·致张之洞电》,载《近代史资料》总50号,57页,北京,1982。
⑤ 孙宝瑄:《忘山庐日记》上册,301页,上海古籍出版社,1983。
⑥ 《致西安行在军机处》,见苑书义等主编《张之洞全集》第3册,2184页。

治法。穷变通久见于大易，损益可知著于论语。盖不易者三纲五常，昭然如日星之照世；而可变者令甲令乙，不妨如琴瑟之改弦。伊古以来，代有兴革；即我朝列祖列宗因时立制，屡有异同。入关以后，已殊沈阳之时；嘉庆道光以来，岂尽雍正乾隆之旧？大抵法积则敝，法敝则更，要归于强国利民而已。"其次，关于变革的大致范围，希望突破洋务运动的藩篱，进一步向西方学习，由"西艺之皮毛"进到"西政之本源"。"近之学西法者，语言文字、制造器械而已，此西艺之皮毛，而非西政之本源也……舍其本源而不学，学其皮毛而又不精，天下安得富强耶？"在批评洋务运动不足之处的同时，进而提出更加全面的变革。"著军机大臣、大学士、六部九卿、出使各国大臣、各省督抚，各就现在情形，参酌中西政要，举凡朝章国故、吏治民生、学校科举、军政财政，当因当革，当省当并，或取诸人，或求诸己，如何而国势始兴，如何而人才始出，如何而度支始裕，如何而武备始修，各举所知，各抒所见，通限两个月，详悉条议以闻，再由朕上禀慈谟，斟酌尽善，切实施行。"再次，关于变革的基本方式，坚持走一条稳健的变法道路。"新进讲富强，往往自迷本始；迂儒谈正学，又往往不达事情。尔中外臣工当鉴斯二者，酌中发论，通变达权，务极精详，以备甄择。"①从文本的内容来看，这道上谕可谓是清末新政的一个纲领性文件，对于新政的开展具有重要的指导意义。

三 督办政务处的设立

新政上谕颁布之后，起初各方面的反应并不热烈。朝廷于流亡在外的非常时期宣布变法，而两年前戊戌政变的阴影仍然笼罩在人们的心头，这使人不得不费心揣摩朝廷的意旨，以至于在规定的两个月期限内极少有地方督抚大臣复奏。在未能确认朝廷变法的诚意之前，大家多持谨慎观望的态度。在这种情况下，1901年4月21日，朝廷再次发布上谕，特意催促尚未上奏的各省督抚大臣"迅速条议具奏，勿再延逾观望"。同时，朝廷谕令设立"督办政务处"，作为办理新政的"统汇之区"，派庆亲王奕劻、大学士李鸿章、崑冈、荣禄、王文韶、户部尚书鹿传

---

① 《光绪宣统两朝上谕档》第26册，460—462页。

霖为督办政务大臣,刘坤一、张之洞"遥为参预"。①

随后,督办政务处议定《开办规条》,对政务处的组织结构、职权范围与变法方针作了大致的规定。第一,关于组织结构。王大臣以下,设提调二员,章京八至十员;选充范围,朝官自京堂以下,外官自监司以下,迄于布衣;选任条件,首论心术,兼取才望,不拘成格,破除情面。第二,关于职权范围。办事宗旨是兴利除弊,有利当兴,有弊当革。具体职责是审阅各官章奏,首先将各官章奏分为可行与不可行两种,对于不可行者,应说明其理由,呈堂官核审;对于可行者,分别缓急,量为删增,说明其可行之处,然后将经过初选的各官章奏分为官制、学校、科举、吏治、财政、军政、邦交、商务、工艺、刑律十个门类,各门类又分若干子目,每举一事,各归各股,由该管章京妥议办法,再由提调复核商订参议,进呈堂官审定,最后奏请圣裁。第三,关于变法方针。变法大纲有二。一是整顿旧法,旧章本善,行久生弊,应认真整理。二是中法所无,宜参用西法,择善而从;广购西书,搜集日本与西方各国关于财政、军政、商务、工艺等方面的信息,作为变法的参考。在当时财政极端困难、人心不安的情况下,变法不宜"先事搜刮",而应取信于民,即变法不宜从理财入手,而应从维系人心入手。关于变法方式,主张在"维新之极"与"守旧之极"之间寻求一条折中、稳健的变法道路。另外,《开办规条》明确提出,督办政务处"乃天下政治之管辖"机构,督办政务处在全国改革的过程中要起到表率的作用,"破除陋习,先自政务处始"。②

督办政务处的设立,一方面表明了清廷改革的决心与诚意,消除了地方督抚大臣对中央决策的疑虑,使他们不再观望,以便新政顺利启动;另一方面,有了一个专门的新政管理机构,有利于及时地处理新政过程中出现的有关问题,协调各方面的关系,提高办事效率。这些对于推动新政的发展无疑有着积极意义。

---

① 《光绪宣统两朝上谕档》第27册,49—50页。
② 沈桐生辑:《光绪政要》卷二十七,9—11页。

第二节　江楚会奏的变法方案

一　江楚会奏的酝酿与出台

督办政务处设立不几天,4月25日,山东巡抚袁世凯率先打破僵局,在所上奏折中提出了自己关于新政改革的具体建议。随后,闽浙总督许应骙、浙江巡抚余联沅、两广总督陶模、署理云贵总督丁振铎、安徽巡抚王之春、江西巡抚李兴锐、湖南巡抚俞廉三等各省督抚纷纷上奏,各自发表了自己的改革意见。

当时,在地方督抚中声望最高的是两江总督刘坤一和湖广总督张之洞,他们本来打算与各省督抚联衔会奏,后来因为朝廷一再要求"各抒己见",而他们两人又是督抚中仅有的两位督办政务处的"参预"大臣,"谕旨外省仅派两人,自未便再联各省",①因而刘、张商议江、鄂两处联衔会奏。

张之洞建议各自先拟一稿,再互相参照商议。此说得到刘坤一的赞同。折稿起草的大概情形是,刘坤一邀请张謇、沈曾植、汤寿潜各拟一稿,然后寄给张之洞,由张之洞结合自己的幕僚郑孝胥、梁鼎芬、黄绍箕等人的意见拟出初稿,再互相商议定稿。从这个过程来看,张之洞充当了主稿者的角色。事实上,就刘坤一与张之洞的个人情况而言,除了资望稍老以外,行伍出身的刘坤一无论学识素养还是思想水平,都无法与张之洞相比。对此,刘坤一还是有一些自知之明,他在致王之春的电

---

① 《刘制台来电》,见苑书义等主编《张之洞全集》第10册,8554页。

报中称:"兄年衰多病,近益委顿不堪,一切因应事宜,多系香帅主政。"①这并非过谦之辞。在起草的过程中,尽管早已过期,而朝廷又再次谕旨催促速奏,但张之洞并不急于下笔;他在努力观察各处的动静,并试图把握上面的意图,以便作出恰当的抉择。一方面,张之洞加紧与各省督抚联系,希望各处互通声气,保持大体一致的论调;另一方面,他还通过耳目探听西安的消息,窥测内意。与此同时,张之洞随时与刘坤一商量,并特地邀请为刘坤一拟稿的张謇和沈曾植到武汉面谈,商复新政谕旨。正是在吸取多方面意见并与刘坤一不断商议的基础上,张之洞主持完成了江楚复奏变法初稿的起草工作。有记载说:"公荟萃众说,断以己意,日撰一条,月余始就。"②当张之洞将校定缮录好的变法折稿派专人送呈刘坤一时,刘坤一只是提出了一些细节性的修改意见。他致电张之洞大加赞许:"明公文章经济,广大精微,凡古今之得失,与中外之异同,互证参稽,折衷至当。竭两月之力,成此一代典章,崇论宏议之中,犹复字斟句酌,贤劳独任,感佩难名!"认为张之洞所拟变法三折"莫不中时弊而切时宜"。③

张之洞与刘坤一商议的会奏变法折稿修改定稿之时,离朝廷催促迅速上奏的谕旨发布又过去了近三个月之久,复奏之事已刻不容缓。张、刘商定,三折由刘坤一领衔于 7 月 12、19、20 日在两江总督署南京拜发,此即著名的《江楚会奏变法三折》。

二 江楚会奏的变法方案

《江楚会奏变法三折》其实包括三折一片,即《变通政治人才为先遵旨筹议折》《遵旨筹议变法谨拟整顿中法十二条折》《遵旨筹议变法谨拟采用西法十一条折》及《请专筹巨款举行要政片》。④ 这三折一片的内容密切相关,构成了一套系统的变革方案。

---

① 刘坤一:《复王爵棠》,见中国科学院历史研究所第三所主编《刘坤一遗集》第 5 册,2283 页,北京,中华书局,1959。
② 许同莘编:《张文襄公年谱》卷七,147 页,上海,商务印书馆,1947。
③ 《复张香涛》,见《刘坤一遗集》第 5 册,2289—2290 页。
④ 《张文襄公全集》卷五十二,9—29 页;卷五十三,1—33 页;卷五十四,1—36 页。本节引文据此,不一一注明。

第一折关于教育改革，以"兴学育才"为变革政治的先决条件。此折提出四项措施，涉及三方面内容：第一，建立近代学校教育体制。在学堂体系方面，参照西方各国学校之法，主要是仿照日本的办法，建立一套新学制：州县设小学校及高等小学校，府设中学校，省城设高等学校，京师设大学校。为了吸引学生入学，促进新式学堂顺利发展，规定各级学校毕业生给予相应的科举出身：高等小学毕业为附生，中学毕业为廪生，高等学校毕业为举人，大学毕业为进士。在课程设置方面，除了强调经学一门外，其余则是大量的西学科目，表明新式学堂将转向近代教育。第二，变革科举制度。科举制度是传统士人的进身之途，但不能与近代教育相适应，更不能培养近代人才，因此，科举"改章"势在必行。此折对文科和武科采取不同的改革方法。一是酌改文科，即通过改变考试的内容和减少中式的名额逐步废除文科科考。奏折虽然标榜科举改章"以讲求有用之学、永远不废经书为宗旨"，但是考试内容有了重大改变，在增加了大量的西学知识的同时，原来占主导地位的经书的重要性则相应地大大下降。同时，科举中式的名额也将逐渐减少，而相应地增加学堂出身的名额，其最终目的是用近代学校教育取代科举制度。二是停罢武科。因为通过武科考试选取的人才，不但不能适应近代军事的需要，甚至都是些对国家无益而有害的人；近代军事人才必须由近代军事学校来培养，武科实在再没有存在的必要了。所以，武科考试应立即废除。第三，奖劝游学。新式学堂固然是培养近代人才的基本渠道，但要大量开设学堂确实存在困难，不但经费紧张，更重要的是师资缺乏。要解决国内办学的师资问题和尽快培养更多的新式人才，"惟有赴外国游学一法"。因此，要鼓励留学，尤其要鼓励自费留学，对有真才实学的留学生应给予相应的进士、举人、贡生的出身。教育改革的这三方面内容是相互关联的，"盖非育才不能图存，非兴学不能育才，非变通文武两科不能兴学，非游学不能助兴学之所不足"。可见，教育改革的根本目的在于培养新政所需要的近代人才。

第二折关于政治改革，以整顿中法为"治之具"，主张通过统治方法的调整为改革提供一个稳定的社会环境和制度保证。整顿中法的十二条大致包含五方面的内容：第一，改善用人行政政策。就用人而言，要不计"资格",重用有真才实学的"英俊"之才。主张变通吏部的选官制度。州县地方官的补选,应先分发到省试用,以便根据其实际才能补缺,而不再依据资历。就行政来说,长期以来行政运作过程中的繁文缛节,使人浮于事,行政效率极为低下。为了提高行政效率,必须省虚文,省题本,宽例处,"如此则臣下之于朝廷,僚属之于上官,可以进实言办实事矣"。第二,清除吏治腐败。具体措施是停捐纳,去胥吏,去差役和课官重禄。捐纳是一种公开的钱权交易,靠捐纳做官者自然以大肆贪污勒索作为补偿,因而捐纳"有害吏治,有妨正途",必须"即行永远停罢,以作士气而清治源"。胥吏和差役是各衙门具体办事的人,实际上都是些害人的蛀虫。处理的办法是:将胥吏"一律裁汰,改用委员",以"永除要官朘民之弊";用警察取代差役,"则差役之害可以永远革除"。与此同时,在京城设仕学院,外省设教吏馆,以培养各级官吏的实际政治才能。并主张"重禄以养其廉",即用高薪养廉的办法,防止官吏贪污腐化,以维持政治的正常运作。第三,改良司法。参照西方的司法制度,提出九条改革措施:一禁讼累,二省文法,三省刑责,四重众证,五修监羁,六教工艺,七恤相验,八改罚锾,九派专官。前四条关于诉讼程序问题,主张在办案中严禁勒索讼费。为杜绝此弊,必须裁去吏役。认为对于承办命案、盗案过期不能结案者处分不能太严。反对刑讯逼供。仿照外国的"案以证定"的判案方法,定案凭证人证词及其他证据,不以罪犯口供为唯一依据,以便免除严刑逼供,减少冤假错案的发生。后五条关于罪犯管理问题,主张改造监狱,改善罪犯的生活环境;同时,教给罪犯以生计,以达到真正改造罪犯的目的。除盗案等恶性犯罪外,一些情节较轻的犯罪可以交纳罚金赎罪,罚金一般用作修理监狱经费。另外,派专官经常稽察监狱,对所属监狱的管理状况进行检查和监督。第四,革除弊政。一是裁屯卫。屯卫是指因漕运而设的屯田和卫官。因当时漕运已是有名无实,屯卫已成一大弊政,故必须裁汰。二是裁绿营。绿营之无用,在晚清已为有识之士之共识,裁汰势所必然。具体办法是,每年裁1/20,用20年裁完;并用裁汰绿营省出之饷,养缉勇,设警察,以维持地方治安。第五,调整满汉关系。满汉矛盾问题,是一个极为敏感而又不容回避的现实问题。清王朝以八旗军定天下,旗人成为一个特殊的军事贵族阶层。但在晚清,虽然一般旗人已经失去先前的优势,甚至生计都难以维持,然而此时满汉矛盾却日趋激化,"排满"已成为革命的口号。此折提出"筹八旗生计"一条,建议允许旗人自谋生计,其实是在试图消除满汉民族界限,化解民族矛盾,以稳固清王朝的政治统治。

第三折关于军事与经济改革,主张通过向西方学习,以实现改革的根本目标——国家富强。采用西法的十一条可以归纳为三方面的内容:第一,军事改革。主张切实向西方学习,用西法练兵。设武备学堂培养近代军事人才,军官必须为军校毕业。该折建议设立一个如日本参谋本部之类的统管全国军队的衙门,选择一位"深于外国兵制、操法者"作为管理大臣。同时,为了配合练兵,在外洋军火禁运的情况下,必须自己设法制造新式军械。显然,军事改革的目的是要建立一支新式的近代军队,以加强国防,维护国家的和平与安全。第二,经济改革。主要在三方面着手:其一,改良农业。中国以农立国,农业是中国经济的基础。"兴农学""修农政",就是要学习西方近代农业技术,以改良中国传统农业。设立农政衙门,由农政大臣专管农业改良事务。具体措施是劝农学,劝官绅,导乡愚,垦荒缓赋税。其二,发展工业。认为西方国家的富强,靠的实际上不是"以商"而是"以工",因此中国要想富强,也就必须走发展近代工业的道路。具体措施是设工艺学堂,设劝工场,奖励良工,保护专利。其三,制订经济法规。经济的发展、经济秩序的建立,必须有相应的经济法规,尤其在外国经济势力侵略渗透的形势下,为了保护国家利权,保护民族经济的发展,制订经济法规有着更加重要的意义。矿律和路律的制订,是为了克服开矿与修路的混乱无序状态,保护国家的矿务和铁路利权;商律和交涉刑律的制订,是为了维护商业经济的正常运作和在中外互市通商的过程中保护华商资本,以及在华洋商的经济纠纷及其他交涉事件中保护华商的利益。此折建议由中国驻外使臣聘请各国著名律师,参照各国的成例,为中国编纂矿务律、铁路律、商务律、交涉刑律。这可使经济的发展按照正常的法制轨道运行。另外,与经济改革密切相关的还有一些措施如用银圆、行印花税、推行邮政和官收洋药等,既涉及金融货币、税制、邮政的改革与创新,又对开辟财源以解决财政困难问题有着重要的意义。第三,学习西方的途径。关于如何向西方学习的问题,第一折所言建立新式学堂与派遣留学生当然是重要的途径,第三折又提出了两条:一是广派游历。游历是指出国考察,与游学(即留学)不同。本来留学是向西方学习的最好途径,但留学"费繁年久,其数不能过多",缓难济急,游历可作救急之举。建议派王公大臣以及宗室后进、大员子弟、翰詹科道、部属各项京官分赴各国游历。并规定以后凡与外国打交道的部门官员,如总署堂官与章京、海关道员、出使大臣及随员,必须从曾经出洋之员中遴选;其他一些官员的补缺或升级也要有出洋的经历。他们希望各级政府官员走出国门,到西方各国,尤其是日本进行实地考察。这将更有利于新政的顺利开展。二是多译东西方各国书籍。译书是学习西方的另一个有效途径。译书的方法有三种:第一,令各省由官方组织译书刻书;第二,鼓励各省举、贡、生员私人译书,由官方刻印;第三,令各出使大臣访求所在国新出最精最要之书,聘请该国通人为正翻译官,由所带随员与学生协助翻译。特别强调要多译日本书,认为通过有成功经验的日本向西方学习是一条捷径。

《江楚会奏变法三折》还有一附片,即《请专筹巨款举行要政片》。文中主张为举办新政"专筹巨款"。新政的开办必然需要大量经费,但当时清政府面临着支付西方列强巨额赔款的困难,财政极为紧张。他们预料到此时提出为新政筹款的问题可能会遭到反对,因此特别说明了筹款的重要意义。他们认为,仅仅靠全国人民省吃俭用以还清赔款,并不能解决中国的根本问题;为挽救民族危亡,中国人民必须振作起来,实行新政,走自强之路。"节用之与自强,两义自当并行,不宜偏废。此时应省之事必须省,应办之事必须办,应用之财必须用。"显然,在他们看来,新政是"必须办"之事,为新政所筹之款也是"必须用"之财。他们的结论是:"既须筹赔偿之款,尤宜筹办自强之款。赔偿之款,所以纾目前之祸难;自强之款,所以救他日之沦胥。应请敕下政务处大臣、户部及各省督抚,于赔款外务必专筹巨款,以备举行诸要政,庶几各国刮目相待,而中国之生机不至于遽绝矣。"

《江楚会奏变法三折》涉及政治、经济、军事、文化教育等方面,是一个较为全面系统的新政方案。10月2日,慈禧太后发布懿旨:"刘坤一、张之洞会奏整顿中法、仿行西法各条,事多可行;即当按照所陈,随时设法择要举办。各省疆吏,亦应一律通筹,切实举行。"①江楚会奏得到朝廷谕旨的批准,从此,清末新政正式进入具体实施阶段。正如时人所说:"惟是中朝宗旨,实以江鄂为南针。江鄂之言不必尽行,而江鄂奏入之后,大局未必不从兹而定。"②《江楚会奏变法三折》对历时长达八个多月的关于如何变法的问题作了一个总结性的发言,使讨论终于有了一个实质性的结局。

关于《江楚会奏变法三折》的评价问题,过去有的学者因对清末新政持否定的态度,认为新政只不过是洋务运动的翻版,并无新意,因而认为《江楚会奏变法三折》也没有什么新东西,其各项措施都没有超出洋务运动的范畴。其实,洋务运动的核心内容是"师夷长技",即学习近代西方的科学技术,尚未涉及制度变革层面。而《江楚会奏变法三折》的措施,如科举改章与近代新学制的建立、用人行政政策的改革、司法制度的改良和经济法规的制订等,已明确指向体制本身的变革。这与洋务运动不可同日而语。

近年来,随着对清末新政的日趋肯定,一般研究者认为《江楚会奏变法三折》是新政的总纲领或总方案。其实,这个说法既有一定的道理,但又不甚确切。如果以1905年为界把清末新政分为两个阶段,那么,第一阶段的各项新政确实大都是以《江楚会奏变法三折》为纲领而展开的;但是,第二阶段的预备立宪则远远超出了《江楚会奏变法三折》的内容。事实上,新政从第一阶段向第二阶段发展,既是时势所迫,也是改革自身的内在需要,但对于清廷来说则多少有点无奈的意味,因为其最初打算里并没有立宪这个项目。其实,在驻日公使李盛铎关于复奏变法的奏折中已经明确地提出了立宪的主张,但"当时廷议尚无敢以宪法为言,独李能探本源"。③李盛铎的探源之论在当时并没有反响,也没有得到朝廷的赞同。可见,朝廷一开始对于新政并没有一定的主

---

① 《光绪宣统两朝上谕档》第27册,188页。
② 沈曾植:《扬州与南皮制军书》,钱仲联辑注《沈曾植未刊文稿》,见王元化主编《学术集林》卷三,106页,上海远东出版社,1995。
③ 《追录李木斋星使条陈变法折》,见1905年11月28日《时报》,上海。

见,使改革的进程显现出极大的盲目性,以至于所谓的立宪迟迟不能切实施行,终于难逃失败的命运。

当然,《江楚会奏变法三折》对于清末新政的意义是不容否认的。在朝廷想要变法但又不知从何着手的时候,《江楚会奏变法三折》提出了一套较为系统的变革方案,得到批准实行,使清末新政进入具体的实施阶段。可以说,《江楚会奏变法三折》推动了清末新政的开展。

第三节　各项体制内变革的次第展开

一　行政机构改革与吏治的整顿

清政府传统的中央权力机构主要是军机处和吏、户、礼、兵、刑、工六部。庚子事变之后，随着政治形势的新变化，在新政开展的过程中，从督办政务处的设立到1906年全面的官制改革之前，清政府陆续设立了外务部、商部、巡警部、学部以及练兵处、财政处等几个新机构，并裁撤了一些旧衙门；与此同时，地方行政机构改革也在相应地进行。

1901年7月，清政府按照在辛丑议和过程中西方列强的要求，谕令改总理各国事务衙门为外务部，班列在六部之前，并简派庆亲王奕劻为总理大臣，王文韶为会办大臣，瞿鸿禨为会办大臣兼尚书，徐寿朋、联芳为左、右侍郎。① 从此，外务部便取代总理衙门成为清末办理外交事务的专门机构。外务部的设立，首先由西方列强提出，既是适应当时复杂的国际关系的需要，对于清政府而言，也有被迫无奈的意味。清政府把外务部列在旧有六部之前，意在向西方列强表明一个特别重视"邦交"的态度。一种弱国的政治心态于此表露无遗。尽管如此，仍然可以

---

① 此事被作为正式条文写进朝后签订的《辛丑和约》(第十二款)。有人认为总理衙门改为外务部是根据《辛丑和约》的规定，这种说法不确切，其实应是根据列强在议和过程中提出的要求。有趣的是，关于总理衙门改为外务部的缘由，清廷谕旨并没有提及列强的因素，只是认为外交非常重要，总理衙门官员多系兼差，"恐未能殚心职守"，故外务部必须"特设员缺，以专责成"(《光绪宣统两朝上谕档》第27册，124页)；但《辛丑和约》的条文则明确地点出乃是"按照诸国酌定"之意(《辛丑各国和约》，见王铁崖编《中外旧约章汇编》第1册，1008页，北京，三联书店，1982)。

说,外务部的设立为新政时期的行政机构改革开了先河;尤其是外务部中不分满汉、一尚书二侍郎的行政官员配置,打破了旧六部满汉各有一尚书二侍郎两套班子的官制模式,为后来中央机构的官制改革奠定了基础。

1903年9月,清政府为振兴商务而设立商部,以载振为尚书,伍廷芳、陈璧为左、右侍郎。事实上,商部不仅专管商业贸易,而且也管工业和农业,是一个专门负责全国经济发展的中央行政机构。后来工部并入商部,改称农工商部,因此更加名副其实。与此相适应,各省设立了商务局或农工商局,作为地方经济改革的行政管理机构。在中央政府体制中,商部仅次于外务部,而位列其他各部之前,表明清政府积极发展工商实业的经济改革思路。10月,清廷设立练兵处,作为全国练兵的统筹机构。上谕称:"前因各直省军制、操法、饷械未能一律,迭经降旨饬下各督抚认真讲求训练,以期画一;乃历时既久,尚少成效。必须于京师特设总汇之处,随时考查督练,以期整齐而戎政。著派庆亲王奕劻总理练兵事务,袁世凯近在北洋,著派充会办练兵大臣,并著铁良襄同办理。"①后来在中央官制改革中,改兵部为陆军部,将练兵处并入其中。11月,清政府设立财政处,作为专门的财政管理机构,谕令那桐与奕劻、瞿鸿禨管理财政处事务。在中央官制改革中,财政处与户部于1906年合并为度支部。

1905年10月,清廷谕令设立巡警部,以徐世昌为尚书,毓朗、赵秉钧为左、右侍郎,"所有京城内外工巡事务,均归管理,以专责成;其各省巡警,并著该部督饬办理"。② 巡警部是管理全国警察的专门机构。12月,科举制度废除以后,为了加强对新式学堂教育的管理,清廷设立学部,将国子监归并其中,以荣庆为尚书,熙瑛、严修为左、右侍郎。在清代中央行政机构原来的六部体制中,没有专管教育的部门,一般是由礼部兼管,新设立的学部是专门管理全国学务的最高教育行政机构。

在陆续设立一些新机构的同时,清政府裁撤、归并了一些旧衙门。

---

① 《光绪宣统两朝上谕档》第29册,324页。
② 朱寿朋编:《光绪朝东华录》第5册,5408页,北京,中华书局,1984。

裁并的基本原则是"力除冗滥"。清廷上谕指示:"凡京外各项差缺,有应行裁汰归并者,著各部院堂官及各省将军、督抚破除情面,认真厘剔,奏明裁并,以节虚糜而昭核实。"①1902年2月,裁撤河东河道总督,一切事务改归河南巡抚兼办;同时裁撤漕运屯田卫所。3月,将詹事府归并于翰林院,并裁撤通政司。1904年7月,裁撤粤海关、淮安关两监督,粤海关事务归两广总督管理,并裁撤江宁织造。12月,裁撤云南、湖北巡抚,分别由云贵总督、湖广总督兼管巡抚事务。1905年1月,裁撤漕运总督,改设江淮巡抚。4月,裁撤江淮巡抚,改淮扬镇总兵为江北提督。7月,裁撤广东巡抚,以两广总督兼管巡抚事宜。9月,改奉天府丞兼学政为东三省学政,裁奉天府府丞缺;并裁撤奉天府府尹兼巡抚事缺,其事由盛京将军兼管,等等。

行政机构的革故鼎新,为建立健全行政制度奠定了一定的基础。与此同时,清政府还采取了一系列的整顿吏治的措施,以便使行政制度能够正常、高效率运作。

(一)裁汰书吏、差役

书吏、差役是衙门里的具体办事人员,他们善于弄权,欺上瞒下,病民蠹政,严重地败坏了各级官衙的行政作风,是清末一大弊政。1901年5—6月,朝廷连下数道谕旨,力图整顿。具体步骤是先从六部着手,然后渐及各省与各府州县衙。谕旨认为,六部行政运作本有《六部则例》为依据,但书吏办事往往根据以往成案的案卷,而置既有的《六部则例》于不顾,所谓舍例引案,以达到其弄权自如的目的。庚子事变后,各部案卷散失过半,正可借机"一并销毁,以示廓清弊窦,锐意自强之志"。谕旨分析了书吏肆意弄权的原因有二:"一则司员不习公事,奉吏如师;一则贪劣之员勾结蠹书,分财舞弊。"解决的办法是,裁汰书吏,要求各部堂官督率司员亲理部务。各省及各府州县衙门的书吏也是"舞文弄法,朋比为奸",比部吏有过之而无不及;而差役扰民"尤为地方之害,其上司之承差,则借公需索州县,州县之差役,更百般扰害闾阎"。因此,要求各省督抚将"各衙门额设书吏均分别裁汰,差役尤当痛加裁革,以

---

① 朱寿朋编:《光绪朝东华录》第5册,5196—5197页。

期除弊安民,毋得因循徇庇"。① 裁革病民蠹政的书吏与差役,主要是为了改善行政作风和提高行政效率。

(二) 停止捐纳实官

捐纳实官是公开的钱权交易,捐官者往往流品颇杂,为了补偿捐纳所费钱财,多以贪污勒索为能事,这是清末吏治败坏的一大根源。1901年9月,清廷发布上谕,宣布停止捐纳实官。谕旨称:"捐纳职官本一时权宜之政,近来捐输益滥,流弊滋多,人品混淆,仕路冗杂,实为吏政民生之害。现在振兴庶务,亟应加意澄清,嗣后无论何项事例,均著不准报捐实官,自降旨之日起,即行永远停止。"②

(三) 裁革陋规,酌定公费

清末吏治腐败的又一大根源是陋规盛行。1902年9月,直隶总督袁世凯上奏整顿吏治,主张将各项陋规酌改为公费。他说,各级政府官员因廉俸微薄,办公用费浩繁,"乃不得不取给于属吏,于是订为规礼,到任有费,节寿有费,查灾查保甲有费,甚或车马薪水,莫不有费。此等风气,大抵各省皆然。"陋规本是官吏薪金以外的重要进项,虽然不同于暗中进行的贿赂,但公然盛行,同样会败坏吏治。"平时既受陋规,即遇事不无瞻顾,设一旦见有不肖之属吏,为上司者欲破除情面,据实纠参,或往往为其下所挟持,转不克径行其志。吏治之敝,所由来也。"为了既能保证行政机构的正常运作,又能防止吏治腐败,他建议将旧有之陋规改为公费,"化私为公"。具体做法是:一方面,要求收受规礼的道府厅州各级官员"各将每年应得属员规费,据实开报,和盘托出,即按其向来所得之多寡,明定等差,酌给公费"。另一方面,要求交纳规礼的州县官员"将向来应出节寿等项,一律径解司库,不加耗费,另款存储;道府厅直隶州应支公费,按月赴司库请领,不准折扣,闰月不计,司库统计出入,如有不敷,另筹弥补"。他认为,把无底洞似的规礼改为有定额的公费,"如此一转移间,化暗昧为光明。廉吏既不病难为,墨吏更无所藉手。长官不必有额外之需索,自可洁己以正人;下僚不敢作非分之钻营,相与奉公而勤职。庶几大法小廉,而吏治可蒸蒸日上矣。"此奏得到

---

① 《光绪宣统两朝上谕档》第 27 册,77—80 页。
② 《光绪宣统两朝上谕档》第 27 册,172 页。

朝廷批准，并向全国推广，"著各督抚仿照直隶奏定章程，将各项陋规一律裁革，仍酌定公费以资办公"。①

行政机构的改革与吏治的整顿，都是为了适应新时代、新形势的需要而进行的除旧布新的重要举措。外务部、商部、巡警部、学部等新机构的设立，改变了传统的六部体制，促使中央机构向近代转型。去书吏差役、停捐纳实官、改陋规为公费等整顿吏治的措施，有利于惩治腐败，改善行政作风，提高行政效率，保证行政体制的正常运作。应该说，这些对于其他各项新政的顺利推行都有着积极的意义。然而，清末吏治腐败，已积重难返，其根源实际上就在体制本身，这并不是简单地调整一些机构和采取几项措施所能解决的。如果不能有效地进行体制本身的改革，这种日益腐败落后的行政体制又将严重地制约着其他各项新政推行的进程。

二 新学制的建立与科举制度的废除

创办新式学堂是洋务时期已经开始的事业，新政时期又得到进一步的发展。然而，近代教育的发展，不仅仅是新式学堂的创办，更重要的是制度的建设，即建立一个完备的近代学校教育体系，使整个教育事业能够持续有序地发展。这便关涉到学制建设问题。

1902年8月，管学大臣张百熙制定了一个学堂章程，即《钦定学堂章程》，又称"壬寅学制"。这个学制虽经清廷公布，但事实上并未实行。当时，张之洞在湖北已制定了一个省区学制体系，他的奏折由清廷交给张百熙审议，张百熙对张之洞的学制建设思想给予了极高的评价。随后，张之洞奉旨进京觐见，借此机会，张百熙与另一位管学大臣荣庆奏请派重臣张之洞会商学务。1903年6月，清廷谕令张之洞会同张百熙、荣庆以《钦定学堂章程》为基础，制定一个完备的全国性新学制。

1904年1月，张之洞与张百熙、荣庆将修订好的学堂章程上奏，得到皇上谕旨的批准，"著即次第推行"。这就是所谓的《奏定学堂章程》，这个章程所确立的学制即"癸卯学制"。《奏定学堂章程》是在《钦定学

---

① 朱寿朋编：《光绪朝东华录》第5册，4928—4929页。

堂章程》的基础上修改增订而成,因此,癸卯学制实际上也就从此取代了壬寅学制。

由《奏定学堂章程》所确立的癸卯学制不仅对各类学校的办学宗旨、课程设置、学生入学条件、修业年限及各类学校的相互关系作了详明的规定,而且对整个教育宗旨、学校管理、教师的选用和学生的考试与奖励等方面也作了相应的规定。就学堂体系来说,全国学堂分为基础教育和专门职业教育两类:基础教育分为三等七级,包括初等教育:蒙养院、初等小学堂、高等小学堂;中等教育:中学堂;高等教育:高等学堂、大学堂、通儒院。专门职业教育分为师范教育、实业教育和特别教育三种,包括师范教育:初级师范学堂、优级师范学堂;实业教育:艺徒学堂、实业实习普通学堂、初等农商实业学堂、中等农工商实业学堂、高等农工商实业学堂、实业教员讲习所;特别教育:进士馆、译学馆。专门教育的各类学堂又分别与基础教育的各等级相对应。

癸卯学制是以日本学制为蓝本,并结合中国具体情况加以改造而成。这个学制通过谕旨颁行全国以后,便成为新政时期各省兴学的范本,甚至民国学制也是在此基础上逐渐改进而成。可以说,癸卯学制开启了中国教育体制的现代化进程。

废科举与兴学堂是清末教育改革过程中相辅相成、同步运作的两大工程。新教育的创办需要新的制度建设,同时也必须对旧制度进行改革与废除。始于隋唐的科举取士制度千余年来一直是中国传统士人的进身之途,虽然长期以来不断地遭到有识之士的批评与攻击,但要突然宣布废止则又有着重重阻力,而这些阻力又使新教育的创办步履维艰。清末教育改革一开始便陷进这样的一个怪圈中。

科举制度的废除大致经历了科考改章、分科减额和立停科举三个阶段。晚清士人对科举制度时有非议,但科举制度被提上改革的日程则是在戊戌维新运动之中。虽然维新派明确地提出了废除八股时文而改试策论的主张,但不久即因戊戌政变而事实上未付诸实施。这个时期科举制度的改革还只涉及科举考试的形式与内容的变革层面,而尚未议及制度本身的存废问题。

庚子事变后,经过两年多的沉寂,关于科举改革的讨论又热闹起来。1901年的新政上谕发布之后，各省督抚的复奏不少涉及这个问题。袁世凯主张分科递减科举中额，用新增实学科逐渐取代科举，以达到废除科举制度的目的。① 陶模主张立即全行废止，用学堂取代科举。② 得到清廷谕旨批准的刘坤一与张之洞的《江楚会奏变法三折》主张分科递减科举中额，用学堂逐渐取代科举，以最终废除科举制度。③ 这个主张虽然只是一种渐进的改革方法，但已不再是单纯的科举考试形式或内容的改革，而是涉及科举制度本身的废止问题，显然是向前进了一步。

1901年8月，朝廷发布了废除八股时文、改试策论及永远停止武科的上谕，但并未对文科的废止问题表示意见。

1904年1月，在京修订新学制的张之洞与管学大臣张百熙、荣庆上奏《请试办递减科举折》。这个奏折认为，举办新政两年以来学堂未兴，是由于科举未停；而各省学堂未能普设，科举又不能立停，因此只有分科递减科举，给一段过渡时期，使科举、学堂归于一途。这一次上奏得到批准："著自丙午科为始，将乡、会试中额及各省学额，按照所陈逐科递减，俟各省学堂一律办齐，确著成效，再将科举学额分别停止，以后均归学堂考取。"④从此，科举制度的废除已是指日可待。

1905年8月，由于日本在日俄战争中的胜利已成定局，引起中国舆论的极大关注，立即废除科举的呼声大涨。由袁世凯领衔会同张之洞、端方、赵尔巽、周馥、岑春煊等地方督抚奏请立停科举，推广学校。此折认为科举已成为兴学的严重障碍，由于时势危迫，以前所奏十年三科递减科举中额的方法已是缓不济急，必须立刻停罢科举，广兴学堂。这个奏折得到谕旨的批准："著即自丙午科为始，所有乡、会试一律停止，各省岁、科试亦即停止。"⑤于是，在中国历史上存在了一千多年的科举制度终于宣告结束。

---

① 袁世凯：《遵旨敬抒管见上备甄择折》，见廖一中等整理《袁世凯奏议》上册，271—272页，天津古籍出版社，1987。
② 《粤督陶奏图存四策折》，见甘韩辑《皇朝经世文新编续集》卷一，14页，清末刊本。
③ 《变通政治人才为先遵旨筹议折》，见《张文襄公全集》卷五十二，24、19—20页。
④ 朱寿朋编：《光绪朝东华录》第5册，5127—5129页。
⑤ 沈桐生辑：《光绪政要》卷三十一，57—59页。

科举制度的废除,不仅对中国的教育制度,而且对传统社会的一整套用人行政制度,都是一种革命性的变革,其历史作用不可谓不大。但在当时并未引起巨大的社会动荡,而是能够平稳过渡。这主要是因为改革者在整个的废科举过程中谨慎地遵循了"先立后破"的原则,并在筹议废科举的同时,已经确立了相应的补救措施。具体说来表现在三个方面:第一,从分科递减科举中额到立停科举的渐进变革过程使社会具备了一定的心理承受力;第二,新学制的制定与新式学堂的兴起已足够成为科举制的制度性替代物;第三,奖励学堂出身,给学堂毕业学生以相应的科举功名,使科举废又不废,不废而废,这是一个关键。

关于奖励学堂出身的问题,清廷颁布的《各学堂奖励章程》作了明确的规定:自高等小学以上,由升学或毕业考试给奖,考试结果分最优、优、中、下、最下五等,一般中等以上都给相应的出身奖励,并授以官职或予以升学,按所奖出身大致可以分翰林、进士、举人、贡生、生员五级。① 对此,时人与后人多有非议,以为导人入功名利禄之途,使科举制的流毒得以变相遗存,扭曲了教育的宗旨。梁启超的批评颇具代表性。他说:"前清学制之弊,至今犹令人痛恨不已,其误国最甚者,莫如奖励出身之制,以官制为学生受学之报酬,遂使学生以得官为求学之目的,以求学为得官之手段。其在学校之日,所希望者为毕业之分数与得官之等差;及毕业以后,即抛弃学业而勉力作官矣。"②更有人认为:"是非停科举以办学堂,殆仍化学堂而为科举,于是学堂者直科举之代名。"③这些批评不能说没有道理。但是,奖励学堂出身与给旧的科举士人筹以出路等补救措施一样,无疑是学堂得以大兴与科举制被顺利废除的重要保证。科举制度是传统士人的进身阶梯,一旦要废除这种制度,人们所最担心的是数十万举、贡、生员的出路断绝之后的前途问题,以及由此所可能引起的一系列社会政治问题;可事实上并没有出现人们想象中的那么严重的问题。改革者在商议废科举时,他们不但给旧的科举士人筹谋了相应的出路,而且给新式学堂和留学生奖励科举

---

① 朱有瓛主编:《中国近代学制史料》第2辑上册,117—127页,上海,华东师范大学出版社,1987年。
② 梁启超:《莅北京大学校欢迎会演说辞》,见梁启超《饮冰室合集》文集之二十九,41页,北京,中华书局,1996。
③ 姚锡光:《停止科举归纳学堂办法条议·自记》,见姚锡光《尘牍丛钞》卷下,15页,京师,1908。

科名出身,使他们在新的制度下可以同样得到旧制度的利益,新学堂很快就吸引了更多的读书人,本来已遭各方面非难的科举制度已成一具空躯壳,这种釜底抽薪式的手法使新学堂取代旧科举得以顺利实现。可以说,这是新政时期制度变革过程中的一个成功范例。

新学制的建立与科举制度的废除,标志着清末教育体制的近代转型。在这个体制转型的过程中,各类新式学堂如雨后春笋般地涌现,从京师大学堂到各省高等学堂、中学堂和小学堂,以及各种职业教育学校,甚至私立学校,应有尽有,出现了一个全国性的办学高潮。据学部总务司《宣统元年教育统计图表》,1909 年,全国有学堂 58 896 所,学生 1 626 720 人。① 这个数目,在当时的中国是相当可观的。

在创办新式学堂培养新式人才的同时,清政府还采取了鼓励出国留学的举措。一方面责令各省公费选派,另一方面鼓励自费留学。1903 年 10 月,《奖励游学毕业生章程》颁布,对于学成回国的留学生,无论公费还是自费,通过考核,分别给予拔贡、举人、进士、翰林的出身,并给予相当的官职。于是,在清末又出现了一个出国留学的热潮,尤其以留学日本者为最多。据考证,在人数最多的 1905 年和 1906 年,留日学生高达 8 000 人左右。② 这个数目也是惊人的。

新式学堂的创办与留学生的派遣,促成了一个新式知识分子群体的形成,既培养了大量新政人才,也造就了大批革命志士,他们的所作所为对于清末中国的政治与社会变革发生了至关重要的影响。

三 经济改革政策与措施

新政时期经济改革的目标是改变传统的重农抑商政策,积极发展近代工业、农业与商业贸易,以实现中国传统经济结构的近代转型。为此,清政府实施了一系列的经济改革政策与措施。

《江楚会奏变法三折》已明确地提出了制定商律、矿律、路律等经济法规的主张,制定各项经济法规便成为新政时期经济改革的重要

---

① 《宣统元年教育统计图表》,见朱有瓛主编《中国近代学制史料》第 2 辑下册,840 页。
② [日]实藤惠秀:《中国人留学日本史》,谭汝谦、林启彦译,39 页,北京,三联书店,1983。

内容。①

关于工商实业法规。在传统经济结构向近代转型的过程中,为了大力促进民族工商业的发展,建立稳定的经济秩序,清政府颁布了大量的工商实业方面的法规。有关于工商业经营者的法律权益与地位的《商人通例》(1904),有关于工商业公司的创办程序、组织形式与经营管理方式方面的基本法规《公司律》(1904)和《公司注册试办章程》(1904),有专门的商标注册法规《商标注册暂拟章程》(1904)和公司破产法规《破产律》(1906),有农工商各行业的社团组织法规《商会简明章程》(1904)、《商船公会章程》(1906)和《农会简明章程》(1907),还有关于工商实业奖励方面的法规《奖励华商公司章程》(1903)、《华商办理农工商实业爵赏章程》(1907)等。这些经济法规的制定,在中国工商业立法史上是一大创举,不仅从法律上确立了民族工商业者自由兴办工商企业的基本权利,而且对调动工商业者的积极性和建立稳定有序的经济运行秩序以推动近代经济的发展,有着更加重要的意义。

关于矿务章程。甲午战争以后,西方列强在掀起瓜分中国狂潮的过程中逐渐染指中国的路矿利权。1898年,清政府设立矿务铁路总局,并颁布《矿务铁路公共章程》。该章程虽然有限制西方列强掠夺中国路矿利权的意图,但事实上并不能起到应有的效应。庚子事变后,西方列强对中国路矿利权的掠夺更加猖獗。张之洞、刘坤一在《江楚会奏变法三折》中提出制定矿律为当务之急。新政时期,清政府先后颁布了《筹办矿务章程》(1902)、《矿务暂行章程》(1904)、《钦定大清矿务章程》(1907)、《大清矿务章程》(1910)等几部矿务法规。矿产是一个主权国家固有的自然资源。在晚清时期西方列强肆意侵犯中国主权、以强权为护符大肆掠夺中国利权的特殊背景下,矿律或矿务章程的制定既是维护矿产业自身有序发展的需要与保证,也有抵制列强侵略以保护中国利权的意味。

关于铁路政策。铁路的出现是近代交通史上重大变革的结果。清政府为修造铁路和加强铁路的经营管理而制定颁布了一系列的规章,

---

① 参见朱英《晚清经济政策与改革措施》第五、六、九章,武汉,华中师范大学出版社,1996。

其中有矿务铁路总局颁布的《矿务铁路公共章程》(1898)，也有商部颁布的《铁路简明章程》(1903)、《路务议员办事章程》(1905)，还有邮传部颁布的《铁路免价减价章程》(1907)、《路员养老章程》、《铁路雇佣洋员合同格式》、《铁路员司工役服色章程》、《出差给费章程》、《铁路毕业生见习规则》、《铁路地亩纳税章程》、《陆路海军铁路运输详细章程》等。这些规章的制定与颁布，对中国铁路建设与管理的现代化有着重要的意义。在晚清中国，铁路与矿产有着相似的命运，都是西方列强借以掠夺利权的对象。在列强猖狂掠夺铁路利权的形势下，清政府为了加强对铁路的修造与经营管理方面的控制，也曾采取了一些积极措施，无论是矿务铁路总局时期，还是商部与邮传部时期，都曾试图鼓励商办铁路，或采取官督商办和官商合办的政策，但都由于政府财政困难与华商资本弱小，而不得不走上借洋债造路的道路。例如，卢汉铁路干线工程启动之初本来拟由商办，但华商资本实在无力承担。"铁路未成之先，华商断无数千万之巨股。惟有暂借洋债造路、陆续招股分还洋债之一策。"①粤汉铁路在费尽周折从美国人手中赎回路权后，湖北、湖南、广东三省官商决计自筹资金，自己修造，结果却是力不从心，因资金难筹而又不得不再举外债。"时阅数年，筹拨官款为数甚微，招集民股亦仅百数十万元，毫不济事。诚以中国财源枯竭，商力未充，欲成此纵横两大干路工程（粤汉与川汉），舍借款无速能兴修之方。"②借债造路自然涉及路权保障问题，在那弱肉强食的时代，软弱无能的清政府并不能为此提供切实的保证。因此，借债造路确实难免权与利益的损失。事实上，清政府就是被因借债造路而引发的保路运动为导火线的辛亥革命推翻的。虽然清政府走上借债造路的道路也有其迫不得已的苦衷，但其如此尴尬的抉择终究也只能是自食其果。

币制改革也是新政时期经济改革的重要内容。晚清时期，在整顿币制的过程中，由于没有统一的国家银行，户部与各省均自有铸币权，不但出现旧货币银两、制钱与银圆、铜圆、纸钞票等新货币混用的现象，

---

① 《张之洞、王文韶会奏卢汉铁路商办难成另筹办法折》，见宓汝成编《中国近代铁路史资料》第1册，253页，北京，中华书局，1984。
② 《张之洞折（定稿未奏）》，见《中国近代铁路史资料》第3册，1173页。

而且各处所铸货币的成色、分量也参差不一,币制相当混乱。在庚子事变之后的中英商约谈判中,统一中国币制的问题被提了出来,此后西方列强为了控制中国的货币财政权,对中国币制改革的问题讨论得颇为热闹,建立国家银行与实行金本位币制的主张也被提上议事日程。①1903年,英籍海关总税务司赫德正式向外务部提出建立虚金本位币制的建议,他主张"定准银钱之金价",即以金价为标准确定统一的银钱比价;同时建议中国设立国家银行,统一经理"国内银钱事件",国家银行总行设在最大的通商口岸,其余各口岸设分行,在总行里设立铸银局,掌管全国银钱铸造事宜,并裁撤各省银圆局。② 1904年,美国特派会议银价大臣(即国际汇兑调查委员)精琪来华,公开抛出了他的中国币制改革计划,极力主张中国实行金本位币制。他在所撰的《中国新圜法条议》中开首即说:"中国政府应速定一有效之政策,以期设立圜法,该圜法以能有一定金价之银币为主。"他还建议中国应聘请一名洋员为司泉官(Controller of the Currency),"总理圜法事务"。③ 结果,赫德与精琪的币制改革计划都遭到清政府的拒绝,金本位制之议也就不了了之。事实上,在晚清时期银本位制还只能进行初步尝试。

如何实行银本位制?当时在清政府内部有两派意见。关于银圆的单位重量问题,早在铸造银圆之初即有一两与七钱二分的分歧,前者渊源于中国旧的银两制度,后者仿照当时颇为流行的墨西哥鹰洋。经过两派意见的反复争论,最终是七钱二分的主张占了上风。1910年,载泽奏上《国币则例》,规定了一个以圆为单位的银本位币制,经清廷上谕批准颁布。上谕宣称:"中国国币单位,著即定名为圆,暂就银为本位。以一元为主币,重库平七钱二分,另以五角、二角五分、一角三种银币,及五分镍币,二分、一分、五厘、一厘四种铜币为辅币。元角分厘各以十进,永为定价,不得任意低昂。"④由此确定了一个银本位币制。不过,这个新的币制还来不及最终实施,清王朝就被辛亥革命推翻了。尽管

---

① 《1903年前后西报所反映的帝国主义者控制中国货币的意图》,见中国人民银行总行参事室金融史料组编《中国近代货币史资料》第1辑下册,1098—1103页,北京,中华书局,1964。
② 《赫德致外务部节略》,见《中国近代货币史资料》第1辑下册,1103页。
③ 《精琪所著之〈中国新圜法条议〉》,见《中国近代货币史资料》第1辑下册,1128页。
④ 《度支部尚书载泽折》《上谕》,见《中国近代货币史资料》第1辑下册,783—789页。

清末币制并没有真正地实现统一,但这些筹办统一国币的最初尝试对于中国币制的现代化仍然有着积极的意义。

新政时期的经济改革还有一项重要内容是清理财政。清代前期全国的财政权完全由中央政府控制,户部是最高的财政管理机关。在咸、同年间镇压太平天国运动的过程中,为了解决军饷问题,地方督抚开始掌握一定的地方财权,厘金制度的兴起是一个典型的例证。从此,中央政府对地方财权失控,中央集权的财政管理体制遭到破坏,晚清时期财政陷于严重的混乱状态。清理财政便成为新政的当务之急。

1903年,清政府设立财政处,作为专门的财政管理机构。1906年,户部改为度支部,财政处合并其中,此后度支部成为全国最高财政管理机关。1909年初,朝廷颁布《度支部清理财政章程》。其总纲规定:"清理财政,以截清旧案,编订新章,调查出入确数,为全国预算、决算之预备。"章程同时规定,在度支部设立清理财政处,各省设立清理财政局,作为中央与地方专门负责清理财政的管理机构,并由度支部向各省派出监理官,以加强督促管理。① 清理财政机构设立后,主要进行了三方面的工作:一是调查岁出岁入,了解各省每年财政收支情况;二是划分国家税与地方税,明确国家与地方的财权;三是编订预算决算,加强全国财政统一管理。在中央政府的督促下,各省先后编辑、完成了《财政说明书》。这些说明书今天仍不失为研究清末各省财政的重要参考资料。②

清理财政工作是清王朝在日暮途穷的时候开始的,取得了一定的成效,原"各省财政,纷乱无纪,自设监理官后,爬梳整理,渐有眉目",③但并没有从根本上解决清政府的财政危机。清理财政以加强中央财政集权为目的,结果势必进一步激化中央与地方的矛盾,加速清王朝统治的崩溃。就此而言,清理财政的工作以失败而告终。但即便如此,清理财政工作中的一些举措,尤其是一些规章制度的制定与施行,无论是经

---

① 《度支部奏妥酌清理财政章程缮单呈览折附清单》,见故宫博物院明清档案部编《清末筹备立宪档案史料》下册,1028—1029页,北京,中华书局,1979。
② 各省《财政说明书》,共印20册,中国社会科学院近代史研究所图书馆、日本庆应义塾大学图书馆等处有收藏。
③ 《宪政编查馆大臣奕劻等奏报各省筹办宪政情形折》,见《清末筹备立宪档案史料》下册,798页。

验还是教训,对于中国财政管理制度的近代转型都有着重要的意义。

四 编练新军与军制革新

清代军制的演变一波三折。嘉、道以前的旧式军队主要是八旗与绿营,咸、同年间在镇压太平天国运动的过程中从地方团练中兴起了湘军和淮军,甲午战争之后开始编练新军。甲午一战,洋务派惨淡经营多年的北洋水师全军覆灭,昔日号称陆军劲旅的湘、淮军也不堪一击,使国人如梦初醒,痛定思痛。人们发现,中国军事上的落后,不仅仅是武器装备,更重要的是制度。可以说,甲午战争的刺激,是清政府采用西法编练新军的契机。首先编练的新军是袁世凯的北洋新建陆军和张之洞的南洋自强军。全国规模的编练新军是从新政以后开始的。练兵与兴学是清末新政的两大举措,正如新式学堂的创办使中国教育体制发生近代转型一样,新军的编练也使中国军事制度步入现代化的历程。

新政开始之初,清政府并没有立即设立一个统筹全国练兵的机构,所有练兵之事都是由总理新政的政务处会同兵部管理。事实上,各省编练新军时仍然是各自为政,以致"各省兵制不一,军律不齐,饷械则此省与彼省不同,操法则此军与彼军又不同"。1902年底,清廷谕令各省挑选将目到练兵初见成效的北洋与湖北受训,并"谆谆焉以纷歧为戒,以一律相期"。此举被张之洞与袁世凯称为"经武之要图,整军之至计"。① 然而,这似乎并不能从根本上解决问题,因为北洋新军与湖北新军的军制本就不尽相同。后来,清政府相继设立练兵处与陆军部,对清末新军的编练工作从宏观上作了统一的规划,使新军的军制日渐趋于统一,为建立一支正规的国家常备军奠定了基础。

早在1901年9月,朝廷就发布了建立常备军的谕旨:"著各直省将军、督抚将原有各营严行裁汰,精选若干营,分为常备、续备、巡警等军,一律操习新式枪炮,认真训练,以成劲旅。"②清廷希望整顿绿营与防营等旧式军队,采用新式枪炮操练,训练出一支国家常备军。然而,要建

---

① 《会奏遵旨训练各省将目拟订简易章程折》,见苑书义等主编《张之洞全集》第3册,1539页。
② 《光绪宣统两朝上谕档》第27册,173页。

立一支新式军队,不仅仅是采用新式武器装备操练而已,更重要的是军制的变革。清廷发布建立常备军的谕旨后,便由政务处咨行各省督抚大臣,限期在三个月内复奏。直隶总督袁世凯和湖广总督张之洞相继上奏,提出了北洋新军和湖北新军的编制设想,并谋求统一各省营制。1904年9月,练兵处颁布了一个全国陆军编练的营制饷章,由于练兵处是由袁世凯所实际控制,因此这个营制饷章完全是依据北洋新军的标准。据此,新军常备军编制分八等:军、镇、协、标、营、队、排、棚。一军分两镇,每镇有步队、马队、炮队、工程队、辎重队五个兵种。其中步队每镇二协,每协二标,每标三营,每营四队,每队三排,每排三棚;马队每镇一标,每标三营,每营四队,每队二排,每排二棚;炮队每镇一标,每标三营,每营三队,每队三排,每排三棚;工程队每镇一营,每营四队,每队三排,每排三棚;辎重队每镇一营,每营四队,每队二排,每排三棚。步、马、炮、工程、辎重各兵种,每棚目兵14人,总计每镇官长及司书人等748人,弁目兵丁10 436人,夫役1 328人,共12 512人。① 这个营制使全国的新军终于开始有了一个统一的军事编制。练兵处在奏定陆军营制饷章的当天,还上奏了一个陆军学堂办法的奏折,在此折中提出"中国常备兵额约需三十六镇"。②

1907年8月,陆军部进一步对全国新军编练工作作了统一规划,将全国陆军应编36镇具体分配到各省,并明确地规定了练成年限。具体分配情形是:近畿四镇、直隶二镇,已经编练完成;浙江、福建、奉天、吉林、黑龙江各一镇,限两年练成;山东、山西、陕西、新疆各一镇,江苏、湖北各两镇,限三年练成;江北、安徽、江西、河南、湖南、热河各一镇,限四年练成;广西、贵州各一镇,广东、云南、甘肃各两镇,限五年练成;四川三镇,限三年编足两镇,其余一镇由度支、陆军两部协商于限内练成。③ 具体编练的情况如何呢?到武昌起义前夕,全国新军共练成14

---

① 《练兵处奏拟定营制饷章折并清单》,见《大清光绪新法令》第14册,56页,上海,商务印书馆,宣统年间刊印本。
② 《练兵处新定陆军学堂办法二十条》,见《大清光绪新法令》第14册,1页。
③ 《陆军部奏拟订全国陆军应编镇数按省分配立定年限折并清单》,见《大清光绪新法令》第14册,79—81页。

镇,又18混成协,又4标,又1禁卫军(辖2协)。① 终清之时,36镇的计划并未完成。尽管各省新军编练工作进展不一,但编制的统一,表明在晚清中国至少在形式上已经拥有一支正规的近代国家常备军。这支军队的改编也许还有许多不尽如人意的缺陷,但它的规模已足以引起英、美、德、日、法、俄等当时世界上各大军事强国的注意。②

在进行军制整编的同时,清政府还建立了一套近代军事人才培养体制。1901年8月,新政刚开始,清廷就废除了传统的武科举考试制度。这种旧制度的废除对于建立新的军事教育制度有着很大的促进作用,此后军事人才的培养将全趋于近代军事教育之一途。一方面,是近代军事学堂教育体系的创办。军事学堂的创办始于洋务时期,新政期间更是大量涌现。但是,全国各省创办的各类军事学堂,名称、等次颇为混乱。因此,张之洞等人1903年在京制定全国学制时曾主张统一各省武备学堂规制。他们认为:"各省武备学堂,亟宜分别等级,考定名称,或为普通武学,或为高等武学,或为陆军马步炮工、水师管轮驾驶等各专门学堂,均应参酌东西各国武学,详订学科及其程度,使各省有所据依,归于画一。"③但在张之洞等人制定的癸卯学制体系中并没有军事学堂。1904年,练兵处制定了一个全国陆军学堂体制:全国陆军学制分为陆军小学堂、陆军中学堂、陆军兵官学堂、陆军大学堂四等;在京师、行省及各驻防地设陆军小学堂,在直隶、陕西、湖北、江苏分设由第一至第四陆军中学堂四所,在京师设陆军兵官学堂和陆军大学堂各一所。这是一个标准的陆军学堂体制。此外,还有一些短训性质的速成军事学堂和其他军、兵种专门学堂。各类军事学堂为清末军事现代化造就了大量急需的新式军事人才。另一方面,是军事留学生和出国军事考察人员的派遣。近代军事人才的培养,除了创办新式军事学堂以

---

① 中国社会科学院近代史研究所中华民国史组编:《清末新军编练沿革》,《中华民国史资料丛稿·专题资料选辑》第2辑,78、89页,北京,中华书局,1978。按:罗尔纲先生据《国风报》宣统二年(1910)调查统计,认为当时全国已练成陆军20镇,9混成协(参见罗尔纲《陆军志》,《晚清兵志》第4卷,212页,北京,中华书局,1997);又据《清史稿》记载,到宣统三年(1911),全国共练成26镇(赵尔巽等:《清史稿》卷132,志107,兵3,第14册,3947页,北京,中华书局,1976)。两说均有误。

② 参见[美]拉尔夫·尔·鲍威尔《1895—1912年中国军事力量的兴起》,陈霞飞等译,216页,北京,中国社会科学出版社,1979。

③ 张百熙、荣庆、张之洞:《奏定学堂章程·学务纲要》,30页,武昌,湖北学务处,1904。

外，还有一条重要途径就是派遣留学生和出国考察人员，分赴西方各国与日本，学习与考察军事，其中尤以日本为最多。军事留学生学成回国，大都被委任新军军官或军事学堂教官。据有人统计，清末中国陆军里约有800名军官是日本军事院校的毕业生，或曾在这类学校中学习过。①铁良在光绪三十年底视察湖北新军后向清廷报告说："官长均系出洋或武备毕业学生。"②像张之洞所倚重的张彪、黎元洪等人曾多次到日本考察军事。与新式军事学堂一样，派遣军事留学生和出国军事考察人员，也能造就新式军事人才。晚清中国正是依靠这些近代军事人才而开启了军事现代化。

五 法制变革与狱政改良

在清末新政全面开展的过程中，法制改革也被提上议事日程。1902年3月，清廷发布了修订法律的谕旨："中国律例自汉唐以来，代有增改。我朝《大清律例》一书，折衷至当，备极精详。惟是为治之道，尤贵因时制宜，今昔情势不同，非参酌适中，不能推行尽善。况近来地利日兴，商务日广，如矿律、路律、商律等类，皆应妥议专条。著各出使大臣查取各国通行律例，咨送外务部；并著责成袁世凯、刘坤一、张之洞慎选熟悉中西律例者，保送数员来京，听候简派，开馆编纂，请旨审定颁发。总期切实平允，中外通行，用示通变宜民之至意。"③4月，刘坤一、张之洞、袁世凯联衔会奏，保荐沈家本和伍廷芳为总纂，在京开设修律馆；并荐举沈曾植在修律馆充任帮办、参议等职。④ 5月，清廷正式任命沈家本和伍廷芳为修订法律大臣。上谕说："现在通商交涉，事益繁多，著派沈家本、伍廷芳将一切现行律例，按照交涉情形，参酌各国法律，悉心考订，妥为拟议，务期中外通行，有裨治理，俟修定呈览，候旨颁行。"⑤命下之日，伍廷芳还在驻美公使任上，回国之后又在上海参与商

---

① 参见[澳]冯兆基《军事近代化与中国革命》，郭太风译，90页，上海人民出版社，1994。
② 朱寿朋编：《光绪朝东华录》第5册，5301页。
③《光绪宣统两朝上谕档》第28册，36—37页。
④《会保熟悉中西律例人员沈家本等听候简用折》《会保熟悉中律人员沈曾植恳恩破格擢用片》，见《袁世凯奏议》上册，474—477页。
⑤《光绪宣统两朝上谕档》第28册，95页。

约谈判,直到1903年8月,他才北上进京参与修律事宜。经过伍廷芳与沈家本近两年的筹备工作,1904年5月正式成立修订法律馆,从而开始了修律活动。

修律的工作主要有两项内容。一是修改旧律。自修订法律馆设立以后,修律大臣沈家本和伍廷芳即开始参照西方的法律对中国旧法律进行修订工作。他们除对《大清律例》作了常规性的修改以外,主要是本着"刑法之当改重为轻"的宗旨,①修订旧刑法中的残酷、野蛮、落后的部分,如废除凌迟、枭首、戮尸、缘坐和刺字等酷刑,禁止刑讯,以反映中国传统的"仁政"精神,并符合近代西方的人道主义原则。

二是制定新律。中国传统的法律结构是"诸法合体",刑法与民法不分,诉讼法附于其中。修律大臣沈家本与伍廷芳"因时制宜",参照西方的法律,将实体法与程序法分立,制定出独立的刑法、民法、诉讼法和其他法律。其中重要的有《刑事民事诉讼法》(1906)、《新刑律草案》(1907)和《大清新刑律》(1910)、《大清刑事诉讼律草案》和《大清民事诉讼律草案》(1911),以及其他民法、商法与行政法等法律。新律的制定,对于打破中国传统的"诸法合体"的旧法系、模仿近代西方建立"诸法分立"的新法系,以促进中国法律现代化,有着重要的意义。

修律大臣在修律的过程中还翻译了大量的西方法典法规和法学著作,不仅为修改旧律提供了参考,新律的制定更是直接以这些译本为典范。显然,西方法律的译介甚至移植,对于中国法律的现代化有着积极的推动作用。但在这个现代化的过程中,中西之间的礼治与法治的观念冲突也不可避免。

传统中国是一个礼治社会,礼教渗透到法律之中,甚至成为法律的主宰。修律大臣在制定新律时,为了与国际接轨,制定出清廷所期望的"中外通行"的法律,便有意识地强化法治的理念,而淡化礼治的色彩。于是便酿成了一场所谓的礼法之争。法理派自然以修律大臣沈家本等人为代表,他们的修律旨在输进西方的法理,以改造中国传统的法律;礼教派则以传统的士大夫张之洞、劳乃宣等人为代表,他们的"中体西

---

① 沈家本:《删除律例内重法折》,见《寄簃文存》卷一,2页,见沈家本《沈寄簃先生遗书》上册,北京,中国书店,1990。

用"思想表明他们主张一种有限度的改革,这种改革必须以不突破"中体"为前提,甚至以维护"中体"为目的。在法制改革的问题上也是如此。后者并不反对修律,但是当新律的制定触及他们所极力维护的"中体"的核心礼教时,他们会自觉地充当起卫道者的角色来。修律过程中的礼法之争,严重影响了清末法律改革的进程,使得一些法律迟迟难以通过。

在司法行政机构改革中出现了所谓的司法独立问题。在中央司法机构改革中,刑部改为法部,大理寺改为大理院。根据西方三权分立的原则,明定立法、行政、司法权限,"司法之权则专属之法部,以大理院任审判,而法部监督之,均与行政官相对峙,而不为所节制"。① 这里一方面规定了中央司法机构法部与大理院的职责分工:法部为司法行政机构,大理院为司法审判机构,且法部对大理院有监督之权;另一方面,还规定了司法权与行政权的分立,即司法权从行政权中分离出来,由司法机构独立行使该种权力。这就是所谓的司法独立。

在地方司法机构改革中,厘定官制大臣提出两条建议:一是每省各设高等审判厅,置审判官,受理上控案件,行政、司法各有专职;二是以按察司专管司法上之行政监督。这是仿照中央司法机构改革的模式,以高等审判厅为司法审判机构,按察司为司法行政机构,司法权与行政权分离,以实现地方上的司法独立。此举遭到地方督抚的反对,如湖广总督张之洞对此不以为然。他认为没有必要在按察司之外另设高等审判厅,"一省之中,臬司即是高等审判厅矣,另设一厅何为?"他尤其不能接受由高等审判厅独立承担司法审判而直接向法部负责,"督抚但司检察、不司裁判"的说法,"假使万一采用其言,则以后州、县不亲狱讼,疆臣不问刑名"。② 显然,他所担心的就是司法独立削弱了地方督抚大臣的权力。

1907年7月,总司核定官制大臣奕劻等将地方官制改革情形上奏。关于司法机构改革,改各省按察司为提法司,改按察使为提法使,由提法使管理地方司法行政,并分设各级审判厅"以为司法独立之基

---

① 《庆亲王奕劻等奏厘定中央各衙门官制缮单进呈折》,见《清末筹备立宪档案史料》上册,464页。
② 《致军机处厘定官制大臣》,见苑书义等主编《张之洞全集》第11册,9560页。

础",各省设立高等审判厅、地方审判厅、初级审判厅,"分别受理各项诉讼及上控事件",即掌管地方各级司法审判。① 可见,司法机构改革的目的是要建立专门的司法行政与司法审判机构,使司法权脱离行政权的控制,以实现所谓的司法独立。随即,此奏得到清廷谕旨的批准。此后,司法独立便作为预备立宪的一项重要措施被逐步付诸实施。

狱政改良即监狱制度改革与监狱本身的改造,也是法制改革的重要内容。修律大臣沈家本说:"泰西立宪诸国,监狱与司法、立法鼎峙而三,纵有完备之法典与明允之法官,无适当之监狱以执行刑罚,则迁善感化,犹托空言,以故各国莫不从事于改良监狱。"甚至认为监狱的好坏是衡量一个国家文明程度的标准,"西儒有言曰:觇其国监狱之实况,可测其国程度之文野"。② 因此,在清末法制改革过程中,在着手修订法律与司法改革的同时,传统监狱制度的改革与旧式监狱的改造也被提上议事日程。

早在1901年,刘坤一与张之洞在《江楚会奏变法三折》的第二折"恤刑狱"条中,已经较为系统地表述了他们的狱政改良思想:第一,修建监狱,改善罪犯生活条件;第二,改造罪犯,教以谋生之道;第三,设置稽察专官,改革监狱管理制度。③ 这些意见后来被清政府交给修律大臣伍廷芳与沈家本讨论,他们对此表示非常赞同,同时也得到清廷谕旨的认可,并谕令各省督抚"严饬各属认真清理,实力遵行"。④ 此后,各省不同程度地开始了监狱改造与修建工作。1907年5月,修订法律大臣沈家本进一步系统地提出了四条改良监狱的建议:一是改建新式监狱,二是养成监狱官吏,三是颁布监狱规则,四是编辑监狱统计。在第一条中提出了建立模范监狱的设想,他说:"现在内地各监狱,同时改建,力有未逮,宜于各省之省会及通商口岸,先造模范监狱一所,以备拘

---

① 《总司核定官制大臣奕劻等奏续订各直省官制情形折附清单》,见《清末筹备立宪档案史料》上册,504、507、510页。
② 《修订法律大臣沈家本奏实行改良监狱宜注意四事折》,见《清末筹备立宪档案史料》下册,831—832页。
③ 《遵旨筹议变法谨拟整顿中法十二条折》,见《张文襄公全集》卷五十三,13—20页。
④ 《光绪宣统两朝上谕档》第31册,45—46页。

禁流徒等罪。"① 模范监狱的建造,特别注意模仿西方与日本近代监狱的建筑结构和管理方式。如张之洞建成的湖北模范监狱,一切体制仿照日本的东京及巢鸭两处监狱,监狱有良好的卫生条件和消防设备,罪犯据性别、罪刑轻重分区居住,注重罪犯的教育改造,狱吏分工明确精细,等等。② 总之,清末法制改革过程中从"恤刑狱"的角度提出的狱政改良思想及其实践,虽然着眼点在于塑造清政府的"仁政"形象,但是其对罪犯作为人的生命意义关怀的精神,无疑推动了近代中国监狱制度乃至整个司法制度的现代化。

六 社会生活领域内的改革

清末新政在社会生活领域内的改革主要有三个方面:一是建立警察制度,改革社会治安体系;二是采取禁缠足、禁烟等措施,革除生活陋习;三是取消满人特权,调和满汉矛盾。这些改革措施的推行,有利于打破旧的社会生活秩序,从而推动近代社会生活新秩序的建立。

(一)改革社会治安体系

清代的社会治安体系是传统的保甲制度,另外,作为国家正规军的绿营和地方武装团练也相应地担负一定的社会治安职责。晚清时期,旧制度的弊端显露无遗,已经不能正常运转;与此同时,西方近代的警政思想开始在中国传播,戊戌维新运动中湖南保卫局的创办是近代警察制度的初步尝试。警察制度在中国的正式创立始于新政时期。1901年9月,新政伊始,清政府在进行军事改革时,令各省将军督抚裁汰绿营、防勇,改练"常备、续备、巡警等军"。此时,虽然清政府似乎还不能明了军队与警察的性质,但"巡警"的字样一旦在朝廷政令中出现,便开始逐渐在地方流行。1902年10月,由于袁世凯在直隶试办警察初有成效,清廷谕令在全国推广。上谕说:"前据袁世凯奏定警务章程,于保卫地方一切甚属妥善,著各直省督抚仿照直隶章程奏明办理,不准视为

---

① 《修订法律大臣沈家本奏实行改良监狱宜注意四事折》,见《清末筹备立宪档案史料》下册,832—833页。
② 《新造模范监狱详定章程折》,见苑书义等主编《张之洞全集》第3册,1767—1771页。

缓图,因循不办。"①从此,全国开始正式推行警察制度。1905年,清政府设立巡警部,作为管理全国警政的专门机构。次年,在官制改革中,巡警部改为民政部。1907年,各省设置巡警道,专管地方警政事务。1908年,在清廷筹备立宪的清单中有办理警察的规划。据此,民政部于1909年拟定了一个从省会及各府、厅、州、县到乡镇依次办理警察的非常详细的发展计划,规定在1915年全国警察一律办成。结果因为1911年就爆发了辛亥革命,这个计划当然不可能最终完成。清末警政改革虽然没有最后完成,不仅乡镇一级基层警察组织根本没有建立起来,而且在较大的城市中设立的一些警察局、所也大都是弊端重重。但是,在实施新政的过程中,西方近代警察制度作为一种新的社会治安制度已被正式地引入中国。

(二) 革除生活陋习

缠足是男权社会里兴起的一种残害女性身体与心灵的陋习。近代禁缠足始于太平天国时期。随着西方传教士和早期维新派人士对缠足陋习的不断批评,到戊戌维新时期,民间的不缠足运动得以蓬勃发展。1902年2月,朝廷发布劝戒缠足的上谕:"汉人妇女,率多缠足,由来已久,有伤造物之和,嗣后缙绅之家,务当婉切劝导,使之家喻户晓,以期渐除积习。"②政府的公开提倡,直接引导了不缠足运动向纵深发展。缠足陋习虽然没有在清末根除,但从此以后,不缠足已经逐渐成为一种社会风气。

鸦片烟是毒害近代中国人民的一个巨型毒瘤。鸦片战争以后,在西方列强炮舰的威胁下,中外鸦片贸易合法化,外国鸦片大量进口,不仅掠夺了数以千万计的白银,而且严重摧残了中国人民的身心健康;与此同时,国内种植鸦片的情形也日趋严重,一时间鸦片烟毒弥漫全国。光绪初年,清政府也曾试图实行禁烟,但收效甚微。20世纪初,鸦片烟毒越来越严重地威胁到国计民生,有识之士不断地发出禁烟的呼声。1906年9月,朝廷发布禁烟上谕:"自鸦片烟弛禁以来,流毒几遍中国,吸食之人废时失业,病身败家,数十年来日形贫弱,实由于此,言之可为

---

① 《光绪宣统两朝上谕档》第28册,230页。
② 《光绪宣统两朝上谕档》第27册,272页。

痛恨。今朝廷锐意图强,亟应申儆国人,咸知振拔,俾袪沉痼而蹈康和。著定限十年以内,将洋药、土药之害一律革除净尽。其应如何分别严禁吸食并禁种罂粟之处,著政务处妥议章程具奏。"①禁烟成了新政的一个重要措施。11月,政务处颁布了详细的禁烟章程;同时,外务部开始与英国交涉禁烟事宜。1908年3月,民政部与度支部在政务处禁烟章程的基础上拟定了《稽核禁烟章程》,将禁烟运动进一步推向前进。1909年2月,上海万国禁烟会召开,中国的禁烟运动由此获得广泛的国际同情和支持。1911年5月,中英《禁烟条件》签订,英国答应到1917年禁止向中国输入鸦片。通过一系列的举措,禁烟运动得以顺利进行。在禁烟令下达之后,第二年各省就迅速关闭了数以万计的烟馆,到1911年,各省戒吸食鸦片的人数多达数万甚至数十万,各省禁种罂粟的亩数也是数以万计,大部分省区达到基本禁种。②清政府虽然没有在被革命推翻之前禁绝鸦片,但清末禁烟运动还是取得了显著的成效。

(三)平满汉畛域

清朝是满族以少数民族在中原建立的王朝。满族自入关以来即享有种种特权,一直是一个特殊的族群。晚清时期,随着清王朝政治统治的日趋衰微,满族的特权地位也在各族人民的不满与反抗中开始动摇,尤其是满汉矛盾日显突出,"排满"一时成为革命与反清的当然口号。为了加强清王朝的统治,取消满人特权、化除满汉畛域、调和满汉矛盾,便是新政的重要措施之一。1902年2月,朝廷发布了废除满汉通婚禁令的上谕:"所有满汉官民人等,著准其彼此结婚,毋庸拘泥。"③1904年,以前只有满人可以担任的将军与都统等职位开始向汉人开放。1906年,在中央官制改革中,废除了各部堂官由满汉平行任职的两套班子(各有一尚书二侍郎)的旧官制,实行不分满汉的一长制(只有一尚书二侍郎)的新官制。1907年9月,废除旗人不事生产的特权,授旗丁以田地,"计口授地,责令耕种",让旗人自谋生计,"期于化除畛域,共作

---

① 《光绪宣统两朝上谕档》第32册,145—146页。
② 参见王宏斌《清末新政时期的禁烟运动》,载《历史研究》1990年第4期,北京。
③ 《光绪宣统两朝上谕档》第27册,272页。

国民"。① 同年 10 月,朝廷谕令礼部和修订法律大臣"议定满汉通行礼制刑律",除宗室外,满汉在礼仪与刑罚方面同等对待。② 这些措施的实行,对于缓解日益激烈的满汉矛盾虽然有一定的作用,但并不能从根本上解决问题。事实上,在进行这些改革的同时,满族皇室亲贵在进一步肆无忌惮地加强中央集权,致使满汉矛盾更趋激化,最终导致了清王朝统治的崩溃。

---

① 《光绪宣统两朝上谕档》第 33 册,196 页。
② 朱寿朋编:《光绪朝东华录》第 5 册,5745 页。

第四节　直隶新政与袁世凯北洋集团的崛起

袁世凯(1859—1916),字慰庭(或作慰廷、慰亭),号容庵,河南项城人,出身于传统的封建官僚地主家庭。其家族中声名最为显赫的是其叔祖父袁甲三,道光十五年(1835)进士,咸、同时期以镇压捻军的"军功"起家,官至漕运总督。他的生父袁保中、叔父袁保庆、堂叔袁保恒与袁保龄都受过传统的封建教育,并都有科举功名,在太平天国运动与捻军起义严重地威胁到清王朝的统治时,他们积极地举办地方团练或从军带兵,与农民革命为敌。袁氏家族与封建王朝的命运息息相关。袁世凯从小被过继给袁保庆,过着纨绔子弟的生活,放荡不羁,不学无术。他也曾两次参加科举考试,但都名落孙山,于是绝意科场,在羞愤之中将所作诗文付之一炬,声言:"大丈夫当效命疆场,安内攘外,乌能龌龊久困笔砚间自娱光阴耶?"[①]1881年,22岁的袁世凯前往山东登州,投靠其嗣父袁保庆生前的结拜兄弟、淮军统领吴长庆,谋求进身之途,受到吴长庆的重用,委充庆军营务处会办。随后,袁世凯跟随吴长庆到朝鲜,历经"甲申政变",办事精悍果敢,应变机巧,吴长庆大为赞许,并得到直隶总督李鸿章的赏识,从此结交权臣,平步青云。甲午战争后,袁世凯巴结慈禧太后的宠臣荣禄,接替胡燏棻在天津小站编练新军,聘请德国军官按照德国军制编练了一支7 000余人的新建陆军。袁世凯的北洋新建陆军与张之洞的南洋自强军,开了近代中国用西法练兵、改革军事制度的先河,是清末军事现代化的开始;对于袁世凯而言,新建陆

---

① 沈祖宪、吴闿生编纂:《容庵弟子记》卷一,4页,线装铅印本,1913。

军是其北洋军事官僚政治集团形成的一块基石,为其在清末民初中国政治舞台上纵横捭阖奠定了重要的基础。戊戌时期,袁世凯因在政变中告密出卖维新派而获得慈禧太后的宠信。1899年,义和团运动在山东爆发,袁世凯受命为山东巡抚,带兵前往镇压,正式成为封疆大吏。庚子事变后,李鸿章去世,袁世凯继任直隶总督兼北洋大臣,成为清末权倾朝野的重臣。

在清末新政具体实施的过程中,袁世凯是颇具影响力的人物。袁世凯作为地方督抚中地位独尊的直隶总督兼北洋大臣,同时在朝廷中身兼数职,如督办政务处参预政务大臣,练兵处会办大臣,会议商约大臣,督办电政大臣,督办关内外铁路、津镇铁路、京汉铁路大臣,等等,既直接参与了朝廷的新政决策,又积极推动了地方新政的实施。袁世凯在直隶积极推行新政,许多重要的新政措施,往往都是先从直隶试办,然后再制订章程向全国推广,由各省具体施行。他在直隶的新政举措,成为各省效仿的典范,所谓"中国各省新政之布,必资模范于北洋"。①正是在此过程中,袁世凯利用推行新政的机会,想方设法捞取政治资本,极力扩张自己的政治势力,从而形成一个庞大的北洋军事官僚政治集团,对于清末民初的政治变动有着至关重要的影响。

一 整顿吏治

清末吏治腐败,已病入膏肓,关键在于体制本身。但是,在新政初期,朝廷上下对此并无清醒的认识,都只是抓住一些表面现象做文章,或称官场陋规盛行,使各级官员不能廉洁奉公;或指责书吏、差役舞文弄墨,害民蠹政。因此,吏治的整顿也就针对这些现象进行。

袁世凯在任直隶总督后,也曾着手整顿吏治。如前所述,他将直隶各属道、府、厅、州各项陋规一律酌改公费,化暗为明。此法得到朝廷的肯定并向全国推广。在朝廷发布裁撤书吏、差役的谕旨后,他先在天津县试办,"将书役人等力加裁并,其万不可减者,逐细挑选,酌定名数,于

---

① 《学员李廷玉臧守义陈宝泉刘宝和陈清震等筹议义务教育办法十四条禀并批》,见甘厚慈辑《北洋公牍类纂》卷十一,2—3页,京城益森印刷有限公司,1907。

应得役食外,量给工食,举向来各项陋规、差费,一律禁革",然后将这种办法"推行各属"。①

为了慎重委任职官和加强监督管理,袁世凯在直隶设立考验处和吏治调查处。考验处以李兆珍为坐办,规定凡初次到省及新选新补,应行甄别人员,除道府大员由总督亲自延见考问外,其余须经考验处考验,方能分别委以差缺。② 吏治调查处以胡宾周为坐办,规定凡本省官吏除陆军官弁及道府大员以外,其余有关官民相讦事件及一切明察暗访事宜,都由调查处调查,为总督考察属吏作参考。③

为了培养新政所需要的各方面的专门人才,袁世凯设立课吏馆,分政治、财赋、洋务、河工四门,进行各种专业知识教育。随后,课吏馆改为直隶法政学堂,原拟开办的法政学堂改名为"幕僚学堂",附属于直隶法政学堂,专教幕僚。直隶法政学堂明确标举"以改良直隶全省吏治、培养佐理新政人才为宗旨",专门招收本省候补人员学习各种政法学理,专业课主要由日本教员讲授,学额每年120人,学制两年,其中预科半年,以补习普通科学为主,兼习东文东语;正科一年半,专习中外政法专门各学科。④

在对官幕人员进行专门教育的同时,袁世凯还设立吏胥学堂,专教书吏与差役。他认为:"特官所日与共事者,惟书吏、差役执事之人耳,吏犹不乏上流,役则每况愈下,营私舞弊,习为固然,好义急公,徒成虚语。惟驱之于学堂之中,使各有普通之道德、技能,实为改良行政之枢纽。"他先在天津行辕创设吏胥学堂,然后向直隶全省推广。⑤

另外,袁世凯规定,凡在直隶选补实缺州县官者,必须"自备资斧",先赴日本游历三个月,"参观行政及司法各官署并学校实业大概情形",然后回省再赴新任;否则,不得赴任。⑥ 与此同时,袁世凯对回国留学

---

① 《天津县整顿书役酌改讼费折》,见《袁世凯奏议》中册,776—777页。
② 《督宪袁札委李兆珍为考验处坐办文》,见《北洋公牍类纂》卷三,8页。
③ 《直隶调查处坐办胡守宾周拟呈督宪袁核定调查处章程》,见《北洋公牍类纂》卷三,9页。
④ 《直隶课吏馆章程》《欧阳道弁元酌拟课吏馆改设法政学堂章程禀并批》《直隶法政学堂章程》,见《北洋公牍类纂》卷三,17、20、26页。
⑤ 《督宪袁倡设吏胥学堂通饬酌量设立札》,见《北洋公牍类纂》卷三,35页。
⑥ 《督宪袁饬司晓谕嗣后实缺州县无论选补先赴日本游历三个月再饬赴任札》,见《北洋公牍类纂》卷三,3页。

生也相当重视,如有一批留学日本法政大学速成科的直隶官绅毕业回国,袁世凯为了鼓励提倡,特地为之奏请"变通叙补,以资观感",即不论班次,可以优先补缺。① 正是对这些新式人才的重任,使直隶的新政事业得以较为顺利地开展。

二 发展经济

袁世凯虽然没有系统的经济思想,但他对近代经济结构中农业、工业、商业三者之间相辅相成的关系还是有所认识的。他说:"窃维富国裕民之道,农、工、商三者,实相为表里。"②"维农、工为商务根本,而商之懋迁,全赖农之物产、工之制造。欧、美、日本以商战立国,而于农业、工艺精益求精,经营董劝不遗余力。直隶地瘠民贫,兵燹以后,元气凋伤,民生困敝,非于农、工诸务切实讲求,不足以辟利源而资生计。"③因此,袁世凯在督直期间,采取了一系列相应的措施,推动了直隶经济的发展。

商业方面。庚子事变后,天津商业凋敝,市面萧条。袁世凯督直之初,即设立天津商务局和天津商务公所,力图加强对商务的管理和商业行业之间的联络,以振兴商务。如商务公所就是有鉴于"市面窒塞",为了解决"商情涣散,互相倾轧"的局面而设立的商业联络机构,其章程规定"所有办法以疏通二字为主义"。④ 举办天津劝工展览会,允许全国各省货物在会上陈列展览,并进行商品贸易,以期振兴工商,并扩销路。据记载,1906年11月召开第一次工商劝业展览会,9天之内,中外官绅士庶、男女老幼到会参观者总数达15万余人,可谓极一时之盛。⑤ 积极组织直隶商人参加国际劝业博览会(赛会),如日本的大阪赛会、美国的散鲁伊斯赛会、比利时的黎业斯赛会、俄国的圣彼得堡赛会等,发展了国际商业贸易。在天津与保定等地设立商业学堂,讲求商学,培养商业人才。

---

① 《游学日本法政速成科毕业各官不论班次尽先请补片》,见《袁世凯奏议》下册,1469页。
② 《创设东省商务局拟定试办章程折》,见《袁世凯奏议》上册,342页。
③ 《直隶筹办农工诸政情形折》,见《袁世凯奏议》中册,852页。
④ 《天津府凌守禀定商务公所暂行章程》,见《北洋公牍类纂》卷二十一,15页。
⑤ 《劝业展览会纪盛》,见周尔润辑《直隶工艺志初编·丛录类》卷上,26页,天津,北洋官报局刊印,1907。

工业方面。1903年，袁世凯委派周学熙在天津设立直隶工艺总局，作为兴办全省实业的总机关。四年之后，经过重新整顿，工艺总局新的章程明确标榜："以提倡维持全省之工艺为宗旨……以诱掖奖劝使全省绅民勃兴工业思想为应尽之义务……以全省工业普兴人人有自立之技能为目的。"①虽目标甚高，难符实际，但也创办了一些工厂、场、所与学堂，如考工厂、教育品制造所、实习工场、劝业铁工厂、广仁堂女工厂、高等工业学堂等，确实在一定程度上推动了直隶工业的发展。天津考工厂专门搜集国内外工业品陈列展览，以激发人们振兴工商业的热情。后改名为"劝工陈列所"，更加名副其实。直隶教育品制造所是在教育品陈列馆基础上发展而来，教育品陈列馆本来是陈列国内外教育用具，如书籍、仪器、模型、标本、图表之类，以供人参观，后来逐渐仿造各种教育用品，遂将两者并名为教育品制造所，所中另专辟一处为教育品参观室。天津实习工场既是商品制造工厂，又是工艺教育场所，一方面，主要用于培养各行业熟练工人，同时兼作工业学堂学生实习基地；另一方面，工场工艺分染色、织布、木工、金工、化学小制造、电镀等门类，以制造军装与学堂用品为主，并酌量制造其余商品。北洋劝业铁工厂以提倡制造、振兴工艺为宗旨，酌量试造一些简单的机器及钢铁配件，以与洋商争利权。天津广仁堂女工厂专门招收女工，教授玲珑西式花瓣、机器缝纫、刺绣、草帽辫、毛巾、织布、编绒等七科手艺。直隶高等工业学堂由工艺学堂改名而来，以培养工业人才为宗旨，分正科与速成科两等，正科学制三年，分应用化学科和机器学科两门专业；速成科学制两年，分制造化学科和艺匠图绘学科两门专业。直隶工艺总局不仅在天津开办工厂与学堂，而且在直隶全省提倡振兴工业。工艺总局曾特别发布劝兴工艺告示，希望各地绅商"推广工业，大辟利源"，"或独出资财创办工场，或纠合同志设立公司"，并热诚欢迎他们到天津考察学习，声称将"特备静室，以待各属士绅，凡来津考察工艺者，无不倒屣相迎，推诚相与，一切开办之法、保护之方，莫不代为筹画，总以扶助成立为主义"。②经过直隶工艺总局的多方劝导和推广，在天津乃至直隶全

---

① 《直隶工艺总局详重整局规章程文并批》，见《北洋公牍类纂》卷十六，2页。
② 《直隶工艺总局劝兴工艺示文》，见《北洋公牍类纂》卷十六，6页。

省一时兴起一个举办实业的小热潮，创办了一批官办、官督商办、官商合办以及商办企业，如天津织染缝纫公司、天津官立造纸厂、天津玻璃厂、天津电灯公司、天津济安自来水公司、北洋烟草公司、唐山启新洋灰公司和滦州煤矿公司等，其中不少企业在全国同行业中或有开创之功，或以规模宏大著称。据统计，到1907年初，除天津以外，直隶各府、厅、州、县开办各种局、厂、场、所共计65家。① 这些工业企业虽然数量不多，规模并不大，分布也不平衡，还远远不足以改变直隶经济以农业为主的格局，但直隶工业毕竟开始迈上现代化的道路。

农业方面。1902年8月，袁世凯奏请设立直隶农务局，认为："直隶地瘠民贫，非讲求地利、振兴农业，不足资生计而裕度支。"他委派道员黄璟管理局务，聘请日本农学士楠原正三为农学教习，派人赴日本购办农学器具，并考察日本农务新法，以为直隶仿行。② 农务局设立后，开展了一系列的振兴直隶农业的活动。其要端有四：一为开办农产品评会。第一次农产品评会规定，省城附近各乡绅民各项农产品和农产制造品均可与会，以便品评优劣及相互研究一切种植新法，借以达到开通风气、改良农产物的目的。二为创办农业学堂。1902年底，设立农务大学堂，招考学生60名，分为两科：预备科二年毕业，升入农学本科，本科学制三年；速成科一年毕业，为各属提供农学教员。1904年，农务大学堂改为高等农业学堂，仍分预备科和速成科。1906年，附设农业传习所，招考自费生80名，学制一年，"专课蚕桑、森林，并讲授农政、农学要旨，以为兴办农会之预备"。高等农业学堂不仅培养了一批农技师，而且为直隶各属府、厅、州、县创办农业学堂提供了师资，如高阳农业学堂、宝坻农桑学堂、宣化农业中学堂，甚至河南荥阳、浚县的公立农业学堂，都以直隶高等农业学堂的毕业生为教员。③ 三为设立农事试验场。该场专为农业学堂毕业生试验改良农业之用。设立之初先分四科：蚕桑科用新学理试验种桑养蚕，普通科用新法试验种植普通作物，园艺科试种中外特别花木，工艺科用新理新法试验农产品加工（如制造

---

① 《直隶各属工艺总志》，见《直隶工艺志初编·志表类》卷下，27页。
② 《省城设立农务局片》，见《袁世凯奏议》中册，577页。
③ 《直隶农业学堂咨呈提学司历年办理各项事宜文》，见《北洋公牍类纂》卷二十四，3—4页。

烟、酒、糖等）。后来增设两科：森林科试办模范森林，畜牧科试验改良畜产。另外，还设立蚕桑试验分场、试验种稻分场、培养桑秧局等分场。四为创立农会。农会以"联络官绅，讲求农务"为宗旨，凡官绅士民热心农学及富有耕地者皆可入会作为会员。农会分总会与分会两级。农务总会设在省城农务总局，以提倡全省之农务；农务分会由各州县择地设立，以提倡各自区域内之农务。农会应办之事为：编农报，译农书，演说农学，调查农事，开办农业试验场，举办农产品评会，劝种森林，开垦荒田，振兴水利，开农产品制造所，办理救荒之政。1906年底，直隶农务总会成立，几个月内便有会员200余人，所办《农话报》月销2 200余份，印刷农书《栽桑捷法》4 000册、《育蚕捷法》3 000册，译成农学教科书13种，同时开展调查、演说、展览等活动，尤其植树造林，成效显著，如在保定种树3 000株，天津减河种柳6 000株、小站种树1 000株，另有20多个州、县共种树200余万株，并大规模地开展种桑养蚕。① 这些活动都积极地推动了直隶农业的发展。

在大力发展直隶商业、工业、农业的同时，袁世凯还积极发展直隶的金融业和交通事业，为直隶经济的整体发展创造了有利条件。

金融业方面。1902年12月，袁世凯委派周学熙创办北洋银圆局，铸造银圆与铜圆，以代替旧的银两与制钱，进行币制改革。据说，当时天津市面因银根紧而起恐慌，袁世凯认为是由于钱荒所致，于是开始铸造铜圆以图挽救。1904年，北洋银圆局扩充设备，大量铸造铜圆，每日可铸当二十、当十铜圆30万枚。② 随后，袁世凯又开办天津官银号，发行纸币，共计银两票384 500两、银圆票732 000元、铜钱票64 794文。1910年，天津官银号改为直隶省银行。③ 与此同时，袁世凯还插手中央的金融与币制改革。他曾特地进京与管理户部事务大臣荣禄、户部尚书鹿传霖商量，在天津代设户部银行，作为国家银行，为发行货币的总机关。回津之后，袁世凯便奏请派道员毛庆蕃具体开办。1904年，户部银行正式开业。1908年，户部银行改为大清银行。相应地，袁世凯

---

① 《直隶农业学堂咨呈提学司历年办理各项事宜文》，见《北洋公牍类纂》卷二十四，5页。
② 梁启超：《各省滥发铜圆小史》，见《中国近代货币史资料》第1辑下册，913、919页。
③ 《清末各省官银号发行纸币情况表》，见《中国近代货币史资料》第1辑下册，1010页。

还努力争取在天津设立国家造币总厂。1905年6月,户部造币总厂在天津建成,开始试铸铜币。次年,户部造币总厂改为度支部造币总厂。户部银行名为国家银行,户部造币总厂名为国家造币总厂,实际上基本上都是由袁世凯势力所操纵控制。

  交通业方面。袁世凯继李鸿章之后出任直隶总督兼北洋大臣,自然希望完全拥有李鸿章的权位。李鸿章在任期间曾经创办了一些重要的实业,如轮船招商局和电报局等,主要由盛宣怀经营。李氏去世后,袁世凯即想方设法将其接收过来。1902年底,袁世凯首先接管轮船招商局,次年初又以督办电政大臣的名义接办电报局,并派亲信杨士琦到上海具体办理两局事务。在强行夺取轮、电两局的同时,袁世凯着手控制直隶的铁路事业。首先,接收山海关内外铁路。庚子事变中,俄国军队占领了山海关及关外营口、新民厅各铁路,英国军队占领了山海关内京津、津榆及北京通州铁路。《辛丑和约》签订以后,清政府即设法收回关内外铁路。1902年初,清廷派袁世凯任督办关内外铁路大臣,负责具体接收事宜。4月,中俄签订《交收东三省条约》,俄国同意将关外铁路交还给中国;与此同时,英国政府也决定将关内铁路交还给中国。在随后签订的《交还关内外铁路章程》中规定,英俄两国将同时交还关内外铁路。10月16日,袁世凯奏报关内外铁路全部收回,其中俄国交还由山海关至营口已成之路710里,由沟帮子至新民厅未成之路200余里,英国交还关内全路823里。① 关内外铁路收回后,袁世凯设立关内外铁路总局,派亲信杨士琦具体经营管理。其次,出任督办津镇铁路大臣,签订津镇铁路英德借款合同。天津至镇江的铁路是一条重要的南北干路。1899年,清政府派督办大臣许景澄、帮办大臣张翼与德国德华银行、英国汇丰银行订立借款草合同,由德国承办天津至山东峄县一段,英国承办峄县至镇江一段。1902年,德国勘路已毕,要求清政府签订正式合同,以便开工。当时许景澄已去世,清政府即派袁世凯为督办大臣,负责议订津镇铁路合同事宜。袁世凯受命后,派唐绍仪、梁如浩与英德两国代表开议。1908年初,袁世凯、张之洞、梁敦彦与英德两国

---

① 《恭报接收关外铁路日期折》《恭报接收关内铁路日期折》,见《袁世凯奏议》中册,642—644页。

代表签订津浦铁路借款合同,中国向英德两国银行借款500万英镑,修筑天津到浦口的津浦铁路,得到清政府的批准。① 再次,督修京张铁路。在收回关内外铁路时,中国与英俄两国有约在先,北京至张家口之铁路应归中国用华款、华员自行造办,外国人不得干预。1903年,有商人不断地向路矿总局禀称已招集巨款,欲商办京张铁路,其实"并非华股,实属某国窃入之款"。为保国家利权,商部一再严词批驳,认为"此路关系重要,应由国家自行筹款兴筑,不得由商人率意请办"。② 清政府决定官办京张铁路后,即由袁世凯督修。1905年,袁世凯奏请由詹天佑负责总工程,负责"查勘估修",并提拨关内外铁路进款盈余之利作为开办经费。京张铁路全长370余里,途经居庸关、八达岭,山路崎岖,工程难度极大。外国人曾经断言中国人不可能完成这项工程。结果,"所有全路一切布置,悉赖詹天佑精心缔造,一力经营"。③ 1909年,京张铁路全线通车。京张铁路是中国人自筹资金、自行设计修造的第一条铁路,是中国劳动人民智慧的结晶,可谓中国铁路史上的壮举。

三 兴办教育

兴学育才是新政要端,袁世凯虽然不学无术,但对此认识还是清醒的。他说:"百年之计,莫如树人。古今立国,得人则昌。作养人材,实为图治根本。查五洲各国,其富强最著者,学校必广,人材必多。中国情见势绌,亟思变计,兴学储材,洵刻不容缓矣。"④新政开始后,朝廷谕令各省兴办新式学堂,袁世凯积极响应,采取措施有力地推动了直隶教育的发展。

省城办大学堂。1902年5月,袁世凯在直隶省城保定筹办大学堂,校舍以保定旧有畿辅学堂改造而成,考选各州县生童120余人入学,委派道员马廷亮、陈恩焘经理其事,以美国人丁家立为西学总教

---

① 《张之洞、袁世凯、梁敦彦会奏订定津浦铁路借款折》《上谕》,见宓汝成编《中国近代铁路史资料》第2册,810—812页。
② 《京张纪闻》《商部批张锡玉文》,见宓汝成编《中国近代铁路史资料》第2册,912—913页。
③ 《道员詹天佑请仍留京路工片》,见《袁世凯奏议》下册,1346页。
④ 《遵旨敬抒管见上备甄择折》,见《袁世凯奏议》上册,270页。

习。① 后来，根据《奏定学堂章程》关于各省设高等学堂的规定，这所省城大学堂被正名为"直隶高等学堂"。1903年4月，袁世凯重建天津中西学堂校舍，改名为"北洋大学堂"。② 直隶高等学堂从创办之初起，就是北洋大学堂的预备学校，毕业生可以不经过入学考试而直接升入北洋大学正科，1913年并入北洋大学。③

各府直隶州办中学堂。1902年8月，袁世凯奏报在直隶各属府、直隶州设立中学堂，拟每府设中学堂一处，直隶州或就近附于各府，或两州合设一处，各属中学堂即以该府、直隶州官为总办，另设监督、司事各一员，中、英文教习各二员，有州附者置三员；学生以50名为额，有州附者加额25名，学制四年，毕业时择优升入省城大学堂。④

各州县办小学堂。1902年8月，袁世凯在直隶各属州县设立小学堂，各小学堂以某州县小学堂为名，以该地方官为总办，每邑选派学董一员，随同经理，学额以经费多少为准，约30名学生设教习一员，学制四年，毕业时择优升入中学堂。

创办师范学堂，培养师资。1902年8月，袁世凯在保定创办直隶师范学堂。他认为"育才莫先于兴学，兴学莫重于得师"。直隶各属筹办学堂，而师资严重缺乏，故特于省城设立师范学堂，"授中西普通实学以造就各学堂师范之选"。师范学堂隶属学校司普通教育处，设总办、总教习、监督各一员，正教习每二班三员，副教习每二班一员，斋长、司事各四员，学额约800名，每州及大县、中县各8名，小县4名。由于各处兴学，急需教习，先通融办理，考选各州县举贡生员作为学生，分设四斋：第一斋半年毕业，二斋一年，三斋二年，四斋三年。各斋学生毕业后考取凭照者，均由学校司派往各厅州县充当小学堂教习。各属学堂教习敷用后，学制一律改为三年。⑤ 1907年6月，袁世凯在天津创办北洋师范学堂。该学堂招收直隶、山东、山西、河南、东三省及西北各省、旗

---

① 《筹办直隶省城学堂折》，见《袁世凯奏议》中册，546—547页。
② 《天津中西学堂改名北洋大学堂》《〈北洋周报〉记北洋大学堂沿革》，见《中国近代学制史料》第2辑上册，970、976页。
③ 《〈北洋大学事略〉记直隶高等学堂》，见《中国近代学制史料》第2辑上册，629—630页。
④ 《筹设直隶各属中学堂拟订暂行章程折》，见《袁世凯奏议》中册，599—601页。
⑤ 《筹设直隶师范学堂小学堂拟订暂行章程折》，见《袁世凯奏议》中册，581—583页。

学生,以为各该省、旗养成初级师范学堂及中学堂教员兼造就小学教员为宗旨。学堂共分三科:完全科学制三年,专修科学制二年半,此两科培养初级师范学堂及中学堂教员;简易科学制一年,专门培养小学教员。

设立各专门职业学堂,如工业学堂、农业学堂、商业学堂、医学堂等,培养各方面的专业人才。

设置教育行政管理机构。1902年8月,袁世凯在省城设立学校司,"为通省学务总汇之所",负责管理直隶全省学务。学校司以在籍前湖南按察使胡景桂为督办。司分三处:专门教育处以翰林院庶吉士丁惟鲁为总办,普通教育处、编译处以翰林院编修王景禧为总办。后来,根据《奏定学堂章程》的规定,学校司改为学务处。

袁世凯督直以来,致力兴学,在直隶掀起了一股兴学热潮,省会及各府、厅、州、县遍办学堂,"官绅协力,风气潜移。故以凋敝之余,而捐资设学者不绝,公立、私立,月有所闻"。据1906年直隶全省学务统计,已开办北洋大学堂、高等学堂、北洋医学堂、高等工业学堂、高等农业学堂、优级师范学堂、女师范学堂、客籍学堂、图算学堂、电报学堂各1所,初等农工业学堂暨工艺局附设艺徒学堂21所,初级师范学堂及传习所89所,中学堂27所,高等小学堂182所,初等小学堂4 162所,女学堂40所,吏胥学堂18所,除大量半日、半夜学堂不计外,注册在校学生人数共86 652人,加上武备、巡警等学堂,学生总数不下10万人。① 据1907年学部统计,直隶创办学堂及教育处所8 723所,居全国之最;学生164 172人,仅次于四川而居全国第二位。即使在袁世凯离开直隶以后的几年里,直隶新式教育仍然保持原有的发展势头,1908年学堂及教育处所9 596所,学生214 367人;1909年学堂及教育处所11 201所,学生242 247人。这两项指标在全国的位置仍然保持不变。② 可见,袁世凯对直隶新式教育的奠基功不可没。

另外,积极派遣留学生,是发展新式教育的重要补充。袁世凯认

---

① 《缕陈直隶历年学务情形嗣后责成提学司续加推广折》,见《袁世凯奏议》下册,1338页。
② 《光绪三十三年、光绪三十四年、宣统元年各省学务统计总表》,见《中国近代学制史料》第2辑下册,838—840页。

为:"各省选派学生出洋学习,实为今日要政。"①为此,袁世凯在督直之后,立即选派直隶学生出洋留学。1902年3月,袁世凯从武卫右军学堂挑选武备学生55名,送往日本陆军学堂学习军事。到1905年7月,据袁世凯自称,直隶所派留学日本官费、自费学生已达一百数十人。②当时,留学日本最为盛行,人们从日本的成功经验中认识到了留学生的价值。袁世凯说:"日本明治初年,重用出洋回国学生,遂有今日富强之效。"③因此,他也特别重视留日归国学生,凡留学毕业回国学生,随时委办各项新政。留学生的派遣,为培养新式人才开辟了新的途径。

四 改良司法与狱政

清末的法制改革试图实行司法独立。在中央,改刑部为法部,专任司法;改大理寺为大理院,专掌审判。在地方,改按察使为提法司,专管司法行政;设高等审判厅,专司审判。地方的提法司与高等审判厅直属于中央的法部与大理院,使司法权从地方督抚的行政权中独立出来。此议遭到不少地方督抚的反对,但袁世凯却持赞成的态度,并率先在直隶试行。

司法独立问题是在1906年的官制改革中提出来的,官制改革实际上是由袁世凯所操纵控制,因此他对此自然是赞成的。他说:"司法独立,万国通例。吾国地方官兼司听断,救过不遑。近今新政繁兴,诸需整顿,亟宜将司法一事,分员而治,各专责成,以渐合立宪各国制度。"1907年3月,袁世凯组织有关人员拟订章程,开始在天津府和天津县试办。天津府设高等审判分厅,天津县设地方审判厅,天津城乡分设乡谳局四处;两厅及谳局办事人员均由熟悉谳法及日本法政学校毕业回国人员充任。各类诉讼案件分刑事、民事,民事案件管钱债细故,立法从宽;刑事案件系社会安危,特设预审官预审,以示慎重。厅局书差各事专门,皆由招考而来。书记生负责写状录供,整理公牍;承发吏负责收受民事诉状,递送文书传票;司法巡警负责搜查、逮捕、执行、处刑。

---

① 《会奏变通调用留学毕业生章程折》,见《袁世凯奏议》下册,1477页。
② 《遣派官绅出洋游历办法片》,见《袁世凯奏议》下册,1161—1162页。
③ 《游学日本毕业供差北洋学生请咨送考验折》,见《袁世凯奏议》中册,998页。

人证到案,专设待质所,分绅商、平民、妇女三室;人犯待审,专设管收所。讼费省减,一切状纸由厅发卖,每纸制钱50文。试行几个月,"积牍一空,民间称便"。① 为了培养新式审判人才,天津审判厅还附设审判研究所。审判研究所以"研究中外法律,造就审判人才"为宗旨,研究科目为大清律例、直隶通饬章程、审判厅章程、万国公法、全国通商条约。设中西法律教员2人,研究员限额30人,研究期限6个月,考验合格者即注册候补充审判员。

为了改良直隶狱政,袁世凯派天津知府凌福彭到日本考察。凌福彭具体考察了日本的东京、士谷、巢鸭、崛川、大阪五处监狱,并就日本监狱的建制沿革、法度、建筑、经费情况向袁世凯作了详细的汇报。袁世凯认为:"中国监狱亟宜改良,其罪犯习艺一节,现在正需兴办,尤可借资则效。"②狱政改良包括监狱改造与监狱制度改良,袁世凯在直隶主要做了三方面的工作。第一,改造旧监狱,改善罪犯生活环境。中国旧式监狱条件恶劣,肮脏不堪,罪犯受着非人的待遇,常因传染病流行而瘐毙狱中。袁世凯首先对直隶省城保定的按察司、保定府、清苑县三处监狱进行改良。保定知府禀报三监改造应办之事有十:整围墙,开天窗,改木笼,给医药,设中厕,墁甬路,疏地沟,制夏衣,勤梳洗,置木盆;按察使禀请在三监添建病室,改造笼房,改善犯人的医疗与居住条件。这些都得到袁世凯的批准,并拨款施行。③ 袁世凯意图以省城监狱的改良为试点,然后逐渐向全省推广。第二,设立罪犯习艺所,教育改造罪犯。袁世凯先在省城保定及天津两处设立罪犯习艺所,以为全省示范。据《天津罪犯习艺所章程》规定,罪犯在习艺所中由专门的工师教授工艺,习艺所根据罪犯的具体条件确定不同的工艺课程,罪犯在习艺所中不仅可以学习谋生的手艺,而且还可以得到一部分做工的工钱。另外还有专门的教诲师教育罪犯改过自新。天津罪犯习艺所设立之后不久,直隶各属如多伦厅、定州、沧州、大名县等处也相继设立习艺所。

---

① 《奏报天津地方试办审判情形折》,见《袁世凯奏议》下册,1492—1494页;《天津府属试办审判厅章程》,见《北洋公牍类纂》卷四,1—7页。
② 《天津府凌守福彭考查日本监狱情形节略(督宪袁札附)》,见《北洋公牍类纂》卷五,6—8页。
③ 《保定府等酌议改良省垣三监办法禀》《按察司详省城司府县三监添建病室改作笼房请拨费文并批》,见《北洋公牍类纂》卷五,1—2页。

罪犯习艺所的设立，主要目的是为了实现对罪犯的感化教育。在罪犯习艺所取得一定成效以后，袁世凯还在天津设立游民习艺所，专门收留各类游民，教以谋生工艺，既可解决一部分人的生计问题，也可在一定程度上减少社会犯罪行为。第三，设立看守学堂，提高狱吏素质。看守学堂以"造成看守资格，预备递升上级官吏"为宗旨，学额40人，学制半年，招收小学毕业及同等学力者入堂学习，课程有监狱学、看守服务章程、日本刑法、监狱法、大清刑律、修身学、算法、兵式体操及礼式，通过毕业考试即发给文凭，再实习半年，合格者即可候升看守。① 看守学堂的设立，是为改良监狱制度而培养新式狱政人才。

五 创办警察

近代中国警察的创办，仿自西法。袁世凯认为，警察是维持社会治安、保证国家政治稳定的重要工具。他说："查各国警察，为内政之要图，每设大臣领其事。盖必奸宄不兴，而后民安其业，国本既固而后外患潜销。且国家政令所颁，于民志之从违，可以验治理之得失，而官府所资为耳目，借以考察舆情者，亦惟巡警是赖。"1902年5月，袁世凯在直隶省城保定首先创设巡警，设警务总局一所，分局五所，挑选巡兵500人，分布城厢内外。试办两个月，"地方渐臻静谧，宵小不至横行，似已颇有成效"。为把警察办得更好，又设警务学堂一所，责令巡兵分班学习，并令警务官弁入堂讲习，以培养警务人才，并拟将警察制度由省会向直隶全省推广。② 随后，直隶的经验很快由朝廷谕令推广全国，一时间各地兴起一个办警热潮。

袁世凯在创办保定巡警的同时，还在计划筹办天津巡警。当时，天津尚在八国联军的占领之下，袁世凯在保定招募警兵3 000名，"勤加训练，限以速成"，为收回天津作准备。到天津收回之日，因《辛丑条约》规定天津20华里之内不得驻扎中国军队，袁世凯即派巡警1 500名驻扎天津城内，在津设立警务总局，其余1 500名巡警分布天津周围的西

---

① 《天津习艺所设立看守学堂及任用章程》，见《北洋公牍类纂》卷五，21—22页。
② 《创设保定警务局并添设学堂拟订章程呈览折》，见《袁世凯奏议》中册，604—605页。

沽、塘沽、山海关、秦皇岛、北塘等处,完全以警察担当天津及其周围地区防卫与治安的职责。1902年冬,袁世凯在天津设立警务学堂,聘请洋员充当教习,编译外国警务书为教材,令各巡警局官弁、兵丁分班学习,"务令一兵一弁皆由训练而成"。① 1903年,将保定警务学堂合并于天津警务学堂,统名"北洋巡警学堂",以"造就通省巡警官弁资格"为目的。北洋巡警学堂每届招收官费、自费学员各100名,官费学生160名,学员学制二年,学生学制一年,课程分三种:补习科有修身、伦理、生理、中外历史、中外地理、算学、国文、统计,必修科有警察律例、法政(宪法、行政法、裁判所构成法、刑法、刑事诉讼法、监狱学、民法、商法、民事诉讼法)、国际法(国际警察法、国际公法、国际私法、外交史)、条约、操法,随意科有测绘、理化、东文东语。北洋大臣明令规定:直隶全省各属创办巡警所需官弁及教练员必须由北洋巡警学堂毕业的学员充任。②

袁世凯在保定与天津创办巡警后,开始向直隶各属推广。1905年8月,据报各州县已设立90余处,但"大半有名无实",只有天津城厢办得有成效,"三年以来,次第改良,奸宄不行,闾阎安堵,成效昭著,中外翕然"。袁世凯决定将天津巡警制度从城厢推广到村镇,命天津巡警总局总办赵秉钧筹办天津四乡巡警,"以为各属模范"。③ 在将警察制度向全省各府州县乡村推广的同时,袁世凯还创办了铁路巡警,如京保铁路、山海关内外铁路都设立了巡警;并在热河围场裁撤汛兵,改办巡警;另外,还设立河巡、马巡、暗巡与消防队等多种名目的巡警。新政时期,警察制度在直隶各地甚至许多行业都有过不同程度的尝试。

六 编练北洋新军

袁世凯在直隶最重要的新政举措就是编练北洋新军,以此形成的北洋军事官僚政治集团,对于清末民初中国政局有着至关重要的影响。

袁世凯是以练兵起家的,从小站练兵开始,他便手握重兵而青云直上。新政时期,位居直隶总督兼北洋大臣的袁世凯,更是充分利用朝廷

---

① 《天津及海口一带设立巡警先后筹办情形折》,见《袁世凯奏议》下册,1055—1056页。
② 《北洋巡警学堂推广重订章程》,见《北洋公牍类纂》卷七,1—3页。
③ 《拟定天津四乡巡警章程折》,见《袁世凯奏议》下册,1170页。

大举练兵的时机,进一步扩张自己的势力。他说:"直隶为畿辅重地,筹饷练兵,固期多多益善。"①为此,他想方设法编练北洋新军。

1902年2月,在开始练兵之初,袁世凯以直隶防务重要为由,奏请从顺直善后赈捐存款中拨出100万两,作为募练新军的开办经费,得到清政府的批准。随即,袁世凯参照西方各国的征兵制及汉代调兵制、唐代府兵制,拟订《募练新军章程》19条,按年龄、身高、体力、身体状况等一定要求,严格挑选土著居民入伍,注册备案,管理从严,并规定优待军属,严惩逃兵。同时,派王英楷、王士珍等人到正定、大名、广平、顺德、赵州、深州、冀州各属,精选壮丁6 000人,正式训练。② 6月,袁世凯拟订《北洋练兵营制饷章》,将北洋军分为常备军、续备军、后备军三种,常备军发给全饷,在营训练三年各回原籍,作为续备军,历三年后,退为后备军,再历三年,悉作平民;续备、后备两项,分别给以减成月饷,遇有战事,悉听征调。常备军全军设总统一员为统帅,分左、右两镇,每镇辖步队两协,炮队、马队各一标,工程队、辎重队各一营,全军兵丁总计19 124名,文武员弁、医生、书、役、匠、夫共7 996员。照此新订营制,以年初王英楷等人所募6 000人为基础,先在保定创练常备军一镇,并计划在秋末春初再添练一镇,合成一军。这是北洋常备军的最初建制。

与此同时,为了加强对练兵事宜的领导与管理,袁世凯在直隶省城保定设立军政司,为"军务总汇之所,以立其体而握其枢"。袁世凯自己兼摄军政司督办。军政司下分三处:兵备处分考功、执法、筹备、粮饷、医务五股,以刘永庆为总办;参谋处分谋略、调派、测绘三股,以段祺瑞为总办;教练处分学务、校兵两股,以冯国璋为总办。③ 1904年,练兵处与兵部会奏新定营制饷章,要求各省设立督练公所,直隶军政司即改为督练公所,或称"督练处"。

1902年底,清政府挑选京师八旗兵丁3 000人交袁世凯训练,袁世凯奏请以铁良为京旗练兵翼长,并与铁良拟订开办章程,"所有营规军律,悉照北洋常备军法令办理,其营制饷章,亦按常备军一律编定",以

---

① 《北洋创练常备军厘订营制饷章折》,见《袁世凯奏议》中册,510页。
② 《拟定募练新军章程请敕部立案折》,见《袁世凯奏议》上册,435—439页。
③ 《直隶创设军政司拟定试办章程折》,见《袁世凯奏议》中册,537页。

此编练京旗常备军。①

1903年7月，袁世凯奏请将裁减绿营、淮军、练军的饷项移作编练常备新军之用，其中裁减绿营每年可节省银20万两左右，裁减淮军、练军每年可节省银约80万两，共计约有100万两。他在筹备当年的常备军饷时，即以此项经费为主，其余不足部分，"于烟酒税内随时挹注，以济要需"。②

1904年初，因日俄战争的威胁，袁世凯借机奏请在原北洋常备军左、右两镇之外再添练1镇，共成3镇：将原有左镇改为第1镇；原右镇仅有马队4营，将右镇添足步队12营，炮队3营，工程、辎重各1营，改为第2镇；另外再添练1镇，为第3镇。至此，北洋常备军已练成3镇，共计步、炮、马、工、辎63营，第1镇翼长王英楷，第2镇翼长吴长纯，第3镇翼长段祺瑞。1905年初，袁世凯以原新建陆军改编的武卫右军和由山东勇营整编的武卫右军先锋队为基础，吸收调防来的江南自强军，编成北洋常备军第4镇和第5镇。此时，练兵处奏定统一全国陆军番号，袁世凯将北洋常备军一律改为陆军各镇。具体改编情况是：京旗常备军改为陆军第1镇，驻京师北仰山洼；北洋常备军第1镇改为陆军第2镇，驻迁安；北洋常备军第2镇改为陆军第3镇，驻马厂；北洋常备军第3镇改为陆军第4镇，驻保定；北洋常备军第4镇改为陆军第6镇，驻京师南苑；北洋常备军第5镇改为陆军第5镇，驻山东济南等地。至此，北洋6镇新军正式编成。

为了培养军事人才，袁世凯在编练北洋新军的同时，还创办了一批新式军事学堂。1902年6月，袁世凯在直隶省城保定创办北洋行营将弁学堂，以雷震春为总办，隶属于军政司，遴选曾经带兵员弁、粗识文字、有志上进者作为学员，教授将弁以军制、战法、击法为主，并随时就地实演战击诸法。学额120名，其中将领20名，哨官长40名，弁目60名，学期8个月，毕业时由军政司考验，择优擢用。1903年3月，袁世凯奏请设立北洋陆军武备学堂。在此，他根据当时中国的情形，参考东

---

① 《遵旨训练旗兵拟订开办章程折》，见《袁世凯奏议》中册，704—705页。
② 《裁节绿营兵饷移赡常备新军折》《裁减淮练各军饷项移供新军折》《筹备二十九年常备军饷片》，见《袁世凯奏议》中册，809、816、818页。

西洋各国章制,设计了一个创办陆军武备学堂的详细计划:学堂分为小学堂、中学堂、大学堂三等,另设速成学堂,以为救时之用。据此计划,陆军小学堂拟在省城以外四区设立,每堂额定200名,学制四年;第一、二年授以经义、史鉴、文法、地理、算学、洋文、操法,第三、四年加授绘图、格致、军器等学。学生毕业后升入中学堂。陆军中学堂拟在省城设立,学额600名,每年以四区小学堂毕业生200名升入,学制三年;第一年授以史学、文法、洋文、算学、测绘、地理、博物、兵学、军器、操法,第二、三年授以兵学及步、马、炮、工、辎重等。学生毕业后随营历练两年,然后由军政司考取50名升入大学堂,其余留军营量才使用。陆军大学堂(即参谋学堂)拟在省城设立,学额150名,学制三年,每年考选在营历练期满的中学毕业生50名入学。从小学到大学毕业,共需12年(含中学毕业后两年实习期)。陆军速成学堂拟在省城设立,第一年招收200名,以后每年添招100名,学制两年;第一年授内堂各学,如经史、文法、地理、算学、医学、物理、测绘、兵学、操法等项,第二年授外场操法,如步、马、炮、工、辎重等,学生毕业后派充军营官长或学堂教习;四年之后有小学堂学生毕业,陆军速成学堂即改为陆军中学堂。鉴于当时中国风气初开、根底尚浅的实际情况,拟先办陆军小学堂和速成学堂,大、中学堂暂拟缓办。① 1905年3月,为造就各项军事专门人才,设立军医、马医、经理、军械四类专门学堂。军医学堂挑取满、汉学生140名入学,培养正副军医官、军医长;马医学堂挑取速成正课学生100名入学,培养正副马医官、马医长;经理学堂挑取速成学生40名,培养正副军需官、军需长;军械学堂挑取速成学员40名,培养正副军械官、军械长。"如此因材施教,为学择人,迟之数年,明医药剖解之术,胜收讨军实之任者,当不乏人。"② 1906年6月,袁世凯在直隶省城保定设立北洋军官学堂,"为造就军官总汇之所",选派品学超卓、才识优异的各镇军官入学,授以各种高等兵学,分速成、深造两科:速成科学额40—60名,学制一年半;深造科学额50—80名,学制三年。这就是著名的保定

---

① 《遵旨建立北洋陆军武备学堂拟订章程呈览折》,见《袁世凯奏议》中册,749—770页。
② 《筹设北洋陆军军医马医经理军械各学堂折》,见《袁世凯奏议》下册,1112页。

陆军军官学堂,"虽不居大学堂之名,而已著大学堂之实"。①稍后,袁世凯在天津设立北洋陆军讲武堂和北洋陆军学兵堂,以训练北洋新军各级军官及兵丁头目。讲武堂"为各军官研究武学之所",选派各镇官长分班轮流到堂讲学,学额180名,学期三个月,学员分上下两级,上级学员自统领至管带,专事兵事大纲,并考求外场利弊;下级学员自督队官至司务长,内堂外场,均须实行演习。学兵营"为各军队备充头目之选",从各镇正副兵内考选聪颖兵丁,来营学习,以期养成头目为教练新兵之用。②另外,在创办新式军事学堂、培养军事人才的同时,袁世凯还向国外派遣军事留学生,为培养新式军事人才开辟新的途径。如1902年3月,袁世凯派遣武卫右军学堂毕业生55名到日本陆军学堂学习军事。通过创办军事学堂和派遣军事留学生,袁世凯为编练北洋新军培养了大批骨干力量。

北洋六镇新军编成后,1905、1906年,以北洋新军为主的北军与以湖北新军为主的南军,曾经在直隶河间与河南彰德两次进行会操,即实战演习。阅兵大臣袁世凯、铁良认为:"综观全局,凡军人之勇往,军马之壮健,以及军队之配置适宜,军需之筹备无缺,均堪嘉许……至于连日所演战状,官长之指挥,目兵之动作,大致亦均有可观。"③这是对于会操新军的总体观感。如果说张之洞的湖北新军正如袁世凯、铁良所称"在东南各省中,实堪首屈一指",那么,袁世凯的北洋新军应该可谓全国各省之冠了。据统计,到1907年,北洋新军官兵合计共达75 225人,势力及于京师、直隶、山东与东北。无疑,这是当时中国最强大的一支军事武装。

北洋六镇新军基本上可以说是袁世凯的私人武装。虽然第一镇为旗兵,袁世凯不能完全控制,但其余五镇都在袁世凯的绝对掌握之中。六镇的各级重要军官大都是袁世凯小站练兵时的部下,或者是袁世凯创办的军事学堂毕业的学生,如先后担任过各镇翼长与统制的何宗莲、王士珍、王英楷、马龙彪、张怀芝、王占元、段祺瑞、段芝贵、曹锟、吴长

---

① 《北洋设立军官学堂拟订试办章程请饬立案折》,见《袁世凯奏议》下册,1321页。
② 《北洋设立陆军讲武堂学兵营拟订试办章程折》,见《袁世凯奏议》下册,1330、1333页。
③ 《丙午年秋季河南彰德府大操阅兵大臣评判场训词》,见《北洋公牍类纂》卷十二,1页。

纯、吴凤岭、张永成等,都是袁世凯的亲信。袁世凯正是依靠北洋六镇新军的武装力量,而操纵控制朝政大权,成为清末权倾朝野的重臣。"光绪三十年间,朝有大政,每由军机处问诸北洋。事权日重,往往有言官弹劾,赖中朝信任,未为动摇。"①于是,以北洋新军为基础,形成了一个以袁世凯为中心的北洋军事官僚政治集团,这是影响清末乃至民初中国政局的一股重要的政治势力。

---

① 张一麐:《古红梅阁笔记》,见张一麐《心太平室集》卷8,36页,1947。

第二章
《辛丑和约》与新政形势下的社会政治变动

《辛丑和约》的签订,使中外关系暂时摆脱激烈的战争状态而趋向和缓。然而,西方列强虽然放弃了"瓜分"的论调,但在"保全主义"的幌子下,并没有放松对在华利权的掠夺。民族危机不但没有缓解,而且仍在进一步加深。与此同时,清政府极力推行新政,力图挽救行将崩溃的王朝统治。但是,新政的推行并没有真正地改变政府在国人心目中软弱无能、腐朽没落的形象,也不能有效地缓解各种日趋激化的社会矛盾。清王朝的统治仍然处于风雨飘摇之中。在清政府实施新政的过程中,伴随着新的经济因素增长与新的社会力量集结而来的,是一场大规模的社会政治变动。各种"民变"事件迭起,留学生运动与国内学潮高涨,以及以民族资产阶级为中心,具有全国规模的群众性的反帝爱国运动的兴起,种种迹象表明,中国已经处在革命大风暴的前夜。

第一节　中外关系的表面和缓与列强加紧在华掠夺利权

一　"保全主义"幌子下的"灭国新法"

甲午战争以后,外国列强一度掀起了瓜分中国的狂潮,它们肆意践踏中国的国家主权,肆无忌惮地强占租借地,划分势力范围。中国成了任人宰割的羔羊。中华民族终于在沉默中爆发。戊戌维新运动吹起了变法自强的号角;义和团运动唤醒了不甘屈辱、奋起抗争的民族精神。20世纪初年,列强不得不改变侵略的手法,放弃明目张胆的"瓜分"政策,而采取更加隐蔽阴险的"保全主义"。促使这种转变的原因主要有以下三个方面。

第一,中华民族抗争精神的震慑。虽然义和团运动盲目排外的一面并不值得歌颂,但是义和团民众敢于用血肉之躯抵抗列强洋枪洋炮的攻击,其大无畏的反帝精神表明中华民族是不甘屈服的。时人以为,义和团虽然以失败而告终,但其英勇顽强的精神的确令国人猛醒,令世界震惊,"其'勇'之一字,未尝不轰全球人之耳,电全球人之目"。正是义和团这种不怕牺牲的精神粉碎了列强企图瓜分中国的迷梦。"义和团此举,实为中国民气之代表,排外之先声矣!彼眈眈逐逐以一鼾睡而目尽我中国人,而狂思妄想豆剖瓜分我中国者,观于此能无废然变计耶!"[①]八国联军统帅瓦德西也从义和团身上看到了中国民气的强大,

---

[①]《义和团有功于中国说》,见张枬、王忍之编《辛亥革命前十年间时论选集》第1卷上册,62页,北京,三联书店,1977。

他说:"吾人对于中国群众,不能视为已成衰弱或已失德性之人;彼等在实际上,尚含有无限蓬勃生气。"①他深知中国不易被瓜分,"无论欧美日本各国,皆无此脑力与兵力,可以统治此天下生灵四分之一也……故瓜分一事,实为下策。"②因此,他极力倡导"保全"之策。法国议员认为:"中国地土广阔,民气坚劲,殊非印度、南洋各处可比……故谓瓜分之说,不啻梦呓也。"英国外交部副大臣明确地宣布英国对华政策是"阻止瓜分中国之事。中国此后仍须以华人治华地。"他特别提出要以"团匪之事"为鉴,并申明英国应"确守保全中国,不使瓜分之策"。③可见,是义和团发扬的中华民族的反帝精神阻止了列强瓜分中国的步伐。

第二,列强之间矛盾冲突、相互制约而形成的均势。19世纪末,经过多年的角逐,列强在中国划分势力范围已完毕,但列强争夺在华利权的格局并没有因此而稳定下来。随着各国实力的消长,列强之间并不以所得到的利权为满足,而是彼此打着对方的主意,极力扩大自己的在华权益,相互之间的争斗仍在进行。瓦德西在分析当时的远东国际形势时指出:就中国国势而言,"武备之虚弱,财源之衰竭,政象之纷乱",实在是一个千载难得的瓜分中国的时机;但是,就列强之间的关系来说,则瓜分之事绝对不能实现,因为列强之间会钩心斗角,互不相让。"英国极不愿意法国进据云南、日本占领福建。日本方面对于德国之据有山东,则认为危险万分。各国方面对于英人之垄断长江,认为势难坐视。至于美国方面,更早已决定,反对一切瓜分之举。俄国方面若能听其独占满洲,毫不加以阻扰,则该国对于他国之实行瓜分中国,当可袖手旁观;盖彼固深信,各国对于此事,彼此之间必将发生无限纠葛也。"④事实正如瓦德西所言:俄国欲乘庚子事变之机独占东北三省,引起了各国,尤其是英国与日本的强烈不满;英国想独霸长江流域,使其他各国分外眼红;德国要占据山东,遭到日本的反对;日本企图侵占福建,受到英国与美国的干预;法国想独吞云南,遇到英国的牵制;美国则高举"门户开放"的旗帜,希望到处可以"利益均沾",当然不愿意列强各

---

① 《瓦德西拳乱笔记》,见中国史学会主编《义和团》第3册,86页,上海人民出版社,1961。
② 佐原笃介:《八国联军志》,见《义和团》第3册,244页。
③ 《有关义和团舆论·国外舆论》,见《义和团》第4册,245—246、249页。
④ 《瓦德西拳乱笔记》,见《义和团》第3册,84—85页。

据一方。这样,既没有一个国家能够有绝对的实力可以独霸中国,各列强之间又可能会因为分赃不均而内讧不已,"瓜分"论便很自然地让位于"保全"论。于是,各国舆论便高唱"保全"论调,一些在华的"中国通"更是推波助澜。长期占据清政府海关总税务司职位的英国人赫德的言论最具代表性,他说:"各国于支那问题,大率不外三策,一曰瓜分其土地,二曰变更其皇统,三曰扶植满洲政府。然变更皇统之策,无人足以当之,骤难施行。今日之计,惟有以瓜分为一定之目的,而其达此目的之妙计,则莫如扶植满洲政府,使其代我行令,压制其民。民有起而抗者,则不能得义兵排外之名,而可以叛上之名诛之。我因得安坐以收其实利,此即无形瓜分之手段也。"①赫德所说扶植清政府统治其人民,以达到"无形瓜分"的目的,即是保全论的中心旨意。时论以为:"列强之意,鉴于以猛力压人国,其暴发也不可制……故其与我中国也,巧为变计,尽寄权于其政府官吏,擒之纵之威之胁之,为所欲为,可以不劳兵而有人国。"②可见,从瓜分论转变为保全论,其实是从主张有形的领土瓜分转变为倡导无形的利益瓜分,并不是列强放弃了侵华政策,只不过是其变换了侵略的手法而已。

第三,清政府成了"洋人的朝廷"。列强叫嚣的保全论的实现有一个必要的前提,那就是清政府愿意俯首帖耳成为它们在华统治的代理人。这一点在当时其实已经不成问题。历经庚子事变,中国的国际地位一落千丈,已"沦为这样卑微的一个被奴役的国家",③清政府已经完全屈服于列强侵略的淫威。为了达成与侵华列强的所谓和议,清政府无条件地接受了各国提出的议和大纲十二条,并以煌煌上谕表示要"量中华之物力,结与国之欢心"。④ 当慈禧太后在结束了一年多的流亡生活返回北京的时候,她对列强的态度发生了明显的变化,曾经"大张挞伐,一决雌雄"的气概早已不见。她第一次公开接见了外国使节,据说,"召见从头到尾是在格外多礼、格外庄严和给予外国代表以前所未有的更大敬意的情形下进行的";随后,她还接见了外国使节夫人,她"在问

---

① 转见杨度《〈游学译编〉叙》,见《辛亥革命前十年间时论选集》第1卷上册,254页。
② 《二十世纪之中国》,见《辛亥革命前十年间时论选集》第1卷上册,66页。
③ [美]马士:《中华帝国对外关系史》,张汇文等译,第3卷,474页。
④ 《光绪宣统两朝上谕档》第26册,482页。

候这些夫人的时候，表示出极大的同情，并且一边和她们说话，一边流泪"。① 不仅慈禧太后如此前倨后恭，当时的各级政府官员也都"亟图与外人和好，而若唯恐得罪于外人"。正如时论所说，"内而宫廷，外而疆吏，下至微员末秩，皆莫不以敬礼外人为宗旨"。② 可以说，庚子事变之后，清政府成了"洋人的朝廷"。革命志士陈天华在其著名的革命宣传品《猛回头》中说："列位！你道现在的朝廷，仍是满洲的吗？多久是洋人的了！列位！若还不信，请看近来朝廷所做的事，哪一件不是奉洋人的号令？我们分明是拒洋人，他不说我们与洋人做对，反说与现在的朝廷做对，要把我们当做谋反叛逆的杀了。列位！我们尚不把这个道理想清，事事依朝廷的，恐怕口虽说不甘做洋人的百姓，多久做了，尚不知信。朝廷固然是不可违拒，难道说这洋人的朝廷，也不该违拒么？"③ 已经成为"洋人的朝廷"的清政府，自然是列强企图控制中国的最合适的代理人。

所谓保全主义，名义上是保全清政府的合法政权统治，维护中国形式上的独立主权国家地位与领土完整，其实质是列强企图通过控制清政府而事实上统治中国，并从中攫取更多的侵略利益。时人对此多有揭露与批判。有人认为，保全论代替瓜分论，只不过是公开争夺中国领土的"明瓜分"变为暗中掠夺中国利权的"暗瓜分"，"自列强变其明瓜分之政策，而为暗瓜分，专据亚洲大陆政权、财权、用人权、行政权、铁路矿山权、教育权、警察权，而不事明用干戈以据土地"。④ 更有人指出，列强推行保全主义政策，是"托保全之名，而行灭国之实"。⑤ 保全主义比明目张胆的"瓜分主义"更加阴险，无非是一种"灭国之新法"。⑥ 对于这种新的灭国政策的危害，时人也有非常清醒的认识："二十世纪以来，灭国政策愈出愈奇，土地不必占领，人民不必杀戮，官吏不必驱逐，职业不必侵扰。及其结果，则不占领土地而吸取土地之精华，不杀戮人民而

---

① [美]马士：《中华帝国对外关系史》，张汇文等译，第3卷，388页。
② 《论中外有不能相安之势》（上海同文沪报），见《新民丛报》第20号，日本横滨，1902年11月14日。
③ 陈天华：《猛回头》，见中国史学会主编《辛亥革命》第2册，151—152页，上海人民出版社，1959。
④ 《论外国待中国之现情》（旧金山文兴日报），见《新民丛报》第20号，日本横滨，1902年11月14日。
⑤ 雷铁厓：《警告全蜀》，见唐文权编《雷铁厓集》，47页，武汉，华中师范大学出版社，1986。
⑥ 杨度演说辞，参见袁鹤皋《朱师晦的〈癸卯日记〉》，见中国人民政治协商会议湖南省委员会文史资料研究委员会编《湖南文史资料选辑》第11辑，143页，长沙，湖南人民出版社，1979。

灭绝人民之种族，不驱逐官吏而利用官吏之贪横，不侵扰职业而暗攫职业之权利。迟之则数十寒暑，早之则十余春秋，万里河山皆他人之殖民地、游牧场矣。"①总之，所谓保全主义，无非是列强在新的形势下采取的一种杀人不见血的灭亡中国的新政策。

二 庚子事变之后的商约谈判

《辛丑和约》的签订，标志着外国列强侵华步伐的大幅度迈进，使中国彻底沦为半殖民地社会。《辛丑和约》不仅使列强攫取了大量实际的侵略特权与利益，而且为列强进一步侵华提供了直接的条约依据。《辛丑和约》第十一款规定："大清国国家允定，将通商行船各条约内，诸国视为应行商改之处，及有关通商各他事宜，均行议商，以期妥善简易。"②这就明确地规定了中国与各国的通商行船条约应该修订。此后，清政府与英、美、日、德、意等国的商约谈判即以此为依据。

首先与中国进行双边谈判的国家是英国。1901年9月底，英国驻华公使萨道义（E. M. Satow）通告清政府，英国政府已派出"总理印度事务大臣政务处副堂"马凯（J. L. Mackay）为修订商约谈判的全权代表，以马凯为首的代表团即将来华，希望清政府指派谈判代表。10月初，清廷谕令宗人府府丞盛宣怀为办理商税事务大臣，议办通商行船各条约及改订进口税则一切事宜，就近会商两江总督刘坤一与湖广总督张之洞妥为定议，并派英籍海关税务司戴乐尔（F. E. Taylor）、贺璧理（A. E. Hippisley）两人随同办理。后来，清政府又增派前任出使德国、荷兰大臣吕海寰为谈判代表，英籍海关副总税务司裴式楷（R. E. Bredon）为帮办，并命刘坤一与张之洞为督办商务大臣，给他们参与商约谈判以正当名分。

马凯来华以后，曾先后到南京与武昌访问了刘坤一与张之洞，为谈判进行准备活动。1902年1月，中英商约谈判在上海正式开议。在中英谈判的过程中，一个关键的问题就是"免厘加税"，英方要求废除阻碍

---

① 义侠：《为滇越铁路告成警告全滇》，见《辛亥革命前十年间时论选集》第3卷，563页。
② 《辛丑各国和约》，见王铁崖编《中外旧约章汇编》第1册，1007页。

外国商品在中国内地流通的厘金制度，中方希望增加洋货进口关税与土货出口关税作为补偿。关于"免厘加税"的谈判其实有两方面的问题：一方面是如何加税。吕海寰与盛宣怀交给马凯的备忘录中提出，洋货进口税按5%的正税与2.5%的子口半税"一并加倍完纳"，即加至15%，相对于5%的正税是增加了2倍。本来马凯向盛宣怀说只能增加1倍，即加至10%，盛宣怀非常失望；后来，经参与谈判的海关副总税务司裴式楷的折中，双方同意加税1.5倍，即在进口正税的5%外加7.5%的附加税，共加至12.5%。至于土货出口关税，双方议定增加半倍，即在正税5%之外加2.5%的附加税，共加至7.5%。① 另一方面是如何免厘。马凯提出同意增加进口税一倍半的条件是所有的厘卡必须一律裁撤，包括盐与土鸦片的厘卡；同时英国还要获得增开通商口岸、内地居住、内港行轮与开矿修路等特权利益。马凯特别向盛宣怀强调说："只要保留任何形式的厘卡，英国政府决不会同意中国增加进口税一倍半。因此，如果您决定继续谈判加税问题的建议，裁撤所有厘卡是一个绝不可少的内容。"② 这些条件的提出，特别是裁撤盐与土鸦片税卡问题，引起了张之洞与刘坤一的强烈反对。盐厘与土膏捐是清政府财政税收的两个重要来源，从维护国家财政税收的角度出发，张之洞与刘坤一致电盛宣怀，坚决反对裁撤盐与土鸦片的税卡。这使盛宣怀与马凯在上海的谈判陷于僵局。于是，盛宣怀便与马凯决定直接与刘坤一和张之洞会谈。在南京，马凯提到盐税问题，这是刘坤一职责范围内的事，他向马凯表示，"愿意保证这些厘卡不影响一般贸易，但决不能裁撤这些卡子"。③ 因为土鸦片税是由张之洞管辖，所以这个问题只能在武昌解决。结果与南京一样，土鸦片与盐的税卡被保存下来，张之洞与刘坤一向马凯保证这些税卡不抽其他货物的厘金。于是，阻碍在上海"免厘加税"谈判的盐与土鸦片税卡的存废问题已基本化解。随后，马

---

① 《1902年5月19日吕海寰、盛宣怀面交马凯的备忘录》《1902年6月5、9日裴式楷致赫德函第82、83号》，见中华人民共和国海关总署研究室编译《辛丑和约订立以后的商约谈判》，61—67页，北京，中华书局，1994。
② 《1902年6月15日裴式楷致赫德函第84号》，见《辛丑和约订立以后的商约谈判》，70页。
③ 裴式楷：《1902年7月4日马凯在南京与刘坤一会谈简记》，见《辛丑和约订立以后的商约谈判》，74页。

凯又与张之洞、盛宣怀、吕海寰及其代表人物在武昌、汉口多次就"免厘加税"的有关细节问题进行谈判,最后议定了这一条款。"免厘加税"问题解决后,中英双方代表还在内港行轮等方面进行过较多的争论。经过长达8个月的持续谈判,9月5日,中英代表在上海签订了《续议通商行船条约》,即《马凯条约》。

中英新的通商行船条约正文共16款,另有3个附件,主要内容除上述"免厘加税"以外,还有:中国统一国币,承认华民购买他国公司股票为合法,保护英国贸易牌号,修改矿务章程,招致外资来华开矿;整顿珠江与长江水道,以便于行船,开放湖南长沙、四川万县、安徽安庆、广东惠州与江门为通商口岸,将广东省内的白土口、罗定口、都城作为暂行停泊上下客货之处,将容奇、马宁、九江、古劳、永安、后沥、禄布、悦城、陆都、封川等10处作为上下搭客之处;英国禁止吗啡、鸦片任便贩运来华;中国整顿律例,以期与西国一律,直至中国律例完善,英国即放弃治外法权;英国愿意与中国合作查办教案,以期民教永远相安,等等。①

在英国之后与中国进行商约谈判的国家是日本与美国。1902年6月,日本驻上海总领事小田切万寿之助和驻华使馆头等参赞日置益、美国驻上海总领事古纳(F. J. Goodnow,即古德诺)和在上海的商董希孟(J. F. Seaman,亦译西门),分别代表日本和美国开始与中国代表进行商约谈判。当时,因为中英谈判尚未结束,中日、中美之间的谈判在双方代表进行几次会谈之后不得不暂停。直到中英商约签订以后,中日、中美谈判才重开。不久,刘坤一因病去世,盛宣怀因丁忧暂时不能参加谈判,清政府任命直隶总督兼北洋大臣袁世凯为督办商务大臣,出使美国大臣伍廷芳为会办商务大臣并着会议各国商约事宜,②用伍、袁两人取代了盛、刘。在与美日两国的谈判过程中,清政府试图以已经签订的

---

① 《续议通商行船条约》,见王铁崖编《中外旧约章汇编》第2册,101—114页。
② 《光绪宣统两朝上谕档》第28册,260页。按:中美、中日商约谈判基本上是由吕海寰与伍廷芳完成,但在签约前伍廷芳突然奉旨进京,清政府仍指派盛宣怀为签字代表,伍廷芳没有在中美新商约上签字,其在中日新商约上的签字也是由吕海寰代签。

中英商约为基准,"英约已允者照办,未允者坚拒"。① 但是,美国与日本代表都提出了一些超出中英商约的新要求,如在"免厘加税"的问题上,不同意加税一倍半,只同意加税一倍;提出扩大内河行船权、开放东北地区的商埠等。从1902年9月到1903年10月,谈判断断续续进行了一年的时间,最后签订了中美《通商行船续订条约》和中日《通商行船续约》。

中美新的通商行船条约正文共17款,另有3个附件,主要内容有:免厘加税,裁撤厘金及各项货税捐之局卡,洋货进口税与土货出口税分别加至12.5%与7.5%,允许征收土货销场税与出厂税之外的产地税;奉天之盛京与安东两地为"中国自行开埠通商";保护美国人在中国的商标、专利与版权。中国应修订矿务章程、统一国币、修改律例等条与中英新商约同。②

中日新的通商行船条约正文共有13款,另有7个附件,除与中英、中美新商约相同条款外,新的内容有:允许"能走内港之日本各项轮船"可以照章在中国从事内港贸易;统一中国的度量权衡制度;开放湖南长沙为通商口岸,各国驻扎直隶及保护使馆军队撤退后,中国应在北京"自开通商场"。③

1902年初,正当中英、中美、中日的双边谈判忙得不可开交的时候,葡萄牙也提出了修约的要求。葡萄牙并不是《辛丑和约》的签字国,它不能像英、美、日等国那样以《辛丑和约》的有关规定作为修约的条约依据,但它却可以不履行《辛丑和约》的条约义务为要挟,如赫德所说"它可以要求沿用旧税则",④即不承认根据《辛丑和约》所制定的新税则。这将给《辛丑和约》的实施带来障碍。于是,清政府不得不与葡萄牙进行修约谈判。是年10月,由庆亲王奕劻与葡萄牙"特派参政大臣上议院员中国钦差便宜行事大臣"白朗谷(Jose D'Azevedo Castello Branco)签订了中葡《增改条款》。《增改条款》提出对1887年12月订

---

① 《吕海寰盛宣怀致外部日约十款言甘手辣如何抵制候示电》,见王彦威辑《清季外交史料》卷一五八,9页,北平,1932。
② 《通商行船续订条约》,见王铁崖编《中外旧约章汇编》第2册,181—191页。
③ 《通商行船续约》,见王铁崖编《中外旧约章汇编》第2册,192—200页。
④ 《1904年6月18日赫德致外务部节略》,见《辛丑和约订立以后的商约谈判》,268页。

立的中葡《通商和好条约》进行修订，葡方允诺在完成修约之后承认《辛丑和约》规定的新税则，并允许中国在澳门设立海关分关，"办理税务事宜"。后来，由于葡萄牙议会的反对，这个《增改条款》并没有得到葡方的批准。① 1904年6月，中国代表吕海寰、盛宣怀与葡萄牙代表白朗谷、博帝业（O. Botien）在上海重开商约谈判。同年11月签订中葡《通商条约》。这个中葡新商约是在1887年12月订立的中葡《通商和好条约》的基础上修订而成，葡萄牙以"别国所享最优利益，葡国应得一体均沾无异"为条件，表示承认《辛丑和约》所定"加增进口税则"。通过这个条约，葡萄牙不仅获得了与其他列强相同的利益，而且还取得了一些特殊利益。在签约当天另立的《办理新约第三、第五款合订章程》与《广澳铁路合同》，明确规定洋药从澳门进口由澳官专设洋药衙门专管，葡萄牙轮船可以在澳门与西江及广州之间自由航行，所有从广州到澳门的铁路由中葡两国商人集股合办。②

中葡新商约签订以后，1905、1906年，德国与意大利也相继派代表来进行商约谈判，但双方谈判都在几个回合之后破裂，并没有达成最后的协议。庚子事变后，中国先后与英、美、日、葡、德、意六个国家进行了双边商约谈判，签订了中英、中美、中日、中葡四个新商约，其中中葡《通商条约》又因葡萄牙议会反对而未正式批准换文。这些新商约的签订，扩大了各签约列强在华的侵略利权，而其他一些未签约列强也可以通过"一体均沾"的原则获得相应的侵略利权。但是，这些并不能满足列强日益膨胀的贪欲，更不能平息列强之间不断争夺侵略利权的重重矛盾。事实上，新商约的签订，在某种意义上可以说是列强之间侵略利权的再分割，这又会加深列强之间的矛盾冲突。例如，美国与日本通过新商约在东北开辟商埠，直接渗透到俄国的势力范围，这是对俄国独占东三省的公开挑战。新商约签订之后，列强之间在华的利权争夺仍然不可避免，中国社会将进一步向半殖民地化沉沦。

---

① 《1902年10月24日外务部札行总税务司》《1904年6月8日海关造册处税务司戴乐尔向总税务司赫德报告的中葡修订商约会议记录第1号》，见《辛丑和约订立以后的商约谈判》，258、266页。
② 三个条约文本见王铁崖编《中外旧约章汇编》第2册，252—266页。

三　东北与西南边境烽烟继起

屈辱的《辛丑和约》并没有给中国带来和平的局面，新商约的签订也并没有阻止列强进一步侵略中国的步伐。在所谓"保全中国"的新形势下，为了争夺控制中国的霸权，仍然不可避免地发生了公开的武装冲突，日俄争夺东北的战争与英国对西藏及云南边境的侵略，是典型的事例。

庚子事变中，俄国利用其与中国边境接壤的"地利"条件，大肆趁火打劫，在积极参与八国联军集体武装侵华的同时，又单独出兵侵略中国西北与东北边疆地区，不仅派遣兵力强行进驻中国蒙古、新疆的库伦和伊犁，而且还出动大军武装攻占东北三省。与其他列强稍有不同，俄国抱有明显的侵占中国领土的野心，对东北三省的军事占领，目的就是要变其为俄国的殖民地。

1900 年 11 月，南满俄军总司令阿列克谢耶夫（К. А. Алексеев）撇开流亡西安的清政府，直接与东北地方当局交涉，胁迫奉天将军增祺派遣已革道员周冕到旅顺签订《奉天交地暂且章程》。该章程共 9 条，名义上是说要将"俄军所占奉省各地方"交还给奉天将军，实际上是要把奉天置于俄国的直接控制之下。章程规定，由俄军驻防奉天省城等处，奉天将军"将所有军队一律撤散，收缴军械"，俄军未经驻扎的炮台、营垒"一并拆毁"，在沈阳设"俄总管"一员，监督奉天将军的行政，等等。① 这所谓的交还，如时人所论，是"有空名而无实惠……东省不失而失"。② 事实上，奉天将军只不过是俄军手中的傀儡，奉天自然成了俄国实际控制的殖民地。

在辛丑议和的过程中，俄国竭力避开其他列强，坚持要与清政府在俄京彼得堡单独进行关于交收东三省问题的谈判交涉，以便进一步使其占领奉天乃至整个东北三省的事实合法化，实现其独占东北三省的阴谋。起初，清政府并不知道增祺与俄国签订的《奉天交地暂且章程》，

---

① 《奉天交地暂且章程》，见王铁崖编《中外旧约章汇编》第 1 册，978—979 页。
② 杨儒：《电奕劻、李鸿章》，见中国社会科学院近代史研究所近代史资料编辑组编《杨儒庚辛存稿》，66 页，北京，中国社会科学出版社，1980。

甚至对俄国愿意"撤军交地"心存感激。1901年1月,清廷任命驻俄公使杨儒为全权大臣,与俄国交涉接受东三省事宜。不料,英国《泰晤士报》把增祺与俄国签订《奉天交地暂且章程》的内幕曝光出来,一时间国际舆论哗然。日本与英国极不愿意俄国独占东北,纷纷向清政府施加压力,提出警告。清政府震惊之余,表示不承认非法的《奉天交地暂且章程》,上谕宣称:"此事增祺始终并未奏明,周冕系已革道员,久已摈弃不用,即系暂且约章,该革员亦无议订之权",并将增祺"交部严加议处"。① 清政府通过杨儒向俄国表示绝不批准《奉天交地暂且章程》,"暂款务必作废",如果俄国不放弃"暂约",则"不便开议正约"。由于杨儒一再坚持并据理力争,加上其他列强不满和抗议,俄国在不利的国际舆论压力下,作出了为正式谈判留有余地的退让,财政大臣维特(又作威特)向杨儒表示:"批准一层姑且作罢,异日开议正约,总望勿过为难。"② 此后,杨儒便与俄国财政大臣维特和外交大臣拉姆斯道夫(В. Н. Ламсдорф)进行所谓正约的谈判。

2月16日,拉姆斯道夫向杨儒正式提出书面约稿12款,主要内容有:俄国在东北留驻军队,负责保护东省铁路及地方治安;中国不得在东北驻军,只可设马步巡捕,其数目与俄商定,军火禁入满洲;东三省"将军大员办事不合邦交,经俄声诉,既予革职";"中国北境水陆师不用他国人训练";满蒙及新疆之塔尔巴哈台、伊犁、喀什噶尔、叶尔羌、和田、于田等处路矿及他项利益,非俄允许,不得让予他国或他国人,甚至中国也不得自行造路;中国赔偿俄国兵费和东省铁路损失及其误工费;俄国从东省铁路干路或支路向北京造一路,直达长城,等等。③ 这个约稿充分暴露了俄国更大的侵略野心,"其狠毒较增祺暂约尤甚"。④ 据此约稿可知,俄国不仅要独占东北三省为殖民地,甚至要进一步把蒙古、新疆乃至整个华北(所谓中国北境)置于其直接控制下的势力范围之内。

俄国狂妄的侵略野心暴露于世以后,很快便引起了日本、英国、美

---

① 朱寿朋编:《光绪朝东华录》第4册,4598页。
② 王芸生编著:《六十年来中国与日本》第4卷,73—74页,北京,三联书店,1980。
③ 《电奕劻、李鸿章》,见《杨儒庚辛存稿》,73—74页。
④ 王芸生编著:《六十年来中国与日本》第4卷,86页。

国等列强的强烈反应,它们不甘心眼睁睁地看着俄国独占东北,于是纷纷向清政府施加压力,防止与俄国单独签约。与此同时,国内掀起了一场拒签俄约的风暴,人民群众纷纷集会抗议,甚至一些地方督抚如刘坤一、张之洞等人也反对签约。在这种情况下,俄国稍作收敛,修改原约稿,删去"中国北境水陆师不用他国人训练"一款,改原稿 12 款为 11 款,并稍加删改其他条款。3 月 13 日,拉姆斯道夫把改定稿交给杨儒,声称"今改稿经我主批定,不再更易一字,于本日起限十四天画押,逾期则交收作罢",①无异于抛出一份最后通牒。拉姆斯道夫与维特一再威胁引诱杨儒签字画押。杨儒毫不屈服,坚决不从,表现了坚定的民族气节。后人对此有评说:"弱国外交官而能若此,可不朽矣。"②由于杨儒的坚持,加上国内外舆论的压力,使清政府最终决定拒签俄约。清政府认识到:"不遽画押,仅只激怒于俄,画则群起效尤分据,其祸尤速。"于是清政府一面通知各国驻京使节"中国不敢遽允俄约画押",一面命杨儒通告俄国外交部"非展限改妥,无碍公约,不敢遽行画押"。③ 俄国企图迫使清政府单独签约而独占东三省的阴谋计划,终于没有得逞。

《辛丑和约》签订以后,中俄关于交收东三省问题的谈判重开。1902 年 4 月 8 日,中国特派全权大臣庆亲王奕劻和大学士王文韶与俄国驻华公使雷萨尔(П. M. Леccap),在北京签订《交收东三省条约》。该条约共四条,主要内容有:第一,俄国交还东三省给中国。第二,中国应极力保护在东三省的所有俄国人及其事业,俄国在一年半内分三期撤退全部驻军:第一期,自条约签字后六个月内"撤退盛京省西南段至辽河所驻俄国各官军,并将各铁路交还中国";第二期,"再六个月,撤退盛京其余各段之官军暨吉林省内官军";第三期,"再六个月,撤退其余之黑龙江省所驻俄国各官军"。第三,俄军撤出之前,中国在东三省驻军的数目及地点须与俄国军官筹定;俄军撤退以后,中国东三省驻军兵数之添减应随时知照俄国。第四,俄国交还所占山海关、营口、新民厅各铁路,中国不得请他国保护、修养各该铁路,并不可准他国占据俄国

---

① 《电奕劻、李鸿章》,见《杨儒庚辛存稿》,83 页。
② 王芸生编著:《六十年来中国与日本》第 4 卷,118 页。
③ 王芸生编著:《六十年来中国与日本》第 4 卷,121 页。

所退各地段；中国日后在东三省南段续修铁路或修支线，或在营口建造桥梁等事，应与俄国彼此商办；中国应偿还俄国交还各铁路所有重修及养路各费。①

中俄《交收东三省条约》的签订，以及俄国第一期撤军的承诺基本上如期兑现，同时俄国还将所占铁路交还给中国，曾一度使国内外高昂的反俄舆论暂时趋向缓和。但是，俄国并不甘心就这样退出中国东北，因而在第二期撤军期限内便想方设法制造不撤军的借口。1903年4月18日，俄国向清政府提出七项继续撤兵的新条件：第一，中国不得将俄国交还的领土以任何形式转让给其他国家；第二，蒙古现行政体不得更改；第三，中国未经通告俄国政府之前，不得在东三省开辟新商埠及准许外国派驻领事；第四，中国不得聘用其他外国人管理俄国利益占优势的北方事务，如若聘用，必须聘用俄国人；第五，北京至营口电线一日不撤，则旅顺至盛京、营口现有之电线永归俄国管理；第六，营口交还中国后，仍由华俄道胜银行经办该口税关事务；第七，俄国属民及商号在东三省已有之权利，应在俄军撤退之后照常享受，等等。② 这七项新条件的提出，"不啻将东三省闭关，为俄人之禁脔"。③ 这表明，俄国要继续把东三省甚至包括蒙古在内的整个中国北部地区，独占为丝毫不容任何他国染指的势力范围。

俄国如此横蛮无耻的强盗行径，激起了中国人民的无比愤慨和强烈抗议，广大爱国人士迅速掀起了一场轰轰烈烈的拒俄运动。同时，俄国企图继续独占中国东北的野心也引起了亟欲将侵略势力渗透到该地区的英、美、日等列强的极大不满，尤其是日本，在英、美列强的支持下，积极充当了抵制俄国势力的急先锋，甚至不惜诉诸战争。

日本对中国东北的觊觎由来已久，占领东北是明治维新以后逐渐强大起来的日本侵略中国的"大陆政策"的重要步骤，这自然与老牌帝国主义国家沙皇俄国的南下扩张政策相矛盾，日、俄冲突不可避免。早在甲午战争时期，由俄国操纵的"三国干涉还辽"，迫使日本不得不忍气

---

① 王铁崖编：《中外旧约章汇编》第2册，39—41页。
② 《俄国代理公使柏郎逊中文照会》《俄国代理公使俄文照会中译本》，见柏森辑《1903年沙俄侵占东三省文件辑录》，载《近代史资料》总37号，92—97页，北京，1978。
③ 王芸生编著：《六十年来中国与日本》第4卷，159页。

吞声地放弃已经到手的辽东半岛,双方积怨渐起。此后,俄国的侵略势力不断地渗透到中国东北地区,尤其庚子事变后,更有独占之势,严重地阻碍了日本侵略野心的实现,战争一触即发。可以说,1904—1905年的日俄战争,是日本与俄国长期以来争夺中国东北以及朝鲜的矛盾冲突的总爆发。

1904年2月初,日本海军突然袭击停泊在旅顺口的俄国舰队,随即双方宣战,战争正式爆发。日俄战争是日本与俄国在中国领土上争夺霸权的帝国主义战争。战争开始后,腐败无能的清政府在侵略者的压力下,竟然宣布"局外中立"。上谕称:"现在日俄两国失和用兵,朝廷念彼此均系友邦,中国应按局外中立之例办理。"①清政府在把自己严守"局外中立"的政策照会给日俄等国时,虽然声称"三省疆土,无论两国胜败如何,应归中国主权,两国均不得侵占",但又表示"至于满洲地方,虽有外国驻兵未撤之处,非中国兵力所及,难于实施中立之例"。②显然,这是把所谓的俄军尚未撤出的"满洲地方"即黑龙江、吉林与奉天的大部分地区划为"中立"之外的地区,即日俄的交战区。既然黑、吉两省全为战区,奉天交涉局就议定了一个《两国战地及中立地条章》,划出"指定战地","供两国战时之用",③即明确地划定两国在奉天的战区。面对列强的肆意侵略,软弱的清政府无力应对,只能任凭战火在中国领土上燃烧。日俄两国在中国土地上交战,使中国人民同时遭受两个侵略者的炮火蹂躏,不仅使中国的领土主权遭到严重的破坏,而且给中国人民的生命与财产安全直接带来了深重的灾难。"吾中立国民之生息于其地者,掷生命数十万,死亡之数,过于两军。"④人民死伤无数,财产损失更是无法统计,侵略者的滔天罪恶罄竹难书。

日俄战争持续了将近一年半的时间,无论是陆战还是海战,俄军都接连被日军战败,军事失败似成定局,加上国内革命使政局动荡不安,俄国已无力再战;而与此同时,日本也是强弩之末,后备力量难以为继,再也无力继续征战。双方都希望尽快地结束战争。这时,心怀鬼胎的

---

① 《光绪宣统两朝上谕档》第29册,381页。
② 《使日杨枢致日外部日俄开战中国当严守中立照会》,见王彦威辑《清季外交史料》卷一八一,26页。
③ 王芸生编著:《六十年来中国与日本》第4卷,183—184页。
④ 依可:《东三省权宜策》,载《东方杂志》第1卷第9期,上海,1904。

英美等列强也希望战争结束。它们虽然曾经为了反对俄国独占东北而支持日本对俄开战,但同样不愿意看到日本彻底战胜俄国而独占东北的局面,而是希望维持一个日俄对峙的"均势"格局,以便于自己侵略势力的渗透。在这种情况下,美国总统罗斯福欲积极出面调停和局,得到日俄两国的赞同。1905年8月,日俄两国分别派出外务部大臣小村寿太郎、驻美公使高平小五郎和内阁总理大臣维特、驻美大使罗森(P. P. Розен 又作"罗善")为全权代表,到美国的朴茨茅斯进行议和谈判。9月5日,双方签订《朴茨茅斯条约》。该条约正文15条,另有附约2条,主要内容有:第一,俄国承认日本在韩国有指导、保护、监理等政治、军事、经济方面的权利;第二,除辽东半岛租借地外,日俄两国军队占领及管理的东北领土全部交还给中国;第三,俄国将旅顺口、大连湾并其附近领土领水,以及界内一切公共设施与财产,转让给日本;第四,俄国将长春至旅顺口之铁路及一切支线,及其所附属之财产、煤矿,无偿转让给日本;第五,俄国将北纬50度以南的库页岛南部及其附近一切岛屿,永远让予日本;第六,日俄两国在东北的军队除辽东半岛租借地外,限于18个月内一律撤退,但可留置守备兵保护各自在东北的铁路,等等。① 至此,日俄战争正式结束。

《朴茨茅斯条约》的签订,重新调整了日俄两国在远东,尤其是在中国东北的侵略地位,奠定了远东国际关系的新格局。由于战争的失败,俄国被迫把中国东北南部的权益转让给日本,使之成为日本的势力范围。从此,东三省由俄国独占变为日俄共管。但是,这并没有给东北带来丝毫和平的形势,其他列强还在不断地企图将其势力渗透进来,帝国主义列强在此的利权争夺将更加激烈,东北人民仍然生活在水深火热之中。

就在日俄两国为争夺中国东北进行战争的时候,英国在中国西南边境挑起了侵略西藏的战火。19世纪末至20世纪初,西藏一直是英俄两国争夺的重要目标。1903年12月,英国利用日俄关系紧张、俄国无力西顾的有利时机,由麦克唐纳(J. R. L. MacDonald)准将和荣赫

---

① 王芸生编著:《六十年来中国与日本》第4卷,201—205页。

鹏(F. E. Younghusband)上校率领英印军队及民夫一万人左右,大举入侵西藏,发动了第二次侵藏战争。虽然西藏地方军民奋起抵抗,但并没有挡住英国侵略军进攻的步伐。次年8月,英军攻占西藏地方首府拉萨,达赖十三世仓皇逃亡。9月7日,英国侵略者胁迫西藏地方当局在布达拉宫签订《拉萨条约》(又称《英藏条约》)。该条约共10款,主要内容有:第一,开放西藏之江孜、噶大克、亚东为商埠;第二,西藏向英国赔款50万镑,合750万卢比,分75年付清,英国于此前驻兵春丕,"暂守作质";第三,西藏应将自印度边界至江孜、拉萨之炮台、山寨等一律削平,并将所有滞碍通道之武备全行撤去;第四,西藏应允,非经英国政府先行照允,无论何国不得租买西藏土地,不准干涉西藏一切事宜,不许派员或派代理人进入藏境,不能享受任何铁路、道路、电线、矿产或别项利权,不能以西藏各进款或货物或金银钱币等类为抵押拨兑。① 根据这个条约的规定,英国获得了几乎是全面"保护"西藏的特权,西藏事实上成了英国独占的势力范围。

《拉萨条约》签订后,英国企图诱使清政府在条约上签字予以承认,以取得独占西藏的真正合法的依据,因为西藏是中国领土的一部分。但是,清政府认为《拉萨条约》有损中国主权,指示驻藏大臣有泰"切勿画押",并明确表示,西藏问题的解决,应该由中国政府与英国订约,而不应该由西藏地方政府与英国订约,"应仍由中国与英国立约……不应由英国与番众径行立约,致失主权"。② 这便从根本上否定了西藏地方政府与英国签订的《拉萨条约》的合法性。结果,清政府的代表始终没有在《拉萨条约》上签字,表明清政府事实上并未承认这个条约。与此同时,《拉萨条约》的签订,使英国蓄谋独占西藏的野心暴露于世,引起了俄、美、德、法等列强的强烈反对,它们援引"利益均沾"原则,纷纷向英国政府表示不能承认这个条约。在中国政府的抗议和国际舆论的干预下,英国被迫对《拉萨条约》作了修改,并以驻印度总督的名义发表声明:将赔款缩减为250万卢比;英军占守春丕3年后撤退。③ 显然,这

---

① 《续订藏印条约·附约》,见王铁崖编《中外旧约章汇编》第2册,346—348页。
② 《外务部嘱勿画押电》《外务部条约须由中英两国议定以重主权电》,见《有泰奏牍》卷一,21—22页,见吴丰培辑《清季筹藏奏牍》第3册,国立北平研究院史学研究会,1938。
③ 《印度总督唵士尔声明》,见王铁崖编《中外旧约章汇编》第2册,348页。

并没有实质性地改变《拉萨条约》的内容。

1905年2月,清政府派外务部右侍郎唐绍仪到印度加尔各答,与英国代表英印政府外事秘书费礼夏(S. M. Fraser)进行谈判。由于费礼夏坚持要唐绍仪在《拉萨条约》上签字,而唐绍仪坚持要改订新约,尤其是双方对于西藏的主权问题存在明显的分歧,谈判近十个月毫无结果。1906年初,中英谈判在北京重新开始。4月27日,中国代表唐绍仪与英国驻华公使萨道义签订了《续订藏印条约》。该条约正约六条,并以《拉萨条约》为附约。正约主要内容有:第一,《拉萨条约》及其修订条款作为本约之附约;第二,英国应允不占并藏境及不干涉西藏一切政治,中国应允不准他国干涉藏境及其一切内治;第三,英国承认只有"中国独能享受"《拉萨条约》第九款第四节关于西藏的铁路、道路、电线、矿产或别项权利,但英国可以从西藏的三个商埠设电线到印度。① 这个续订条约承认了英国在西藏的许多侵略权利,仍然是一个不平等条约,但也在一定程度上为中国争回了一些权利,并实际上肯定了中国拥有西藏的主权。

英国在觊觎西藏的同时,又在打着云南的主意。1911年初,英国军队约2 000人从缅甸悍然入侵云南西部边境的片马地区,并很快实行军事占领。清政府与英国多次交涉无效,使滇缅边界问题此后长期成为悬案。直到新中国成立以后,中华人民共和国政府才与缅甸政府通过和平谈判的方式,收回本来属于中国的片马等地区,划定中缅边界,完满地解决了这个历史遗留问题。

四 列强加紧在华掠夺利权

日俄战争以后,列强在东北乃至整个中国的矛盾关系有了新的变化。为了适应变化了的新形势,1907年6—8月,日法、日俄、英俄相继缔结双边协约,重新调整相互之间的国际关系。这些协约虽然与列强在世界范围内的争霸形势相关,但都自然地涉及中国问题。对此,它们虽然无不标榜"尊重中国主权""保全中国领土",但是它们实际上是在

---

① 《续订藏印条约·正约》,见王铁崖编《中外旧约章汇编》第2册,346—347页。

相互承认各自在华的势力范围,以确定各自在华的侵略特权。正如时人所说:"日佛(法)协约成,而满洲、云南之势力范围定;日俄协约结,而东三省、蒙古、新疆之势力范围定;英俄协约立,而西藏之势力范围定……列强在中国之势力范围至是乃确定不可易,举数十年外交界种种疑难不可决之问题,胥将于此决之。吾得以断言之曰:列强之协约,直瓜分中国一预算案也。协约经两国代表缔结画诺,即预算案已由世界议会通过也。"①以"保全"之名行"瓜分"之实,便成为当时列强侵华的新特点。

20世纪初,虽然在东北发生了日俄战争,在西南发生了英国对西藏与云南边境的武装侵略,但是总的来说,帝国主义列强侵略中国的手段主要不是武力瓜分,而是在"保全主义"的幌子下用"和平"的方式掠夺利权。

列强在华掠夺利权的形式多种多样,主要情形如下:

(一)修铁路

铁路是近代国家的交通命脉,列强通过控制中国的铁路修筑与经营权,不仅可以获得大量直接的经济利益,而且还有利于其侵略势力随着铁路的延伸而得以不断地扩张。"铁轨两条是一剪子,铁路所到即将其国剪破矣。"②铁路是列强侵略中国的重要工具。列强通过攫取铁路的修筑与经营权,往往还附带得到诸如开采沿线附近矿产、架设电线、修建支线、设置路警,甚至驻兵运兵等政治、经济、军事特权。因此,铁路利权是列强激烈争夺的重要目标。列强掠夺铁路利权的方式主要有两种:一是通过不平等条约攫取直接投资修筑与经营铁路的权利,二是利用贷款或提供技术等方式间接控制铁路修筑与经营的权利。1901—1911年,列强直接或间接控制的主要铁路有京奉、京汉、东清、南满、胶济、粤汉、道清、正太、滇越、安奉、沪宁、汴洛、潮汕、京绥、陇海、广九、沪杭甬、南浔、津浦、吉长、川汉等。据统计,到1911年,中国总共约有铁路9 618.1公里,其中中国自主铁路只有665.62公里,仅占总数的

---

① 思群:《列强协约与中国之危机》,载《四川》第3号,日本东京,1908。
② 《致上海盛京堂》,见苑书义等主编《张之洞全集》第9册,7569页。

6.9%左右;帝国主义列强控制下的铁路有8 952.48公里,约占总数的93.1%。①在列强的激烈争夺中,中国铁路利权大量丧失,中国铁路基本上被列强所控制。

(二) 开矿产

列强掠夺中国矿权的方式主要有两种:一是通过不平等条约取得直接投资开矿的权利,二是通过贷款等方式间接控制开矿的权利。1895—1912年,列强掠夺中国矿权的主要条约、协定、合同有42项,矿区遍及东三省、直隶、山西、山东、河南、安徽、浙江、福建、广东、广西、云南、四川、贵州、新疆、西藏等中国主要产矿地区,涉及矿种包括煤、铁、石油、金、银、铜、铅、锑等重要矿产。② 下面以煤、铁为例说明列强势力对中国矿业的垄断情况。在煤矿生产方面,据统计,1913年,中国煤矿总产量共计12 879 770吨,其中列强控制下的煤矿产量为7 136 545吨,占总数的55.4%,尤以日本和英国为主,分别占24.7%和19.3%。③外国势力控制下的煤矿比起中国自办煤矿来有两大优势:一是资本强大。如1913年英国控制的开滦煤矿资本额达2 063万元,超过同期中国所有41家煤矿资本总额1 410万元。④ 二是技术先进。1913年全国机械开采煤矿总产量为7 677 570吨,其中外国势力控制下的煤矿产量7 136 545吨,全部用机械开采,占总数的93%。⑤ 中国煤矿业,尤其是机器开采方面基本上在外国势力垄断之下。在铁矿生产方面,清末的1900—1911年甚至以后更长时间里,中国的生铁生产都是完全由帝国主义列强势力所控制与垄断。中国矿业利权的丧失由此可见一斑。

(三) 垄断航运业

在清末最后十年的时间里,外国势力基本上垄断了中国的远洋、沿海和主要内河的航运。据统计,1901—1911年,就轮船进出中国各通商口岸吨位数而言,中国轮船所占份额仅为11.6%—16.7%,外国轮

---

① 《帝国主义对中国铁路的控制(1894—1948年)》,见严中平等编《中国近代经济史统计资料选辑》,190页,北京,科学出版社,1955。
② 《帝国主义掠夺中国矿区的条约、协定、合同简表》,见汪敬虞编《中国近代工业史资料》第2辑上册,34—35页,北京,科学出版社,1957。
③ 《中国煤矿生产中帝国主义的垄断势力》,见严中平等编《中国近代经济史统计资料选辑》,126页。
④ 《中、外厂矿资本比较图》,见汪敬虞编《中国近代工业史资料》第2辑上册,400—401页。
⑤ 《中国煤矿生产中帝国主义的垄断势力》,见严中平等编《中国近代经济史统计资料选辑》,124页。

船所占份额则高达83.3%—88.4%,其中尤以英国和日本为多,分别占41.4%—56.9%和7.4%—23.9%。① 1872—1912年,中国自己设立的轮船公司资本在5万元以上的有30家,1861—1912年,主要外轮公司有26家。② 两相比较,从数量上看似乎中国还略占优势。但是,中国只有轮船招商局算是较大的轮船公司,其余规模都很小。即使轮船招商局,也根本无法与英国的太古、怡和和日本的日清公司相比。以长江航运为例,1911年,轮船招商局只有轮船7艘,总吨位8 864吨,占总数16.2%;太古、怡和、日清三公司共有轮船27艘,总吨位46 189吨,占总数83.8%。③后者是前者的5倍多,长江航运基本上被外国轮船所控制。

(四)操纵金融业

19世纪中叶,已有外国银行在中国开设分支机构,其侵略势力逐步渗透到中国的金融市场及其他政治、经济领域。到1911年,在华外国银行共有14家,其中著名的有英国的汇丰银行、法国的东方汇理银行、德国的德华银行、日本的正金银行、俄国的华俄道胜银行、美国的花旗银行、比利时的华比银行、荷兰的荷兰银行等。这些外国银行不仅在中国直接投资开矿、办厂,而且经营对清政府的各式贷款,甚至操纵中国外汇市场,使大量外国银圆流入中国,并大量发行纸币,直接控制中国金融业。有人估计当时中国市场上流通的货币总量为25亿多元,其中外国银圆有11亿元,外国钞票有3亿多元,两者合计占全国货币总量的55.71%。④大量外国货币在中国市场的流通,严重冲击了中国的金融市场。不仅如此,列强还可以依靠殖民霸权为所欲为。1908年,在商业与金融中心上海,竟然发生了外商银行联合抵制中国钞票的事件,"喧宾夺主,实足骇人听闻"。⑤清政府试图在取缔中国商号发行纸

---

① 《各国轮船进出中国通商口岸吨位数统计表》,见樊百川《中国轮船航运业的兴起》,392页,成都,四川人民出版社,1985。
② 《中国轮船公司设立情况表》《主要外轮公司设立情况表》,见严中平等编《中国近代经济史统计资料选辑》,223—224、239—241页。
③ 《太古、怡和、日清、招商局四大公司长江航线所配轮船吨位》,见严中平等编《中国近代经济史统计资料选辑》,248页。
④ 千家驹、郭彦岗:《中国货币发展简史和表解》,99页,北京,人民出版社,1982。
⑤ 《两江总督端方致外务部电》,见《中国近代货币史资料》第1辑下册,1090页。

币的同时,限制外国银行发行纸币,但最终还是没有成功。1912年,英国的麦加利与汇丰、美国的花旗、日本的正金、德国的德华、比利时的华比、俄国的华俄道胜等7家外国银行,在中国共发行纸币43 948 359.8元,中国全国51家公私银行共发行纸币52 675 375元,其中中国银行与交通银行两家银行仅发行1 855 194元。[1] 虽然中国各银行的纸币发行总量略多于外国银行,但是,与中国各银行分散面广的情况不同,外国银行主要集中在通商口岸等经济发达地方,这便使中国的经济中心实际上都在外国金融势力的控制之下。

(五)投资办厂

鸦片战争以后,列强便开始在中国投资办厂。自甲午战后中日《马关条约》将外资在华设厂合法化以来,在华外资厂矿不仅数量剧增,而且在各个行业渐成垄断之势。据统计,1840—1894年,外国在华设立的主要工厂(设立时资本在10万元以上)有23家,资本总额为763.1万元;1895—1913年,共设立136家,资本总额为10 315.3万元,其中1900—1911年就设立了100家。以国别分类统计,在1895年以后设立的136家外资厂矿中,日本49家,英国37家,俄国17家,德国12家,美国8家,法国6家,其他国家7家。[2] 日本与英国是主要的投资国家。就行业垄断而言,煤、铁矿情况已如上所述。在棉纺织业方面,1903、1908年,外国纱厂生产的棉纱加上从外国进口的棉纱,分别占有中国棉纱市场的88.69%、76.07%。在机器制造、电气、烟草等工业方面,1913年,上海耶松机器造船厂有资本额772万元,中国所有22家机器铁工厂资本总额为148万元;上海工部局电气处有资本额961.5万元,中国所有40家发电厂资本总额为1 388万元;英美烟草公司有资本额1 100万元,中国所有20家纸烟公司资本总额为137.8万元。[3] 在对这些行业的垄断中,外资工厂获得了高额的利润。据统计,1895—1913年47家主要外国厂矿的平均利润率为14.14%,其中最高的增裕榨油厂为39.29%。在进行行业垄断的同时,一些外资公司还形成跨行

---

[1] 献可编著:《近百年来帝国主义在华银行发行纸币概况》,58—59页,上海人民出版社,1958。
[2] 《1840—1894年间外国在华设立的主要工厂资本与本期设立的主要外厂资本的比较》《历年设立的重要外国厂矿统计(一)按国别分类统计》,见汪敬虞编《中国近代工业史资料》第2辑上册,1—2页。
[3] 《中、外厂矿资本比较图》,见汪敬虞编《中国近代工业史资料》第2辑上册,400—401页。

业的垄断集团,如英国的怡和洋行和日本的南满铁道株式会社,分别是长江流域和东北地区各行业著名的垄断组织。帝国主义列强正是通过这些垄断组织不断地为自己牟取暴利。需要特别说明的一点是,清末列强在华投资设厂,并不是正常的引进外资,因为当时的中国并没有完整的国家主权,列强依靠的是不平等条约提供的殖民霸权,这是列强掠夺殖民地的一个重要手段。

(六) 贷款

自甲午战争,尤其是庚子事变以后,清政府为了支付巨额的战争赔款、军费开支及各项新政事业举办的费用,被迫走上了大借外债的道路。据统计,1894—1912年,清政府共借外债112项,合计库平银12亿多两,其中1901—1911年借7.8亿多两,借款的69.8%用于赔款与军事开支,其余30.2%用于铁路、电报、工矿等新政事业。[①] 这些借款大都利息高,并附有各种苛刻的政治、经济等条件,是套在中国人民身上的沉重枷锁。列强通过对华贷款,不仅可以攫取巨大的经济利益,而且还可以获得许多其他特权和利益。例如,1911年4、5月,清政府与英、德、法、美四国银行团签订了《币制实业借款合同》和《粤汉川汉铁路借款合同》,前者用于清政府整顿全国币制和兴办扩充东三省实业,后者用于修筑粤汉、川汉铁路。通过这两笔借款,清政府的币制改革以及东三省的实业与粤汉、川汉铁路的建设,便很自然地成了四国财团的势力控制范围。后人评价说:"这是四国金融资本的同盟的共同胜利,它们由此不但在经济上将获得丰厚的利益,而且在政治上也将增大在华的影响。"[②]与在华投资设厂一样,列强对华的各种带有许多附加条件的贷款,同样是帝国主义掠夺殖民地的一个重要手段。

总之,在清末最后十余年里,列强通过种种所谓和平的手段大肆掠夺中国利权,使中国在铁路、航运、金融、工矿业等方面的利权大量丧失。这种在"保全主义"幌子下用和平的方式进行"经济的分割"的策

---

① 《从甲午中日战争至辛亥革命时期清政府所借外债表》《从甲午中日战争至辛亥革命时期清政府外债用途表》,见徐义生编《中国近代外债史统计资料》,52、90页,北京,中华书局,1962。

② 丁名楠等:《帝国主义侵华史》第二卷,321页,北京,人民出版社,1986。

略,势必导致中国事实上被"瓜分"的结局。"经济既尽,国家随亡。于是分割土地以为殖民地,中国完结矣。"① 这一时期,虽然中外关系在表面上有所和缓,但是,中外民族矛盾并没有真正地解决,反而有愈演愈烈之势,民族危机空前严重。

---

① 雷铁厓:《警告全蜀》,见唐文权编《雷铁厓集》,49 页。

第二节　民族资本主义经济的初步发展

一　实业救国思潮的勃兴

清末"实业"一词,实是经济的代名词。时人认为:"实业者,西人赅农工商之名。""实业救国",就是要走发展农工商诸业经济以救亡图存的道路。这种思想大约产生于19世纪末,而在20世纪初则蔚为一股社会思潮。这是近代中国一部分先进人士谋求社会改良的一种进步的社会思潮。

清末实业救国思潮兴起的原因有三:

一是民族危机的刺激。中国是在西方列强的武力侵略下艰难地迈进近代的门槛的,近代中国始终笼罩着严重的民族危机,这是各种救国思潮产生的重要前提条件。实业救国思潮也不例外。著名的实业救国论者张謇在回忆自己的人生经历时说:"年三四十以后,即愤中国之不振;四十后中东事(甲午战争——引者注)已,益愤而叹国人之无常识也。由教育之不革新,政府谋新矣而不当,欲自为之而无力,反复推究,当自兴实业始。"①正如张謇因愤于中国积弱不振而在甲午战后走上"兴实业"的道路,当时已有一部分先进人士萌发了实业救国的思想。庚子事变后,外患日亟,民族危机更趋严重,人们对实业救国的认识更进一步。时人以为:"今日救亡之术,固当以振兴

---

① 《大生纱厂股东会宣言书》,见《张謇全集》第3卷,114—115页。

实业,为惟一之先务。实业不兴,国家无向荣之望,人民无苏息之机,安能振曜精魄,出与列强相见,以少遏其滔天之势,保吾完全独立之国乎!"① 当然,如果绝对地看待这一点,也许这种认识有失偏颇;但是,值得肯定的是,实业救国论者有着强烈的民族忧患意识和真挚的爱国热忱。可以说,实业救国思潮的勃兴正是一部分进步人士对日趋严重的民族危机的回应。

二是近代中国人向西方学习而选择的一条道路。自鸦片战争打开中国的大门以后,先进的中国人开始寻求向西方学习的道路。起初,他们看到的是西方的"船坚炮利",以魏源著名的"师夷之长技以制夷"思想为先导,洋务派开展了以学习西方军事技术为主的洋务运动。中日甲午一战,中国的战败基本上宣告了洋务运动的失败。在战后的反思中,人们从中日向西方学习成效的差距中认识到振兴工商实业的重要意义。张謇在代湖广总督张之洞起草的"立国自强"奏疏中,专列"宜速讲商务"和"宜讲求工政"两条建策,提出了发展商务和振兴工艺的思想主张。他认为,日本因重视商务和工政而"国势自振";中国则相反,故必须在各省设商务局和工政局,"加意讲求",尤其是工艺,乃各国"富民强国之本"。"中国人数之多,甲于五洲;但能于工艺一端,蒸蒸日上,何至有忧贫之事哉! 此则养民之大经,富国之妙术;不仅为御侮计,而御侮自在其中矣。"② 郑观应更明确地指出:"习兵战不如习商战","欲制西人以自强,莫如振兴商务"。③ 此后,"商战""振兴商务""振兴实业"等口号日渐流行,实业救国思潮于是兴起。当康梁维新派及其后的立宪派、革命派致力于政治改革与革命的时候,一部分进步人士在努力谋求实业救国、教育救国等社会改良事业。虽然各种改良与革命的方案为近代中国发展设计的道路不尽相同,甚至还有相互矛盾、冲突之处,但是,它们都是近代中国人向西方学习的结果,其救亡图存的基本目标是一致的。可以说,正是各种救国方案纷呈,从而汇成近代中国的救亡

---

① 胜因:《实业救国之悬谈》,见《辛亥革命前十年间时论选集》第3卷,511页。
② 《代鄂督条陈立国自强疏》,见《张謇全集》第1卷,36—38页。
③ 郑观应:《盛世危言》,见夏东元编《郑观应集》上册,586、614页,上海人民出版社,1982。

大潮，同时构成了中国现代化进程的多元格局。

三是清政府新政的推动。庚子事变后，清政府实行新政，采取了一系列鼓励发展工商实业的政策与措施，对于实业救国思潮的兴起与发展有着重要的推动作用。梁启超曾经在论及清末"振兴实业"的情形时有一个概括性的说明："全国人心营目注嚣嚣然言振兴实业者，亦既有年矣。上之则政府设立农工商部，设立劝业道，纷纷派员奔走各国考查实业，日不暇给，乃至悬重爵崇衔以奖励创办实业之人，即所派游学及学生试验，亦无不特重实业，其所以鼓舞而助长之者，可谓至极。下之则举办劝业会、共进会，各城镇乃至海外侨民悉立商会，各报馆亦极力鼓吹，而以抵制外货、挽回利权之目的创立公司者，所在多有，其呈部注册者，亦不下千家。"①实业救国思潮的激荡固然离不开一些社会精英分子的鼓吹，但是，政府革新行为的推动作用也是不容忽视的。

19世纪末，一些早期改良派人士和康梁维新派大都有实业救国的思想；20世纪初，实业救国论者则主要是立宪派人士，另外还有一部分革命派人士甚至开明官僚也在积极提倡"振兴实业"。其中郑观应、陈炽、张謇、汤寿潜、郑孝胥、曾铸、汪康年、李平书、陈黻宸等人为主要代表人物。

清末实业救国思潮的主要内容如下：

第一，关于发展实业的条件，主张政府改良弊政，采取保护实业发展的政策与措施。在分析中国实业不振的原因时，不少实业救国论者将批评的矛头直接指向官府，他们认为主要是官府不重视实业，甚至压制与阻碍实业的发展。陈炽在《振兴商务条陈》中说："中国官商情形隔膜，动以崇本抑末之说，视商人之盈亏成败，漠然不加喜戚于其心。持此以与泰西各国通商，如下驽驷追踪骐骥，必使中国盈天下无一富商，所有利权皆归彼族，上下交困，仰人鼻息以为生。"他主张政府减免厘金与捐税，以保护华商，认为"捐厘减一分，华商多一分之生气，即增一分之利源"，其结果是"明为恤商，暗实裕国"。② 郑观应更是明确地

---

① 梁启超：《敬告国中之谈实业者》，见《饮冰室合集》文集之二十一，113页。
② 朱寿朋编：《光绪朝东华录》第4册，3708页。

指出,"官不能护商,而反能病商"。他提出中央设商部兼辖南北洋通商事宜、南北洋分设商务局并由地方官公举局董、重订税则与厘正捐章、商务局中兼设商学、各府州县设商务公所并自举商董等改革措施,认为"如是,则兴废当,谋画周,上下之情通,官商之势合,利无不兴,害无不革,数十年后中国商务之利有不与欧西并驾者,吾不信也"。① 减免厘金与捐税,设立商部、商务局与商务公所,创办商会,制订经济法规,开办实业学堂等,这些是实业救国论者提出的保护实业发展的重要措施,对于清末实业的振兴有着重要的作用。

第二,关于发展实业的道路,主张在发展农、工、商三业的基础上走工业化道路。对于如何发展实业的问题,实业救国论者大致有"以商为本"和"以工为本"两种主张。甲午战争以后,人们逐渐挣脱传统的"农本"思想,转而认同于"以商为本"的重商思想。时人以为:"古之为治者,皆以农为富国之本,今之为治者,当以商为富国之资,非舍本而逐末也,古今之时势有不同也。"② 著名的商战论者郑观应认为:"商务者国家之元气也,通商者疏畅其血脉也。""商以贸迁有无,平物价,济急需,有益于民,有利于国,于士、农、工相表里。士无商则格致之学不宏,农无商则种植之类不广,工无商则制造之物不能销。是商贾具生财之大道,而握四民之纲领也。"③ 张謇则不以为然,他说:"世人皆言外洋以商务立国,此皮毛之论也。不知外洋富民强国之本实在于工。"④ 显然,他强调的是"以工为本"。当然,张謇虽然特别重视工业,但他并不忽视农业,也不偏废商业。他说:"凡有国家者,立国之本不在兵也,立国之本不在商也,在乎工与农,而农为尤要。盖农不生则工无所作,工不作则商无所鬻。"⑤ 又说:"国非富不强,富非实业完不张……其根本在先致力于农工商,必农工商奋兴,而后教育能普及,教育普及,而后民知爱国,练兵乃可得而言也。"⑥ 事实上,他的著名的棉铁主义思想就是主

---

① 郑观应:《盛世危言·商务三》,见夏东元编《郑观应集》上册,615—617 页。
② 《论商务》,见 1895 年 6 月 25 日《申报》,上海。
③ 《盛世危言·商务一》《盛世危言·商务二》,见《郑观应集》上册,604、607 页。
④ 《代鄂督条陈立国自强疏》,见《张謇全集》第 1 卷,37 页。
⑤ 《请兴农会奏》,见《张謇全集》第 2 卷,13 页。
⑥ 《劝通州商业合营储蓄兼普通商业银行说帖》,见《张謇全集》第 3 卷,761 页。

张在发展农、工、商三业的基础上走工业化道路。① 这种思想主张在当时影响颇大,甚至被某些高层政府官员所接受,而影响清政府的决策。例如,张之洞在其著名的变法思想著作《劝学篇》中大讲农、工、商之学,认为:"工者,农、商之枢纽也。内兴农利,外增商业,皆非工不为功……大抵农、工、商三事互相表里,互相钩贯,农瘠则病工,工钝则病商,工、商聋瞽则病农,三者交病,不可为国矣。"②后来,张之洞又把《劝学篇》的思想写进《江楚会奏变法三折》中,对清末新政有着重要的影响。

第三,关于发展实业的意义,主张实业为救国与立国之本。对此,张謇有一个颇为形象的比喻,他说:"譬之树然,教育犹花,海陆军犹果也,而其根本则在实业。若鹜(骛)其花与果之灿烂甘美而忘其本,不知花与果将何附而何自生?"③这一点是实业救国论者所特别强调的。其具体主张有二:一方面,认为发展实业可以使国富民强,社会安定。时人认为:20世纪为"实业竞争之世界","实业盛则国势盛,实业完则国势完;实业有进步,则国势有进步;实业甲全球,则国势甲全球",④甚至以为"实业兴替关于一切之兴替";"实业者,国民资赖以生之物,而国家之血液营养也。实业之盛衰,原为国民生计之舒惨所系,亦为国政隆污之所系,且即国命延促之所系"。⑤ 在实业救国论者看来,实业是与国家的命运息息相关的。另一方面,认为发展实业可以抵御外侮,收回利权。郑观应的商战论与张謇的设厂自救论,都明显具有与外人争利的意味。商人张振勋则明确提倡"以商战收回利权"。他说:"商务兴则农、工、路、矿无不兴,农、工、路、矿兴则人力可以尽,地利可以辟,物产可以丰,不特出口货物可以旺,内地财力可以纾,而且国家赋税可以增,百姓生计可以足。数十年外溢之利权可以挽,富强之基实系于此。战

---

① 张謇的"棉铁主义"的正式提出虽然在民初,但其思想的形成是在清末。参见章开沅、田彤《张謇与近代社会》,20页,武汉,华中师范大学出版社,2001。
② 《劝学篇·外篇·农工商学第九》,见《张之洞全集》第12册,9756—9757页。
③ 《对于救国储金之感言》,见《张謇全集》第1卷,154页。
④ 《世界农业一斑》,载《湖北学生界》第1期,日本东京,1903。
⑤ 胜因:《实业救国之悬谈》,见《辛亥革命前十年间时论选集》第3卷,512页。

胜之道,亦在于此。"①时论《论实业所以救亡》更是认为"实业之兴衰,关于国势之存亡","果使一国之民皆能振兴实业,举所谓农、工、商、矿诸事者开拓经营,不致货弃于地,则彼外人者虽有攘取之心,更无著手之处,亦只可为临渊之羡耳"。② 希望以发展民族经济抵御列强的经济侵略,这是实业救国论者的良苦用心。

毋庸讳言,实业救国思潮强调发展实业是救亡图存的首要条件,这在半殖民地半封建的近代中国社会是不现实的,因为在外国列强侵略和本国封建势力压迫的双重压力下,中国民族资本主义不可能得到正常的发展。但是,实业救国论者的爱国热情是不可否认的;而且,这种思潮的出现,也在一定程度上促使了清末兴办实业热潮的高涨,对于民族资本主义经济在20世纪初年的初步发展有着积极的推动作用,这一点也是毋庸置疑的。

二 民族资本主义工商业经济发展概况

20世纪初,在西方列强侵华造成的严重的民族危机的形势下,由于实业救国思潮与收回利权运动的刺激,以及清政府推动新政,在中国大地上掀起了一股兴办实业的热潮,民族资本主义经济得到初步发展。

首先看近代工业的发展情况。

据统计,1858—1911年的53年间所设立的资本在1万元以上的民用工矿企业有953家,创办资本总额为2亿多元;③而1901—1911年的10年间就设立了650家,资本总额为1.4亿多元,各占总数的2/3强。也就是说,这10年是前43年的两倍多,其发展速度可见一斑。详情见下表。

---

① 《张振勋商办农、工、路、矿议》,见宓汝成编《中国近代铁路史资料》第3册,924页。
② 《论实业所以救亡》,载《东方杂志》第1年第8期,上海,1904。
③ 杜恂诚:《民族资本主义与旧中国政府》,29—31页,上海社会科学院出版社,1991。

1901—1911年民族资本主义工矿企业统计表①

年份	全部 家数	全部 资本（万元）	官办 家数	官办 资本额（万元）	官商合办 家数	官商合办 资本额（万元）	商办 家数	商办 资本额（万元）	中外合办 家数	中外合办 资本额（万元）
1901	11	128.4	2	71			9	57.4		
1902	31	539	1	7	2	13.2	27	418.8	1	100
1903	17	507.8	1	5.7	3	13.3	13	488.8		
1904	36	1 118.8	1	1.9	2	76.8	33	1 040.1		
1905	76	1 394.3	4	499.2	4	64.5	68	830.6		
1906	89	2 565.9	8	607.1	1	16.1	78	1 740.1	2	202.6
1907	99	1 822	9	250.4	2	68.5	86	1 383.1	2	120
1908	80	2 083.8	8	123.8	1	168	70	1 556.6	1	235.4
1909	82	1 609.5	6	125.5	5	314.8	71	1 169.2		
1910	89	1 985.8	5	543.9	6	163.9	76	1 063	2	215
1911	40	594			3	90.7	36	468.3	1	35
总计	650	14 349.3	45	2 235.5	29	989.8	567	10 216	9	908

从上表可以看出，在清末最后10年，尤其是1905—1910年，出现了一个投资兴办工矿企业的高潮；就企业经营的性质而言，商办企业无论在家数上，还是在创办资本额上，都占有绝对的优势。

具体就各工业部门来说，发展较快的主要有纺织业、缫丝业、面粉业、火柴业、水电业、机器业和矿冶业等部门。各业发展的具体情况见下表。

---

① 杜恂诚：《民族资本主义与旧中国政府》，33页。本表据该书表3《清季历年设立的民用工矿企业经营性质分类》编制而成。或许是由于统计方式有所区别，本表统计结果与该书第29—31页的表1《清季历年设立的本国民用工矿企业家数和创办资本额》略有出入。按：杜恂诚的统计是在孙毓棠、汪敬虞所编的两部《中国近代工业史资料》基础上的修订补充，是目前相关统计资料的最新成果。本小节的有关数据主要采用杜恂诚的统计。

1840—1911年7个主要近代工业部门统计表[①]

		1840—1900年		1901—1911年	
		家数	资本额(万元)	家数	资本额(万元)
纺织业	纺纱业	14	1 161	10	662
	织染业	1	12	49	157.4
	轧花业	8	85.7	3	12.8
	织麻业			4	100
	呢绒	3	73	8	369.9
	丝织业			3	26
	其他纺织业			5	4
	共计	26	1 331.7	82	1 332.1
缫丝业		125	1 191	70	556.9
面粉业		11	109.4	53	786.8
火柴业		9	36.1	28	130
水电业		2	10	60	3 813.8
机器业		9	33.1	20	352.1
矿冶业	燃料等采掘业	33	1 108.1	39	1 320.5
	金属采掘及冶炼	39	1 417.1	34	952.4
	共计	72	2 525.2	73	2 272.9

从上表来看,纺织业方面,包括纺纱业、织染业、轧花业、织麻业、呢绒、丝织业及其他纺织业,1901—1911年共设厂82家,约是此前60年的3倍,创办资本总额1 332.1万元,略多于此前60年的总和。

缫丝业方面,1901—1911年共设厂70家,是此前60年的1/2强,创办资本总额556.9万元,约是此前60年的1/2。

面粉业方面,1901—1911年共设厂53家,约是此前60年的5倍,创办资本总额786.8万元,是此前60年的7倍多。

[①] 杜恂诚:《民族资本主义与旧中国政府》,285—528页。本表据该书附录《历年所设本国民用工矿、航运及新式金融企业一览表(1840—1927)》的有关内容编制而成。

火柴业方面,1901—1911年共设厂28家,是此前60年的3倍多,创办资本总额130万元,约是此前60年的3倍。

水电业方面,1901—1911年共设厂60家,是此前60年的30倍,创办资本总额3813.8万元,是此前60年的381倍多。

机器业方面,1901—1911年共设厂20家,是此前60年的2倍多,创办资本总额352.1万元,是此前60年的10倍多。

矿冶业方面,包括燃料等采掘业和金属采掘及冶炼,1901—1911年共设厂73家,比此前60年略多,创办资本总额2272.9万元,比此前60年略少。

另外,铁路与轮船航运业也有一定的发展。铁路是西方列强掠夺中国的重要工具,清末的中国铁路基本上被列强所控制。庚子事变后,民间要求收回利权、自办铁路的呼声渐起,清政府在舆论的压力下,由新设立的商部颁布《铁路简明章程》,将铁路修筑权向民间开放,允许华商集股修路。此后,各省纷纷创设铁路公司,掀起一个民营铁路建设的高潮。据统计,1903—1907年,全国各省共设立铁路公司16家;到1911年,各铁路公司共集股额近6000万元,约占预筹股额总数的30%,其中粤路、川路分别达到75.7%、78.4%,浙路则高达154.2%,总计各省铁路公司建成的铁路有422公里。① 这多少争回了一些民族利权。

清末的中国轮船航运业也是基本上由外国势力所垄断。中国自己的民族轮船航运业虽然只能在列强侵略势力的夹缝中艰难地生长,但在20世纪初也有一定的发展。据统计,中国开设的资本1万元以上的轮船公司,1860—1900年的40年间有74家,创办资本总额为273.9万元,1901—1911年的10年间有138家,创办资本总额为1450.7万元。② 在开设的家数方面,后者约是前者的2倍;在创办资本总额方面,后者是前者的5倍多。又据历次海关10年报告统计,1900年,中

---

① 《各省铁路公司一览表》《各省铁路公司集股情况表》《各省铁路公司筑路情况表》,见宓汝成编《中国近代铁路史资料》第3册,1147—1150页。
② 据杜恂诚《民族资本主义与旧中国政府》477—501页《历年所设本国民用工矿、航运及新式金融企业一览表(1840—1927)》的航运业部分所作统计。

国有轮船517艘,总吨位18 215吨,1911年增加到901艘和90 169吨,①分别增长74.3%和395%。虽然中国自办轮船航运业从根本上无法与外国在华轮船航运业相比,但其发展速度还是较快的。

再看商业与金融业的发展情况。

近代商业发展的主要表现有三:

一是国内外贸易的迅速增长。在对外贸易方面,据统计,1871—1873年进出口贸易额分别为1.06亿元、1.1亿元,1901—1903年为4.73亿元、3.11亿元,1909—1911年为7.02亿元、5.7亿元。如以1871—1873年的进、出口值为100%,1901—1903年的进、出口值分别增至446.2%、282.7%,1909—1911年又分别增至662.3%、518.2%。②虽然入超现象严重,这是由于近代中国商业的半殖民地性质决定的。当时中国出口的主要是廉价的农产品、手工制品及工业原料,而进口的则是价格较贵的机制工业品;但是,无论进口还是出口,其发展速度都是可观的。在国内贸易方面,据有人研究估计,19世纪90年代中国产品的国内流转额比19世纪80年代增长了63.9%,进入20世纪后,每10年的递增率更上升到70%以上。③国内贸易的发展速度也不慢。

二是形成了一批近代商业中心城市。中国近代商业发展的基本方式,是以通商口岸为中心向周边地区辐射,逐渐形成网状的商品流通体系。"大约在1894年以后,我国传统的商品流通渠道即逐渐改变,形成一个以上海等通商都市为中心的、从通商都市到内地和农村的商业网。"④20世纪初,在外国侵略势力的压力下,中国被迫进一步对外开放,通商口岸(含自开)从1894年的34个增加到1910年的82个。这些通商口岸便逐渐成为重要的商业中心,其中尤以上海、广州、汉口、天津、大连等沿江沿海城市发展较为迅速。据统计,1909—1911年,这5个港口城市的外贸额占全国对外贸易总值的67.7%,其中上海占

---

① 《中国所有轮船统计》,见严中平等编《中国近代经济史统计资料选辑》,227页。
② 《进出口贸易净值》,见严中平等编《中国近代经济史统计资料选辑》,64页。
③ 参见黄逸峰、姜铎、唐传泗、徐鼎新《旧中国民族资产阶级》,81页,南京,江苏古籍出版社,1990。
④ 吴承明:《中国资本主义的发展述略》,见吴承明《中国资本主义与国内市场》,111页,北京,中国社会科学出版社,1985。

44.2%。上海是当时全国最大的商业中心。有人描述说,上海占住了长江口的有利地理位置,"独霸着这条大江沿岸两面各处地方的商业,和她有交易关系的中国人已有二万万之多,所以上海实在已经握着中国全部商业之一半了"。① 武汉三镇"占长江沿岸最枢要之地,商况之殷盛,亦冠于沿岸之诸港"。汉口更是长江中游的商业贸易中心,"舟楫之辐辏,货物之聚散,其盛不亚于上海,其余则尚未能比类也"。汉口成为当时中国仅次于上海的第二大商贸港口,有"东洋芝加哥"之称。② 其他如天津、广州、大连等城市,也是各地区的商业贸易中心。

三是近代商业组织活动与设施建设发展迅速。首先是商会的设立。1903年,清廷设立商部,次年颁布《商会简明章程》,随后各地大量商会兴起,传统的商业行帮组织逐渐向近代商会转化。时人以为,"商会之立,其为中国商业史之第一纪元乎"。③ 商会的设立,可谓中国商业现代化的一个重要标志。其次是参与国际商品博览会与举办国内商品博览会。1905年,商部奏准《出洋赛会章程》,鼓励和劝导华商参加国际商品博览会,以扩大对外贸易,并观摩先进国家的产品,以促进中国工商业的发展。如1904年美国圣路易斯博览会、1906年意大利米兰博览会、1910年意大利都朗国际博览会等,都有中国商品参展,使中国商人大长见识。与此同时,清政府还鼓励在国内举办劝业会、劝工会、物产会、商品陈列所等各种类型的商品博览会,以推动工商业的发展。如1909年的武汉劝业奖进会在武昌举行,展期45天,"观者络绎不绝,途之为塞"。1910年的南洋劝业会在南京举办,全部陈列物品计分24部420类,展期6个月,前往观摩者达20多万人次,极一时之盛。④ 再次是百货商店与公司的大量涌现。在一些重要的商业中心城市,商业格局发生了重大的变化。商业店铺林立,除了原有的经营粮、油、盐、木材、中药等传统农副产品的旧店铺以外,出现了大量经营机制

---

① [美]Ernest O. Hauser:《近百年来上海政治经济史(1842—1937)》,越裔译,见沈云龙主编《近代中国史料丛刊续编》第九辑,95页,台北,文海出版社,1983。
② 《汉口之商务》《汉口之贸易于税米收入》,见武汉大学历史系中国近代史教研室编《辛亥革命在湖北史料选辑》,286、284页,武汉,湖北人民出版社,1981。
③ 《论中国商会依赖政府》,载《东方杂志》第1年第5期,上海,1904。
④ 参见朱英《晚清经济政策与改革措施》,77—80页,武汉,华中师范大学出版社,1996。

棉纱布、针棉毛织品、五金、百货、化工颜料、西药、纸烟等近代工业产品的新式商店，还出现了综合性的大型百货公司，经营国内外各式工业制品、手工艺品以及农副特产。据调查统计，1909年左右，广州有各种商号27 524家，汉口也有商店7 000多家。① 这些商业中心城市的繁荣程度于此可见一斑。

金融业的发展主要表现在民族资本自办银行的开办。据统计，1900年以前，创办资本在5万元以上的中国自办银行只有盛宣怀办的中国通商银行（1897）和中俄合办的华俄银行（1896）；1901—1911年，中国自办银行猛增29家，创办资本总额达2 133.6万元。其中重要的官办与官商合办银行有户部银行、交通银行，商办银行有浙江兴业银行、上海四明商业储蓄银行、北京厚德商业银行、天津兴殖银行等。② 虽然这些银行无法同外国在华银行竞争，甚至比不过旧式的钱庄、票号。尤其是商办银行，其生存是相当艰难的，但是中国自办银行的发展在一定程度上表明了中国新式金融资本的生长。

从上述的民族资本主义发展的基本情况来看，可以发现20世纪初年中国民族资本主义有如下一些特点：

一是发展速度快，增长幅度大。这主要是因为起点低的缘故。如水电业在1900年以前只有2家，此后10年内增设60家，创办资本总额增长380倍之多。

二是民族资本主义经济各部门发展不平衡。主要集中在轻工业，尤其是纺织业与生活服务业方面，机器制造与钢铁工业不发达。据对前文所列7个主要工业部门的统计，在1901—1911年全国民族资本所设650家工矿企业中，纺织业、缫丝业、面粉业、火柴业、水电业5个部门共设厂293家，占45%强，而机器业与矿冶业共设厂93家，仅占14%多。

三是民族资本主义经济的地区发展不平衡。主要集中在长江流域和沿海地区，尤其是江浙、两湖和广东。据统计，1901—1911年全国民

---

① 参见黄逸峰、姜铎、唐传泗、徐鼎新《旧中国民族资产阶级》，80页。
② 据杜恂诚《民族资本主义与旧中国政府》501—503页《历年所设本国民用工矿、航运及新式金融企业一览表（1840—1927）》的银行业部分所作统计。

族资本所设的650家工矿企业,主要在沿江沿海省区,江苏(含上海)162家,湖北82家,广东54家,四川42家,直隶(含天津)37家,浙江36家,奉天30家,福建22家,安徽21家,山东20家,湖南11家,江西10家,①共527家,占全国总数的81%强,其中江浙、两湖和广东共345家,占53%多。

四是民族资本主义经济力量弱小,无法同外国在华经济势力竞争。据有人研究估计,1913年外国在华产业资本共达123 709.4万元,中国本国资本仅为30 386.2万元,约为外国资本的1/4。②

五是民族资本主义经济在整个国民经济结构中所占比重极小,尤其是工业化水平极低。据有人研究估算,1920年左右,中国近代工业总产值仅占全国工农业总产值的4.87%,连同手工业在内,也只占10.8%。③清末中国工业化水平之低可想而知。

总之,20世纪初中国民族资本主义虽然仍是力量弱小,但较之19世纪已经有了较大的发展。民族资本主义的初步发展,使得民族资产阶级的队伍逐渐壮大起来。据有人对商会会员人数估算,1911年全国民族资产阶级总数达到5万余人。④民族资本主义的发展和民族资产阶级的壮大,为清末政治运动——无论是立宪还是革命——的发展提供了物质基础和阶级基础。中国民族资产阶级的来源不同于西欧,不是产生于城市市民等级,而主要是由一部分官僚地主、商人和买办转化而来。据有人对1872—1913年的棉纺、毛纺、缫丝、水电、面粉、水泥、榨油、卷烟、航运、煤矿等10个主要行业的产业资本家来源所作的统计,其中官僚地主占59.8%,买办占23.8%,商人占16.4%。⑤这就决定了中国的民族资产阶级与本国封建势力和国际帝国主义有着千丝万缕的联系,使其自身具有明显的政治软弱性。如果说清末中国民族资产阶级的政治运动是与民族资本主义经济的发展密切相关,那么,从民

---

① 据杜恂诚《民族资本主义与旧中国政府》285—528页《历年所设本国民用工矿、航运及新式金融企业一览表(1840—1927)》的有关内容所作统计。
② 参见吴承明《中国资本主义的发展述略》,见《中国资本主义与国内市场》,124页。
③ 参见吴承明《中国资本主义的发展述略》,见《中国资本主义与国内市场》,127页。
④ 参见黄逸峰、姜铎、唐传泗、徐鼎新《旧中国民族资产阶级》,88页。
⑤ 参见马敏《过渡形态:中国早期资产阶级构成之谜》,54页,北京,中国社会科学出版社,1994。

族资本主义与民族资产阶级的特点可以大致观察到清末政治运动发展的基本形势。一方面,由于民族资本主义经济主要集中在长江流域和东南沿海地区,尤其是江浙、两湖和广东,因而这几个地区政治运动的发展特别引人注目;另一方面,由于民族资本主义经济力量弱小和民族资产阶级政治上的软弱性,致使清末政治运动的发展呈艰难曲折之势。

三 商会与资产阶级组织形态的现代化

商会是在清末新政过程中适应中外商战形势而产生的近代工商业社团。20世纪初,随着民族资本主义经济的发展和民族资产阶级力量的壮大,以及清政府推行新政,在社会上涌现了一系列的近代新式社团,除商会以外,还有自治会、教育会、研究会、学会、农会、工会、消防会、风俗改良会等,种类繁多,遍及政治、经济、学务、警务、市政、社会公益等各个领域。① 其中,在传统的行会组织基础上成立的近代商会是这些新式社团的"中枢组织"或"领袖团体"。② 以商会为中心的各种新式社团的形成,是资产阶级组织形态现代化的一个重要标志。

1902年,盛宣怀饬令上海道台袁树勋会同著名商董严信厚等人,召集上海各业商董成立上海商业会议公所,这是中国第一个商会组织。③ 同年,广州和汉口也分别创设了商业会议公所和商会公所。1903年,天津绅商成立天津商务公所。1904年初,清政府颁布《商会简明章程》,谕令在全国各省各埠设立商会,"凡属商务繁富之区,不论系会垣、系城埠,宜设立商务总会;而于商务稍次之地,设立分会,仍就省

---

① 据张玉法统计,当时各类社团有668个,计商业类265,教育类103,政治类85,学术类65,外交类50,农业类、风俗类各26,青年类、艺文类各17,宗教类6,工业类、慈善类各4。参见《清季的立宪团体》,再版,144页,台北,"中央研究院"近代史研究所专刊第28期,1985。张氏自称此"非当时结社的全貌",参照下文有关商会的统计数字可知,这显然是非常保守的统计。

② 两说分见于朱英《辛亥革命时期新式商人社团研究》,53页,北京,中国人民大学出版社,1991;马敏《过渡形态:中国早期资产阶级构成之谜》,169页。

③ 关于中国商会最早成立的时间,多数学者持1902年说,而以上海商业会议公所为中国第一个商会。对此,章开沅曾经提出异议,认为上海商业会议公所只是"从商务局向商会的过渡","不是正规的资产阶级社会团体",商会的正式诞生是在1904年(《辛亥革命与江浙资产阶级》《关于辛亥革命性质问题——答台北学者》,见《辛亥革命与近代社会》,105、181页,天津人民出版社,1985)。之后朱英、马敏均赞同此说(《辛亥革命时期新式商人社团研究》,61—63页;《过渡形态:中国早期资产阶级构成之谜》,159—160页)。但与此同时,仍有不少学者持1902年说,如黄逸峰、姜铎、唐传泗、徐鼎新《旧中国民族资产阶级》,118页;徐鼎新、钱小明《上海总商会史》,40页,上海社会科学院出版社,1991;虞和平《商会与中国早期现代化》,74页,上海人民出版社,1993。事实上,历来关于商会的统计资料一般也是以1902年成立的上海商业会议公所为起始。故本书亦从此说。

分隶于商务总会"①。在此前已经设立的上海商业会议公所与天津商务公所相继改组为商务总会,同时各地陆续创办商务总会和分会。1906年,江苏锡金商会总理周廷弼禀请商部在各县下之乡镇设立"分会之分会",得到商部批准,统一定名为"商务分所",札文称:"嗣后各府、州、县中,如已设立商会而各村镇尚有续请设立者,即令定名为商务分所,与各该处总分会设法联络。"②于是,清末的商会便形成总会、分会与分所的三级组织体制。据统计,1902—1912年,全国约有商务总会、分会900多个,连同商务分所共有2 000个左右。③ 全国除西藏等偏远地区外,基本上达到普及的程度。一般的情况是,省会与重要商埠设总会,府、厅、州、县设分会,乡镇设分所,分所隶属于分会,分会隶属于总会,层层统属,互为一体,逐渐形成以省会城市或重要商埠为中心的区域性社会整合。直到1912年中华全国商会联合会的成立,实现了全国范围的整合。

商会的内部构造一般由各业行会和新式企业的代表组成,而尤以后者为主,并因此突显其现代性。例如,上海商务总会成立时第一届会员有171人,其中有茶业、木业、钱业、洋货业、花业、汇票业、典业、米业、珠宝业、质业、农业等传统行帮代表18人,占总数的10.5%,还有银行、轮船公司、工厂、商号、外商企业等新式企业代表153人,占总数的89.5%。④尽管商会中一般还有不少传统的行帮代表,但在商会中居于领袖地位并能左右会务活动的主要还是那些新式企业代表,他们不仅在数量上占有绝对多数,而且在经济实力方面也居于压倒的优势。可以说,近代商会作为一种新式的工商业社团组织,是对传统的行会与行帮组织的超越。一方面,商会突破了行帮的地域界限,把同一城市之内来自不同地区的工商业者联为一体;另一方面,商会又突破了行会的行业界限,把同一城市中各个行业组织成为一个整体。更重要的是,商

---

① 《商部奏定商会简明章程二十六条》,见《大清法规大全·实业部》卷七,1页,政学社印行。
② 《商部为设立商务分所札苏商总会》,见章开沅主编《苏州商会档案丛编》第1辑,73页,武汉,华中师范大学出版社,1991。
③ 徐鼎新与王笛分别统计的商会数为928、922个,转见朱英《辛亥革命时期新式商人社团研究》,55—57页;虞和平统计为998个,见其《商会与中国早期现代化》,75—76页。这三个统计数都是仅指商务总会与分会数。加上商务分所数合计为2 000的数据是朱英的估计。
④ 参见徐鼎新、钱小明《上海总商会史》,61页。

会在职能上突破了行帮、行会"联乡情""固行宜"的狭隘范围,而具备了调查商业、和协商情、研究商学、改良品物、发达营业等以振兴工商实业为主旨的广泛社会职能。"商会并不是行帮的简单的集合体,而是对后者的一种历史的否定。"①从商会的产生、构成与职能等方面来看,中国近代的商会是由工商业界在联合起来共同振兴实业的目的认同下自愿组织发起,并依照政府的法定程序经由政府批准而设立的,又是自定章程、自选领袖、自筹经费、有自己固定的组织机构和职能部门,有广大的会员,有能够独立支配的经费和财产,有法定的权利、义务和活动范围。因此,中国近代的商会既不是官方的或半官方的组织机构,也不是官督商办社团,而基本上是一种"商办法人社团"。② 商会的现代性是非常明显的。

商会成立后,积极参加经济活动和政治活动。在清末,商会的经济活动主要为联络工商、调查商情、兴商学、开商智、维持市面、受理商事纠纷、保护工商利益、参与制订经济法规、维护经济秩序、推动民族工业发展和寻求平等互利的中外经济合作等。商会的经济活动促进了民族资本主义经济的发展,使资产阶级的力量得到明显增长。在进行各种经济活动的同时,商会还积极参与政治活动。如:参加抵制美货运动和收回利权运动;拥护预备立宪,参加国会请愿;筹办地方自治,推动立宪运动。甚至卷入革命行列,影响革命进程等。③ 商会的创办与发展及其积极的政治参与,表明资产阶级已经作为一支有组织的政治力量登上了历史舞台。

---

① 参见马敏《过渡形态:中国早期资产阶级构成之谜》,180—181 页。
② 参见虞和平《商会与中国早期现代化》,76—84 页。
③ 参见朱英《辛亥革命时期新式商人社团研究》,86—98、285—301 页;虞和平《商会与中国早期现代化》,202—295 页。

第三节　新型知识分子群体的形成

一　教育救国思潮的兴起

与实业救国思潮一样，教育救国思潮也是19世纪末20世纪初近代中国一部分先进人士谋求社会改良的一种进步的社会思潮。教育救国思潮在当时兴起的原因也主要是由于日趋严重的民族危机的刺激，以及清政府推动新政。两种社会思潮的目标都是救亡图存，但所选择的道路不同。与实业救国论者主张"商战"、振兴实业以发展经济的道路不同，教育救国论者则是提倡"学战"以发展教育为振兴中华的出路。

19世纪末，民族危机日益严重，维新变法运动兴起，维新派在努力谋求政治改革的同时也阐发了教育救国的思想。"欲任天下之事，开中国之新世界，莫亟于教育"，[①]这是康有为的主张；"今之自强之道，自以兴学为先"，[②]这是张元济的呼声。不仅康有为、张元济如此，而且严复、梁启超、谭嗣同、汪康年等著名的维新派人物也都发表了类似的言论主张。在维新派的《时务报》《知新报》《湘报》《湘学新报》等报刊上，也有不少提倡教育救国的文章。甚至一些趋新的封建官僚，如张之洞、陈宝箴等人，也在呼吁改革科举制度和兴办新式教育。正是多方面人士，尤其是维新派的鼓吹，使教育救国思想成为当时的社会思潮。20世纪初，清政府推行新政，教育改革是其重要的内容，使教育救国思潮

[①] 转见梁启超《南海康先生传》，见《饮冰室合集》文集之六，62页。
[②] 张元济:《致汪康年》，见张树年、张人凤编《张元济书札》中册，620页，北京，商务印书馆，1997。

获得了进一步的发展。不仅改良派、立宪派梁启超、严复、杨度、张謇等人继续鼓吹,而且一些革命派人士也在积极呼吁。1901年,罗振玉、王国维等人创办中国最早的教育专业杂志《教育世界》,开宗明义地宣称:"无人才不成世界,无教育不得人才。方今世界不出四语曰:'优胜绌败'。今中国处此列雄竞争之世,欲图自存,安得不于教育亟加之意乎?"①诸如此类的言论文字,在当时的各种报纸杂志上可谓比比皆是,由此而使教育救国思潮得以勃发奔涌。

清末教育救国思潮的主要内容如下:

第一,认为教育是救亡图存与立国自强之本。关于发展教育的重要意义,教育救国论者从挽救民族危亡的高度作了充分的认识。他们认为,"学战"是20世纪各国生存竞争的关键,是"兵战、商战、农战、工战之所以胜所以败者"的总枢纽。所谓学战,其实就是教育竞争。在教育救国论者看来,发展教育是其他竞争取胜的不二法门。"欲吾之兵,吾之政,吾之种种经济事业,足与人国竞争也,舍教育国民之外无他法。"②更有人认为:"现在是教育的世界……智争学战的时代……人无教育,就不能自立;国无教育,就不能自强……中国倘有一线希望,全在教育。"③这几乎是把发展教育看做中国唯一的希望所在。这是教育救国论者的最高理想,也是教育救国思潮的中心旨意。

第二,主张进行教育改革,要求发展新式学校教育和重视留学教育,以培养各种新式人才。人才来源于教育,近代新式人才的培养有赖于近代新式学校教育的发展。一方面,教育救国论者极力批判传统教育制度的种种弊端,要求改革甚至废除科举制度。科举制度以八股取士,使传统士子埋首经书与诗赋词章之学,禁锢了天下人才。维新时期,严复主张变法之先"莫亟于废八股",认为八股之害在于"使天下无人才"。④梁启超说:"科举之衰,有志亦成为无用……故欲兴学校养人

---

① 《教育世界序例》,载《教育世界》第1号,转引自丁守和主编《辛亥革命时期期刊介绍》第1册,115页,北京,人民出版社,1982。
② 刘显志:《论中国教育之主义》,见《辛亥革命前十年间时论选集》第2卷下册,884—885页。
③ 黄海锋郎:《论今日最重要的两种教育》,载《杭州白话报》第2年第9期,转引自丁守和主编《辛亥革命时期期刊介绍》第2册,73页。
④ 严复:《救亡决论》,见王栻主编《严复集》第1册,40页,北京,中华书局,1986。

才以强中国,惟变科举为第一义,大变则大效,小变则小效。"①废八股,变科举,成为维新变法的重要内容。正是由于维新派人士的积极呼号,并有张之洞、袁世凯等地方督抚大臣的大力倡导,1905年终于废除了科举制度,为新教育的发展开辟了道路。另一方面,教育救国论者积极主张建立新的教育制度,要求发展新式学校教育。康有为在戊戌时期就主张仿照德国和日本的教育制度,建立中国的新学制,所谓"远法德国,近采日本,以定学制"。② 1903年,清政府颁布了由张之洞等人制订的仿照日本学制的"癸卯学制",开启了中国教育体制的现代化。就具体的学校教育而言,教育救国论者不但非常重视从小学到大学的普通教育,而且特别关注师范、实业等方面的专门教育。张謇认为"师范为教育之母",办学校"尤须先从师范始"。实业教育乃"富强之大本","苟欲兴工,必先兴学"。③ 张謇在南通的办学成就可谓这方面的表率。另外,教育救国论者还努力倡导留学教育。他们认为:"吾国今日如垂危之病,以学为药,而子弟之出洋求学者,乃如求药之人。"④他们相信留学可以救国,因而呼吁:"留学外国者,今日之急务也,无贵、无贱、无富、无贫、无长、无幼,所宜共勉者也。"⑤当时留学热潮的兴起与此不无关系。教育救国论者的这些主张,无非都是希望通过发展新式教育以培养国家现代化建设所需要的各种新式人才,以达到图强御侮的救国目的。

第三,提倡国民教育,以塑造新国民。教育救国论者不只是关注培养新式人才的精英式教育,而且还积极提倡使整体国民素质提高的普及教育,希望通过国民教育来塑造适应新时代需要的新国民。戊戌时期,严复提出"鼓民力""开民智""新民德",强调从力(体)、智、德三方面提高国民素质;庚子以后,严复进一步明确地提出体育、智育、德育"三者并重"的教育观,并根据当时的形势强调"智育重于体育,而德育尤重

---

① 梁启超:《变法通议·论科举》,见《饮冰室合集》文集之一,26—27页。
② 康有为:《请开学校折》,见汤志钧编《康有为政论集》上册,306页,北京,中华书局,1998。
③ 《论创办地方实业教育致端抚函》《请设工科大学公呈》,见《张謇全集》第4卷,22、52页。
④ 《劝同乡父老遣子弟航洋游学书》,见《辛亥革命前十年间时论选集》第1卷上册,386页。
⑤ 《与同志书》,见《辛亥革命前十年间时论选集》第1卷上册,394页。

于智育"。① 这个主张当时已为人们所接受,成为一些教育救国论者关于国民素质教育的基本思想。如有人认为:"民智、民德、民力是改造社会、强国保种的要素。"②梁启超则发表了著名的《新民说》,认为"新民为今日中国第一急务"。对此,他从两方面作了论证,就内治而言,"苟有新民,何患无新制度,无新政府,无新国家";就外交而言,"必其使吾四万万人之民德、民智、民力,皆可与彼(列强——引者注)相埒,则外自不能为患"。③显然,梁启超这里所谓的新民,含有提高整体国民素质的意味。要达到这个目的,根本的途径就是普及教育。时人主张通过家庭教育、学校教育、社会教育等途径进行全民普及教育,甚至主张用强迫主义的方式使全体国民人人尽受教育。尤其值得注意的是,女子教育的问题被教育救国论者提上议事日程。他们认为,因长期以来受"女子无才便是德"思想流毒的影响,女子不能与男子平等地接受教育,"学之不明,而千百年来女界乃独罹其黑暗矣。欲救其弊,惟有兴学"④。兴女学是为了培养占全体国民半数的女子的国民性格,塑造新型女国民。有人甚至把女子教育提高到"铸造国民母"的高度,认为:"国无国民母,则国民安生,国无国民母所生之国民,则国将不国。故欲铸造国民,必先铸造国民母始。"⑤可见对女子教育的重视程度。

教育救国论者主张通过发展教育实现救亡图存,这在民族危机日趋严重的形势下,显然是缓不济急的,因而也是不现实的。1905 年,孙中山与严复在英国伦敦会晤,严复认为改革"惟急从教育上著手",孙中山不以为然,颇有感慨地说:"俟河之清,人寿几何!君惟思想家,鄙人乃实行家也。"⑥在革命者看来,革命形势的发展有刻不容缓之势,这是清末的基本情景。尽管如此,教育救国论者的爱国热情是不可否认的;而且,这种思潮的出现,也在一定程度上促使了清末兴学与留学热潮的高涨,对新式知识分子群体的形成有着重要的催生作用。

---

① 《论教育与国家之关系》,见王栻主编《严复集》第 1 册,167 页,北京,中华书局,1986。
② 黄海锋郎:《论今日最重要的两种教育》,载《杭州白话报》第 2 年第 9 期,转引自丁守和主编《辛亥革命时期期刊介绍》第 2 册,74 页。
③ 梁启超:《新民说》,见《饮冰室合集》专集之四,1—5 页。
④ 《代内子作通州女子师范学校募捐启》,见《张謇全集》第 4 卷,62 页。
⑤ 亚特:《论铸造国民母》,见朱有瓛主编《中国近代学制史料》第 2 辑下册,574 页。
⑥ 严璩:《侯官严先生年谱》,见王栻主编《严复集》第 5 册,1550 页。

二　国内办学热潮高涨

20世纪初年兴学热潮的高涨,有多方面的原因,其中尤以清政府的新政为关键。一方面,新学制的颁行和学部等各级专门教育行政管理机构的建立,为新学堂的创办与发展提供了制度保证;另一方面,科举制度的废除,断绝了传统士人的进身阶梯,为新学堂的兴起扫除了制度性障碍,使读书人群趋于学堂。在清政府的大力提倡和各级地方政府的积极响应下,新式学堂便如雨后春笋般地涌现,形成一股兴学热潮。

首先就这个时期新式学堂总的发展情况列表分析。

1902—1911年新式学堂发展情况统计表①

年份 \ 类别	学　堂	在校生	毕业生
1902		6 912	
1903	769	31 428	
1904	4 476	99 475	2 167
1905	8 277	258 873	2 303
1906	23 862	545 338	8 064
1907	37 888	1 024 988	19 508
1908	47 995	1 300 739	14 846
1909	59 117	1 639 641	23 361
1910	42 696	1 284 965	
1911	52 500		

上表显示全国新式学堂发展的大致情形。据不完全统计,1902—1911年间,学堂数从1903年的769所发展到1909年的59 117所,约增加了76倍;在校学生数1902年为6 912人,1909年为1 639 641人,约增加236倍;毕业学生数1904年为2 167人,1909年为23 361人,约增

---

① 参见王笛《清末新政与近代学堂的兴起》,载《近代史研究》1987年第3期,北京。

加10倍。显然,这个时期新式学堂的发展速度是很快的。其最高年份1909年有近6万所学堂和160多万学生,其绝对数量也是可观的。

各省学堂发展情况可以学务发达而统计资料较为完全的1909年为例:

1909年各省学堂情况统计表①

类别 省份	学堂数	职员数	教员数	学生数
直　隶	11 201	13 508	11 921	242 247
奉　天	2 708	5 849	4 123	106 867
吉　林	338	648	641	11 745
黑龙江	196	148	351	7 009
山　东	4 396	6 196	4 685	60 765
山　西	2 333	4 627	2 986	57 291
陕　西	2 953	4 911	2 962	59 196
河　南	3 773	6 591	5 196	90 824
江　苏*	2 462	9 354	7 502	80 947
安　徽	865	4 164	2 346	24 674
浙　江	2 165	6 039	5 983	76 114
江　西	1 262	4 413	2 618	30 428
湖　北	2 886	2 162	5 315	99 064
湖　南	1 437	2 897	4 069	52 229
四　川	10 661	7 176	13 072	345 383
广　东	1 794	5 304	5 309	86 437
广　西	1 328	3 667	2 651	51 097
云　南	1 944	2 440	2 489	57 808
贵　州	1 811	2 346	1 243	27 036

---

① 学部总务司:《宣统元年分教育统计图表》,见朱有瓛主编《中国近代学制史料》第2辑下册,840页。我们未见《宣统元年分教育统计图表》原本,朱书所录贵州学堂数为182,则各省学堂数相加与总数不符,今参照前引王笛《清末新政与近代学堂的兴起》和桑兵《晚清学堂学生与社会变迁》(149页,上海,学林出版社,1995),将贵州学堂数改正为1811。

续表

省份 \ 类别	学堂数	职员数	教员数	学生数
福　建	678	1 468	2 304	29 653
甘　肃	1 243	1 594	1 490	22 996
新　疆	462	318	376	6 910
合　计	58 896	95 820	89 362	1 626 720

＊说明：江苏各项数据为原表中江苏与江宁合并统计。

上表显示1909年各省新式学堂发展的大致情况。在全国22个行省中，从学堂数来看，可分4等，1万所以上的有直隶与四川2省，5 000—2 000所的有山东、河南、陕西、湖北、奉天、江苏、山西、浙江8省，2 000—1 000所的有云南、贵州、广东、湖南、广西、江西、甘肃7省，1 000所以下的有安徽、福建、新疆、吉林、黑龙江5省；从学生数来看，也可分4等，10万人以上的有四川、直隶、奉天3省，10万—5万人的有湖北、河南、广东、江苏、浙江、山东、陕西、云南、山西、湖南、广西11省，5万—2万人的有江西、福建、贵州、安徽、甘肃5省，2万人以下的有吉林、黑龙江、新疆3省。从这个分析可以看出，新式学堂的发展有着非常明显的地区分布不平衡性，多者如四川、直隶两省学堂上万所，学生二三十万人，少者如新疆、黑龙江两省，学堂几百所，学生几千人，差距甚为巨大。大致而言，各地区新式学堂的发展程度与经济发展水平基本一致，长江流域与沿海地区发展较快，边疆偏远省份发展较慢。

再看各类学堂的具体发展情况。

（一）普通学堂

普通学堂为以国民普及教育为目标的普通教育而设，分小学堂、中学堂、高等学堂和大学堂四类。据1903年颁布的《奏定学堂章程》规定，小学堂分初等、高等两类（高、初等合办者称为两等），另有简易识字学塾、半日学堂等扫盲性质的学校作为补充。初等小学堂是最基本的国民普及教育，各城、镇、乡、村普遍设立。"凡国民七岁以上者入焉，以启其人生应有之知识，立其明伦理爱国家之根基，并调护儿童身体，令其发育为宗旨；以识字之民日多为成效。"①高等小学堂也设于各城、镇、乡、村，每州、县至少应设一所。中学堂各府必设一所，各州、县能设最好。高等学堂各省城设一所，为大学预科，分文、理工、医三类。大学堂以"造就通才"为宗旨，分经学、政法、文学、医、格致、农、工、商八科，先在京师设一所，然后推广于各省。据统计，1909年，全国有小学堂51 678所，小学生1 532 746人；中学堂460所，中学生40 468人；高等学堂24所，学生4 203人；大学堂3所，学生749人。② 全国普通学堂共计学堂52 165所，学生1 578 166人。

（二）师范学堂

师范学堂为培养师资而设，分初级、优级两类，另有师范传习所、讲习所等临时性的教师短期培训学校。初级师范学堂培养小学堂教员，每州、县必设一所，先在省城暂设一所以为提倡；优级师范学堂培养初级师范学堂和中学堂教员及管理员，在京师与各省城各设一所。1909年，全国有各类师范学堂415所，学生28 572人。③ 著名的有南通通州师范学校（1902年）、南京两江师范学堂（1903年）、上海龙门师范学校（1904年）、直隶北洋师范学堂（1906年）等。

（三）实业学堂

实业学堂为实业教育而设，有实业教员讲习所、农业学堂、工业学堂、商业学堂、商船学堂等类，各类又分高、中、初三等，各省酌量地方情形随时兴办。1909年，全国有各类实业学堂254所，学生16 649人。④

（四）法政学堂

法政学堂是适应新政的发展尤其是预备立宪急需新式政治人才的需要而创办的。1907年初，学部筹设京师法政学堂所拟章程规定，法政学堂"以造就完全法政通才为宗旨"，分预科、正科与别科。预科两年毕业后升入正科，分习政治、法律两门，各三年毕业。另附设讲习科，为

---

① 《奏定初等小学堂章程》，见朱有瓛主编《中国近代学制史料》第2辑上册，174页。
② 陈翊林：《最近三十年中国教育史》，97、114、125页，上海太平洋书店，1931。
③ 《宣统元年各省师范学堂学生统计表》，见朱有瓛主编《中国近代学制史料》第2辑下册，468页。
④ 《宣统元年各省实业学堂统计表》，见朱有瓛主编《中国近代学制史料》第2辑下册，221页。

吏部新分及裁缺人员短期培训,一年半毕业。① 据统计,1904—1909年全国各省共设立法政学堂22所,按设立时学额或招生人数,共计3 411人。② 除直隶、两江设有两所外,其余多数省份各设有一所。

（五）女学堂

女学堂专为女子教育而开设,在清末乃至整个中国历史上都是创举,具有开风气的意义。1907年,学部奏定女子小学堂章程,规定"女子小学堂以养成女子之德操与必须之知识技能并留意使身体发育为宗旨",女学堂分初等与高等两类,男女不同校。③ 在此之前,全国已有19个省(含京师)创办了各省的第一所女子学堂。④ 女学堂不仅有小学堂,还有师范学堂、蚕业学堂、医学堂、女工传习所等种类。据不完全统计,1909年,全国有女学堂298所,学生13 489人。⑤ 著名女学堂有上海务本女塾(1902年)、上海爱国女学校(1902年)、北京豫教女学堂(1905年)、天津北洋女子师范学堂(1906年)、湖南周南女塾等。

（六）其他学堂

有培养外语人才的方言学堂,如云南东文学堂(1904年)、两广方言学堂(1906年)、吉林外国语学堂(1907年)、南洋方言学堂(1908年)、奉天方言学堂(1908年)等。有培养医务人才的医学堂,如湖南医学堂(1903年)、直隶保定医学堂(1904年)、京师专门医学堂(1907年)、山西中西医学馆(1907年)、江西省城医学堂(1907年)等。有培养体操、美术、音乐人才的专门学堂,如奉天体育美术专修科(1905年)、四川体操专科学堂(1906年)、河南体育专科学堂(1908年)、上海体操学堂(1908年)、直隶体操音乐传习所(1908年)等。另外,还有培养各项专门人才的巡警学堂、财政学堂、税务学堂、速记学堂。⑥

---

① 《学部奏筹设京师法政学堂酌拟章程折(附章程)》,见朱有瓛主编《中国近代学制史料》第2辑下册,480页。
② 《清末各省督抚奏设省城法政学堂一览表》,见朱有瓛主编《中国近代学制史料》第2辑下册,499—502页。有的省份,如湖南法政速成学堂的学额不明,未能进行学生人数统计。
③ 《学部奏定女子小学堂章程》,见朱有瓛主编《中国近代学制史料》第2辑下册,657页。
④ 《各省第一所女学堂一览表》,见朱有瓛主编《中国近代学制史料》第2辑下册,632—633页。
⑤ 《宣统元年全国女学堂统计表》,见朱有瓛主编《中国近代学制史料》第2辑下册,745页。这个统计非常不准确,只统计了10个省份,直隶、四川、广东等教育发达省份都未统计进去。据同年《顺天时报》对天津学界的调查,仅天津就有女学堂19所,学生1000余人(《记天津学界总调查》,见朱有瓛主编《中国近代学制史料》第2辑下册,714—716页)。可见,如果统计完全,结果将远远大于这个数据。
⑥ 以上参见朱有瓛主编《中国近代学制史料》第2辑下册,535—569页。

有专于旗人教育的八旗学堂,如山东省城八旗奉直学堂(1906年)、京师八旗学堂(1907年)、奉天八旗中学(1909年)等。有专于贵族教育的贵胄学堂,如陆军贵胄学堂(1905年)、贵胄法政学堂(1907年)、京师贵胄学堂(1905年)等。有专于少数民族教育的满蒙回藏文学堂,如京师满蒙文高等学堂(1907年)、四川藏文学堂(1907年)等。[①]

还有标榜"保存国粹"的存古学堂。1907年,在全国各地新式学堂兴起的热潮中,张之洞有感于旧学生存的危机,首先在湖北创办存古学堂,随后江苏、山西、贵州、陕西、广东、四川等省相继仿办。1911年4月,《学部修订存古学堂章程》规定:"存古学堂以养成初级师范学堂、中学堂与此同等学堂之经学、国文、中国历史教员为宗旨,并以预备储升入经科、文科大学之选。"存古学堂分中等、高等两科,各科分经学、史学、词章三门,各门课程自以本门为主课,而互以另两门为补助课。另有多门新学课为通习课,如经学门中等科以经学(附理学、小学)为主课,史学、词章学为补助课,算学、舆地学、外国史、法制、理财、博物、理化、农业大要、工业大要、商业大要、体操为通习课。[②] 可见,存古学堂虽然标榜"保存国粹",但其创办目的主要是为了培养中国传统学术文化方面的师资力量,从其课程设置来看似乎并不完全守旧,因而也可以归于新式学堂。

总的来说,由于起点极低,清末10年间新式学堂与学生数量呈数十、数百倍地增长,新教育发展的速度是惊人的;学生增长的绝对数量有160多万人,也是一个不小的数目,形成了一个重要的新式学生群体。另外,各类新式学堂的出现,使新教育的影响逐渐渗透到社会各个领域,这对于整个社会的近代转型有着重要的意义。当然,在充分估计新教育的发展及其价值的同时,还应该看到其不足之处。除前面所述全国各地区发展不平衡以外,还有如下几个方面:一是教育结构不合理。1909年,全国160多万学生中,普通学堂学生有157万多人,约占97%,其他各类专门学堂所占比例极小,专门教育不发达。二是教育层次低。1909年占全国学生总数97%的普通学堂的157万名学生中,小

---

① 以上参见朱有瓛主编《中国近代学制史料》第2辑下册,777—837页。
②《学部修订存古学堂章程折》,见朱有瓛主编《中国近代学制史料》第2辑下册,524—525页。

学生153万人,占97.5%,中学生4万人,高等学堂学生4 000人,大学生仅700人,中、高等教育极不发达。三是普及教育程度不高。1909年全国新式学堂学生数量在当时全国总人口(约4亿)中仅占0.4%左右。与刚刚发达而跻身于世界列强行列的东邻日本相比,更可见其差距之大。据有人统计,当时日本人口5 000万,有学生600多万,学生占人口总数12%多,日本的学龄儿童就学率达到97.38%,中国仅为3.7%。①可见,清末的新式教育虽有发展,但整体水平并不高。

三 留学风气极盛

派遣留学生也是清末新政的一项重要举措。一方面,清政府推行新政需要大量的新式人才,于是在兴办新式学堂的同时,大力提倡与鼓励出国留学;另一方面,科举制度的废除,使传统士人转向新式教育,出国留学是一条重要的途径。一时留学风气颇为盛行,而以留学日本为多。湖南留日学生在《游学译编》上发表劝湘人留学书中称:"现在沿海苏浙粤东诸省,游学之盛,至于父遣其子,兄勉其弟,航东负笈,络绎不绝。"②不仅是沿海地区,其他不少省份也大体如此。对于留学生蜂拥赴日的情形,有日本人作了形象的描述:"学子互相约集,一声'向右转',齐步辞别国内学堂,买舟东去,不远千里,北自天津,南自上海,如潮涌来。"③清末留学生以留日为主,其次是留美、留欧。

(一) 留日

甲午战争是中日两国向西方学习成效的总检验。日胜中败的结局,使中日关系急剧逆转。战后第一年,即1896年,中国派出了第一批留日学生(13人),④从此揭开了近代中国学生留日的序幕,并迅速掀起一个留日高潮。

---

① 参见桑兵《晚清学堂学生与社会变迁》,165页。
② 《劝同乡父老遣子弟航洋游学书》,见《辛亥革命前十年间时论选集》第1卷上册,381页。
③ 参见[日]实藤惠秀《中国人留学日本史》,谭汝谦、林启彦译,37页,北京,三联书店,1983。
④ 桑兵考证认为,这批学生只是在东京高等师范学校的"附读班"学习,与此前中国驻日使馆附属的东文学堂培养的"东文学生"没有实质性的区别,不是严格意义上的留日学生;中国最早名副其实的留日学生是1897年赴日的广东顺德人罗普,最早的官费正式留日学生是1898年3月抵达东京的南洋官费生杨荫杭、雷奋、杨廷栋等人,因此,"留日学生的正式发端定于1897年底或1898年更为恰当"。参见桑兵《清末新知识界的社团与活动》,136—148页,北京,三联书店,1995。

清末中国留日高潮的兴起,是由中日两方面的因素促成的。从中国方面来看,派遣留日学生是有意识的选择。张之洞在其著名的《劝学篇》中分析了个中缘由。他说:"至游学之国,西洋不如东洋:一路近费省,可多遣;一去华近,易考察;一东文近于中文,易通晓;一西书甚繁,凡西学不切要者,东人已删节而酌改之。中东情势风俗相近,易仿行,事半功倍,无过于此。"①在张之洞看来,在当时急需快速培养人才的形势下,留学日本比留学西洋有更多有利的因素。路近、费省等客观因素不必说;更重要的是,日本是通过学习西方强盛起来的榜样,中国与日本有"同文""同种"的特殊关系,通过学习日本的成功经验而间接地达到学习西方的目的,是一条捷径。这是时人的共识。从日本方面来看,接受中国留学生是有目的的劝诱。甲午战争后,远东国际关系格局有了新的变化,西方列强虎视眈眈,迫使日本为图自保而不得不向一衣带水的中国示好,为中国培养留学生是其与中国结交的一个重要举措。虽然不能否认部分对华友好人士确实抱有为中国培养人才的真心诚意,但是,日本政府企图通过留学教育扶植亲日势力而控制中国的阴谋与野心也是毋庸置疑的。1898年,日本驻华公使矢野文雄致函外务大臣西德二郎说:"如果将在日本受感化的中国新人材散布于古老帝国,是为日后树立日本势力于东亚大陆的最佳策略;其习武备者,日后不仅将仿效日本兵制,军用器材等亦必仰赖日本,清国之军事,将成为日本化。又因培养理科学生之结果,因其职务上之关系,定将与日本发生密切关系,此系扩张日本工商业于中国的阶梯。至于专攻法政等学生,定以日本为楷模,为中国将来改革的准则。果真如此,不仅中国官民信赖日本之情,将较往昔增加二十倍,且可无限量地扩张势力于大陆。"②这话毫无遮掩地和盘托出其险恶用心。尽管日本政府主动接受中国留学生有着不可告人的目的,但为大批中国留学生涌向日本敞开了通道;加上某些友好人士的积极接引,留日热潮自然高涨。

清末留日热潮有三个特点:

一是留日学生人数多,发展速度快,总的发展形势以1905年为最

---

① 《劝学篇·外篇·游学第二》,见苑书义等主编《张之洞全集》第12册,9738页。
② 转引自黄福庆《清末留日学生》,8页,台北,"中央研究院"近代史研究所专刊第34期,1975。

高峰。见下表。

1901—1911年留日学生人数统计表①

年份	1901	1902	1903	1904	1905	1906	1907	1908	1909	1910	1911
人数	266	727	1 058	2 406	8 000	7 283	6 797	5 216	5 266	3 979	3 328

上表基本显示了清末留日热潮发展的总趋势。1901年，新政开始以后，清政府鼓励各省向日本派遣留学生，留日学生迅速增加。有人认为，从1901年到1906年，留日学生已有上万人的规模，"实为任何时期与任何留学国所未有"。②现在学术界一般认为1905年达到最高峰，人数8 000是普遍接受而稍偏保守的数据，然而这个数目也是惊人的，不仅在中国留学史上是空前的，而且是当时世界史上规模最大的学生出洋运动。这个高潮的出现，主要是因为日俄战争中日本战胜俄国结果的刺激和科举制度废除的直接推动。1906年以后，留日学生人数有逐渐减少的趋势，这是由于留日学生反对日本文部省颁布《关于许清国人入学之公私立学校规程》即"取缔规则"事件中出现集体辍学归国运动，以及随后清政府颁布《管理游学日本学生章程》而实行限制留学政策的结果。③不过，直到1911年，留日学生人数仍保持3 000多人的不小规模。清末留日学生的总人数可以根据实藤惠秀的研究作一大致的估算。据他统计，1901—1911年中国留日毕业生总计为2 841人，他推算出清末留日学生人数与毕业生人数的比例为10∶1。④这样，清末留日学生总人数约3万人。

二是留日学生的省区分布不平衡。各省区留日学生分布情况可以统计资料较全的1904年为例，现据《清国留学史会馆第五次报告》统计列表如下：

---

① 1902—1903年数据来自房兆楹辑《清末民初洋学学生题名录初辑》，1—53页，台北，"中央研究院"近代史研究所，1962；1903—1904年数据来自浙江省辛亥革命史研究会、浙江省图书馆编《辛亥革命浙江史料选辑》，67、102页；1905年数据来自［日］实藤惠秀《中国人留学日本史》，39页；1906—1911年数据来自陈学恂、田正平编《中国近代教育史资料汇编·留学教育》，689页，上海教育出版社，1991。
② 舒新城：《近代中国留学史》，46页，上海，中华书局，1933。
③ 参见王奇生《中国留学生的历史轨迹》，95—98、141页，武汉，湖北教育出版社，1992。
④ ［日］实藤惠秀：《中国人留学日本史》，113、118页。

1904 年全国留日学生省区分布统计表①

省区	人数	省区	人数	省区	人数	省区	人数
浙江	191	福建	76	旗籍	30	湖南	363
广东	175	山东	60	广西	26	湖北	341
直隶	172	山西	56	河南	12	四川	321
云南	126	江西	52	陕西	3	江苏	280
安徽	84	贵州	38				

据上表数据,1904年全国共有留日学生2 406人,其中湖南、湖北、四川、江苏、浙江、广东、安徽、福建、江西等长江流域与东南沿海这9个省份共计1 883人,占总数的78%强,其他内地与边远地区十几个省区仅有523人,约占22%。有些省区,如甘肃、青海、新疆、蒙古、西藏等甚至榜上无名。显然,长江流域与东南沿海地区已经成为中国留学生来源的中心区域,这是与这些地区的经济发展水平和开放程度相一致的。

三是留日学生成分混杂,教育程度普遍较低。留日成为热潮,难免鱼龙混杂。留学生来源多种多样:有官费公费,也有自费;有男人,也有女人;有青年,也有老人和小孩;有贫寒百姓子弟,也有富贵公子王孙;有新式学堂学生,也有旧式科举功名的秀才、举人、进士甚至翰林等。在他们当中,有父子、夫妇、兄妹,甚至有全家、全族同时留学的情形。留学生来源不一,出国前身份与经历各异,其留学动机与目的不尽相同。"有纯为利禄而来者,有怀抱非常之志愿者,有勤勤于学校功课而不愿一问外事者(此类以学自然科学者为多),有好交游议论而不悦学者(此类以学社会科学者为多),有迷信日本一切以为中国未来之正鹄者,有不满意日本而更言欧美之政制文化者。其原来之资格年龄,亦甚参差,有年已四十五十以上者,有十六七岁者,有为贵族富豪之子弟者,有出身贫寒来自田间者,有为秘密会党之领袖以亡命来者,有已备有官

---

① 《辛亥革命浙江史料选辑》,102 页。

绅之资格来此为仕进之捷径者。"①关于留日学生的教育程度问题,当时已引起中日两国各界的注意。据驻日公使杨枢的调查,在近万人的留日学生中,"综计官费、公费、自费学生之得毕业人数,其速成者计百分中之六十,其普通者居百分中之三十,其中途退学辗转无成者居百分中之六七,其专门高等者则仅居百分之三四,而入大学者则不过百分之一而已"。②可见,留日教育主要以"速成"为主。1906年,清学部举行第一次留学毕业生考试,参试100人中,大多数是留日学生,但及格的前5名全是留美毕业生,留日学生全部落第。"速成教育"的弊端暴露无遗。日本媒体纷纷指责中国留日学生"大皆趋鹜速成教育,欲于短期内获得毕业证书",清政府从此停止派遣修习速成教育的学生。③ 诚然,留日学生中固然不乏专心求学而获得日本正规的大学毕业文凭者,但更多的是在一年半载的短期"速成科"中镀点金色而已,有的甚至只是在日本某些"学商"专为中国留学生开设的"学店"中混上数日就能拿到一纸证书。因此,留日学生的留学教育程度普遍较低也就不足为怪。这是在当时特殊的历史条件下希望多出人才、快出人才的急躁社会心态所致。尽管如此,从留日学生在清末中国社会变革过程中实际所起的重要作用来看,留日教育的成效是不能完全否认的。

(二)留美

中国学生留美最早可以追溯到容闳。1854年,容闳毕业于耶鲁大学,成为中国第一个毕业于美国大学的留学生。1872—1875年,在容闳的积极倡导下,清政府选送120名幼童留学美国,这是中国留美史上的壮举。1881年,留美幼童因故全部撤回。此后较长时期内,虽然在美国传教士的帮助下自费留美者仍是不绝如缕,但终似散兵游勇,未成大气候。

新政伊始,一些地方督抚在大批派遣留日学生的同时,也选派了一些学生留美。但是,与留日的热潮相比,零星稀少的学生留美显得颇为寂静。据统计,1900—1907年,官费留美学生总计约有100余人,④自

---

① 胡汉民:《胡汉民自传》,载《近代史资料》总45号,12—13页,北京,1981年第2期。
② 杨枢:《游学计划书》,见陈学恂、田正平编《中国近代教育史资料汇编·留学教育》,370页。
③ 参见[日]实藤惠秀《中国人留学日本史》,63页。
④ 王奇生:《中国留学生的历史轨迹》,14页。

然无法与8 000人甚至上万人的留日大军相提并论。1908年,美国政府决定退还部分庚子赔款给中国,作为接受中国留学生赴美留学的经费。次年,清政府制订了一个关于"庚款留学"的基本办法:第一,设立游美学务处,作为选送留美学生的管理机构。第二,设立肄业馆,为留美预备学校。第三,考选学生分两格:第一格年龄在20岁以下,国文通达,英文及科学程度可入美国大学或专门学校,由外务部和学部在京招考,并由各省选录合格学生进京复考,定额100名;第二格年龄在15岁以下,国文通达,资禀特异,定额200名,由各省按省份大小及其负担的赔款多少确定的份额选送学生。两格学生被选进京后,先在肄业馆学习数月或一年,然后从中各选50名赴美留学,未入选者,仍留馆肄业。第四,用部分经费津贴在美自费生。第五,专设驻美监督,管理留美学生在美国的学习与生活。① 随即,清政府开始选拔庚款留美学生,并在北京西郊清华园设立"游美肄业馆",作为专门的留美预备学校。1910年,肄业馆改名"清华学堂",即后来清华大学的前身。

"庚款留学"教育计划的实施,无疑是从属于美国对华政策的举措。虽然不能否认美国政府有着与日、英等列强争夺中国留学生教育权以影响中国青年的目的,但此举对于清末中国教育改革,尤其是留美运动的兴起有着积极的推动作用。自此以后,中国留美学生人数迅速增加。据统计,到1911年,留美学生已增至650人,其中官费生207人,自费生443人。② 留美学生虽然在人数上远远不能与留日学生相比,但是他们的教育程度普遍高于留日学生。清末新政时期,留美幼童出身者如唐绍仪、梁敦彦、梁诚、詹天佑等人发挥了重要的作用。这个时期派出的留美学生也有少量陆续回国服务,但大多数人如庚款留学者,其影响则是在民国时显现。

(三) 留欧

与留美一样,中国学生留欧也是始于零星自发。1849年,容闳的同学黄宽从美国的中学毕业后转入英国的爱丁堡大学,可谓先导。后

---

① 外务部、学部:《会奏为收还美国赔款遣派学生赴美留学办法折》,见陈学恂、田正平编《中国近代教育史资料汇编·留学教育》,172—174页。
② 王奇生:《中国留学生的历史轨迹》,17页。

继者如何启、伍廷芳、辜鸿铭等人,均是中国近代史上的著名人物。

1877—1897年,福州船政大臣沈葆桢与北洋大臣李鸿章等人,从福州船政学堂先后分4批选派85名学生(其中艺徒9名,另有10名学生为北洋水师学堂附派),赴英、法、德等欧洲国家学习轮船制造与驾驶及其他工程技术。① 据有人研究,在福州船政学堂派出的留欧学生中,除有5名在国外病逝外,有68名在欧洲完成了留学教育。② 他们有的成为中国新式海军的第一批军官,有的成为当时刚刚兴起的矿山采掘、工业企业、土木工程等新式企业的技术骨干。早期留欧学生的贡献当然不止如此,例如严复对近代中国思想启蒙运动就有深远影响。

新政时期,清政府在大量派遣留日学生的同时,也要求各省督抚选派学生赴欧留学。1904年,外务部与学务大臣奏准《游学西洋简明章程》,认为:"英、美、德、法于武备、制造、农工商诸学,各有专门,一时推重;比利时路矿、工艺,素所擅长。学者必通西文,乃有门径。"规定选择年龄15—25岁已通西文者出洋留学,不通西文者只能选14、15岁的少年"出洋从语文入手"。章程还对留欧学生的监督、管理与学费等方面,作了明确的规定。③ 随着留欧学生人数日渐增多,在革命风潮的鼓动下,频生事端,使清政府颇感不安。为了加强监督与管理,1907年底,清政府设立"欧洲游学生监督",派开缺淮扬海道蒯光典为首任监督,"各省旅欧学生概归管理"。1909—1910年,又将"欧洲游学生监督"一职由特派专员改归使臣节制,并在英、德、法、俄、比5个主要的留学国分别设立管理游学生监督处,各设监督一员,其余各国由相距最近的监督处兼管,④进一步加强了对于留欧学生的管理与控制。

---

① 1877年派出第一批学生26名,艺徒4名,次年续派艺徒5名,共35名;1881年底派出第二批学生10名;1886年派出第三批学生34名。其中有10名为北洋水师学堂附派;1897年派出第四批学生6名。参见沈葆桢、李鸿章、吴赞诚、裴荫森、裕禄等人奏折,见陈学恂、田正平编《中国近代教育史资料汇编·留学教育》,229—247页。
② [法]巴斯蒂:《清末留欧学生——福州船政局对近代技术的输入》,见陈学恂、田正平编《中国近代教育史资料汇编·留学教育》,271页。按:福州船政学堂派出的学生应为75名,巴斯蒂在此分析总结时少了两人,查其在前文中叙述第二批留欧学生时提到有一人自杀,一人因故被提前遣送回国,不知是否未将此两人计算在内?
③《外务部学务大臣奏准游学西洋简明章程》,见《大清法规大全·教育部》卷二十七,3—4页。
④ 以上参见学部《奏请派欧洲游学生监督并陈开办要端折》《奏欧洲游学监督改归使臣经理并遴员分充监督折》《奏酌拟管理欧洲游学生监督处章程并单》,见陈学恂、田正平编《中国近代教育史资料汇编·留学教育》,301-304页。

清末学生留欧总的形势与留美相近,规模上难以与留日相比。与留美、留日学生相对集中于一个国家的情形不同,留欧学生具有明显的分散性特点,其分布几乎遍及欧洲各国,而以英、法、德、比、俄5国为主。据统计,到1910年,中国留欧学生为500余人,其中留法学生140余人,留英官费生124人,留德学生77人,留俄学生23人。留比学生具体人数不详,估计与留英、留法差不多。① 留欧学生的教育程度与留美学生一样,普遍高于留日学生,他们大多能在欧洲完成大学教育,有的甚至能够获得更高级的学位。

留学教育本来应是国内教育的补充,但是在清末中国特殊的历史条件下,留学生的影响有着特殊的意义。比如,新式学堂的师资便有不少来源于留学生。据统计,1909年,全国各类专门学堂、实业学堂、优级师范学堂分别有留学生出身的教员370人、243人、144人,各占总数的31.6%、30.9%、15.8%。② 留学教育对于国内新式教育的发展有着重要的作用。随着留学热潮的兴起而形成的留学生群体,是新式知识分子群体的重要组成部分,他们的影响不仅在新式教育,事实上已经广泛地渗透到整个社会、政治变革的过程中。

四 新型知识分子群体的形成

20世纪初年,随着民族资本主义经济的初步发展和民族资产阶级力量的壮大,中国出现了一个不同于旧式传统士大夫的新型知识分子群体,即所谓的资产阶级、小资产阶级知识分子群体。这个群体主要是在清政府举办新政的过程中,随着国内兴学与出洋留学热潮的勃兴而形成的。

新型知识分子群体的主要来源与基本构成有三种。

一是国内新式学堂的学生与教职员。据前面叙述国内学堂发展情况的统计,1909年有在校学生1 639 641人(或为1 626 720人),各学堂职员95 820人,教员89 362人,此前几年各校毕业生共计70 249人。

---

① 参见王奇生《中国留学生的历史轨迹》,57页。
② 陈翊林:《最近三十年中国教育史》,127、134、152—153页。

将这几项人数相加共计1 895 072人(或为1 882 151人)。考虑到有些学生毕业后可能充当教师或职员,有的职员又可能是纯粹的佣工而不能算作知识分子,那么这一部分新型知识分子应在180万人左右。

二是留学生。据前面所述留学生情况的统计数据,清末留日学生总人数将近3万人,1910年有留欧学生500人,1911年有留美学生650人。根据这3项统计数据,清末共有留学生3万人左右。这个数字在新型知识分子群体的总数统计上意义并不大,而且有人可能出身国内新式学堂学生,还有人可能回国做了新式学堂教职员,因而可能与上述新式学生的统计有较大的重叠,但这部分人在新知识、新思想的传播与社会政治变革过程中的影响能量是巨大的。

三是由具有传统功名的旧式士人转化而来的趋新人士。旧式士人转化为新型知识分子的途径,除了进国内新式学堂学习与出国留学以外,还有一条是阅读新式报刊与翻译的西书。据统计,1815—1911年,中国及海外出版的中文报刊有1 753种,中国境内出版的外文报刊有136种,共计1 889种,其中有确切年份可查的,1900—1911年的中文报刊1 333种,外文报刊71种,共1 404种,占总数的74.3%,年均117种;①1811—1911年,中国共翻译、出版西学书籍2 291种,其中1900—1911年共有1 599种,占总数的69.8%,年均145种,且大部分是文学、历史、哲学、经济、法学等社会科学书籍。② 这些新式报刊与中译西书是传播新知识与新思想的重要媒介,也是传统士人借以了解与学习西方新知新理而转向新型知识分子的重要途径。这部分新型知识分子的确切数量实在难以估量,有一个数据也许有助于说明问题。据张仲礼研究估算,中国19世纪末的绅士阶层总人数约为140万人,其中约有20万人为进士、举人、贡生出身的上层绅士,其余120万左右为生员、监生出身的下层绅士,③应该可以说这是当时中国主要的旧式士人。这些旧式士人有不少可能是通过进新式学堂或出国留学转化为新式知识分子,这就与前两类多有重复。一般而言,在清末新式学生中,

---

① 史和、姚福申、叶翠娣编:《中国近代报刊名录》,372—421页,福州,福建人民出版社,1991。
② 熊月之:《西学东渐与晚清社会》,13—14页,上海人民出版社,1994。
③ 张仲礼:《中国绅士——关于其在十九世纪中国社会中作用的研究》,李荣昌译,109、135页,上海社会科学院出版社,1991。

小学堂学生以没有功名的童生为主,中等学堂以上的学生则多有生员等正式功名。有人统计,1906年京师大学堂有学生321人,其中243人有举人、贡生或生员的功名,约占3/4;1907—1908年成都的高等、中等、师范学堂全部有旧式功名。① 据前面所述新式学堂学生的统计数据,全国中等学堂以上的学生约有10万人,就算他们全部来自有功名的绅士阶层,另加上不少也有旧式功名的留学生,也就是说,可能有10万左右的旧式绅士是通过进新式学堂或留学而转化为新式知识分子的。那么,另外130万左右的旧式绅士要转化为趋新人士就只有通过阅读新式报刊与中译西书的途径。虽然不能说他们可能会全部转变为新型知识分子,但在科举制度被废除的新的历史条件下,绅士尤其是占绝大多数的下层绅士要寻求新的出路,必须向新型知识分子转化。这部分趋新人士应该为数不少。

从上面分析的三种情况,最难确定的变数是最后所说的130万左右的旧式绅士是否转化为趋新人士。大致作一估计,清末新型知识分子群体的总人数应当在180万—310万人,最保守的估计,也在200万人左右。这当然是一个规模不小的群体。

新型知识分子群体不仅人数多,规模大,而且知识结构新,思想先进。他们通过进新式学堂或出洋留学,通过阅读新式报刊与西书,沐浴欧风美雨,求索新学新知。由于救亡图存的特殊历史条件的制约,时代要求他们特别关注社会政治变革问题,因而在他们的知识结构里占主导地位的已不是传统的四书五经,甚至也不是声、光、化、电等近代西方自然科学知识,而主要是变革、进化、尚武、民权、平等、自由等近代西方社会政治学说。当时的留学生普遍重视社会科学,如留日学生的热门专业是法政与军事两门。梁启超说:"(留学生)所学者,政治也,法律也,经济也,武备也,此其最著者也。"②据有人对1872—1911年3 320名官费留学生所学专业统计,学文科与军事的占76.32%。从翻译西书的情况来看,也是社会科学占较大的比重,如1901—1908年中国新

---

① 参见桑兵《晚清学堂学生与社会变迁》,155页;何一民《转型时期的社会新群体——近代知识分子与晚清四川社会研究》,25页,成都,四川大学出版社,1992。
② 梁启超:《敬告留学生诸君》,见《饮冰室合集》文集之十一,22页。

知识界所译日、英、美、法、德、俄等国533种书籍中,社会科学类计有413种,占77.49%。①通过吸收这些新的知识养料,新型知识分子群体养成了不同于旧式传统士人的新的思想性格。

其一,危机忧患意识。新型知识分子见识多,视野广,能清醒地把握世势与国情,尤其对当时中国所面临的列强瓜分危机的险恶的国际形势有着深刻的认识。他们认为:"今日之世界,非竞争风潮最剧烈之世界哉?今日之中国,非世界竞争风潮最剧烈之旋涡哉?俄虎、英豹、德法貔、美狼、日豺眈眈逐逐露爪张牙,环伺于四千余年病狮之傍。"②列强虎视鹰瞵,中国的前途如何?中国的出路在哪里?他们对此深感忧虑。

其二,爱国救亡思想。在清醒地认识到当时中国所处的危机形势的同时,强烈的爱国情怀使新型知识分子迫切地希望能够摆脱这种危险的境地,使祖国成为世界强国。"吾人将以正确可行之论,输入国民之脑,使其有独立自强之性,而一去其旧染之污,与世界最文明之国民,有同一程度,因得以建设新国家,使我二十世纪之支那,进而为世界第一强国,是则吾人之主义,可大书而特书曰:爱国主义。"③神圣的使命感使他们高举爱国主义的旗帜,自觉而勇敢地承担起救国重任。

其三,变革与革命精神。新型知识分子在深刻反思民族危机的时候,自觉地意识到救亡图存是自己义不容辞的历史使命。"二十世纪之中国,学生之中国也。其兴也惟学生兴之,其亡也惟学生亡之……为今日之学生者,当豫勉为革新之健将。"④他们希望进行社会政治变革,改变阻碍社会正常发展的传统政治制度,努力推进中国社会的现代化进程。温和者或投身于政府的新政,或追随维新派的足迹走向立宪道路,试图对旧制度进行渐进的修补;激进者加入革命的行列,毅然与旧制度进行最彻底的决裂。虽然他们要求"革新"的方式与程度不同,但其基本精神则有一致之处,无论是渐进的变革还是激进的革命,都是推动社会政治发展的进步力量。可以说,20世纪初年形成的新型知识分子群

---

① 参见马敏《过渡形态:中国早期资产阶级构成之谜》,211页。
② 李书城:《学生之竞争》,见《辛亥革命前十年间时论选集》第1卷上册,452页。
③ 卫种:《二十世纪之支那初言》,见《辛亥革命前十年间时论选集》第2卷上册,63页。
④ 李书城:《学生之竞争》,见《辛亥革命前十年间时论选集》第1卷上册,453—454页。

体,是当时中国社会变革最根本的革新力量,无论是革命派、立宪派人士,还是清政府内部的趋新势力,基本上都源于此。正是在这些"革新之健将"的新型知识分子的主演下,新政、立宪与革命的精彩剧目交互激荡,将一场中国社会政治大变革的历史重头戏推向了高潮。

第四节　社会各阶层的政治动向

一　民变事件迭起

庚子事变以后,曾经激化的社会矛盾并没有因此事变的结束而趋向和缓,人民群众的自发反抗斗争此起彼伏,整个社会仍然动荡不安。时论以为"近年民变之由来有二:一曰抗捐,一曰闹教"。① 一方面,由于外国列强通过《辛丑和约》勒索巨额赔款和清政府举办新政需要大量费用,都是以各种捐税的名目直接或间接地转嫁到广大人民身上,名目繁多的苛捐杂税与统治者的横征暴敛,直接导致了人民群众的反抗斗争。另一方面,在不平等条约和外国列强侵略势力的庇护下,一些外国在华教会的教士与教民胡作非为,鱼肉百姓,诸多不法行为激起了人民群众的纷纷反抗。在本国封建势力与外国侵略势力的双重压迫下,当人民群众无法照旧生存下去的时候,他们被迫铤而走险,走上了"造反"的道路。这就是民变事件发生的根本原因。据统计,1902—1905年的4年间共发生各类民变事件326次,年均81.5次。② 可见当时民变事件发生的数量之多与频率之高。这个时期的民变事件大致有以下几类。

（一）反洋教

这个时期的反洋教斗争可谓19世纪反洋教斗争与义和团运动的继续与发展,并有新的特点:一是反洋教与反赔款摊派的抗捐抗税斗争

---

① 《论近日民变之多》,见《辛亥革命前十年间时论选集》第1卷下册,947页。
② 据张振鹤、丁原英《清末民变年表(上)》(《近代史资料》总49号)统计,其中1902年为74次,1903年为50次,1904年为100次,1905年为102次。

结合在一起;二是反洋教斗争的矛头直接指向了清政府,往往发展为反清武装起义,并提出了"扫清灭洋"之类的口号。1902年,直隶广宗、巨鹿等地的人民为了反对因赔款摊派的所谓赔款捐,在景廷宾的领导下举行起义,他们高举"官逼民反""扫清灭洋"的大旗,结果被清政府镇压。与此同时,直隶北部的热河朝阳爆发了以邓莱峰为首的群众反抗教堂"增索赔款"的斗争。河南泌阳发生了由"齐心会"领导的绅民抗交摊派赔款并攻打教堂的泌阳教案。四川资阳等地红灯教、顺天教起事,提出"灭清、剿洋、兴汉"的口号,号召民众攻打教堂和官府。湖南发生辰州教案和衡州教案,并有邵阳贺金声竖"大汉佑民灭洋军"旗帜,率众起义。1903年,浙江桐庐白布会由濮振声领导起事,喊出"仇教灭洋"的口号。1904年,江西新昌、高安等地发生捣毁教堂事件。1905年,广东饶平发生以林能丰为首的双刀会捣毁教民房屋事件,等等,可谓"闹教之案,层见叠出"。① 反洋教事件遍及全国各地,颇有义和团重现的气势。

(二) 抗捐抗税抗租

由于分摊赔款和推行新政急需巨款,各级官府巧立名目,增捐加税,旧捐税加重征收,新捐税层出不穷,"各种杂税,省省不同,府府不同,县县不同,名目不下百数十"。② 加上一些不法官吏肆意勒索,中饱私囊,更使一般老百姓不堪重负,因而奋起反抗。1901年,江苏常熟、苏州掀起农民抗租风潮。1902年,江西德化、赣州、安福发生商人捣毁厘卡与农民抗粮事件。1903年,山西永济人民反对征收柿酒税,捣毁县衙。1904年,奉天复县、凤城、岫岩、安东、辽阳农民抗征盐捐、山荒税、牛马税。1905年,山东潍县商民反对烟叶加税,聚众拆毁税局,等等。几年间,各地抗捐、抗税、抗租事件频繁发生。

(三) 罢市与罢工

商人、手工业者和一般城镇居民的罢市活动大都是与抗捐抗税相联系的。例如,1902年,湖北武汉煤炭行抗议官府抽收煤炭捐而罢市;1903年,广州酒商反对酒捐而集体罢市;1904年,四川成都、重庆商人

---

① 朱寿朋编:《光绪朝东华录》第5册,4843页。
② 梁启超:《中国国债史》,见《饮冰室合集》专集之二十五,30页。

反对厘捐而歇业罢市,等等。工人罢工一般是为了改善工作条件,提高工资,反对延长工作时间,以及反对外国技师、监工的欺侮和虐待。例如,1904年,成都兵工厂工人抗议工头任意克扣工资举行罢工;1905年,江西萍乡安源煤矿工人反对外国工程师克扣工资举行罢工,捣毁洋房,痛打监工。这个时期的工人阶级虽然思想幼稚,力量弱小,但他们在自发地为改善自己的经济和生活条件而斗争的同时,也在逐渐自觉地走向反帝反封建的道路。1903年,云南个旧锡矿工人在会党首领周云祥的领导下,反对法国修筑滇越铁路,举行反清仇洋武装起义。这是一个典型的事例,初步显示了工人阶级作为一种社会新生力量的本色。

(四)秘密会社起事

秘密会社是指民间下层民众的秘密结社组织。陶成章认为:"中国有反对政府之二大秘密团体,具有左右全国之势力者,是何也?一曰白莲教,即红巾也;一曰天地会,即洪门也……白莲之教盛于北,而洪门之会遍于南。"①义和团运动被镇压后,北方的教门组织受到重创,但仍然活动频繁;与此同时,南方的会党更加活跃起来。会党主要是由破产失业的农民、手工业者转化而来的游民无产者组成,他们生活在社会的最底层,生活毫无保障,是动荡社会中最不稳定的因子。这时期,江苏、浙江、安徽、湖南、湖北、江西、福建、广东等省的会党频频起事,而以1902—1905年陆亚发、王和顺等会党首领领导的广西各族人民大起义历时最长,规模最大,影响最广,清政府调动邻近数省10多万兵力,耗费300多万两,历时近4年,才最终把它镇压下去。

(五)少数民族人民反抗斗争

中国是一个多民族国家,中华民族是多元一体的结构。清王朝的奴役统治与外国列强的侵略压迫,使整个中华民族遭遇双重灾难,各族人民感同身受,他们只有奋起抗争才是出路。在广大汉族人民纷纷起来反抗的同时,内蒙古、云南、川边、青海、新疆等边远地区的少数民族也进行了各种形式的斗争。1901年,内蒙古绥远地区口外七厅有马天兰领导的蒙汉人民反洋教武装斗争。1903年,云南镇边厅有彝族张朝

---

① 陶成章:《浙案纪略·教会源流考》,见汤志钧编《陶成章集》,414页,北京,中华书局,1986。

文、佤族李三明分别聚众起事,进行抗捐抗租斗争。1905年,川边巴塘藏民发动起义,杀死清政府驻藏帮办大臣凤全,焚毁法国天主教堂。少数民族的各种反抗斗争同样是对清王朝与外国侵略势力的打击。

以上各种民变事件的主体基本上是广大下层人民群众,此类事变的频繁发生,表明清王朝统治的社会基础已经开始动摇与裂变。这一方面给日薄西山的清政府敲响了警钟,促使其不得不进一步加快实施新政的步伐,以图挽救摇摇欲坠的王朝统治;另一方面,也向新生的资产阶级革命派展示了蕴藏在以农民为主体的广大下层人民群众中巨大的革命力量,以便其利用和依靠他们向革命的目标迈进。"从最近的经验中可清楚地看到,满清军队在任何战场上都不足与我们匹敌,目前爱国分子在广西的起义就是一个明显的例证……他们既然有出奇的战斗力,那么,如果给以足够的供应,谁还能说他们无法从中国消灭满清的势力呢?"①这是革命派领袖孙中山的言说,表达了一种从广西农民起义的力量中看到的革命必胜的信心。

二 留学生运动与国内学潮

留学生走出国门,在国外留学的过程中通过学习新知识,接触新事物,耳濡目染新思潮,逐渐成为一种社会新生力量。在流亡海外的孙中山、康有为、梁启超等革命与维新志士的影响下,留学生非常活跃。他们组织社团,创办报刊,在积极向国内传播新知识、新思想的同时,还发动了一系列反对列强欺侮、侵略与清政府压制、迫害的政治活动。

戊戌政变以后,梁启超在日本创办《清议报》和东京高等大同学校,集聚了一批进步留学生。1899年秋,《清议报》助理编辑、原高等大同学校学生郑贯一与同学冯斯栾、冯懋龙创办《开智录》,宣传自由平等思想。次年,该刊由油印改为铅印,随《清议报》附送。后因受孙中山的影响,《开智录》中出现"排满"字样,与保皇会宗旨不合,在出版仅半年之后即被迫停刊。

---

① 孙中山:《中国问题的真解决》,见广东省社会科学院历史研究室、中国社会科学院近代史研究所中华民国史研究室、中山大学历史系孙中山研究室合编《孙中山全集》第1卷,255页,北京,中华书局,1981。

1900年春,在东京的部分留日学生沈翔云、戢元丞、杨廷栋、杨荫杭、雷奋、章宗祥、曹雨霖、王璟芳等人组织"励志会",以联络感情、策励志节为宗旨。此为留学界创设团体之始。励志会会员一开始便分为激烈与稳健两派,其中一部分激烈分子回国参加了自立军起义,有的牺牲,有的走上了反清革命道路;另有一部分稳健分子则挡不住清政府功名利禄的引诱,逐渐向官场靠拢,并在政府机构中谋求一官半职。后来,励志会便在其会员于革命与保皇的抉择中分化解体。是年底,励志会成员杨廷栋、杨荫杭、雷奋等人出版《译书汇编》,专门以编译欧美法政名著为宗旨,如逐期登载卢梭的《民约论》、孟德斯鸠的《万法精理》、约翰穆勒的《自由原论》、斯宾塞的《代议政体》等书,译笔流丽典雅,风行一时,"时人咸推为留学界杂志之元祖",①在当时青年思想界影响颇巨。

1901年春,因东西各报盛传清政府要把广东割让给法国,粤籍留日学生郑贯一、冯斯栾、冯自由、王宠惠、李自重等人愤而发起成立"广东独立协会",主张广东脱离清政府统治而独立,得到不少旅日粤籍华侨的支持。5月,秦力山、沈翔云、戢元丞、王宠惠、张继等人发刊《国民报》,大倡革命仇满学说,"开留学界革命新闻之先河"。他们还拟发起国民会,以"宣扬革命仇满二大主义"为宗旨。② 此为留日学生中较早倾向革命的报刊与社团。

1902年2月,留日学生在东京举行新年恳亲会(春节团拜会),到会学生274人。随后,在东京成立清国留学生会馆,作为留学生联系与活动的场所。4月,章太炎、秦力山、冯自由、朱菱溪、马君武、王家驹、陈犹龙、周宏业、李群、王思诚10人发起召开"支那亡国二百四十二周年纪念会",试图以纪念明朝灭亡的形式来达到倡导"反满"革命的目的,留学生报名赴会者达数百人。纪念会本定于农历三月十九日(4月26日),即明朝崇祯皇帝自缢之日在东京举行,但是,清朝驻日公使蔡钧事先得知消息,便商请日本政府禁阻,结果因日本警察的干涉,纪念会未能如期举行。尽管如此,此举在海外华侨及留学界震动颇大。7—

---

① 冯自由:《励志会与译书汇编》,见冯自由《革命逸史》初集,99页,北京,中华书局,1981。
② 冯自由:《东京国民报》《东京国民报补述》,见《革命逸史》初集,96—97页。

8月,因蔡钧拒绝保送江苏等省自费留学生钮瑗等9人申请入成城学校学陆军,吴稚晖、孙揆均等20余人到使馆请愿、静坐,表示强烈抗议。蔡钧招来日本警察,驱赶请愿学生,逮捕吴、孙两人,并以"妨害治安"罪名将其遣送回国。这在留学生中引起更大规模的抗议行为,他们或集会声讨蔡钧,或愤而退学回国,一些激烈分子则酝酿组织团体。是年底,叶澜、董鸿祎、汪荣宝、秦毓鎏、张继等人发起组织青年会,明确提出以民族主义为宗旨,以破坏主义为目的。此为日本留学界中革命团体之最早者。

1902年底至1903年初,随着留日学生人数的逐渐增多,各省留学生的同乡会纷纷成立,他们创刊了一些带有明显乡土地域色彩的杂志,作为各自思想宣传的阵地。如湖南留学生的《游学译编》,湖北留学生的《湖北学生界》(后改名《汉声》),直隶留学生的《直说》,浙江留学生的《浙江潮》,江苏留学生的《江苏》。这种方式后来渐为各省留学生仿效。1906—1908年,湖南留学生办《洞庭波》(后改名《汉帜》),云南留学生办《云南》与《滇话》,四川留学生办《鹃声》与《四川》,河南留学生办《豫报》与《河南》,山西留学生办《晋乘》,陕甘留学生办《秦陇》《关陇》与《夏声》,等等。

1903年1月30日为癸卯年正月初二日,东京留学生照例在留学生会馆举行新年恳亲会,到会600多人,并有驻日公使蔡钧、留学生监督汪大燮参加。马君武即席演说"排满",以为"满之为满,为今天下所当共排",当即引起强烈反响。① 此后,"排满"之说渐在留日学界流行。与此同时,留日学生发起了一系列反抗日本欺侮中国人的民族歧视的斗争。2月,日本媒体披露,大阪博览会将在人类馆中展出支那等7种人表演风俗习惯。3月,留学生秦毓鎏等人在参观大阪博览会时,发现福建省的产品被陈列在已被日本侵占的台湾馆内。这些侮辱国格的举措遭到留学生们的强烈抗议,并最终迫使博览会主办者改变了做法。紧接着,发生弘文学院与成城学校学生因不满校方无理对待中国学生而罢课、退学的事件。在随后的拒法、拒俄运动中,留学生与国内学界

---

① 桑兵对此次演说的时间、与会人数、演说者、演说的策动者与反对者进行了详细的考订,参见《清末新知识界的社团与活动》,172—186页。

及其他各界人士相互联合,将一场轰轰烈烈的爱国运动推向高潮。

1905年,留日学生人数激增达8 000余人。11月2日,日本文部省颁布《关于准许清国人入学之公私立学校之规程》,中国留学生称之为"清国留学生取缔规则"。规则一出,留学生群起抗议,顿时兴起一股反抗风潮。留日学生反"取缔规则"事件以湖南学生陈天华的忧愤蹈海自杀为高潮,最后激变为集体退学归国运动。

在国外留学生进行各种爱国与革命活动的同时,国内学界也不断地发生闹学风潮。学潮发生的情形不一,但一般起因主要源于学校内部,如反对校方对学生的压制和不合理待遇,反对学校不合理的规章制度,反对外国势力干预的教会学校进行奴化教育,等等。当学潮的发展越出学校的大门,汇入拒法拒俄运动、收回利权运动、抵制美货运动的潮流时,便自然成了反帝爱国运动的重要组成部分。

中国教育会的成立是国内学潮兴起的契机。1902年4月27日,中国教育会在上海成立,蔡元培当选为事务长,王慕陶、蒋智由、戢元丞等人为干事,聚集了一批在上海从事文化教育事业的名流,如章太炎、吴稚晖、黄宗仰、陈范、马君武、龙泽厚、蒋维乔、刘师培、张继等人。中国教育会章程标榜"以教育中国男女青年,开发其智识而增进其国家观念,以为他日恢复国权之基础为目的",名义上致力于教育改良,实际上暗中从事革命宣传与组织活动。"倡议诸子,均属热心民族主义之名宿,故此会不啻隐然为东南各省革命之集团。"①当时以上海为中心的各地学界风潮的兴起与发展,得到了中国教育会的积极支持。

1902年11月,上海南洋公学(现上海交通大学的前身)发生退学风潮。起因是教习郭镇瀛不学无术,专以欺压学生为能事,学生为图报复,特意在教室的师座上放置一只洗净的空墨水瓶,郭以为是有意侮辱他,要求校方开除学生伍正钧等人。全校学生200余人集会抗议,没有结果,最终集体退学。南洋公学退学事件得到社会舆论的普遍支持。中国教育会决定成立爱国学社,接纳大部分南洋公学退学的学生。学社由蔡元培任总理,吴稚晖为舍监,并由教育会选派教师。"一时群贤

---

① 冯自由:《中国教育会与爱国学社》,见《革命逸史》初集,116页。

毕至,少长咸集,差不多成为上海新学界的一个重要中心。"①爱国学社后来还接纳了一些其他学堂退学的学生,成为培养爱国与革命青年的摇篮。

南洋公学退学风潮引起了国内学界的强烈震动,各地学潮接连发生,风起云涌。最先起来响应的是浙江吴兴浔溪公学的学生,他们公议登报祝贺南洋公学学生,遭到总教杜亚泉的干涉,有29名学生愤然退学。1903年,在拒俄运动发展的推动下,国内学潮陡然高涨。如南京陆师学堂学生反对校方专制,30余人退学,后来加入爱国学社。浙江大学堂学生反对总理劳乃宣无理开除学生,80余人退学,自建励志学社。杭州的教会学校蕙兰书院学生反对美国传教士的欺侮虐待,50余人退学,组建改进学社。1905年以前学潮的形式多为退学,之后则主要是罢课。1907年,云南高等学堂学生反对政府出卖七府矿权和滇越铁路修筑权,要求通电抗议,与电报局冲突,举行罢课。1908年,浙江金华府中学堂学生联合罢课,反对学校监督。1909年,福建澄海学生反对抽收米捐,全体罢课。1910年,武汉陆军特别小学学生反对日本强修安奉铁路,他们张贴标语,被巡警逮捕数人,全体学生罢课。据统计,1902—1905年,全国共发生学潮160次,年均40次,地域分布遍及江苏、浙江、湖北、广东、直隶、安徽、北京、湖南、福建、江西、河南、广西、贵州、四川、云南、陕西、甘肃等17省市。1905—1911年,全国共发生学潮347次,年均约50次,地域分布除以上17省市以外,尚有山东、山西、吉林、黑龙江4省。②学界风潮几乎遍及全国,不仅在长江流域与东南沿海这些经济与文化教育发达的地区不断发生,而且波及西南、西北与东北较为偏远的省区。

国内学潮与留学生运动一样,表明新型知识分子群体在政治上的觉醒与崛起。通过参与一系列的政治实践活动,新型知识分子在锻炼中成长起来,他们逐渐走上爱国与革命的道路,成为推动社会大变革的有生力量。

---

① 《俞子夷记中国教育会与爱国学社》,见朱有瓛主编《中国近代学制史料》第2辑上册,701页。
② 桑兵:《晚清学堂学生与社会变迁》,100、177页。

三 拒法、拒俄运动

1903年,广西会党起义如火如荼,清廷多次严谕巡抚王之春"速平匪乱",但终究是力不从心,"蔓延半载有余,主抚主剿,迄无成效"。① 4月24日,日本报纸披露,王之春为平定广西会党起义,请求驻扎在越南谅山的法国军队援助,并向法国的亨达利洋行筹借巨款,许诺事平之后以广西全省路矿利权相让。消息传出,国外留学界与国内学界及绅商各界颇为震惊,拒法怒潮勃然兴起。

留日学生首先行动起来。当天,东京中国留学生会馆的干事与各省评议员举行会议,作出五项决议:第一,电致政务处,请其撤回桂抚,谢绝法人;第二,电致粤督德制军及调任粤督岑制军;第三,电告上海教育会,请其协力电争;第四,作详函致政务处王大臣;第五,作英、德、法文寄登欧洲各有名之报纸。次日,他们又召集全体留学生在锦辉馆开会,通告各项办法。他们在致政务处的电、函中称:"假款乞援,桂省必非我有。各国从此生心,大局动摇……此国家存亡之枢纽,民生休戚之大故。凡有血气,不能不争者也。"② 势必力争的爱国情怀跃然纸上。

与此同时,国内绅商学界也采取了积极行动。广西绅商龙泽厚等人在上海张园发起召开拒法会,在沪中国教育会会员与爱国学社学生全体参加,与会绅商400余人。马君武、吴稚晖、蔡元培等人相继发表演说,提出设立自治会与动员工商人士罢市等举措。会议决定通电阻止借兵借款。当天有300余人签名愿意加入阻法会。随后,在沪两广绅商再次集会,并进行爱国募捐活动。

在留日学界与上海兴起的拒法运动,还得到杭州、广州等地学生集会的响应。后来,有确切消息证实,所谓向法国借兵借款是误传,拒法运动自然停息。这个事件充分说明,以留学生与国内学界为主体的新型知识分子群体具有敏锐的政治洞察力、高度的历史使命感和高尚的爱国情怀。这一点被当时声势浩大的拒俄运动所进一步证明。

---

① 《留学界记事·拒法事件》,见《辛亥革命浙江史料选辑》,149页。
② 《留学界记事·拒法事件》,见《辛亥革命浙江史料选辑》,149—150页。

1903年4月,俄国拒绝履行中俄《交收东三省条约》规定的从金州、牛庄、辽阳等地撤军的义务,反而向清政府提出七项新条件,企图把中国的东北与蒙古变成其独占的势力范围。消息传开,国人群情激愤,掀起了一场轰轰烈烈的拒俄风潮。

27日,由浙江士绅汪康年等人发起,寓沪各省人士千余人在张园集会,决定力拒俄约。他们致电清外务部称:"此约如允,内失主权,外召大衅,我全国人民万难承认。"同时又分电各国外交部称,"即使政府承允,我全国国民万不承认",①表明了广大爱国人士奋起力争的严正立场。

与上海绅民遥相呼应,留日学生更是慷慨激昂,勇赴国难。29日上午,在东京的留学生会馆干事及各评议员开会。汤槱提议电致南北洋大臣请其主战,钮永建提议留学生自行组织义勇队以抗俄,均得到大家赞成。午后,全体留学生在锦辉馆集会,有500人到会,公推汤槱为临时议长。王璟芳、汤槱、钮永建、叶澜、蒯寿枢、周宏业、张肇桐、汪荣宝、程家柽、李书城、翁浩相继演说,声泪俱下。会议议决进行七项工作:第一,愿入义勇队赴前敌者尽二日内签名;第二,未即赴前敌者,别设本部,部署军队各事;第三,电致北洋袁世凯及上海各团体;第四,补缄与袁制军,请将义勇队隶其麾下,以遂代表国民死抗俄人之志;第五,举特派员往天津,与袁订定彼此关系;第六,遣人至美洲及南洋各埠;第七,遣人至中国内地各殷富地方。到第二天,已有130余人签名愿入义勇队,有50余人签名在本部办事。② 5月2日,参加签名的学生再次在锦辉馆集会,改义勇队为学生军,并商议规则,明确规定学生军的目的是"拒俄",性质是"代表国民公愤"和"担荷主战责任",体制为"在政府统治之下"。3日,学生军编队,全队分甲、乙、丙三区队,每区队为四小队,公推蓝天蔚为学生军队长,龚光明、吴祐贞、敖正邦为区队长。6日,学生军齐集会馆开操。学生军的活动很快引起日本警方的注意,神田警察传讯学生军代表王嘉榘、林长民,表示留学生不能在日本组织军

---

① 《呈外务部电》《寄各国外务部电》,见杨天石、王学庄编《拒俄运动》,63、64页,北京,中国社会科学出版社,1979。

② 《留学界记事·拒俄事件》,见《辛亥革命浙江史料选辑》,152—154页。

队。① 11日，留学生再度在锦辉馆开会，学生军改名为"军国民教育会"。会上投票公举事务员及执法员，叶澜、林长民、蔡文森为书记，陈福颐、张肇桐、蹇念益为会计，王璟芳、周宏业、王嘉榘、谢晓石为经理，秦毓鎏、胹寿枢、董鸿祎为执法，并推举程家柽、张嵩云、费善机、丁家墭、俞大纯、黄轸、杨毓麐、陈天华、黄铎、余德元、朱祖愉、黄润贵为运动员，分赴南洋、美洲和内地各省活动。当晚，职员集体办公时，又公举叶澜为职员长。② 军国民教育会以"养成尚武精神，实行爱国主义"为宗旨，仍然以"拒俄"为目的。③

军国民教育会成立后，在加紧进行会员军事化训练的同时，派出特派员、运动员分头行动，积极加强与国内各界联系。在国内，上海爱国人士多次在张园集会，经常到会者达1000余人，有绅商，也有学生，其中中国教育会会员与爱国学社学生特别活跃。他们商议成立中国四民总会（或称"四民公会"），"此会以保全中国国土国权为目的，凡一切与中国有关系之事，会中人皆当设法干涉之"。④ 随后，四民总会改名"中国国民总会"。当上海爱国人士得知东京留学生成立拒俄义勇队时，他们当即商议签名成立上海拒俄义勇队，并派代表汪德渊、朱莲溪赴日联络。后来，上海拒俄义勇队也相应改为军国民教育会。东京与上海互通声气，步调基本一致。

东京与上海的拒俄呼声得到全国各地爱国人士的积极响应。在北京，京师大学堂师范、仕学两馆学生上书管学大臣请代奏拒俄，八旗生员也上书外务部表示拒俄的决心。在武昌，各学堂停课集会，湖北高等学堂学生上书兼署湖广总督端方请电争俄约。在安庆，安徽大学堂、武备学堂、桐怀公学各学堂学生成立爱国会，并拟以此为基础，与上海爱国学社连通一气，联络东南各省志士创设国民同盟会，"庶南方可望独

---

① 《拒俄义勇队改名学生军》《学生军规则》，见杨天石、王学庄编《拒俄运动》，93-95、101页。
② 《军国民教育会的成立》，见杨天石、王学庄编《拒俄运动》，106—107页。
③ 《军国民教育会公约》《军国民教育会临时公约》，见杨天石、王学庄编《拒俄运动》，116、121页。关于留日学生在东京成立的军国民教育会的政治属性，以往论者多以为是"排满"革命组织。据桑兵考证，东京军国民教育会的基本属性是爱国，虽然其内部存在着大量的革命因素，因而带有较强的革命色彩，但始终没有从爱国团体转变成革命团体。参见桑兵《清末新知识界的社团与活动》，254—261页。
④ 《中国四民总会处知启》，见杨天石、王学庄编《拒俄运动》，66页。

立,不受异族之侵凌"。① 在南昌,江西大学堂学生得知留日学生组织拒俄义勇队,他们也愿组织一部,附入上海学生军,同为响应。在广州,志士桂少伟、伍汉持等联名致电清廷抗争。其他如直隶、浙江、江苏、福建、湖南、河南等地各界人士也进行了各种形式的拒俄活动。拒俄运动由新型知识分子群体发起与领导,很快便成为一场具有全国规模的群众性反帝爱国运动。

拒俄运动的发展给清政府施加了压力,加上英、美、日等列强的干预,清政府始终不敢接受俄国的无理要求。在此意义上可以说,拒俄运动取得了一定的胜利。但与此同时,拒俄风潮在全国的迅速发展,风声鹤唳,草木皆兵,直接威胁了清王朝摇摇欲坠的政权统治,使清政府颇感恐惧,因而竭力予以控制和镇压。留日学生组织义勇队时,即计划与北洋大臣袁世凯联系,将义勇队"隶其麾下";义勇队改为学生军后,又明确地规定其体制为"在政府统治之下",希望与政府联络,取得政府的支持。他们致电、发函给袁世凯,并派出特派员汤槱、钮永建到天津求见,但都没有结果。不仅如此,清政府还以"防范革命"的名义对拒俄运动采取镇压的举措。驻日公使蔡钧诬告东京留学生义勇队"名为拒俄,实则革命"。② 某御史奏称:"东京留学生已尽化为革命党,不可不加之防备。"于是,清政府密谕各省督抚:"于各学生回国者,遇有行踪诡秘,访闻有革命本心者,即可随时拿到,就地正法。"③爱国有罪,拒俄志士们的满腔热情被清政府的瓢泼冷水浇灭。

反帝爱国的拒俄运动遭到清政府高压政策的压制,促使部分新型知识分子从爱国走向革命。"我以热血待人,其如人冷遇我何!""夫有拒俄之诚而即蒙革命之名,吾知自今以往,世人之欲效忠满洲者惧矣……呜呼!革命其可免乎!"④爱国无门,革命有路。后来,不少军国民教育会成员如黄兴等人成为重要的革命骨干分子,甚至领袖人物。

---

① 《安徽爱国会之成就》,见杨天石、王学庄编《拒俄运动》,164 页。
② 《蔡钧致端方电》,见杨天石、王学庄编《拒俄运动》,276 页。
③ 《密谕严拿留学生》,见杨天石、王学庄编《拒俄运动》,276、265—266 页。
④ 季子(陈去病):《革命其可免乎》,见杨天石、王学庄编《拒俄运动》,293 页。

四 抵制美货运动

继拒法、拒俄运动以后发生于1905年的抵制美货运动,是一次由民族资产阶级倡议和领导的更大规模的全国性群众反帝爱国运动。

中国人民的反美运动是由于美国实行残酷的虐待与排斥华工政策引起的。早在19世纪末,大量中国劳工涌入美国,从事采矿、筑路与垦荒等繁重的劳动,为美国西部经济的开发与繁荣作出了重要的贡献。与此同时,美国政府在国内经济危机的压力下,实行种族歧视政策,制订排华法案,限禁华工入境,苛待华工,制造一系列排华事件。1894年,美国政府迫使清政府签订《限禁华工保护华民条约》,规定10年内禁止华工入美,在美华工必须注册登记,事实上承认了美国的排华法律。随后,美国政府还将其排华法律从本土推行到美国新占领的殖民地夏威夷、菲律宾两地,在这两个地区同样实行限禁华工的政策。[①] 软弱的清政府虽然一再提出抗议,但都毫无结果。

1904年,中美限禁华工条约10年期满。在此之前,不堪屈辱的华侨华工们已多次强烈要求清政府与美国交涉废约。在舆论的压力下,清政府指示驻美公使梁诚与美国政府谈判,要求废除旧约,另订新约;但美国政府只愿对旧约稍加修改,而不愿改订新约,致使双方多次交涉,毫无结果。1905年初,美国政府派出新任驻华公使柔克义(W. W. Rockhill),企图绕过态度强硬而又熟悉海外侨情的梁诚,直接与清政府谈判订约。消息传开,激起了旅美华人及国内广大爱国人士的强烈义愤,一场反美爱国运动迅速兴起。

5月10日,上海总商会召开各帮商董特别会议,商议对策。上海总商会会长曾铸登台演说,"激昂慷慨,语语动人",继而提议抵制办法:"以两月为期,如美国不允将苛例删改而强我续约,则我华人当合全国誓不运销美货,以为抵制。"在座绅商全体举手赞成。随后议决通电,由于对于领衔问题众商董犹疑不决,曾铸自告奋勇承担,得到大家赞同。

[①] 参见张存武《光绪卅一年中美工约风潮》,6页,台北,"中央研究院"近代史研究所专刊第13期,1966。

随即,由曾铸领衔致电外务部,禀请"坚拒签约",并电请南北洋大臣鼎力主持,电部抗阻。另外,他们又电告汉口、宜昌、镇江、天津、重庆、烟台、南京、九江、芜湖、安庆、泗洲、广州、福州、厦门、汕头、梧州、长沙、沙市、香港、杭州、苏州21处商埠商会,一致行动,共同抵制,①得到各地商会的积极响应与支持。14日,福建帮商董开会,曾铸提出抵制美货办法五条:第一,包括机器在内之美货一概不用;第二,华人货运不用美船;第三,华人子弟不入美人所设学堂读书;第四,不担任美国商行之买办、通译等职;第五,劝令美人所雇华佣、车夫等罢工。并电21商埠商会"一律照办"。②

两个月的期限很快过去,虽然上海总商会与美国驻沪总领事进行过多次交涉,但结果没有丝毫进展,美国政府仍然拒绝议改禁工条约。7月22日,上海总商会再次召开商董特别会议,进一步商议对策。会议议决自即日起正式实行抵制美货。会上当即就有机器业、五金业、火油业、洋布业、面粉业等著名商董祝大椿、朱葆三等人签押,保证不进美货,不卖美货。会后又有航运、钟表、纸张、裁缝、印刷等70多个行业签押,加入抵制美货的行列。各地绅、商、学界闻风响应,神州大地风云激荡。在天津,各帮商董200余人在商务总会公所集会,相约不卖美货,违者罚银5万元。在汉口,由商会动员全市工商业者不销美货,不用美货,各界群众积极响应。在长沙,由商会发起湖南全省抵制美货禁约会,有数千人到会,会议决定成立湖南办理抵制美货事务公所。在广州,由总商会联合72行和9大善堂连日集会,成立广东抵制美货总公所。在杭州,有布业、绸业等50多个行业的商人议定:所有美货一律不进,一概不用。在苏州,各商帮集会,决议誓绝美货。烟业商董吴讷士在表示停售美烟的同时,还当众宣布将店内所存美货于此日公开焚毁。以上所举仅为这次风潮中的几个例子,其他各地群众所采取的各种形式的抵制美货行动,不一而足。

抵制美货运动由以商会为中心的民族资产阶级发动和领导,参加

---

① 《开会抵制》《禀外务部及南北洋大臣公电》《致二十一埠商会公电》《曾少卿留别天下同胞书》,见苏绍柄编辑《山钟集》,11、27—28、511—512页,上海鸿文书局,1905。
② 和作辑:《一九〇五年反美爱国运动》,载《近代史资料》总8号,64页,北京,1956。

运动的不仅有广大商人,而且有学生、工人与一般市民群众,甚至还有不少农民,海外华侨与留学生更是表现得非常活跃。由于社会各阶层的积极支持和参与,而使抵制美货风潮迅速发展成为一场全国规模的群众性反帝爱国运动。时论以为:"今者,抵制禁约之潮流,风动商会矣,波及学界矣,由商埠而省会、内地而海外矣。电公使、电疆吏、电政府,其托诸空言者勿论,而'拒美货'、'拒美货'之声,且哗然于全国。一人唱而百人和,铜山崩而洛钟应。美哉!吾民气未有发达如是速者,吾民志未有坚忍如是久者。识者曰:此吾国民权实行之先声欤!"①据统计,当时全国有160多个城市相继成立"拒约会""争约处"或"抵制美货公所"的组织,各地绅商学界及其他社会各界人士举行的各种集会达300多次。② 可见运动发展的广度及其激烈程度。

运动的迅猛发展震惊了美国政府。美国公使柔克义一面往来于京、津、沪等地,指挥各处领事进行直接的干涉破坏活动;一面威胁恐吓清政府,要挟其禁止抵制风潮。迫于美国的压力,清政府于8月31日发布上谕,责令各省督抚"认真劝谕,随时稽查……倘有无知之徒,从中煽惑,滋生事端,即行从严查究,以弭隐患"。③ 实际上宣布了政府禁止抵制美货运动。各省督抚纷纷行动起来,对抵制运动进行各种形式的压制和打击,使运动大受挫折。

政府态度的急转,使抵制运动的领导者开始动摇、退却。8月11日,曾铸发表《留别天下同胞书》,正式宣布退出运动。在抵制运动发展的过程中,由于涉及具体的利害问题,原来卖美货的商人与不卖美货的商人之间发生意见分歧。著名绅商张謇、汤寿潜、汪康年等人出面调解,他们与上海总商会总理议定,7月10日之前所进美货,可以由商会发给印花照常出售。这得到卖美货的商人的支持,但却使抵制运动发生分化,并逐渐消沉下去,最后终于难以为继。

抵制美货运动虽然最终迫使清政府未能与美国续订限禁华工新约,但并未从根本上使美国政府改变其排华政策。尽管如此,这次运动

---

① 初我:《妇女社会之对付华工禁约》,见《辛亥革命前十年间时论选集》第2卷上册,29页。
② 《开会抵制》,见苏绍柄编辑《山钟集》,13—25页。
③ 朱寿朋编:《光绪朝东华录》第5册,5389页。

仍然有重要的历史意义。时人以为："美禁华工,群谋抵制,一经发起,海内风驰。执事振发其精神,担负其责任,两月以来,无或稍懈,足征维持之苦,魄力之雄,不愧为南洋伟人,商场领袖。所筹抵制之策,各埠商会共表同情……足见人心团结,事虽至巨,不难挽回。我国民之精神,其从此可以焕发乎!"① 与此前的拒法、拒俄运动及几乎同时兴起的收回利权运动一样,这种由民族资产阶级领导的具有相当群众基础的反帝爱国运动的开展,不仅沉重地打击了列强侵华的嚣张气焰,充分展示了中国人民正义的呼声与力量,而且在一定程度上刺激了中国民族资本主义经济的发展,促进了民族资产阶级力量的增长;更重要的是,提高了民族资产阶级的政治觉悟,促使了整个中华民族的思想启蒙和政治觉醒。

---

① 《本埠及各外埠来函·镇江绸洋货业商人胡镕健春》,见苏绍柄编辑《山钟集》,66页。

第三章
革命党人的政治组织和思想宣传

如果说19世纪末以孙中山为首的革命党人的革命活动与康有为、梁启超领导的维新运动声势浩大的改良救国声浪相比,还只不过是几片小小的浪花,那么20世纪初,革命运动的发展已有一日千里之势,不但可以与改良(立宪)运动并驾齐驱,互争雄长,而且后来居上,使革命救国逐渐成为时代的主旋律。革命运动的迅猛发展,不仅是时势使然,更是有赖于革命党人的政治组织和思想宣传。时代的风云际会,使孙中山、黄兴、宋教仁、章太炎、邹容、陈天华、蔡元培、章士钊、张继、杨毓麟等一批革命活动家和思想宣传家登上历史舞台,他们组织了兴中会、华兴会、光复会、中国同盟会等一系列革命团体,出版了《驳康有为论革命书》《革命军》《警世钟》《猛回头》《孙逸仙》《新湖南》《黄帝魂》等革命书籍,发行了《中国日报》《中国旬报》《国民报》《国民日日报》《警钟日报》《二十世纪之支那》《民报》等革命报刊;与此同时,他们与改良(立宪)派进行了激烈的思想论战,极力鼓吹民主革命思想。革命党人的主观努力,加上客观形势的机缘际会,促成了革命思潮的奔涌勃发,推动了革命运动的加速突进。

第一节　孙中山的早期思想与革命活动

一　求学与上书

在近代中国人向西方寻求救国救民真理的漫长历程中,有一位杰出的代表人物,他就是领导辛亥革命、推翻封建帝制、建立资产阶级民主共和国的中国民主革命的先行者孙中山。

孙中山(1866—1925),名文,字逸仙。① 祖籍广东省东莞县(今东莞市),1866年11月12日(同治五年十月初六日)生于广东省香山县(今中山市)翠亨村。孙家世代务农,"先人躬耕数代",② 至乃父孙达成时更是以佃耕为生。出身"农家子"的孙中山,幼年时期饱受家境贫寒之苦,"早知稼穑之艰难",因而对于生活在社会底层的农民及其他下层民众始终深表同情,改善这些普通劳动人民的生活状况便成为他毕生革命事业的一个基点。

1875年,9岁的孙中山开始入村塾读书,从《三字经》《千字文》等幼学读物入手,接受最基本的传统文化教育。1879年,13岁的孙中山背井离乡,随母亲到檀香山投靠兄长孙眉,"始见轮舟之奇、沧海之阔,自

---

① 孙中山曾用名、字、号颇多:谱名德明,幼名帝象,稍长取名文;初字日新,后改逸仙;为从事秘密活动,曾化名中山樵、高野长雄、陈文、陈载之、中山二郎、吴仲、高达生、杜嘉诺、艾斯高野、阿罗哈(Dr. Alaha)等。辛亥革命后,在国内始称孙中山。日本多称孙文,欧美则称孙逸仙(Sun Yat-sen)。公文、函电多自署孙文。参见陈锡祺主编《孙中山年谱长编》上册,3—4页,北京,中华书局,1991。
② 孙中山:《上李鸿章书》,见广东省社会科学院历史研究室、中国社会科学院近代史研究所中华民国史研究室、中山大学历史系孙中山研究室合编《孙中山全集》第1卷,18页,北京,中华书局,1981。

是有慕西学之心,穷天地之想"。① 一个崭新的世界开始展现在他的眼前,并引发他全新的理想追求。这是孙中山生命中的一个重要的转折点。当时,孙眉已成为华侨资本家,有自己的商店和牧场。在孙眉的资助下,孙中山先后就读于火奴鲁鲁的英国教会学校意奥兰尼书院(Iolani College)和美国教会学校奥阿厚书院(Oahu College),接受西式中学教育,学习英文,并初步接触西方社会政治学说与自然科学的基础知识。同时,檀香山华侨寄人篱下的生活境况,以及夏威夷正面临着美国殖民统治厄运的现状,促使孙中山开始密切关注现实社会政治,尤其是自己祖国的前途与命运。这段在檀香山学习与生活的经历,使孙中山增长了见识,开阔了视野,从而促使他思想意识的显著变化,开始萌生出"改良祖国"的社会理想。他日后自述说:"忆吾幼年,从学村塾,仅识之无。不数年得至檀香山,就傅西校,见其教法之善,远胜吾乡。故每课暇,辄与同国同学诸人,相谈衷曲,而改良祖国,拯救同群之愿,于是乎生。当时所怀,一若必使我国人人皆免苦难,皆享福乐而后快者。"②

1883年,因欲受洗入基督教,遭到孙眉的反对,孙中山离开檀香山回到故乡翠亨。这时的孙中山已是一个具有新知识、新思想的新青年。居乡期间,孙中山以新奇的海外见闻给这个封闭的乡村注入了一丝新鲜空气。他不但放言高论,抨击清政府统治的黑暗腐败,而且脚踏实地,积极参与诸如教育、防盗、街灯、清道、防病等改良乡政活动。为了使村民们破除迷信,摆脱愚昧状态,孙中山与同村好友陆皓东(1868—1895)故意损坏村中北帝庙神像。村民舆论大哗,孙中山难以在村中立足,于是被迫离乡到香港读书。是年底,孙中山与陆皓东在香港受洗入基督教。

在香港求学初期,孙中山先后就读于拔萃书室(Diocesan Home)和中央书院(The Central School),继续接受西式中学教育。这期间发生了中法战争,中国战败的结果使孙中山颇受刺激。日后他说:"予自

---

① 《复翟理斯函》,见《孙中山全集》第1卷,47页。按:关于孙中山赴檀香山的时间,有1878年与1879年两说,今从1879年说,具体考证参见陈锡祺主编《孙中山年谱长编》上册,24页。
② 《在广州岭南学堂的演说》,见《孙中山全集》第2卷,359页。

乙酉中法战败之年,始决倾覆清廷、创建民国之志。"①也许此时孙中山已经有了革命的理想,但是,其民主革命思想的形成还有一个曲折的过程。

1886年,孙中山毕业于香港中央书院,旋入广州博济医院(Canton Hospital)学医。在此,他结识了同学郑士良(1863—1901)。郑士良为会党中人,孙、郑交谊,是为此后孙中山从事革命时积极联络会党的始因。次年,孙中山转入由著名改良主义思想家何启(1859—1914)创办的香港西医书院(The College of Medicine for Chinese, Hong Kong),正式接受大学医科教育。那时与孙中山志同道合、交往最为亲密的主要有陈少白(1869—1934)、尤列(1866—1936)、杨鹤龄(1868—1934)三人,他们"常驻香港,昕夕往还,所谈者莫不为革命之言论,所怀者莫不为革命之思想,所研究者莫不为革命之问题。四人相依甚密,非谈革命则无以为欢,数年如一日"。时人目之为"四大寇"。尽管如此,当时的孙中山虽然已经怀抱着革命的理想,但并没有更进一步付诸具体的实践,至多还是表现在言论方面而已,"以学堂为鼓吹之地,借医术为入世之媒",恰是其此时心态与行为的写照。正如孙中山所自称,其大学时代只不过是"革命言论之时代"。②

1892年,孙中山以优异成绩毕业于香港西医书院。他先赴澳门行医,开设中西药局;后因受葡医排挤而转赴广州行医,开设东西药局。虽然孙中山医术高明,颇受民众欢迎,但从医并不是他的最终理想,因为这毕竟无法从根本上实现他早年所期望的"改良祖国"的政治抱负。因此,他不久即决计抛弃其医人生涯,而从事于"医国"事业。至于如何"医国",当时孙中山的思想基本上没有超出改良的路向。其时,恰值维新变法运动逐渐兴起,康有为正在万木草堂聚徒讲学,孙中山本欲与康结交,却因康有为要求其"具门生帖拜师"而作罢。③ 孙、康交谊失之交臂。1893年底,孙中山与好友陆皓东、陈少白、郑士良、程璧光、程奎光、程耀宸、魏友琴等人在广州南园抗风轩聚会,试图成立反清团体,孙

---

① 《建国方略·有志竟成》,见《孙中山全集》第6卷,229页。
② 《建国方略·有志竟成》,见《孙中山全集》第6卷,229页。
③ 冯自由:《戊戌前孙康二派之关系》,见《革命逸史》初集,47页,北京,中华书局,1981。

提议以"驱除鞑虏,恢复华夏"为宗旨,虽众皆赞成,但结果并未成立正式组织。① 事实上,当时孙中山仍然没有放弃"改良"的道路,上书李鸿章便是一个典型的例证。

直隶总督、北洋大臣李鸿章是当时清政府最有权势的封疆大吏,因长期办理洋务而获有开明的声誉,"在当时算为识时务之大员",②是改良派寄望主持改革的显要人物。李鸿章又是香港西医书院的名誉赞助人,孙中山在西医书院读书时即已设想上书李鸿章。1894年初,孙中山抛开在广州所开药店的业务,回到故乡翠亨闭门起草上李鸿章书稿。在这篇《上李鸿章书》中,孙中山从"人能尽其才,地能尽其利,物能尽其用,货能畅其流"四个方面,详细描述了一个改革教育与用人行政制度、发展工农业生产、振兴商务与交通事业使国家走向富强的经济现代化方案。他说:"窃尝深维欧洲富强之本,不尽在船坚炮利、垒固兵强,而在于人能尽其才,地能尽其利,物能尽其用,货能畅其流……夫人能尽其才则百事兴,地能尽其利则民食足,物能尽其用则材力丰,货能畅其流则财源裕。故曰:此四者,富强之大经,治国之大本也。四者既得,然后修我政理,宏我规模,治我军实,保我藩邦,欧洲其能匹哉!"③这是一个系统的改良中国的理想蓝图。上书稿起草后,经好友陈少白稍加修改,孙中山即偕陆皓东转道上海,拜访郑观应等人,试图打通关节,寻找上书门径,然后北上投书。④ 6月下旬,孙中山与陆皓东到达天津。他们拿着"港、沪友人介函",通过李鸿章的幕僚罗丰禄、徐秋畦等投递上书。其时中日甲午战争迫在眉睫,李鸿章"借辞军务匆忙,拒绝延见"。⑤ 上书没有结果。

---

① 冯自由:《兴中会首任会长杨衢云补述》,见《革命逸史》第5集,9页,北京,中华书局,1981。
② 陈少白:《兴中会革命史要》,见中国史学会主编《辛亥革命》第1册,28页,上海人民出版社,1959。
③ 《上李鸿章书》,见《孙中山全集》第1卷,8、15页。
④ 关于上书过程,参见沈渭滨《一八九四年孙中山谒见李鸿章一事的新资料》,载《辛亥革命史丛刊》第1辑,北京,中华书局,1980。沈从上海图书馆藏盛宣怀文书档案中发现《魏恒致盛宣怀函》《盛宙怀致盛宣怀函》和《郑观应致盛宣怀函》三件重要史料,认为孙中山为打通上书关节,找了不少关系:一是先托卸任澳门海防同知赋闲广州的魏恒致书盛宣怀的堂弟盛宙怀,再请盛宙怀致书盛宣怀推荐;时盛宙怀在上海,故孙中山有上海之行。二是孙中山到上海后又拜访了郑观应,并请郑观应作书致盛宣怀予以推介。另,据陈少白《兴中会革命史要》记载,孙中山在郑观应处见到王韬为他写信介绍在李鸿章幕下当文案的朋友某人,请其引见;至于这个"某人",冯自由《中华民国开国前革命史》说是罗丰禄,邹鲁《中国国民党史稿》说是徐秋畦。
⑤ 冯自由:《中国革命运动二十六年组织史》,14页,上海,商务印书馆,1948。

孙中山满怀希望上书当道,"冀九重之或一垂听,政府之或一奋起",但均未能如愿。于是他绝了改良的念头,"知和平之法无可复施。然望治之心愈坚,要求之念愈切,积渐而知和平之手段不得不稍易以强迫。"①孙中山从此走上了革命的道路。

二 创办兴中会与乙未广州起义

1894 年秋,孙中山再到檀香山,开始在华侨中进行革命宣传活动,并谋求组织革命团体。11 月,在卑涉银行华人经理何宽宅召开革命组织成立会议,孙中山与何宽、李昌、刘祥、邓荫南、宋居仁等 20 多人与会。会议由孙中山主持,他提议新组织定名"兴中会",规定以"振兴中华,挽救危局"为宗旨,并宣布他所起草的章程九条。众无异议,遂投票选举刘祥、何宽为檀埠本会正、副主席,黄华恢为管库,程蔚南、许直臣为正、副文案,李昌、郑金等人为值理。随即,会员填写入会盟书,并举行宣誓仪式。兴中会正式成立。此后,孙眉等人陆续加入,会员总数达 130 人之多。②《檀香山兴中会章程》第一条说明了建立兴中会的宗旨:"是会之设,专为振兴中华、维持国体起见。盖我中华受外国欺凌,已非一日。皆由内外隔绝,上下之情罔通,国体抑损而不知,子民受制而无告。苦厄日深,为害何极!兹特联络中外华人,创兴是会,以申民志而扶国宗。"③这个章程并没有公开提出反清革命主张,表面上看来,兴中会只不过是一个温和的爱国救亡团体。但是,其会员入会誓词则明确地提出了"驱除鞑虏,恢复中国,创立合众政府"④的革命纲领,表明兴中会希望彻底推翻清王朝并建立一个美国式的共和政府的民主革命目

---

① 《伦敦被难记》,见《孙中山全集》第 1 卷,52 页。
② 冯自由:《中国革命运动二十六组织史》,15—16 页。
③ 《檀香山兴中会章程》,见《孙中山全集》第 1 卷,19 页。
④ 《檀香山兴中会盟书》,见《孙中山全集》第 1 卷,20 页。按:兴中会会员入会誓词最早见于郑东梦所编《檀山华侨》(檀香山,檀香山华侨编印社,1929)中邓想的《中国国民党茂宜支部史略》。对此,有学者提出异议:一种意见认为,兴中会会员入会誓词不是从檀香山开始就有的,而是从香港兴中会成立时才有的(参见李新主编《中华民国史》第一编上册,99 页,北京,中华书局,1981);另一种意见认为,兴中会会员入会立誓词一事还不能在文献或参与者的著作中得以确认,因而值得怀疑,立誓词一事可能是逐步发展起来的,而后人则据以推断一开始就是如此(参见[美]薛君度《黄兴与中国革命》,杨慎之译,36 页,长沙,湖南人民出版社,1980);还有一种意见认为,从孙中山当时的思想境界以及参与兴中会成立的人员的认识水平等方面来考察,誓词是颇难令人置信的(参见林增平《孙中山民主革命思想的形成》,载《历史研究》1987 年第 1 期,北京)。当然,誓词的出现毕竟有其文献依据,虽然只是孤证,但对誓词可信度的怀疑并不能从根本上否认誓词的存在。因此,一般学者还是采取宁信其有、不说其无的态度。

的。如果说兴中会的宗旨在公开时的温和与秘密时的激进之间的矛盾是出于立会者策略方面的考虑,这一点事实上可以从该会成立后孙中山的革命活动来印证,那么可以说兴中会是近代中国第一个资产阶级革命团体。

檀香山兴中会成立后,孙中山即着手进行募捐筹饷与教练兵操的革命准备工作。由于当时的檀香山"风气未开,人心锢塞",孙中山的工作开展得并不顺利,"在檀鼓吹数月,应者寥寥"。[①] 在募捐筹饷方面,兴中会会员交纳会费及集股所得仅有1 300余元,加上邓荫南变卖全部家产和孙眉低价出售自己农场的部分牲畜所得,共筹得美金6 000余元。在教练兵操方面,孙中山拟组织华侨兵操队,延请一个丹麦人为军事教练,参加者仅有兴中会会员20余人,旋即解体。正当孙中山在檀香山的革命活动陷于困境而希图转向美洲发展的时候,上海同志宋跃如(1866—1918)来信催促回国。当时中日甲午战争方酣,清兵屡败,清廷的腐败暴露无遗,人心愤激,清王朝的统治岌岌可危。如此时局,正是举行起义的大好时机。于是,孙中山决定放弃美洲之行,与邓荫南、宋居仁等同志毅然回国。

1895年1月,孙中山等人到达香港。为了在香港筹建兴中会组织,他一面召集旧友陆皓东、陈少白、郑士良、杨鹤龄等人商议,一面与辅仁文社[②]的杨衢云(1861—1901)、谢缵泰(1872—1937)等人联络,得到了众人的积极支持。2月,香港兴中会成立,以香港地方议会议员商人黄咏商为临时会长,会务实际上是由孙中山负责。香港兴中会总部机关设在士丹顿街13号,对外挂着"乾亨行"的招牌,以为掩护。《香港兴中会章程》是在《檀香山兴中会章程》的基础上修订而成,其宗旨为:"本会之设,专为联络中外有志华人,讲求富强之学,以振兴中华、维持

---

① 《建国方略·有志竟成》,见《孙中山全集》第6卷,229—230页。
② 辅仁文社是香港一个"新学"团体,发起于1890年,正式成立于1892年,其基本宗旨是尽心爱国、增进知识和砥砺品格。虽然其社长杨衢云与重要成员谢缵泰等人具有一定的反清思想倾向,但辅仁文社并不是一个革命团体,只可以说是一个进步的爱国组织。辅仁文社成立后,并没有开展实际政治活动,在社会上也没有什么影响。香港兴中会成立时,该社成员只有杨衢云、谢缵泰、周昭岳等三人加入,说辅仁文社并入兴中会并不准确。参见贺跃夫《辅仁文社与兴中会关系辨析》,载《孙中山研究论丛》第2集,10—21页,广州,中山大学学报论丛,1984。

国体起见"。章程虽仍然没有明确提出反清主张,但其言辞更趋激烈,对清政府的腐败统治的抨击不遗余力,认为"上则因循苟且,粉饰虚张;下则蒙昧无知,鲜能远虑……乃以政治不修,纲维败坏,朝廷则鬻爵卖官,公行贿赂;官府得剥民刮地,暴过虎狼",①是中国积弱至极的根源。香港兴中会会员入会同样要宣誓,誓词与檀香山兴中会同。据统计,1894—1895 年间,有名籍可稽的兴中会会员有 178 人,其中商人 95 人,工人 40 人,会党 12 人,其他如实业家、公务员、医生、教员、学生、职员、报人、传教士、水师官弁等 31 人。② 这些早期兴中会会员的职业身份表明,兴中会是一个以资产阶级、小资产阶级及其知识分子为主体的革命团体。兴中会的成立,标志着资产阶级民主革命派的形成。

香港兴中会成立后,即举起了反清武装起义的旗帜。1895 年 3 月,孙中山与陆皓东、郑士良、陈少白等人到广州建立兴中会分会,以双门底王家祠云岗别墅为会所,对外发起一个公开团体——农学会,以掩护兴中会的秘密革命活动。为了策动广州起义,孙中山等人积极在广州及其周围地区联络会党、绿林、乡团、游勇、防营、水师等武装力量,杨衢云等人则在香港筹措经费,购买枪械。与此同时,他们还试图通过日本驻港领事中村恒次郎和香港两家英文报纸《德臣西报》(China Mail)与《士蔑西报》(Hong Kong Telegraph),争取日本和西方国家的同情与支持。在进行多方面的准备工作之后,他们计划把发动广州起义的时间定在 10 月 26 日(农历九月初九日,重阳节),因为广东民间有重阳拜祖扫墓的习俗,届时起义队伍可以随着熙熙攘攘的乡民进入广州城内集结,而不至于引起当局的怀疑,以便及时发动起事。10 月 10 日,起义迫在眉睫,兴中会内部孙中山与杨衢云两派势力因为选举会长问题发生争执,这个会长人选直接关系到起义以后成立的政府首脑——即所谓"伯理玺天德"(President,总统)人选的问题。谢缵泰推举杨衢

---

① 《香港兴中会章程》,见《孙中山全集》第 1 卷,21—22 页。
② 冯自由:《兴中会会员人名事迹考》,见《革命逸史》第 4 集,24—45 页。

云,陈少白、郑士良推举孙中山,双方相持不下,孙中山"不欲因此惹起党内纠纷,表示谦退,力诫士良、少白勿与竞争,结果此席为杨衢云所得"。① 随后,孙中山到广州准备部署起义工作。他们决定用陆皓东制作的青天白日旗为起义军用旗,以"除暴安良"为口号,用红带缠臂为暗号。10月26日清晨,各路队伍大都如期到达广州,等候总机关发令。但是,杨衢云负责的香港一路队伍未能及时赶到,在香港购买的军械也没有运来;另外,还有汕头一路队伍不能来。孙中山在无奈之下,只好遣散已经集结在广州的各路队伍。所谓乙未广州起义未曾发动即告流产。② 尽管如此,兴中会广州密谋起事之举仍被清朝官方侦知,清兵四处搜查,广州兴中会机关被破坏,陆皓东等人被捕牺牲,成为近代中国资产阶级民主革命流血的第一批烈士。乙未广州起义是革命党人密谋发动的第一次武装起义,在近代资产阶级民主革命史上有着重要的历史意义。

三 从伦敦被难到庚子惠州起义

广州起义密谋失败后,孙中山遭到清政府的通缉和港督的驱逐,无法在内地和香港立足。1895年11月,孙中山偕陈少白、郑士良东渡日本。③ 在横滨,孙中山组织侨商冯镜如、冯紫珊、谭发等人成立兴中会横滨分会,并刊印《扬州十日记》等书进行反清革命宣传。12月,孙中山正式剪辫易服,以示坚定的革命志向。随后,孙中山到檀香山与美国

---

① 冯自由:《兴中会组织史》,见《革命逸史》第4集,9页。关于此事,孙、杨两派人物记载正相反:陈少白说是会议已经选举孙中山为总统,而杨衢云力争,最后孙同意让与他(参见陈少白《兴中会革命史要》,见中国史学会编《辛亥革命》第1册,30—31页);谢缵泰则说是杨衢云当选总理,孙中山大不高兴,常对此耿耿于怀(参见谢缵泰《中华民国革命秘史》,江煦棠、马颂明译,见中国人民政治协商会议广东省委员会文史资料研究委员会编《孙中山与辛亥革命史料专辑》,295页,广州,广东人民出版社,1981)。
② 关于乙未广州起义失败的责任问题,自陈少白在《兴中会革命史要》完全归咎于杨衢云之后,各种国民党党史和辛亥革命史著作大都沿用此说。近年有人查证孙中山的有关记述,认为陈少白的说法不确,香港与汕头方面都有责任,且主要责任不在前者而在后者。参见沈渭滨《孙中山与辛亥革命》,75—78页,上海人民出版社,1993。
③ 据冯自由记载,当时日本有报纸宣称"支那革命党孙逸仙抵日"。孙中山认为:"'革命'二字出于《易经》'汤武革命,顺乎天而应乎人'一语,日人称吾党为革命党,意义甚佳,吾党以后即称革命党可也。"(冯自由:《革命二字之由来》,见《革命逸史》初集,1页)。陈少白《兴中会革命史要》也说当时在日本报纸上看到"中国革命党孙逸仙"等字样,并且"自从见了这样报纸后,就有'革命党'三字的影像印在脑子中了"。此事难以确证,孙中山本人没有记述。又据日本学者安井三吉、陈德仁考查,当时日本报纸也未见此种报道。参见陈锡祺主编《孙中山年谱长编》上册,102页,北京,中华书局,1991。

进行革命组织与宣传活动。1896年9月30日,孙中山到达英国伦敦。由于孙中山是清政府通缉的"钦犯",因此,他的行踪受到清朝驻英公使馆人员的密切监视。10月11日,孙中山在伦敦街头被清朝驻英公使馆人员诱捕入使馆拘禁,此即"伦敦被难"。清使馆打算雇船把孙中山偷运回国处置。孙中山在使馆英籍女管家郝维太太(Mrs. Howe)和雇工柯尔(G. Cole)的帮助下,向他曾经在香港西医书院读书时的老师康德黎(James Cantlie)和孟生(P. Manson)发出了求援信。康德黎和孟生得知消息后,立刻向伦敦警察总部报案,并采取紧急救援行动。他们一方面试图通过媒体披露此事,以取得舆论力量的同情;另一方面又请求英国外交部出面干预,以得到政府势力的支持。经过康德黎和孟生的多方活动,10月22日晚,英国外交部向清使馆发出最后通牒式的照会,施加外交压力,要求立即将孙中山释放;与此同时,《环球报》的晚报连夜刊印号外,正式披露孙中山被清使馆绑架的消息,伦敦舆论界一片哗然。23日下午,在舆论的强大压力下,英国外交部采取强硬的态度,迫使清使馆不得不无条件立即释放孙中山。① 伦敦被难事件之后,孙中山不仅借英国报刊发表了感谢英国政府、报界与人民的公开信,而且在英国出版了用英文写成的《伦敦被难记》一书,②不失时机地向西方世界宣扬了中国革命;其时,国际舆论对此事也同样给予了足够的关注,英国与其他一些国家、地区有不少报刊对此事进行了报道和评论,使西方世界对孙中山与中国革命有了更多的了解与认识。从此,孙中山开始逐渐成为享有世界声誉的中国革命领袖人物。

伦敦被难的经历使孙中山更深刻地认识到反清革命的必要性。他认为:"目前中国的制度以及现今的政府绝不可能有什么改善,也决不会搞什么改革,只能加以推翻,无法进行改良。"③此后,孙中山继续逗留伦敦,进一步钻研西方社会政治学说,并实地考察英国的政治制度与社会经济生活,深入探索中国革命的理想道路。1897年7—8月,孙中山离开英国,途经加拿大,到达日本。在日本,孙中山结识了日本在野

---

① 参见[澳]黄宇和《孙逸仙伦敦蒙难真相》,1—32页,上海书店出版社,2004。
② 据黄宇和考证,该书的真正作者是康德黎。参见《孙逸仙伦敦蒙难真相》,169—171页。
③ 《与〈伦敦被难记〉俄译者等的谈话》,见《孙中山全集》第1卷,86页。

志士宫崎寅藏、宫崎弥藏、平山周、内田良平、萱野长知、头山满、平冈浩太郎等人，并得识日本政界要人犬养毅、大隈重信等。尽管这些人同情和支持孙中山与中国革命的目的不一，或出于真诚，或出于私心，但正是他们的同情和支持，使孙中山能够较为顺利地在日本开展革命活动。

戊戌、庚子时期，维新变法运动旋起旋灭，紧接着是义和团运动勃兴与八国联军入侵，国内局势动荡不安。孙中山在与以康有为、梁启超为首的改良派人士谋求合作无效之后，发动了第二次反清武装起义——惠州起义。

1900年初，孙中山命陈少白在香港创办《中国日报》和《中国旬报》，①作为宣传反清革命的舆论机关，并与杨衢云等人在报社设立筹划反清起义的总机关；同时，又派郑士良到惠州、潮州、嘉应等地联络会党与绿林，集结武装力量；孙中山自己则在海外积极活动，筹集起义所需粮饷与军械。正当兴中会筹划再次起义的准备工作紧张进行之际，由于义和团运动的蓬勃发展与八国联军的大肆入侵，北方局势一片混乱，清朝统治岌岌可危。在此背景下，香港议政局议员何启向陈少白献策，提出一个由港督卜力（Blake）出面促成兴中会与李鸿章合作实行广东独立的设想。孙中山得陈少白电告后"大喜"，表示"赞成"；港督卜力对此"极表同情"，极力从中斡旋；李鸿章也是"意颇为动"，只因清廷当时尚未陷于绝境而"迟疑观望，未有正当表示"，但他的幕僚刘学询、曾广铨则"极力从旁怂恿"，并积极活动。后来，因为李鸿章应清廷之召北上议和，此事遂告作罢。②孙中山在谋求与李鸿章合作实行广东独立的举措失败后，继续加紧筹划起义工作。他与日本志士山田良政到台湾找日本驻台湾总督儿玉源太郎寻求援助。当时日本想利用孙中山及革命党人的力量，乘庚子事变之机独占福建，并将侵略势力渗透到东南沿海地区，因而表示"同情"中国革命，儿玉源太郎允诺接济孙中山。孙中山还与菲律宾独立军代表彭西商定，借独立军买下的一批军械用于起义。10月6日，起义在惠州三洲田爆发，首战告捷。随后，郑士良率

---

① 两报统称为"中国报"。参见陈锡祺主编《孙中山年谱长编》上册，201页。
② 冯自由：《刘学询与革命党之关系》《孙总理庚子运动广东独立始末》，分别见《革命逸史》初集，77—80页，及第4集，88—97页。

领起义军又多次击败清军,但因为得不到孙中山的接济,而很快就陷于枪械弹药告竭的困境。一方面,日本政府并不真正支持中国革命,致使孙中山幻想日本的援助以及原定由台湾接济军火的计划落空;另一方面,由于日本政客的贪污欺诈,菲律宾独立军在日本订购的军械全是废品,无法派上用场。缺乏军火接济的惠州起义军很快就被清军镇压下去,起义最终失败。郑士良等人逃到香港。随后,史坚如、邓荫南等人在广州谋炸广东巡抚署两广总督德寿,结果虽然炸塌了督署围墙,但并没有炸死德寿。史坚如被捕就义,成为继乙未广州起义时牺牲的陆皓东之后"为共和殉难之第二健将"。①

庚子惠州起义是孙中山及兴中会发动的第二次反清武装起义。起义虽然失败了,但在当时产生的震动与影响不可低估。它不仅进一步强化了孙中山革命领袖的地位,如时人所谓"孙逸仙者,近今谈革命者之初祖,实行革命者之北辰",②而且极大地促进了广大人民群众的觉醒与革命思想的传播。正如孙中山所自述:"经此失败而后,回顾中国之人心,已觉与前有别矣。当初次之失败也,举国舆论莫不目予辈为乱臣贼子、大逆不道,咒诅谩骂之声,不绝于耳;吾人足迹所到,凡认识者,几视为毒蛇猛兽,而莫敢与吾人交游也。惟庚子失败之后,则鲜闻一般人之恶声相加,而有识之士且多为吾人扼腕叹息,恨其事之不成矣。前后相较,差若天渊。吾人睹此情形,中心快慰,不可言状,知国人之迷梦已有渐醒之兆……有志之士,多起救国之思,而革命风潮自此萌芽矣。"③众望所归的革命领袖的出现,人民群众的觉醒,革命思潮的萌发,预示着一个革命新时代的到来。

---

① 《建国方略·有志竟成》,见《孙中山全集》第6卷,235页。
② 黄中黄:《孙逸仙·自序》,见中国史学会主编《辛亥革命》第1册,90页。
③ 《建国方略·有志竟成》,见《孙中山全集》第6卷,235页。

第二节　民主革命思想的广泛传播

一　革命报刊与书籍的印行

舆论宣传是民主革命思想传播的基本途径,正如蒋智由(观云)诗所云:"文字收功日,全球革命潮!"①

19世纪末,革命运动初兴之时,正是维新变法运动高涨之日,中国新知识界的舆论阵地基本上被改良派人士所控制。诸如上海《时务报》、澳门《知新报》、横滨《清议报》、神户《亚东报》、新加坡《天南新报》、檀香山《新中国报》、旧金山《文兴报》、纽约《维新报》、澳洲《东华新报》等改良派报刊,曾经风行海内外,"革命党对之,实属相形见绌"。当改良派已经充分利用报刊等近代新式舆论工具的时候,革命党人还只能翻印《扬州十日记》《嘉定屠城记》以及从《明夷待访录》中选录的《原君》《原臣》等旧籍进行"反满"革命宣传。宣传工具的落后,对于革命运动的发展极为不利,以至于兴中会的重要活动地盘横滨与檀香山"竟为保皇党所夺"。在这种情况下,革命党人开始创办新式报刊,有意识地与改良派争夺舆论阵地。1900年初,孙中山派陈少白在香港创办《中国日报》,"是为革命报纸之滥觞"。20世纪初,留日学生耳濡目染自由平等学说,鼓吹革命"排满"者日众,革命出版物风起云涌,盛极一时,"渐入于革命书报全盛时期"。②据统计,1905年同盟会成立以前刊行的革

---

① 转见冯自由《开国前海内外革命书报一览》,见《革命逸史》第3集,136页。
② 冯自由:《革命初期之宣传品》,见《革命逸史》初集,10—11页。

命报刊有44种,其中报纸20种,杂志24种,革命书籍有80种。①

　　报纸是当时信息传播最为便捷的媒体。重要的革命报纸有上海的《苏报》《国民日日报》《俄事警闻》《警钟日报》,长沙的《俚语日报》,杭州的《杭州白话报》,厦门的《鹭江日报》,香港的《中国日报》《世界公益报》《广东日报》《有所谓报》(又名《唯一趣报》),檀香山的《檀山新报》,旧金山的《大同日报》,暹罗的《华暹新报》,新加坡的《图南日报》《南洋总汇报》,等等。

　　杂志也是革命党人充分利用的一种重要的宣传媒体。如上海的《政艺通报》《大陆》《女报》《童子世界》《中国白话报》《二十世纪大舞台》《女子世界》《扬子江丛报》《扬子江白话报》《国粹学报》,松江的《觉民》,芜湖的《安徽俗话报》,金华的《萃新报》,广州的《时事画报》,香港的《中国旬报》,在东京创办的《国民报》《湖北学生界》《直说》《浙江潮》《江苏》《二十世纪之支那》《民报》等,都是重要的革命杂志。

　　革命党人还刊印了大量革命书籍。有宣传反清革命的政论性著作《革命军》《教育界之风潮》《驳康有为论革命书》《黄帝魂》《新湖南》《苏报案纪事》《孙逸仙》《沈荩》《猛回头》《警世钟》《死法》《攘书》《中国问题之真解决》等,有揭露清朝入关暴行及其黑暗统治的旧籍《扬州十日记》《嘉定屠城记》《黄书》《明夷待访录》,以及由此类资料汇编的丛书《陆沉丛书》《荡虏丛书》《明季实录》等,有宣传民族主义思想的历史著作《太平军战记》《太平天国战史》《洪秀全演义》《郑成功传》《中国第一大伟人岳飞》《中国民族志》《中国民族权力消长史》等,有揭露帝国主义侵略的著作《二十世纪之怪物帝国主义》《西力东侵史》《中俄交涉史》《俄罗斯对华政策》《俄国蚕食亚洲史略》《美国垂涎中华近事》等,有宣扬西方资产阶级革命的历史著作《法兰西革命史》《美国独立战史》《俄国革命战史》《意大利建国史》《葡萄牙革命史》《华盛顿》《林肯》《贞德传》《东欧女豪杰》等,有介绍西方社会政治思想学说的译著《民约论》《自由原论》《万法精意》《社会学原理》《国体政体概论》《代议政体》《独立宣言》《人

---

① 据冯自由《开国前海内外革命书报一览》,见《革命逸史》第3集,136—156页。按:此统计数据只是大概而言,一来有缺漏,如《政艺通报》《安徽俗话报》等未被列入;二来冯自由有关"革命书报"的标准太宽泛,如梁启超办的《新民丛报》、郑观应著的《盛世危言》等也被列入。

权宣言》《世界进步之大势》《无政府主义》《社会主义神髓》《虚无党》《自由血》《卢梭魂》等。

　　这些革命书报主要出版于东京、上海、香港等地，正是以这些出版地为中心而逐渐形成了清末革命思想传播的网络。例如，在上海出版的《警钟日报》，在苏州、杭州、绍兴、武昌、长沙、成都、汉口、南昌、济南、安庆、镇江、宁波、无锡、常熟、九江、台州、南京、香港等18个地方设有23个分售处。① 再如，《大陆》杂志也在上海出版，除上海本埠设有12个代派处外，又在北京、天津、保定、平潮、苏州、杭州、扬州、河南、常熟、江西、福州、南京、安庆、广东、天门、武昌、吴江、芜湖、无锡、常州、宁波、湖南、绍兴、汉口、成都、汕头、香港、东京等28处外埠设有42个代派处。② 各种革命报刊不仅有一定的销售网络，而且其销售量也相当可观。据1904年《警钟日报》一份关于武汉地区各报刊销量调查资料，其中有革命报刊《警钟日报》300份，《政艺通报》70份，《浙江潮》40份，《江苏》30份，《汉声》20份，《中国白话报》80份，《安徽俗话报》20份，基本上都是在新学界与学堂学生中流传。③ 这是武汉一地的情形，于此可见全国形势之一斑。与此同时，革命书籍也是广为流传，如邹容的《革命军》问世后，很快便由各地书肆以各种名目翻印，或称《革命先锋》《图存篇》《救世真言》，或与章太炎《驳康有为论革命书》合刊而简称《章邹合刻》，"风行海内外，销售逾百十万册"。④ 一本书有上百万的销量，这个数字是颇为惊人的。

　　革命书报的流行，自然导引了革命思想的流播和革命观念的深入人心。如时人所谓："革命之说，非自今日始。然从前持此议者，仅三数人而已，近则其数渐多，血气未定膂力方刚之少年，辄易为所惑。又从前持此议者，仅自与其徒党议之于私室而已，近乃明目张胆于稠人广众之中，公言不讳，并登诸报章，以期千人之共见。是则主革命者，必以其

---

① 《本报外埠分售处》，见1904年7月1日《警钟日报》，上海。
② 《本报代派处一览》，载《大陆》第4号，上海，1903。
③ 《武汉报纸销数调查》，见1904年12月1日《警钟日报》，上海。按：原报上标明此日为1904年11月31日，显然有误，准确的日期应是1904年12月1日。
④ 冯自由：《〈革命军〉作者邹容》，见《革命逸史》第2集，49页。

说为不可易矣。"①革命思潮高涨,自是革命党人的宣传之功。

在革命书报大量涌现、革命思想广泛传播的同时,革命宣传人才辈出,队伍不断壮大。其中如章太炎、邹容、陈天华、章士钊、杨毓麟、秦力山、蔡元培、吴稚晖、陈独秀、金天翮、邓实、刘师培、赵声等人,都是颇有影响的人物,而尤以章太炎、邹容、陈天华的贡献最大。

二 章太炎与《驳康有为论革命书》

章太炎(1869—1936),初名学乘,后改名炳麟,字枚叔(又作梅叔),因仰慕顾炎武而又改名为绛,别号太炎,浙江余杭人。章太炎出身书香世家,从小接受外祖父海盐朱有虔的汉学启蒙教育,"课读四年,稍知经训"。随后章太炎又从父亲章濬和伯兄章篯继续研治汉学,读顾炎武《音学五书》、王引之《经义述闻》、郝懿行《尔雅义疏》等书,确立"一意治经,文必法古"的治学路径。② 1890 年,章太炎就学于汉学重镇杭州诂经精舍,从学晚清经学大师俞樾。在此后 7 年的时间里,章太炎在诂经精舍受到非常系统规范的汉学训练,成为清末著名的古文经学家。当时章太炎本可以纯粹的学问家名世,但事实上他并不甘于埋首书斋、皓首穷经,而始终没有忘怀现实政治。鲁迅先生称章太炎为"有学问的革命家",认为他的业绩"留在革命史上的,实在比在学术史上还要大"。③这可谓是对辛亥时期章太炎的确切评价。

章太炎的政治思想有一个从改良到革命的转变过程。甲午战争以后,维新变法运动兴起,章太炎"与尊清者游",④参加强学会,出任《时务报》撰述,主张"以革政挽革命"。⑤ 戊戌政变后,章太炎避祸至台湾,后又到日本,经梁启超介绍得识孙中山,"相与谈论救国大计,极为相得"。⑥ 不过,这时的章太炎还没有转向革命。1900 年初,《訄书》初刻

---

① 《革命驳议》,见张枬、王忍之编《辛亥革命前十年间时论选集》第 1 卷下册,692 页,北京,三联书店,1977。
② 章太炎:《章太炎先生自定年谱》,2—3 页,上海书店,1986。
③ 鲁迅:《关于太炎先生二三事》,见章念驰编《章太炎生平与学术》,8—9 页,北京,三联书店,1988。
④ 章太炎:《訄书重订本·客帝匡谬》,见《章太炎全集》第 3 册,119 页,上海人民出版社,1984。
⑤ 章太炎:《论学会有大益于黄人亟宜保护》,见汤志钧编《章太炎政论选集》上册,13 页,北京,中华书局,1977。
⑥ 冯自由:《章太炎事略》,见《革命逸史》初集,53—54 页。

本问世,尚有鲜明的改良倾向。庚子事变发生后,帝国主义列强侵略造成严重的民族危机,终于迫使章太炎走上了反清革命的道路。有三个事例可以作为这个转变的标志:一是反对上海张园"中国议会"及唐才常自立会的"勤王"宗旨,愤然剪除辫发,并发表《解辫发说》一文,以示坚决的反清志向;二是在《国民报》上发表《正仇满论》一文,公开宣扬"反满"革命思想,严厉地批驳了改良派的保皇主张,正式宣告与改良派决裂;三是大加删订初刻本《訄书》,删除"尊清"改良的文字,增加"排满"革命的内容。此后,章太炎不遗余力地积极倡言"排满"革命思想。

1902年,康有为发表《答南北美洲诸华商论中国只可行立宪不可行革命书》和《与同学诸子梁启超等论印度亡国由于各省自立书》,宣扬君主立宪,反对民主革命。这是保皇派对抗革命的一份宣战书。康文一出,保皇党人大肆宣传。他们将其印成小册子,在海外华侨中广为散发,影响颇大。为了从理论上驳斥康有为的保皇论调,并正面阐明革命的历史必然性意义,1903年5月,章太炎写下了针锋相对的《驳康有为论革命书》一文,对康文进行了逐条驳斥。关于满汉关系与"反满"的民族主义问题,康有为认为:汉族长期以来已经与各异族相混而"同化",中国已经不存在种族差异和民族压迫,满族没有压迫汉族,甚至还与汉人共享政权,因此没有必要进行"反满"的民族革命。章太炎直斥之为"妄言",他认为满汉根本就没有"同化",中国的现状是极少数满洲贵族残酷地统治广大汉族人民,所谓"今以满洲五百万人,临制汉族四万万人而有余者,独以腐败之成法愚弄之、锢塞之",致使"汉人无民权,而满洲有民权,且有贵族之权",现在是"民族主义之时代",只有进行"反满"的民族革命,才能建立以汉族为主体的近代民族国家。关于革命与立宪的关系问题,康有为认为:中国有"圣明"的光绪皇帝,可以实行君主立宪;相反,中国民智未开,"公理未明,旧俗俱在",不能实行革命,而且革命将导致流血,并招致外国的干涉。针对康有为所谓光绪皇帝"圣明"的论调,章太炎厉斥"载湉小丑,未辨菽麦"。他用铁的事实反诘道:既然光绪皇帝如此圣仁英武,"而何以刚毅能挟后力以尼新法,荣禄能造谣诼以耸人心,各督抚累经严旨皆观望而不办,甚至章京受戮,己亦幽废于瀛台也?"他认为,光绪皇帝其实只是"仁柔寡断之主,汉献、唐昭之俦",是一个没有任何实权而徒具虚名的傀儡皇帝,只不过是"满洲末造之亡君"而已,不可能依靠他来实行立宪。针对康有为所谓中国民智未开的说法,章太炎认为:"人心之智慧,自竞争而后发生,今日之民智,不必待他事以开之,而但待革命以开之……公理之未明,即以革命明之;旧俗之俱在,即以革命去之。革命非天雄大黄之猛剂,而实补泻兼备之良药矣。"针对康有为所谓革命将导致流血的问题,章太炎认为,革命要流血,立宪也不能免,欧洲各国与日本立宪的历史证明:"使前日无此血战,则后之立宪亦不能成。故知流血成河,死人如麻,为立宪所无可幸免者。"针对康有为所谓"革命将招致外国干涉"的观点,章太炎认为:今日中国革命必然要与外国打交道,也难免招致外人干涉,当年日本"覆幕"革命时也面临类似的形势,但结果并没有出现外国干涉的局面,在中国革命的过程中,"运械之事,势不可无,而乞师之举,不必果有",结果便是"可以利用外人而不为外人所干涉",这一点是不必"沾沾多虑"的。总之,章太炎认为,如果不进行反清革命,不彻底推翻清王朝的统治,中国就不可能以独立国家的地位自立于世界。"然则满洲弗逐,而欲士之争自濯磨,民之敌忾效死,以期至乎独立不羁之域,此必不可得之数也。浸微浸衰,亦终为欧、美之奴隶而已矣。"①

章太炎的《驳康有为论革命书》是辛亥时期反击保皇论调、宣扬"反满"革命思想的重要文献。该文一出,即由革命党人在上海刊印成小册子,"传诵一时",随即又被《苏报》节录以《康有为与觉罗君之关系》为题刊布,与邹容所著《革命军》"同受海内外人士热烈之欢迎"。②

三 邹容的《革命军》及《苏报》案

邹容(1885—1905),字蔚丹(又作威丹),四川巴县(今重庆市)人,出身富商家庭。他自幼熟读经史,但鄙弃科名,而志存高远,"与人言,指天画地,非尧、舜,薄周、孔,无所避"。③ 1902年,邹容自费留学日本,就读于东京同文书院。在日本,邹容积极参与留学生活动,广泛涉猎西

---

① 《驳康有为论革命书》,见汤志钧编《章太炎政论选集》上册,194—208页,北京,中华书局,1977。
② 冯自由:《章太炎事略》,见《革命逸史》初集,55页。
③ 《赠大将军邹君墓表》,见汤志钧编《章太炎政论选集》下册,793页。

方社会政治学说,思想日趋激进。1903年4月,邹容因与张继、陈独秀等人剪除南洋留日学生监督姚文甫的辫子而被迫回国,避居上海爱国学社。这期间,邹容、张继、章太炎、章士钊志趣相投,同气相求,结为兄弟。时值拒俄运动勃兴,邹容"深悟清政府之不足恃,且伤内外志士之不脱奴隶根性,于是发愤草《革命军》一书"。① 邹容的《革命军》初稿草成于日本,后在上海经章太炎润色并作序,于1903年5月由友人金天翮等人出资在大同书局出版。

《革命军》一书,全文两万余言,共分七章。第一章为绪论,用炽烈的热情与诗化的语言,阐释革命的历史意义,歌颂革命的神圣伟大。第二章揭露清朝政府残酷腐败的统治,以揭示革命发生的原因。第三章至第五章具体探讨革命进行的方法:一为"革命之教育",主张用西方社会政治学说教育人民,使人人具有"中国"国家思想,人人"当知平等自由之大义",人人"当有政治法律之观念",以实现"文明之革命";二为"革命必剖清人种",提倡"反满"的民族主义精神;三为"革命必先去奴隶之根性",倡导改造国民性,"吾愿吾同胞,万众一心,肢体努力,以砥以砺,拔去奴隶之根性,以进为中国之国民"。第六章运用天赋人权学说,"模拟美国革命独立之义",为中国革命的前途设计了一个名为"中华共和国"的资产阶级民主共和国的方案。第七章为结论,号召全国人民起来进行反清革命,最后喊出"中华共和国万岁"的口号,对革命充满必胜的信心。②《革命军》甫经问世,迅速风行海内外,成为清末宣传反清革命的重要著作。

《革命军》出版不久,章士钊以"爱读《革命军》者"的名义在《苏报》上发表推介文章,文中称:"卓哉! 邹氏之《革命军》也,以国民主义为干,以仇满为用,捋扯往事,根极公理,驱以犀利之笔,达以浅直之词。虽顽懦之夫,目睹其事,耳闻其语,则冈不面赤耳热心跳肺张,作拔剑砍地奋身入海之状。呜呼! 此诚今日国民教育之一教科书也。"③随后,轰动一时的"《苏报》案"便在上海发生了。

---

① 冯自由:《〈革命军〉作者邹容》,见《革命逸史》第2集,47页。
② 全文见周永林编《邹容文集》,40—74页,重庆出版社,1983。
③ 爱读《革命军》者(章士钊):《读〈革命军〉》,见《辛亥革命前十年间时论选集》第1卷下册,685页。

《苏报》创刊于1896年,本是上海一家与日本人有关系的庸俗小报。1899年前后,因报馆经营不善至于亏损而被迫出让,遂由陈范出资接办。① 陈范原名彝范,字梦坡,湖南衡山人,曾任江西铅山知县,后因教案落职,移居上海,"愤官场腐败,思以清议易天下,遂承办是报"。陈范接办《苏报》后,其思想主张与时俱进,"由变法而保皇,由保皇而革命"。② 1902年底,国内学生运动兴起,《苏报》特设"学界风潮"专栏,为之鼓吹。1903年初,爱国学社成员介入《苏报》,使其言论渐趋激进。5月底6月初,章士钊被陈范聘为《苏报》的主笔,此为《苏报》言论趋向革命化的契机。章士钊出任《苏报》主笔后,以"第一排满,第二排康"为宗旨,发表了一系列"放言革命"的政论文章,诸如《论中国当道者皆为革命党》《康有为》《驳〈革命驳议〉》《读〈革命军〉》《介绍〈革命军〉》《〈革命军〉序》《读〈严拿留学生密谕〉有愤》《杀人主义》《康有为与觉罗君之关系》等脍炙人口的篇章,深刻地揭露了清王朝统治的腐朽黑暗,有力地批驳了保皇派的反革命言论,积极地宣扬了革命派的反清革命主张。《苏报》的革命言论一出,社会各界反响强烈。一方面,激起了人们的反清革命斗志,推动了革命思潮的高涨;另一方面,引起了清政府的恐慌,必欲除之而心甘。

6月21日,清政府以爱国学社成员"猖狂悖谬,形同叛逆",谕令沿江沿海各省督抚"严密查拿,随时惩办"。两江总督魏光焘当即下令设法查拿"社首",并"查禁《苏报》"。③ 为此,他特派候补道俞明震协同上海道袁树勋处理此案。因《苏报》宣传《革命军》颇为引人注目,《革命军》的作者邹容与为之作序的章太炎自然成为此案的要犯。6月29—30日,俞明震等人勾结上海租界工部局,并经得英美两国领事同意,由巡捕在《苏报》馆和爱国学社逮捕了程吉甫(《苏报》账房)、章太炎、陈仲彝(陈范之子)等人。此前,吴稚晖、蔡元培、章士钊等人因先期获得消

---

① 参见周佳荣《苏报与清末政治思潮》,9—10页,香港,昭明出版社有限公司,1979。
② 章士钊:《疏〈黄帝魂〉》,见中国人民政治协商会议全国委员会文史资料研究委员会编《辛亥革命回忆录》第1集,277页,北京,中华书局,1961。
③《光绪二十九年五月二十六日外务部发沿江沿海各省督抚电旨》《光绪二十九年五月二十九日两江总督魏光焘致兼湖广总督端方电》,见中国史学会主编《辛亥革命》第1册,408页。

息而得以逃脱。① 7月1日,邹容自动投案入狱。7月7日,《苏报》与爱国学社被正式查封。

章太炎、邹容等人被捕后,清政府曾向租界当局交涉,企图"引渡"由清朝官府审讯,但遭到拒绝。7月15日,此案由会审公廨开庭审理。由于各方面舆论压力极大,此案拖延再三,"屡讯屡停,未能判决"。直到1904年5月21日,上海县会同会审公廨方才作出最终判决:章太炎监禁三年,邹容监禁两年,"自上年到案之日起算,期满逐出租界"。②章太炎与邹容在狱中坚贞不屈,表现了英勇无畏的革命情操。1905年4月3日,邹容不幸病死狱中,年仅20岁,为革命献出了宝贵的生命。1906年6月29日,章太炎刑满出狱,继续投身革命事业。

四 陈天华的《警世钟》和《猛回头》

陈天华(1875—1905),字星台,别号思黄,湖南新化人,出身于塾师家庭。他自幼家境贫寒,曾以做小贩为生,备尝民间疾苦。这种早年的艰苦生活经历,使他幼小的心灵中早就孕育出反抗清朝统治的民族主义思想,"少时即以光复汉族为念",日后著述也是"专以鼓吹民族主义为务"。③ 由于家境困苦,陈天华早年所受的传统文化教育并不系统、不完整。他先是随父亲识字读书,15岁才进私塾就读,后入资江书院就学。1898年,陈天华考入新化的新式学堂——实学堂,始接受新式教育。1903年3月,陈天华以官费留学日本,入东京弘文学院学师范。留日期间,他积极参与留日学界的爱国革命活动。在拒俄运动中,他踊跃参加义勇队,并以军国民教育会"运动员"的身份回国活动。1904年,陈天华与黄兴、宋教仁等人筹划华兴会的长沙起义,事败后再次流亡日本。1905年6月,陈天华与宋教仁等人在日本东京创办《二十世纪之支那》杂志,随后参与筹划同盟会的创建。同年12月8日,为抗议

---

① 苏报案中尚有一桩公案:事后章太炎指责吴稚晖告密陷害,吴虽极力否认,但章说多为后人援引,致使吴稚晖久负"奸细"之名。近人从另外两位当事人蔡元培与章士钊为吴稚晖所写的辩白文字以及该案的基本情形考证,认为吴稚晖告密之说实为子虚乌有。参见唐振常《苏报案中一公案——吴稚晖献策辩》,见郭汉民主编《中国近代史实正误》,373—381页,长沙,湖南人民出版社,1989。
② 张篁溪:《苏报案实录》,见中国史学会主编《辛亥革命》第1册,379、384页。
③ 冯自由:《〈猛回头〉作者陈天华》,见《革命逸史》第2集,119页。

日本政府的"取缔清国留学生规则"而忧愤蹈海自尽,年仅30岁。

陈天华是辛亥革命时期著名的革命宣传家,有"革命党之大文豪"之称。① 在他短暂的一生中,他用通俗易懂的文字写下了《猛回头》《警世钟》《狮子吼》《国民必读》《最近政见之评决》《最近之方针》《论中国宜改创民主政体》《中国革命史论》等革命宣传小册子和政论性文章,其中影响最大的当是《猛回头》与《警世钟》。

《猛回头》与《警世钟》两书写成于1903年下半年。② 这两本书的基本思想是反帝爱国和"排满"革命。首先,作者揭露了帝国主义列强侵略与瓜分中国所造成的严重的民族危机,认为中国已经到了亡国灭种、生死攸关的危急时刻。"俄罗斯,自北方,包我三面;英吉利,假通商,毒计中藏;法兰西,占广州,窥伺黔桂;德意志,胶州领,虎视东方;新日本,取台湾,再图福建;美利坚,也想要,割土分疆。这中国,那(哪)一点,我还有份!这朝廷,原是个,名存实亡。"③其次,批判了清政府腐败无能的统治及其卖国行径,指出清政府事实上已经变成了"洋人的朝廷"。④ "你道今日中国还是满洲政府的吗?早已是各国的了。那些财政权、铁道权、用人权,一概拱手送与洋人,洋人全不要费力,要怎么样,只要下一个号令,满洲政府遂立刻奉行。""你道现在的朝廷,仍是满洲的吗?多久是洋人的了!列位!若还不信,请看近来朝廷所做的事,那(哪)一件不是奉洋人的号令?"⑤最后,号召全国人民起来进行反帝爱国与反清革命斗争,以完成救国大业,使中华民族屹立于世界民族之林。"洋兵不来便罢,洋兵若来,奉劝各人把胆子放大,全不要怕他。读书的放了笔,耕田的放了犁耙,做生意的放了职事,做手艺的放了器具,齐把刀子磨快,子药上足,同饮一杯血酒,呼的呼,喊的喊,万众直前,杀那洋鬼子,杀投降那洋鬼子的二毛子。""我们要想拒洋人,只有讲革命独立,不能讲勤王。""这爱国的心,一定要发达了,这救国的事,一定要

---

① 曹亚伯:《武昌革命真史》上册,25页,上海书店,1982。
② 据考证,《猛回头》写于1903年7—10月,《警世钟》写于1903年底。参见陈匡时《〈猛回头〉和〈警世钟〉的写作年代》,见1963年4月24日《光明日报》。
③ 陈天华:《猛回头》,见中国史学会主编《辛亥革命》第2册,151页。
④ 陈天华:《警世钟》,见中国史学会主编《辛亥革命》第2册,125页。
⑤ 陈天华:《猛回头》,见中国史学会主编《辛亥革命》第2册,151页。

勇任了。前死后继，百折不回，我汉种一定能够建立个极完全的国家，横绝五大洲。"①

《猛回头》与《警世钟》两书，以说唱弹词与白话文的方式写成，文字浅显通畅，易于在中下层社会，尤其是军、学两界广泛流传。"各兵士每每读《猛回头》《警世钟》诸书，即奉为至宝，秘藏不露，思想言论，渐渐改良；有时退伍，散至民间，则用为歌本，遍行歌唱，其效力之大，不可言喻。而文学堂之青年，亦时以偷看《猛回头》为乐。"②《猛回头》与《警世钟》是革命派极为重要的宣传品，对革命思想的传播起了巨大的作用。

由于章太炎、邹容、陈天华等革命宣传家的努力宣传鼓动，20世纪初年中国大地上民主革命思潮激昂高涨，为各地革命小团体乃至中国同盟会的建立奠定了重要的思想基础。

---

① 陈天华：《警世钟》，见中国史学会主编《辛亥革命》第2册，121、125、143页。
② 曹亚伯：《武昌革命真史》上册，130页。

第三节 中国同盟会的成立

一 华兴会等革命小团体的创建

（一）黄兴与华兴会

黄兴(1874—1916)，原名轸，字岳生，号廑午（又作庆午），后改名兴，号克强。① 1874年10月25日（同治十三年九月十六日），黄兴生于湖南省善化县（今长沙县）。父亲黄炳昆，号筱村，以塾师为业。黄兴5岁从父亲发蒙，8岁入私塾，19岁入长沙城南书院，②22岁中秀才，24岁调湘水校经堂，接受了近20年的传统文化教育。1898年，黄兴入武昌两湖书院学习，开始接触新学知识。1902年，以湖北官费赴日，入东京弘文学院速成师范科。是年底，黄兴与湖南留日学生杨毓麟、蔡锷、樊锥、梁焕彝等人创办《游学译编》杂志，并发起组织湖南编译社，致力于译介西学新知。1903年初，拒俄运动发生，黄兴积极参加组织拒俄义勇队和军国民教育会，并以军国民教育会"运动员"的身份回国活动。5月，黄兴毕业于弘文学院，随后应胡元倓(1872—1940)之邀到长沙明德学堂任教。在回湘途中，他到武昌两湖书院演说"满汉畛域及改革国体政体之理由"，并散发《革命军》《猛回头》等革命宣传品，被湖北地方当局驱逐出境。③ 这时的黄兴，已经成为一个意气风发的反清革命

---

① 黄兴曾用名、字、号颇多：派名仁牧，又名轸，字岳生，号觐五、谨吾、廑午、竞武、董坞、庆午、近午、董午等。后改名兴，号克强。曾化名李有庆、李寿芝、张守正、张中正、张愚诚、张愚臣、李经田、今村长藏、冈本义一，并自署"生涯一卷书斋主人"。参见毛注青编著《黄兴年谱长编》，1—2页，北京，中华书局，1991。
② 有论著称黄兴曾入长沙岳麓书院，实误。参见毛注青编著《黄兴年谱长编》，23页。
③ 参见刘揆一《黄兴传记》，见饶怀民编《刘揆一集》，162页，武汉，华中师范大学出版社，1991。

志士。

明德学堂是长沙新学界领袖人物胡元倓创办的新式学堂。黄兴回湘后,在明德学堂主持第一期速成师范班,任历史与体操教员。他白天在学堂授课,晚上与同志筹划革命。"课余之暇,时向学生灌输革命学说",①并秘密刊发《猛回头》《警世钟》,进行革命宣传活动。当时,在明德学堂聚集了一批富有革命思想的教员,一些留学生及革命分子如张继、周震麟、苏曼殊、秦毓鎏、曹亚伯等人先后在此任教,使明德学堂一时成为长沙的新学阵地和革命中心。

1903年11月4日(农历九月十六日),是黄兴30岁生日,刘揆一、章士钊、胡瑛、周震麟等人在长沙保甲局巷彭渊恂家为黄兴祝寿。借此机会,他们商议成立革命组织华兴会,以黄兴为会长,设总机关于长沙联升街。为避免清朝官方的注意,华兴会对外称"华兴公司",以"兴办矿业"为名,暗中从事反清革命活动。1904年2月15日,华兴会在明德学堂校董龙璋的西园寓所正式召开成立大会,有百余人与会,黄兴被选为会长,宋教仁、刘揆一为副会长。此后陆续入会的有杨毓麟、陈天华、刘道一、李燮和、仇亮、吴禄贞、李书城、张继等人,这些人多为留日学生或在国内受过新式教育的知识分子。华兴会没有留下正式的政治纲领和组织章程。关于革命的策略即"发难之地点与方法"问题,黄兴不赞成"倾覆北京首都,建瓴以临海内",像法国、英国一样从首都发难的"中央革命"模式;而认为"只宜采取雄据一省,与各省纷起之法",即通过一省首义、各省响应的"地方革命"方式,最终达到"直捣幽燕,驱除鞑虏"的反清革命目的。具体办法是:各同志先在本省与外省"分途运动",然后"再议发难与应援之策"。② 华兴会的外围组织有二:一为同仇会,以联络会党;一为黄汉会,以策动新军。

华兴会成立后,会员们即开始在湖南及外省分头行动,积极筹划反清武装起义。黄兴与刘揆一雪夜密访湖南哥老会首领马福益,"共谋光复",得到马福益的极力支持。宋教仁、胡瑛到武昌设立华兴会支部,结

---

① 龙绂瑞:《武溪杂忆录》,见中国史学会主编《辛亥革命》第1册,512页。
② 黄兴:《在华兴会成立会上的讲话》,见湖南省社会科学院编《黄兴集》,1—2页,北京,中华书局,1981。

纳同志,运动武汉三镇新军。陈天华、姚宏业到江西游说防营统领廖名缙,届时响应。周维桢、张荣楣接洽四川会党,与湖南会党合作。杨毓麟、章士钊在上海、南京,策应一切。并派熟悉军务的会党分子刘月昇、韩飞等数百人加入湖南、湖北、江西的军队。黄兴则"往来湘鄂,统筹全局"。① 起义的准备工作开展顺利。

华兴会长沙起义原定在1904年11月16日(农历十月初十日)慈禧太后七十寿辰之日举行。届时湖南全省文武要员将齐集庆祝"万寿节",华兴会预计将其一举炸死,乘机攻占长沙。后因事机败露,清朝地方官府大肆搜捕华兴会会员与会党人士,黄兴等华兴会骨干避于上海,②马福益逃到广西。长沙起义未曾发动即遭失败。随后,黄兴在上海继续招集同志,准备发动大江南北军界、学界,在宁、鄂等处起义。马福益也潜回湖南,准备发动洪江会起义,并派人到上海请黄兴等人回湘指挥。结果,黄兴因万福华谋刺王之春案牵连入狱,后设法出狱而逃往日本;马福益则被清朝官府逮捕,最后慷慨就义。此后,华兴会在国内的活动陷于停顿状态,其重要骨干成员如黄兴、宋教仁、陈天华、刘揆一、张继、胡瑛、刘道一等人相继流亡日本。

(二)湖北的科学补习所与日知会

由于湖广总督张之洞大力倡导,湖北的新政事业颇令全国瞩目。在办学堂、派留学、练新军等新政活动开展的过程中,逐渐形成了湖北的新型知识分子群体和新式军人群体,革命党人在军、学两界的活动颇为活跃。1903年,青年学生吕大森、朱和中、胡秉柯、贺之才、时功璧、时功玖、张荣楣、李书城等人经常在武昌花园山李步青宅和水陆街吴禄贞宅聚会,进行"排满"革命宣传活动。此事被清朝官方察觉,结果其主要成员或被派出国留学,或被调离武汉,遂使其组织活动日趋分化而终归消散。

1904年3月,华兴会会员胡瑛到武昌,结识张难先、吕大森、曹亚伯等革命分子。他们讨论革命进行的方法,认为"革命非运动军队不

---

① 参见刘揆一《黄兴传记》,见饶怀民编《刘揆一集》,163页。
② 黄兴由圣公会牧师黄吉亭等人掩护,乘日本轮船逃出长沙,然后转道汉口乘招商局轮船赴上海。在汉口与黄吉亭分别时,黄吉亭暗地里嘱咐他说:"到上海时,即来一电,只拍一'兴'字,即知君平安无恙也。"(曹亚伯:《武昌革命真史》上册,8页)据说,"黄兴"之名即始于此。

可;运动军队,非亲身加入行伍不可"。随后,胡瑛、张难先投入新军工兵营当士兵。他们在营中散发《猛回头》《孙逸仙》《黄帝魂》《革命军》等书,积极宣传革命主张。7月,科学补习所在武昌多宝寺街成立,举吕大森为所长,胡瑛为总干事,曹亚伯任宣传,时功璧任财政,宋教仁任文书,康建唐任庶务。为愚官府耳目,科学补习所表面上标明宗旨是"研究科学",实际宗旨则是"革命排满"。① 科学补习所成立后,一方面积极介绍青年学生及会党分子加入新军,集聚革命力量;另一方面,加强与湖南的华兴会联系,准备响应华兴会密谋的长沙起义。是年底,因华兴会起事事机败露,科学补习所受牵连而遭到湖北地方当局的查抄,这个革命团体仅存在几个月便在无形中解散。

虽然科学补习所遭到破坏,但湖北的革命党人并没有停止革命活动。1905年初,革命党人王汉谋刺南巡的满洲新贵兵部侍郎铁良未果,愤而自杀,用其年轻的生命激起了人民的革命精神。

1905年春夏之间,湖北汉川留日学生梁耀汉回鄂,以新军和湖北陆军特别小学堂为活动基地,结识不少军界和学界同志,成立群学社,吸收了部分原科学补习所成员。与此同时,原科学补习所成员刘静庵(又作刘敬安)借美国圣公会附设之阅报室日知会为基地,进行革命宣传与组织活动,"谋革命以救国"。② 通过演讲和散发《猛回头》《警世钟》等革命小册子,他以日知会为中心结识了不少革命同志,"渐次军、学两界之有心革命者,均归纳于高家巷日知会,会务发达,一日千里"。③ 1906年2月,作为革命团体的日知会正式召开成立会,到会者达百余人。日知会以刘静庵为总干事,李亚东、辜天保等为干事,冯特民、陆费逵等为评议员,并在各学堂和兵营设立代表,以联络军、学两界人士。这时,日知会与群学社两个革命团体在武汉地区共存,彼此门户森严,各自为政,这种局面对于革命运动的发展是极为不利的。后来,由于既是日知会会员又是梁耀汉好友的李亚东出面调处,梁耀汉同意撤销群学社的名义,将群学社并入日知会中,使日知会成为武汉地区一

---

① 张难先:《湖北革命知之录》,55页,上海,商务印书馆,1946。
② 张难先:《湖北革命知之录》,81页。
③ 曹亚伯:《武昌革命真史》上册,11页。

个统一的革命团体。

（三）浙江的光复会

光复会是以浙江革命志士为主体的革命团体。1903年10月,在东京的浙江留日学生王嘉祎、蒋尊簋、许寿裳、沈瓞民等十余人,以"浙学会"的名义在《浙江潮》编辑王嘉祎寓所聚会,"决定另行组织秘密的革命团体,目的不仅要加强革命宣传工作,首要在于力行,要用暴力发动武装起义"。会议还确定了革命进行的策略,即"先选择湖南、安徽或浙江一省,实行武装占领,作为根据地,再逐渐扩大"。① 会后,他们联络在日浙籍人士陶成章、魏兰、龚宝铨、周树人等人。11月,他们又在王嘉祎寓所召开第二次会议,陶成章等人均参加,会议决定由陶成章、魏兰、龚宝铨、张雄夫、沈瓞民分别回国,到浙江、安徽、上海、湖南进行革命活动。这两次浙籍留日学生的秘密会议,为日后浙江革命志士组建光复会的先声。

1904年初,陶成章、魏兰到浙江、安徽联络会党,策划革命;张雄夫、沈瓞民到湖南与华兴会联系,准备响应华兴会组织的长沙起义;龚宝铨则在上海组织暗杀团,与陶成章等人暗中配合。8月,陶成章到上海,与龚宝铨密商,依东京"浙学会"原议,组织一个革命团体。10月,光复会在上海成立。其时章太炎因《苏报》案尚在狱中,蔡元培声望素高,被推为会长。除陶成章、龚宝铨、章太炎、蔡元培四人之外,先后加入光复会的著名人物尚有徐锡麟、孙毓筠、蒋尊簋、秋瑾、赵声、吴春阳、柳亚子、陈去病、黄炎培、陈伯平、马宗汉、李燮和等。光复会又名"复古会"。据章太炎的解释,"驱逐异族,谓之光复"。② 光复会没有留下完整的章程与纲领。据有关人士回忆,章太炎、蔡元培、陶成章等人在上海成立光复会时,其党纲上只有"恢复汉族,还我河山"两句话。③ 光复会制度极为严格,会员入会时要刺血和对天发誓,以表示革命的决心。其誓词为:"光复汉族,还我河山,以身许国,功成身退。"④可见,光复会具有较为强烈的"反满"的汉族传统民族主义色彩。

---

① 沈瓞民:《记光复会二三事》,见《辛亥革命回忆录》第4集,132页。
② 《革命军序》,见汤志钧编《章太炎政论选集》上册,193页。
③ 李书城:《辛亥前后黄克强先生的革命活动》,见《辛亥革命回忆录》第1集,182页。
④ 陈魏:《光复会前期的活动片断》,见《辛亥革命回忆录》第4集,127页。

光复会成立后,通过陶成章、徐锡麟等人的活动,在浙江等地积极开展了联络会党的工作,组织不断扩大,为日后密谋起义奠定了基础。

(四)其他革命团体

在华兴会、科学补习所、光复会成立前后,国内外一些地方也陆续成立了革命小团体。在新加坡,尤列于1901年成立中和堂。在日本,秋瑾、陈撷芬等人于1904年在东京成立共爱会;同年,冯自由、梁慕光、秋瑾、刘道一等人在横滨成立三合会;1905年,两湖留日学生在东京组织大湖南北同盟会。在比利时,贺之才等人于1905年设立公民党。在上海,萨端、林森等人于1903年成立旅沪福建学生会;1904年,黄兴组织青年学社。在江苏,留日学生杨荫杭于1901年在无锡创设励志学会;1903年,赵声、秦毓鎏等人在南京组织知耻学社;1904年,张通典、赵声、柏文蔚等人又在南京成立强国会。在安徽,陈独秀、柏文蔚、熊成基、倪映典等人于1904年在芜湖成立岳王会。在江西,张惟圣、邓文翚等人于1904年在南昌发起成立易知社。在福建,郑权、郑祖荫等人于1903年在福州组织益闻社和文明社,后又成立汉族独立会。在四川,杨庶堪等人于1902年在重庆组织公强会;1903—1904年间,在成都出现吴鼎昌、孔庆睿组织的华阳阅书报社和刘汉柏组织的公德社。另外,在云南昆明还有誓死会,直隶保定有同袍会,等等。据统计,自1894年兴中会创办到1905年同盟会成立期间,海内外共设立革命团体66个。按成立年代分,1902年以前17个,1903年20个,1904年20个,1905年9个;按成立地区分,华中32个,华南7个,华北6个,国外21个(其中日本19个)。可见,1903—1904年是革命风潮突起的年代,日本(尤其是东京)与华中地区(尤其是上海)是革命运动的中心。① 国内外各地革命小团体的纷纷涌现,为革命力量的集结提供了必要的组织基础,也是具有全国性意义的革命团体——中国同盟会成立的重要前提条件。

---

① 参见张玉法《清季的革命团体》,663页,台北,"中央研究院"近代史研究所专刊第32期,1982。

二 同盟会的筹建与成立

1905年,革命党人通过长期不懈的努力,在海内外组织了兴中会、华兴会、科学补习所、光复会等数十个革命小团体,为全国革命力量走向大联合奠定了重要的基础;与此同时,由于革命领袖孙中山、黄兴等人的因势利导,极大地加快了这一联合的进程。于是,中国同盟会应运而生。

庚子惠州起义失败后,孙中山"即有意号召各省同志组织革命大集团"。① 为此,他不遗余力地在海外从事革命组织与宣传活动,为革命力量的大联合做了充分的准备工作。

1903年8月,孙中山在日本同志军人日野熊藏、小室健次郎等人的协助下,在东京青山创设革命军事学校,以培养有志军事教育的留学青年。在该校开学宣誓仪式中,孙中山第一次提出了"驱除鞑虏,恢复中华,创立民国,平均地权"的16字誓词。随后,孙中山在檀香山、旧金山以及欧洲的比利时、德国、法国等地组织革命团体时,又一再使用这个誓词作为革命的宗旨和纲领。② 这也是日后同盟会正式成立时的入会誓词及革命纲领。

1903年底至1904年初,孙中山一面在檀香山组织革命团体"中华革命军","蓄意扩大兴中会之宗旨及组织",团结革命力量,加强革命阵线;一面奋力与保皇党论战,揭露其"借名保皇,实则革命"的假面具,指出其"借革命之名骗得此财,以行其保皇立宪"的真意图,号召各地革命党人"大击保皇毒焰"。③ 孙中山在《檀山新报》上发表《敬告同乡书》和《驳保皇报书》两文,断然宣称:"革命、保皇二事决分两途,如黑白之不能混淆,如东西之不能易位。革命者志在扑满而兴汉,保皇者志在扶满而臣清,事理相反,背道而驰,互相冲突,互相水火……吾人革命,不说保皇,彼辈保皇,何必偏称革命?"④他明确地向世人阐释了革命与保皇

---

① 冯自由:《兴中会组织史》,见《革命逸史》第4集,18页。
② 冯自由:《同盟会四大纲领及三民主义溯源》,见《革命逸史》第3集,198—201页。
③ 《复黄宗仰函》,见《孙中山全集》第1卷,229—230页。
④ 《敬告同乡书》,见《孙中山全集》第1卷,232页。

的不同途径。在檀香山,孙中山加入洪门,被授封为"洪棍"(即元帅)。1904年4月,孙中山到达美国本土,偕致公堂首领黄三德在旧金山等地游说华侨,联络洪门会员参加革命。8月,在留美学生王宠惠等人的协助下,孙中山用英文写成《中国问题的真解决——向美国人民的呼吁》一文,随后由美国友人麦克威廉斯(C. E. McWilliams)出资在纽约出版单行本,分赠各国人士。该文深刻地揭露了清朝政府统治的黑暗腐朽,宣告"全国革命的时机,现已成熟",认为"必须以一个新的、开明的、进步的政府来代替旧政府",也就是要"把过时的满清君主政体改变为'中华民国'",同时呼吁"文明世界的人民",特别是"美国的人民",希望他们"在道义上与物质上给以同情和支援"。① 这是孙中山向西方世界宣告中国革命的宣言书。

1905年春,孙中山应留欧学生贺之才、史青、朱和中等人之邀,由美抵欧,联络留欧学界,以"驱除鞑虏,恢复中华,创设民国,平均地权"为党纲,先后在比利时的布鲁塞尔、德国的柏林、法国的巴黎组织革命团体,"革命党人之声势为之一振"。② 留欧学界的革命团体当时没有确定名称,实际上与日后在东京成立的中国同盟会是一脉相承的。孙中山后来在回忆同盟会成立的历史时,便是直接从留欧学界在布鲁塞尔、柏林、巴黎组织革命团体一直说到东京,称为"革命同盟会成立之始"。③ 留欧学界革命团体的建立,标志着孙中山建党原则的一大变化,即从主要依靠会党转变为依靠知识分子与会党双方并进的方针。"今后将发展革命势力于留学界,留学生之献身革命者,分途作领导人。"④ 这是孙中山在与留欧学生朱和中等人经过三昼夜的反复辩论之后的认识。在留学界发展革命势力,这一点直接影响了中国同盟会的成立。

1905年7月19日,孙中山从欧洲返回日本。当时,中国留日学生云集东京,黄兴成为最负众望的领袖人物。在东京,经日本志士宫崎寅藏的介绍,孙中山认识了黄兴。他们一见如故,"谈论极合",会晤约两

---

① 《中国问题的真解决——向美国人民的呼吁》,见《孙中山全集》第1卷,248—255页。
② 冯自由:《留欧学生与同盟会》,见《革命逸史》第2集,122页。
③ 《建国方略·有志竟成》,见《孙中山全集》第6卷,237页。
④ 朱和中:《欧洲同盟会纪实》,见《辛亥革命回忆录》第6集,6页。

个小时,"一直商议国家大事"。① 28 日,孙中山会晤宋教仁、陈天华等人于《二十世纪之支那》杂志社,他"纵谈现今大势及革命方法,大概不外联络人才一义,言中国现在不必忧各国之瓜分,但忧自己之内讧……故现今之主义,总以互相联络为要"。显然,孙中山是在与湖南华兴会的骨干分子商议联合组织革命大团体,但此事在华兴会中引起争议。29 日,华兴会会员集会商讨与孙中山联合的问题,陈天华主张以华兴会团体与孙中山联合,黄兴主张形式上加入而精神上保持华兴会团体的独立,刘揆一主张不加入。各有所说,莫衷一是,最后决定是否加入以"个人自由"为原则。② 事实上,华兴会会员对联合组党基本上还是抱积极的态度。

与此同时,孙中山还会晤了湖北、四川、广东、安徽等省留学生李书城、田桐、时功玖、邓家彦、康宝忠、何天炯、胡毅生、汪精卫、吴春阳等人,他们为组织统一的革命团体达成了共识。

7 月 30 日,中国同盟会筹备会议在东京赤坂区桧町三番地黑龙会本部内田良平宅内召开。与会者有来自湖南、湖北、广东、广西、江西、安徽、浙江、福建、陕西、直隶 10 省的革命志士 76 人,其中较为著名的有孙中山、黄兴、宋教仁、陈天华、刘道一、时功玖、曹亚伯、田桐、冯自由、汪精卫、胡毅生、朱执信、马君武、邓家彦、程家柽、吴春阳、蒋尊簋、康宝忠、张继等人,另有日本志士宫崎寅藏、内田良平、末永节三人。会上,孙中山首先演说革命形势和进行方法,并提议联合全国革命力量组织新的革命团体。众无异议。随后讨论会名与宗旨。有人提议用"对满同盟会"名义。孙中山认为,革命不专在"排满",还要废除专制、建立共和,因而提议定名为"中国革命同盟会"。又有人认为,本会为秘密性质,不宜明用"革命"二字。再次讨论,最后定名为"中国同盟会"。孙中山又提议用"驱除鞑虏,恢复中华,创立民国,平均地权"16 字誓词为同盟会的宗旨。有人对"平均地权"表示疑问。孙中山"乃历举世界革命之趋势及当今社会民生问题之重要,谓平均地权即解决社会问题之第

---

① 据黄兴、宫崎寅藏回忆,孙、黄会晤由宫崎寅藏介绍,参见陈锡祺主编《孙中山年谱长编》上册,339—340 页。另外,据曹亚伯记载,孙、黄会晤由陈少白、冯自由介绍,参见《武昌革命真史》上册,15 页;又据章士钊回忆,孙、黄会晤是由杨度介绍,参见《与黄克强相交始末》,见《辛亥革命回忆录》第 2 集,141 页。
② 宋教仁:《我之历史》,见陈旭麓主编《宋教仁集》下册,545—546 页,北京,中华书局,1981。

一步办法,吾党为世界最新之革命党,应高瞻远瞩,不当专向种族政治二大问题,必须并将来最大困难之社会问题亦连带解决之,庶可建设一世界最善良之国家"。① 众人鼓掌赞同。随后,与会者填写盟书,并举行庄严的宣誓仪式。最后,会议推定黄兴、宋教仁、陈天华、马君武、汪精卫、蒋尊簋、程家柽等人负责起草会章。

同盟会筹备会议召开以后,各省留日学生纷纷加盟。8月13日,留学界在麹町区富士见楼正式召开欢迎孙中山的大会。孙中山发表了富有政治远见和充满激情的长篇演说,宣传了民主革命的大好形势,号召革命志士抛弃不适合中国的君主立宪,主张"择地球上最文明的政治法律来救我们中国",希望把中国建设成为一个"二十世纪头等的共和国"。② 孙中山的演说极大地鼓舞了留日学生的革命热情。

8月20日,中国同盟会在东京赤坂区灵南坂,借日人坂本珍弥宅,举行正式成立大会。到会者百余人。会议通过了由黄兴等人起草的会章,规定同盟会设本部于东京,设支部于各地,并以"驱除鞑虏,恢复中华,创立民国,平均地权"为同盟会的宗旨。会议还选举了同盟会本部的领导干部,以孙中山为总理,其下以三权分立的原则,设执行、评议、司法三部。执行部分庶务、内务、外务、书记、会计、调查(或称经理、总理)六科(也称部),并选定各部与各科的负责人:执行部以黄兴为庶务总干事,其职权仅次于总理,平时辅助总理,总理他适时,以庶务总干事代行一切;马君武、陈天华为书记,朱炳麟任内务,程家柽、廖仲恺主外务,刘维焘为会计,谷思慎任经理;评议部议长汪精卫,议员田桐、曹亚伯、冯自由、梁慕光、胡汉民、董修武、范治焕、张树枬、熊克武、周来苏、但焘、朱执信、胡瑛、康宝忠、吴鼎昌、吴玉章、秋瑾、孙毓筠、覃振等;司法部判事长邓家彦,判事张继、何天瀚,检事宋教仁。③ 中国同盟会正式成立。

同盟会的成立,不是兴中会、华兴会、光复会、科学补习所等几个革命小团体的简单联合,而是在革命形势的迅速发展之下,随着革命思潮

---

① 冯自由:《中国同盟会史略》,见《革命逸史》第2集,138页。
② 《在东京中国留学生欢迎大会的演说》,见《孙中山全集》第1卷,280—281页。
③ 冯自由:《中国同盟会史略》,见《革命逸史》第2集,139—140页;邹鲁编:《中国国民党史稿》上册,41—42页,上海,民智书局,1929。

的高涨,在革命领袖孙中山周围聚集了全国革命力量的基础上成立了一个全国性革命团体。① 同盟会的成立,既然是全国革命力量的集结,也就自然成为全国革命运动的领导中心,为革命运动的发展开辟了新的道路。孙中山日后追忆说:"自革命同盟会成立之后,予之希望则为之开一新纪元……及乙巳之秋,集合全国之英俊而成立革命同盟会于东京之日,吾始信革命大业可及身而成矣。"②同盟会的成立,为苦苦求索的革命党人带来了新的希望,使以孙中山为首的资产阶级民主革命运动进入了一个新的阶段。

三 同盟会的纲领与性质

同盟会成立后,在黄兴的建议下,宋教仁、田桐等人主办的《二十世纪之支那》杂志被改组为《民报》,成为同盟会的机关刊物。1905年11月26日,《民报》第一号出版,孙中山在《发刊词》中第一次把同盟会的纲领"驱除鞑虏,恢复中华,创立民国,平均地权"的基本精神概括为民族、民权、民生"三大主义"。随后,在孙中山为同盟会制定革命方略的《军政府宣言》部分及其在《民报》创刊周年大会的演说中,他进一步对三大主义的思想内容作了系统的阐述。与此同时,通过革命党人的大力宣传,孙中山的民族、民权、民生三大主义很快便以"三民主义"的名义流传于世。③ 这个三民主义就是同盟会的政治纲领。

民族主义的基本内容是"驱除鞑虏,恢复中华",就是通过民族革命推翻满族人当权的清政府,重建汉族人当权的"民族的国家"。孙中山说:"我汉人为亡国之民者二百六十年于斯。满政府穷凶极恶,今已贯盈。义师所指,覆彼政府,还我主权……中国者,中国人之中国;中国之政治,中国人任之。驱除鞑虏之后,光复我民族的国家。"④虽然他认为

---

① 关于同盟会成立的史实,史学界长期以来有一种颇为流行的看法,认为同盟会是兴中会与华兴会、光复会、科学补习所等革命小团体联合而成的。有人考证否定了这种"团体联合说",认为这种说法并不符合历史的本来面目。参见郭汉民《同盟会非"团体联合"史实考》,载《湖北社会科学》1987年第6期,武汉。
② 孙中山:《建国方略·有志竟成》,见《孙中山全集》第6卷,237页。
③ 冯自由称,"三民主义"一词始见于同盟会成立之年底香港《中国日报》之代售《民报》广告,当时冯自由任《中国日报》社长,"以广告上登载'提倡民族主义民权主义民生主义'一语为冗长不便,乃简称三民主义以代之"。参见冯自由《同盟会四大纲领及三民主义溯源》,见《革命逸史》第3集,208页。
④ 《中国同盟会革命方略·军政府宣言》,见《孙中山全集》第1卷,296—297页。

民族主义的根本是"从种姓发出来"的,但他并不把民族主义等同于种族复仇主义。他说:"民族主义,并非是遇着不同族的人便要排斥他,是不许那不同族的人来夺我民族的政权。"他认为,民族革命的目标只是要推翻满族统治的政权,而不是要杀尽所有的满族人。"民族革命是要尽灭满洲民族,这话大错。民族革命的原故,是不甘心满洲人灭我们的国,主我们的政,定要扑灭他的政府,光复我们民族的国家。这样看来,我们并不是恨满洲人,是恨害汉人的满洲人。"①

民权主义的基本内容是"创立民国",就是通过政治革命推翻封建君主专制制度,建立资产阶级民主共和国。他说:"民权主义,就是政治革命的根本。将来民族革命实行以后,现在的恶劣政治固然可以一扫而尽,却是还有那恶劣政治的根本,不可不去。中国数千年来都是君主专制政体,这种政体,不是平等自由的国民所堪受的。要去这政体,不是专靠民族革命可以成功……不做政治革命是断断不行的……我们推倒满洲政府,从驱除满人那一面说是民族革命,从颠覆君主政体那一面说是政治革命,并不是把来分作两次去做。讲到那政治革命的结果,是建立民主立宪政体。照现在这样的政治论起来,就算汉人为君主,也不能不革命……我们定要由平民革命,建国民政府。"②在孙中山看来,政治革命必须与民族革命同时进行,政治革命的目标就是要建立"民国"。"今者由平民革命以建国民政府,凡为国民皆平等以有参政权。大总统由国民公举。议会以国民公举之议员构成之。制定中华民国宪法,人人共守。敢有帝制自为者,天下共击之!"③

民生主义的基本内容是"平均地权",就是通过社会革命解决以土地问题为中心的社会经济问题,以实现民富国强的目的,建成"社会的国家"。孙中山说:"文明福祉,国民平等以享之。当改良社会经济组织,核定天下地价。其现有之地价,仍属原主所有;其革命后社会改良进步之增价,则归于国家,为国民所共享。肇造社会的国家,俾家给人足,四海之内无一夫不获其所。敢有垄断以制国民之生命者,与众弃

---

① 《在东京〈民报〉创刊周年庆祝大会的演说》,见《孙中山全集》第1卷,324—325页。
② 《在东京〈民报〉创刊周年庆祝大会的演说》,见《孙中山全集》第1卷,325—326页。
③ 《中国同盟会革命方略·军政府宣言》,见《孙中山全集》第1卷,297页。

之!"①实行民生主义的目的,是为了使中国避免发生像欧美各国那样因资本主义发展而造成的贫富不均的社会问题。他认为,欧美各国之所以不能解决这个严重的社会问题,关键是因为没有解决土地问题,"文明进步,地价日涨","贫民无田可耕",地主"富与国相等","贫富不均竟到这地步,'平等'二字已成口头空话了!"至于解决土地问题的方法,他并不主张"夺富人之田为己有",而是主张"定地价的法",即参照美国经济学家亨利·乔治(Henry George)的单一税学说,实施单一税政策,核定现有土地之地价,现价归地主所有,将来地价因经济发展而上涨之增价收归国有,从而使地权为全体国民所共享。"少数富人把持垄断的弊窦自然永绝,这是最简便易行之法。""中国内地文明没有进步,地价没有增长,倘若仿行起来,一定容易……中国行了社会革命之后,私人永远不用纳税,但收地租一项,已成地球上最富的国。这社会的国家,决非他国所能及的。"②

孙中山为同盟会制定的民族、民权、民生的三民主义纲领,是中国资产阶级革命派领导民主革命的基本政治纲领。孙中山在详细阐释了三民主义的基本内容后总结说:"我们革命的目的是为众生谋幸福,因不愿少数满洲人专利,故要民族革命;不愿君主一人专利,故要政治革命;不愿少数富人专利,故要社会革命。这三样有一样做不到,也不是我们的本意。达了这三样目的之后,我们中国当成为至完美的国家。"③总之,同盟会的三民主义纲领充分体现了近代中国资产阶级革命派在政治经济上的要求,集中反映了以资产阶级革命派为代表的广大中国人民要求实现民族独立、政治民主和发展资本主义经济的强烈愿望。这是近代中国第一个较为完整的资产阶级民主革命纲领。以此纲领为指导思想的中国同盟会,也就自然成为近代中国第一个较为成熟的资产阶级革命政党。

---

① 《中国同盟会革命方略·军政府宣言》,见《孙中山全集》第1卷,297页。
② 《在东京〈民报〉创刊周年庆祝大会的演说》,见《孙中山全集》第1卷,326—329页。
③ 《在东京〈民报〉创刊周年庆祝大会的演说》,见《孙中山全集》第1卷,329页。

第四节　改良派与革命派的思想交锋

一　改良派与革命派的早期离合

19世纪末,在甲午战争刺激下兴起的爱国志士救亡图存的浪潮中,以孙中山为首的资产阶级革命派与以康有为、梁启超为首的资产阶级改良派几乎同时登上历史舞台。革命与改良的路径与方法迥然有异:革命派激进,主张从根本上彻底推翻清王朝的皇权统治;改良派温和,主张在不触动清王朝皇权统治的前提下进行渐进的改革。但两者根本的目标则有一致之处,都是为了挽救民族危机,使中国走上现代化的发展道路。因此,改良派与革命派的关系一开始便颇为微妙,既有合作交流,也有矛盾冲突。

1894年初,孙中山在广州悬牌行医,康有为在万木草堂聚徒讲学,这是孙、康交谊的最初机缘,当时孙中山也是有意结交,但终因康有为要求"具门生帖拜师"而作罢。次年,孙中山在广州倡设农学会,曾请康有为及其门徒陈千秋等人加入,陈颇有意,"以格于师命而止"。① 1896年以后,当孙中山在乙未广州起义失败后流亡海外时,兴中会的重要人物谢缵泰在香港与康广仁等维新派人士频频接触,试图谋求兴中会中的杨衢云一派与康梁维新派之间的"联合与合作"。谢缵泰还特地会晤了康有为,双方达成合作意向。随后,他又与康广仁多次秘密磋商合作事宜。康广仁表示:"我们应当把两党的'上层'人士召集起来开一次会

---

① 冯自由:《戊戌前孙康二派之关系》,见《革命逸史》初集,47页。

议。我们希望看到对王朝和千百万民众都有好处的'和平'革命。"同时他认为："像孙逸仙那样的一些人使我惊骇,他们要毁坏一切。我们不能同这样的轻率鲁莽的人联合。杨衢云是个好人,我想见见他。"① 显然,康广仁是希望把杨衢云派的兴中会纳入"和平"改良的轨道,所谓的两党"联合与合作"自然不会有什么结果。②

与此同时,孙中山也没有放弃与康梁维新派谋求合作的计划。1897—1898 年之间,孙中山在日本与宫崎寅藏笔谈时表示,希望"请梁启超或其亲信一人到此一游,同商大事"。③ 当时,横滨侨商邝汝磐、冯镜如等在中华会馆发起组织学校,以教育华侨子弟,为延聘教师事就商于孙中山,孙中山推荐梁启超,并代拟校名为"中西学校"。邝汝磐持孙中山的介绍函到上海谒见康有为,康以梁启超正主持《时务报》笔政,就荐徐勤代梁,并派陈默庵、汤觉顿、陈荫农协助徐勤,还更改校名为"大同学校"。徐勤初到日本时,与孙中山、陈少白时相过从,互相讨论时政得失。随着维新运动的高涨,康有为担心与革命党的联系会影响维新派的处境和前途,便要徐勤与孙中山等人疏远,"两党门户之见,从此日深"。④ 结果,大同学校完全被维新派所控制,吸引了更多的侨商力量,反而使兴中会的势力受损。

戊戌政变以后,康梁维新派被迫流亡日本,为两派的合作提供了新的机会。康、梁二人抵日后,孙中山即托日本友人宫崎寅藏和平山周向康有为示意,表示要亲往慰问,借敦友谊;但康有为不以为然,他自称身奉清帝"衣带诏",不便与革命党往来,而托故不见。后经日本政界要人犬养毅出面斡旋,邀约孙中山、陈少白、康有为、梁启超四人到其寓所会谈,届期康有为又借故不去,而派梁启超为代表。那天,孙、陈、梁三人详细讨论了两派合作方法。几天后,孙中山派陈少白偕平山周谒见康有为。陈少白向康、梁等人痛陈清朝政治种种腐败,认为非推翻改造无

---

① 谢缵泰:《中华民国革命秘史》,江煦棠、马颂明译,见《孙中山与辛亥革命史料专辑》,298 页。
② 戊戌政变以后,通过谢缵泰长时期的努力联络,两党"领导人"杨衢云与梁启超终于在日本横滨会见,结果是所谓的"合作"谈判破裂。1899 年 6 月 6 日,杨衢云致函谢缵泰称:"康有为党(Hongs party)太傲慢,妒忌我们这一班贯通中英的学者。他们不愿意同我们平等相处;他们一心想控制我们,或者要我们服从他们。"参见谢缵泰《中华民国革命秘史》,江煦棠、马颂明译,见《孙中山与辛亥革命史料专辑》,303 页。
③《与宫崎寅藏等笔谈》,见《孙中山全集》第 1 卷,179 页。
④ 冯自由:《戊戌前孙康二派之关系》,见《革命逸史》初集,48 页。

以救中国,请康改弦易辙,共同实行革命大业。康有为回答说:"今上圣明,必有复辟之一日。余受恩深重,无论如何不能忘记,惟有鞠躬尽瘁,力谋起兵勤王,脱其禁锢瀛台之厄,其他非余所知,只知冬裘夏葛而已。"任凭陈少白反复辩论,康有为始终不为所动,"宗旨仍不少变"。① 孙、康两派的合作谈判再次陷于困境。随后,两派党徒之间虽仍有不少接触,但都因康有为坚决的不合作态度而没有什么结果。

康、梁二人在日本的活动起初得到大隈重信内阁的大力支持,各方面都较为顺利。不料,天有不测风云,大隈内阁不久倒台,而清政府又再三向日本政府交涉,要求把康、梁二人引渡回国,或驱逐出境,新的日本政府于是向康有为下了逐客令,给他一笔旅费令其出境。1899年3月,康有为被迫离日赴欧美活动。他一面竭力寻求英国等列强的支持,一面着手组织华侨的力量。7月20日,康有为在加拿大与华侨领袖李福基、冯秀石等人创立"保救大清光绪皇帝会"(又称"保救大清皇帝公司"或"中国维新会",简称"保皇会"),康有为任正会长,梁启超、徐勤任副会长。康有为特以自己所受光绪皇帝"密诏"为设立"保皇会"的理论依据,宣称:"遵奉圣诏,凡我四万万同胞,有忠君爱国救种之心者,皆为公司同志……今同志专以救皇上,以变法救中国救黄种为主。"② 这种宗旨很符合当时爱国华侨的认识水平,因而使保皇会的势力在各地华侨中得到迅速发展,其分支机构遍布五大洲200余埠,会员多达100余万人。保皇会的成立,正式标志着维新派蜕变为保皇派。此后,康有为始终打着"保皇"的旗帜与革命派争夺海外华侨的力量。

与康有为坚决拒绝合作的态度不同,梁启超与孙中山等革命派的关系多在若即若离之间。梁启超流亡日本之初,即在横滨发刊《清议报》,一面颂扬光绪皇帝,一面攻击慈禧太后。他虽然有着明显的保皇思想,但他对于革命的态度却是"向来甚少反对,而不少赞成"。③ 通过与孙中山等革命党人的多次接触交往,梁启超对革命有了更深的理解与认识,从而进一步倾向于同情革命。康有为离开日本以后,梁启超加

---

① 冯自由:《戊戌后孙康二派之关系》,见《革命逸史》初集,49页。
② 《保救大清皇帝公司序例》,见上海文物保管委员会编《康有为与保皇会》,258页,上海人民出版社,1982。
③ 陈少白:《兴中会革命史要》,见中国史学会主编《辛亥革命》第1册,64页。

紧了与孙中山谋求合作的步伐。双方经过多次商谈，已经初步达成一个合作的方案，拟定两党合并后以孙中山为会长，梁启超为副会长。梁启超草拟《上南海先生书》称："国事败坏至此，非庶政公开，改造共和政体，不能挽救危局。今上贤明，举国共悉，将来革命成功之日，倘民心爱戴，亦可举为总统。吾师春秋已高，大可息影林泉，自娱晚景。启超等自当继往开来，以报师恩。"署名者为梁启超、韩文举、欧榘甲、罗普、罗伯雅、张智若、李敬通、陈侣笙、梁子刚、谭柏生、黄为之、唐才常、林述唐等康门13人。这既是梁启超等人附从革命的宣言书，又是康门弟子上康有为的"劝退书"。随后，梁启超还亲赴香港与陈少白洽谈两党合并事宜。徐勤与麦孟华向康有为报告说："卓如渐入行者（指孙中山——引者注）圈套，非速设法解救不可。"康有为怒不可遏，回信对梁启超等人严词申斥，并勒令梁启超即往檀香山办理保皇会事务，"不许稽延"。1899年12月，迫于严师的压力，梁启超不得不离日赴檀。临行前，梁启超仍与孙中山相约合作到底，并托孙中山介绍革命同志，孙中山坦然不疑，为他写信介绍给孙眉及檀香山兴中会会员。檀香山本是兴中会的发祥地及重要活动地区，梁启超到达檀香山以后，即不顾与孙中山的合作约定，"竟食言而肥，遽侵夺兴中会之地盘，据为保皇会有"。① 他声称保皇会"名为保皇，实则革命"，公然大肆宣扬保皇，并利用自己与孙中山的关系，诱使当地兴中会会员纷纷加入保皇会，甚至孙眉也成了保皇会会员。梁启超在给康有为的信中得意地宣称："此间保皇会得力之人大半皆行者旧党。"② 保皇会轻易地侵占了兴中会的地盘，孙中山对此极为不满，他写信质问梁启超，指责他失信背约，然也无可奈何。梁启超致书孙中山说："既欲合，则必多舍其私见，同折衷于公义，商度于时势，然后可以望合。夫倒满洲兴民政，公义也；而借勤王以兴民政，则今日之时势，最相宜者也……草创既定，举皇上为总统，两者兼全，成事正易，岂不甚善？何必故划鸿沟，使彼此永远不相合哉？"③ 显然，梁启超意中的"合作"是要纳"排满"革命于勤王保皇的轨道之中。孙中山

---

① 冯自由：《康门十三太保与革命党》，见《革命逸史》第2集，29—30页。
② 梁启超：《致南海夫子大人书》，见丁文江、赵丰田编《梁启超年谱长编》，233页，上海人民出版社，1983。
③ 梁启超：《致孙逸仙书》，见丁文江、赵丰田编《梁启超年谱长编》，258页。

日后回忆此事时称保皇党"为虎作伥,其反对革命、反对共和比之清廷为尤甚。当此之时,革命前途,黑暗无似,希望几绝"。① 如是几乎被吞并的"合作",对于孙中山与革命党人来说,实在是不堪回首的。

庚子自立军起义失败以后,孙、康两派的合作便基本上停止。此后,康梁一派更是极力宣扬保皇主张,孙中山等革命党人则坚持民主革命的鲜明旗帜,与保皇派进行了顽强不懈的斗争。

二 民主共和与君主立宪之争

革命派与改良派的思想交锋由来已久。事实上,在两派早期试探着合作的时候,就是因为双方之间有着明显的思想分歧而始终无法融洽,结果不了了之。革命与改良,是中国资产阶级内部两个政治派别关于中国前途或者说中国现代化道路问题的根本抉择,因此,当两派合作彻底失败以后,原来的思想分歧便自然会演化为激烈的思想论争。如果说,1903—1904年间章太炎痛驳康有为的"只可行立宪不可行革命"谬论与孙中山"大击保皇毒焰"还只是双方的初试锋芒,那么,1905—1907年间以《民报》与《新民丛报》为中心阵地的论战则无疑是双方思想的总决战。

在日本的《民报》与《新民丛报》是双方论战的主要阵地。《民报》是同盟会的机关报,1905年11月创办于日本东京,1908年10月被日本政府封禁,共出24期。1910年,汪精卫又在日本复刊《民报》（伪称在法国巴黎出版）,仅刊行两期。《民报》的主要编辑人有张继、胡汉民、章太炎、陶成章等人,主要撰稿人有陈天华、汪精卫、胡汉民、朱执信、宋教仁、章太炎、刘师培、但焘、黄侃、汪东、陈去病、廖仲恺、冯自由、陶成章等人。《新民丛报》是改良派的主要舆论阵地,1902年2月创办于日本横滨,1907年7月停刊,共出96期。该刊的编辑、发行甚至撰述都主要是由梁启超负责。另外,在海外其他地方也有双方对阵的报刊:新加坡有《中兴日报》与《南洋总汇报》,檀香山有《自由新报》与《新中国报》,曼谷有《华暹新报》与《启南新报》,仰光有

---

① 《建国方略·有志竟成》,见《孙中山全集》第6卷,233页。

《光华报》与《商务报》,温哥华有《大汉日报》与《日新报》,旧金山有《大同日报》《文兴报》《少年中国晨报》《世界报》。香港、广州、上海等地的报刊也不同程度地参与了论战。

革命派与改良派的思想论战一直在持续进行,《民报》的创刊使双方的论战进入一个新阶段。《民报》创刊之时,正值清政府派五大臣出国考察宪政而着手进行宪政改革准备之日,国内外立宪派极为活跃,立宪思潮甚嚣尘上。对此,革命派以《民报》为阵地作出了及时的回应。在《民报》的第一、二号上,连续发表了汪精卫的《民族的国民》、朱执信的《论满洲虽欲立宪而不能》、陈天华的《论中国宜改创民主政体》、汪东的《论支那立宪必先以革命》等系列论文,一面痛斥康有为、梁启超的保皇与立宪主张是"妖言惑众",一面极力鼓吹革命"排满",力倡民主共和。梁启超则在《新民丛报》上相继发表《开明专制论》和《申论种族革命与政治革命之得失》两篇长文,倡言君主立宪甚至开明专制,反对"排满"革命,并针锋相对地向革命派提出公开挑战,"吾欲求著者之答辩,若不能答辩,则请取消前说可也"。① 一场思想大论战已是不可避免。《民报》在第三号发布"号外",列举《民报》与《新民丛报》辩驳之纲领12条,说明了双方在民族革命、政治革命、社会革命等方面的一些基本分歧,并声明"自第四期以下,分类辩驳"。② 论战的具体内容基本上围绕这个纲领进行,主要集中在以下四个问题上。

(一) 要不要进行民族革命、推翻清朝政府统治

改良派极力否认在清朝政府统治之下存在民族歧视和民族压迫,从而认为没有必要推翻清朝政府的统治。他们狂热地歌颂清朝帝王的"功德",吹捧康熙的薄税政策为"中国数千年所无,亦为地球万国古今所未有",③认为在清王朝的统治之下,"举国人民,其在法律上本已平等,无别享特权者"。④ 他们还认为,满洲是中国国土,不是异国;清朝入关取代明朝,只是中国的王朝更迭,不是中国的灭亡。他们批评革命派的反清"排满"论是狭隘的民族主义,要求革命派"必多从政治上立

---

① 饮冰:《申论种族革命与政治革命之得失》,载《新民丛报》第76号,日本横滨,1906。
② 《〈民报〉与〈新民丛报〉辩驳之纲领》,载《民报》第3号号外,日本东京,1906。
③ 明夷:《法国革命史论》,载《新民丛报》第87号,日本横滨,1906。
④ 饮冰:《申论种族革命与政治革命之得失》,载《新民丛报》第76号,日本横滨,1906。

论,而少从种族上立论"。① 与改良派针锋相对,革命派用大量事实揭露清朝政府实行的民族歧视与民族压迫政策,认为要救国必须推翻清朝政府的统治。他们以满洲贵族入关以后武力征服汉族的历史如扬州大屠杀等为例,说明满汉关系"有相屠之史,而无相友之迹"。② 在他们看来,清朝政府在中国的统治就是满洲贵族对汉族人民的残暴蹂躏,满汉之间的民族矛盾是不可调和的,所谓"满洲之对于汉民也,无一而非虐,则汉民之对满洲也,亦无一而非仇"。③ 革命派还无情地揭露了清朝政府的媚外卖国行径,指出清政府自鸦片战争以后与外国列强签订的各种不平等条约,"无一非损己以益人者,大者为领土权、独立权之侵蚀,小者为铁路、矿产、航道等权利之授予,使吾国民触处伤心,穷于无告"。④ 为了拯救中华民族的深重灾难,必须推翻无视国家利权的清朝专制政府,"满洲去,则中国强"。⑤ 毋庸讳言,革命派中确实有人具有狭隘的种族主义思想和民族复仇情绪,但也有人提出了"仇一姓不仇一族"的观点,⑥认为革命"排满"只是针对皇族爱新觉罗氏,而不是所有的满族人。"非排一切政府,非排一切满人;所欲排者,为满人在汉之政府。"⑦显然,革命派能够明确地区分一般满人与满洲贵族,而把革命的矛头直接指向了清朝政府。

(二)要不要进行政治革命、建立民主共和政体

改良派反对实行民主共和政体,主张实行君主立宪政体甚至开明专制。他们的理由主要有三:一是国民程度不够。中国民智未开,一般国民"未有共和国民之资格"。⑧ 二是不能躐等。中国现在是君主专制之国,应由开明专制逐渐过渡到君主立宪,不可躐等而从君主专制直接一跃为民主共和。三是可以依靠清政府实行君主立宪。当清政府宣布预备立宪以后,改良派认为"从此政治革命问题,可告一段落"。⑨ 他们

---

① 饮冰:《杂答某报》,载《新民丛报》第84号,日本横滨,1906。
② 蛰伸:《论满洲虽欲立宪而不能》,载《民报》第1号,日本东京,1905年12月8日。
③ 豕韦之裔:《普告汉人》,见《天讨》,载《民报》临时增刊,日本东京,1907年4月25日。
④ 汉民:《排外与国际法》,载《民报》第10号,日本东京,1906。
⑤ 汉民:《〈民报〉之六大主义》,载《民报》第3号,日本东京,1906年。
⑥ 阙名:《仇一姓不仇一族论》,载《民报》第19号,日本东京,1908年。
⑦ 太炎:《排满平议》,载《民报》第21号,日本东京,1908。
⑧ 饮冰:《答某报第四号对于本报之驳论》,载《新民丛报》第79号,日本横滨,1906。
⑨ 梁启超:《致苏(蒋)观云先生书》,见丁文江、赵丰田编《梁启超年谱长编》,365页。

开始收起开明专制论,而希望通过和平请愿的方式,依靠清政府进行有秩序的改革,实行君主立宪政体。对于改良派的国民程度不够论,革命派用近代西方的天赋人权理论为武器,认为:"自由、平等、博爱三者,人类之普通性也……我国民既有此自由、平等、博爱之精神,而民权立宪则本乎此精神之制度也。故此制度之精神必适合于我国民,而决无虞其格格不入也。"因此,他们宣称:"我国民必能有民权立宪之能力。"① 对于改良派的不能躐等论,革命派提出了义正词严的反驳:"有谓各国皆由野蛮而专制,由专制而君主立宪,由君主立宪而始共和,次序井然,断难躐等。中国今日,亦只可为君主立宪,不能躐等而为共和。此说亦谬,于修筑铁路可以知之矣。铁路之汽车始极粗恶,继渐改良,中国而修铁路也,将用其最初粗恶之汽车乎?抑用其最近改良之汽车乎?于此取譬,是非较然矣。"② 他们宣称:"我们定要由平民革命,建国民政府,这不止是我们革命之目的,并且是我们革命的时候所万不可少的。"③ 对于改良派的请愿立宪论,革命派认为宪政改革不能依靠政府,只能依靠国民。"吾不以改革之事望诸政府,而专望之国民。国民既能改革矣,则民权立宪当然之结果也。"④ 他们指出:"泛观各国,未有国民不革命,而政府自能立宪者……当负政治革命之责任者,惟我国民;有负此责任之能力者,亦惟我国民。所谓政治革命者,颠覆专制而为立宪之谓也,若能以国民之力,达政治革命之目的,则民主立宪政体必可终获。"⑤ 显然,革命派的目标是依靠国民的力量,通过政治革命的途径,建立民主共和政体。

(三)要不要进行社会革命、实行以土地国有制为中心的民生主义

改良派反对实行社会革命。他们认为,中国当时的社会经济组织与欧洲工业革命之前相比,有不同的特点,"中产之家多,而特别豪富之家少",没有悬殊的贫富差距。这是因为中国无贵族制度,行平均相续

---

① 精卫:《驳〈新民丛报〉最近之非革命论》,载《民报》第 4 号,日本东京,1906。
② 过庭:《记东京留学生欢迎孙君逸仙事》,载《民报》第 1 号,日本东京,1905。
③ 民意:《记十二月二日本报纪元节庆祝大会事及演说辞》,载《民报》第 10 号,日本东京,1906。
④ 精卫:《驳〈新民丛报〉最近之非革命论》,载《民报》第 4 号,日本东京,1906。
⑤ 精卫:《再驳〈新民丛报〉之政治革命论》,载《民报》第 7 号,日本东京,1906。

法,赋税极轻,因而"本来无极贫极富之两阶级存"。"中国之经济社会,则惟当稍加补苴之力,使循轨道以发达进化,而危险之革命手段,非所适用也。"结论是:中国今日"不必行"社会革命,"不可行"社会革命,"不能行"社会革命。① 改良派还极力抨击了革命派的土地国有论,认为以"定地价"为核心的单税法并不能从根本上解决土地国有问题,实行土地国有制也不能解决所谓贫富悬殊的两极分化问题,"一方面对于富者未尝能节其丝毫之专横,一方面对于贫者反使之蒙邱山之损害"。② 革命派则以欧美等国革命后社会问题严峻为例证,说明社会革命的必要与可行。他们主张社会革命当与政治革命并行,中国社会经济组织不完全,贫富悬殊问题虽不像欧美各国严重,但并不是没有贫富之分,"贫富已悬隔固不可不革命,贫富将悬隔则亦不可不革命"。③ 在革命派看来,要解决贫富不均的社会经济问题,就必须进行社会革命,实行以土地国有制为中心的民生主义。"夫救治贫富之不均,端赖提倡民生主义;而提倡民生主义,首在实行土地国有制;而实行土地国有制,则不可不向惟一之土地而赋课租税。""民生主义也,土地国有制也,单税法也,即建设新政府惟一之行政方针也。"④

(四)革命是否会引起瓜分和内乱

改良派反对暴力革命,认为革命会引起瓜分与内乱,甚至导致中国的灭亡。他们说:"革命之举必假借于暴民乱人之力,天下岂有与暴人乱民共事而能完成者乎?"革命必将造成杀人如麻、流血成河的惨状。革命不仅会引起内乱,而且还会招致外国的干涉。外国列强当时对中国正虎视眈眈,一旦中国革命发生,列强必定会乘机"假定乱之名,以行其瓜分之实"。"夫经革命之后,全国散漫,控御无方,内乱并起,而外侮乘之,中国之亡益速耳。"⑤革命派则热情地歌颂革命,认为:"革命者,

---

① 饮冰:《杂答某报》,载《新民丛报》第86号,日本横滨,1906。
② 饮冰:《再驳某报之土地国有论》,载《新民丛报》第92号,日本横滨,1906。
③ 县解:《论社会革命当与政治革命并行》,载《民报》第5号,日本东京,1906。
④ 自由:《录中国日报民生主义与中国政治革命之前途》,载《民报》第4号,日本东京,1906。
⑤ 明夷:《法国革命史论》,载《新民丛报》第85号,日本横滨,1906。

救人世之圣药也。终古无革命,则终古成长夜矣!"①对于改良派的革命引起瓜分说,革命派认为:"革命与瓜分决无原因结果之关系,且正因革命,然后可杜瓜分之祸。"②对于改良派的革命引起内乱说,革命派认为,现在的革命不同于历史上的农民战争,其目的不再是帝制自为,而是为了建设"民族的国家",建立"民主立宪政体"和实行"国家民生主义",其共同的精神是自由、平等、博爱,这是合于正义人道的,不但不会发生内乱,而且还会消除历代农民战争中群雄相争夺、相戕杀的现象,而"为中国革命史开一新纪元"。③ 在革命派看来,国家不能自强自立,必将发生内乱和招致瓜分,只有革命才能救中国。

1907年7月,几乎由梁启超独立支撑的"独夫"杂志《新民丛报》在困境中停刊,标志着为时将近两年的革命派与改良派的思想大论战基本结束。论战的结果可以说是革命派取得了一定的胜利,改良派也不得不承认这个事实。黄与之在行将停刊的《新民丛报》上撰文说:"数年以来,革命论盛行于国中,今则得法理论、政治论以为之羽翼,其旗帜益鲜明,其壁垒益森严,其势力益磅礴而郁积,下至贩夫走卒,莫不口谈革命,而身行破坏……革命党者,公然为事实上之进行,立宪党者,不过为名义上之鼓吹,气为所慑,而口为所箝。"④的确,在声势上,革命派似乎压倒了改良派;但是,在实质上,其实两派谁也没有说服谁。这次论战,归根结底可以说是革命派与改良派之间关于民主共和与君主立宪的两套政治方案之争;但在具体论战的过程中,双方的最大分歧不是实现民主政治的目标,而是实现这个目标的方式:是激进的革命道路还是温和的改良道路。⑤ 论战的结果并没有使双方趋向认同,革命运动仍是与立宪运动分途发展,互争雄长。可以说,通过双方的持续论战,进一步划清了革命与改良在政治上、思想

---

① 思黄:《中国革命史论》,载《民报》第1号,日本东京,1905。
② 精卫:《驳革命可以召瓜分说》,载《民报》第6号,日本东京,1907。
③ 精卫:《驳革命可以生内乱说》,载《民报》第9号,日本东京,1906。
④ 与之:《论中国现在之党派及将来之政党》,载《新民丛报》第92号,日本横滨,1906。
⑤ 近年来有人研究认为,双方争论的焦点是暴力革命与"反满"问题,真正讨论民主问题的文字并不多,表明两派对民主的思想准备都是不够充分的。参见耿云志《从革命党与立宪派的论战看双方民主思想的准备》,载《近代史研究》2001年第6期,北京。

上的界限。一方面,立宪思潮与立宪运动借清廷预备立宪之势急剧高涨;另一方面,民主革命思想的广泛传播,也推动了革命运动迅速走向高潮。当然,这种长时间的大辩论,为思想界,特别是为正在形成中的新型知识分子群体深刻认识当时的中国国情、学习西方资产阶级的社会政治学说,提供了一个大好的机会。

第五节　国粹主义与无政府主义的活跃

一　国粹派与国粹主义思潮

在资产阶级民主革命思潮高涨的过程中,革命党人内部的思想颇为复杂,在三民主义的主流思想之外,尚有两股重要的支流:一是趋向保守的国粹主义思潮,一是过于激进的无政府主义思潮。

晚清国粹派是资产阶级革命派阵营中的一个派别,国粹主义思潮是资产阶级民主革命思潮的一部分。1905年1—2月,邓实、黄节等人在上海成立国学保存会,以"研究国学,保存国粹"为宗旨;2月23日,正式发行机关刊物《国粹学报》,也以"发明国学,保存国粹"为宗旨。国学保存会的成立与《国粹学报》的创刊,标志着晚清国粹派的崛起与国粹主义思潮的出现。①

国学保存会是国粹派组织国学研究的重要团体,《国粹学报》则是国粹派宣传国粹主义思想的舆论阵地。《国粹学报》自1905年2月创刊,到1912年初停刊,连续刊行7年,共出82期。据统计,先后在《国粹学报》上撰稿者达100多人,其中能够确知为国学保存会会员的有23人,如邓实、黄节、刘师培、陈去病、马叙伦、高天梅、马君武、柳亚子、黄质、黄侃、胡朴安等人,都是国粹派的重要人物。他们多为光复会、同盟会及南社成员,足见国学保存会属于革命团体的性质。著名的革命

---

① 参见郑师渠《晚清国粹派——文化思想研究》,8页,北京师范大学出版社,1993。按:本小节对此书多有参考,以下不一一注明。

家章太炎,虽然不是《国粹学报》的编辑人,甚至不是国学保存会会员,但他是《国粹学报》的重要撰稿人,在该刊上发表重要著述多种,并与邓实、黄节、刘师培、马叙伦等人的关系多在师友之间,因而被国学保存会遥待为精神领袖。章太炎在日本东京主编《民报》时,即在《民报》上大量发表国学研究论文,大力宣传国粹主义思想,同时他还开设国学讲习会,成立国学振起社。章太炎此举正与上海的《国粹学报》和国学保存会遥相呼应,使国粹主义思潮在海内外风云激荡。事实上,章太炎就是晚清国粹派真正的核心领袖。

国粹派除刊行《国粹学报》以外,还编辑出版了《国粹丛编》《国粹丛书》《国学教科书》《神州国光集》等系列国粹研究著作,设立神州国光社,开办国学讲习会,并拟开设国粹学堂。当然,国粹派也并不是一群完全钻在故纸堆中的老古董,他们还同时编辑发行致力于介绍西学新知的《政艺通报》。该刊由邓实、黄节于1902年12月在上海创办,主要介绍西方的政治学说与科技思想,同时也刊载一些宣扬国粹主义的文章。《国粹学报》与《政艺通报》并存,表明国粹派的国粹与欧化并行的理想。除《国粹学报》与《政艺通报》外,当时宣传国粹主义思想的重要刊物还有东京的《学林》和广州的《保国粹旬报》。另外,在章太炎主编的《民报》的影响下,一些重要的革命派刊物如《复报》《醒狮》《洞庭波》《汉帜》《河南》《云南》《晋乘》《粤西》《汉声》《神州日报》等,也都不同程度地参与到宣传国粹主义思想的行列中来。这便使国粹主义思潮在辛亥时期成为革命派阵营中一种颇具影响的思潮。

何谓国粹?"国粹者,一国精神之所寄也。其为学,本之历史,因乎政俗,齐乎人心之所同,而实为立国之根本源泉也。是故国粹存则其国存,国粹亡则其国亡。"①在国粹派看来,国粹即国学,是指关系国家兴亡的传统学术文化和民族精神。所谓国粹主义思潮,就是力图振兴传统学术文化和民族精神,以期挽救国家危亡的社会政治思潮与文化思潮。

---

① 许守微:《论国粹无阻于欧化》,载《国粹学报》第1年第1册,第7期,上海,1905。

晚清国粹主义思潮兴起的主要原因有三：

一是民族文化危机的刺激。中国自鸦片战争以后在外国列强的侵略下一步步沦为殖民地半殖民地，近代中国时刻处在严重的民族危机之下。国粹派对此有着深刻的认识。刘师培在《中国民族志·白种之侵入》中历数俄、英、法、德、日、葡、意各国列强对华种种侵略事实以后，痛切地指出："瓜分惨祸悬于眉睫……今后之中国又将为欧种之奴隶矣。"面对西方列强侵略的民族危机，刘师培意识到这是与历史上周边少数民族入主中原不可同日而语的，因为这不仅仅是关系到国家政权存亡的政治危机，而且是关系到民族文化兴衰的文化危机。他说："廿纪以前之中国，为汉族与蛮族竞争时代；廿纪以后之中国，为亚种与欧种竞争时代……中国当蛮族入主之时，夷族劣而汉族优，故有亡国而无亡种；当西人东渐之后，亚种劣而欧种优，故忧亡国，更忧亡种。"①他们认识到，西方列强对近代中国的侵略，不仅要从政治上灭亡中国，而且要从文化上灭亡中国，所谓"其亡人国也，必先灭其语言，灭其文学，以次灭其种性，务使其种如堕九渊，永永沉沦"。② 国粹派认为，学术文化是立国之本，学术文化的灭亡便意味着亡国灭种，要救国必须从学术文化这个根本上救起，这是欧洲文艺复兴与近代日本兴起的历史经验。"夫国于天地，必有与立。学也者，政教礼俗之所出也。学亡则一国之政教礼俗均亡；政教礼俗均亡，则邦国不能独峙……是则学亡之国，其国必亡，欲谋保国，必先保学。昔西欧肇迹，兆于古学复兴之年；日本振兴，基于国粹保存之论。前辙非遥，彰彰可睹。"③国粹派相信，只要学术文化还存在，国家就有振兴的希望。"国有学则国亡而学不亡，学不亡则国犹可再造。"④章太炎之所以在流亡东京时期孜孜不倦地讲授国学，就是因为他坚信，"国不幸衰亡，学术不绝，民犹有所观感，庶几收硕果之效，有复阳之望"。⑤ 国粹派诸子正是"痛国之不立，而学之日亡"，而创刊了《国粹学报》。存学以保国，从学术文化上挽救民族危机，这是

---

① 刘师培：《中国民族志》，见刘师培《刘申叔先生遗书》第17册，52—54页，宁武南氏校印本，1934。
② 邓实：《鸡鸣风雨楼独立书》，载《政艺通报》第23号，上海，1903。
③ 《拟设国粹学堂启》，见《辛亥革命前十年间时论选集》第2卷下册，630页。
④ 许守微：《论国粹无阻于欧化》，载《国粹学报》第1年第1册第7期，上海，1905。
⑤ 黄侃：《太炎先生行事记》，转见汤志钧编《章太炎年谱长编》上册，295页。

晚清国粹派与国粹主义思潮兴起的根本原因。

二是对"醉心欧化"思潮的反动。20世纪初年,在中国面临着亡国灭种的危急关头,有些人开始丧失基本的民族自信心,认为"中国之学,诚不足以救中国。于是醉心欧化,举一事革一弊,至于风俗习惯之各不相侔者,靡不惟东西之学说是依"。对于这股"醉心欧化"思潮的出现,国粹派颇不以为然。他们痛斥这些对自己的国家和学术文化失去信心而倾心于他人国家和学术文化的所谓"醉心欧化"者为"国奴"和"学奴"。① 国粹主义思潮的出现,就是要弘扬国粹,从中国悠久的历史文化传统中发扬民族精神,激发人们的爱国热忱,正如章太炎所说,"用国粹激动种性,增进爱国的热肠"。对此,章太炎解释:"为甚提倡国粹?不是要人尊信孔教,只是要人爱惜我们汉种的历史。这个历史,是就广义说的,其中可以分为三项:一是语言文字,二是典章制度,三是人物事迹。近来有一种欧化主义的人,总说中国人比西洋人所差甚远,所以自暴自弃,说中国必定灭亡,黄种必定剿绝。因为他不晓得中国的长处,见得别无可爱,就把爱国爱种的心,一日衰薄一日。若他晓得,我想就是全无心肝的人,那爱国爱种的心,必定风发泉涌,不可遏抑。"② 显然,章太炎提倡国粹,就是要用我们民族的历史文化激发国人"爱国爱种的心",同时对那种所谓的欧化主义补偏救弊。

三是适应"排满"革命宣传的需要。国粹派诸子多为江浙一带具有强烈的民族主义思想的"反满"革命志士。江浙士人的反清历史传统源远流长,嘉定三屠、扬州十日的惨痛故事时刻在警醒人民,顾炎武、黄宗羲等人的反清思想影响尤为深远。那些生长于斯的国粹派人士,从小耳濡目染"华夷之别"的种族思想观念,很自然地萌生"反满"的民族主义思想。国粹派核心领袖章太炎有"排满巨子"之称,自不在话下。另一国粹派主将刘师培也是"少读东华录,夙具民族思想"。③ 为了表明其激烈的"反满"革命志向,他曾改名为"光汉",自称"激烈派第一人"。其所著《攘书》《中国民族志》等书,是阐发民族思想的力作,对清末反清

---

① 黄节:《国粹学报叙》,载《国粹学报》第1年第1册第1期,上海,1905。
② 章太炎:《东京留学生欢迎会演说辞》,见汤志钧编《章太炎政论选集》上册,272、276页。
③ 冯自由:《刘光汉事略补述》,见《革命逸史》第3集,186页。

革命宣传影响颇巨。不仅江浙籍国粹派人士如此,其他如邓实、黄节等人也同样具有强烈的"反满"民族主义思想。黄节所著《黄史》一书,也是清末"反满"革命宣传的重要著作。邓实、黄节诸人创办国学保存会,刊行《国粹学报》,"以种族革命之大义昌告国人。而文章尔雅,援说瑰博,一时承学之士,闻风瞿然。既洞晓于古今地域氏姓文物典章之源流,与黄炎裔胄所以陵夷之繇,益知革命为不容缓"。① 国粹派力图从中国民族史志中发掘出"反满"革命的思想资源,虽然难免大汉族主义的偏见,但无可否认的是,国粹主义思潮的出现有力地推动了"反满"革命思潮的高涨,从而促进了"反满"革命运动的迅猛发展。

晚清国粹主义思潮的主要内容如下:

一是倡导古学复兴。国粹派虽属革命派营垒,但他们多是经史学家,因而很自然地习惯于从学术上寻求解决问题的途径,"古学复兴"便是国粹主义思潮的一个重要命题。国粹派提倡古学复兴的思想背景是欧洲的文艺复兴,并以西学东渐为中国古学复兴的历史契机。他们认为:"十五世纪,为欧洲古学复兴之世;而二十世纪,则为亚洲古学复兴之世……西学入华,宿儒瞠目,而考其实际,多与诸子相符。于是而周秦学派遂兴,吹秦灰之已死,扬祖国之耿光,亚洲古学复兴,非其时耶。"②他们视古学为国粹,认为中国的古学复兴不仅要复兴孔子之学,而且要复兴诸子之学,总之是要复兴先秦时期尚未受到"异学""君学"浸染之前纯正而健全的中国古学,即"国学"。"学术至大,岂出一途,古学虽微,实吾国粹。孔子之学,其为吾旧社会所信仰者,固当发挥而光大之;诸子之学,湮没既千余年,其有新理实用者,亦当勤求而搜讨之。夫自国之人,无不爱其自国之学。孔子之学固国学,而诸子之学亦国学也。"③国粹派用平等的眼光看待孔子之学与诸子之学,力图恢复先秦诸子的真面目,打破了孔子及儒学长期以来在中国意识形态领域里的独尊地位。此举无疑具有反对封建专制主义的革命性意义。显然,国粹派提倡的古学复兴绝不是简单的复古倒退,而是要借西学以发掘古

---

① 《黄晦闻先生事略》,见卞孝萱、唐文权编《民国人物碑传集》,776页,北京,团结出版社,1995。
② 邓实:《古学复兴论》,载《国粹学报》第1年第1册第9期,上海,1905。
③ 邓实:《古学复兴论》,载《国粹学报》第1年第1册第9期,上海,1905。

学的新义。"夫以诸子之学,而与西来之学,其相因缘而并兴者,是盖有故焉。一则诸子之书,其所含之义理,于西人心理、伦理、名学、社会、历史、政法、一切声光化电之学,无所不包,任举其一端,而皆有冥合之处,互观参考,而所得良多。故治西学者,无不兼治诸子之学。"①将诸子之学与近代西学相比附,难免牵强附会,但却充分表明国粹派提倡古学复兴是要推动中国传统学术向近代转型,其立足点是创新,旨在抉发古学的近代意义,且要充分发掘中国传统文化的历史价值和时代意义。"吾人今日对于祖国之责任,惟当研求古学,刷垢磨光,钩玄提要,以发见种种之新事理,而大增吾神州古代文学之声价……以保我祖宗旧有之声明文物,而复我三千年史氏之光荣者乎,则安见欧洲古学复兴于十五世纪,而亚洲古学不复兴于二十世纪也。"②另外,不能否认,国粹派提倡复兴古学以保存国粹,虽然有对抗"醉心欧化"的意图,但他们并不认为国粹从根本上有碍于欧化,国粹不仅可以与欧化并行不悖,而且还有助于欧化的进行。"国粹者,精神之学也;欧化者,形质之学也。欧化亦有精神之学,此就其大端言耳。无形质则精神何以存,无精神则形质何以立……一言以蔽之,国粹也者,助欧化而愈彰,非敌欧化以自防,实为爱国者须臾不可离也。"③可见,国粹派提倡古学复兴,对于培养国人的民族文化自信心和激发国人的爱国心以推动中国的现代化运动,有着积极的意义。

二是宣扬"排满"革命。如上所述,国粹主义思潮是适应清末"排满"革命宣传的需要而出现的,宣扬"排满"革命自然是其一个重要的内容。国粹派大多具有浓厚的大汉族主义思想,其用于宣扬"排满"革命思想资源的,主要是《春秋》"夷夏大防"之义和历代汉族反抗异族统治的史迹。刘师培在研读《左氏春秋》时特别强调了"夷夏大防"的微言大义:"《公》《谷》二传之旨,皆辨别内外,区析华戎。吾思丘明亲炙宣尼,备闻孔门之绪论,故《左传》一书,亦首华夷之界。"④正是基于"夷夏大防"的观念,国粹派把历代少数民族入主中原全都称为"亡国"。黄节在

---

① 邓实:《古学复兴论》,载《国粹学报》第1年第1册第9期,上海,1905。
② 邓实:《古学复兴论》,载《国粹学报》第1年第1册第9期,上海,1905。
③ 许守微:《论国粹无阻于欧化》,载《国粹学报》第1年第1册第7期,上海,1905。
④ 刘师培:《读左劄记》,见李妙根编《刘师培论学论政》,14页,上海,复旦大学出版社,1990。

为《国粹学报》发刊所作的《叙》中说:"悲夫痛哉!风景依然,举目有江河之异,吾中国之亡也,殆久矣乎!栖栖千年间,五胡之乱,十六州之割,两河三镇之亡,国于吾中国者,外族专制之国,而非吾民族之国也。"①显然,他们希图以此来激励人们的反清"排满"情绪。为了达到宣扬"排满"革命的目的,国粹派还特别注意利用明末清初一些著名的"反满"思想家的思想资料。国粹派的"反满"革命论具有鲜明的汉族复仇情绪,他们自己也意识到这一点,并有意作了辩驳。章太炎认为,"排满"是反对清朝政府及其官吏和军队,而不是杀死一切满人。因此,"排满"不仅是针对满族官吏,而汉族官吏也同样在所排之列。"满人之与政府相系者,为汉族所当排;若汉族为彼政府用,身为汉奸,则排之亦与满人等。②"国粹派还把"排满"革命与反帝相联系。刘师培把西方列强的入侵归咎于满族对中国的统治,认为"西人之侵入,皆满族有以启之也"。满族入主中国,"既据汉族之土疆,竭其三百年之民力;复作列强之虎伥,以市一姓之私恩"。因而以"排满"为反帝之前提条件,"不能脱满清之羁绊,即无以免欧族之侵陵"。③ 在此,刘师培虽然对帝国主义的侵略本性认识有偏差,但是把"排满"与反帝相联系,便将"排满"提高到反帝反封建的民族民主革命的高度,这是符合时代要求的。

三是主张建立近代民族国家。国粹派大都具有强烈的民族主义思想,但他们并不以民族主义为目的,而是把它作为建立近代民族国家的手段。所谓近代民族国家,就是建立在近代民族共同体基础之上的资产阶级民主共和国。在《中华民国解》一文中,章太炎提出了"中华民族"的概念,认为"中华之名词,不仅非一地域之国名,亦且非一血统之种名,乃为一文化之族名"。中华民族是"经数千年,混杂数千百人种"而形成的近代民族共同体,建立在这个民族共同体基础之上的近代民族国家就是"中华民国"。④ 国粹派认为,在中华民国的旗帜之下,国内各民族一律平等,蒙、回、藏各族可与汉族平等相处,即使满族也不例外。"满族亦是中国人民,农商之业,任所欲为,选举之权,一切平等,优

---

① 黄节:《国粹学报叙》,载《国粹学报》第1年第1册第1期,上海,1905。
②《排满平议》,见《章太炎全集》第4册,269页。
③ 刘师培:《中国民族志》,见《刘申叔先生遗书》第17册,53—54页。
④《中华民国解》,见《章太炎全集》第4册,253页。

游共和政体之中,其乐何似?"①国粹派的这一思想是与以同盟会为中心的资产阶级革命派的民族民主革命思想相一致的。章太炎在《讨满洲檄》中号召全国"四万万人契骨为誓,曰:自盟以后,当扫除鞑虏,恢复中华,建立民国,平均地权,有渝此盟,四万万人共击之"。②可见,国粹派以提倡古学复兴为旗帜,以宣扬"反满"的民族主义为手段,以建立近代民族国家——中华民国为目的,其根本的政治主张与革命派并无二致。

晚清国粹派是资产阶级革命派的一翼,这些人既是革命家,又是学问家,其革命思想的最大特色就是将学问运用于革命。他们不仅主张保存国粹,复兴中国民族文化,而且提倡借经史助益革命,所谓"用国粹激动种性,增进爱国的热肠",就是借助于中国传统的历史文化培养国人的民族自信心和爱国精神。这为资产阶级民主革命的思想宣传开辟了一条新途径。当时,以三民主义为基本内容的民主革命宣传主要有两种形式:"其一,根柢于国学,以经义、史事、诸子、文辞之菁华,为其枝干;其一,根柢于西学,以反率、政治、经济之义蕴,为其条理。二者相倚而亦相抉。无前者,则国亡之痛,种沦之戚,习焉已忘,无由动其光复神州之念;无后者,则承学之士,犹以为君臣之义,无所逃于天地之间,无由得闻主权在民之理。且无前者,则大义虽著,而感情不笃,无以责其犯难而逃死;无后者,则含孕虽富,而论理未精,无以辨析疑义,力行不惑。故革命文学必兼斯二者,乃能蔚然有以树立。"③显然,"根柢于国学"的国粹主义思潮是资产阶级民主革命思潮的重要组成部分,其对于激发国人的爱国革命激情以推动革命运动的迅猛发展是功不可没的。

二 早期无政府主义思潮

与国粹主义思潮一样,无政府主义思潮也是资产阶级革命派阵营内部的一股重要思潮。与国粹主义植根于本民族传统历史文化的基本思想取向不同,无政府主义则完全是一种舶来品,是极端欧化的产物。

---

① 《致留日满洲学生书》,见汤志钧编《章太炎政论选集》上册,520页。
② 《讨满洲檄》,见《章太炎全集》第4册,193页。
③ 汪精卫:《南社丛选汪序》,见胡朴安编《南社丛选》第1册,上海,国学社,1936。

19世纪末,有关虚无党与无政府主义的信息已经由《万国公报》等媒体逐渐传入中国;20世纪初,资产阶级改良派和革命派的报刊,都发表了不少介绍虚无党与无政府主义的文章,无政府主义开始被作为一种社会主义思想流派在中国传播开来。当时,无政府主义分别从日本与西欧两条途径传入中国,并相应地形成两个中心和两个派别:东京《天义报》派和巴黎《新世纪》派。

东京《天义报》派主要代表人物是刘师培、张继、何震、汪公权等人。刘师培大约于1903年前后开始接触无政府主义思想,当时他与林獬所著《中国民约精义》提到"西人无政府党",认为"无政府党之起原,则起于近世社会主义,盖嫉贫富之不均,而思所以革其弊……法人布鲁东创之于前,俄人巴枯宁继之于后";并对巴枯宁的无政府主义思想作了简明扼要的介绍。① 1907年初,刘师培、何震夫妇应章太炎之邀到达日本。在日本,他们很快与日本的社会主义与无政府主义代表人物幸德秋水、堺利彦等人频繁交往,并进一步广泛接触西方无政府主义思想。是年6月,何震等人发起女子复权会,创办《天义报》作为机关报,"以破坏固有之社会,实行人类之平等为宗旨,于提倡女界革命外,兼提倡种族政治经济诸革命"。② 几乎同时,刘师培与张继发起创设社会主义讲习会,该会宗旨"不仅以实行社会主义为止,乃以无政府为目的"。③ 这是中国最早的无政府主义团体。社会主义讲习会成立后,也主要是以《天义报》为舆论宣传阵地。《天义报》自1907年6月创刊,到1908年3月停刊,共出19期。1908年4月,刘师培又秘密出刊《衡报》,托名在澳门发行,共出11号,至是年10月被日本政府查禁。刘师培等在东京的无政府主义流派,主要以《天义报》和《衡报》为依托,宣传无政府主义思想。其主要内容如下:

第一,在宣传无政府主义理论的同时,还介绍了马克思主义学说。

他们迷信无政府主义,狂热地宣扬无政府主义为科学的真理。刘师培认为:"无政府主义,于学理最为圆满。"何震宣称:"吾于一切学术,

---

① 刘师培、林獬:《中国民约精义》卷一,25页,见《刘申叔先生遗书》第16册。
② 《"天义报"启》,见《辛亥革命前十年间时论选集》第2卷下册,819页。
③ 公权:《社会主义讲习会第一次开会记事》,载《天义》第6卷,日本东京,1907。

均甚怀疑,惟迷信无政府主义。"①《天义报》和《衡报》介绍了蒲鲁东、巴枯宁、施蒂纳、克鲁泡特金、托尔斯泰等各家无政府主义理论。对于西方各派无政府主义思想家,他们最推崇的是克鲁泡特金。刘师培曾专门作文介绍克氏学说,认为"苦鲁巴特金之学说,于共产无政府主义,最为圆满","其学术悉以科学为根据",其基本理论"一为互相扶助说,一为无中心说,彼一切之学术,均由此二说而生"。②受日本无政府主义者的影响,《天义报》还零星地介绍了马克思主义,特别是其阶级斗争学说。该报译载了恩格斯为《共产党宣言》英文版写的序言,编者案语称:"《共产党宣言》,发明阶级斗争说,最有裨于历史。此序文所言,亦可考究当时思想之变迁,欲研究社会主义发达之历史者,均当从此入门。"③该报还译载了《共产党宣言》第一章"资产者与无产者"(所译为"绅士与平民",译自堺利彦的日译本)。刘师培特地写了一篇译序,称:"观此宣言所叙述,于欧洲社会变迁,纤悉靡遗,而其要归则在万国劳民团结,以行阶级斗争,固不易之说也。"④尽管如此,他们还并不是马克思主义者。

第二,宣扬无政府革命优于民族民主革命,主张在反清革命胜利之后实行"无政府之制",并设计了一套称之为"人类均力主义"的空想共产主义方案。

刘师培、何震认为:无政府革命并不妨碍"反满"的种族革命,"实行无政府革命,则满洲政府必先颠覆,满洲政府既覆,则无政府之目的可达,即排满之目的亦可达"。他们进而认为无政府革命优于种族革命,并主张在颠覆清朝政府之后实行"无政府之制"。"无政府革命凡种族革命之利无不具,且尽去种族革命之害,况实行无政府,则种族、政治、经济诸革命均该于其中,若徒言种族革命,决不足以该革命之全,此无政府革命优于种族革命者也……吾人所昌言者则在于,满洲政府颠覆后即不复设立政府。欲保满洲君统固不足道,即于排满以后另立政府,亦有以暴易暴之虞。曷若利用中国固有之政俗,采用西欧最圆满之学

---

① 公权:《社会主义讲习会第一次开会记事》,载《天义》第6卷,日本东京,1907。
② 申叔:《苦鲁巴特金学术略述》,载《天义》第11—12卷合册,日本东京,1907。
③ 民鸣:《共产党宣言序言·案语》,载《天义》第15卷,日本东京,1908。
④ 申叔:《〈共产党宣言〉序》,载《天义》第16—19卷合册,日本东京,1908。

理,以实行无政府之制乎?"① 这个无政府的理想社会如何呢? 刘师培提出了一个"人类均力主义"的方案:没有国家,没有政府,人人独立,每个人都享有平等的权利与义务,"以一人而兼众艺"。社会的基本单位是乡,每乡设老幼栖息所,抚老养幼。人生之初,即入栖息所;儿童6—10岁,学习语言文字;10—20岁,半日学习普通科学,半日学习制造器械;21—36岁,业农,并兼筑路、开矿伐木、筑室、制造铁器陶器及杂物、纺织及制衣等工作;36—50岁,从事烹饪、运输货物、工技师及医生等工作;50岁以后,重入栖息所,任养育幼童及教育事。凡衣、食、住、用之物,为全体人民共同生产,共同享有。"依此法而行,则苦乐适均,而用物不虞其缺乏。处于社会,则人人为平等之人;离于社会,则人人为独立之人。人人为工,人人为农,人人为士,权利相等,义务相均,非所谓大道为公之世耶?"② 显然,这种建立在绝对平均主义基础之上的无政府共产主义社会理想,其实只是无法实现的空想而已。

第三,宣扬"劳民"(尤其是农民)为无政府革命的动力,提倡"劳民革命"和农民革命。

刘师培认为,"现今中国革命必以劳民为根本","吾党对于中国,首冀劳民之革命"。③ 这里所谓的"劳民",基本上包括了农民、工人、商人以及会党等广大下层劳动人民,其中尤以农民为多数。"中国人民仍以农民占多数,农民革命者即全国大多数人民之革命也。以多数抵抗少数,收效至速。""中国农民果革命,则无政府革命成矣,故欲行无政府革命,必自农民革命始。"④《衡报》特设农民问题专号"农民号",认为"今日农民之大害者,田主而已",主张"实行农民革命,废灭土地私有制",⑤ 表明其对农民土地问题的关注。

第四,提倡"女界革命",关注妇女解放问题。

《天义报》本为女子复权会的机关报,其宗旨便有"提倡女界革命"一条。如何进行"女界革命"? 他们认为,关键在于"破男女阶级"。"欲

---

① 震、申叔:《论种族革命与无政府革命之得失》,载《天义》第6卷,日本东京,1907。
② 申叔:《人类均力说》,载《天义》第3卷,日本东京,1907。
③《论中国宜组织劳民协会》,见李妙根编《刘师培论学论政》,443页。
④《无政府革命与农民革命》,见李妙根编《刘师培论学论政》,453页。
⑤《论中国田主之罪恶》,见李妙根编《刘师培论学论政》,467页。

破社会固有之阶级,必自破男女阶级始。所谓破男女阶级者,即无论男女,均与以相当之教养,相当之权利,使女子不致下于男,男子不能加于女,男对于女若何,即女对于男亦若何。如有女下男而男加女者,则女界共起而诛之,务使相平而后已。"①显然,"女界革命"的根本目的就在于实行男女平等,这自然关涉到妇女解放问题。"数千年之世界,人治之世界也,阶级制度之世界也,故世界为男子专有之世界。今欲矫其弊,必尽废人治,实行人类平等,使世界为男女共有之世界。欲达此目的,必自女子解放始。"②这是无政府主义的妇女解放观。

第五,与国粹主义相结合,带有浓厚的复古色彩。

刘师培在东京编辑《天义报》的同时,又在为上海的《国粹学报》撰稿,他以一身而兼宣扬无政府主义和国粹主义之二任,使该派无政府主义带有鲜明的国粹主义复古色彩。他们或从中国传统历史文化中寻求无政府主义的思想资源,如《天义报》第五卷刊登老子像,称之为"中国无政府主义发明家";或宣称无政府主义在中国古已有之。刘师培、何震认为,"中国自三代以后,名曰专制政体,实则与无政府略同";政治基于学术,"中国之学术既以非干涉为宗旨,故中国数千年之政治亦偏于放任",所以,"中国现今之政俗最与无政府相近……则实行无政府主义以中国为最易,故世界各国无政府当以中国为最先"。③

1908年底,刘师培、何震夫妇回国,刘师培入两江总督端方幕府,从此投靠清政府,叛变革命。东京《天义报》派无形中烟消云散。

巴黎《新世纪》派主要代表人物是张静江、李石曾、褚民谊、吴稚晖等人。张静江为清政府驻法使馆商务随员,"旅法数年,渐结识西欧无政府党诸学者,获聆蒲鲁东、巴枯宁、克鲁泡特金等学说,因之思想锐进,立论怪特,隐然以中国无政府主义之宣讲师自任"。1907年6月,由张静江出资,与李石曾、吴稚晖等人在巴黎创刊《新世纪》,"专提倡无政府主义,奇谈异说,震惊一世"。④《新世纪》创刊时明确标榜:"本报纯以世界为主义,同人之意,以为苟能发愿与世界种种之不平等者为抵

---

① 《〈天义报〉启》,见《辛亥革命前十年间时论选集》第2卷下册,819页。
② 震述(何震):《女子解放问题》,见《辛亥革命前十年间时论选集》第2卷下册,959页。
③ 震、申叔:《论种族革命与无政府革命之得失》,载《天义》第6号,日本东京,1907。
④ 冯自由:《新世纪主人张静江》,见《革命逸史》第2集,210—211页。

抗，一切自包其中……本报议论，皆凭公理与良心发挥，冀为一种刻刻进化、日日更新之革命报。"①该刊自创刊至1910年5月停刊，共出121号，是在巴黎的中国无政府主义流派宣传无政府主义思想的主要阵地。巴黎《新世纪》派无政府主义思想主要内容如下：

第一，系统地宣传正统的无政府主义理论。

与《天义报》派主要是从日本转贩不同，《新世纪》派的无政府主义思想直接来自西欧，因而更为系统、正宗。他们只介绍无政府主义，基本没有介绍马克思主义。该派在编辑《新世纪》周刊的同时，还出版了《新世纪丛书》，较为系统地介绍了蒲鲁东、施蒂纳、葛德文、特凯尔、托尔斯泰、巴枯宁、克鲁泡特金等人的无政府主义思想，尤其是巴枯宁、克鲁泡特金两家的学说，译介最多。如克氏之《互助论》《法律与强权》《面包略取》《狱中逃狱》《国家及其过去之任务》等都被翻译过来。他们真心诚意地信奉无政府主义，认为无政府是"最合于今之公道、真理"的社会理想，"苟无政府，则无国界种界，更无彼吾之别，无利己害人，此真自由、真平等、真博爱能见之日也"。②《新世纪》派处在当时欧洲无政府主义者活动的中心地区，他们与巴黎的法国无政府主义组织和成员联系密切，在思想上也直接受其影响。他们的刊物直接援用了法国无政府主义刊物《新世纪》之名，表明该派刻意使自己的无政府主义思想成为欧洲无政府主义思想正宗的中国版。

第二，把民族民主革命作为实现无政府主义的"过渡物"，力图弥合无政府主义与三民主义的歧异。

在《新世纪》创刊号上，他们把革命思想的进化历程分为三个时期：一为易朝改姓的旧世纪，二为倾覆旧政府、建立新政府的新旧过渡时代，三为扫除一切政府的新世纪。③ 这显然是把民族民主革命视作实现无政府主义的"过渡"阶段。《新世纪》发刊后，其无政府革命主张受到同盟会派革命党人的激烈批评。对此，他们一方面仍然坚持"过渡论"，宣称"政治革命为权舆，社会革命为究竟"，④共和政治"止为不得

---

① 《新世纪发刊之趣意》，载《新世纪》第1号，法国巴黎，1907。
② 民：《续无政府说》，载《新世纪》第33号，法国巴黎，1908。
③ 《新世纪之革命》，载《新世纪》第1号，法国巴黎，1907。
④ 真民（李石曾）：《革命》，见《辛亥革命前十年间时论选集》第2卷下册，998页。

已之过渡物",无政府"为己所必赴之鹄"。① 他们仍然把实现无政府主义看做最终目标。另一方面,他们试图弥合与三民主义纲领的歧异。他们认为:"夫社会主义(即无政府主义——引者注),非与民族主义、民权主义背驰者也,不过稍有异同耳……盖社会主义者,求世界人类自由平等幸福,而民族主义、民权主义求一国一种族少数人之自由平等幸福也。归纳之有大小,犹行程之有远近。"②他们自称"社会革命党",而称同盟会派为"种族革命党",认为双方虽然在主义上有所不同,但在反清革命这一点上是一致的,因而主张双方"合力"进行反清革命。"种族革命党与社会革命党今日之作用同,而其主义不同。然此不同者,固无碍其同为革命党也,无碍其协力以图最近之革命也。"③

第三,主张采用暗杀和暴动等激烈方式,利用下层民众进行无政府革命。

关于实行革命的手段,他们认为有平和与激烈两种,"其平和也,以书报图画,归于教育者,演说戏剧,用以传播者;其激烈也,小则暗杀行刺,大则起革命军"。④ 平和的方式主要用于革命思想的宣传,激烈的手段才是达到革命目的的途径。"其积极之行为,或暗杀,或起革命军,以达推倒政府之目的。"⑤《新世纪》发表了许多介绍欧洲各国有关暗杀的历史与赞美暗杀的文字,认为"实行暗杀,以诛除一二人道之贼,使大多数人之迷梦惊醒,使一般之据强权者寒心",可以"起革命之风潮",而使"革命之动机勃发"。⑥ 在他们看来,暗杀虽然可以激起革命的风潮,但革命的完成还必须利用下层民众"起革命军"。"在今日论中国革命……舍平民揭竿斩木之外,更无他道……无政府革命,直以平民之力,梃击王庭,锄刈豪右兼并之家。"他们认为,会党是"中国平民之代表",其势力"足以左右中国之社会",因此他们提出了"去矣!与会党为

---

① 四无:《无政府主义可以坚决革命党之责任心》,载《新世纪》第58号,法国巴黎,1908。
② 民:《伸论民族民权社会三主义之异同再答来书论〈新世纪〉发刊之趣意》,载《新世纪》第6号,法国巴黎,1907。
③ 真:《与友人论种族革命党及社会革命党》,载《新世纪》第8号,法国巴黎,1907。
④ 千夜:《就社会主义以正革命之义论》,见《辛亥革命前十年间时论选集》第2卷下册,1012页。
⑤ 一民:《知与行》,见《辛亥革命前十年间时论选集》第3卷,480页。
⑥ 民:《再续普及革命》,载《新世纪》第18号,法国巴黎,1907。

伍"的口号。①

第四，信奉进化论，主张"尊今薄古"，反对以孔子及其儒学为中心的传统纲常伦理与文化。

《新世纪》派以进化论为其无政府主义思想的重要理论基础。在政治思想上，他们用进化论说明无政府是比共和更完美的政体，"若以共和与王国较，则共和似已尽善，不必复进矣；而天演则不然，故共和仍日进而无政府"。② 在文化思想上，他们又以进化论为据而提倡"尊今薄古"，认为"惟尊今薄古，故能今胜于古，而进化无极也"。③ 据此，他们对当时流行的国粹主义思潮进行了严厉的批评，认为那些所谓的中国国粹"已属为过去之陈迹"，应尽早"陈诸博物馆"；那些主张保存国粹的人"是受历史之毒"，不明进化之理，"而使人群之日退化，则其祸群之罪，不啻应加以大辟之刑也"。④《新世纪》派还提倡"三纲革命""祖宗革命""家族革命"，猛烈抨击中国传统的纲常伦理与封建宗法制度，主张以"无父无君无法无天"为"成立无政府之要素"。⑤ 对于中国传统文化象征的孔子，他们更是大张挞伐，认为"孔丘砌专制政府之基，以荼毒吾同胞者，二千余年矣。今又凭依其大祀之牌位，以与同胞酬酢"，因而提倡"行孔丘之革命，以破支那人之迷信"。⑥《新世纪》派甚至还提出废除汉字而推行世界语的主张，认为"万国新语，实求世界平和之先导也，亦即大同主义实行之张本也"，⑦把语言文字改革看做实现无政府主义的重要前提条件。

作为中国无政府主义思想的两大流派，东京《天义报》派与巴黎《新世纪》派，它们之间既有区别又相联系。两刊互通消息，互相宣传。《天义报》第5卷刊登《新刊介绍》，称《新世纪》为"中国报界中之第一杰作"。《新世纪》第16—17号连续登载《革命界之新报》的广告，称《天义报》为"东方惟一之社会新报"，"尤为向来杂志之冠"。《新世纪》第22

---

① 反：《去矣！与会党为伍》，载《新世纪》第42号，法国巴黎，1908。
② 真：《进化与革命》，载《新世纪》第20号，法国巴黎，1907。
③ 民：《好古》，载《新世纪》第24号，法国巴黎，1907。
④ 反：《国粹之处分》，载《新世纪》第44号，法国巴黎，1908。
⑤ 四无：《无父无君无法无天》，载《新世纪》第52号，法国巴黎，1908。
⑥ 绝圣：《排孔征言》，《新世纪》第52号，法国巴黎，1908。
⑦《万国新语》，载《新世纪》第6号，法国巴黎，1907。

号还从《天义报》上转载了《社会主义讲习会第一次开会记事》,第24号又发表《书天义报社会主义讲习会第一次开会记事后》,引该会为同道。两派在人员上也有联系。1908年初,东京社会主义讲习会创始人之一的张继从日本到法国,成为巴黎《新世纪》的骨干分子。可以说,正是东京《天义报》派与巴黎《新世纪》派的互相呼应,而激发了晚清中国的无政府主义思潮。

早期无政府主义思潮对资产阶级民主革命的影响是双方面的。就积极方面来说,无政府主义者也是革命党人的一部分,他们主张扫除一切强权,自然赞同推翻清朝政府统治,因而无政府主义思想的宣传在一定程度上是有助于民主革命思想传播的。就消极方面来说,无政府主义反对一切政府,主张在反清革命胜利之后也不设政府,即实行无政府,这势必与革命派的民主共和理想发生矛盾,而无政府主义者的极端个人主义思想与行为也不利于革命的组织活动,其对民主革命运动发展的消极作用也是毋庸置疑的。

第六节　同盟会组织的发展与内部纷争

一　海内外支部与分会的建立

同盟会成立后,在进行革命思想宣传的同时,又致力于自身组织机构的发展。同盟会总章规定:同盟会组织系统分本部、支部、分会三级。本部设于东京。支部于国内设五部,国外设四部。国内支部:西部支部设于重庆,辖贵州、新疆、西藏、四川、甘肃;东部支部设于上海,辖浙江、江苏、安徽;中部支部设于汉口,辖河南、湖南、湖北、江西;南部支部设于香港,辖云南、广东、广西、福建;北部支部设于烟台,辖蒙古、直隶、东三省、陕西、山西、山东。国外支部:南洋支部设新加坡,辖英荷两国属地及缅甸、安南、暹罗;欧洲支部设于比利时首都,辖欧洲各国;美洲支部设于金山大埠,辖南北美洲;檀岛支部设于檀山大埠,辖檀香山群岛。分会设于各地,分属各支部统辖。① 据此规划,同盟会将建成一个全球性的网络机构。然而,后来的实际情况与理想尚有一定的距离。

为了尽快地发展党务,同盟会本部自成立时起即陆续推定各省区主盟人,由各主盟人分别负责吸收各省留日学生入会,并返回各省建立同盟会分支机构。各省区先后出任主盟人的名单如下:直隶为张继、杜羲、吕复、王观铭,山东为徐镜心、丁惟汾、于洪起、陈干,山西为王荫藩、荣福桐、荣炳、谷思慎、景定成、狄楼海、景耀月,陕西为康宝忠、赵世钰、井勿幕,安徽为吴春阳、高荫藻、权道涵、孙毓筠、孙作舟,江苏为高剑

---

① 《中国同盟会总章》,见《孙中山全集》第1卷,285页。

公、章梓、张鲁、陈陶遗、许屠,浙江为秋瑾、陶成章、龚宝铨,湖北为时功玖、张昉、陈镇藩、匡一、但焘、白榆桓,湖南为黄兴、仇式匡、宋教仁、刘揆一、陈嘉会,四川为淡宅畅、丁厚扶、张治祥、黄树中、董修武、李肇甫、吴永珊,云南为吕志伊,贵州为于德坤、平刚,河南为杜潜、朱炳麟、曾昭文、刘积学、程克,福建为林时塽、李恢、方声涛,江西为钟震川、张世膺、邓文辉、文群、汤增璧,广西为刘崛、庐汝翼、曾彦、刘尊权、严宽、蒙经,广东为何天瀚、何天炯、廖仲恺、熊樾山、何天衢,上海为蔡元培,天津为廖仲恺,香港为冯自由、李自重、谢华国,南洋为胡汉民。① 事实上,各地的具体情况较为复杂。

　　1905年9月8日,孙中山以中国同盟会总理的名义亲自委派冯自由、李自重到香港、广州、澳门等地"联络同志","凡有志入盟者,可由二君主盟收接"。② 冯自由等人到香港后,与陈少白商议改组原兴中会组织,成立同盟会香港分会。这是国内第一个同盟会分支机构。同盟会原定在国内设立东、南、西、北、中五大支部,事实上只有胡汉民于1909年在香港设立了南方支部,其余几个支部实际上都没有成立。因此,同盟会在国内设立的分支机构主要是分会,包括不少名为支部其实只是分会性质的组织。据不完全统计,到武昌起义前,同盟会在国内设立的支部、分会共有69个,分布在全国21个省,其中南部地区广东、广西、福建、云南共22个,中部地区河南、湖南、湖北、江西共14个,北部地区直隶、山东、山西、陕西、奉天、黑龙江共13个,东部地区浙江、江苏、安徽共10个,西部地区四川、贵州、新疆共9个,甚至被日本侵占的台湾也有1个。另外,同盟会还在全国19个省份设立了110个会、社团体,作为同盟会的外围组织,或分支机构的活动机关。通过这些组织机构,同盟会的势力逐渐向全国各地渗透。在新学界,同盟会员在全国20个省区的153所学校里活动,其中由会员开办或担任监督、监学等主要职务者73所;在新军界,同盟会员在全国14个省区内的30所军事学校里担任教职,并有会员200余人在全国16个省区的新军中担任各级军官;在会党中,同盟会员在全国13个省区设立了联络会党的机关、团体

---

① 参见张玉法《清季的革命团体》,322—323页。
②《给冯自由、李自重的委任状》,见《孙中山全集》第1卷,286页。

共56个。① 同盟会在全国各地建立分支机构及其开展的联络活动,有效地动员和组织了各种革命力量。

在海外,同盟会致力于在华侨中发展组织。有人统计,除日本东京的同盟会本部以外,海外尚有新加坡同盟会、西贡堤岸同盟会、槟榔屿同盟会、吉隆坡同盟会、荷属各埠同盟会、河内海防同盟会、仰光同盟会、曼谷同盟会、南洋支部、马尼拉同盟会、美东同盟会、美中同盟会、美南同盟会、美西同盟会、古巴同盟会、檀香山同盟会、加拿大同盟会、比国京城通讯处、比国烈日通讯处、柏林通讯处、巴黎通讯处、伦敦通讯处、瑞士通讯处、新西兰分会等24处同盟会的分支机构,其中南洋10个,美洲7个,欧洲6个,澳洲1个。② 南洋、美洲华侨较多,欧洲的中国留学生比较活跃,三地都是孙中山常到之地。尤其南洋,更是一般革命党人经常往来之区,因而同盟会的组织也相对发达。同盟会在海外华侨中设立分支机构,并没有严格按照其总章规定的支部、分会二级建制。原定四大支部,事实上只设立了南洋支部,其余三个都没有设立。各地设立的同盟会机构,除明确称为分会者以外,尚有不少是兼辖分会而实际上具有支部性质的机构。因此,上述统计数目明显偏少。据冯自由记载,仰光同盟会下有分会25处,英荷二属各地陆续组织分会或通信处有百数十埠,孙中山便派胡汉民在新加坡设立南洋支部。③ 可见,南洋地区至少有100多个分会。同盟会在海外广泛设立分支机构,对于团结世界各地留学生尤其是广大爱国华侨的革命力量有着重要的意义。

二 内部纷争及共进会独树一帜

同盟会是由各种革命力量聚合而成的松散联盟,内部成员纷杂,难免产生思想歧异。同盟会内部主要的政治思想分歧有二:一是革命纲领问题,即对三民主义的认识与态度问题。孙中山提出的民族、民权、

---

① 周兴樑:《武昌起义前同盟会在国内的活动和斗争》,见中南地区辛亥革命史研究会、湖南省历史学会编《纪念辛亥革命七十周年青年学术讨论会论文选》上册,257—296页,北京,中华书局,1983。
② 张玉法:《清季的革命团体》,325—337页。
③ 冯自由:《华侨革命开国史》,99、81页,上海,商务印书馆,1947。

民生三大主义是同盟会的革命纲领,应该说大多数同盟会员对三民主义是赞同的;但也有不少不同的意见,有的主要倾向于"反满"的民族主义,有的赞同民族、民权两大主义而对"平均地权"的民生主义不感兴趣。另外,国粹主义与无政府主义也一度颇为流行,使同盟会内部的思想分歧更显复杂。二是革命策略问题,即对武装起义发难地点的选择问题。有的主张到清王朝的心脏地带北京发难的"中央革命",有的主张在沿海与边疆地区发难的"边地革命",有的主张在长江流域发难的"中部革命"或"长江革命"。内在思想的分歧加上一些具体的人事纠纷问题,使同盟会组织很快走向涣散与分裂。

同盟会内部的分歧在1907年开始公开暴露出来。2月,孙中山与黄兴因国旗图式问题发生激烈的争执。孙中山主张沿用兴中会的青天白日旗,以纪念曾经为此流血牺牲的革命烈士;黄兴主张用井字旗,以示平均地权之意。黄兴认为青天白日旗"以日为表,是效法日本,必速毁之"。孙中山颇为恼怒,厉声说:"仆在南洋,托命于是旗者数万人,欲毁之,先摈仆可也。"黄兴也被激怒,"发誓脱同盟会籍"。① 双方争论相当激烈。当时,宋教仁同情黄兴,认为孙中山"素日不能开诚布公、虚心坦怀以待人,作事近于专制跋扈",而同盟会成立以来,"会员多疑心疑德","今又如是,则将来之不能有所为,或亦意中事,不如另外早自为计,以免烧炭党之讥",也决定向孙中山提出辞职。② 后来,黄兴"为党与大局",作了让步,虽"意颇怏怏",而终于"勉强"服从了孙中山。③ 事情虽然因此而平静下来,但是同盟会高层领导之间的裂痕并没有因此而弥合。此后,黄兴为顾全大局,一直忠心耿耿地追随孙中山,而宋教仁、章太炎等人则对孙中山始终心存芥蒂,难以释怀。

同年2月底3月初,清政府因同盟会发动萍浏醴起义事向日本政府提出交涉,要求引渡或驱逐孙中山。日本政府即赠送孙中山旅费5 000元,迫令孙中山自动离境。同时,有个日本商人铃木久五郎也向孙中山提供赠款1万元。孙中山接受这两笔款子后,从铃木赠款中拿

---

① 章太炎:《章太炎先生自定年谱》,12页,上海书店,1986。
② 《我之历史》,见陈旭麓主编《宋教仁集》下册,718页。
③ 胡汉民:《胡汉民自传》,载《近代史资料》总45号,21页,北京,1981。

出 2 000 元给章太炎作为《民报》的经费,然后携胡汉民、汪精卫等人离日赴港,转往新加坡、越南等地,经营边境起义。孙中山离日以后,章太炎始得知孙中山还接受了日本政府赠送 5 000 元款项,便与张继、刘师培等人大起非议,说孙中山被日本政府收买,"中山得日贿,去时引党员宴会,以为一去不返之保证"。① 章太炎气愤之中撕下《民报》社的孙中山像,批上"卖民报之孙文应即撤去"几字,他以为孙中山当时仍在香港,就把照片与批语一同寄往香港。② 6 月,孙中山、黄兴等人策划的潮州黄冈起义与惠州七女湖起义相继失败的消息传到东京后,同盟会内部的反孙声浪进一步高涨。当时,因孙、黄不在东京,刘揆一以庶务代行总理职务暂时主持同盟会本部事务。章太炎、张继、谭人凤、刘师培等人纷纷要求刘揆一召开大会,罢免孙中山的总理职务,改选黄兴为总理。此举遭到刘揆一的坚决反对,他甚至与张继互相揪打起来。鉴于事态的严重,刘揆一又难以说服众人,他便一面急函告知黄兴,一面致书冯自由、胡汉民,希望孙中山向东京同盟会本部引咎自责。孙中山复函称:"党内纠纷,惟事实足以解决,无引咎之理由可言。"黄兴复函则表示坚决拥护孙中山,并要求众人消除误会。他说:"革命为党众生死问题,而非个人名位问题,孙总理德高望重,诸君如求革命得有成功,乞勿误会,而倾心拥护,且免陷兴于不义。"③经过黄兴、刘揆一的努力调解,一场反孙风潮暂时得以平息。事实上,同盟会内部的矛盾并没有从根本上解决。正如谭人凤所说:"表面尚得曲全,惟同志之精神,则由此稍形涣散矣。"④此后,孙中山再也不太愿意过问同盟会本部的工作,同盟会组织更趋涣散。

共进会的成立便与同盟会的组织涣散密切相关。吴玉章回忆说:"这时日本的同盟会组织也很涣散,孙中山、黄兴等领导人都不常在日本,宋教仁又没有威信,真是群龙无首,一盘散沙。"⑤当时,长江流域各省与会党有密切关系的一些同盟会员,如四川的张百祥、湖南的焦达

---

① 谭人凤:《石叟牌词》,见石芳勤编《谭人凤集》,343 页,长沙,湖南人民出版社,1985。
② 冯自由:《胡汉民讲述南洋华侨参加革命之经过》,见《革命逸史》第 5 集,191 页。
③ 以上参见刘揆一《黄兴传记》,见饶怀民《刘揆一集》,174 页。
④ 《石叟牌词》,见石芳勤编《谭人凤集》,343 页。
⑤ 吴玉章:《辛亥革命》,96 页,北京,人民出版社,1973。

峰、湖北的孙武与居正、江西的邓文辉等人,不满于孙中山、黄兴等人专注于华南边境的武装起义而忽视与各地会党的联系和组织工作,便与那些逃亡到日本的各地会党头目联络筹划,决定在同盟会外成立一个专门联络会党的组织——共进会。1907年8月,共进会在东京清风亭召开成立大会,与会者有来自四川、湖北、湖南、江西、安徽、浙江、广东、广西、云南等省留日学生近百人,其中有不少是各地哥老会、孝义会、三合会、三点会等会党头目。由于四川孝义会首领张百祥在会党中资格最高,故被推为共进会首任会长。共进会采用会党结盟入伙的传统办法,编定山、堂、水、香名称为:中华山、光复堂、兴汉水、报国香。共进会会址设在东京青山区,署名"华群舍"。

共进会成立后,发布了文言、白话两个宣言。文言宣言宣称,"共进者,合各党派共进于革命之途,以推翻满清政权光复旧物为目的",号召"四万万黄帝子孙"奋起为祖宗复仇,并表示要继承太平天国"反满"遗志,"以竟此未竟之功"。白话宣言主要是针对会党宣传而作,进一步宣扬了"反满"思想,不仅揭露清朝政府对汉人的残暴统治,认为"这种鞑子贱种不赶紧排逐出去,汉族人是一日也不得安身的",而且揭露清朝政府投靠洋人、卖国自保的罪恶行径,认为"这满洲鞑种只顾奉承洋人来保住他们做皇帝,那理(哪里)肯管汉人的死活,我们若不早点把这满洲鞑种排出去,他就会把我们中国全盘送给洋人……我们把满洲鞑种排逐出去了,我们中国就会得到安定"。① 这两个宣言主要宣扬的是"反满"的民族主义。还有一点值得注意,就是共进会入会誓词把同盟会誓词中的"平均地权"改为"平均人权"。对此,共进会员从联络会党的角度作了多种解释。一是会党的知识水平低。焦达峰、张百祥、邓文辉等人在筹划组织共进会时,便"以同盟会誓约内之'平均地权'四字意义高深,非知识幼稚之会党所能了解",故"将'平均地权'改作'平均人权',以免收揽会党多费口舌"。② 二是会党的社会地位低下。张百祥认为:"中国人的阶级太多,太不平等了,中国人除视官僚为上品外,士农工商都有地位,独视会党为下品。"故他主张革命成功以后,"无论各

---

① 邓文辉:《共进会的原起及其若干制度》,载《近代史资料》总10号,13—15页,北京,1956。
② 张难先:《湖北革命知之录》,179页。

界的人,一律平等相待,所以改为平均人权"。① 这两条主要是指一般的会党分子而言的。三是会党的上层分子多为地主出身。吴玉章说:"因为会党中的上层分子有不少是地主阶级出身或与地主阶级有着密切联系的人,所以共进会把同盟会纲领中的'平均地权'改为'平均人权',以便他们容易接受。"②可见,共进会的成立,主要目的在于开展联络与组织会党的工作。

共进会是部分同盟会员成立的专门联络会党的新团体,其组织系统和宗旨纲领都与同盟会有别,黄兴说其是"立异",③谭人凤认为是"反文明而复野蛮",④显然是对同盟会的分裂。但是,共进会仍然是一个反清革命团体,其对革命的贡献不容抹杀。"自有共进会以后,中国南方各省绝大部分的会党都在反满的旗帜下联合起来了,这就使同盟会增加了一个群众基础较为广泛的外围组织,从而有利于促进革命运动的高涨。"⑤事实上,后来不少共进会会员陆续回国,不仅联络会党,而且在新军和学界活动,尤其使长江流域的革命活动开展得有声有色。一个毋庸置疑的事实是,正是湖北的共进会与文学社成功地发动了武昌起义。

三 倒孙风潮与光复会重建

1908年秋,共进会独树一帜以后,同盟会东京本部更形涣散。孙中山则在新加坡设立同盟会南洋支部,苦心经营南洋事务。这时,无论东京还是南洋,都遇到了极大的经济困难。在东京,《民报》经费日绌,几乎难以为继,章太炎等人艰难度日;在南洋,为妥善安置因河口起义被越南法国殖民当局驱逐出境的六七百革命党人,孙中山更是焦头烂额,窘迫难堪。就在此时,陶成章从东京到南洋募捐筹款,使同盟会内部的矛盾再一次激化起来。

陶成章(1878—1912),字焕卿,浙江会稽人。早岁主张救世之学,

---

① 杨玉如编:《辛亥革命先著记》,37—38页,北京,科学出版社,1958。
② 吴玉章:《辛亥革命》,98页。
③ 《焦达峰传》,见《章太炎全集》第5册,182页。
④ 《石叟牌词》,见石芳勤编《谭人凤集》,351页。
⑤ 吴玉章:《辛亥革命》,98页。

喜读新书，遂萌种族革命思想，"痛异族之专制，悯社会之暗塞，思欲改革而扫除之，间形诸辞色，父品三先生惧祸及，屡戒之弗变"。① 1902年留学日本，积极参加留日学生的爱国与革命活动。次年回国，与龚宝铨、魏兰等人联络浙江各地会党。1904年，著《中国民族权利消长史》一书，鼓吹种族革命，不遗余力。同年，陶成章与蔡元培等人创立光复会，成为光复会骨干人物。1907年初，在日本加入同盟会，并被推为《民报》编辑。陶成章与章太炎的关系较为密切，两人对孙中山的态度也基本一致。

1908年9月，陶成章化名唐继高，带着章太炎所印的《民报》股票数百张前往南洋募捐筹款。到南洋后，陶成章要求孙中山拨款3 000元作为《民报》的印刷费，并要求增加《民报》股款及维持费；同时，他还要求孙中山帮助筹款5万元，作为他回国筹办江、浙、皖、赣、闽五省革命协会的经费。这使处境本就艰难的孙中山颇感为难，他四处张罗，甚至变卖手表等物，但都无法满足陶的要求，他不得不向陶摊牌，"推以近日南洋经济恐慌，自顾不暇，断难办到"。② 陶成章颇感失望，他又要求孙中山作函介绍他前往各埠筹款，得到孙的同意。但是，当陶持孙函到各埠筹款时，各地华侨应募者虽多，而交实款者少。陶怀疑孙中山从中作梗，十分不满，遂决计撇开同盟会，重新打出光复会的旗帜。于是，他一方面与同样对孙中山不满而正在槟榔屿任教的原华兴会会员李燮和计议，印刷光复会盟书、会章，准备在南洋发展光复会势力；另一方面，他又在缅甸《光华日报》上发表记述光复会骨干人物徐锡麟、秋瑾和他自己的革命事迹的《浙案纪略》，为重建光复会大造舆论。

1909年初，陶成章到爪哇泗水，在浙籍人士王文庆等人的支持下，成立了光复会。随后，南洋各地陆续成立光复会分会，公开与同盟会呈分庭抗礼之势。陶成章在发展光复会势力的同时，还不时地散布流言蜚语，肆意攻击孙中山。9月，陶成章与李燮和等人以川、粤、湘、鄂、江、浙、闽七省同志的名义起草了一份《孙文罪状传单》，列举孙中山"残

---

① 傅以潜：《陶成章》，见浙江辛亥革命研究会编《辛亥革命浙江史料选辑》，348页，杭州，浙江人民出版社，1981。
② 《致王子匡函》，见《孙中山全集》第1卷，418页。

贼同志""蒙蔽同志""败坏全体名誉"等罪状三种十二条；指责孙中山"谎骗营私"，说他在香港、上海汇利银行存款20万元，资助孙眉在九龙造屋等；并提出善后办法九条，要求同盟会东京本部"开除孙文总理之名，发布罪状，遍告海内外"，①再次掀起倒孙风潮。

陶成章带着这份《孙文罪状传单》返回东京，要求黄兴召开同盟会本部会议讨论此事。黄兴断然拒绝，并与谭人凤、刘揆一联名致函南洋同志，极力为孙中山辩护，"将公函（即《孙文罪状传单》——引者注）详细解释，以促南洋诸人之反省"。在东京，同情支持陶成章的只有"江浙少数人与章太炎而已"。②陶成章倒孙计划落空。当时，汪精卫等人正在东京筹备续刊《民报》，将章太炎、陶成章排除在外。章太炎愤怒之下发表《伪民报检举状》，痛斥孙中山"借革命为新骗术"。同时，在爪哇的陈威涛又将《孙文罪状传单》印刷百余份，邮寄中外各报馆刊登，把对孙中山的攻击公之于世。孙中山大怒，命同盟会各机关报全力反击。陶成章又作《布告同志书》一册，"直言孙文种种之非"。③双方关系极度恶化。

陶成章图谋倒孙计划失败以后，自然走上了另立山头、与同盟会分裂的道路。他致函李燮和等人称："弟意各处局面，可以收拾者则收拾之，不则弃之可也，何妨另开局面乎？前次之事，终算一场大悔（晦）气罢了。"④他表示了"另开局面"的意图。陶成章又对章太炎说："逸仙难与图事，吾辈主张光复，本在江上，事亦在同盟会先，曷分设光复会？"⑤此议得到章太炎和部分同盟会员的赞同与附和。1910年2月，光复会总会在东京成立。章太炎任会长，陶成章任副会长，章梓为庶务员，沈家康为书记员；在南洋设"行总部"，代行东京本部职权，以李燮和、魏兰、沈均业为执行员。光复会因此而重建。重建后的光复会并不是原来光复会的恢复或发展，其成员与原来的光复会已大不相同，主要不是旧有的光复会会员，而是南洋地区对孙中山不满的同盟会会员。因此

---

① 《南洋革命党人宣布孙文罪状传单》，见汤志钧编《陶成章集》，169—177页，北京，中华书局，1986。
② 《复孙中山书》，见《黄兴集》，9页。
③ 魏兰：《陶焕卿先生行述》，见《辛亥革命浙江史料选辑》，343页。
④ 《致亦逵等书》，见汤志钧编《陶成章集》，161页。
⑤ 《章太炎先生自定年谱》，14页。

可以说，重建后的光复会实际上是从同盟会分裂出来的一个新的政治团体。

重建后的光复会是对同盟会的分裂，在政治上也有所倒退。他们反对孙中山的武装起义路线，认为是"东放一把火，西撒一盘沙，实属有害而无益"。他们自己的革命方略是什么呢？陶成章声称"专主个人运动，以教育为根本"。① 1910年3月，章太炎、陶成章创办《教育今语杂志》，宣称以保存国故、振兴学艺、提倡平民教育为宗旨，可见其"以教育为根本"的主张，并没有超出改良派的"教育救国"论。至于陶成章所谓的个人运动，就是以暗杀的手段"扰乱北京"。② 为此，陶成章试图设计一个实行"中央革命"的妓院方略："与女士孙晓云密谋，欲在北京开设妓院，以美人诱满清贵族，席间下毒，以为一网打尽之计"，③真可谓荒谬至极。显然，重建后的光复会并没有系统的革命方略，事实上，他们的单独活动也没有多少实际建树。当然，光复会与同盟会的矛盾只是革命派内部的矛盾，两者并无根本的利害冲突，他们在反清"排满"的根本问题上仍是一致的。后来，光复会也参与了同盟会的反清武装起义，为辛亥革命的成功作出了重要的贡献。

四　同盟会中部总会的成立

同盟会内部的政治分歧致使矛盾冲突不已，自1907年后便由思想纷争演变为组织分裂，共进会独树一帜，光复会自立门户，东京同盟会本部日趋涣散。孙中山远在海外，鞭长莫及，于是自己着手改组同盟会。1908年秋，孙中山在新加坡建立同盟会南洋支部，派胡汉民为支部长，另订中国同盟会分会总章十六条及通信办法三条，通告各处团体一律遵守。南洋支部自成系统。孙中山自称是"从新组织团体"，"南洋之组织与东京同盟会不为同物"，并认为自己久已不是章太炎等人的同盟会的总理了，两广、云南历次起义"皆奉革命党本部之名义，并未一用

---

① 《致魏兰书》，见汤志钧编《陶成章集》，189—190页。
② 《致李燮和、王若愚书》，见汤志钧编《陶成章集》，160页。
③ 魏兰：《陶焕卿先生行述》，见《辛亥革命浙江史料选辑》，344页。

同盟会名义也"。① 1910年初,孙中山在美国旧金山建立同盟会时,更改以前16字誓词为"废灭鞑虏清朝,创立中华民国,实行三民主义",并将盟书内"中国同盟会会员"改为"中华革命党党员"。誓词与会名的改动只在党内秘密进行,对外仍以通行的"同盟会"名义。冯自由称这是孙中山此次游美之"创举",但此举并未通告东京本部及关内外各地分会,只有南洋支部"奉令照行"。② 毋庸讳言,"中华革命党"名目的启用乃孙中山擅自所为,其实也是对同盟会组织的一种分裂行为。当时,广州新军起义刚败,"在东同志概灰心,党事无人过问","总理在北美,克强在南洋,东京本部几无人主持,形势颇形涣散"。③ 正是在同盟会本部机构几乎陷于瘫痪的状态下,宋教仁、谭人凤、陈其美等部分同盟会员酝酿筹建同盟会中部总会。

1910年6月,孙中山秘密潜往东京,黄兴、赵声相继而至。谭人凤、宋教仁与孙中山商议改良党务,因涉及敏感的党内矛盾问题,双方小有冲突。本来相约来日邀集同盟会各分会长再议,不料孙中山被日本政府勒令离境,未及通知谭人凤等人。谭人凤等人不明真相,对孙中山颇为不满,认为他"暗地而来者,又暗地而去,置党务于不议不论",甚至认为"中山以总理资格,放弃责任,而又不自请辞职,同人不得已商议改组,非同盟会负中山,实中山负同盟会也"。④ 7月,谭人凤、宋教仁、赵声等约集11省区同盟会分会长开会,讨论革命进行方略。宋教仁提出上、中、下三策:"在边地进行为下策,在长江流域进行为中策,在首都和北方进行为上策。请决定以哪一策为妥。"经大众公议认为:"下策太不济事,上策太不容易,我们还是以取中策为好。"于是决议组织"中部同盟会"作为策动机关。⑤ 会后,谭人凤南下香港与黄兴等人磋商。黄兴表示没有意见,认为"须有款项方可"。胡汉民则冷嘲热讽地说:"因改组而又将有无谓之总理问题发生,非笑话乎?"谭人凤反唇相讥:"本部在东京,总理西南无定踪,从未过问,总于何有? 理于何有? 东京经

---

① 《复张继函》,见《孙中山全集》第1卷,426页。
② 冯自由:《华侨革命开国史》,81页。
③ 居正:《辛亥札记》,见罗福惠、萧怡编《居正文集》上册,11页,武汉,华中师范大学出版社,1989。
④ 《石叟牌词》,见石芳勤编《谭人凤集》,360、361页。
⑤ 《邹永成回忆录》,载《近代史资料》总10号,93页,北京,1956。

费,纯仗同志摊派维持,并未向各处招摇撞骗,汝等以同盟会名义,掣骗华侨巨款,设一事务所,住几个闲散人,办一机关报,吹几句牛皮,遂算本事冲天,而敢藐视一切耶?"他甚至当面对胡汉民宣称:"天下事断非珠江流域所能成。"①从此,谭人凤等人更坚定了建立同盟会中部总会以经营长江流域的决心。但因经费不济,其事暂告搁浅。

1911年4月,广州黄花岗起义失败,使同盟会损失惨重。事后,赵声忧愤至死。黄兴意志消沉,认为:"同盟会无事可为矣,以后再不问党事,惟当尽个人天职,报死者于地下耳。"②同盟会的活动再次陷于低谷。在此背景下,谭人凤等人从沉寂中奋起,加紧筹划成立同盟会中部总会。7月31日,谭人凤、宋教仁、陈其美、吕志伊、章梓等来自湘、浙、川、闽、苏、皖、滇7省的同志29人,在上海北四川路湖北小学正式召开了同盟会中部总会的成立大会。会议通过了由谭人凤、宋教仁分别起草的《宣言》和《章程》;并选举总务干事5人,分掌各部事务:陈其美掌庶务,潘祖彝掌财务,宋教仁掌文事,谭人凤掌交通,杨谱笙掌会计。8月2日,总务会干事又公推谭人凤为总务会议长。

《中国同盟会中部总会成立宣言》虽然宣称"奉东京本部为主体,认南部分会为友邦,而以中部别之",但它对以往同盟会的历史基本上持否定态度,认为其"有共同之宗旨,无共同之计划;有切实之人才,无切实之组织"。其组织也自成系统,设总机关于上海,各省设分部,并宣称"总理暂虚不设,留以待贤豪",③事实上并不承认原同盟会总理孙中山的领袖地位。《中国同盟会中部总会章程》宣称:"本会由中国同盟会会员之表同意者组织而成……凡中国同盟会会员依本会法律入会者,皆为本会会员。"其宗旨标榜"以推覆清政府,建设民主的立宪政体为主义",④放弃了原同盟会的"平均地权"主张。因此,与其说同盟会中部总会是同盟会的分支机构,不如说是一个从同盟会中分离出来的新的革命团体。

---

① 《石叟牌词》,见石芳勤编《谭人凤集》,360、361页。
② 《石叟牌词》,见石芳勤编《谭人凤集》,370页。
③ 《中国同盟会中部总会成立宣言》,见上海社会科学院历史研究所编《辛亥革命在上海史料选辑》,6—8页,上海人民出版社,1981。
④ 《中国同盟会中部总会章程》,见《辛亥革命在上海史料选辑》,8—9页。

虽然同盟会中部总会的分裂倾向毋庸置疑,但是其客观历史作用仍然不容低估。同盟会中部总会的成立,适应了长江流域革命形势高涨的需要,及时地将革命的重心转移到长江流域,有效地承担了长江流域革命运动的联络与领导重任,为武昌起义的成功作出了重要贡献。

总之,从同盟会的政治分歧与组织分裂的历史来看,同盟会并不是一个非常成熟的革命政党。虽然从同盟会分裂出来的共进会、重建的光复会以及同盟会中部总会等革命团体对辛亥革命的成功都作出了应有的贡献,但政治思想上的纷争与组织上的分裂,毕竟削弱了同盟会整体的战斗力,从而使它终究无法领导这场革命取得彻底的胜利。

第四章
预备立宪与官制改革的挫折

　　实施新政是一项整体性的结构变革。也许在新政启动之初,清政府试图以"旧瓶装新酒"的方式将改革限制在传统体制之内,但是当新政推行到了一定阶段,势必要考虑进行体制本身的改革。预备立宪就是政治体制变革的尝试,是清末新政进一步发展的结果。政治体制改革是一个权力重新配置的过程,预备立宪中有关中央与地方官制的改革、谘议局与资政院的开办、地方自治的推行等举措,都相应地引发了各种政治势力之间错综复杂的矛盾冲突。这又直接制约了改革的进程,乃至影响到清王朝的前途与命运。

第一节　立宪思潮的涌动

一　日俄战争的刺激与反响

清末新政启动之后,随着教育、经济、军事等各项改革的进行,政治体制改革也逐渐被提上议事日程。这既是新政本身发展的内在需要,同时也是国内外政治形势的压力所致。"吾国立宪之主因,发生于外界者,为日俄战争;其发生于内部者,则革命论之流行,亦其有力者也。"[①]革命运动的蓬勃发展与立宪思潮的勃兴,迫使清政府不得不作出宪政改革的抉择,以迎合立宪派而对付革命,而日俄战争的刺激则是一个重要的因素。

1904—1905年的日俄战争,是日本与俄国为争夺中国东北地区利益而在中国领土上进行的一场帝国主义战争。战争爆发后,软弱无能的清政府竟然无视战火在自己领土上燃烧,无耻地宣布严守"局外中立",任凭两个帝国主义国家肆意蹂躏中国人民的生命与财产。每个有良知的中国人都会从中深深地感到耻辱。人们正是怀着如此尴尬和屈辱的心情关注战争的进程,预测着战争的结局,并企盼着中国的前途与希望。战争伊始,人们希望黄种而立宪的日本战胜白种而专制的俄国,这个结果将证明两点:"一则黄种将与白种并存于世,黄白优劣天定之说,无人能再信之;二则专制政体为亡国辱种之毒药,其例

[①] 伧父:《立宪运动之进行》,见中国史学会主编《辛亥革命》第4册,4页,上海人民出版社,1959。

确立,如水火金刃之无可疑,必无人再敢尝试。"①战争的结局,果然是"蕞尔岛国"的日本战胜了庞大凶横的沙皇俄国,这使中国思想界产生了极大的震动。

日俄战争的结果对中国思想界的影响主要表现在以下三个方面:

第一,黄种战胜白种,给中国人以信心。自鸦片战争以后,中国在西方列强的武力侵略之下被迫进入近代世界;历次中外战争都以中国的失败而告终,一系列不平等条约是套在中国人民身上的沉重枷锁,中国已沦入任人宰割的境地。长期中外较量和竞争中的挫折与屈辱,使国人逐渐形成一种抑郁、悲愤的民族自卑心态。在进化论刚刚风行神州大地的时代,中国屡战屡败的惨痛现实,加上西方殖民主义者对于"白种优于黄种"谬论的宣扬,使国人心中生成一种深深的忧虑:黄种将有被白种残酷淘汰的危险!日俄战事刚起,便有人表露了这种忧虑的心态:"黄种、白种,中国之一大问题也。若俄胜日败,则我国国人之意,必以为白兴黄蹶,天之定理,即发愤爱国之日,亦不足与天演之公理相抗,而何论于中国。此意一决,则远大之图,一切绝灭,而敬畏白人之意将更甚于今日,而天下之心死矣。"②随着日本对俄国的节节胜利,这种忧虑逐渐烟消云散。"鉴于日本之胜,而知黄种之可兴,数十年已死之心庶几复活。"③同为黄种的日本战胜白种的俄国,彻底戳穿了所谓"白种优于黄种"的谬论,使郁闷已久的国人颇感振奋和欣慰。

第二,立宪战胜专制,给中国人以希望。日本自明治维新以后成为新兴的立宪国家,沙皇俄国则是老牌的专制帝国。时人认为,日俄之战不仅是黄种与白种之间的种族之战,更重要的是"立宪、专制二政体之战"。对此,国人还有一大忧虑:如果俄国战胜日本,岂不为清政府加强专制统治提供口实?"专制、立宪,中国之一大问题也。若俄胜日败,则我政府之意,必以为中国所以贫弱者,非宪政之不立,乃专制之未工。"④日俄战争既是两国综合实力的较量,也是"专制国与自由国优劣

---

① 《论中国前途有可望之机》,载《东方杂志》第1年第3期,上海,1904。
② 《论中国所受俄国之影响》,见1904年4月4日《中外日报》,上海。
③ 《论中国前途有可望之机》,载《东方杂志》第1年第3期,上海,1904。
④ 《论中国所受俄国之影响》,见1904年4月4日《中外日报》,上海。

之试验场"。① 日本战胜俄国,为立宪战胜专制提供了铁证。"非有此战,则俄国之内容不显,而专制、立宪之问题不决。我国十余年来,每言及专制、立宪之问题,辄曰:专制既不足以立国,何以俄人富强如此?自有此战,而此疑释矣。"② 可以说,日俄战争的结局,使中国人民认清了专制的祸害,明确了立宪的方向。

第三,师法日本模式,确定立宪的目标。中国向日本学习并不始于日俄战争,但日俄战争促使国人进行了深刻的反省。甲午一战,中国被迅速崛起的东邻日本战败,曾经使国人颇感震惊,于是开始走上师法日本的道路。中国与日本为同洲、同文、同种之国,"故言变法者莫不曰师日本",但至日俄战争时,"十年以来,徒得其形式而不得其精神",并没有显著的成效。日本明治维新得力之精神何在?"日本丕变之精神,在易少数贵族之专制政体而为多数民族之代议政体,由集权中央惟一之制度而调和以地方自治之制度而已",所以关键在立宪。中国欲救亡图存,也须"改行立宪政体"。③ 日本以立宪国战胜专制国俄国,为中国的宪政改革提供了一个现成的榜样。时论以为:中国立宪"宜仿日本成法,先颁令于国中,以六年为期,实行立宪,庶全国人民,皆得有所预备,而不致手足无措,此万全之策也"。④ 事实上,日后清政府的预备立宪就多有取法日本之处,这不是偶然的。

日俄战争是中国思想界转向立宪的一大契机。"自甲午以至戊戌,变法之论虽甚盛,然尚未有昌言立宪者。政变以后,革新之机,遏绝于上而萌发于下,有志之士,翻译欧美及日本之政治书籍,研究其宪法者渐众。甲辰,日俄战争起,论者以此为立宪专制二政体之战争。日胜俄败,俄国人民,群起而为立宪之要求,土波诸国,又闻风兴起。吾国之立宪论,乃亦勃发于此时。"⑤ 一时间,立宪思潮陡然高涨,这自然感染到日暮途穷的清政府。正如时论所云:"自日本以区区岛国,崛起东海,驱世界无敌之俄军,使之复返其故都而后,世之论者,咸以专制与立宪分

---

① 中国之新民(梁启超):《俄罗斯革命之影响》,见《辛亥革命前十年间时论选集》第2卷上册,20页。
②《论日胜为宪政之兆》,见1905年5月21日《中外日报》,上海。
③《论朝廷欲图存必先定国是》,见《辛亥革命前十年间时论选集》第1卷下册,945—946页。
④ 觉民:《论立宪与教育之关系》,见《辛亥革命前十年间时论选集》第2卷上册,362页。
⑤ 伧父:《立宪运动之进行》,见中国史学会主编《辛亥革命》第4册,3—4页。

两国之胜负。于是我政府有鉴于此,如梦初觉,知二十世纪之中,无复专制政体容足之余地,乃简亲贵,出洋游历,考察政治,将取列邦富强之精髓,以药我国垂危之痼疾。"①清政府的宪政改革在此背景下应运而生。

二 立宪思潮高涨

立宪思想在近代中国纯属西方舶来品。19世纪末,一些早期改良派人士与康梁维新派都零星地介绍了诸如议院之类的若干关于西方近代宪政制度方面的知识,立宪思想开始萌发;20世纪初,民主革命思潮勃兴的同时,君主立宪思想也蔚然成为一股颇具影响的社会政治思潮。立宪思潮兴起以后,人们便把主张君主立宪者称为立宪派,"立宪派"一词便取代维新派而成为"改良派"的代名词。② 立宪派的主要代表人物有流亡国外的康有为、梁启超和留日学生杨度(后回国活动),以及在国内颇为活跃的张謇、汤寿潜、郑孝胥、赵凤昌等人。

较早系统地阐述君主立宪理论的思想家是梁启超。1901年6月,梁启超在《清议报》上发表《立宪法议》一文,认为世界上有君主专制、君主立宪和民主立宪三种政体,当时全球强国之中除俄国为君主专制政体、美国与法国为民主立宪政体以外,其余各国都是君主立宪政体,故"君主立宪者,政体之最良者也"。立宪政体与君主政体的根本区别就是是否有宪法限制权利。他说:"立宪政体亦名为有限权之政体;专制政体亦名无限权之政体。有限权云者,君有君之权,权有限;官有官之权,权有限;民有民之权,权有限。"各种有限之权皆来源于宪法,宪法是国家的根本大法。"宪法者何物也,立万世不易之宪典,而一国之人,无论为君主,为官吏,为人民,皆共守之者也,为国家一切法度之根源。此后无论出何令、更何法,百变而不许离其宗旨者也。"因此,政体改革必须立宪。"今日之世界,实为专制、立宪两政体新陈嬗代之时也……地球各国必一切同归于立宪而后已。"值得注意的是,在此文中,梁启超提

---

① 觉民:《论立宪与教育之关系》,见《辛亥革命前十年间时论选集》第2卷上册,360页。
② 有人查证,"立宪派"这一称谓最早见之于1903年9月出版的《浙江潮》第7期所载《四政客论》。参见侯宜杰《二十世纪初中国政治改革风潮——清末立宪运动史》,39页,北京,人民出版社,1993。

出了"预备立宪"的思想。他认为,当时的中国并不能立刻实行立宪政体,"立宪政体者,必民智稍开而后能行之"。日本从宣布立宪到实施宪法用了20年的时间,中国最快也得10年或15年。为此,他设想了预备立宪的几个基本步骤:一是颁明诏确定中国为君主立宪之帝国;二是派遣重臣三人带领随员考察欧、美、日各国宪法之同异得失,以一年为期;三是重臣考察回国后,在宫中开设立法局,起草宪法;四是由立法局翻译各国宪法原文及其解释宪法之名著,颁布天下;五是宪法草稿完成后,在官报刊布,令全国士民辩难讨论,逐条辨析,经5年或10年时间损益制定,定本颁布后,非经全国人投票,不得擅行更改;六是自颁诏确定政体之日始,以20年为实行宪法之期。① 该文概括地说明了立宪思想的基本纲领,对于立宪思潮的兴起有着重要的推动作用。随后,梁启超还陆续发表了一些论著,进一步阐述了自己的宪政思想,并有意识地劝告清廷实行立宪。同时,他还在自己主编的《清议报》和《新民丛报》上刊发了不少其他有关宪政主张的论著,介绍各国的立宪历史及各种宪政学说。

康有为流亡海外以后以保皇派自居,始终坚持君主立宪主张。1902年,康有为发表了著名的《答南北美洲诸华商论中国只可行立宪不可行革命书》,明确地表示了要依靠光绪皇帝实行君主立宪的态度。同年,康有为还以数百万海外华侨的名义起草了一份折稿,批评清政府刚刚开始的新政变法是"无其根本而从事于枝叶,无其精神而从事于其形式",要求慈禧太后"归政皇上,立定宪法,大予民权"。他认为:"皇上以仁明英武之姿,为舍身救民之事。变法更始,百度维新,令天下人得上书而与民权,决开举国议院而立宪法。万国观听耸目而为之起敬,兆民忭舞延颈而望自强,此中国自立之第一机会也。"②显然,康有为仍然寄希望于依靠光绪皇帝实行君主立宪。

张謇早在1901年参与刘坤一、张之洞《江楚会奏变法三折》的起草工作时著有《变法平议》,主张仿照日本明治维新,提出"置议政院"与

---

① 梁启超:《立宪法议》,载《清议报》81册,日本横滨,1901。
② 康有为:《请归政皇上立定宪法以救危亡折》,见方志钦编《康有为与保皇会》,8、19页,天津古籍出版社,1997。

"设府县议会"的构想,但未被采纳。1903年,张謇从日本游历考察回来,深受日本宪政的鼓舞,非常热衷研讨立宪问题,"见到官员友人,遇到谈论通信,没有不劝解磋摩各种立宪的问题"。① 次年,张謇与蒯光典、赵凤昌、汤寿潜等人数易其稿,为鄂督张之洞与江督魏光焘起草了一份《请立宪奏稿》,张之洞再三嘱咐张謇要先与直隶总督袁世凯商量,袁世凯表示"尚须缓以俟时",结果这个奏稿终于没有上奏。与此同时,张謇还与赵凤昌等人刻印《日本宪法》及《日本宪法义解》《议会史》等书,送达清廷及铁良等重臣。② 这时的张謇,始终在为立宪积极奔忙。

在立宪派思想宣传的影响下,国内思想界开始更多地关注立宪问题。一般士人对于清政府枝枝节节的新政变法逐渐表示不满,认为"变法不自设议院,改宪法始,则变如不变"。③ 显然,人们希望新政能更进一步而至于实行立宪,于是宪法问题遂被时人所重视。当时上海积山乔记书局出版的《新学大丛书》,收集了许多关于宪法的书籍,包括《宪法通义》《宪法溯源》《宪法论》《各国宪法论略》《日本宪法创始述》《英国宪法沿革考》《德意志宪法沿革考》《普鲁士宪法沿革考》《法兰西宪法沿革考》等。可见,立宪问题已经成为新知识界一个重要的思想兴奋点。

1904—1905年,在日俄战争的刺激下,立宪思潮骤然高涨。这个时期立宪思潮的高涨主要表现在以下两个方面:

一是立宪派进一步加强了舆论宣传,并奔走运动中央与地方权要赞成立宪。1904年,夏瑞芳在上海创办《东方杂志》,梁启超协助狄葆贤在上海创办《时报》,这两家报刊立即成为鼓吹立宪的重要思想阵地。其他还有不少报刊如《中外日报》《外交报》《政艺通报》《大公报》等,也加强了对立宪的舆论宣传。如《大公报》在1905年举行千号纪念征文时,被取为一等奖的就是一篇大谈"君主立宪者,政体之完全无缺者也"的文章。④ "立宪"之词一时成为新闻舆论的焦点。与此同时,在张謇与汤寿潜、赵凤昌等江浙立宪派的积极奔走运动之下,清政府的军机大臣奕劻、瞿鸿禨和地方督抚袁世凯、张之洞、岑春煊、端方、周馥等重

---

① 张孝若:《南通张季直先生传记》,138页,上海,中华书局,1930。
② 《日记》《啬翁自订年谱》,见《张謇全集》第6卷,528—529、865—866页。
③ 孙宝瑄:《忘山庐日记》上册,556页,上海古籍出版社,1983。
④ 参见方汉奇《中国近代报刊史》上册,283页,太原,山西人民出版社,1981。

臣,都不同程度地表示了赞成立宪的态度。甚至慈禧太后在看了张謇、赵凤昌等人送呈的《日本宪法》后也对立宪表示了好感。她在召见枢臣时说:"日本有宪法,于国家甚好。"①时论以为:"今者立宪之声,洋洋遍全国矣。上自勋戚大臣,下逮校舍学子,靡不曰立宪立宪,一倡百和,异口同声。"②"立宪"一词几乎成为"中国士夫之口头禅"。

二是在清政府内部发出了立宪的呼声,部分开明官僚倾向立宪。早在1901年,清廷刚开始实行新政的时候,湖广总督张之洞在与各省督抚大臣商议复奏的过程中,曾经提出了"仿行"上议院的主张。他认为:"西法最善者,上、下议院互相维持之法也。中国民智未开,外国大局茫然,中国全局、本省政事亦茫然。下议院此时断不可设,若上议院则可仿行。"③但由于刘坤一等人的反对,张之洞没有把这个想法写进《江楚会奏变法三折》中。无独有偶,驻日公使李盛铎在复奏变法的奏折中更明确地提出了立宪的主张,他说:"当此更定要政之时,愿我圣明近鉴日本之勃兴,远惩俄国之扰乱,毅然决然,首先颁布立宪之意,明定国是。"④结果也未被采纳。1904年1月,日俄开战之前,云贵总督丁振铎与云南巡抚林绍年联衔电奏清廷请迅速实行全面变法。他们主张:"中国自今以后,一切即尽行改革,期于悉符各国最善之政策而后已……即力行改革,期如不数年即悉如泰西各国而后已。"⑤虽然没有明确点出立宪,但立宪是其全面变法主张的题中应有之义。同年4月,驻法公使孙宝琦上书政务处,则明确提出"仿英、德、日本之制,定为立宪政体之国,先行宣布中外";然后派大臣采访各国宪法,按照立宪政体制定宪法;并建议变通各国议院成例,在中央设立上下议院,以政务处为上议院,都察院为下议院,同时在地方各省、府、县设立公议堂,选举绅士议政。如果实行立宪,将使国家迅速强盛,"不但远轶汉、唐,且将

---

① 《啬翁自订年谱》,见《张謇全集》第6卷,866页。
② 闵闇:《中国未立宪以前当以法律遍教国民论》,载《东方杂志》第2年第11期,上海,1905。
③ 张之洞:《致江宁刘制台广州陶制台德抚台济南袁抚台安庆王抚台苏州聂抚台杭州余抚台上海盛大臣》,见王树枬编《张文襄公全集》卷一七一,37页,北平,文华斋,1928。
④ 《追录李木斋星使条陈变法折》,见1905年11月28日《时报》,上海。
⑤ 《癸卯十二月初三日云南丁制台、林抚台来电》,见《张之洞存来往电稿》,北京,中国社会科学院近代史研究所图书馆藏档案,甲182—436。

与英、德、日本比强"。① 孙宝琦的上书在当时引起了轰动,尤其使立宪派备受鼓舞。时人以为:"吾国大臣倡言立宪,自驻法公使孙宝琦氏始,事虽未行,然不可谓非朝阳鸣凤已。"② 1905年,慈禧太后召见端方,询问新政举办情形,端方以立宪相对,太后颇有所感。正是清政府内部部分开明官僚倾向立宪,最终促成了清廷的预备立宪。

需要说明的一点是,这个时期立宪思潮的高涨还与革命运动的蓬勃发展密切相关。立宪思潮最能打动清政府的恰是立宪可以消弭革命的主张。"当此之时,国民之中,主张激烈之革命论者,日益蔓延。清政府欲利用立宪说,以消弭其患,其采用君主立宪制之本意,尤以此为多。"③

---

① 《出使法国大臣孙上政务处书》,载《东方杂志》第1年第7期,上海,1904。
② 《论朝廷欲图存必先定国是》,见《辛亥革命前十年间时论选集》第1卷下册,946页。
③ 伧父:《立宪运动之进行》,见中国史学会主编《辛亥革命》第4册,4页。

第二节　出洋考察宪政与预备立宪的宣布

一　五大臣出洋考察政治

在日俄战争的刺激下,立宪的呼声在全国响起,清政府内部的宪政势力也在伺机而动。出使法国大臣孙宝琦"首以更革政体为请",封疆大吏张之洞、周馥、岑春煊"又以立宪为言",枢臣懿亲"亦稍稍有持其说者",直隶总督袁世凯更是直接奏请"简派亲贵,分赴各国,考察政治,以为改政张本"。① 1905年7月16日,清廷发布上谕,认为变法新政几年来"规模虽具,而实效未彰,总由承办人员向无讲求,未能洞达原委",故特派镇国公载泽、户部侍郎戴鸿慈、兵部侍郎徐世昌、湖南巡抚端方"随带人员,分赴东西洋各国,考求一切政治,以期择善而从"。7月27日,清政府又补派商部右丞绍英随同出洋考察各国政治。② 这就是所谓的"五大臣出洋"。对此,立宪派欢欣鼓舞,认为"此举洵改革政治之先务","人人意中皆若有大希望之在前,以为年月之间必将有大改革以随其后,人心思奋,则气象一新"。③

9月24日,五大臣准备从北京正阳门车站启程出洋,各界人士纷纷前往送行,冠盖云集,人声鼎沸。突然从列车上传出一声巨响,发生了爆炸事件。载泽轻伤,绍英伤稍重,随员仆从与送行人员死伤十余

---

① 《中国立宪之起原》,见《宪政初纲·立宪纪闻》,1页,载《东方杂志》临时增刊,1906。
② 中国第一历史档案馆编:《光绪宣统两朝上谕档》第31册,90、96页,桂林,广西师范大学出版社,1996。
③ 《读十四日上谕书后》,见1905年7月18—19日《时报》,上海。

人。此举系革命党人吴樾所为,吴本人当场被炸身亡,为坚持革命而反对立宪献出了年轻的生命。他在遗书中写道:"樾生平既自认为中华革命男子,决不甘为拜服异种非驴非马之立宪国民也。故宁牺牲一己肉体,以剪除此考求宪政之五大臣。"①吴樾的行动,使清政府颇感震惊。事后,慈禧太后召见戴鸿慈、徐世昌、端方,"慨然于办事之难,凄然泪下"。② 清廷一面下令缉拿凶犯,一面着手加强京师戒备。10月8日,清政府设立巡警部,以徐世昌为尚书,毓朗、赵秉钧为左、右侍郎。

11月25日,清廷谕令设立考察政治馆,作为专门的宪政筹备机构。"延揽通才,悉心研究,择各国政法之与中国治体相宜者,斟酌损益,纂订成书,随时呈进,候旨裁定。"③

因徐世昌出任巡警部尚书,便以山东布政使尚其亨代替出洋;绍英伤未痊愈,由出使比国大臣李盛铎兼代。出洋考察政治五大臣最后被确定为载泽、尚其亨、李盛铎、戴鸿慈、端方,前三人为一路,后两人为一路,在是年底分途出洋。

戴鸿慈、端方一行12月7日离京赴沪,19日从上海出发,途经日本,1906年1月23日抵达美国,后取道英、法到达德国,继而考察奥、俄、意三国,并游历丹麦、瑞典、挪威、荷兰、瑞士等国,7月21日返抵上海,8月10日回京复命。戴鸿慈、端方使团正式考察的国家是美、德、奥、俄、意五国,其中又以美、德、俄三国为重点。

在美国,戴鸿慈、端方先是在首都华盛顿谒见美国总统,呈递国书,然后由美国政府派员陪同考察各处,"自公署、学堂、议院,下及商肆、工厂,排日考求",随后还到纽约、费城、波士顿等地参观;同时,他们还与驻美公使梁诚悉心商讨,并派参赞、随员到其他各处考察,又向美国政府各部索取现行章程,派人摘要翻译。他们在美历时月余,其考察结论是:"大抵美以工商立国,纯任民权,与中国政体本属不能强同。然其规画之周详,秩序之不紊,当日设施成迹,具在简编,要其驯致富强,实非无故。藉资取镜,所益甚多。至于商业之发达,工作之精良,包举恢宏,

---

① 《烈士吴樾君意见书》,见中国史学会主编《辛亥革命》第2册,432页。
② 戴鸿慈:《出使九国日记》,314页,长沙,岳麓书社,1986。
③ 《光绪宣统两朝上谕档》第31册,191页。

经营阔大。一学堂,一工厂,建造之费,动逾千百万金。不惟中国所难能,抑亦欧洲所叹畏。盖美为新造之国,魄力正雄。故其一切措施,难以骤相仿效。而太平洋之商业航利,则我与美实共有之,此又中国所急宜注意竞争,刻不容缓者也。"①在他们看来,美国模式不是中国宪政改革的理想,美国以工商立国,实行民主政体,不但其政治制度不能强同,而且其经济措施也难以仿效。

在德国,戴鸿慈、端方到达德国首都柏林时,正值德皇外出,他们先与德国首相及外交部接洽,得其派员陪同考察官署、学堂、工厂,并饬参赞、随员购买书籍,择要翻译。德皇回国后,他们即前往觐见,呈递国书,受到殷勤接待。"德皇论及中国变法,必以练兵为先,至于政治措施,正宜自审国势,求其各当事机,贵有独具之规模,不在徒摹夫形式,其言至为恳切。"随后,他们又参观了克虏伯炮厂,以及德国西境各省,阅视兵操,调查工矿。他们总计在德月余,其考察结论是:"德国以威定霸不及百年,而陆军强名几振欧海。揆其立国之意,专注重于练兵,故国民皆有尚武之精神,即无不以服从为主义。至于用人行政,则多以兵法部勒,其间气象森严,规矩整肃。其人民习俗亦觉有勤俭质朴之风,与中国最为相近。盖其长处在朝无防民之政,而国体自尊;人有独立之心,而进步甚猛。是以日本维新以来,事事取资于德,行之三十载,遂至勃兴。中国近多歆羡日本之强,而不知溯始穷原,正当以德为借镜。至于德皇所论,适自明其强盛之由,在中国虽不必处处规随,而其良法美意行之有效者,则固当急于师仿,不容刻缓者也。"②显然,他们认为德国是中国应当仿效的一个重要对象。

在俄国,戴鸿慈、端方到达首都圣彼得堡后,即觐见俄皇,呈递国书。当时,正值俄国人民革命尚未平息,"所有学堂、工厂人数稍众之区,皆已停办",他们只考察了"陆军马步各队,及未经停工之船厂、枪炮厂数处",其余全靠驻俄公使胡惟德收集资料。他们认为:"现值俄国政府组织宪政之时,中国尤应格外注意。"在俄考察的基本结论是:"俄国处欧亚两洲之间,幅员最广,素以雄力横视环球,各国猜忌之萌,已非一

---

① 《在美考察情形折》,见端方《端忠敏公奏稿》卷6,15—16页,1918刊本。
② 《到德考察情形折》,见《端忠敏公奏稿》卷6,17—18页。

日。其政体久以专制著称,从前兵力盛强,民间虽怀有追求立宪之心,尚不敢存暴动非常之想。战败之后,始有种种要求,当时迫于事势,不能不由政府许允。近则筹借国债,增练新兵,政府威权又稍稍复振,而议院所求各事,未能事事允行。是以上下相持,颇滋疑沮。臣等曾与该国前首相维特接谈,据称该国预备立宪已逾百年,究之民间知识犹未尽开,一时甚难合度。大抵此次宣布,在政府不能不曲从舆论,而断不能满其所欲,深虑乱事难以消泯。此俄国现筹立宪之实在情形也。至于该国虽经败乱,武备经营尚复不遗余力,自借巨帑后,训练益勤……是以补苴筹措,正复谋虑周详,实有未容轻视者矣。"①俄国在日俄战争与1905年革命之后被迫实行宪政,其情形颇有与中国相似之处,而其加强武备以巩固政府权威等经验正可为中国借鉴。

载泽、尚其亨、李盛铎一行12月11日离京赴沪,1906年1月14日离沪赴日,后途经美国到达英国,再转赴法国、比利时,李盛铎留任出使比国大臣,载泽、尚其亨于7月12日返抵上海,23日回京复命。载泽、尚其亨、李盛铎使团正式考察的国家是日、英、法、比四国,其中又以日、英、法三国为重点。

在日本,载泽等人先到东京觐见天皇,呈递国书,然后参观上下议院、公私大小学校,及兵营、械厂与警察、裁判、递信诸局署,"以考其行政之机关,与其管理监督之法"。同时,他们还与日本政府各大臣,伊藤博文、大隈重信等元老,及专门的政治学博士,从容商讨,"以求立法之原理,与其沿革损益之宜"。② 例如,法学博士穗积八束受日本内阁之令专门为载泽等人讲解日本宪法,认为:"日本国体,数千年相传为君主之国,人民爱戴甚深,观宪法第一条可知。明治维新,虽采用立宪制度,君主主权,初无所损……凡统治一国之权,皆隶属于皇位:此日本宪法之本原也。"伊藤博文向载泽等人赠送所著《皇室典范义解》与《宪法义解》,并相与讨论宪法及有关宪政问题。载泽特地请教伊藤博文:"敝国考察各国政治,锐意图强,当以何者为纲领?"伊藤回答:"贵国欲变法自

---

① 《到俄考察情形折》,见《端忠敏公奏稿》卷六,22—23页。
② 《出使各国考察政治大臣载泽等奏在日本考察大概情形暨赴英日期折》,见故宫博物院明清档案部编《清末筹备立宪档案史料》上册,6页,北京,中华书局,1979。

强,必以立宪为先务。"载泽接着问:"立宪当以法何国为宜?"伊藤说:"各国宪政有二种,有君主立宪国,有民主立宪国。贵国数千年来为君主之国,主权在君而不在民,实与日本相同,似宜参用日本政体。"载泽又问:"立宪后于君主政体有无窒碍?"伊藤答:"并无窒碍。贵国为君主国,主权必集于君主,不可旁落于臣民。日本宪法第三、四条,天皇神圣不可侵犯,天皇为国之元首,总揽统治权云云,即此意也。"①伊藤博文向载泽等人明确地建议中国立宪应参用日本的君主立宪政体。载泽等人在考察日本完毕后向朝廷报告时总结说:"大抵日本立国之方,公议共之臣民,政柄操之君上,民无不通之隐,君有独尊之权。其民俗有聪强勤朴之风,其治体有划一整齐之象,其富强之效,虽得力于改良律法,精练海陆军,奖励农工商各业,而其根本则尤在教育普及。自维新之初,即行强迫教育之制,国中男女皆入学校,人人知纳税充兵之义务,人人有尚武爱国之精神,法律以学而精,教术以学而备,道德以学而进,军旅以学而强,货产以学而富,工业以学而巧,不耻效人,不轻舍己,故能合欧化汉学熔铸而成日本之特色。虽其兴革诸政,未必全无流弊,然以三岛之地,经营二三十年,遂至抗衡列强,实亦未可轻量。至其法令条规,尤经彼国君臣屡修屡改,几费切磋,而后渐臻完密。臣等于其现行条例,勒为成书者,自当慎为选译,而诸人之论说,则随时记录,各署办事规则,亦设法搜求,总期节取所长,以备将来之借镜。"②日本明治维新提供了"欧化"与"汉学"结合的成功范例,应是中国宪政改革借鉴的最好对象。最关键的一点是:清廷在立宪之初最担心的就是皇位与君权问题,载泽等人提供的信息表明,日本立宪模式可以圆满地解决这个问题。

在英国,载泽等人到伦敦时,正值英主前赴法国未归,故与英外部相商先行考察,而拟来日英主归时再行觐见并呈递国书。他们连日参观其行政各局署、海陆军营、公私学校、大小工厂,以及议院、警察、裁判、监狱、市会诸所,"以略考其机关";并延请英国政法专家博士分门演

---

① 载泽:《考察政治日记》,575、579 页,长沙,岳麓书社,1986。
②《出使各国考察政治大臣载泽等奏在日本考察大概情形暨赴英日期折》,见《清末筹备立宪档案史料》上册,6 页。

说,"以深求其原理"。考察的结论是:"大抵英国政治,立法操之议会,行政责之大臣,宪典掌之司法,君主裁成于上,以总核之。其兴革诸政,大都由上下两议院议妥,而后经枢密院呈于君主签押施行。故一事之兴,必经众人之讨论,无虑耳目之不周,一事之行,必由君主之决成,无虑事权之不一。事以分而易举,权以合而易行,所由百官承流于下,而有集思广益之休,君主垂拱于上,而有暇豫优游之乐。若夫外交、军政关于立国之要图,枢府间有特引之权衡,以相机宜之缓急。此行政之规模也。至其一国精神所在,虽在海军之强盛,商业之经营,而其特色实在地方自治之完密……惟其设官分职,颇有复杂拘执之处,自非中国政体所宜,弃短用长,尚须抉择。"①英国虽是君主立宪政体,但其严格实行三权分立制度,君主之"总核"之权,实际上只是象征性的"签押"而已,如此虚君体制,实与中国不相宜。

在法国,载泽等人先到巴黎谒见法国总统,呈递国书,然后参观其行政各局署,并延请其政治名家悉心讨论。随后,他们又因法国政府之请,远赴法国南北各境之里昂、都隆、哈富等处考察商务、制造,参观船坞、战舰。他们认为:"法兰西为欧洲民主之国,其建国规模非徒与东亚各国宜有异同,即比之英、德诸邦,亦不无差别……其立国之体,虽有民主之称,统治权实与帝国相似……法国地近罗马,政法实得其遗传,而又经拿破仑第一之雄才大略,综揽洪纲,以沉毅英鸷之资,手定立国治民之法,公私上下权限分明,数十年来虽屡经变革,卒易世及为选举,而其理法条目遗意相承,无或稍异。是其所变者,官家之局,其不变者,立法之精,故观其现行成法,大权仍集于政府,居中驭外,条理秩如。其设官分职,则三权互相维系,无轻重偏倚之嫌,其地方自治,则都府秉成中枢,有指臂相联之势。比之英吉利,一则人民先有自治之力,而后政府握其纲,一则政府实有总制之规,而后人民贡其议,施之广土众民之国,自以大权集一为宜。"②法国是民主共和政体,自然不宜为中国所仿效。载泽等人特别强调了法国的帝国性质,尤其是其中央集权的经验是清

---

① 《出使各国考察政治大臣载泽等奏在英考察大概情形暨赴法日期折》,见《清末筹备立宪档案史料》上册,11页。
② 《出使各国考察政治大臣载泽等奏在法考察大概情形并再赴英呈递国书折》,见《清末筹备立宪档案史料》上册,14—15页。

政府宪政改革可以借鉴的。

其他如奥、意、比三国虽被列为正式考察的国家,但不是重点。至于戴鸿慈、端方一行在丹麦、瑞典、挪威、荷兰、瑞士五个小国,只是游历观光,没有正式考察的任务。这次五大臣出洋考察为时约半年,周游14国,重点考察了美、德、俄、日、英、法这些当时世界上最强大的资本主义国家,其中尤以君主立宪制国家日本、英国和德国为重中之重。考察的结果为清政府选择立宪模式提供了重要的决策依据:第一,美国与法国是民主共和政体,清政府不能仿效;第二,英国的虚君立宪体制也不可取;第三,俄国在日俄战争与1905年革命后被迫实行宪政,正从专制向立宪转型,清政府可以借鉴其经验教训;第四,日本与德国的君权至上的君主立宪模式最可取法,日本体制源于德国,中国师法日本即可。事实证明,随后的预备立宪正是以日本模式为典范,应该说五大臣出洋考察政治的目的基本上达到了。

另外,考察政治大臣还带回了许多有关西方宪政制度与思想的资料。载泽等人编辑书籍67种,并将其中30种分别撰写提要进呈清廷,还将400余种外文书籍送交考察政治馆。戴鸿慈、端方则利用有关资料组织编译了《欧美政治要义》和《列国政要》两部书,系统地介绍了各国的政治制度;《欧美政治要义》也被送呈清廷。载泽的《考察政治日记》与戴鸿慈的《出使九国日记》也很快刊行。这些资料对西方民主政治思想在中国的传播有着重要的作用,同时也为清廷推行预备立宪提供了重要的思想资源。

二 清廷宣布预备立宪

清廷派遣亲贵大臣出洋考察宪政,目的是要为是否实行立宪及如何立宪的问题提供决策依据。出洋考察政治大臣所到之处,非常关注各国宪政的实施情形,并搜集了大量的宪政资料;他们回国以后,即加紧进行立宪的宣传与鼓动活动。

慈禧太后和光绪皇帝频频召见各位大臣,"两宫召见泽公二次,端大臣三次,戴、尚两大臣各一次,垂问周详,皆痛陈中国不立宪之害,及立宪后之利,两宫动容,谕以只要办妥,深宫初无成见"。考政大臣的陈辞显然已是耸动天听。但是,与此同时,朝中顽固势力也在蠢蠢欲动,他们"或以立宪有妨君主大权为说,或以立宪利汉不利满为言",对立宪主张极尽攻击之能事。① 载泽、端方又连连陈奏,努力化解两宫心中的疑团。

1906年7月25日,载泽首次上折奏请立宪,主张仿照日本明治维新实行预备立宪。他认为,日本"以立宪之精神,实行其中央集权之主义,施诸中国,尤属相宜",希望清廷"破群疑以决大计,秉独断而定一尊,明发谕旨,布告立宪,酌定若干年为实行之期"。②

随后,戴鸿慈、端方上奏《请定国是以安大计折》,系统地提出一个15—20年预备立宪的具体方案。在奏折中,他们首先从中国与东西洋各国数十年通商与外交关系的历史,指出"中国无一不处于失败之地"的事实,然后推究其原因在于国富与兵强不如人,而其关键又在"政体之为何",即是专制还是立宪,认为"专制之国任人而不任法,故其国易危;立宪之国任法而不任人,故其国易安"。当时世界各强国除俄国"初谋立宪而未脱专制政体"以外,都是立宪政体,"夫东西洋各国之所以日趋于强盛者,实以采用立宪政体之故"。因此,中国要想富强,也必须采用立宪政体。"中国今日正处于世界各国竞争之中心点,土地之大,人民之众,天然财产之富,尤各国所垂涎,视之为商战兵战之场,苟内政不修,专制政体不改,立宪政体不成,则富强之效将永无所望……中国而欲国富兵强,除采用立宪政体之外,盖无他术矣。"尽管如此,但他们又认为当时中国不宜立刻实行立宪,"中国非立宪不可,而速立宪又不可",中国必须仿照日本实行预备立宪。"如欲使中国列入世界各文明国,而采其立宪之政体,则日本所行预定立宪之年,而先下定国是之诏,使官吏人民预为之备者,乃至良甚美之方法,可以采而仿行之者也。"他们建议朝廷下定国是之诏,先办六事:一是"举国臣民立于同等法制之下,以破除一切畛域"。预定宪法"人民同等"之精神,宣布在一切法律

---

① 《考政大臣之陈奏及廷臣会议立宪情形》,见《宪政初纲·立宪纪闻》,2页,载《东方杂志》临时增刊,上海,1906。
② 杨寿枏:《吁请立宪折》(代考察政治大臣泽公拟),见《思冲斋文别钞》,1—2页,1928。转引自侯宜杰《二十世纪初中国政治改革风潮——清末立宪运动史》,68页。按:载泽原折迄未发现,此杨寿枏代拟折稿为侯宜杰首先引用。

与制度面前人人平等。二是"国事采决于公论"。预设国家议政机关，酌行地方议会，为将来中央议会和各省议会之预备。三是"集中外之所长，以谋国家与人民之安全发达"。在学术、教育、法律、制度各方面，必须兼采中外之长，既要有"世界之智识"，又要保存中国文化的特色，"不存中外之见，惟以是非为准"。四是"明宫府之体制"。宫廷与政府体制分开，不仅宫廷内部官制完备，而且其经费也与国用分而为二，皇室自有私产。五是"定中央与地方之权限"。中国立宪后将不宜实行中央集权，必须参照各立宪国官制，确定中央政府各部与各省督抚的具体权限，并推行地方自治制度。六是"公布国用及诸政务"。财政收支与政务公开，将财政处归并于户部，"以稽岁出岁入之实数"；设立会计检察院，以为实行预算决算制度之预备。以上六事都是预备立宪时期必须先期预定的国是。最后，他们恳请朝廷"明降谕旨，宣示天下，以定国是，约于十五年至二十年，颁布宪法，召议员，开国会，实行一切立宪制度"。①

8月23日，载泽再上《奏请宣布立宪密折》，对当时反对立宪的几种说法，如立宪有损君主权利、人民程度不够、有损满人利益等进行了逐条驳斥。他根据日本宪法以及伊藤博文、穗积八束的宪法解说，阐明了立宪国君主仍有至高无上的统治权，"凡国之内政外交、军备财政、赏罚黜陟、生杀予夺以及操纵议会，君主皆有权以统治之，论其君权之完全严密，而无有丝毫下移"。他还特别强调了立宪对于当时的中国形势而言最重要之利有三："一曰皇位永固：立宪之国君主神圣不可侵犯，故于行政不负责任，由大臣代负之，即偶有行政失宜，或议会与之反对，或经议院弹劾，不过政府各大臣辞职，别立一新政府而已，故相位旦夕可迁，君位万世不改，大利一；一曰外患渐轻：今日外人之侮我，虽由我国势之弱，亦由我政体之殊，故谓为专制，谓为半开化，而不以同等之国相待，一旦改行宪政，则鄙我者转而敬我，将变其侵略之政策，为平和之邦交，大利二；一曰内乱可弭：海滨洋界，会党纵横，甚者倡为革命之说，顾其所以煽惑人心者，则曰政体专务压制，官皆民贼，吏尽贪人，民为鱼

---

① 《请定国是以安大计折》，见《端忠敏公奏稿》卷6,28—42页。

肉,无以聊生,故从之者众。今改行宪政,则世界所称公平之正理,文明之极轨,彼虽欲造言而无词可借,欲倡乱而人不肯从,无事缉捕搜拿,自然冰消瓦解,大利三。"当然,他也不主张立刻宣布立宪,而是主张仿照日本实行预备立宪,认为:"今日宣布立宪,不过明示宗旨,为立宪之预备,至于实行之期,原可宽立年限。日本于明治十四年宣布宪政,二十二年始开国会,已然之效,可仿而行之。"①

8月25日,戴鸿慈、端方又上奏"改定全国官制以为立宪预备",他们主张仿照日本以改官制为立宪之预备,具体改革内容有八:一是"略仿责任内阁之制,以求中央行政之统一";二是"定中央与地方之权限,使一国机关运动灵通";三是"内外各重要衙门,皆宜设辅佐官,而中央各部主任官之事权尤当归一";四是"中央各官宜酌量增置、裁撤、归并";五是"变通地方行政制度,以求内外贯注";六是"裁判与收税事务,不宜与地方官合为一职";七是"内外衙署,宜皆以书记官代吏胥";八是"更定任用、升转、惩戒、俸给、恩赏诸法及官吏体制,以除种种窒碍而实事求是之效"。随后他们还奏请设立编制局,作为全国官制改革的专门机构。②

在载泽、戴鸿慈、端方等出洋考察政治大臣连连奏请立宪的同时,还有不少官员以立宪上奏,甚至军机大臣也是各有陈奏,终于促成了朝廷下定立宪的决心。"徐尚书世昌请采用地方自治制,以为立宪预备;荣尚书庆谓宜保存旧制,参以新意;瞿中堂鸿禨则参酌二者之间。盖至此而枢臣与考政大臣之意见,已渐归一致;反对者虽众,亦无所施其技矣。于是朝廷立宪之意始决。"③

就在戴鸿慈、端方奏请改官制的同一天,朝廷谕命醇亲王载沣、军机大臣、政务处大臣、大学士以及北洋大臣袁世凯阅看"考察政治大臣回京条陈各折件",请旨办理。

8月27、28日,醇亲王载沣、军机大臣、政务处大臣、大学士和北洋

---

① 《镇国公载奏请宣布立宪密折》,见《宪政初纲·奏议》,4—6页,载《东方杂志》临时增刊,1906。
② 《出使各国考察政治大臣戴鸿慈等奏请改定全国官制以为立宪预备折》《出使各国考察政治大臣戴鸿慈等奏请设编制局以改定全国官制折》,见《清末筹备立宪档案史料》上册,367—385页。
③ 《考政大臣之陈奏及廷臣会议立宪情形》,见《宪政初纲·立宪纪闻》,3页,载《东方杂志》临时增刊,1906。

大臣袁世凯举行高层会议,就考政大臣回京奏陈各折件进行讨论,对立宪问题作最后决策。在这次会议上,以庆亲王奕劻、张百熙、徐世昌、袁世凯为一派,主张速行立宪;以孙家鼐、荣庆、铁良为一派,相应提出种种问难,意在缓行。两派争论激烈,醇亲王载沣与瞿鸿机则试图调和折中。奕劻首先发言,认为从考政大臣的奏折来看,立宪有利无弊,且符合中外舆论,故"似应决定立宪,从速宣布,以顺民心而副圣意"。孙家鼐认为由君主(专制)而立宪,是一整套制度的变动,"变之太大太骤,实恐有骚然不靖之象,似但宜革其丛弊太甚诸事,俟政体清明,以渐变更,似亦未迟"。徐世昌反驳说,渐变有年,未见成效,"惟大变之,乃所以发起全国之精神也"。孙家鼐又说,国民少有知立宪者,实行立宪"则恐无益而适为厉阶,仍宜慎之又慎乃可"。张百熙认为,国民程度全由政府劝导,"与其俟程度高而后立宪,何如先预备立宪而徐施诱导,使国民得渐几于立宪国民程度之为愈乎"。荣庆说,立宪之名虽美,但必须先行整顿纪纲,"立居中驭外之规,定上下相维之制",使官吏尽知奉法而后可议立宪;否则,"若不察中外国势之异,而徒徇立宪之美名,势必至执政者无权,而神奸巨蠹,得以栖息其间,日引月长,为祸非小"。瞿鸿机说:"故言预备立宪,而不能遽立宪也。"铁良一再提出异议,认为各国立宪皆由国民要求,甚至暴动。他认为:"彼能要求,固深知立宪之善,即知为国家分担义务也。今未经国民要求,而辄授之以权,彼不知事之为幸,而反以分担义务为苦,将若之何。"且预备立宪必须实行地方自治,如果土豪劣绅把持地方命脉,"则事殆矣"。袁世凯解释说:"天下事势,何常之有? ……各国之立宪,因民之有知识而使民有权,我国则使民以有权之故而知有当尽之义务,其事之顺逆不同,则预备之法亦不同。"至于地方自治,则"必须多选循良之吏为地方官,专以扶植善类为事,使公直者得各伸其志,奸慝者无由施其技,如是始可为地方自治之基础也"。载沣最后作了具有总结意味的发言,他说:"立宪之事,既如是繁重,而程度之能及与否,又在难必之数,则不能不多留时日,为预备之地矣。"结果,大家基本上同意实行预备立宪。次日,"面奏两宫,请行宪政"。①

---

① 《考政大臣之陈奏及廷臣会议立宪情形》,见《宪政初纲·立宪纪闻》,3—5页,载《东方杂志》临时增刊,1906。

9月1日,朝廷发布上谕,宣称:"时处今日,惟有及时详晰甄核,仿行宪政,大权统于朝廷,庶政公诸舆论,以立国家万年有道之基。但目前规制未备,民智未开,若操切从事,涂饰空文,何以对国民而昭大信?故廓清积弊,明定责成,必从官制入手。亟应先将官制分别议定,次第更张,并将各项法律详慎厘订,而又广兴教育,清理财政,整饬武备,普设巡警,使绅民明悉国政,以预备立宪基础。"① 清政府从此便开始了预备立宪。

---

① 《光绪宣统两朝上谕档》第32册,128页。

第三节　中央与地方的官制改革及其挫折

一　中央官制改革与责任内阁制难产

立宪在中国是破天荒的事情。如何办理？上述"仿行宪政"谕旨提出"从官制入手"。这种以改革官制为预备立宪基础的思想是对日本明治维新的刻意仿效。出洋考察政治大臣戴鸿慈、端方在8月25日奏请改官制的奏折中认为："日本之实施宪法在明治二十三年，而先于明治七年、明治十八年两次大改官制，论者谓其宪法之推行有效，实由官制之预备得宜……即求其可以为我法者，则莫如日本之仿效欧西，事事为我先导。盖各国国力人格自有不同，而日本则能取彼之长而弃其短，尽彼之利而去其弊。中国今日欲改革，其情势与日本当日正复相似，故于各国得一借镜之资，实不啻于日本得一前车之鉴，事半功倍，效验昭然。"①

9月2日，清廷正式宣布进行官制改革，派载泽、世续、那桐、荣庆、载振、奎俊、铁良、张百熙、戴鸿慈、葛宝华、徐世昌、陆润庠、寿耆、袁世凯为官制编纂大臣，着端方、张之洞、升允、锡良、周馥、岑春煊选派司道大员进京随同参议，并派庆亲王奕劻、孙家鼐、瞿鸿禨为总司核定大臣。② 6日，设编制馆于恭王府之朗润园，以孙宝琦、杨士琦为提调，金邦平、张一麐、曹汝霖、汪荣宝为起草课委员，陆宗舆、邓邦述、熙彦为评

---

①《出使各国考察政治大臣戴鸿慈等奏请改定全国官制以为立宪预备折》，见《清末筹备立宪档案史料》上册，367—368页。
②《光绪宣统两朝上谕档》第32册，129页。

议课委员，吴廷燮、郭曾炘、黄瑞祖为考定课委员，周树模、钱能训为审定课委员，另有中央各部、处和上述指定总督所派属员参议。编纂官制的基本程序是：先由起草课撰拟草案，次由评议课评议之，再由考定课加以考核，经审定课审定后，呈由编制大臣等一律署诺，然后送往总司核定处删改具奏。编纂官制的根本宗旨是"参仿君主立宪国官制"。①

清末官制改革的基本内容包括中央官制改革与地方官制改革两个方面，大致是从中央到地方分两个步骤进行。官制改革表面上只是一些政治机构的重新调整，实际上是涉及各种政治势力切身利益的一次政治权力的再分配。因此，在整个官制改革的过程中，各种矛盾斗争错综复杂，这直接制约了改革的进程和影响到改革的结果。

清政府传统的中央权力机构主要是军机处和吏、户、礼、兵、刑、工六部。庚子事变之后，随着政治形势的新变化，在新政开展的过程中，陆续设立了外务部、商部、巡警部、学部以及政务处、练兵处、财政处等几个新机构。新机构的设置虽然对旧官制有所变革，如新设四部的满汉不分、一尚书二侍郎的官员配置，就不同于旧六部的满汉各有一尚书二侍郎的两套班子的官制，但这些并不能从根本上改变旧的中央政府体制。

出洋考察政治大臣戴鸿慈、端方曾经提出了一个全国官制改革的方案，其中关于中央官制改革方面有两个要点：一是仿行责任内阁制。保留原来内阁的形式，以军机处归并其中，设总理大臣一人兼充大学士，为首长，设左右副大臣各一人兼充协办大学士，为辅佐。二是中央改设九部。在原有中央机构的基础上酌量增置、裁撤、归并，重新设立内务部、财政部、外务部、军部、法部、学务部、商部、交通部、殖务部。另外，在内阁以外设置若干独立机构：会计检察院、行政裁判院、集议院、宫内部、枢密院、典礼院、翰林院、都裁判厅。②

官制编制馆设立之后，立即开始起草中央官制改革草案，大致依据上述戴鸿慈、端方提出的方案"斟酌而成"。具体办法是：以内阁为首，

---

① 《更革京朝官制大概情形》，见《宪政初纲·立宪纪闻》，6页，载《东方杂志》临时增刊，1906。
② 《出使各国考察政治大臣戴鸿慈等奏请改定全国官制以为立宪预备折》，见《清末筹备立宪档案史料》上册，368—376页。

设总理大臣一人,左右副大臣二人,各部尚书均为内阁政务大臣,参知政事;设十一部七院一府,即外务部、民政部、财政部、陆军部、海军部、法部、学部、农工商部、交通部、理藩部、吏部,资政院、典礼院、大理院、都察院、集贤院、审计院、行政裁判院,军谘府。① 这个草案的核心内容是责任内阁制。

责任内阁制的提出,引起了激烈的争论。当时,官制编制馆实际上是由袁世凯所控制,馆中许多具体的办事人员都是他的亲信,因此该馆起草的官制改革草案在某种程度上可以说代表了袁世凯的意见。袁世凯当时一度极力主张立宪,甚至有"官可不做,法不可不改"、"当以死力相争"之言。时人记载:"本初另有深意,盖欲借此以保其后来,此固人人所料及者。"②此所谓"保其后来"即预留后路。因为袁世凯在戊戌政变中得罪了光绪皇帝,他担心在年过七旬的慈禧太后去世之后光绪亲政会对自己不利,所以想利用责任内阁制来限制君权。他积极提倡设立责任内阁的目的很明显,就是想推举自己手中的傀儡奕劻为总理,自己以副总理实际控制内阁,操纵中央大权。司马昭之心,路人皆知。因此,此举遭到了普遍的反对,御史交章弹奏,与袁世凯本来就有矛盾的铁良、荣庆等人更是借机攻击。尽管如此,以奕劻为首的总司核定大臣在审核这个官制草案时,只是作了一些无关紧要的改动,如改财政部为度支部,改交通部为邮传部,去掉典礼院之名而恢复礼部,删除行政裁判院和集贤院,而仍然保存责任内阁制。

11月2日,奕劻等人将已核定的官制草案上奏朝廷,宣称"此次改定官制既为预备立宪之基,自以所定官制与宪政相近为要义",因而主张实行责任内阁制。具体办法是:设内阁总理大臣一人,左右副大臣各一人,以各部长官为内阁政务大臣。中央设十一部,依次为外务部、吏部、民政部、度支部、礼部、学部、陆军部、法部、农工商部、邮传部、理藩部,各部设一尚书、二侍郎。内阁之外另设五院一府,即集贤院、资政

---

① 《更革京朝官制大概情形》,见《宪政初纲·立宪纪闻》,6—7页,载《东方杂志》临时增刊,1906。
② 《齐东野语》,见陈旭麓、顾廷龙、汪熙主编《辛亥革命前后——盛宣怀档案资料选辑之一》,28—29页,上海人民出版社,1979。

院、审计院、行政裁判院、大理院和军谘府。① 在上奏的当天,袁世凯特意去请训,"以备召询",但没有任何反应。在袁世凯回到天津之后,清廷正式公布的官制中却作了较大的"更改",去掉了责任内阁制,仍然保留军机处,使袁世凯大失所望。个中缘由主要是袁世凯的过分张扬,不仅引起多方面的反对与攻击,而且使清廷也对他产生了怀疑和不满。其中一个颇为重要的关节是瞿鸿禨的作用。据说,袁世凯欲乘官制改革之机推行责任内阁制,以便通过以奕劻为总理大臣而揽权,"鸿禨知其意,隐沮之,言路亦陈其不便,孝钦采鸿禨之议,仍用军机处制"。②此所谓鸿禨之议,可以他的一份《说帖》为证。他认为:"日本以内阁居首,亦采中制。欧洲各国不名内阁,其以一员总理,则同我朝以军机处为行政总汇,其义亦未尝不同军机处。"因此,他主张原有军机处与内阁照旧。③ 这显然是反对袁世凯等人所主张的把军机处归并内阁以设立责任内阁。

11月6日,清廷正式公布了新的中央官制。新官制没有采用责任内阁制,仍然保留了旧的内阁和军机处,各部院的设置则基本上采用上述奕劻等人的奏折。次日,任命各部院长官。外务部体制仍旧,奕劻为总理大臣,那桐为会办大臣,瞿鸿禨为会办大臣兼尚书;吏部尚书鹿传霖;民政部尚书徐世昌;度支部尚书溥頲;礼部尚书溥良;学部尚书荣庆;陆军部尚书铁良;法部尚书戴鸿慈;农工商部尚书载振;邮传部尚书张百熙;理藩部尚书寿耆;都察院都御史陆宝忠;大理院正卿沈家本。④中央官制改革历时两个多月终于完成。

在中央官制改革的过程中,由于奕劻、袁世凯势力揽权心切,致使责任内阁制胎死腹中,并使中央最高层的矛盾显露无遗,为随后的"丁未政潮"埋下伏笔。中央官制改革虽然标榜不分满汉,所设13个部院中的15名部院长官,有满族7人,蒙古族1人,汉族7人,从人数上看似也平分秋色,但满人所占的多是重要职位,使权力大都集中在满族亲

---

① 《庆亲王奕劻等奏厘定中央各衙门官制缮单进呈折(附清单二)》,见《清末筹备立宪档案史料》上册,462—471页。
② 汪诒年:《汪穰卿先生传记》卷四,7页,杭州汪氏铸版,1938年。
③ 瞿鸿禨:《复核官制说帖》,见周育民整理《瞿鸿禨奏稿选录》,载《近代史资料》总83号,35页。
④ 《光绪宣统两朝上谕档》第32册,196—199页。

贵手中。满族亲贵专权的倾向非常明显,满汉矛盾仍将无法调和。

二 地方官制改革与各省督抚的消极抗拒

在公布中央官制改革的同一天,朝廷谕令厘定官制大臣接续编订地方官制,并会商各省督抚妥为筹议。事实上,厘定官制大臣早已开始讨论地方官制改革问题。就在此前一天,即1906年11月5日,厘定官制大臣已经拟定地方官制改革的两套方案,并致电各省督抚会商。厘定官制大臣关于地方官制改革问题征求各省督抚意见的电文如下:

> 厘定官制为立宪预备,各省官制自应参仿京部官制,妥为厘定……今拟仿汉、唐县分数级之制,分地方为三等,甲等曰府,乙等曰州,丙等曰县。令现设知府解所属州县,专治附郭县事,仍称知府,从四品,其原设首县即行裁撤。直隶州知州、直隶厅抚民同知均不管属县,与散州知州统称知州,正五品,直隶厅抚民通判及知县统称知县,从五品。每府州县各设六品至九品官,分掌财赋、巡警、教育、监狱、农工商及庶务,同集一署办公。别设地方审判厅,置审判官,受理诉讼;并画府州县各分数区,每区设谳局一所,置审判官,受理细故诉讼,不服者方准上控于地方审判厅。每府州县各设议事会,由人民选举议员,公议本府州县应办之事。并设董事会,由人民选举会员,辅助地方官,办理议事会所议决之事。俟府州县议事会及董事会成立后,再推广设城镇乡各议事会、各董事会及城镇乡长等自治机关,以上均受地方官监督。仍留各巡道,监督各府州县,宜体察情形并按地方广狭、属县多寡,酌量增减,并分置曹佐。以上办法由各省督抚酌量推行。
>
> 至省城院司各官,现拟有两层办法……拟仿我朝各边省将军衙署分设户礼兵刑工各司、粮饷各处办法,合院司所掌于一署,名之曰行省衙门,督抚总理本衙门政务,略如各部尚书。藩臬两司,略如部丞。其下参酌京部官制,合并藩臬以外司道局所,分设各司,酌设官,略如参议者领之。以下分设各曹,置五品至九品官分掌之。每督抚率同属官定时入署,事关急速者即可决议施行,疑难者亦可悉心商榷,一稿同画,不必彼此移送申详。各府州县公牍直达于省,由省径行府州县。每省各

设高等审判厅,置省审判官,受理上控案件。行政、司法各有专职,文牍简一,机关灵通,与立宪国官制最为相近。此为第一层办法。

其次,则以督抚径管外务、军政,兼监督一切行政、司法。以布政司管民政,兼管农工商;以按察司专管司法上之行政,监督高等审判厅;另设财政司,专管财政,兼管交通事务。秩视运使,均酌设属官佐理一切。此外,学、盐、粮、关、河各司道仍旧制。以上司道均按主管事务,禀承督抚办理,并监督各该局所。此系按照现行官制量为变通,以专责成而清权限。此为第二层办法。①

以上涉及省级和省以下府、州、县各级机构调整与体制变革,是对地方官制的全面改革。地方官制改革与各省督抚的利益密切相关,尤其是省级机构改革的两层办法,使各省督抚歧见纷出,莫衷一是。经过一段时间的观望与商议,各省督抚在1907年2月以前已纷纷复电,大致情形如下:第一,关于省级以下府、州、县机构体制改革。大都原则上表示赞同,但又各自提出一些具体的困难,如经费拮据、人才难得、地处偏远、风气未开等,故而又多主张缓办,或主张在条件较好的地方先行试办,然后逐渐推广。第二,关于省级机构体制改革。对所提出的两层办法分歧较大:吉林将军达桂、新疆巡抚联魁、山西巡抚恩寿、湖南巡抚岑春蓂、奉天将军赵尔巽、云贵总督岑春煊、黑龙江将军程德全、江西巡抚吴重熹主张用第一层办法;陕西巡抚曹鸿勋、江苏巡抚陈夔龙、浙江巡抚张曾敭、两广总督周馥主张用第二层办法;贵州巡抚庞鸿书、闽浙总督丁振铎、广西巡抚林绍年、四川总督锡良、署闽浙总督崇善、山东巡抚杨士骧认为两层办法都好,或主张先从第二层入手,然后逐渐递进到第一层办法,或主张折中参用两层办法;湖广总督张之洞、陕甘总督升允全行反对;河南巡抚张人骏、安徽巡抚恩铭未明确表态。总的情况是"大抵主第二层办法者,多于第一层;主第二层办法而请缓行者,多于速行"。② 其实,各省督抚对于地方官制改革大都是有所保留的。

---

① 《厘定官制大臣致各省督抚通电》,见侯宜杰整理《清末督抚答复厘定地方官制电稿》,载《近代史资料》总76号,51—53页。
② 《编改外省官制办法及各疆臣之意见》,见《宪政初纲·立宪纪闻》,10页,载《东方杂志》临时增刊,1906。

厘定官制大臣接到各省督抚的复电之后,由载泽组织,多次在北洋公所进行集体讨论,关于省级官制问题,出现较大的意见分歧,一时难以统一。1907年初,载泽等人控制的编制局将地方官制改革草案送交到总司核定处,但因庆亲王奕劻请病假而未能核议,地方官制改革之议事实上已处于暂停状态。恰在此时,御史赵启霖因各省灾歉已甚、民情惶惧为由,奏请外官改制暂缓议行,他认为:"外省官制,各督抚先后议复,视为窒碍者颇多,鄂省复电尤为详尽明透。京官改制,已经半载,仍多敷衍因循,若复更改外官,其无裨益而滋纷扰,实在意中。"据说,赵启霖的奏折使"两宫颇为动容"。① 由于朝廷内外一片反对之声,直接影响了地方官制改革的进程。时论以为:"外官官制至今尚未宣布,各侍御及各省督抚反对者颇多。现两宫之意以为各省督抚现不赞成,大约即系利少弊多,故拟暂缓更动。"②结果,官制局被撤,各省参议员陆续回省销差,地方官制改革之议因此被暂时搁置起来。

后来,岑春煊入都奏请"速改官制",并面奏立宪宜从改官制起,使"圣意稍动"。岑氏旧事重提,得到载泽与袁世凯的支持。③ 在这种情况下,庆亲王奕劻等总司核定大臣拿出原编制局拟好的官制改革草案进行核议。1907年7月7日,奕劻等人将地方官制改革情形上奏清廷。第一,地方机构改革着重在于增改司道各员:改按察司为提法司,专管司法行政,监督各级审判;增设巡警道,专管全省警政事务;增设劝业道,专管全省农工商业及各项交通事务;裁撤分守分巡各道;在边远地方由督抚酌情请旨设置兵备道。第二,地方官制改革的重点有二:一是"分设审判各厅以为司法独立之基础"。各省分设高等审判厅、地方审判厅、初等审判厅,作为独立于行政之外的专门司法机构。二是"增易佐治各员,以为地方自治之基础"。各省府、州、厅、县增易佐治官员,使之组织议事会和董事会,作为地方自治机构。④ 当天,清廷谕旨批准

---

① 《丁未二月十七、十八日京陈道、天津张委员来电》,见《张之洞存各处来电稿》第1函,北京,中国社会科学院近代史研究所图书馆藏档案,甲182—444。
② 《外官官制更动》,见1907年4月17日《京华报》第76册,北京。
③ 《丁未四月初九日天津张委员来电》《丁未四月十六、二十三日陈丞来电》,见《张之洞存各处来电稿》第1函,北京,中国社会科学院近代史研究所图书馆藏档案,甲182—444。
④ 《总司核定官制大臣奕劻等奏续订各直省官制情形折(附清单)》,见《清末筹备立宪档案史料》上册,503—510页。

在东三省"先行试办",并在直隶、江苏两省"择地先为试办",其余各省限期15年内由该督抚体察情形,分年分地请旨办理,于是便完成了所谓的地方官制改革。

官制改革是一个权力重新配置的过程,清政府试图借此加强中央集权。此举激化了统治集团内部各派政治势力的矛盾,尤其是朝廷与地方督抚之间的矛盾。加强中央集权就意味着削弱地方督抚的权力,这是地方督抚所无法接受的。对于地方官制改革,虽然不少督抚都只是笼统地谈些人们认识程度不够与财政拮据等困难,大都避而不谈督抚的权力问题,但他们的消极表态足以显示某种抗拒的心理。正是由于各省督抚的意见,而使地方官制改革之议一度被迫暂停。当然,围绕官制改革的集权与分权之争还只是清末朝廷与地方督抚矛盾斗争的开始,此后还将有更为激烈的争斗。满族亲贵不断地通过各种方式加强中央集权,使朝廷与地方督抚之间的关系日趋紧张。光绪末年京师有谚语云:"近支排宗室,宗室排满,满排汉。"[①]其结果就是清廷日益陷于孤立的境地,以至于在辛亥革命中各省督抚不但少有效忠清王朝者,甚至还有人反戈相向,投机到革命者的行列,最终成为清王朝的掘墓人。

---

① 刘体仁:《异辞录》卷四,4页,上海书店,1984。

第四节 《钦定宪法大纲》与《九年筹备立宪清单》

一 设立宪政编查馆与再派大臣出洋考察

1905 年 11 月,朝廷在派五大臣出洋考察政治时,曾经设立考察政治馆。预备立宪开始后,考察政治馆成为实际上的宪政筹备机构。1907 年 8 月 13 日,朝廷批准庆亲王奕劻等人的奏请,改考察政治馆为宪政编查馆,"编译东西洋各国宪法,以为借镜之资,调查中国各行省政俗,以为更张之渐……专办编制法规、统计政要各事项",①使这个办理宪政的机构更加名实相符。

8 月 24 日,奕劻等人上奏《宪政编查馆办事章程》,以该馆为"宪政之枢纽",并明确地规定了该馆的管理体制、组织机构和基本职责。

宪政编查馆由军机王大臣管理,下设提调二员,综理馆中一切事宜。其管理体制是一种军机王大臣领导下的提调负责制,即馆中具体事务的操作由提调负责,但其最终决策权则归军机王大臣,也就是宪政编查馆大臣。

宪政编查馆的组织机构主要有编制、统计二局和庶务、译书、图书三处,另外附设官报局。编制局分三科:第一科掌属于宪法之事;第二科掌属于法典之事;第三科掌属于各项单行法及行政法规之事。统计局也分三科:第一科掌属于外交、民政、财政之事;第二科掌属于教育、

---

① 《庆亲王奕劻等奏请改考察政治馆为宪政编查馆折》《考察政治馆改为宪政编查馆谕》,见《清末筹备立宪档案史料》上册,45—46 页。

军政、司法之事；第三科掌属于实业、交通、藩务之事。编制局、统计局各设局长一人，承提调之命管理局务；副局长一人，协同局长管理局务。各科分设科员三至四人分管科务。庶务处专司收发文书、款项出入及各项杂务，设总办一员，委员若干。译书处精选译才，陆续翻译为调查所必需之各国书籍，员数不定。图书处收储中外图籍，设收、掌二员专司其事。官报局综理各项文件之编辑、校对、印刷、发行四项事宜，设局长一人、办事人员若干。另外，馆中还设总核二员，稽核各项奏咨文牍及官报事件。

宪政编查馆的基本职责有四：一是议复奉旨交议有关宪政折件，及承拟军机大臣交付调查各件；二是调查各国宪法，编订宪法草案；三是考核法律馆所订法典（民法、商法、刑法、刑事诉讼法、民事诉讼法）草案、各部院与各省所订各项单行法（隶于一事之章程、不属法典之各法）及行政法规（如改订官制及任用章程之类）；四是调查各国统计，颁成格式，汇成全国统计表及与各国比较统计表。宪政编查馆拟订及考核各件，除法典及重大事项应由资政院议决外，其余各件呈由军机王大臣阅定，即奏准施行。[①]

宪政编查馆设立初期，其具体人员如下：宪政编查馆大臣一般由军机大臣兼任，共六人，为军机大臣和硕庆亲王奕劻、军机大臣上学习行走和硕醇亲王载沣、军机大臣文渊阁大学士世续、军机大臣体仁阁大学士张之洞、军机大臣协办大学士鹿传霖、军机大臣外务部尚书袁世凯；提调二人，为内阁学士兼礼部侍郎衔镶白旗汉军副都统宗室宝熙、大理院少卿刘若曾；总核二人，为军机处三品章京王庆平、军机处三品章京曹广桢；编制局局长吴廷燮，副局长章宗祥，正科员汪荣宝、曹汝霖、恩华，副科员胡大勋、朱国桢、董康、胡礽泰、陈曾寿、嵇镜、富士英、章宗元、程明超、施呼本、颜志庆、高种、张孝栘、熊垓、严锦荣、廉隅；统计局局长沈林一，副局长钱承志，正科员延鸿、林荣、陈毅，副科员文斌、吴振麟、卢静远、张国淦、夏道炳、刘泽熙、顾鳌、王建祖、嵇芩孙、陆梦熊、张鸿藻、钱应清、林蔚章；总务处总办左孝同，科员荫桓、黄瑞麒、杨熊祥、

[①]《宪政编查馆大臣奕劻等拟呈宪政编查馆办事章程折（附清单）》，见《清末筹备立宪档案史料》上册，47—51页。

于宝轩、张志潜、傅岳棻;官报局局长华世奎,印刷科科员傅范初;译书处总纂严璩。①

10月22日,宪政编查馆大臣奕劻等人又奏请在各省设立调查局、各部院设立统计处,以为该馆"编制法规、统计要政之助",得到朝廷批准。② 在各省设立调查局与各部院设立统计处,主要是配合宪政编查馆进行工作。

宪政编查馆设立后,开展了一系列的筹备宪政的工作,使清廷立宪之"预备"得以正常运作。

几乎与此同时,清廷第二次派大臣出洋考察宪政。此举乃缘起袁世凯的奏请。他认为:"各国政体,以德意志、日本为近似吾国,现奉诏切实预备立宪,柯则具在,询度攸资。拟请特简明达治体之大臣,分赴德、日两国,会同出使大臣专就宪法一门,详细调查,博访通人,详征故事,何者为入手之始,何者为收效之时,悬鉴照形,立竿取影,分别后先缓急,随时呈报政府核交资政院会议定夺,请旨施行。"③1907年9月9日,上谕令外务部右侍郎汪大燮、学部右侍郎达寿、邮传部右侍郎于式枚分别充任出使英国、日本、德国考察宪政大臣。相对上次"五大臣出洋"而言,这一次的目标很明确,即考察"宪政",且主要考察英、日、德三个君主立宪制国家。

出使德国考察宪政大臣于式枚对立宪并不热心,甚至持反对的态度。在受命之后准备出使之前,于式枚奏报所拟办法宗旨时宣称:"中国旧章,本来立宪,皇朝制度,尤极修明","宪法为中国之名古矣",中国历代政治制度"与立宪之制无不相符"。因而,他对当时的立宪思潮颇不以为然,认为:"夫不知立宪为我所自有,而以为西国之专名,舍本随人,其关于学术者固贻讥于荒陋。又以立宪为即可施行,并不审东洋之近事,冥行躁进,其关于政术者尤有害于治安。"④在德国考察一段时间

---

① 《宪政编查馆全宗》第7号,北京,中国第一历史档案馆藏。
② 《宪政编查馆大臣奕劻等请饬各省设立调查局折》《令各省设立调查局各部院设立统计处谕》,见《清末筹备立宪档案史料》上册,51—53页。
③ 《直隶总督袁世凯请派大臣赴德日详考宪法并派王公近支赴英德学习政治兵备片》,见《清末筹备立宪档案史料》上册,202页。
④ 《出使德国考察宪政大臣于式枚奏立宪不可躁进不必预定年限折》,见《清末筹备立宪档案史料》上册,305—307页。

以后，于式枚又上奏要为立宪正名。他认为"宪法自在中国，不须求之外洋"，中外形势不同，政教各异，中国不必仿照外国实行自下而上的立宪。他说："各国立宪，多由群下要求，求而不得则争，争而不已则乱。夫国之所以立者曰政，政之所以行者曰权，权之所归，即利之所在，定于一则无非分之想，散于众则有竞进之心。其名至为公平，其势最为危险。行之而善，则为日本之维新，行之不善，则为法国之革命。"他甚至指责立宪派"几近乱党"。①

出使英国考察宪政大臣汪大燮编纂以下 14 种宪政著作进呈朝廷：《宪政要目答问》（10 卷），《英国宪政要义》（4 卷），《英宪因革史》（3 卷），《政枢纲要》（5 卷），《枢密纪略》（2 卷），《曹部通考》（20 卷），《国会通典》（14 卷），《国会立法议事详规》（3 卷），《选举法志要》（19 章），《英理财沿革制度考》（5 卷），《法庭沿革考》（5 章），《司法考略》（4 卷），《民政辑要》（8 卷），《治属政略》（5 卷）。②

出使日本考察宪政大臣达寿后被朝廷中途召回，而代之以驻日公使李家驹。达寿在考察报告中极力主张仿照日本实行钦定宪法，从速立宪。他认为当时最重要的事情有二："一曰政体之急宜立宪也，一曰宪法之亟当钦定也。政体取于立宪，则国本固而皇室安。宪法由于钦定，则国体存而主权固。"③达寿回国后进呈宪政书籍 5 种：《日本宪政史》《欧美各国宪政史略》《日本宪法论》《比较宪法》《议院说明》。④ 李家驹在考察日本官制后建议尽快进行中央与地方官制改革，仿照日本实行责任内阁制。他还根据中国情势，结合日本现行制度，计划编译《官制篇》《自治制篇》《官规篇》《日本官制篇通释》《日本自治制通释》《日本官规通释》《日本行政裁判法制通释》诸书，共 30 多万字，陆续进呈。⑤ 在考察日本司法制度后，李家驹又编成《日本司法制度考》一书进呈，并主张仿照日本进行司法制度改革，"一、审判独立，宜切实筹办；

---

① 《考察政治大臣于式枚奏立宪必先正名不须求之外洋折》，见《清末筹备立宪档案史料》上册，336—337 页。
② 《宣统政纪》卷十，宣统元年闰二月下丁酉，《清实录》第 60 册，182 页，北京，中华书局，1987。
③ 《考察宪政大臣达寿奏考察日本宪政情形折》，见《清末筹备立宪档案史料》上册，25 页。
④ 《达侍郎呈进书籍详志》，见 1908 年 8 月 20 日《正宗爱国报》，北京。
⑤ 《考察宪政大臣李家驹奏考察日本官制情形请速厘定内外官制折》，见《清末筹备立宪档案史料》上册，523—524 页。

一、审判人员，宜加意培植；一、编定刑律，宜分期进行；一、民律商律，宜调查习惯；一、民刑诉讼律，宜从速编纂"。①

从1907年9月朝廷谕令汪大燮、于式枚、达寿分赴英、德、日考察宪政起，到1909年秋李家驹考察日本完毕归国为止，第二次出洋考察宪政活动历时两年，重点仍是日本。如果说载泽等五大臣出洋第一次考察政治促成了清政府宣布预备立宪，并初步确定其模仿日本立宪模式的意向，那么达寿等第二次出洋考察宪政则进一步促使清政府预备立宪按照日本立宪模式进行具体运作。

二 立宪派请愿确定召开国会年限

立宪之要"预备"，最为冠冕堂皇的理由是因为在当时中国实行立宪的条件尚不成熟，必须有一个准备与过渡的时期。至于这个时期究竟要多长，则是一个难以确定的问题。本来，在五大臣出洋考察政治之前，中国驻外使臣曾联衔奏请"期以五年，改行立宪政体"。② 戴鸿慈、端方在出洋考察政治回国之初主张"以十年或十五年为期，预布实行"立宪。③ 稍后，在《请定国是以安大计折》中，他们又主张15—20年。但是，由于各派政治势力的矛盾斗争，清廷在1906年宣布实行预备立宪时并没有确定预备年限。预备立宪开始初期，官制改革之事闹得沸沸扬扬，不仅遭到地方督抚的反对，而且还引起了立宪派的不满。他们认为："政界事反动复反动，竭数月之改革，迄今仍是本来面目……此度改革，不餍吾侪之望，固无待言。"④在他们看来，朝廷是在搞拖延战术，没有立宪的诚意。此后，立宪派进一步采取积极行动，他们发动全国性的国会请愿运动，要求速开国会，以尽快实行立宪。于是，国会期限问题便被提上议事日程。

1907年10月5日，在杨度与宪政讲习会的策划下，湖南即用知县

---

① 《考察宪政大臣李家驹奏考察日本司法制度并编日本司法制度考呈览折》，见《清末筹备立宪档案史料》上册，878—879页。
② 《出使各国大臣奏请宣布立宪折》，见《宪政初纲·奏议》，3页，载《东方杂志》临时增刊，1906。
③ 《丙午六月初十日上海戴、端钦差来电》，见《张之洞存各处来电》第80函，北京，中国社会科学院近代史研究所图书馆藏档案，甲182—182。
④ 丁文江、赵丰田编：《梁启超年谱长编》，368页。

熊范舆、法部主事沈钧儒、花翎应封宗室恒钧、附生雷光宇代表一批海外留学人员向都察院呈递要求速设民选议院的请愿书。呈文宣称："国家不可以孤立,政治不可以独裁,孤立者国必亡,独裁者民必乱。"世界上各大国虽国体互异,历史各殊,但都设有民选议院。在国家生存竞争日趋激烈的时代,"非上下同负责任,则国力不厚,无以御外侮而图自存;非人民参预政权,则国本不立,无以靖内讧而孚舆望。此近世以来代议制度所以竞行于各国也"。近代中国之所以内忧外患频仍,就是因为没有设立民选议院,人民无参政之权,政府独裁,国家孤立。"中国国家所以成为孤立,政体之所以成为独裁者,皆由于无民选议院之所致耳。民选议院设立,则纲领既得,国家一切政务自有可以解决之道。"民选议院的设立有制衡责任政府、实现行政统一、监督财政收支、实行司法独立、人民参预国政、消弭种族畛域等好处。至于所谓宪法尚未颁布、人民程度不够、地方自治尚未举行、国民教育尚未普及以及君民关系等问题,并不足以成为开设民选议院的反对理由。希望清廷"发布选举制度,确定召集期间,于一二年内即行开设民选议院"。① 此举虽然未有结果,但开了民间请愿开国会的先河。随后,全国各地甚至海外华侨各界人士纷纷上书,迅速掀起请开国会的热潮。

1907年10月至1908年8月立宪派发动的国会请愿运动基本情况如下:

1907年10月,帝国宪政会发动菲律宾、新加坡和香港华商数万人推举代表进京,呈禀农工商部,要求速开国会。

11月15日,澳洲帝国宪政会与《东华报》也电请召开国会。

同月,湖南举人萧鹤祥通过都察院呈递请速开国会呈文。

12月,梁启超起草一篇关于资政院组织权限的说帖,由政闻社成员马良等人上呈正在日本访问的资政院总裁溥伦,要求按照正式议院的权限组织资政院。

1908年3月10日,杨度起草的《湖南全体人民民选议院请愿书》由雷光宇代表呈递都察院,要求一二年内召集国会。

---

① 《湖南即用知县熊范舆等请速设民选议院呈》,见《清末筹备立宪档案史料》下册,609—616页。

4月3日,安徽绅民集议请开民选议院,并派代表进京上书。5月,蒯光典代表安徽全省人民致电资政院,请愿速开国会。

6月6日,广东省士绅派代表到京呈递国会请愿书。

6月30日与7月11日,预备立宪公会正副会长郑孝胥、张謇、汤寿潜两次致电宪政编查馆要求在两年内召开国会。

7月2日,政闻社致电宪政编查馆,要求在3年内召集国会。

7月12日,宪政公会、政闻社、预备立宪公会、宪政研究会等立宪派团体成立"国会期成会",以速开国会为唯一宗旨。19日,国会期成会致电宪政编查馆,要求立即宣布召开国会的最短年限。

7月12日,河南代表胡汝霖等向都察院呈递有5 000多人签名的国会请愿书。25日,陈州学界也致电政府,要求速开国会。

7月29日,江苏代表孟昭常、雷奋呈递有1.3万多人签名的请愿书,要求在二三年之间开设国会。同日,安徽代表许承尧、窦炎、方皋、江绍杰将有万余人签名的请愿书向都察院呈递,要求朝廷下诏确定召开国会年限。

8月2日,湖南第二次国会请愿代表廖名缙、陆鸿第、易宗夔、仇毅呈递有1万多人签名的请愿书,要求速定期限,召集国会。同日,直隶代表温世霖、孙洪伊等呈递有1 000多人签名的请愿书。北京士民代表孙毓文等也向都察院呈递有1 000多人签名的请愿书,要求定期3年,召集国会。

8月8日,北京旗人代表常文、黄容惠向都察院递交有1 600多人签名的请愿书。同日,吉林代表庆山、文耆将有4 600多人签名的请愿书递呈都察院,要求颁布开设国会日期。山东代表于洪起、宋绍唐等向都察院呈递有1 000多人签名的请愿书,要求两年开设民选议院。

8月11日,各省在京请愿代表公推吉林的庆山领衔,江苏的雷奋、孟昭常起草,联名上书宪政编查馆,要求将资政院正式成立的时间改为召开国会时间。

8月18日,山西代表常松寿、李凤翔等呈递有2万多人签名的请愿书,要求3年召开国会。

8月20日,浙江代表叶景莱、邵羲、蔡汝霖向都察院呈递有8 000

多人签名的请愿书,要求国会迅速成立。

另外,广东粤商自治会与地方自治研究社也发动了1.1万多人签名的请愿活动,由于广东代表进京时朝廷已经宣布立宪年限,故未再呈递请愿书。福建有近万人签名,贵州签名者有1 700多人,且都选出代表,只因立宪期限宣布而没有进京。湖北、江西、四川等省则都已开始动员,因立宪期限已定而取消了请愿活动。

总计这次国会请愿运动涉及18省人民、8个立宪团体,甚至波及海外华侨与留学生,全国签名人数可考者达15万之多。①

立宪派对宪政改革的心情比较急迫,大都主张从速,一般要求在2至3年内开国会。

三 《钦定宪法大纲》与《九年筹备立宪清单》的颁布

在立宪派发动国会请愿运动的同时,一些地方督抚与驻外使臣也纷纷奏请速开国会。"疆臣中则有湖广总督陈夔龙、两江总督端方、河南巡抚林绍年、四川总督赵尔巽,皆以请开国会为言。使臣中则孙宝琦、胡维(惟)德、李家驹三人,又皆以中外观听所系,请速定年限,免外人笑。立言婉切各不同,同以国会为急。"②

立宪派的请愿活动与部分开明官僚的速开国会主张,直接影响了政府高层对国会年限问题的注意。据《广益丛报》载,在一次王公大臣集会讨论关于立宪派国会请愿问题的会议上,"某军机"与"某中堂"主张开国会不能像立宪派所说那样过急,应循序渐进,此议得到大多数人的赞同;同时与会者"均主张预定开设国会年限,请旨宣布,以慰天下之望"。③ 必须为开国会预定一个确切的年限,已在政府高层达成共识。如何确定这个年限呢?在宪政编查馆的一次关于国会年限的讨论会议上,有主张5年、6年、7年的,也有主张10年甚至20年的。后来,宪政编查馆大臣经过多次会议讨论,决定仿照日本以9年为期召开国会。

---

① 以上参见侯宜杰《二十世纪初中国政治改革风潮——清末立宪运动史》,190—198、214页;韦庆远、高放、刘文源《清末宪政史》,245—247页,北京,中国人民大学出版社,1993。
② 孟森:《宪政篇》,载《东方杂志》第5年第8期,上海,1908。
③ 《王大臣会议国会问题》,载《广益丛报》第6年第15期,重庆,1908。

1908年8月27日,宪政编查馆与资政院王大臣奕劻、溥伦等人联衔会奏《宪法大纲》《议院法要领》《选举法要领》和《议院未开以前逐年筹备事宜清单》。奏折认为:"(开设议院)年限之远近,至速固非三五年所能有成,然极迟亦断不至延至十年之久。臣等公同商酌,拟自本年光绪三十四年起,至光绪四十二年止,限定九年将预备各事一律办齐。"此奏当天即得到谕旨批准。① 这便确立了9年预备立宪的期限。

　　《宪法大纲》以光绪皇帝的名义颁布,故又称为《钦定宪法大纲》。《钦定宪法大纲》由"君上大权"和所附"臣民权利义务"两部分组成。"君上大权"十四条,规定:大清皇帝是大清帝国永远的绝对主宰,君权神圣不可侵犯;皇帝有钦定颁行法律及发交议案之权,有召集、开闭、停展及解散议院之权,有设官制禄及黜陟百司之权,有统率海陆军及编定军制之权,有宣战、议和、订立条约及派遣使臣与认受使臣之权,有宣告戒严之权,有爵赏及恩赦之权,有总揽司法之权,有发布命令及使发命令之权,有在议院闭会期间可以发布代替法律的紧急诏令之权,有制定皇室经费常额与议定皇室大典之权。"臣民权利义务"九条,规定:臣民有为文武官吏及议员之权利,有在法律范围内的言论、著作、出版及集会自由之权利;臣民均受法律保护,有依法申诉之权,犯法者只接受专门法律机构的审判;臣民之财产及居住,无故不加侵扰;臣民有纳税、当兵与遵守国家法律之义务。《钦定宪法大纲》是中国历史上最早的一个宪法纲领性文件。《大纲》具有君权宪法的性质,其条文主要仿自日本的宪法,君主的权力在此得到最为充分的肯定。这是清廷实行预备立宪的初衷与根本目的,其保守性是毋庸置疑的。另一方面,《钦定宪法大纲》也从法律条文上确认了人民的一些基本的民主权利,这在当时的中国是破天荒的,因此《大纲》的颁布也有一定的积极意义。

　　《议院法要领》十一条,规定:议院是全国议政机构,只提议关乎全国共同利害之事,其所决议事件,经朝廷钦定后由政府奉行;国家财政收支预算由议院协赞;议院可以弹劾行政大臣,但不得干预朝廷黜陟之权;议院所议事件,必须上下议院彼此议决后,方可由议长具名奏请钦

---

①《宪政编查馆资政院会奏宪法大纲暨议院法选举法要领及逐年筹备事宜折(附清单二)》《九年预备立宪逐年推行筹备事宜谕》,见《清末筹备立宪档案史料》上册,54—68页。

定施行；议员言论，不得对朝廷不敬或污蔑毁辱他人；议院开会时，议长有权指挥警察整饬议场；议员有不合选举资格者，由议长查实随时除名；各省士绅设立研究议会之会社，须按政治集会结社律办理，不得摊派敛钱，违者由地方官封禁惩治。《议院法要领》对议院权限、议政程序与议员资格等方面作了原则的规定。

《选举法要领》六条，规定：议院选举由府、厅、州、县各官监督；不合选举资格者，如品行不端、曾被判刑、营业不正、失去财产信用、吸食鸦片、有心疾、身家不清白、不识文义等，不得有选举权和被选举权，违者立即撤销；选举时应设管理员、监察员监视投票开票；违背选举章程者，分别科以监禁罚金；选举用投票法，以投票多数并合例者当选；选民必须在原籍地方居住一年以上，否则取消资格。《选举法要领》对议院选举的选举人与被选举人资格、选举程序与选举方法作了基本的规定。

《议院法要领》与《选举法要领》是以后制订议院法与选举法的基础。

因为当时确定预备立宪期限为9年，所以，《议院未开以前逐年筹备事宜清单》又可称为《九年筹备立宪清单》。《清单》中详细开列了从光绪三十四年(1908)到光绪四十二年(1916)的9年中预备立宪应办的各项事宜。

第一年(1908年)：筹办谘议局；颁布城镇乡地方自治章程；颁布调查户口章程；颁布清理财政章程；请旨设立"变通旗制处"，筹办八旗生计，融化满汉事宜；编辑简易识字课本；编辑国民必读课本；修改新刑律；编订民律、商律、刑事与民事诉讼律等法典。

第二年(1909年)：举行谘议局选举，各省一律开办；颁布资政院章程，举行该院选举；筹办城、镇、乡地方自治，设立自治研究所；颁布厅、州、县地方自治章程；调查各省人户总数；调查各省岁出入总数；厘定京师官制；编订文官考试章程；颁布法院编制法；筹办各省省城及商埠等处各级审判厅；核订新刑律；颁布简易识字课本；颁布国民必读课本；厅、州、县巡警，限年内粗具规模。

第三年(1910年)：召集资政院议员举行开院；续办城、镇、乡地方自治；筹办厅、州、县地方自治；汇报各省人户总数；编订户籍法；复查各省岁出入总数；厘订地方税章程；试办各省预算、决算；厘定直省官制；颁布文官考试章程、任用章程、官俸章程；各省省城及商埠等处各级审判厅，限年内一律成立；颁布新刑律；推广厅、州、县简易识字学塾；厅、州、县巡警，限年内一律完备。

第四年（1911年）：续办城、镇、乡地方自治；续办厅、州、县地方自治；调查各省人口总数；编订会计法；会查全国岁出入确数；颁布地方税章程；厘定国家税章程；实行文官考试章程、任用章程、官俸章程；筹办直省府、厅、州县城治各级审判厅，创设乡镇简易识字学塾；筹办乡镇巡警；核订民律、商律、刑事与民事诉讼律等法典。

第五年（1912年）：城、镇、乡地方自治，限年内粗具规模；续办厅、州、县地方自治；汇报各省人口总数；颁布户籍法；颁布国家税章程；颁布新定内外官制；直省府厅、州、县城治各级审判厅，限年内粗具规模；推广乡镇简易识字学塾；推广乡镇巡警。

第六年（1913年）：实行户籍法；试办全国预算；设立行政审判院；直省府厅、州、县城治各级审判厅一律成立；筹办乡镇初级审判厅；实行新刑律；颁布新定民律、商律、刑事与民事诉讼律等法典；城、镇、乡地方自治一律成立；厅、州、县地方自治，限年内粗具规模；乡镇巡警，限年内粗具规模。

第七年（1914年）：试办全国决算；颁布会计法；试办新定内外官制；厅、州、县地方自治一律成立；乡镇初级审判厅，限年内粗具规模；人民识字义者，须得百分之一。

第八年（1915）：确定皇室经费；变通旗制，一律办定，化除畛域；设立审计院；实行会计法；乡镇初级审判厅一律成立；实行民律、商律、刑事与民事诉讼律等法典；乡镇巡警一律完备；人民识字义者，须得五十分之一。

第九年（1916年）：宣布宪法；宣布皇室大典；颁布议院法；颁布上下议院议员选举法；举行上下议院议员选举；确定预算决算；制定明年确当预算案，预备向议院提议；新定内外官制一律实行；设弼德院顾问大臣；人民识字义者，须得二十分之一。

据以上清单可知，清廷计划在此九年内将为筹备宪政所做的主要工作有：设立谘议局、资政院；开办地方自治；调查户口、人口；清理财政；变通旗制；推行普及国民教育；修订法典；厘定官制、官规；实行司法独立；办理巡警；试行地方税、国家税；编制预算、决算；宣布皇室大典；设弼德院顾问大臣；宣布宪法；颁布议院法、选举法，进行上下议院议员选举。《九年筹备立宪清单》为每项事宜明确规定了相应的主办单位与进度，最终目的是完成立宪的"预备"，通过颁布宪法、开设议院而走上宪政的轨道。

《九年筹备立宪清单》对筹备立宪事宜作了总体规划，使原来看似遥遥无期的"预备"落到实处，宪政筹备工作开始进入实质性的具体实施阶段。为此，清政府还在宪政编查馆特设考核专科，颁布章程，委派总办、帮办及正、副科员，"专司考核京外各衙门应行筹备各事，遵照钦颁九年定限清单，按期查核"；规定大约每半年查核一次，以期督促实行。[①] 在《九年筹备立宪清单》颁布之后不久，光绪皇帝与慈禧太后相继去世，政局大变，预备立宪仍在艰难地进行。

---

① 《宪政编查馆奏设立专科考核议院未开前应行筹备事宜酌拟章程折（附清单）》，见《清末筹备立宪档案史料》上册，69—70页。

第五节　谘议局与资政院的开办

一　光、宣朝之交的政局变动

预备立宪初期,官制改革引发了清政府内部各派政治势力之间的矛盾冲突。随着宪政改革的进行,各派政治势力为了争权夺利仍是纷争不已。1907年的"丁未政潮"是其中显著的一例。

丁未政潮主要涉及当时朝中两派重要的政治势力,即奕劻、袁世凯集团与瞿鸿禨、岑春煊集团。庆亲王奕劻1903年继荣禄为首席军机大臣,袁世凯则以直隶总督兼北洋大臣而权倾朝野,所谓"庆邸当国,项城遥执朝权,与政府沆瀣一气",①奕、袁勾结,形成当朝一种显赫势力。与此同时,朝中还存在另外一种势力:以深受慈禧太后宠信的协办大学士军机大臣外务部尚书瞿鸿禨为首,以两广总督、新任邮传部尚书岑春煊为奥援。慈禧太后惯用的统治术,是凌驾于各派冲突之上,操纵其间,利用矛盾,保持自己的权势,每每因此可以维系政局的稳定。然而一旦操纵失衡,则会引起政局动摇和政潮突起。丁未政潮正是因为慈禧太后对权势日重的奕、袁势力日渐不满,希图利用瞿、岑势力加以制衡,而导致两派政治势力激烈冲突的结果。

1907年初,东北改为行省制,东三省督抚的任命问题一时成为舆论关注的焦点。袁世凯、奕劻竟公然全部安插自己的势力,以徐世昌为总督,唐绍仪、朱家宝、段芝贵为巡抚,其中颇多猫腻。比如,段芝贵因

---

① 刘体仁:《异辞录》卷四,1页。

以重金购得天津歌妓杨翠喜献给奕劻的儿子载振,并用白银10万两贿赠奕劻作寿礼,而以直隶候补道超擢为署理黑龙江巡抚。4月20日,朝廷公布任命,舆论一片哗然。瞿鸿禨一面与军机大臣林绍年"力争其不可",①一面积极援引岑春煊进京,以为奥援。4月29日,岑春煊抵京。随后几日,岑春煊连连被慈禧太后和光绪皇帝召见,多次面奏,极力攻击奕劻、袁世凯势力:"近年亲贵弄权,贿赂公行,以致中外效尤,纪纲扫地,皆由庆亲王奕劻贪庸误国,引用非人。若不力图刷新政治,重整纪纲,臣恐人心离散之日,强欲勉强维持,亦将挽回无术矣。"他表示自己"不胜犬马恋主之情,意欲留在都中为皇太后、皇上作一看家恶犬"。②5月3日,岑春煊被授为邮传部尚书。上任伊始,他便参劾奕、袁任用的邮传部左侍郎朱宝奎,于是朱被革职。5月7日,御史赵启霖奏参段芝贵与奕劻、载振父子,认为"在段芝贵,以无功可纪,无才可录,并未曾引见之道员,专恃夤缘,骤跻巡抚,诚可谓无廉耻;在奕劻、载振父子,以亲贵之位,蒙倚畀之专,惟知广收贿遗,置时艰于不问,置大计于不顾,尤可谓无心肝"。清廷派醇亲王载沣、大学士孙家鼐查核。③京师舆论纷纷谴责段芝贵与奕劻、载振父子。虽然载沣与孙家鼐在天津的调查一无所获,但清廷迫于强大的舆论压力,还是撤销了对段芝贵署理黑龙江巡抚的任命,并以"任意污蔑"亲贵重臣的罪名将御史赵启霖即行革职。载振也因嫌自请辞职,结果被开去御前大臣、农工商部尚书等缺及一切差使。

随后,奕劻、袁世凯的势力开始反击。第一步,扳倒岑春煊。岑春煊因在庚子事变中护驾有功,颇得慈禧太后信赖与重用,迅速成为清末封疆重臣。丁未进京后,岑春煊连续面参奕劻、袁世凯,使奕、袁惶恐不安,必欲去之而后快。于是,他们借口两广边境动乱难靖,奏请派岑春煊前往办理剿抚事宜,以便将岑排挤出京。5月28日,清廷谕令授岑春煊为两广总督。岑以"病尚未痊"为由奏请收回成命,未得允准。岑被迫离京以后,滞留上海,迟迟不肯南下赴任。奕劻、袁世凯进一步采

---

① 汪诒年:《汪穰卿先生传记》卷四,6页。
② 岑春煊:《乐斋漫笔》,见荣孟源、章伯锋主编《近代稗海》第1辑,100、102页,成都,四川人民出版社,1985。
③ 朱寿朋编:《光绪朝东华录》第5册,5660页,北京,中华书局,1984。

取行动,力图彻底扳倒岑春煊。他们向慈禧太后密奏岑春煊暗通康梁,"曾入保国会,为康梁死党"。粤人蔡乃煌"侦得其情,思媚袁以求进,因入照相馆,觅得春煊及康有为影相各一,点景合成一片,若两人聚首密有所商者,献于袁世凯。世凯大喜,交奕劻密呈太后,证为交通乱党,春煊之宠遂衰。"① 随后,他们又多次指使御史参劾岑春煊。8月12日,清廷谕令将岑春煊开去两广总督之缺,使其退出清末政坛。第二步,陷害瞿鸿禨。岑春煊被排挤出京以后,瞿鸿禨势力渐显孤立。奕劻在一次"独对"中向慈禧太后密陈瞿鸿禨与岑春煊"意在复翻戊戌前案,排去北洋,谋归政",即要慈禧太后"归政"于光绪皇帝,"其词危耸,且依约附会,颇有迹象,最足中太后之忌"。② 与此同时,奕劻、袁世凯还重金贿买翰林院侍读学士恽毓鼎为枪手,指使其参劾瞿鸿禨。6月17日,恽毓鼎上奏劾瞿"暗通报馆,授意言官,阴结外援,分布党羽"四大罪状。清廷立即谕令将瞿鸿禨"开缺回籍"。③ 第三步,排挤林绍年。军机大臣林绍年是瞿鸿禨、岑春煊的重要同党,因此,奕劻、袁世凯想方设法要把他从军机处清除出去。5月29日,由于奕劻的奏请,清廷授林绍年为度支部右侍郎。后经瞿鸿禨的极力斡旋,以及林绍年自己的恳请,清廷同意林绍年不去上任而仍留军机处。后来,随着瞿鸿禨与岑春煊的相继失势,林绍年日显孤立无援。8月12日,就在岑春煊被开缺的当天,林绍年也被清廷外放为河南巡抚,④实际上已被逐出权力中枢。至此,丁未政潮以瞿、岑势力的惨败与奕、袁势力的大获全胜而告终。

丁未政潮以后,奕、袁集团权势至于鼎盛,这是垂暮之年的慈禧太后不得不深以为患的。为此,慈禧太后采取了一系列抑制奕、袁集团势力再度膨胀的措施。一方面,用载沣对付奕劻。6月19日,就在瞿鸿禨被开缺回籍后两天,朝廷谕令调醇亲王载沣入军机处,为在军机大臣上学习行走,其目的显然是"希望分奕劻的权"。然而"载沣谨小慎微,尚有父风,而才具平庸,尤乏手腕,岂是奕劻的对手,徒成其为'伴食

---

① 胡思敬:《袁世凯谋倾岑云阶》,见胡思敬《国闻备乘》,65页,上海书店出版社,1997。
② 汪诒年:《汪穰卿先生传记》卷四,13页。
③ 朱寿朋编:《光绪朝东华录》第5册,5681页。
④ 朱寿朋编:《光绪朝东华录》第5册,5671、5713页。

中书'而已"。① 另一方面,用张之洞牵制袁世凯。9月4日,调袁世凯与张之洞同入军机处。朝廷以袁世凯为军机大臣兼外务部尚书,去掉其直隶总督兼北洋大臣之职,实为明升暗降之法;调张之洞入军机处,显然是希图对袁加以牵制。但是,这只不过是慈禧太后试图控制朝政的如意算盘而已。

1908年11月14、15日,光绪皇帝与慈禧太后相继去世,清末政局因此大变。此前,慈禧太后已经对朝政作了安排:以载沣的儿子溥仪"入承大统为嗣皇帝",即宣统皇帝;以载沣为监国摄政王,"所有军国政事,悉秉承予之训示裁度施行,俟嗣皇帝年岁渐长,学业有成,再由嗣皇帝亲裁政事"。② 可见,慈禧太后本来是想通过载沣继续操纵朝政。然而,慈禧很快去世,载沣便以监国摄政王的身份总揽朝纲,所谓"独揽大权者,仅载沣一人"。③ 载沣摄政伊始,即大力加强中央集权,排除异己,任用亲贵,集权于皇族。载沣自代宣统皇帝为全国海陆军大元帅,任其胞弟载洵为海军大臣,载涛为军谘府大臣,紧紧抓住军权;同时调整各部院大臣,多以皇族亲贵充任。这便形成一个以载沣为首的皇族亲贵集团。

当其时,权倾朝野的袁世凯是载沣最主要的政敌。虽然在慈禧太后去世前袁世凯已被解除直隶总督与北洋大臣的军政大权,仅任军机大臣兼外务部尚书之职,但他在北洋军中遍布党羽,"近畿陆军将领以及几省的督抚,都是袁所提拔,或与袁有秘密勾结"。他们"只知有宫保,而不知有朝廷"。首席军机大臣奕劻也是"叫袁拿金钱喂饱了的人,完全听袁支配"。④ 因此,"实际上当时的军政大权已操诸袁世凯之手"。这是载沣集团面临的最大难题。眼看着自己要大权旁落,监国摄政王将徒具虚名,于载沣而言,袁世凯是非去不可了。他开始打算杀掉袁世凯,但由于载沣生性懦弱无能,犹豫不决,便商之于朝廷大臣,而遭到奕劻、那桐、张之洞的反对,最后只是于1909年1月以"足疾"令袁世

---

① 恽宝惠:《清末贵族之明争暗斗》,见中国人民政治协商会议全国委员会文史资料研究委员会编《晚清宫廷生活见闻》,64页,北京,文史资料出版社,1982。
②《光绪宣统两朝上谕档》第34册,247页。
③ 李泰棻:《独树一帜的善耆》,见《晚清宫廷生活见闻》,84页。
④ 载涛:《载沣与袁世凯的矛盾》,见《晚清宫廷生活见闻》,79页。

凯"回籍养疴",解除其一切职务。袁世凯虽然被轻易地驱逐出朝,但有袁的"后台老板"之称的庆亲王奕劻却并不容易被扳倒,致使袁世凯能够于"辞去军机大臣,而返回河南之后,仍在暗中操纵一切"。这实际上无异于"纵虎归山,养痈成患",①致使袁世凯日后能够乘机轻易地东山再起。

宣统时期,由于监国摄政王载沣庸碌无能,他不是铁腕人物,不能像慈禧太后那样成为一个权力核心,因而难以控制政局。据载涛回忆,载沣"遇事优柔寡断,人都说他忠厚,实则忠厚即无用之别名……他做一个承平时代的王爵尚可,若仰仗他来主持国政,应付事变,则决难胜任"。②可惜载沣生不逢时,其软弱无能的执政致使宣统政局动荡不安。一方面,载沣力图加强集权皇族,使满族少壮亲贵充斥朝廷,但他们个个碌碌无为,而且都占住显要位置,导致满汉矛盾空前激化,尤其是朝廷对地方督抚失控,使得武昌起义以后各省督抚自顾逃命,几乎没有拼死抵抗、效忠朝廷的。另一方面,载沣集团其实也不是铁板一块,皇族亲贵们为了争权夺利,不断地明争暗斗,以致形成政出多门的局面。"其时亲贵尽出专政,收蓄猖狂少年,造谋生事,内外声气大通。"载洵、毓朗为一党,载涛、良弼为一党,肃亲王善耆为一党,溥伦为一党,隆裕太后为一党,载泽为一党,载沣福晋为一党,"以上七党皆专予夺之权,茸阘无耻之徒趋之若鹜,而庆邸别树一帜,又在七党之外"。③朝中派系林立,内耗不已,导致政府无所作为。武昌起义的星星之火之所以能够迅速而成燎原之势,正是由于满族王公亲贵早已自坏长城,所谓"革命之事,乃诸王公之自革而已"。④可以说,清王朝的覆灭,正是宣统政局演变的必然结局。

需要说明的是,尽管宣统时期政局动荡不安,但预备立宪仍在继续进行。光绪皇帝与慈禧太后在遗诏中都深以立宪为念。光绪遗诏说:"尔京外文武臣工,其精白乃心,破除积习,恪遵前次谕旨,各按逐年筹备事宜,切实办理,庶几九年以后,颁布立宪,克终朕未竟之志,在天之

---

① 载润:《隆裕与载沣的矛盾》,见《晚清宫廷生活见闻》,77—78页。
② 载涛:《载沣与袁世凯的矛盾》,见《晚清宫廷生活见闻》,79页。
③ 胡思敬:《政出多门》,见《国闻备乘》,83页。
④ 刘体仁:《异辞录》卷四,38页。

灵,藉稍慰焉。"慈禧遗诏说:"前年宣布预备立宪诏书,本年颁示预备立宪年限,万几待理,心力俱殚。"①1908年底与1909年初,监国摄政王载沣以宣统皇帝的名义连续发布谕旨,一再重申"恪遵前次懿旨,仍以宣统八年为限,理无反汗,期在必行",表示必须"依限筹办,毋得延缓",并明白宣示"朝廷一定实行预备立宪维新图治之宗旨"。② 此举保证了光宣之交政策的连续性,使"预备立宪"得以按部就班地进行。

二 各省谘议局的设立

开议院是宪政的题中应有之义,这既是立宪派的追求,也得到清政府的承诺,虽然两者在时间要求上有所差距,但并没有根本上的分歧。在清政府颁布的《九年筹备立宪清单》中,作为筹备议院的过渡性措施就是各省设谘议局和中央设资政院。事实上,在此之前,清廷已经发布了设立资政院与谘议局的谕旨。1907年9月,清廷决定设立作为议院基础的资政院。上谕说:"立宪政体取决公论,上下议院实为行政之本。中国上下议院一时未能成立,亟宜设资政院以立议院基础。著派溥伦、孙家鼐充该院总裁,所有详细院章,由该总裁会同军机大臣妥慎拟订,请旨施行。"10月,清廷又谕令各省设立与资政院相对应的具有地方议会性质的谘议局,作为各省"采取舆论之所,俾其指陈通省利弊,筹计地方治安,并为资政院储才之阶"。③谘议局与资政院不是有一纸上谕就能马上开办,也有一个筹备过程。

1908年7月,宪政编查馆与资政院王大臣奕劻、溥伦等人将奉旨拟订的《各省谘议局章程》及《谘议局议员选举章程》上奏,当即得到上谕允准,并谕令各省督抚"迅速举办,实力奉行,自奉到章程之日起,限一年内一律办齐"。按照章程规定,谘议局"为各省采取舆论之地,以指陈通省利弊,筹计地方治安为宗旨"。谘议局设议长一人,副议长二人,常驻议员若干人,均由议员中互选产生;各省议员定额"以各该省学额

---

① 《光绪宣统两朝上谕档》第34册,248、252页。
② 《重申仍以宣统八年为限实行宪政谕》《重申实行预备立宪谕》,见《清末筹备立宪档案史料》上册,69、71页。
③ 《光绪宣统两朝上谕档》第33册,192、219页。

总数百分之五为准",议员用复选举法选举产生。谘议局的职责与权限有十二项:一是议决本省应兴应革事件,二是议决本省岁出入预算事件,三是议决本省岁出入决算事件,四是议决本省税法及公债事件,五是议决本省担任义务之增加事件,六是议决本省单行章程规则之增删修改事件,七是议决本省权利之存废事件,八是选举资政院议员事件,九是申复资政院咨询事件,十是申复督抚咨询事件,十一是公断和解本省自治会之争议事件,十二是收受本省自治会或人民陈请建议事件。据宪政编查馆的"案语"解释,谘议局这十二项职权中的第一项为总括地方庶政,第二至五项为监察财政,第六、七项为参与立法,第八项为预立议院之根基,第九、十项为以备京外之顾问,第十一、十二项为以平自治会之纷争,以通人民之情悃。① 可见,谘议局虽非正式的地方议会,但从其拥有的某些议政、监督与立法等职权来看,已具有一定的地方议会性质。

在颁布《各省谘议局章程》及《谘议局议员选举章程》后,宪政编查馆又向各省督抚发出咨文,要求各省先行设立谘议局筹办处,由督抚选派官绅创办。各省督抚接到咨文后,纷纷成立谘议局筹办处,谘议局议员的选举工作即由筹办处筹办。如直隶谘议局筹办处成立后,即开始筹备选举工作,制定司选员、办事员办事细则,选举人资格调查表,初选人名册,投票所、开票所办事细则等一系列规章,并派司选员到各地讲解章程,培训选举工作人员。直隶的经验逐渐在全国推广,使各省谘议局议员选举工作得以顺利举行。谘议局议员选举是中国历史上第一次民主选举,虽然选民缺乏应有的经验,在选举过程中出现了不少问题,甚至丑闻迭出,但除新疆因故缓办外,其余各省最终都如期完成了谘议局议员的选举工作。

1909 年 10 月 14 日,全国有 21 个行省正式成立谘议局,召开第一届谘议局会议。各省谘议局选举的正、副议长与议员人数如下表:

---

① 《宪政编查馆等奏拟订各省谘议局并议员选举章程折(附清单)》《谘议局及议员选举章程均照所议办理著各督抚限一年内办齐谕》,见《清末筹备立宪档案史料》下册,667—683 页。

各省谘议局正、副议长及议员人数表[①]

省　别	正议长	副议长	正选议员数	候补议员数
奉　天	吴景濂	孙百斛、袁金铠	50	3
吉　林	庆　康	庆　山、赵学臣	30	
黑龙江	王鹤鸣	战殿臣、李品堂	30	
直　隶	阎凤阁	谷芝瑞、王振尧	153	2
江　苏	张　謇	蒋炳章、仇继恒	125	
安　徽	方履中	李国筠、窦以珏	83	
江　西	谢远涵	黄大壎、郭赓平	93	12
浙　江	陈黻宸	陈时夏、沈钧儒	114	
福　建	高登鲤	刘崇佑、陈之麟	76	3
湖　北	汤化龙	夏寿康、张国溶	85	13
湖　南	谭延闿	曾　熙、冯锡仁	82	2
山　东	杨毓泗	王景禧、于普源	104	
河　南	杜　严	杨凌阁、方　贞	97	
山　西	梁善济	杜上化、刘笃敬	89	1
陕　西	王恒晋	郭忠清、李良材	66	
甘　肃	张林焱	郭锐嘉、何念忠	43	
四　川	蒲殿俊	萧　湘、罗　纶	106	21
广　东	易学清	丘逢甲、卢乃潼	95	1
广　西	陈树勋	唐尚光、甘德蕃	57	
云　南	张惟聪	张世勋、段宇清	68	
贵　州	乐嘉藻	谭西庚、牟　琳	40	

对于谘议局的成立，时论以为这是"我国人民获有参政权之第一日"。[②] 虽然谘议局议员的选举并没有实现全民普选，由于选民资格的严格限制，致使选民与人口的比例极小（各省最高为 0.62％，最低为

---

① 据张朋园《各省谘议局议员名录》，见张朋园《立宪派与辛亥革命·附录一》，247—312 页，台北，中国学术著作奖助委员会，1969。
②《预祝本年之九月》，见 1909 年 10 月 14 日《时报》，上海。

0.19%，平均为 0.42%），但选民总数并不少，各省少则数万，多则十几万，①民众参与政治已达较大的规模。这是对传统政治体制的极大冲击，标志着中国政治民主化的真正开始。

谘议局设立后，即成为立宪派参政、议政的合法场所，一些重要的立宪派人士如张謇、汤化龙、谭延闿、陈黻宸、吴景濂、梁善济、蒲殿俊、罗纶等人还被选为谘议局议长。正是在他们的领导下，各省谘议局走向联合，开展了大规模的全国性的国会请愿运动，将立宪运动不断推向高潮。

三 资政院的建立

与谘议局一样，资政院的开办也经历了颁布院章与选定议员的过程。在朝廷谕令设立资政院后约一年，1908 年 7 月，资政院总裁会同军机大臣将拟出的《资政院院章》的《总纲》和《选举》两章先行上奏，并说明，"其余八章，俟臣等会同妥议，逐次厘订后，陆续奏闻"。次年 8 月，资政院在前 2 章修订的基础上，又新拟了 8 章，上奏了一个完整的《资政院院章》，正文共 10 章 65 条，另附 2 条。据此院章规定，资政院"以取决公论，预立上下议院基础为宗旨"。资政院设总裁、副总裁各 2 人，由特旨简充；议员分钦选议员和民选议员，各定额 100 人。钦选议员包括宗室王公世爵 16 人，满汉世爵 12 人，外藩王公世爵 14 人，宗室觉罗 6 人，各部院衙门官 32 人，硕学通儒 10 人，纳税额多者 10 人，共 100 人；民选议员由各省谘议局议员互选产生，定额 100 人。资政院的职权，可以议决下列事件：一是国家岁出入预算事件；二是国家岁出入决算事件；三是税法及公债事件；四是新定法典及嗣后修改事件，但宪法不在此限；五是其余奉特旨交议事件。② 从资政院的结构与职权来看，资政院已经具有某些国家议会的特征。时人以为，资政院之设，"即议院之先声"。③ 资政院是开办正式议院的过渡性机构。

---

① 参见张朋园《立宪派与辛亥革命》，16 页。
② 《资政院等奏拟订资政院院章折(附清单)》《资政院会奏续拟院章并将前奏各章改订折(附清单)》，见《清末筹备立宪档案史料》下册，627—637 页。
③ 《戴鸿慈议〈湖南举人萧鹤祥请开国会条陈〉》，见《会议政务处全宗》第 17 号，北京，中国第一历史档案馆藏。

1909年10月,清廷颁布《资政院议员选举章程》。这个章程对各类议员的资格与产生方式作了明确的规定:宗室王公世爵、满汉世爵、外藩王公世爵符合选举条件者,全部开列名单,奏请钦选;宗室觉罗合格者,先在京师及奉天府分别互选出10倍于定额的名单,然后奏请钦选;各部院衙门官合格者,先在京师互选出5倍于定额的名单,然后奏请钦选;硕学通儒,先由学部选定30人送资政院,再奏请钦选;纳税额多者,先由合格人员在各省省城互选出一定名额送资政院,然后奏请钦选;各省谘议局互选议员名额按谘议局议员多少分配,先由谘议局议员互选出2倍于定额的名单,然后由督抚选定咨送资政院。① 据此,1909年11月,由于新疆谘议局尚未成立,2名议员名额空缺,其余各省谘议局选举出互选资政院议员98人。各省名额分布情况如下表:

各省民选议员名额分布表②

省别	奉天	吉林	黑龙江	直隶	江苏	安徽	江西	浙江	福建	湖北	湖南	山东	河南	山西	陕西	甘肃	四川	广东	广西	云南	贵州	合计
人数	3	2	2	9	7	5	6	7	4	5	5	6	5	5	4	3	6	5	3	4	2	98

1910年5月,各项钦选资政院议员也被钦定98人,为了与互选议员人数相等,宗室王公世爵议员比原定额减少了2个名额,其余名额悉据《资政院院章》。9月23日,资政院第一次召集议员会议,宣告正式成立,时人谓"实我中国数千年来未有之盛典"。③ 10月3日,资政院举行开院典礼,随即召开第一届常会,开展议政活动。

资政院成立后,很快成为立宪派又一个参政、议政的合法场所。在资政院中,不仅多数民选议员为立宪派,而且由于钦选议员多为庸懦无能的王公亲贵、旧式官僚和冬烘腐儒,思想陈旧僵化,毫无宪政知识,立宪派事实上处于控制院政局势的地位。可以说,正是由于一些具有新思想、新知识的立宪派的积极参政、议政,而使资政院的活动体现了一

---

① 《资政院会奏资政院议员选举章程折(并单)》,见1909年10月29日《政治官报》,北京。
② 据张朋园《资政院议员名录》,见《立宪派与辛亥革命·附录(二)》,313—316页。
③ 问天:《宣统二年八月中国大事记》,载《东方杂志》第7年第9期,上海,1910。

定的民主政治精神。

　　总之,资政院与谘议局虽然还不是正式的国家议会与地方议会,但是资政院与谘议局的开办,表明清政府正在循序渐进地"预备"着进行宪政改革。

第六节 地方自治的推行

一 地方自治思潮的兴起

地方自治是西方近代资产阶级为反对封建专制和争取参与政权而提出的一种地方民主政治的设想。19世纪末,地方自治思想开始在中国传播。甲午战争以前,早期改良派在介绍近代西方政治制度时,已经零星地介绍了一些有关地方自治的知识。戊戌维新时期,康梁维新派更加重视地方自治问题,不仅从思想上大力鼓吹,而且在实践上进行尝试,湖南南学会与保卫局的设立,是地方自治在近代中国进入实际运作层面的先声。20世纪初,地方自治思想逐渐勃发而成为一股重要的社会政治思潮。

民族危机的刺激、救亡图存的需要,是地方自治思潮在20世纪初兴起的客观原因。庚子事变后,随着清政府权威的下降,有识之士开始把政治变革与民族复兴的希望寄予地方,地方自保自立思想迅速发展起来。欧榘甲在《新广东》中开首即云:"近年以来,热心爱国之士,奔走于国中,呼号于海外,曰:中国宜自立,中国宜速自立。不自立,必灭亡,必瓜分。"他主张"各省先行自图自立",以为全国自立之基。作为广东人,他更主张"自立自广东始"。为了树立人们的自立精神,他旗帜鲜明地喊出了"广东者,广东人之广东也"的口号,认为"广东之政权、财权、兵权、教育权、警察权、铁路矿山权、土地所有权、森林权、海权,莫不宜自操而自理之。以广东之人,办广东之事,筑成广东自立之势,以建全中国自立之起点"。① 无独有偶,湖南人杨毓麟著《新湖南》,呼号"湖南者,吾湖南人之湖南也",主张湖南独立,"建天心阁为独立之厅,辟湖南巡抚衙门为独立之政府,开独立之议政院,选独立之国会员,制定独立之宪法,组织独立之机关,扩张独立之主权,规划独立之地方自治制,生计、武备、教育、警察诸事以次备举"。他也认为各省独立是全国独立的基础,"在公共之中国中,必使各分省自任一部之位置,各分省发见其独体之亲和力,则中国独立矣"。② 各省自立自保思想的发展,表明人们对地方政治的极大关注,为地方自治思潮的兴起提供了重要的前提条件。

资产阶级改良派与革命派的宣传与鼓动,是地方自治思潮在 20 世纪初兴起的主观条件。梁启超认为:"地方自治者,民权之第一基础也。"其具体的例证是英、德、法三国情况的比较,他说:"抑民权之有无,不徒在议院参政也,而尤在地方自治。地方自治之力强者,则其民权必盛,否则必衰。法国号称民主,而其民权反远逊英国者,以其地方自治之力微也。至于德国,则今日全世界上号称地方制度最完备之国也。"③孙中山认为:"人群自治为政治之极则。"④在具体的地方自治设想中,他主张各省设立自治政府:"设立省议会,由各县贡士若干名以为议员。所有该省之一切政治、征收、正供,皆有全权自理,不受中央政府遥制。"⑤改良派与革命派的宣传媒体,如《清议报》《新民丛报》《东方杂志》《时报》《中国日报》《中国旬报》《政艺通报》《警钟日报》等报刊,发表了大量宣传地方自治的文章。与此同时,他们还翻译了一些介绍欧美和日本地方自治制度与理论的书籍。《新民丛报》为上海广智书局出版的《地方自治制论》所做的广告宣称:"世竞言民权,然非有地方自治之制则民权即无基础……今本局特译此书,详言各国地方自治制度之精神及其权限职务,与夫团结进步之方法。此诚政治之第一级而最切于

---

① 太平洋客(欧榘甲):《新广东》,见《辛亥革命前十年间时论选集》第 1 卷上册,269、270、287 页。
② 杨毓麟:《新湖南》,见饶怀民编《杨毓麟集》,32、62—63 页,长沙,岳麓书社,2001。
③ 梁启超:《答某君问德国日本裁抑民权事》,见梁启超《饮冰室合集》文集之十一,52 页,北京,中华书局,1996。
④ 《与宫崎寅藏平山周的谈话》,见广东省社会科学院历史研究室、中国社会科学院近代史研究所中华民国史研究室、中山大学历史系孙中山研究室合编《孙中山全集》第 1 卷,172 页,北京,中华书局,1981。
⑤ 《致港督卜力书》,见《孙中山全集》第 1 卷,193 页。

今日之用者也,爱国之士其亟手一编。"①翻译西书无疑为西方地方自治思想在中国的传播开辟了重要的渠道。

清政府实施新政也对地方自治思潮在20世纪初兴起起了重要的推动作用。不仅新政本身发展到政治体制改革的时候直接催生了地方自治的具体实践,而且新政过程中兴学堂、派留学的举措还培育了一个新型知识分子群体,地方自治思想是其新型知识结构的重要内容。例如,20世纪初年留日热潮的兴起与新政直接相关,留日学生是地方自治思想宣传的重要力量,他们创办的许多以省命名的刊物,如《湖北学生界》《浙江潮》《江苏》《河南》《四川》《江西》《云南》等,具有鲜明的地方色彩。正是由于这些刊物的广泛宣传,使地方自治问题逐渐广为人知,"至确定地方自治之名词,昌言地方自治之必要者,则近日之风潮也"。②

20世纪初年兴起的地方自治思潮的主要内容有如下几个方面:

第一,宣扬地方自治为立国之本、救亡之道。时人以为:"地方自治者,为今世界立国之基础……于救亡之事,至为切要。"③康有为著《公民自治篇》,认为是否实行地方自治是造成中国与欧美等列强的国势强弱差异的根本原因。在他看来,中国之所以贫弱,是因为"中国地方之大,病在于官代民治,而不听民自治也";欧美列强之所以强大,"横于大地,剪灭东方",是"由于举国之公民,各竭其力,尽其智,自治其乡邑,深固其国本故";日本也是自明治维新以来"行地方自治而骤强";俄国虽然与中国同为专制之国,但也"已行地方自治",其与中国有强弱的差异,是由于实行"地方代治"与"地方自治"的不同结果。因此,对于中国来说,"救之之道,听地方自治而已"。④ 梁启超深以为然,认为"其推重民义,以地方自治为立国之本,可谓深通政术之大原,而最切中国当今之急务也"。⑤

第二,认为地方自治可与官治相辅相成。有人详细分析了自治与

---

① 《新民丛报》第21号,封底广告,日本横滨,1902。
② 攻法子:《敬告我乡人》,见《辛亥革命前十年间时论选集》第1卷下册,497页。
③ "列强在支那之铁道政策"译后》,见《辛亥革命前十年间时论选集》第1卷上册,380页。
④ 明夷(康有为):《公民自治篇》,见《辛亥革命前十年间时论选集》第1卷上册,180页。
⑤ 《公民自治篇·本社记者识》,见《辛亥革命前十年间时论选集》第1卷上册,172页。

官治的关系:"自治云者,对乎官治而言。近世之国家,其行政之机关,大别之为二:一曰官府,一曰自治体。官府为国家直接之行政机关,以直接维持国权为目的,如外交、军事、财政之类,皆官府所司之政务也。自治体为国家间接之行政机关,以地方之人治地方之事,而间接以达国家行政之目的,如教育、警察及凡关乎地方人民之安宁幸福之事皆是也。直接之行政名曰官治,间接之行政名曰自治。此行政法上常用语,而近世文明诸国皆行之有其实例者也。自治之制,盖所以补官治之不足,而与官治相辅而行。是故其国官治不振者,则事无统一;其国自治不备者,则事必废隳。"①

第三,主张以地方自治为宪政之基础。时论以为:"今日立宪各国,欲求宪政之完美,乃益不得不致力于地方自治,无他,人民之参预政治,大之则在组织国家机关,小之则在组织地方机关,其事互相联络,未有不能自治而能治国家大事者也。"②因此,"中国今日之立宪,当以地方自治为基础"③。

地方自治论者在进行舆论宣传的同时,还设计了一些具体的地方自治方案。如《浙江潮》所刊《敬告我乡人》一文认为,中国今日组织自治机关有最要数事如下:"(一)就各地方固有之绅士,联合成一自治体;(二)自治体宜分议决与执行二机关;(三)分任机关之事者,由绅士中互相投票公举;(四)机关议事必以多数为可决;(五)机关之职员悉为名誉职。凡此诸项,皆简而易行,而实地方行政之大原则。"④地方自治思潮的兴起,为清末宪政改革提供了重要的思想基础。

二 地方自治在全国的开展

如果说资政院与谘议局的开办所推动的政治民主化还主要是局限于上层精英社会,那么地方自治的推行则是将民主政治制度广泛地渗透到更为广阔的基层社会。地方自治是西方近代民主制度的一个重要

---

① 攻法子:《敬告我乡人》,见《辛亥革命前十年间时论选集》第1卷下册,497—498页。
② 攻法子:《敬告我乡人》,见《辛亥革命前十年间时论选集》第1卷下册,500页。
③ 《论立宪当以地方自治为基础》,载《东方杂志》第2年第12期,上海,1905。
④ 攻法子:《敬告我乡人》,见《辛亥革命前十年间时论选集》第1卷下册,502页。

方面,自然也是清末宪政改革不可或缺的内容。当时,不仅立宪派与革命派人士极力鼓吹地方自治思潮,发动地方自治运动,清朝统治者也有同样的认识与行动。清政府在推行预备立宪的过程中,已经认识到地方自治是宪政的根本基础。两江总督端方奏称:"自列强均势,凡政治学家之言,皆曰非立宪无以自存,非地方自治无以植立宪之基本。"①广西巡抚张鸣岐认为:"地方自治,实宪政之根基,自治苟不完成,宪政仍难确立。"②在清政府颁布的《九年筹备立宪清单》中,筹办地方自治就是一项重要的措施。事实上,由清政府推行的地方自治基本上是按照这个清单进行的。

1909年1月,民政部所拟《城镇乡地方自治章程》及《城镇乡地方自治选举章程》经宪政编查馆核议上奏,由朝廷正式颁布。上谕称:"地方自治为立宪之根本,城镇乡又为自治之初基,诚非首先开办不可。著民政部及各省督抚督饬所属地方官选举正绅,按照此次所定章程,将城镇乡自治各事宜迅即筹办,实力奉行,不准稍有延误。"③

据《城镇乡地方自治章程》规定,地方自治大致按行政区划分城镇与乡两级:府、厅、州、县治城厢地方为城;其余市镇、村、庄、屯集等地方,人口满5万以上者为镇,人口不满5万者为乡。城、镇、乡地方自治范围内举办的地方公益事宜主要有八类:一是学务,二是卫生,三是道路工程,四是农工商务,五是慈善事业,六是公共营业,七是筹款,八是向归绅董所办各事。

城镇、乡地方自治组织机构为:城镇设议事会与董事会,乡设议事会和乡董,城镇与乡各设自治公所为办事之地。

城镇、乡议事会设议长、副议长各1名,均由议员互选产生,任期2年,任满改选。城镇议事会议员定额20名,城镇人口以5万为底线,每加5000人增加议员1名,至多以60名为限;乡议事会议员按人口比例定额,少则6名,多则18名;城镇、乡议事会议员由选民互选充任,任期2年,每年改选半数。城镇、乡议事会为议决机关,其职权为议决如

---

① 《两江总督端方等奏江宁筹办地方自治局情形折》,见《清末筹备立宪档案史料》下册,722页。
② 《广西巡抚张鸣岐奏广西筹办地方自治情形折》,见《清末筹备立宪档案史料》下册,745页。
③ 《光绪宣统两朝上谕档》第34册,368页。

下九类事项：一是自治范围内应行兴革整理事宜，二是自治规约，三是自治经费岁出入预算及预算正额外预备费之支出，四是自治经费岁出入决算报告，五是自治经费筹集方法，六是自治经费处理方法，七是选举上之争议，八是自治职员办事过失之惩戒，九是关涉城镇、乡全体赴官诉讼及其和解之事。城镇及乡议事会会议每季 1 次，会期 15 天。会议非有议员半数以上到会，不得议决；凡议事可否，以到会议员过半数之所决为准。

城镇董事会设总董 1 名，董事 1—3 名，均经城镇议事会选举，由地方官任命，任职 2 年，任满改选；另设名誉董事 4—12 名，由城镇议事会选任，任期 2 年，每年改选半数。城镇董事会为执行机关，应办事项有四：一是议事会议员选举及其议事之准备，二是议事会议决各事之执行，三是以律例章程或地方官示谕委任办理各事之执行，四是执行方法之议决。城镇董事会会议每月召开一次，以总董为议长。会议非董事会职员全数 2/3 以上到会，不得议决；议事可否，以到会职员过半数之所决为准。

乡董每乡 1 名，另设乡佐 1 名，由乡议事会选举，呈请地方官任命，任期 2 年，任满改选。乡董职权与城镇董事会同。

城镇、乡的地方自治经费出自地方，地方自治的实行由地方行政官监督。①

《城镇乡地方自治章程》颁布后，清末地方自治从此进入实质性的实施阶段。

为了讲习与宣传地方自治知识、培养地方自治人才、促使地方自治顺利推行，1909 年 5 月，清政府颁布《自治研究所章程》，准许设立自治研究所。章程规定，各省城及府、厅、州、县应各设一所自治研究所，设立自治研究所的目的是讲习自治章程，造就自治职员。除各省官设自治研究所为模范外，各地士绅自愿照章设立者，必须呈明该管官批准照办。自治研究所讲授各项科目如下：一是奏定宪法纲要，二是法学通论，三是现行法制大意，四是谘议局章程及选举章程，五是城镇、乡地方

---

① 《宪政编查馆奏核议城镇乡地方自治章程并另拟选举章程折（附清单）》，见《清末筹备立宪档案史料》下册，724—741 页。

自治章程及选举章程,六是调查户口章程,七是其他奏定有关自治及选举各项法律章程,八是自治筹办处所订各项筹办办法。另外,自治研究所还应将城镇乡应办自治各事,"演为白话,刊布宣讲,以资劝导"。省城自治研究所的学员由各府厅州县按届选派士绅,每属每届至少2人;府、厅、州、县自治研究所的学员由各城镇乡选派士绅次第入所。官设自治研究所每届学习期限8个月,办完2—3届即行裁撤。地方士绅自办各所不在此限。①

《自治研究所章程》颁布后,各省纷纷设立自治研究所,为地方自治的广泛推行做准备。据统计,到1910年底,各省省城自治研究所均已开办,有的还举办了两届;与此同时,各省所属府、厅、州、县的自治研究所也相继开办(详情见下表)。

各省自治研究所的设立,培养了大批办理地方自治的专门人才,为推动各地地方自治的举办作了必要的准备。如湖南巡抚岑春蓂奏称,湖南省城开办自治研究所,先后两次考录合格士绅217名进所学习,"俟研究所各生毕业后,再各赴本籍设所传习讲演,庶官绅咸知自治之有裨地方,将来实行兴办,不致别生障碍"。②可见,自治研究所的设立,对地方自治思想与知识的传播以及人才的培养,无疑有着重要作用。

各省设立地方自治研究所及培训学员情况表③

省 区	省城研究所学员数	各属设所数	各属学员数
直 隶	1 051	141	3 400
四 川	640	145	万人以上
湖 北	600	—	4 300
湖 南	406	—	2 819
河 南	406	101	4 800
广 东	360	94	—

---

① 《宪政编查馆奏核复自治研究所章程折(附清单)》,见《清末筹备立宪档案史料》下册,745—748页。
② 《湖南巡抚岑春蓂奏湖南筹办地方自治设立自治研究所情形折》,见《清末筹备立宪档案史料》下册,749页。
③ 马小泉:《国家与社会:清末地方自治与宪政改革》,148—149页,开封,河南大学出版社,2001。

续 表

省 区	省城研究所学员数	各属设所数	各属学员数
广 西	357	67	4 250
山 西	196	81	2 500
甘 肃	82	—	—
云 南	417	170	3 284
浙 江	312	75	—
吉 林	142	15	390
奉 天	173	一律开办	3 785
山 东	216	—	5 499
安 徽	162	30	—
陕 西	255	89	400
江 西	546	52	—
福 建	516	78	4 000
新 疆	72	一律开办	—
贵 州	二期	60	—
黑龙江	144	—	—
江苏(宁)	一期	19	—
江苏(苏)	162	—	—

各省地方自治筹办的具体情形如下①：

奉天：1911年8月，下级自治组织城镇乡议事会、董事会、乡董、乡佐成立者405所，上级自治组织府厅州县议事会、参事会成立者46所，除少数县外，全省两级自治已基本完成。

吉林：1910年底，各城区的议事会、董事会均已成立；1911年上下两级自治并举，限期于年底全部成立各级自治组织。

黑龙江：1911年8月，各府厅州县下级自治组织基本成立，上级自治组织正在筹办。

---

① 有关各省筹办地方自治进展的资料，主要来源于1911年(宣统三年)的《政治官报》和《内阁官报》，参见侯宜杰《二十世纪初中国政治改革风潮——清末立宪运动史》，258—262页。

直隶：1911年8月，上级自治组织已成立的有124个府厅州县，下级自治组织已成立的有80个城镇乡。

山东：1910年各州县城镇下级自治组织全部成立；1911年8月有70个州县成立上级自治组织，其余36个州县因灾害延期。

江苏：1910年5月，苏州所属37个厅州县城区议事会、董事会一律成立；1911年8月，镇乡420余区中有320区已成立自治组织；数个厅州县已成立上级自治组织，其余正在筹办。江宁所属不详。

浙江：1911年8月，全省成立城镇乡议事会1021区，逾90%；成立董事会及乡董、乡佐的有810区，约为80%。上级自治组织已核定24个州县办理。

福建：1911年8月，全省城镇已全部成立议事会和董事会，乡自治组织限于下半年成立；省会的首县成立了上级自治组织。

河南：1910年有1厅、5州、10县、16城、6镇、19乡成立下级自治组织；1911年开始办理上级自治，因经费困难，成立较少。

湖南：1911年8月，有40个厅州县成立城自治机关，各镇乡限年底选举；上级自治组织正在筹办。

江西：1911年8月，有67个厅州县成立下级自治组织，其余14个州县正在赶办；上级自治组织在续办。

贵州：1911年上半年，所有城议事会、董事会均成立；上级自治组织在催办。

陕西：1910年有80多个厅州县成立了城议事会、董事会，省会的首县成立了上级自治机关；1911年又有4个县成立下级自治组织。

新疆：1911年上半年，各府厅州县设立了自治研究所，省会的首县建立了上级自治机关。

其余各省1911年2月以前的情况如下：

云南：有27个城市成立了下级自治组织；昆明等少数州县成立了上级自治组织。

甘肃：有5个府厅州县成立了下级自治组织，其余正在赶办；皋兰成立了上级自治组织。

广西：有20个州县成立了城镇乡议事会，13个州县成立了董事会,2个州县提前筹办上级自治组织。

广东:成立了下级自治组织的,城区有9处,镇区有26处;上级自治组织成立有1处。

山西:有14个州县成立下级自治组织,11个州县成立议事会,1县成立上级自治组织。

安徽:各城下级自治组织一律成立。

湖北:各城下级自治组织一律成立,镇区成立15处,乡区成立24处。

四川:成立下级自治组织的,城区105处,镇区117处;上级自治组织成立者有成都等5处。

京师:市、区各级自治组织均成立。

总之,清末地方自治是由政府倡导推行的,按照《九年筹备立宪清单》的规定,先是各省筹办城镇乡地方自治,然后筹办厅州县地方自治,两类地方自治组织分别于1913、1914年先后一律成立。据1911年初颁布的《修正宪政逐年筹备清单》,筹办地方自治应在1912年完成。可是,清王朝并没有等到那一天就被辛亥革命推翻了。清末地方自治虽没有最后完成,但全国性的地方自治的开展,还是取得了一定的成绩。到1911年清王朝覆灭前夕,各省成立了许多地方自治组织机构,无论是府厅州县上级自治,还是城镇、乡下级自治,都在不同程度地进行着。地方自治的开展,有利于扩大民众参与政治,推动基层社会走上政治民主化的道路。这是全国性宪政改革进行的一个必要的基础。

第五章
立宪运动的开展及其困境

清政府宣布预备立宪后,立宪派欢欣鼓舞,"奔走相庆,破涕为笑。旬月之间,薄海内外,欢呼庆祝之声动天地"。①他们对朝廷的宪政改革充满了热切的期望和十足的信心。梁启超致书蒋智由称:"今夕见号外,知立宪明诏已颁,从此政治革命问题,可告一段落。此后所当研究者,即在此过渡时代之条理如何。"②于是,他们纷纷组织立宪团体,积极参与谘议局和资政院的组建及议政活动,并连续多次发动了轰轰烈烈的国会请愿运动,将立宪运动推向高潮。但是,朝廷并没有完全按照立宪派的意愿行事,其迟缓拖延的态度与借立宪之名而行集权之实的举措,与立宪派的宪政改革理念颇有差距,"皇族内阁"的出台终于使立宪运动陷于绝境。武昌起义后,对清廷绝望的立宪派最终走上了与革命派合流的道路。

---

① 《郑孝胥张謇等为在上海设预备立宪公会致民政部禀》,见中国第二历史档案馆编《中华民国史档案资料汇编》第1辑,100页,南京,江苏古籍出版社,1991。
② 梁启超:《致蒋观云先生书》,见丁文江、赵丰田编《梁启超年谱长编》,365页,上海人民出版社,1983。

第一节 立宪团体的兴起

一 江浙立宪派与预备立宪公会

以上海为中心的江浙地区,人文荟萃,经济发达,风气开通,思想先进,是国内立宪派活动最重要的基地。张謇、汤寿潜等江浙立宪派是立宪运动的积极倡导者和领导者,他们的思想与活动都业已超越狭隘的省区地域而具有全国性意义。清政府开始预备立宪后,他们首先着手组织了国内第一个立宪团体——预备立宪公会。①

预备立宪公会是江浙立宪派为响应朝廷预备立宪而设立的立宪团体。1906年10月26日,郑孝胥、张謇领衔为在上海设立预备立宪公会向民政部申请备案,宣称该会的设立,"愿为中国立宪国民之前导"。② 12月16日,预备立宪公会正式召开成立大会,郑孝胥报告开会宗旨时首先说明,该会根据朝廷预备立宪上谕所称"使绅民明晰国政以预备立宪",故定名为"预备立宪公会"。③ 据《预备立宪公会简章》规

---

① 在预备立宪公会成立前一周,1906年12月9日,马相伯、雷奋等人在上海成立了宪政研究会的组织。关于该会的性质,张玉法认为其与预备立宪公会不同,"宪政研究会为一学术团体,预备立宪公会为一政治结社;讨论国内的立宪团体,当自预备立宪公会始"(张玉法:《清季的立宪团体》,365页,台北,"中央研究院"近代史研究所专刊第28期,1985)。侯宜杰认为"它的学术气味较浓,却非单纯的学术团体,后来便直接投入了政治运动"(侯宜杰:《二十世纪初中国政治改革风潮——清末立宪运动史》,118页,北京,人民出版社,1993)。事实上,宪政研究会与预备立宪公会的成员有共通之处,其许多重要成员都加入了预备立宪公会,有人甚至认为预备立宪公会就是在"宪政研究公会的基础上扩大而成"(李新主编:《中华民国史》第一编下册,44页,北京,中华书局,1981)。有鉴于宪政研究会性质的模糊及其与预备立宪公会的密切关系,我们主张以预备立宪公会为国内最早的立宪团体。
② 《郑孝胥张謇等为在上海设预备立宪公会致民政部禀》,见《中华民国史档案资料汇编》第1辑,100页。
③ 《预备立宪公会郑孝胥第一次开会报告词》,见浙江省辛亥革命史研究会编《辛亥革命浙江史料选辑》,203页,杭州,浙江人民出版社,1981。

定,该会"以发愤为学、合群进化为宗旨",凡本国人年满20岁以上,与该宗旨相合,经会员2人以上介绍均可入会。该会设会长1人,副会长2人,会董12人,名誉会董若干人,驻办员、书记员、会计员各1人,编辑员、调查员、宣讲员各若干人。会长与副会长由全会投票公举15人中互选产生,任期1年,可连选连任。预备立宪公会事务所设在上海静安寺路54号。① 具体职员如下:会长郑孝胥,副会长张謇、汤寿潜,会董张元济、沈同芳、李钟珏、王清穆、陆尔奎、刘垣、李厚祐、周晋镳、许鼎霖、周廷弼、高凤岐、胡琪、王震、孟昭常、张广恩、王同愈、李家鏊、高凤谦,驻办员孟昭常,编辑员秦瑞玠、汤一鹗、邵羲、孟森、张家镇,书记屠绍屏,会计柏治华。② 据一份《预备立宪公会会员题名表》所列235名会员资料统计,其中江苏103人,浙江55人,江浙籍人士共占会员总数的68%强,可见该会是以江浙立宪派为主体的立宪团体。在这235人中,有113人曾经任过各种政府官职或具有某种官衔,这些官绅将近占会员总数的一半,其余便主要是在企业、银行、公司、商会任职的商绅。③ 由于那些官绅事实上也有不少是经营各种工商企业的,因此可以说,预备立宪公会的主要阶级基础是绅商,并与官府有着密切的联系。

预备立宪公会的酝酿与成立,曾经得到时任两广总督的岑春煊的积极支持,他曾资助该会开办费1万元(两),并允诺为之筹措常年经费每年1000元。④ 福建籍的郑孝胥能够担任该会会长,便与岑春煊的支持分不开。不过,该会的灵魂人物还是江浙立宪派的领袖张謇。

预备立宪公会成立后,每年按例召开一次常会,选举正、副会长及其他职员。1907、1908年分别召开第二、三届常会,郑孝胥两次连任会长,张謇、汤寿潜两次连任副会长。1909年第四届常会,郑孝胥不愿三次连任会长,结果选举朱福诜为会长,张謇、孟昭常为副会长。

---

① 《预备立宪公会简章》,见《辛亥革命浙江史料选辑》,206—208页。
② 《预备立宪公会职员表》,见《辛亥革命浙江史料选辑》,223页。
③ 《预备立宪公会会员题名表》,见《辛亥革命浙江史料选辑》,210—222页。
④ 劳祖德整理:《郑孝胥日记》第2册,1056—1057、1065页,北京,中华书局,1993。

后因孟昭常赴北京组织分会,副会长仍以张謇、汤寿潜充任。1911年初,补开上年第五次常会,选举张謇为会长,郑孝胥、张元济为副会长。

预备立宪公会的活动以筹办宪政为中心,主要表现如下:①

第一,出版书刊,宣传宪政知识。该会编辑的报刊主要有《预备立宪公会报》和《宪志日刊》两种。《预备立宪公会报》为半月刊,于1908年2月在上海创办,至1910年1月停刊,共出46册。1910年5月在北京创刊的《宪志日刊》,由孟昭常主编;次年2月,又议决改为《宪报》。该会出版的书籍主要有孟昭常的《公民必读》和《城镇乡地方自治宣讲书》、钱润的《地方自治纲要》、张家镇的《地方行政制度》、孟森的《谘议局章程讲义》以及邵羲译的《日本宪法解》、汤一鹗译的《选举法要论》等。各书畅销一时,影响颇大。

第二,开办法政讲习所,培养宪政人才。1909年2月接办原由江苏学会创办的法政讲习所,招收各省学员学习法政知识。先有半年一期的班次,注重地方自治知识,包括财政、预算、决算等方面,专门培养地方自治人才;后增设一年一期的班次,注重法律,以造就司法人才。

第三,编纂商法,促成政府颁布商法。1907年7月,预备立宪公会与上海商务总会和商学公会商议编纂商法,准备邀请全国各商会及海外华商代表约期召开商法特别会议。为此,预备立宪公会成立商法编辑所,聘秦瑞玠、汤一鹗、邵羲、孟昭常、张家镇为编辑,筹备商法起草事宜。11月,商法特别会议在上海召开,各商会代表聚会研讨商法草案提纲,并决定由各商会推举代表一人组织商法草案评议会。1909年12月,完成了《公司法》与《商法总则》,经各商会代表评议通过,并推举孟昭常、秦瑞玠进京呈送农工商部和修订法律馆,以促成政府正式颁布商法。

第四,推动地方自治的进行与谘议局的筹办。在推行地方自治方面,预备立宪公会不仅督促各地士绅学习法政知识,而且催促宪政编查馆从速制订地方自治章程。在筹办谘议局方面,预备立宪公会也做了

---

① 参见张玉法《清季的立宪团体》,369—370页;侯宜杰《二十世纪初中国政治改革风潮——清末立宪运动史》,121—123页。

不少工作：在会中设立通信部，统一谘议局章程的解释与施行办法；每周召开谈话会一次，商议谘议局议案；与各省谘议局联系，互相交流经验。张謇被选为江苏谘议局议长，其他不少预备立宪公会会员被选为谘议局议员。

第五，参与国会请愿运动。张謇、雷奋、杨廷栋、孟森、孟昭常等预备立宪公会成员在清末国会请愿运动中非常活跃。

预备立宪公会的活动一直持续到武昌起义以后，是清末存在时间最长、影响最大的立宪团体。

二 康、梁与帝国宪政会及政闻社

在张謇等立宪派于国内设立预备立宪公会的同时，流亡海外的康有为、梁启超也在谋求组织立宪团体。

1906年10月21日，康有为以个人名义向各埠保皇会会众发布公启，宣布在丁未（1907年）新年元旦改保皇会为国民宪政会，并拟定了改会简章。在公启中，康有为首先回顾了保皇会的历史，然后说明了改组的目的。他认为，朝廷实行预备立宪后，保皇会的使命已经完成，"皇上日渐有权，圣躬必可无恙，从此不复劳吾同志之忧矣"。预备立宪既已宣布，当务之急就是筹备宪政，所谓"从今切近之急务，莫如讲宪政"，因此建立筹备宪政的政党是很有必要的。"皇上不危，无待于保，归政虽要，尚属更端。就本会之义务言之，此后当无所事事，而成立大党，遍于五洲，实居举国之先河，而为政党之前导者也。"在改会简章中，康有为详细说明了改组的具体事宜。他宣布五洲各埠保皇会将在丁未新年元旦举行大型庆典，一律改名为"国民宪政会"，亦称"国民宪政党"，"以成中国最先最大之政党"。他还要求保皇会各报刊登这个公启与简章，凡《维新报》《文兴报》《新中国报》《东华报》《总汇报》《新民丛报》《国事报》"一律立登勿迟"。① 当时，梁启超正在日本与熊希龄、杨度、蒋智由、徐佛苏等人商议组党。他接到康有为关于保皇会改名的信后，便与

---
① 《布告百七十余埠会众丁未新年元旦举大庆典告藏保皇会改为国民宪政会文》《行庆改会简要章程》，见汤志钧编《康有为政论集》上册，597—606页，北京，中华书局，1998。

熊希龄等人商榷,熊希龄等人建议改用"帝国宪政会"之名。当康有为已经对外公布上述公启及简章后,梁启超仍然坚持改用"帝国宪政会"之名。他致书康有为称:"何不用帝国之名,而用国民之名耶?岂赶不及耶?窃以为及今改之,未为晚也。"①康有为并未表示反对。

1907年3月23日至4月2日,康有为在纽约召集各埠代表正式召开改宪政会大会。康有为发表长篇演讲,凡历三时,长十余万言,"演说改宪政会开会议之由,叙各国宪政之本原得失,明政党之结构重要,庆中国之将行宪政,同志须预为讲习,然后尽国民之义务,乃能收其权利"。会议由各埠代表议决了会章,规定本会定名为"帝国宪政会",对外则称"中华帝国宪政会",确定本会"以君主立宪为宗旨",同时标榜尊帝室、扩民权、监督政府、讲求宪政。② 至此,帝国宪政会正式宣布成立。

帝国宪政会成立后,在国内的活动主要是响应国会请愿运动。1907年底至1908年初,康有为发动亚、欧、美、非、澳五洲两百埠帝国宪政会侨民数十余万人上书请愿,要求"立开国会以实行立宪"。③ 在海外,帝国宪政会不仅面临着日益壮大的革命党人势力的竞争,而且因为开办商务公司、华墨银行,尤其是振华公司等实业,经营不善,致使其内部矛盾重重,势力大为削弱,反而不如保皇会时期声势之大。武昌起义以后,康有为通告各埠会众改帝国宪政会为"国民党",④后被合并于共和党。

如前所述,在康有为酝酿改组保皇会时,梁启超也在与杨度、蒋智由、徐佛苏、熊希龄等人谋求组党。当时梁启超致书康有为,汇报了有关情况:海外的保皇会改为帝国立宪会,在国内另设新会为宪政会,"新旧两会名分而实合,始分而终合";宪政会由梁启超出名为发起人,康有为不出名,但必拥戴康为会长,故暂不设会长,空席以待康,由康暗中主

---

① 梁启超:《与夫子大人书》,见丁文江、赵丰田编《梁启超年谱长编》,369、374页。
② 《帝国宪政会大集议员会议序例》,见上海市文物保管委员会编《康有为与保皇会》,487—489页,上海人民出版社,1982。
③ 《海外亚美欧非澳五洲二百埠中华宪政会侨民公上请愿书》,见汤志钧编《康有为政论集》上册,609页。
④ 康有为:《致各埠书》,见《康有为与保皇会》,368页。

持,梁启超以寻常会员之名禀康之命代行会长之事;宪政会先在东京成立,然后设本部于上海,以干事长主之,干事长以杨度任之。会章纲领大致有三:一为尊崇皇室,扩张民权;二为巩固国防,奖励民业;三为要求善良之宪法,建设有责任之政府。在东京的最初发起人为梁启超、杨度、蒋智由、吴仲遥、徐佛苏、徐勤、麦孟华、狄葆贤、罗普、汤叡,及学生十余人;拟举徐勤为会计长,掌握财权;梁启超拟亲到上海一次,努力争取张謇、郑孝胥、汤寿潜三人入会;袁世凯、端方、赵尔巽为暗中赞助人,熊希龄已与交涉,得其许诺,拟拥戴醇亲王载沣为总裁,载泽为副总裁,由熊希龄进京运动;经费由熊希龄筹集15万,以5万办《北京报》,10万为会中基金,其款半由袁世凯、端方、赵尔巽所出,梁启超自筹5万,请康有为设法代筹;拟招海外会员入会,其不入者听便。① 后来,由于领导权问题,杨度与梁启超等人发生矛盾,致使双方合作组党计划流产。梁启超认为,杨度之所以热心组党之事,是因为他颇有野心,即希望利用康梁一派的人力、财力与名誉图谋个人的发展。所谓"欲以其所支配之一部分人为主体,而吾辈皆为客体","欲利用吾党之金钱名誉,而将来得间则拔戟自成一队"。② 结果,杨度成立了宪政讲习会,梁启超与蒋智由、徐佛苏等人组织了政闻社。

1907年10月17日,政闻社在东京神田区锦辉馆正式召开成立大会。当天与会者,有以梁启超为首的社员近两百人,其他赴会者千余人,并有日本名士犬养毅等人为之捧场。当梁启超演说国会议院等事时,潜伏其中的革命党人张继、金刚、陶成章等人起身喊打,会场一片混乱,梁启超等人落荒而逃,大会不欢而散。③ 政闻社在一场闹剧中正式成立。

政闻社成立时,便在已经停刊的《新民丛报》的基础上创办了《政论》月刊,作为舆论机关报。《政论》创刊后随政闻社内迁上海,由蒋智由具体负责编务,梁启超在日本遥领笔政。在《政论》第一期上刊登了

---

① 梁启超:《与夫子大人书》,见丁文江、赵丰田编《梁启超年谱长编》,370—373页。
② 梁启超:《致蒋观云书》《与南海夫子大人书》,见丁文江、赵丰田编《梁启超年谱长编》,391、409页。
③ 《政闻社社员大会破坏状》,见汤志钧编《章太炎政论选集》上册,370页。

《政闻社宣言书》和《政闻社社约》,明确地宣布了政闻社的政纲、宗旨及其实行办法。政闻社政纲有四:一为实行国会制度,建设责任政府;二为厘定法律,巩固司法权之独立;三为确立地方自治,正中央地方之权限;四为慎重外交,保持对等权利。政闻社宗旨有三:一为确定立宪政治,使国人皆有参与国政之权;二为对于内政外交,指陈其利害得失,以尽国民对于国家之责任心;三为唤起国人政治之热心,及增长其政治上之智识与道德。具体实行办法有三:一为编撰,以次发行有力之杂志、日报,及适用之书籍等;二为交通及调查,交通各内地输入政治上之学识,及通告政治上之利弊,又调查其关于政治上一切之事;三为建议及警告,关系国家重要之事,申告政府。①

在组织机构方面,政闻社设社长一人(为了给康、梁预留地位,暂虚其位)。社长之下设总务员一人、常务员二人,由社员公举产生,主持全社事务。以下职员分六科:庶务科、书记科、会计科、编纂科、调查科、交际科,科员由总务员、常务员指定,各科设主任一人,负责本科事务。另设评议员若干,由社员公举产生,评议员长由评议员会选举。总务员由马良担任,常务员为徐佛苏和麦孟华。②

在康、梁不便出面的情况下,政闻社以德高望重的马良为总务员,意在扩大影响。政闻社成立不久,即派汤叡回上海迎请马良到东京就职。在欢迎会上,徐佛苏致欢迎词说:"马先生深通吾国经世之术,四十年前毕业于法国大学,邃于哲理法政诸学,并旁通拉丁、罗马、英、德诸国文字,本其心得,以见诸躬行,其硕德懿行,皆足为吾国人表率。今以七十高年,冒万里风波之险,专为吾社员全体及中国前途而来,吾辈对

---

① 《政闻社宣言书》《政闻社社约》,见中国史学会编《辛亥革命》第4册,105—116页,上海人民出版社,1959。
② 《政闻社职员简章》《政闻社职员名籍》,见《辛亥革命》第4册,118—120页。政闻社成立时职员名单如下:总务员马良,常务员徐公勉、麦孟华,庶务科侯延爽、彭渊恂、赵灼、陈高第、何天柱、金葆稚、荣生,书记科黄可权、范治焕、梁锦汉、钟宝华、卢柱生、陈国镛、陈文起、赵正印、徐湛源、会计科徐勤、彭渊恂、范治焕、陈官桃、张寿坤、编纂科蒋智由、黄可权、张嘉森、陈介、王恺宪、刘冕执、麦鼎华、叶衍华、吴灼昭、张伯桢、罗普、郑浩、陈智镛、谢晓石、黎祖健、张寿坤、陈高第、陈官桃、调查科陈介、余铭铨、鲍镁、谭学虁、胡晴崖、桂陞、张寿波、张浩、汤叡、徐尔音、刘颂虞、何维道、黄敦怿、彭兆璜、萧仲祁、刘肇唐、钟福庆、陆定、甘得中、锡宝、康诰、王恺宪,交际科雷奋、向瑞琨、郑启璜、谭锡镛、谭学慈、林奎、李实、林上楠、隆福、杨文洵、李耀忠、杨承谷、马宗援、徐尔音、金葆稚、狄葆贤、吴肇祥、卢颖衢、荣陞,评议员张嘉森、张寿波、戴彬、隆福。

之真不胜欣慕。"梁启超与之畅谈一日,也认为马良"已承许以全力担任社务,此真吾社前途最大之幸福也"。① 不过,政闻社的实际社务是由常务员徐佛苏和麦孟华负责;尤其是掌管财权的会计科按梁启超最初的设想果真由徐勤任主任,这便使康、梁完全可以在暗中主持政闻社。

政闻社在海外成立后,便面临着艰难的生存环境,主要是与革命派的矛盾冲突不可避免。双方当时在海外的活动主要是以华侨与留学生为依托,这势必在人力、财力与活动空间等方面存在着激烈的争斗。还在商议组党之时,梁启超已经察觉到非常严峻的形势。他致书康有为称:"革党现在东京占极大之势力,万余学生从之者过半……今者我党与政府死战,犹是第二义;与革党死战,乃是第一义。有彼则无我,有我则无彼。"②政闻社成立大会上,革命派张继等人的存心捣乱更使双方的矛盾冲突公开化。因此,政闻社成立不久,即谋求转向国内活动。

1908年初,马良、徐佛苏、麦孟华等率政闻社本部迁回上海,此后便主要在国内活动。政闻社试图以上海为基地,逐渐将势力渗透到各省,于是派出特派员到各省活动,如北京有汤觉顿、潘若海,两湖有侯延爽,四川有邓孝可,福建有徐碧泉,广西有孔希伯等。但是,各地活动进展也并不顺利。主要原因有二:一是政闻社以康梁势力为背景,使许多朝野人士避之犹恐不及。不仅梁启超原来设想拉拢袁世凯、端方、赵尔巽等封疆大吏和拥戴皇亲贵族载沣、载泽为正、副总裁的计划落空,而且联络地方名流张謇、郑孝胥、汤寿潜之事也没有结果。就是狄楚青主持的《时报》,虽创办之时曾得康、梁巨款资助,但因恐被政闻社"累及",而不敢与之靠得太近,以致徐勤、汤叡公然指责狄楚青为"叛党之人"。梁启超也对之颇为不满,认为:"吾党费十余万金以办此报,今欲扩张党势于内地,而此报至不能为我机关,则要来何用,无怪诸人之愤愤也。"他坚决主张派徐勤前往"整顿"。③ 二是政闻社的活动还受到国内其他立宪团体的排斥。例如,政闻社派侯延爽到武汉开展活动,本来计划开办《江汉公报》(又名《大江日报》)和江汉公学(法政大学),以图控制舆

---

① 参见丁文江、赵丰田编《梁启超年谱长编》,425页。
② 梁启超:《与夫子大人书》,见丁文江、赵丰田编《梁启超年谱长编》,373页。
③ 梁启超:《与夫子大人书》,见丁文江、赵丰田编《梁启超年谱长编》,432页。

论和培养人才,但结果未能办成,其原因虽有经费缺乏的问题,但也与杨度的宪政讲习会的排挤有关,正如侯延爽所谓"杨皙子等造谣嫁祸,不如暂避嫌疑"。①

政闻社在国内活动的最大目标是请愿速开国会。在1907—1908年立宪派发动的国会请愿运动中,政闻社充当了一个重要的角色。政闻社不仅与上海预备立宪公会等团体发起组织国会期成会,发动全国规模的签名请愿速开国会运动,而且还以该社名义致电宪政编查馆请愿,"乞速宣布期限,以三年召集国会"。② 1908年7月25日,政闻社成员、法部主事陈景仁以个人名义电奏朝廷,请求确定三年内召开国会,并把主张从缓立宪的赴德国考察宪政大臣于式枚革职以谢天下,结果陈景仁反被清廷革职。8月13日,清廷谕令查禁政闻社。上谕称:"近闻沿江沿海暨南北各省设有政闻社名目,内多悖逆要犯,广敛资财,纠结党类,托名研究时务,阴图煽乱,扰害治安,若不严行查禁,恐将败坏大局。著民政部、各省督抚、步军统领、顺天府严密查访,认真禁止,遇有此项社伙,即行严拿惩办,勿稍疏纵,致酿巨患。"③正式成立不到一年的政闻社因此被迫解散。

三　杨度与宪政讲习会及宪政公会

杨度(1875—1931),原名承瓒,字皙子,后改名度,号虎公、虎禅,湖南湘潭人。1894年(光绪二十年)应顺天乡试,中试举人。后师从清末著名学者王闿运,学习经史及帝王之学,为王氏得意门生。1902年,他留学日本,入东京弘文学院,与湖南留日学生筹办《游学译编》,并为之作《叙》。1903年,他回国参加经济特科考试,获一等第二名,后因被参劾与革命党联系密切,遭官府查拿。为避祸,他再次东渡日本,相继入弘文学院和东京法政大学速成科。留日期间,杨度非常活跃,一度被选为中国留日学生总会干事长。他与革命党人黄兴、宋教仁、陈天华、杨毓麟、刘揆一和立宪党人梁启超、蒋智由、徐佛苏等均有频繁交往,其政

---

① 参见丁文江、赵丰田编《梁启超年谱长编》,466页。
② 参见丁文江、赵丰田编《梁启超年谱长编》,454页。
③ 《光绪宣统两朝上谕档》第34册,149—150、162页。

治态度,先是倾向革命,后渐转向立宪。1906年,载泽等五大臣出洋考察政治,经随员熊希龄联络,杨度为之草拟各国宪政情况报告。清廷宣布预备立宪以后,他便全身心地投入立宪运动。

1907年1月20日,杨度在东京创办《中国新报》,自任总编撰员,积极鼓吹君主立宪,主张"变吾专制国家为立宪国家,变吾放任政府为责任政府",认为"今日中国之事实,但能为君主立宪,而不能为民主立宪"。① 与此同时,杨度开始与梁启超、蒋智由、徐佛苏、熊希龄等人筹谋组织立宪团体,后因意见不合,主要是因为杨度不愿依附康、梁,遂谋求独立组党活动。2月9日,杨度与方表、陆鸿逵、杨德邻等人在东京组织政俗调查会,"其宗旨在反对政府及革命党,而主张君主立宪"。② 6—7月间,杨度与熊范舆等人在政俗调查会的基础上正式成立宪政讲习会(又称"中国宪政讲习会")。

宪政讲习会标榜其宗旨在于"预备宪政进行之方法,以期宪政之施行"。③ 其组织机构:设会长一人,主持会务,由会员公选产生;设评议部,议决一切事务,评议员由会员选举,评议部部长由评议员互选;设事务员若干,办理评议部议决的事务,事务员由会员选举。宪政讲习会以熊范舆为会长,其实际主持人是杨度。

宪政讲习会成立不久,即对外公开发表《意见书》,提出设立民选议院的主张,认为欲救中国"非改造责任政府不可,欲改造责任政府,则非设立民选议院不可",并表示本会同志愿为"宪政之先驱"。④ 同年10月,在杨度与宪政讲习会的策划下,由熊范舆领衔向朝廷请愿,要求开设民选议院。这成为民间请愿开国会之先河,并掀起了一场全国性规模的国会请愿运动。

同时,杨度因料理伯父丧事回湘,宪政讲习会也随之开始在国内发展势力。是年底,杨度与湘绅谭延闿、龙绂瑞、廖名缙等人在长沙成立宪政讲习会湖南支部。1908年初,杨度改宪政讲习会为宪政公会,湖南支部即称"湖南宪政公会"。随后,杨度进京设立宪政公会本部,并在

---

① 《〈中国新报〉叙》,见刘晴波主编《杨度集》,210页,长沙,湖南人民出版社,1986。
② 《我之历史》,见陈旭麓主编《宋教仁集》下册,713页,北京,中华书局,1981。
③ 《东京中国宪政讲习会总章》,见1907年8月11日《时报》,上海。
④ 《东京宪政讲习会意见书》,见1907年8月12日《时报》,上海。

上海等地建立分会，积极从事国会请愿联络活动。4月20日，由于张之洞与袁世凯的保荐，朝廷谕令杨度"以四品京堂候补在宪政编查馆行走"。① 此后，杨度借助在政府中的各种关系，大力发展宪政公会的势力。

6月30日，杨度等人向民政部禀请设立宪政公会，得到批准。次日，宪政公会在北京正式成立，熊范舆为总事务员，"以专责成"。② 《宪政公会章程》规定，本会以"确定君主立宪政体"为宗旨。其组织结构是：设总裁一人、副总裁二人，主持会务；设常务员若干，综理会务，常务员由各支部干事长推举；设常务员长一人，由常务员公举；各地设支部，各支部设干事长一人，兼评议长，并设评议员及干事若干。③ 同时发布的《宪政公会宣言书》提出："朝廷预备立宪下诏有年，然举国上下无肯实行，国事如兹，自何能救？吾党于此亦所痛心，平时研究讲习既有时日，用特团合运动，以冀开国会，布宪法，建设责任政府，消专制之威，免暴动之祸，实行君主立宪制度，上安皇室，下起民权，使吾国自危而之安，自亡而之存，合满汉蒙回苗藏诸同胞，以与列强争雄于世界。"④ 随即，宪政公会在天津、上海、山东、河南、安徽、湖北、湖南等地相继建立支部，势力极一时之盛。

然而，宪政公会很快就由盛而衰。杨度进入清朝政府体制后，其政治立场逐渐发生微妙的变化，开始由著名的立宪派领袖转变为清政府筹办宪政的御用官僚。1908年8月27日，清廷颁布《钦定宪法大纲》和《九年筹备立宪清单》，明确规定以九年为预备立宪期限。某些立宪派人士认为九年为时过长，攻击朝廷有意拖延时间，甚至怀疑朝廷立宪的诚意。9月，杨度以宪政公会常务长的名义发表《布告宪政公会文》，公开为朝廷辩护，认为"以君主大权制钦定宪法，实于今日中国国势办理最宜"；至于立宪期限，则是"宁迟无速，立宪政体不可早成"，"上而谕旨惶惶，岂宜违反"；并劝告本会会员"此时但宜奉扬谕旨，引导人民恪遵分年预备之单而为确立基础之法，不宜以空言为重，以实事为轻，见

---

① 《光绪宣统两朝上谕档》第34册，63页。
② 《批准设立宪政公会》，见1908年7月5日《盛京时报》，奉天。
③ 《宪政公会章程》，见1908年7月14日《盛京时报》，奉天。
④ 《宪政公会宣言书》，见1908年7月12日《盛京时报》，奉天。

目前之近情,遗天下之大计"。① 除杨度以外,宪政公会其他一些重要骨干分子也纷纷进入官场:熊范舆先被河南巡抚林绍年聘为法政学堂总教习,后又被云贵总督李经羲调往云南任知府;沈钧儒被浙江巡抚增韫聘为谘议局筹办处总参议;薛大可应湖广总督之聘,陆鸿逵应湖南巡抚之聘,方表、黄敦恪应山东巡抚之聘,杨德邻应东三省总督之聘,分别筹办谘议局和地方自治等。诚如时人所谓"彼团中人皆分布各省督抚幕府",②而宪政公会会务无人打理,组织渐形涣散。政闻社被查禁后,清政府对集会结社取缔甚严,宪政公会也便逐渐自然消亡。

四 其他地方性立宪团体

除了上述几个跨省区甚至具有全国性规模的重要立宪团体以外,立宪派还组织了基本上是以省区为单位的地方性立宪团体,如吉林省自治会、广东粤商自治会、贵州宪政预备会、湖北宪政筹备会、福建政与会等。

(一)吉林省自治会

1907年1月6日,吉林绅士松毓联络同志,召开成立吉林地方自治研究会大会,与会者100多人,投票公举松毓为会长,庆山、文禄为副会长,此外参议三人,并设总务、法制、文书、会计、调查、慈善六课,每课举职员一二名不等。随后拟定《试办章程》,呈报民政部、吉林将军备案,"是为自治会成立之始"。③ 据其《试办章程》规定,该会定名为"试办吉林地方自治研究总会",以"准备地方自治"为宗旨。该会应办之事有九:一是详细调查省情,以为筹办地方自治之准备;二是讨论本省地方所有重要问题,以求妥善办法;三是著译书籍,或以表政见,或以资常识;四是派员按日演说,提倡或赞成公益事业,并附设宣讲所、白话报,以启民智、开风气;五是向本省督抚或中央政府条陈关于本省大计之政见,以求兴革;六是赞助地方善举;七是提倡学务,促进普及教育;八是

---

① 《布告宪政公会文》,见刘晴波主编《杨度集》,511—512页。
② 徐佛苏:《致任公先生书》,见丁文江、赵丰田编《梁启超年谱长编》,464页。
③ 《自治会移民司吉林省地方自治沿革录》,见吉林省档案馆、吉林省社会科学院历史所编《清代吉林档案史料选编·辛亥革命》,106—107页,长春,内部发行,1981。

振兴实业,联络商界;九是附设本省之教育会、劝学所、宣讲所、董事会、阅报处。①

同年10月7日,《吉林地方自治研究会第二次简章》公布,正式改名为"吉林省自治会",仍以"准备本省地方自治"为宗旨。自治会下设议事处和办事处,另设编辑所。议事处为意志机关,有代表全体意志之权及讨论关于地方利弊事件。其应行议决之事有四:一是城乡村镇各自治会等自治团体之设立,二是有关教育、警察、卫生、实业、工程、水利、救恤、消防、市场等类自治事务之创设及改良方法,三是地方财政之预算决算等事,四是监督执行议事处及各职员被人指摘处分事,及纠察办事之得失。办事处是执行机关,对内则执行政务,对外则代表自治全体,以处理议事处所交议决之事件。其应行负担之事有七:一是议事处开会布置之事,二是议事处议决交办之事,三是地方应归办理及监督之事务,四是依议事处议决之预算为收支之事,五是受地方官委托关于地方全体公益之事,六是对于各级自治商办之事,七是代表自治团体为陈诉之事。办事处下设总务、法制、调查、文书、会计、慈善六课。编辑所的职任为编辑宪报、白话报和宣讲资料,以及审核付印文件。②吉林省自治会以署理吉林民政使司民政使谢汝钦为监督,松毓为会长,庆山为副会长,孙树棠、文耆、李芳为参议,另有总务课员承志、景芳,法制课员裕康、衣迺经、顾植、胡焕、瞿钺,调查课员沈德涵、恩溥,文书课员崇祺、马良翰,会计课员伊铿额,慈善课员杨敬修,调查员孙毓竹,事务员赵铭新、聂树清、庄万铨、吴宝琛、荣光、巴扬阿、澍霖、景昌。③

自治会设立后,便积极开展筹办地方自治的准备工作。一是在省城设立自治研究所,1907年12月23日开学,由各属选送士绅学习,以四个月为期,毕业后回各属办理地方自治。二是编辑《自治报告书》,每月三册,免费送阅,并呈送民政部、吉林公署及移送各局、署、学堂,第七期以后改为《公民日报》,1908年6月29日出版。三是在省城东、南、

---

① 《试办吉林地方自治研究会暂行章程》,见《清代吉林档案史料选编·辛亥革命》,110—112页。
② 《吉林省自治会第二次简章》,见《清代吉林档案史料选编·辛亥革命》,118—121页。
③ 《吉林地方自治会监督、会长、参议、职员衔名一览表》,见《清代吉林档案史料选编·辛亥革命》,122—123页。

北三区设立宣讲所三处,延聘明通士子,每日宣讲新学,以期开通风气。①

自治会还积极参与了吉林省谘议局的筹办等宪政筹备工作,表现极为活跃。自治会的发展使绅民权力逐渐得以扩张,引起了官府的不满和嫉恨,最终招致被解散的命运。1908年11月10日,东三省总督徐世昌与吉林巡抚陈昭常发布公告,认为吉林省自治会"乃尚未奉有部章,而研究亦未见成效,竟自谓吉林全省自治会已经成立。于营利则多方讲求,于公益则未闻举办,徒事铺张,不求实事,殊于自治义理大有不合,更与政府宗旨显相违背",因而宣布解散该会,将吉林省地方自治事宜改归谘议局筹办处一并筹办,并缩小规模,改为吉林府自治局,拟先从吉林一府试办。②

(二) 广东粤商自治会

粤商自治会是广东商人自行组织的立宪团体。1907年冬,在两广人民开展反对英国攫夺西江缉捕权的斗争中,商人陈惠普等决定成立自治组织,"冠以粤商名号",即粤商自治会。粤商自治会主要由广东的商业和金融业资本家组成,其重要代表人物有陈惠普、李戒欺、陈基建、黄景棠、李蘅皋、郭仙洲、朱伯乾、陈竹君、唐拾义、黄焕庭、谭民三、卢辅宸、全西岩、关伯康、陈漳浦、梁蔚廷、谭荔垣、罗少翱、莫梓轸等。粤商自治会成立时宣称:"本会遵旨预备立宪,先与同胞谋自治,将以研究内政、外交之得失,发为议论,供朝廷采择;调查工商实业之利弊,力为整顿,以谋地方公益。"粤商自治会成立后,领导人民进行了一系列的反帝爱国运动,如力争西江缉捕权,掀起抵制日货运动,在澳门勘界问题上努力维护国家领土主权等。在筹办宪政方面,粤商自治会自筹经费,办起了自治研究所,并协助一些城镇设立自治会,推动了广东地方自治的开展。与此同时,粤商自治会还积极参与了1908年的国会请愿运动。1909年,广东谘议局成立,粤商自治会的成员几乎被全部排除在谘议局之外,但是粤商自治会还是以民间团体的形式积极提出议案,努力参

---

① 《自治会移民政司吉林省地方自治沿革录》,见《清代吉林档案史料选编·辛亥革命》,107—108页。
② 《总督徐世昌、巡抚陈昭常为吉林自治会归并谘议局筹办处收小规模改为吉林府自治局布告》,见《清代吉林档案史料选编·辛亥革命》,132—133页。

与谘议局的一些活动,对推动广东宪政改革运动的发展起了重要的作用。①

(三)贵州宪政预备会

贵州较早的重要立宪团体为自治学社,由张百麟等人于1907年底创办。自治学社发行《自治学社杂志》为舆论机关,其社章标榜"以预备立宪、催促立宪为宗旨……认定个人自治、地方自治、国家自治为希望立宪之方法,凡研究、行动皆以自治为社纲"。起初,自治学社完全是一个爱国立宪团体;1908年秋以后,自治学社逐渐转向革命;到1910年以后,自治学社终于汇入革命的洪流,成为革命团体。②

在自治学社逐渐转向革命的时候,贵州立宪派开始筹设新的立宪团体——宪政预备会。贵州宪政预备会在贵州教育会的基础上产生,任可澄为会长,陈廷棻为副会长,其会务实际上由教育会会长唐尔镛掌控。1909年11月28日,贵州宪政预备会正式召开成立大会。会上,任可澄宣称"本会以预备宪政为范围","方今朝廷预备立宪期以九年,然上既有立宪之政府,下必有立宪之国民,惟是国民程度必成就于政治团体,故政治团体实为立宪国民之必要",其具体进行方法分调查、著译、演说、研究四类。③ 该会还办有法政学堂,并出版《黔报》和《贵州公报》,以鼓吹立宪。

(四)湖北宪政筹备会

湖北宪政筹备会附设于湖北教育总会。1909年5月20日,湖北宪政筹备会开会选举职员,学界绅界有资望者80多人与会。会上选举姚晋圻为会长,李哲明为副会长,汤化龙、余德元为书记,张仁静、李国镛为庶务,郭肇明为候补庶务,张国溶、陈武、夏寿康、李步青为编辑,时象晋、吕逵先为会计,胡柏年、黄训典为候补会计。④ 湖北宪政筹备会的实际领导人是著名立宪派人物汤化龙与张国溶。正是在他们的领导

---

① 以上关于粤商自治会的情况主要参见邱捷《辛亥革命时期的粤商自治会》,见中南地区辛亥革命史研究会、湖南省历史学会编《纪念辛亥革命七十周年青年学术讨论会论文选》下册,373—400页,北京,中华书局,1983。
② 参见张恒平、陈世和《试论贵州自治学社的性质》,见《纪念辛亥革命七十周年青年学术讨论会论文选》下册,447—462页。
③ 《贵州发起宪政预备会大会纪详》,见1909年12月30日《申报》,上海。
④ 《湖北宪政筹备会选举职员纪事》,见1909年5月21日《时报》,上海。

下,湖北立宪派团聚于宪政筹备会,积极参加国会请愿运动,成为宪政改革运动的重要力量。

(五)福建政与会

福建政与会成立于 1909 年 12 月,其宗旨是"专以辅佐地方自治之不逮,并为谘议局机关之助"。政与会主要职员如下:主理干事为林长民、刘崇佑、陈之麟,评议员为高登鲤、黄乃裳、林辂存、王邦俪、孟思培、卢初璜、黄士恒、萨君陆、杨展堂、林炳勋、椿安、吴曾提、连贤基、郑祖荫、王孝缉、钟麟祥、马光祯、杨慕震、刘子达、王子懿,干事员为王振先、黄展云、何秀先、陈兴年、刘道铿、张冠瀛、赵锡荣、陈遵统、刘崇伟、黄永筠。该会办事纲领有八:一是奉戴皇室,翼护宪政之成立;二是尊重中央官厅与地方官厅之责任;三是求自治制之发达;四是保全国权,顾重民生;五是注重财政,实行各项调查;六是联合海外华侨,振兴内地实业;七是促成交通之机关;八是企图国民教育之普及。政与会内部分为会报、调查、讲习、演说四科。该会每年开大会一次,议定本会目的达到之方法,为向资政院、谘议局提出议案作准备。① 福建政与会是与谘议局等宪政机构关系密切的重要立宪团体。

另外,还出现了许多以一府、一州、一县或一个城市为单位的规模更小的地方性立宪团体,如扬州的法政研究会、天津的自治期成会、常熟的地方自治会、汕头的自治研究社等。还有一些立宪团体是专为某一项特定的宪政目标而结成的,如国会期成会、国会请愿同志会、谘议局研究会、地方自治研究会等。京城与驻防八旗士民也成立了自己的立宪团体,如北京的八旗宪政会、杭州的杭乍两防旗人自治会等。据不完全统计,在 1906—1911 年的立宪运动中,海内外各地共建立各种立宪团体 84 个。② 各地立宪团体的纷纷涌现,是立宪派作为一个独立政治派别走向成熟的重要标志。同时,正是由于国内外各个立宪团体之间不断的联合活动,而使各地立宪派逐步实现了全国性的联合,并将全国立宪运动推向了新的高潮。

---

① 《闽省设立政与会之宗旨》,见 1909 年 12 月 25 日《申报》,上海。
② 参见张玉法《清季的立宪团体》,91—98 页。

第二节　立宪派的议政活动

一　立宪派在谘议局中的议政活动

各省谘议局成立后,便成为各地立宪派议政的重要场所。在浙江谘议局成立大会上,巡抚增韫称:"各省谘议局之权限,固一省之地方议会也。"① 在四川谘议局成立会上,议长蒲殿俊认为,谘议局可以"对于本省政治得以从容讨论"。② 时论以为,谘议局开会议事"是为朝廷以议政之权给与国民,许国民预闻国政之权舆"。③ 的确,许多著名的立宪派领袖人物如张謇、汤化龙、谭延闿、陈黻宸、梁善济、吴景濂、蒲殿俊、罗纶等被选为谘议局正、副议长,正是在他们的领导之下,立宪派在谘议局中的议政活动颇为活跃。

据《谘议局章程》规定,谘议局会议分常年会与临时会两种。常年会每年召开一次,会期40天,自九月初一日至十月十一日(农历),如有必要可延长会期10天;临时会遇有紧要事件则临时召开,会期20天。由于谘议局是"一省之议会",故谘议局会议均由各省督抚召集,并受督抚监督,且督抚对其议案"有裁夺施行之权"。④ 因此,谘议局的议政权是有一定限度的,并必然会与地方督抚发生矛盾冲突。

---

① 《浙江谘议局成立大会及选举》,见《辛亥革命浙江史料选辑》,165 页。
② 《四川省谘议局第一次议事录》,见隗瀛涛、赵清主编《四川辛亥革命史料》上册,7 页,成都,四川人民出版社,1981。
③ 《各省谘议局议案记略》,载《东方杂志》第 6 年第 13 期,上海,1909。
④ 《宪政编查馆等奏拟订各省谘议局并议员选举章程折(附清单)》,见故宫博物院明清档案部编《清末筹备立宪档案史料》下册,678—681 页,北京,中华书局,1979。

1909年10月14日(农历九月初一日),除新疆缓办外,全国21个省谘议局同时宣布成立,并召开第一届常年会。当天举行开幕典礼,各省督抚、藩司、臬司、提学使、巡警道、劝业道等大吏群集与会,异常隆重。随后由议员选举正、副议长和常驻议员,确定书记长及书记等职员,并拟定会议细则等具体规章制度,然后照章开议。各局会议一般都按期闭会,也有延期的,如四川延期5天,吉林延期10天。

各局所议议案有三类:一是各省督抚提议的议案,二是谘议局议员自行提议的议案,三是自治会或人民陈请的议案。在这次常年会上,各省谘议局都收到了很多议案,议员议政热情极高,议决了不少重要的议案。据《东方杂志》记载,江苏谘议局收集议案184件,其中督抚交议案15件,议员提议案98件,人民请议案71件。结果是:已经决议案129件,包括督抚交议案15件,议员提议案88件,人民请议案26件;议而未决案20件,包括议员提议案16件,人民请议案4件;未及提议案13件,包括议员提议案10件,人民请议案3件;另外,人民请议案中尚有37件被废弃或留作备考,有5件未及审查。① 虽然由于会期有限,谘议局议决的主要是督抚交议案和议员提议案,尚有一些议员提议案,尤其是大量人民请议案未及开议,但是从议员提议案和人民请议案都有较大数量甚至远远超过督抚交议案的这一情况来看,立宪派与一般民众的参政议政热情是很高的。

各局议案的内容可以吉林谘议局为例。吉林谘议局共议决28案,大致可以分为8类:第一,关于民政者5案,有督抚提议的《筹划巡警经费案》和《改营业税为附加税以充地方自治经费案》,有谘议局提议的《乡巡利弊案》《速办城镇乡自治选举案》和《变通自治研究所办法案》;第二,关于财政者6案,有督抚提议的《募集公债整顿币制案》,有谘议局提议的《税契减轻案》《租赋弊端案》《裁减税卡厘剔弊端案》《牲畜税尽数提解案》和《不认长农新加车捐案》;第三,关于学务者6案,有督抚提议的《设立简易识字学塾案》《设立实业教员讲习所案》《推广初等小学案》《整顿学务饷捐案》和《划一提充学款章程》,有谘议局提议的《学

---

① 《各省谘议局议案记略》,载《东方杂志》第6年第13期,上海,1909。

业利弊案》;第四,关于实业者2案,有督抚提议的《设立农会案》,有谘议局提议的《矿产兴废案》;第五,关于交涉者1案,即谘议局提议的《质问外交失败案》;第六,关于军政者2案,即谘议局提议的《筹设制造军械局案》和《整顿军务以清盗源案》;第七,关于地方政治者3案,即谘议局提议的《兴革依兰府一带地方利弊案》《指陈新城府金守酷刑违法案》和《指陈桦甸县李违法徇私案》;第八,其他3案,即谘议局提议的《保路会善后办法案》《学生祖国光借款留学案》和《议员回籍调查案》。① 可见,各省谘议局的议案具体涉及本省政治、经济、军事、文化教育、社会生活等多方面的实际问题,结合省情参议省政,"要皆按诸地方情形,切中当时利弊",②真正起到了为各省地方政治献计献策的积极作用。

各省谘议局第一届常年会大体进行得较为顺利。浙江巡抚增韫奏称:"就浙省谘议局而论,自开会以及闭会,其间秩序井然,实能共摅忠爱,以图富强之基。"③东三省总督锡良奏报奉天谘议局会议情形也说:"此次呈定议案,类多切中时势,有益地方;即会议期内,俱能秩序井然,恪诚任事。"④英国《泰晤士报》驻北京记者莫理循也"高度评价"了在太原和西安亲眼看到的山西和陕西两省谘议局。他写道:在谘议局会议上,"代表们那样从容不迫地履行自己的职责,那样有秩序地讨论议题","那里的会开得斯文有礼,大有可为。这是前进中的重要步骤,我曾经希望《泰晤士报》对此给予鼓励,因为这是各省的创举,从此有机会在公开的议会上发表他们的看法,谈论本省各种需要。"其结论是:"试办谘议局显然是个成功。"⑤

尽管如此,各省谘议局第一届常年会并非尽善尽美,事实上也有许多不尽如人意之处。如吉林谘议局因提议《质问外交失败案》而与巡抚陈昭常发生了冲突,贵州谘议局所提议案"或有理论而无办法,或已表

---

① 《各省谘议局议案记略》,载《东方杂志》第6年第13期,上海,1909。
② 《浙江巡抚增韫奏浙江谘议局开会始末并议案大略折》,见《清末筹备立宪档案史料》下册,705页。
③ 《浙江巡抚增韫奏浙江谘议局开会始末并议案大略折》,见《清末筹备立宪档案史料》下册,704页。
④ 《奉省谘议局开会闭会暨会议情形折》,见中国科学院历史研究所第三所主编《锡良遗稿·奏稿》第2册,1043页,北京,中华书局,1959。
⑤ [英]乔·厄·莫理循:《致瓦·姬乐尔》,见[澳]骆惠敏编《清末民初政情内幕——〈泰晤士报〉驻北京记者袁世凯顾问乔·厄·莫理循书信集》上卷,刘桂梁等译,641—643页,上海,知识出版社,1986。

决而复修正,混淆抵牾,辄然相乱"。① 当然,在立宪派第一次参政议政的实践中存在一些问题是不可避免的。

1910年10月3日,各省谘议局第二届常年会如期召开。在这次常年会上,各省谘议局又议决了许多重要议案。例如,四川谘议局会期50天(含延期10天),开正式会议约20次,通过议决案30余件,如《请代奏速开国会案》《以地方公产筹设各府厅州县殖业银行案》《法令公布规则案》《整顿全省学务案》《请饬审理词讼衙门张贴判决书案》《请以捐税委任地方自治团体办理经征事宜案》《提前赶办厅州县自治案》《整顿全省仓谷案》《实行讼费章程力裁陋规案》《整顿丁粮征收办法案》《整顿盐卡案》《请取消计岸商以苏民困案》《申明谘议局议权条款案》《公布施行当力求实效案》《废止官制婚书案》《纠举巡警道违法扰民案》《纠举崇庆州牧张溥酷刑虐民案》《纠举江津、西昌、通江、城口各县县令违法殃民案》等。据《蜀报》记载,在议决《纠举巡警道违法扰民案》当天,"旁听八百余人。议员根据法理,不屈不挠,旁听席眉飞色舞,至日暮犹不去。吁! 民气踏蹋久矣。万头攒动,侃侃直言,无惑乎令人神往也。"②

各省谘议局第二届常年会大都能吸取第一届会议的经验教训,因而开得更有成效。如贵州谘议局便因事先准备充分而取得了较好的效果,"自治党鉴于往岁之覆车,先期开议案预备会,从事研究,议员亦益明习政事,熟练程序。第二届常会以全力争预算案,于地方经费大有减削。又通过龚文柱改良水手方法案,以法律形式促巡抚公布,舆论翕然称之。"③

在第二届常年会上,有不少省份谘议局与地方督抚之间因权力关系发生了矛盾冲突。据《东方杂志》记载,浙江谘议局因浙路事陈请巡抚增韫代奏收回成命而停议待旨,增韫多次劝告谘议局开议,议员始终不从,坚持要求增韫先行拟电代奏,双方僵持达一个月之久,"增巡抚始允电奏,谘议局亦即于是日续行开会"。江西谘议局因巡抚冯汝骙奏请将统税改征洋码(即银圆),据说每年可增加税收40万

---

① 周素园:《贵州民党痛史》,见中国史学会主编《辛亥革命》第6册,437页。
② 《四川谘议局宣统二年九月常年会纪略》,见隗瀛涛、赵清主编《四川辛亥革命史料》上册,152页。
③ 周素园:《贵州民党痛史》,见中国史学会主编《辛亥革命》第6册,437—438页。

两，认为此事关系本省税法问题，而"冯巡抚不先定办法，提交局议，径行入奏，实为侵夺权限，因电资政院照章核办"。湖南谘议局因巡抚杨文鼎举办公债，未经交局议决，而擅自奏准发行，"实为侵权违法，万难承认"，故电请资政院核办。四川谘议局发生官府委员"侵越监督及议长权限"事，导致谘议局"全局愤激，当即照章请总督核办，如不得请，即决意辞职，电院力争"。广东谘议局提出定期禁赌议案，要求两广总督袁树勋在三日内电奏朝廷，宣布广东赌博一律禁绝期限，否则停议力争，甚至全体辞职。袁树勋以尚未确定筹抵赌饷办法为由表示不便即行电奏，议员当即实行停议，最后迫使袁树勋不得不据情电奏，议员始照常开议。广西谘议局因第一届常年会议决的全省禁烟议案未在限期内达到目标，而巡抚张鸣岐采取延长期限的举措，议员认为是"摧残议案"，因而全体辞职，以示抗议。谘议局与护理巡抚魏景桐均电请资政院解决，资政院电奏朝廷请旨裁夺，结果朝廷谕令广西巡抚仍照上年公布办法妥速办理，并令谘议局迅速召集议员照章议事。云南谘议局因云贵总督李经羲擅自决定增加盐价，每百斤加银一两，认为事关增加税法，照章应交局议决，于是呈请总督收回成命，并立即停议，表示"如不得请，即全体辞职"，后李经羲批答改为每百斤加价五钱，暂行试办，谘议局虽开议，但仍电请资政院核办。福建谘议局因闽浙总督拒不交议预算案之岁入，决定全体罢议。顺直（直隶）谘议局因直隶总督陈夔龙奏请续募公债，曾提出质问书，质问所办公债是作为地方公益之用还是充当行政经费之用，陈夔龙不予理睬。谘议局认为"是直蔑视谘议局应有之权，将来一切议决之案，安望其切实施行？"因此，在第二届常年会闭会之后，又召开临时会，"拟合全省之力，于督部堂争持，如在不允，决令地方上之捐税，一概不纳，以为抵制之计，务使谘议局之权力，不稍损失"。直隶谘议局在临时会上特提出《陈总督侵权违法案》，呈请资政院核办。①

各省谘议局第二届常年会上争议最多的是关于预算案问题，如时

---

① 问天：《宣统二年九月中国大事记》《续记各省谘议局与行政官争执事》《三记各省谘议局与行政官争执事》，载《东方杂志》第 7 年第 10—12 期，上海，1910。

论所谓"谘议局今年第一问题,为议决本省岁出入预算案"。① 按《九年筹备立宪清单》规定,1910年应试办各省预算。据《谘议局章程》规定,各省预算案必须由督抚提出交谘议局议决。但是,谘议局第二届常年会召开后,各省督抚或迟迟不提交预算案,或所交预算案中仅有岁出而没有岁入,致使谘议局无法开议。各省谘议局一面质问督抚,一面致电度支部和资政院,以求妥善解决,迄闭会而无结果。于是,各省谘议局遂纷纷召开临时会议决预算案。在此过程中,谘议局与督抚及官府的矛盾冲突无法避免。例如,四川谘议局为了做好议决预算工作,特派议员分别到省城附近各局、所、学堂、工场参观调查,"以资印证",竟被官府借故拒绝阻难。② 再如,江苏谘议局议决两江总督张人骏提交之宣统三年宁属预算案,"其中增减数目于各学堂经费有以百分裁去四十余分者,有裁去百分之数分者,有同等学堂用数本多而减数甚微者,有用数本少而减数甚巨者,实无划一办法"。张人骏对此颇为不满,不予公布施行,宣布"其预决案未经成立之先,自应暂照上年之案办理"。1911年5月1日,江苏谘议局议长张謇与副议长及常驻议员"全体引咎辞职,即日出局"。③ 随后,江苏绅商成立预算维持会,声援谘议局。资政院江苏籍议员通过总裁向内阁提出公呈,要求妥善解决江苏预算案。在各方面压力之下,张人骏最后公布了预算案。虽然"较之局议尚多出入",但张謇等为顾全大局,表示接受。9月12日,江苏谘议局议长、副议长、常驻议员全体复职,即日到局任事,并开始准备第三届常年会事宜。④

立宪派在各省谘议局两届常年会上的议政活动,是近代中国政治现代化过程中地方民主政治的初步尝试。

二 立宪派在各省谘议局联合会中的联合议政活动

各省谘议局的设立为立宪派提供了重要的议政场所,但也相应地

---

① 《四川谘议局宣统二年九月常年会纪略》,见隗瀛涛、赵清主编《四川辛亥革命史料》上册,153页。
② 《议员无参观之权利》,见隗瀛涛、赵清主编《四川辛亥革命史料》上册,191页。
③ 《江苏谘议局议长张謇辞职书》,见张謇研究中心、南通市图书馆编《张謇全集》第1卷,160—161页,南京,江苏古籍出版社。
④ 《江苏谘议局复预算维持会函》,见《张謇全集》第1卷,173页。

限制了立宪派的议政范围,即谘议局以省为单位,使得立宪派所议之政不得不局限于一省之内。事实上,许多问题本身是超越省区界限的,并不是一省之力所能解决的。因此,立宪派在谘议局议政的过程中,业已产生联合起来的需要。尤其是在全国性的国会请愿运动中,各省谘议局代表通过相互接触与联合行动,更加感到有组织一个超越省区界限的统一机构的必要,以"会议关于牵涉各省之议案,以谋一致"。① 于是,各省谘议局联合会(又称"直省谘议局议员联合会")便应运而生。

1910年8月10日,各省谘议局联合会在北京成立。② 据其章程规定,联合会由各省谘议局遣派的议员组成,各局选出的资政院议员也可遣派为会员。未经遣派的资政院议员,可请其为会员;未经遣派的谘议局议员,愿与会者可列席为参议员,但不参加表决。联合会议事范围有三:一是各省谘议局共通利害之事,二是资政院提案预备之事,三是关于本会章程及其他种规则之事。议案分三种:一为联合会共同提出之议案,二为各省谘议局提出之议案,三为到会会员临时提出之议案。各种议案一经决议,各省谘议局应采取一致行动。联合会由各省谘议局公推一省或两省谘议局主任负责会议一切应办事件,称"主任谘议局"。其中通信主任谘议局负责通告召集、汇齐议案与公布事件,庶务主任谘议局负责其他应办事件。联合会开会时由到会会员互选主席一人、副主席一人,主持会议;并由庶务主任谘议局组织临时办事处,其下设文牍科二人,庶务科一人,负责具体会务工作。联合会每年六月(农历)在北京开会一次。"本会开会之日为成立,闭会之日为终止。"③可见,各省谘议局联合会没有常设的组织机构,并不是一个固定的政治结社,其实只是一个供各省谘议局议员联合议政的临时性机构。

8月12日,各省谘议局联合会举行第一次正式会议。会上,选举汤化龙为主席,蒲殿俊为副主席,孙洪伊、杨廷栋、刘崇佑、雷奋、周树标、王法勤、吴赐龄、汪龙光、孟森为审查员,其中孟森为审查长。在9月3日的会议上,又公推直隶谘议局为庶务主任谘议局,湖北谘议局为

---

① 心史:《宪政篇》,载《东方杂志》第6年第13期,上海,1909。
② 《中国纪事·各省谘议局联合会成立》,载《国风报》第1年第20期,上海,1910。
③ 《直省谘议局议员联合会章程》《直省谘议局联合会临时办事处规则》《直省谘议局联合会议事规则》,见1910年8月19日《时报》,上海。

通信主任谘议局。直到9月7日闭会,共开会13次。出席这届联合会的主要会员有直隶的阎凤阁、王振尧、谷芝瑞、张凤玑、于邦华、陈树楷、孙洪伊、高俊浡、王法勤,江苏的孟森、杨廷栋、雷奋、孟昭常、方还,安徽的高炳麟,江西的汪龙光,浙江的沈钧儒,福建的刘崇佑、椿安、康咏,广东的陈寿崇,广西的吴赐龄、蒙经、朱景辉、古济勋,贵州的张光炜,云南的张之霖,四川的蒲殿俊、李文熙、高凌霄、张政、郭策勋,湖南的左学谦、曹作弼、罗杰、席绶,湖北的汤化龙、张国溶、陈登山,山西的胡坪,河南的王佩箴、杨治清,山东的朱承恩、周树标、蒋鸿斌,奉天的张百斛,吉林的福裕,黑龙江的战殿臣。① 这些大都是各省谘议局议员或资政院议员中比较活跃的立宪派分子。

在这届谘议局联合会的13次会议中,各省议员代表共提出议案46件,最后议决议案14件,其中5件是关于改变盐法、裁撤厘捐、禁绝鸦片、保护商办铁路、废除学堂以科举名称奖励毕业生的问题,另外9件都是关于政治的问题。《陈请提议请速开国会案》主张速开国会。《陈请申明资政院立法范围提议案》申明正式议院成立以前资政院具有完全立法性质,预备立宪以来颁布的法律法令都应由资政院审查,宪政编查馆不得侵犯其权限;资政院开院后必须明确宪政编查馆的职责是编制法律,资政院的职责是赞定法律。《请根据章程确定权限解释公呈案》《陈请更正谘议局文书体式建议案》《陈请解决谘议局办理困难情形案》《历陈谘议局困难请变通办法案》,旨在确立谘议局的地位与权限。具体意见如:不满意宪政编查馆对谘议局章程的解释及有关谘议局文书格式的规定,要求资政院予以纠正,认为"谘议局为辅助一省行政机关之机关,其权限当与行政机关相称",督抚致谘议局公文应用"照会",谘议局对督抚用"咨呈",对于司道相互用"移";谘议局议决的议案,必须以法令的形式督促督抚公布施行;督抚札复议案的期限,必须明确规定;谘议局会期应由40天改为50天;谘议局呈请查办事件,督抚应一面答复,一面查办;行政衙门不得限制谘议局的调查。《陈请建议速定官制提前实行案》中建议资政院议决责任内阁官制草案,于开会期间奏

---

① 参见张玉法《清季的立宪团体》,407页。

请施行。《陈请修改结社集会律案》要求资政院修改《结社集会律》有关人民自由结社集会的限制性条文,如禁止学堂教员结社集会、政治结社以100人为限、政论集会以200人为限等条文,必须删除。① 这些议案由各省谘议局联合会准备提交即将正式成立的资政院议决,这是立宪派在各省谘议局联合会集体议政的结果,反映了全国立宪派的共同呼声。

对各省谘议局第二届常年会争议最多的预算案,各省谘议局联合会事先探闻到度支部以今年尚在预算期内而要督抚不必提交谘议局议决的消息,特别讨论了对待方法,通告各省谘议局。其具体方法是:第一,如果督抚不提交预算案,谘议局应一面诘问督抚,同时致电资政院,要求确实速复。如果是奉旨不交,则各局当互相电告,皆致电资政院力争,不达目的,同时停议。第二,预算内容如果只有出入总表而无分表,或只有岁出经费而无岁入款目,应同时交还督抚,一面致电资政院请求更正,不达目的,同时停议。第三,其他情况,如预算案之岁入类不分别国家税、地方税,而仅以一部分之岁入作为地方行政经费,应将岁出各经费削减,督抚不准,则致电资政院争之;又如发现总册上支出款目有不适当者,应电资政院请拨回地方行政支用等。② 各省谘议局联合会未雨绸缪,为各省谘议局与地方督抚争执预算案事先做了充分的准备。

在资政院开院以前,各省谘议局联合会的成立,提供了全国立宪派联合议政的场所,这对加强各省立宪派的联系、协调各省立宪派的行动、共同推动立宪运动的发展,都有重要的积极意义。

三 立宪派在资政院中的议政活动

资政院的成立,为立宪派提供了又一个议政场所。资政院由钦选议员和民选议员组成,两者数量各半,但就宪政知识与政治活动能量而

---

① 各省谘议局联合会议案的详细内容见《直省谘议局议员联合会报告书·议决案汇录》,参见侯宜杰《二十世纪初中国政治改革风潮——清末立宪运动史》,295—296页。
② 《中国纪事·谘议局联合会对于各省督抚不交预算案之准备》,载《国风报》第1年第25期,上海,1910。

言,后者远胜前者。钦选议员除少数是从各部院推选的年轻官吏而有所表现外,大多数是年迈庸碌的贵族和官僚,他们在资政院中并无积极的表现。民选议员则都是各省谘议局的重要议员,大都是立宪派的骨干分子,他们在资政院中表现得颇为活跃。资政院虽然不是正式国会,只是预立国会的基础,但时人仍然对之寄予很高的期望。上海《申报》馆同人为资政院开院发表祝词称:"宣达舆情,规划宪政,尽监督之责任,树国会之先声。"①奉天的《盛京时报》发表社论认为:"资政院固代表舆论之最高机关也。考其组合之七项议员,以省谘议局互选议员占最多数。夫互选议员,各省之望也,其政治常识,殆高出于他项议员,且自去岁省谘议局成立以来,实地练习,已固一年有余,则其运动机关之作用,更必娴之有素。夫苟以互选议员为中坚,他项议员从而扶助之,安知不能养成最有力之舆论机关,以曲达增长民权之目的也乎?资政院之职任权限,其范围虽比国会为狭小,然以院章第十四条、第二十条之所规定,则仍有参预立法权,质问行政权,倘更由此而伸张其权力焉,则便具一国会之雏形。"②时论如此,立宪派当然也把资政院当做了议政的舞台。

立宪派在资政院的议政活动主要表现为积极参加资政院会议。据《资政院章程》有关会议的条文规定,资政院会议分常年会与临时会两种。常年会每年召开一次,会期三个月,自九月初一日至十二月初一日(农历),如有必要可延长会期一个月;临时会遇有紧要事件临时召开,由行政各衙门或总裁、副总裁之协议,或议员过半数之陈请,均得奏明奉特旨召集。资政院会议以总裁、副总裁为正、副议长,会议非有议员2/3以上到会不得开议,议员以抽签法分为若干股,每股由议员互推一人为股长。会议表决以到会议员过半数为准,若可与否同数,则取决于议长。③

1910年9月23日,资政院第一次召集议员,宣布正式成立。总裁溥伦为议长,副总裁沈家本为副议长,金邦平为秘书长,用抽签法将议

---

① 《本馆同人献言》,见1910年10月3日《申报》,上海。
② 《敬祝资政院之前途》,见1910年10月4日《盛京时报》,奉天。
③ 《资政院会奏续拟院章并将前奏各章改订折(附清单)》,见《清末筹备立宪档案史料》下册,634页。

员总数196人分为六股,第一至四股各33人,第五、六股各32人(第三股实32人,因沈家本奉旨充副总裁故不在各股议员之列)。随后各股议员推选股长与理事:第一股股长赵炳麟,理事沈林一;第二股股长许鼎霖,理事孟昭常;第三股股长劳乃宣,理事顾栋臣;第四股股长庄亲王,理事陈宝琛;第五股股长睿亲王,理事雷奋;第六股股长陶葆廉,理事汪荣宝。①

10月3日,资政院召开第一次常年会开会典礼。典礼异常隆重,监国摄政王、军机大臣、大学士、各部尚书均亲莅议场。先由军机大臣庆亲王奕劻宣读宣统皇帝谕旨,认为"资政院为上下议员(院)之基础,尤为立宪政体之精神,经画数年,规模已具,中外观听,咸在于兹"。然后监国摄政王载沣宣示训词,宣称"资政院为代表舆论之地,各议员等皆朝廷所信任、民庶所推崇,必能殚竭忠诚,共襄大计,扩立宪之功用,树议院之楷模"。最后,议长溥伦委托议员陈懋鼎、汪荣宝、孟昭常、闵荷生起草陈谢奏折,由议长、副议长代表议员全体"恭折陈谢,以表欢欣鼓舞之忱"。②

10月4日,资政院第一次常年会正式开会议事。按议事日程,第一项本是选举专任股员,后因故临时改为审查广西禁闭土膏店事件。10月6日、7日,相继选举预算股、决算股、税法公债股、法典股、陈请股、惩戒股各股专任股员及股员长、副股员长。同时,正式开始议事。

这次常年会期会按院章为3个月,后因议事未完而延期10天,到1911年1月11日闭会,期间共开议事会39次。会议接收并议决了许多议案,这些议案主要有政府交议、议员提议和谘议局请议三类,另有团体或人民陈请的议案,具体涉及政治、经济、法律、外交、文化教育与社会生活等各个方面,如速开国会案、速设责任内阁案、速立官制提前实行案、弹劾军机大臣案、资政院立法范围案、谘议局困难案、统一国库章程案、裁厘加税案、商办铁路非经国会协赞不得收为国有案、铁路公司适用商律案、地方学务章程案、停止学堂奖励明定学位以正教育宗旨案、大清新刑律案、修正结社集会律案、赦免国事犯案、著作权律案、报

---

① 《召集日记事》,见《资政院第一次常年会议事录》第1号,宣统二年八月二十日,北京,1910。
② 《开会日记事》,见《资政院第一次常年会议事录》第2号,宣统二年九月初一日,北京,1910。

律案、改用阳历案、禁烟案、剪发易服案等。其中一些重要议案议决的基本情形如下。

(一) 速开国会案

资政院开议之时,正值国会请愿运动高潮,请愿代表与各省谘议局联合会向资政院呈递了陈请速开国会的说帖,在立宪派议员的促动下,议决速开国会案遂被提上资政院的议事日程。

10月17日,在议决政府提出的《振兴外藩实业并画一刑律议案》的过程中,议员易宗夔首先提出了应该先行讨论作为根本问题的速开国会案,他说:"现在我们资政院开院已有半月,政府交议之案及核议各省之案,均是枝叶上的问题,不是根本上的问题。至于根本上的问题,就是速开国会。当此存亡危急之秋,惟国会可以救亡。现在各省谘议局联合会陈请速开国会,这是本院根本问题,应当先解决的。请议长改定议事日表,请议速开国会事件。"这个提议得到一些议员的"拍手"赞成。议员黄毓棠、于邦华、刘荣勋等人也认为资政院应该讨论速开国会这样的最紧要的"重大议案",不要讨论那些无价值的问题,白白浪费议员们的"黄金时间"。① 当日,代理议长职务的副议长沈家本仍然坚持原有议程。

10月19日,陈请股股员长赵炳麟委托议员方还报告了各省谘议局联合会陈请速开国会说帖的理由。易宗夔再次提议:"请改定议事日表,开议此项重大问题,一切枝枝节节之问题,可从缓议。"谈钺、陶镕、罗杰、雷奋等众多议员主张即行讨论,"声浪嘈杂"。副议长沈家本认为,须编成议案,列入议事日表,再行会议讨论。②

10月22日,当天议事日程表第四项为提议陈请速开国会议案。议员罗杰首先发言,认为"国会速开一事为我国存亡问题",并对此案提出三点意见:"一、此案不决,诸案均不能决,要求本院议员全体赞成通过;二、要求议长从速上奏;三、要求到院政府特派员暨我国有气力之人,设法使摄政王见信即允速开"。随后议员江辛、牟琳、于邦华、陶镕相继发言,均表示赞成,要求即行表决。当副议长沈家本宣布"如有赞

---

① 《资政院第一次常年会第七号议场速记录》,宣统二年九月十五日,北京,1910。
② 《资政院第一次常年会第八号议场速记录》,宣统二年九月十七日,北京,1910。

成请开国会者起立"时,出席此次会议的141名议员全体"应声毕立,鼓掌如雷",并齐声三呼:"大清帝国万岁!大清帝国皇帝陛下万岁!大清帝国立宪政体万岁!"全场震动。全体表决通过后,副议长沈家本又指定议员赵炳麟、陈宝琛、孟昭常、汪荣宝、许鼎霖、雷奋6人,起草请速开国会奏折稿,准备具奏清廷。议员许鼎霖表示:"今日因为速开国会一事全体赞成,无一反对者,真可为中国前途贺。"①

10月26日,当天议事日程表第一项为陈请速开国会具奏案。首先,秘书长朗读了奏稿。接着,汪荣宝代表起草员说明了奏稿的主旨:一是奏稿概述了各省谘议局联合会、各省人民代表孙洪伊等和海外华侨代表汤觉顿等三件陈请书的大意,并附上原本;二是从资政院的立场说明设立两院制国会的好处和国会不得不开的理由;三是资政院请求皇上"毅然独断,把上下议院提前设立"。随后,仍用起立法表决,到会171名议员"全体起立",一致通过。最后,议员易宗夔、李棨、于邦华、许鼎霖等人要求议长溥伦"从速具奏",并在面奏时"极力陈说"各方面请速开国会的热情,以促成皇上早日允准。提议得到溥伦的允诺。②

随后,资政院具奏。11月4日,谕令改为宣统五年(1913)召开国会。此举虽然比原定计划提前了三年,但立宪派仍感不满。11月7日,议员易宗夔就此事提出质问会议政务处王大臣的说帖,主张"本院再行议决具奏,请再行缩短年限",得到多数议员的赞成。议员李素、邵羲、吴赐龄、于邦华、李搢荣、罗杰等人相继表示"再具议案,请求即开"。议员喻长霖说:"中国现既改为宣统五年,已经比日本速得多了……"话音未落,"众论纷然,声浪大作",立刻引起了公愤。议长溥伦最后提议,等会议政务处王大臣答复易宗夔的说帖之后再作道理,"本院若有疑义,还可以再质问"。众议员拍手赞成。③ 结果,速开国会案终于因为清廷对国会请愿运动的压制而再没有进展。

(二)弹劾军机大臣案

弹劾军机大臣案起因于资政院核议各省谘议局与督抚争执的议

---

① 《资政院第一次常年会第九号议场速记录》,宣统二年九月二十日,北京,1910。
② 《资政院第一次常年会第十号议场速记录》,宣统二年九月二十四日,北京,1910。
③ 《资政院第一次常年会第十四号议场速记录》,宣统二年十月初六日,北京,1910。

案。在各省谘议局第二届常年会上,湖南谘议局以巡抚杨文鼎发行公债,不交局议,有违法侵权行为,致电资政院核办。资政院支持湖南谘议局,奏劾巡抚杨文鼎故意违背谘议局章程,"有心尝试,情节较重",要求"量予处分"。① 1910年11月9日,资政院在会议开议前宣布朝廷谕旨,认为"湖南发行公债系奏经度支部议准之件,该抚未先交谘议局议决,系属疏漏,既经部议奉旨允准,著仍遵前旨办理"。② 资政院的核议没有任何结果,引起了议员们的普遍不满。此事牵涉到资政院的议政权限、效力及其与政府的关系问题。易宗夔首先发言质问:"就是一个御史参一个督抚亦不至如此无效,而资政院全体议决之件如此无效,何必设立资政院?"他认为,谕旨有军机大臣署名,应请军机大臣到院说明理由。随后,陶镕、罗杰、席绶、李榘、于邦华、汪龙光、彭占元、黎尚雯、王用霖等20多名议员纷纷发言,强烈要求军机大臣,尤其是领班军机大臣庆亲王奕劻到院接受质问。③ 11月12日,资政院以多数表决通过了议员吴赐龄就湖南公债事件提出的质问军机大臣的说帖。④ 11月20日,资政院又为云南谘议局与云贵总督争执的盐斤加价案和广西谘议局与广西巡抚争执的限制外籍学生案具奏请旨。当日朝廷降旨,令督办盐政大臣及民政部察核具奏。消息传出,资政院议员异常愤慨,认为"本院决议上奏之案,乃交行政衙门议奏,是以行政机关蹂躏立法机关之独立,实为侵夺资政院权限",纷纷主张"根据院章,弹劾拟旨之军机大臣"。⑤

11月22日,在资政院会议上,又是议员易宗夔首先发难,认为关于云南与广西两案的谕旨两道均由军机大臣所拟并副署,故军机大臣"有应负之责任",军机大臣把立法机关所议决的案子交行政衙门去察核,"是侵资政院的权,违资政院的法",资政院应按照院章第二十一条上奏弹劾军机大臣。议员陶镕、陶峻、罗杰、王佐良、牟琳、江辛、郑际

---

① 《资政院开院后续闻》,载《东方杂志》第7年第12期,上海,1910。
② 《第十三次会议记事》,见《资政院第一次常年会议事录》第15号,宣统二年十月初八日,北京,1910。
③ 《资政院第一次常年会第十五号议场速记录》,宣统二年十月初八日,北京,1910。
④ 《资政院第一次常年会第十六号议场速记录》,宣统二年十月十一日,北京,1910。
⑤ 《资政院开院后续闻》,载《东方杂志》第7年11期,上海,1910。

平、于邦华、籍忠寅、雷奋、许鼎霖、刘春霖、李榘等人相继发言,也都表示要弹劾军机大臣。接着,政府特派员李家驹代表军机大臣进行解释说明,认为关于云南与广西议案的两道谕旨并不是对资政院具奏的最后裁夺,其实只是要求盐政处与民政部察核那两件事是否符合有关章程,"民政部、盐政处具奏后,必另有一道谕旨以裁夺资政院具奏的案"。但议员们并不满意。易宗夔、吴赐龄、陶镕、汪龙光、黎尚雯、陶峻、籍忠寅、雷奋等人又纷纷质问李家驹,终使李家驹无言以对。随后表决,到会134名议员中有112人赞成,以绝对多数通过了弹劾军机大臣案。最后由议长指定赵炳麟、沈林一、邵羲、籍忠寅、李文熙、孟昭常6人为起草员,具体负责起草具奏折稿。①

11月25日,清廷就云南与广西两案发布两道新的谕旨,表示均依资政院所议办理。这便使资政院议员对于是否还要弹劾军机大臣的问题发生分歧,"一方主弹劾,一方反之",双方争论不已。结果还是主张弹劾的一方占了上风,多数议员认为两次谕旨前后反复,"可见军机大臣反复弄权,目无君上",仍然主张以"不负责任"为议题具奏弹劾军机大臣,并由议长重新指定邵羲、孟昭常、李文熙、籍忠寅、易宗夔、顾栋臣六人为折稿起草员。12月18日,资政院正式具折上奏,指责军机大臣只知保持禄位,"受禄则惟恐其或后,受责则惟恐其独先",而根本没有负起其应负的责任,"徒有参预国务之名,毫无辅弼行政之实",主张迅速成立责任内阁,在此之前应"明降谕旨,将军机大臣必应担负责任之处宣示天下,俾无诿卸"。② 当天,军机大臣也奏请全体辞职。清廷同时发布两道谕旨:一面挽留军机大臣,认为"该大臣等尽心辅弼,朝廷自能洞鉴",所请"著不准行";一面斥责资政院,认为"设官制禄及黜陟百司之权,为朝廷大权,载在先朝钦定宪法大纲,是军机大臣负责任与不负责任暨设立责任内阁事宜,朝廷自有权衡,非该院总裁等所得擅预,所请著毋庸议"。③

12月19日,在资政院会议上,议员们对两道上谕颇为不满。议员

---

① 《资政院第一次常年会第二十号议场速记录》,宣统二年十月二十一日,北京,1910。
② 问天:《宣统二年十一月中国大事记》,载《东方杂志》第7年第12期,上海,1910。
③ 《光绪宣统两朝上谕档》第36册,475、476页。

易宗夔认为,从两道上谕"可见军机大臣巧避责任",主张再行弹劾军机大臣。议员吴赐龄、邵羲、罗杰、汪龙光、于邦华、陈树楷、郑际平、刘春霖、刘志詹、籍忠寅、文龢、李素等人纷纷发言,有的主张弹劾军机大臣机关,有的主张弹劾军机大臣个人,有的主张仍请明定军机大臣之责任,有的主张全体辞职或请旨解散资政院。最后以多数表决通过具奏明定军机大臣责任案,并由议长指定陆宗舆、章宗元、陈树楷、汪龙光、邵羲、罗杰六人起草折稿。① 12月21日,陆宗舆等人起草的请明定军机大臣责任折稿在资政院会议上被多数人否决,议员籍忠寅提出修正意见,后议决按籍忠寅的意见修改折稿。② 12月24日,资政院会议通过了修正后的请速设责任内阁折稿。③ 显然,资政院悄然调整了斗争策略,撇开了弹劾军机大臣的责任问题,而直接提出速设责任内阁。

不料,资政院尚未上奏,清廷就采取了先发制人的举措。12月25日,清廷谕令宪政编查馆速拟内阁官制具奏,便使资政院的奏折失去了上奏的意义。12月26日,当议长溥伦提议请速设责任内阁奏折"可否不上"时,议员议论纷纷,结果以多数表决通过撤销折稿。④

12月28日,议员李素提议:"前次会议请速设责任内阁折稿虽经本院议决撤销,但弹劾军机大臣议题仍系存立,应请议长指定起草员再行拟稿议决具奏。"议员于邦华、黎尚雯、罗杰也附和支持,得到众人赞同。于是,议长溥伦又指定陈善同、俨忠、陈宝琛、江谦、陈敬第、李文熙六人起草弹劾折稿。⑤ 12月30日,资政院会议通过了弹劾军机大臣折稿。折稿以"枢臣失职,不胜辅弼之任"为由,认为"该大臣等素工趋避,不知仰体宸衷,甚且阴恃为保障之资,益弛其辅弼之责,不特于臣院有

---

① 《第二十五次会议记事》,见《资政院第一次常年会议事录》第27号,宣统二年十一月十八日,北京,1910。
② 《第二十六次会议记事》,见《资政院第一次常年会议事录》第28号,宣统二年十一月二十日,北京,1910。
③ 《第二十七次会议记事》,见《资政院第一次常年会议事录》第29号,宣统二年十一月二十三日,北京,1910。
④ 《第二十八次会议记事》,见《资政院第一次常年会议事录》第30号,宣统二年十一月二十五日,北京,1910。
⑤ 《第二十九次会议记事》,见《资政院第一次常年会议事录》第31号,宣统二年十一月二十七日,北京,1910。

进行之阻碍,或更至宪政有根本之动摇"。① 次日上奏,结果留中不发,弹劾军机大臣案终于石沉大海,湮没无闻。

(三)开释党禁案

开释党禁案主要是赦免康有为、梁启超等戊戌党人,同时兼及孙中山等革命党人。戊戌政变以后,康有为、梁启超一直以国事犯流亡海外,即使在1904年慈禧太后七十大寿大赦戊戌党人时,也没有获赦。直到慈禧太后去世以后,康、梁以为出现转机,便开始积极运动开放党禁。当时社会舆论也颇以开放党禁为然,认为"党禁不开,将与唐之清流、汉之党锢,同为历史之污点",不但主张让康、梁回国参与宪政,甚至认为对革命党人也可"赦而用之"。② 1910年,资政院开院前后,康、梁为开释党禁事兵分几路,多管齐发:潘若海、麦孺博、长寿卿运动载涛、载洵、善耆等王公亲贵,徐佛苏、黄与之、侯雪舫运动国会请愿代表,罗杰、方还提议于资政院,御史赵熙、温世霖等也相继上奏,③颇有势在必得之意。资政院讨论开释党禁案与康、梁的运动密切相关。

12月15日,在资政院会议上,议员提议请昭雪戊戌冤狱案和请赦国事犯罪人员具奏案,会议表决通过后交特任股员一并审查。④ 12月21日,有各省人民代表河南举人王敬芳等和直隶王法勤等向资政院呈递陈请开释党禁说帖,资政院也交审查请赦国事犯罪人员具奏案,由特任股员一并审查。⑤ 1911年1月3日,资政院会议以多数表决通过了请赦国事犯罪人员具奏案。会上,议员长福受特任股员长庄亲王委托,说明审查的具体情形,认为赦免问题须分两层办理,包括戊戌党人和革命党人:戊戌党人"从前虽为有罪之人,到立宪时代宗旨与政策相同,便变无罪之人,应请恩赦";革命党人"其行为虽可诛,其用心已可悯",如不恩赦,"或激起激烈手段,亦非中国之福",故主张"一并恩赦"。随后,

---

① 《第三十一次会议记事》,见《资政院第一次常年会议事录》第33号,宣统二年十一月二十九日,北京,1910。
② 天囚生:《开党禁议》,见1909年6月18日《大公报》,天津。
③ 参见丁文江、赵丰田编《梁启超年谱长编》,515页。
④ 《第二十四次会议记事》,见《资政院第一次常年会议事录》第26号,宣统二年十一月十四日,北京,1910。
⑤ 《第二十六次会议记事》,见《资政院第一次常年会议事录》第28号,宣统二年十一月二十日,北京,1910。

罗杰、雷奋、易宗夔、崇方等相继发言,大都建议将戊戌党人和革命党人"一体特赦"。① 1月10日,资政院在第一次常年会最后一次议事会上,通过了昭雪戊戌冤狱折稿和请赦戊戌获罪人员折稿。② 但是,上奏后清廷未予理睬。直到武昌起义后,立宪派在资政院第二次常年会上再次提出此案,监国摄政王载沣迫于各方压力,才正式下诏赦免党人。

(四)各省谘议局与地方督抚相争执的议案

为了核议各省谘议局陈请的议案,资政院特别设立了"审查各省谘议局关系事件特任股员",由议长指定18名议员充任,他们是睿亲王、陈懋鼎、魏联奎、王璟芳、长福、章宗元、书铭、齐树楷、许鼎霖、雷奋、江辛、郑际平、易宗夔、蒋鸿斌、李文熙、刘述尧、吴赐龄、牟琳。③ 他们专门负责审查有关议案,然后向会议提供审查情况报告,以供议员议决。

在各省谘议局第二次常年会上,发生了许多谘议局与督抚争执的事件,一般情况都是陈请资政院核议。事实上,资政院第一次常年会也处理了不少这样的议案,如第一次议事会讨论的第一个议案就是广西谘议局与巡抚张鸣岐争议的全省禁烟案,其他如湖南公债案、云南盐斤加价案、广西限制外籍学生案等,都经过资政院会议的核议。各省普遍存在的谘议局与督抚争议的预算案问题,也是此次资政院常年会议决的重要议案。

据《九年筹备立宪清单》,1910年全国试办预算,由度支部承办。10月22日,由度支部拟定的《试办宣统三年岁入岁出总预算案》,经内阁与会议政务处会同集议后,清廷谕令交资政院核议办理。该案包括中央各部与地方各省财政收支总预算,全案各种表册共计140多册。资政院先交预算股股员会进行了为期近两个月的审查,然后于第29次至第34次连续6次议事会逐项进行议决。1911年1月5日,资政院将审议结果上奏。原预算案内财政赤字高达7 000多万两,资政院采取"节糜费,去冗员,以巩固国币之现状"的方针,"于浮滥经费大有削减,或以之弥补亏空,或拨充军事要需"。原预算案岁出总共

---

① 《资政院第一次常年会第三十四号议场速记录》,宣统二年十二月初三日,北京,1910。
② 《第三十九次会议记事》,见《资政院第一次常年会议事录》第41号,宣统二年十二月初十日,北京,1910。
③ 《资政院第一次常年会第九号议场速记录》,宣统二年九月二十日,北京,1910。

376 355 657两,经资政院审查总共核减了77 907 292两,使宣统三年岁出为298 448 365两,与岁入301 910 292两出入相抵,尚盈3 461 931两,作为宣统三年预算案预备费。① 1月28日,朝廷发布谕旨:"现在国用浩繁,财力支绌,该院核定宣统三年预算总案,朕详加披览,尚属核实。如确系浮滥之款,即应极力削减;若实有窒碍难行之处,准由京外各衙门将实用不敷各款,缮呈详细表册,叙明确当理由,径行具奏,候旨办理。至裁减绿、防各营于各省现在地方情形有无妨碍,著陆军部会同各省督抚悉心体察,熟权利害,从长计议,详晰具奏。"②资政院试图以裁减冗员糜费的方式消除财政预算的巨额赤字,结果直接损害了中央各部与地方各省的利益,引起了普遍的不满与抵制。2月13日,度支部上奏维持预算办法四条:一为各省预算册内出入各款仍应严行查核;二为各省预算款项宜通筹盈虚慎重出纳;三为宣统三年预算该部与各省商定增减之款不得翻异;四为嗣后各省追加之案应令先筹款。③ 这四条办法的关键是后两条,其中第三条强调度支部与各省商定增减之款不得翻异,而没有提及经资政院核减后各款可否翻异的问题,事实上资政院核减的正是度支部与各省商定之款。这就是说,可以撇开资政院核议的预算案而回到度支部的原案。第四条认为,只要能够筹到款,就可以追加预算。这更是对预算案的公然破坏。同日,谕旨允准,"该部奏陈各项办法尚属切实,著即照所议行"。④ 于是,经资政院核议的预算案实际上便成了一纸具文。

总之,资政院第一次常年会为立宪派提供了重要的议政舞台,立宪派也相应地发挥了自己的议政才能,议决了不少重要的议案。由于强大的封建专制势力的存在,致使立宪派所议决的某些议案并没有取得应有的效力,这是中国早期政治现代化过程中难免的现象。但应该承认,立宪派议政活动的经验与教训为近代中国政治民主化提供了有益的启示。

---

① 《资政院会奏议决试办宣统三年岁入岁出总预算案请旨裁夺折(并单)》,载《政治官报》第1173号,北京,1911。
② 《光绪宣统两朝上谕档》第36册,556页。
③ 《度支部尚书载泽等奏维持预算实行办法折》,见《清末筹备立宪档案史料》下册,1053—1054页。
④ 《光绪宣统两朝上谕档》第37册,10页。

第三节　国会大请愿运动

清政府在颁布《九年筹备立宪清单》后,希望照单进行预备立宪。按照这个清单,清政府将要进行九年的"预备"工作,方才召开国会。这与立宪派的要求有很大的差距。如前所述,立宪派一般是希望在两三年内即开国会的。因此,虽然清政府设立了作为"议院之基础"的谘议局和资政院,但并不能满足立宪派的愿望。"国民知谘议局之见厄于政府,资政院又为非驴非马之议会,俱不可恃,因有联合请愿国会之举。"① 1910年,以各省谘议局为中心,在立宪派的领导下,先后多次发动了全国性的国会请愿运动,要求速开国会。国会问题一时成为全国舆论的焦点。

一　第一、二次国会大请愿的失败

第一次国会大请愿运动酝酿于1909年10月各省谘议局成立之际,具体发起人为江苏谘议局议长张謇。当时,张謇与江苏巡抚瑞澂及立宪派骨干分子雷奋、杨廷栋、孟昭常、许鼎霖商议,议定由瑞澂联合各省督抚请速组织责任内阁,由张謇联合各省谘议局请速开国会,并派杨廷栋、方还、孟昭常三人分途前往各省进行具体的联络工作。② 与此同时,张謇还发表《请速开国会建设责任内阁以图补救意见书》,以为舆论鼓吹。文中提出:国势危急,"救急之法,惟有请明降谕旨,声明国势艰

---

① 心史:《宪政篇》,载《东方杂志》第6年第13期,上海,1909。
②《日记》,见《张謇全集》第6卷,625页。

危,朝廷亟欲与人民共图政事,同享治安,定以宣统三年召集国会,未至以前,设有大政咨询,并得开临时国会"。①

经过一个多月的多方联络,各省代表陆续抵达上海。12月18日,各省抵沪代表齐集跑马厅预备立宪公会事务所,召开"请愿国会代表团谈话会",以福建谘议局副议长刘崇佑为主席,江苏谘议局议员孟昭常和福建谘议局书记长林长民为书记。从18日至25日,共开会六次,所议事项为:第一,以代表到沪先后次序确定会中席次;第二,确定27日为正式代表会日期;第三,汇集各省签名簿;第四,确定签名以各省谘议局议员为限;第五,推举呈稿起草员;第六,公推直隶孙洪伊为递呈领衔人;第七,决定递呈具名法以对付都察院新章规定;第八,决定大会后数日代表进京;第九,确定进京代表团规约12条,约束进京代表一致行动;第十,推选方还、罗杰、刘兴甲、刘崇佑四人为代表团干事;第十一,议各省谘议局联络办法(未决)。27日,正式召开代表大会,讨论呈稿,并作修正,确定请愿大旨"在速开国会,于二年内召集之,明年先开临时会一次"。出席大会的代表共有16省51人,推定各省进京代表为:直隶孙洪伊、张铭勋、王法勤,江苏吴荣萃、方还、于定一,山东周树标、朱承恩,湖南罗杰、刘善渥,湖北陈登山,河南彭运斌、宫玉柱,浙江应贻诰、吴赓廷、郑际平,福建刘崇佑、王邦怀、连贤基,江西闵荷生、聂传曾,广东沈秉仁,广西吴赐龄,奉天永贞、刘兴甲,吉林与黑龙江两省为李芳。另外,安徽、山西人数未定,陕西、甘肃、四川、云南、贵州因路远未有代表与会,只好致电通告。② 30日,在沪各省代表又开会议决修正呈稿,改二年召集及明年临时会之议为一年,并请速定议院法、选举法。③

各省请愿代表在上海会议期间,受到了上海各团体的热烈欢迎。张謇连日出席预备立宪公会和谘议局研究会等团体为各省请愿代表特设的饯行会,并作《送十六省议员诣阙上书序》以为勉励。他希望代表

---

① 《请速开国会建设责任内阁以图补救意见书》,见《张謇全集》第1卷,135页。
② 心史:《宪政篇·附请愿速开国会各省代表在上海会议记事》,载《东方杂志》第6年第13期,上海,1909。按:此处误记谈话会开始日期为农历十月初六日(11月18日),有人已据《张謇日记》指正应为12月18日。参见侯宜杰《二十世纪初中国政治改革风潮——清末立宪运动史》,270页,注③。另,此外还误记到会代表为15省,实应为16省。
③ 《请愿速开国会各省代表在上海会议纪事之续》,见1910年1月2日《时报》,上海。

"秩然秉礼,输诚而请",认为"得请则国家之福,设不得请而至于三至于四至于无尽,诚不已,则请亦不已,未见朝廷之必忍负我人民也。即使诚终不达,不得请而至于不忍言之一日,亦足使天下后世知此时代人民固无负于国家,而传此意于将来,或尚有绝而复苏之一日。"①此序为各省代表确立了连续请愿的宗旨。

1910年1月,各省请愿代表团到达北京,并于16日向都察院呈递了由孙洪伊领衔的请愿书。请愿书明确地以"速开国会"为主旨,首先从内政与外交两方面说明开国会"一日而不可缓",然后进一步尖锐地指出国会关系到大清王朝的安危问题,"有国会,则与之对待之责任内阁始能成立。国会有议政之权,然后内阁得尽其职务;内阁负全国之责,然后皇上益处于尊荣。显可以末虑助圣主之聪明,隐可以公论消奸人之反侧。"因此,请愿书认为"根本中之根本计,宜速开国会",并吁请"皇上速降谕旨,颁布议院法及选举法,期以一年之内,召集国会"。②当时都察院没有立即代奏。

请愿代表本欲求见都察院都御史,但未被接见,于是他们遍谒王公亲贵大臣,以求疏通。21日,请愿代表晋谒军机处王大臣。庆亲王奕劻与那桐"均表赞成之意"。鹿传霖认为:"既设谘议局,何须复开国会?"代表详为解释,鹿"仍未得要领"。戴鸿慈认为:"各种预备尚未完全,能否速开国会?"经代表解释,戴表示"深以为然"。23日,见军机大臣世续,晓之以情,动之以理,使世续"为之动容"。27日,又见满族亲贵。肃亲王善耆、贝子溥伦、镇国公载泽"均辞不见";贝勒载涛"言极望国会早开,庶几可挽危局";贝勒毓朗"言定当竭力相助"。28日,再见资政院总裁贝子溥伦,溥伦虽然认为"资政院与国会无异,何必急开国会",但又表示"如果奉旨准开国会,我亦甚愿"。与此同时,直隶总督陈夔龙、两广总督袁树勋与奉天、吉林、山东等省巡抚,以及出使各国大臣均致电政府,"请俯从舆论,速开国会"。御史江春霖特上专折"奏请缩短国会年限,词极恳切"。甚至旗籍人民也"联合同志,公举代表,赴都

---

① 《送十六省议员诣阙上书序》,见《张謇全集》第1卷,128—129页。
② 《都察院代递孙洪伊等吁恳速开国会呈》,载《东方杂志》第7年第1期,上海,1910。

察院呈请代奏速开国会"。① 在这种情况下,都察院只好将各省代表与旗民的请愿书一同上奏。

1月30日,朝廷发布上谕,对国会请愿予以委婉拒绝,仍然坚持九年预备立宪期限不变。上谕在表彰请愿代表的"爱国悃忱"之后,声称:朝廷也是"深冀议院早为成立,以固邦基。惟我国幅员辽阔,筹备既未完全,国民智识程度又未画一,如一时遽开议院,恐反致纷扰不安,适足为宪政前程之累……宪政必立,议院必开,所慎筹者,缓急先后之序耳……俟将来九年预备业已完全,国民教育普及,届时朕必毅然降旨,定期召集议院。"②第一次国会大请愿失败。

国会请愿代表对这次请愿的失败早有思想准备。此前,他们向各省谘议局通告说:"兹事体大,断非一呈所能得效。"各省请愿代表为联合行动曾经组织"请愿速开国会同志会","以求合力进达之道"。请愿失败后,代表们又致书各省团体,呼吁广泛支持,并采取进一步的行动。2月6日,在京国会请愿代表议决善后办法:第一,继续进行第二次请愿,请愿代表或留京活动,或回省分头运动;第二,组织请愿即开国会同志会,在各省尽快设立分会;第三,开设报馆,创办日报;第四,设立各省谘议局联合会。7日,请愿即开国会同志会在京开会议决,暂以京师代表团为开会总部,并致电各省绅、商、学团体,要求各省从速成立分会,选举代表进京,再上请愿书。此举得到各省学会、商会的积极支持。与此同时,黎宗岳、陈佐清等人还在京城组织国会期成会,作为请愿即开国会同志会的后援会。③

请愿即开国会同志会以"请求政府即开国会"为目的,设总部于上海,设支部于北京及其他各地,其会员"皆有鼓吹舆论,游说各种社会请愿,以促国会早开之责"。④ 为了发动广大民众进行第二次请愿,同志会决定由江苏、广东、直隶三省派员分途运动海外华侨及邻近省份。具体分工:由直隶派员前往东三省、山东、山西、河南诸省,江苏派员前往浙江、安徽、江西、湖北、湖南诸省,广东派员前往海外华侨并广西、福建

---

① 问天:《宣统元年十二月中国大事记》,载《东方杂志》第7年第1期,上海,1910。
② 《俟九年预备完全定期召集议院谕》,见《清末筹备立宪档案史料》下册,641—642页。
③ 《记国会请愿代表进行之状况》,载《东方杂志》第7年第2期,上海,1910。
④ 《请愿即开国会同志会改定简章》,见1910年2月23日《时报》,上海。

诸省,"联络游说,期以大张旗鼓,震撼耳目,诚知此举于继续进行上甚有实力,虽劳费而有所不计"。决议还规定:所派游说各员即为同志会特派员,不局限于谘议局议员,也可以是商会、教育会干事;特派员到各省必须力促其早日成立同志会支部,并游说各省商会、学会及其他团体各举代表,继起请愿,同时要求各团体通过办报纸杂志、发传单、作演说等形式进行宪政知识宣传;特派员须请各省自行通告各府、厅、州、县商会、学会、自治研究会开会演说,尽力发动基层民众,各省以绅民名义自举代表上书请愿,签名之人必须普遍于各府、厅、州、县,不可限于省城,人数多多益善,既可厚集势力,又可唤起一般国民。① 这次请愿运动的发动对象,业已超越各省谘议局议员的限制,而遍及谘议局及以外的各级商会、学会、自治研究会等团体成员和海外华侨,甚至于最基层的一般民众,可以说真正具备了全国意义的代表性。

4月初,请愿即开国会同志会改订章程,正名为"国会请愿同志会"。据其《规约》规定,同志会设总部于北京,设支部于各省及各埠。② 同时,国会请愿同志会发布《意见书》,以速开国会为"救亡之第一策略",并系统地阐述了速开国会的主张。第一,认为速开国会可以革除君民情感不通、官僚不负责任以及财政困难等一切贫弱之源。第二,严正地驳斥了官僚反对速开国会的诸如资政院与国会相似、人民智识程度不够、宪政预备各事尚未完全等理由。第三,认为开国会当有政党之预备,国会请愿同志会为政治结社,正与政党相近。③ 与此同时,在京请愿代表商议创办《国民公报》,作为宣传速开国会的舆论机关。

5月底6月初,经过几个月的联络与发动,各省商会、学会等团体或绅民请愿代表陆续进京,海外华侨请愿代表也专程回国,举行第二次大请愿的时机逐渐成熟。总计这次进京请愿代表约有150人,参加请愿签名者达30万人,规模远远超过第一次。

6月16日,进京请愿代表齐集都察院,共呈递10份请愿书。各团体代表及其领衔人如下:直省谘议局议员代表孙洪伊,各省商会代表沈

---

① 《再记国会请愿代表进行之状况》,载《东方杂志》第7年第3期,上海,1910。
② 《国会请愿同志会规约》,见1910年5月14日《时报》,上海。
③ 《国会请愿同志会意见书》,见1910年5月7—14日《时报》,上海。

懋昭,江苏商务总会代表杭祖良,南洋雪兰峨二十六埠中华总商会代表兼澳洲华侨代表陆乃翔,旅澳全体商民代表陆乃翔,直省教育会代表雷奋,江苏教育总会代表姚文枬,各省政治团体代表余德元,直省绅民及旗籍绅民代表李长生、文耀,东三省绅民代表乔占九。① 各份请愿书侧重点不同,实际上是从多方面论证了速开国会的必要性与可能性,基本结论都是主张在一年之内召开国会。

随后,各团体请愿代表还上书摄政王载沣。一方面,痛切地指出,在此内忧外患国势危急之时,只有开国会才是"弭乱救亡之策";另一方面,痛斥阻挠速开国会的大臣"皆自全躯命保禄位之臣,惮于改革而或不利于身家者","直为戊戌、庚子新政罪人之续,而为国家万年根本之蠹"。② 与此同时,各团体请愿代表又集体上书政府,更加沉痛地说明,如果不能速开国会,则政府机构就将无法正常运作,因而难以承担弭乱救亡的重任,"汉唐元明末造之祸,必将复见于今日"。他们大发警世危言:"与其俟大难已作同遭玉石俱焚之惨,何不及今力持大体,俯顺民情,速开国会,以弭乱于无形乎?"③

6月21日,都察院将请愿书上奏朝廷。朝中大臣意见分歧,或"力主以严旨震嚇,以免哓哓不休",或以为"民心不可失,民怨不可积,仍须婉言对付,以免酿生意外枝节"。④ 27日,摄政王载沣召见会议政务处王大臣,召开御前会议,"各王大臣多谓宪政尚在预备,国会不能骤开,且借口各省荒灾、匪乱,驳阻请愿;摄政王深以为然"。⑤ 结果,对于第二次国会大请愿,朝廷采取了比上次更加严厉的态度。上谕表示"仍俟九年筹备完全,再行降旨定期召集议院",并严词申明"毋得再行渎请"。⑥ 第二次国会大请愿又以失败告终,但立宪派并不甘心。

---

① 问天:《宣统二年五月中国大事记》,载《东方杂志》第7年第6期,上海,1910。10份请愿书的具体内容见《国会请愿代表第二次呈都察院代奏书汇录》,北京,中国社会科学院近代史研究所图书馆藏刊本。
②《各团体国会请愿代表上监国摄政王书》,见《国会请愿代表第二次呈都察院代奏书汇录》,49—50页。
③《请愿国会谘议局代表孙洪伊绅民代表李长生东三省绅民代表乔占九旗籍代表文耀教育会代表雷奋江苏教育代表姚文枬商会代表沈懋昭上海苏州商会代表杭祖良政治团体代表余德元南洋暨澳洲华侨代表陆乃翔等公上政府书》,见《国会请愿代表第二次呈都察院代奏书汇录》,42—48页。
④《国会请愿近情种种》,见1910年6月26日《时报》,上海。
⑤《专电》,见1910年6月28日《时报》,上海。
⑥《仍俟九年预备完全再定期召集议院谕》,见《清末筹备立宪档案史料》下册,645页。

二 第三次国会大请愿与清政府宣布缩改立宪期限

第二次大请愿失败以后,各省纷纷致电在京请愿代表,鼓励继续请愿,希望请愿代表"力持上第三次请愿书,为民请命勿懈"。① 在京请愿代表通电各省,表示了继续请愿的坚定决心:"务必再作第三次请愿之举,矢以百折不挠之心,持以万夫莫拔之力,三续、四续,以至十续,或可有望成功"。② 于是,他们又发动了第三次国会大请愿运动。

为此,在京请愿代表会议议决进行办法:第一,变更请愿代表团组织。原来的请愿代表团组织以谘议局议员代表为限,现扩大范围,各界在京代表一律加入;投票选举孙洪伊、方还、陈登山、黎宗岳、周树标、吴赐龄、邓孝可、文耀、李素、郭卫村等10人为职员,雷奋、汪龙光、刘善渥、黄为基、孟昭常、王法勤、徐公勉、刘荣泽等8人为编辑,任期半年,可连选连任。未当选的代表均为代表团评议员。第二,代表团选派专员分往各地游说联络,推广府、厅、州、县分会,发表演说,赶办签名册,为请愿作切实准备。第三,具体准备第三次请愿。第三次请愿定于次年二月(农历)举行;签名普及于农工商各界,人数每省至少百万以上;签名册由北京事务所拟定,分发各省分会,并转发各府、厅、州、县分会,限于十二月汇齐,送交北京代表团事务所;正式请愿时,各府、厅、州、县须派代表一二人到京,近省至少须100人以上,远省至少须50人以上;本年九月,先进行间接请愿,办法有三:代表团向资政院上请愿书,各省谘议局及各团体同时向资政院上请愿书,各省谘议局及各团体同时呈请督抚代奏。③ 请愿代表关于联络农工商各界继续请愿的决议得到广大人民群众的普遍支持。

7月1日,留日学生千余人在东京锦辉馆集会,声援北京请愿代表团,表示要"联合全国军学商绅各界团体,结成一大团体,合力为第三次之请求"。④ 稍后,湖北、四川、山东、陕西等省纷纷派出第三次请愿代

---

① 《奉天谘议局致乔郭两代表电》,见1910年8月10日《大公报》,天津。
② 《国会请愿之近状》,载《东方杂志》第7年第7期,上海,1910。
③ 问天:《宣统二年五月中国大事记》,载《东方杂志》第7年第6期,上海,1910。
④ 《国会请愿之近状》,载《东方杂志》第7年第7期,上海,1910。

表进京活动;美洲、澳洲和日本华侨也致电支持继续请愿,并派代表参加请愿运动。当然,各省谘议局仍然是请愿运动的主要力量。8月10日,各省谘议局联合会成立,速开国会是其重要的议题,更是对请愿运动的有力支持。江苏谘议局议长张謇甚至设想由各省谘议局议长亲自出马,组成议长请愿团,"以结前二次代表团之局,而别开第三次请愿之新面目"。① 与此同时,由立宪派主办或控制的报刊,如《东方杂志》《时报》《国风报》《国民公报》等,也相继发表许多文章,为国会请愿进行舆论鼓吹。国会请愿同志会还从《国风报》上选录梁启超的《论政府阻挠国会之非》和《为国会期限问题敬告国人》两篇文章,编为《国会鼓吹》的小册子,进行舆论宣传。

8月15日,国会请愿代表团召开评议会,讨论进行方法。会议议决:第一,要求各团体代表至迟须在八月(农历)以前来京,按原计划拟于九月上书资政院,请开国会。第二,向各省谘议局联合会提议,国会不开,应实行不纳税,要求各省谘议局及各省民选资政院议员在国会未开以前不得承认新租税;各省谘议局今年常年会,只限要求速开国会一议案,如不达目的,各局即同时解散。② 9月29日,因资政院即将开院,请愿代表团召开特别会议,决议上书监国摄政王、会议政务处和资政院,立即进行第三次国会请愿。

10月7日,国会请愿代表团开始第三次上书请愿活动。当天,在孙洪伊等请愿代表整队出发之际,奉天旅京学生赵振清、牛广生等17人突然来到,交给请愿代表一封信,"力陈国家瓜分在即,东三省土地已先沦亡,非速开国会不能挽救,二次请愿国会无效,今第三次请愿,势不能再如前之和平",表示要"以血购国会",随即拔刀"欲剖腹绝命以明心迹",经代表苦劝未遂,牛、赵二人迅即从自己左腿、右臂割肉一块,在致代表书上摩擦数遍,惨不忍睹,并高呼"中国万岁""代表诸君万岁",拭泪负痛,跄踉而去。③ 代表们颇为感动,带着全国人民的殷切期望,毅然前往上书监国摄政王。当天因载沣不在府上,上书由肃亲王善耆代

---

① 《致浙江谘议局函》,见《张謇全集》第1卷,151页。
② 《国会请愿之近状》,载《东方杂志》第7年第8期,上海,1910。
③ 《呜呼血泪青年》,见1910年10月14日《民立报》,上海。

为转交。

10月9日,请愿代表孙洪伊等又上书资政院,仍然从挽救国势危亡的角度立论,要求速开国会。请愿书认为"今中国非实施宪政,决不足以拯危亡",而"责任内阁者,宪政之本也;国会者,又其本之本也"。因而请求资政院尽快提议"于宣(统)三年内召集国会,并请提前议决代奏"。随后,请愿代表又遍谒庆亲王奕劻、肃亲王善耆、贝勒毓朗、镇国公载泽、军机大臣那桐和徐世昌,"力陈国会不可不开之理由,及民人渴望速开国会之情状,痛哭流涕,王公大臣均为之动容"。[1]

孙洪伊等请愿代表上书资政院后,各省谘议局联合会以及海外华侨代表汤觉顿也相继向资政院呈递了陈请书。资政院对此非常重视。10月22日,在民选议员的强烈要求下,资政院提前议决并通过了速开国会议案,随后便具折上奏。资政院的行动,是对国会请愿运动的极大支持。

第三次国会请愿运动与上两次不同的是,立宪派在这次请愿中还发动了广大人民群众进行了声势浩大的请愿游行。10月5日,直隶各界人士1 000多人在李向辰、温世霖、阎凤阁等人率领下,列队前往总督衙门请愿,要求总督陈夔龙代奏速开国会的请愿书,迫使陈应允代奏。10月16日,河南国会请愿同志会在开封游梁祠开会,各界人士3 000多人到会,当场签名,然后列队到巡抚衙门请愿,巡抚宝棻接见代表杨源懋、王敬芳等人,允为代奏速开国会的请愿书。10月23日,山西太原人民群众1 000多人在劝工陈列所集会,通过速开国会请愿书,谘议局议长梁善济等人在请愿书上签名,并到巡抚衙门请愿,巡抚丁宝铨允为代奏。同日,陕西谘议局和国会请愿同志会组织召开了1万多人参加的请愿大会,会后列队游行到巡抚衙门请愿,签名者达5 000多人。10月30日,福建各界群众5 000多人游行到总督衙门请愿,闽浙总督松寿接受了请愿书。当天,四川国会请愿同志会召开由各界人士6 000多人参加的请愿大会,并在谘议局正、副议长蒲殿俊、萧湘的带领下前往总督衙门请愿,总督赵尔巽应允代奏。11月2日,贵州省城召

---

[1] 问天:《宣统二年十月中国大事记》,载《东方杂志》第7年第11期,上海,1910。

开请愿大会,钱登熙等 4 000 多人游行到巡抚衙门请愿。湖北汉口国会请愿同志会多次组织集会,并向谘议局递交陈请速开国会建议书,要求转呈总督代奏。奉天全省 20 多个城市举行了集会,各地参加群众均在 1 万人以上,并拟到省城请愿,签名者达 30 多万人。各省谘议局一般都通过了呈请代奏速开国会的议案,并致电军机处要求速开国会。甚至落后闭塞的甘肃也推举了代表进京请愿。① 这次请愿所动员的人民群众的广泛性及其规模之大,是前两次无法比拟的。

10 月 25 日,东三省总督锡良、湖广总督瑞澂、两广总督袁树勋、云南(贵)总督李经羲、伊犁将军广福、察哈尔都统溥良、吉林巡抚陈昭常、黑龙江巡抚周树模、江苏巡抚程德全、安徽巡抚朱家宝、山东巡抚孙宝琦、山西巡抚丁宝铨、河南巡抚宝棻、新疆巡抚联魁、江西巡抚冯汝骙、湖南巡抚杨文鼎、广西巡抚张鸣岐、贵州巡抚庞鸿书,联名致电军机处,主张内阁、国会同时设立,请为代奏。他们认为:"内阁、国会,为宪政根本……舍此则主脑不立,宪政别无著手之方;缺一则辅车无依,阁、会均有逾辙之害。程度不足,官与民共之,不相磨励,虽百年亦无所进;法律难定,情与俗碍之,互相参考,历数年可望实行。"因而奏请"立即组织内阁"和"明年开设国会"。② 这对请愿运动更是一个有力的声援。

在这种情况下,清廷不得不作出一定的让步,决定缩短预备立宪期限。至于应该缩短多少年为好呢? 直隶总督陈夔龙电奏,主张先设内阁,三年后再召集国会,即认为缩短三年为好。③ 资政院总裁溥伦被载沣召见时,也认为"大抵至少之非缩短三年,不足以餍天下之望"。④

10 月 28 日,清廷谕令将资政院具奏与各省督抚电奏的奏折交给会议政务处王大臣公同阅看,预备召见。当时,"道路传闻,恒有缩短三年之说",消息传播开来,国会请愿代表颇为不满。他们立即上书政务处王大臣,从内政、外交两方面申论实在没有必要再等三年,"于期年以内召集国会,决无迫促之虑、障碍之端,王大臣幸勿过事疑虑,而令天下人民再三吁请"。11 月 1 日,以锡良为首的各省督抚也再次联名致电

---

① 以上参见侯宜杰《二十世纪初中国政治改革风潮——清末立宪运动史》,308—311 页。
② 问天:《宣统二年十月中国大事记》,载《东方杂志》第 7 年第 11 期,上海,1910。
③ 问天:《宣统二年十月中国大事记》,载《东方杂志》第 7 年第 11 期,上海,1910。
④ 《国会问题之跃动》,见 1910 年 11 月 5 日《时报》,上海。

军机处,请为代奏,力主"仍将内阁、国会同时并举,以慰民望"。①

11月3日,载沣召见会议政务处王大臣,召开御前会议,咨询以作决策。毓朗主张先设内阁再开国会,"庶君权不至为民权所抑"。载泽颇以为然,并明确提出"应明定宣统五年召集国会"。载沣"极是二人之议,遂决定国会定限缩短三年"。②4日,清廷发布上谕,宣称:"今者,人民代表吁恳既出于至诚,内外臣工强半皆主张急进,民气奋发,众论佥同,自必于人民应担之义务,确有把握,应即俯顺臣民之请,用协好恶之公。惟是召集议院以前,应行筹备各大端,事体重要,头绪纷繁,计非一二年所能蒇事,著缩改于宣(统)五年,实行开设议院。先将官制厘订,提前颁布试办,预即组织内阁。迅速遵照钦定宪法大纲,编订宪法条款,并将议院法、上下议院议员选举法,及有关于宪法范围以内必须提前赶办事项,均著同时并举,于召集议院之前,一律完备,奏请钦定颁行,不得少有延误。总之,决疑定计,惟断乃成。此次缩定期限,系采取各督抚等奏章,又由王大臣等悉心谋议,请旨定夺,洵属斟酌妥协,折衷至当,缓之固无可缓,急亦无可再急,应即作为确定年限,一经宣布,万不能再议更张。"③预备立宪的计划被提前到宣统五年(即1913年)完成,事实上比原来的九年筹备计划缩短了三年。应该说,第三次国会大请愿虽然没有达到第二年即开国会的目的,但还是取得了一定的成效。

三 请愿运动的继续与清政府的压制

清政府在宣布缩短国会期限的同时,还发布了一道遣散国会请愿代表的上谕:"现经降旨,以宣统五年为开设议院之期,所有各省代表人等,著民政部及各省督抚剀切晓谕,令其即日散归,各安职业,静候朝廷详定一切,次第施行。"④随后,清政府又组织京城商学各界人士举行庆祝活动。据报载,当时"京城东西长安街及正阳门外大街,皆张灯悬旗,达旦未息,灯上皆大书'庆祝国会'四字,观者塞途"。京师督学局更是

---

① 问天:《宣统二年十月中国大事记》,载《东方杂志》第7年第11期,上海,1910。
② 《御前会议国会记》,见1910年11月11日《民立报》,上海。
③ 《光绪宣统两朝上谕档》第36册,377页。
④ 《光绪宣统两朝上谕档》第36册,378页。

特令学生提灯游行,"军乐前引,口唱爱国歌,齐至大清门石栏杆外,三呼万岁"。① 场面看似热闹非凡,但此举无非意在粉饰太平,并不是广大人民群众的真心表露,"百姓似无感动意,谓此为官场所嘱咐",②人民自然心知肚明。与此同时,也有江苏、浙江、贵州等省谘议局及一些团体,致电资政院表示庆贺之意。但是,这只是少数立宪派人士的行为,大多数立宪派颇为不满,甚至不少资政院议员也不以为然。议员李素表示:"今速开国会之目的不能达,人民失望,而江浙独争先电贺,以懈怠民气,本员甚觉痛心。"易宗夔提议资政院再次议决具奏"请再行缩短年限",众议员拍手赞成。③ 随着多数人民的不满,请愿运动仍将继续。

11月5日,国会请愿代表团遵旨宣布解散,并发布《通问各省同志书》,对三次请愿仅得国会期限缩短三年的结果深表"痛心"。同时,国会请愿同志会则议决了继续进行的办法:第一,暂时遵旨取消国会请愿代表团,日后请愿,另行组织。第二,国会请愿同志会的宗旨本来不仅在请愿,还在灌输一般国民之宪政知识,其原章规定非国会成立后不得解散,故应保留,作为同人通信联络机关。第三,宣统五年(1913年)召集国会的成命难以遽请收回,可多方面督促要求在四年(1912年)春间或秋间召集。第四,设法参预宪法、议院法、选举法及官制、内阁组织法的编订。第五,改组政党宜慎重从事,先举人起草纲要,再与各地商议组织办法。第六,切望各省继续进行国会请愿,一面促动政府,一面唤起民气,既可为将来倡议宣统四年召集国会之动机,又可使一般国民希望宪政之热度再进一步。④

各省纷纷致电国会请愿同志会,要求国会请愿代表不要解散出京,应继续请愿,力争速开国会。尤其奉天、直隶等省人民,还发动了第四次请愿运动。

东三省与直隶历年来深受日、俄等列强侵略之害,民族危机异常严重,各界人士痛感救亡图存迫在眉睫,因而在历次国会请愿运动中表现

---

① 《北京人儿之狂热》,见1910年11月14日《民立报》,上海。
② 《死灰复燃之国会热》,见1910年11月9日《民立报》,上海。
③ 《资政院第一次常年会第十四号议场速记录》,宣统二年十月初六日,北京,1910。
④ 问天:《宣统二年十月中国大事记》,载《东方杂志》第7年第11期,上海,1910。

非常活跃。第三次请愿失败后,奉天各界人士群情激愤,决计进行第四次请愿。12月2日,奉天省城学生数十人到谘议局面见正、副议长吴景濂、袁金铠,割指刺股写血书,恳求继续请愿速开国会。① 12月4日,奉天省城又有数千学生游行到总督衙门请愿。② 12月6日,奉天谘议局联络教育总会、农务总会、商务总会、惠工公司、承德自治会、清真教、请愿即开国会同志会8个团体和全省46州县代表1万多人,游行到总督衙门请愿,东三省总督锡良接见代表,并表示愿意代奏请愿书。③ 次日,锡良上奏,力陈东三省人民请愿速开国会之良苦用心,恳请朝廷"俯允所请,再降谕旨,定于明年召集国会",并表示愿以自己的官职作担保,"如以臣言为欺饰,请先褫臣职,另简贤能大员,以纾边祸,臣不胜迫切待命之至"。朝廷严词谕令:"缩改开设议院年限,前经廷议详酌,已降旨明白宣示,不应再奏。东三省地方重要,该督有治事安民之责任,值此时艰,尤应力任其难,毋许借词透卸,致负委任。"④

12月11日,奉天各界推举的全省人民代表董之威、刘焕文等人,在广大群众的热烈欢送下,启程进京请愿。21日,奉天代表向资政院呈递请愿书。随后,又拜谒奕劻、那桐等王公大臣,并上书监国摄政王载沣。24日,清廷谕令将东三省(奉天)请愿代表遣送回籍,并严厉压制各地请愿运动。上谕称:"今又有以东三省代表名词来京递呈,一再渎扰,实属不成事体。著民政部、步军统领衙门立即派员,将此项人等迅速送回原籍,各安生业,不准在京逗留……此后倘有续行来京藉端滋扰者,定惟民政部、步军统领衙门是问。各省如再有聚众滋闹情势,即非安分良民,该督抚等均有地方之责,著即懔遵十月初三日谕旨,查拿严办,毋稍纵容,以安民生而防隐患。"⑤随后,奉天请愿代表被军警强行押送出京。

在奉天人民请愿运动的影响下,直隶各界人士也开展了轰轰烈烈

---

① 《第四次国会请愿之先声》,见1910年12月4日《盛京时报》,奉天。
② 《吁请督宪代达渴望国会下忱》,见1910年12月6日《盛京时报》,奉天。
③ 《各界人民请愿即开国会之伟观》《奉天全省人民请锡督代奏开国会呈稿》《奉天全省人民为请明年即开国会齐赴总督公署呈请代表之实纪》,见1910年12月7—8日《盛京时报》,奉天。
④ 《东三省总督锡良奏奉省绅民呈请明年即开国会折》,见《清末筹备立宪档案史料》下册,649页。
⑤ 《光绪宣统两朝上谕档》第36册,489页。

的请愿运动。12月20日,直隶学界、商界与谘议局等团体3 000多人集会游行到总督衙门请愿,迫使总督陈夔龙应允代奏。① 次日,陈夔龙上奏,朝廷严谕:国会期限"岂能再议更张? 著该督懔遵上次谕旨,剀切宣示,不准再行联名要求渎奏"。② 陈夔龙本来较为顽固,于是借机肆意压制群众请愿活动,反而激起更大的请愿风潮。22日,天津学界代表在自治研究所开会,推举进京代表,决议各省在津学生派人回省发动,并以"旅津全国学界国会请愿同志会"的名义通电各省谘议局及教育会、商会,呼吁各界支持,"速起以为后援"。③ 在天津学生的号召下,直隶、奉天、四川、湖北等省学生也纷纷行动起来,罢课停学,刊印传单,游行请愿,要求速开国会。学界请愿风潮渐有蔓延全国之势,引起了清政府的极大恐慌。1911年1月2日,清廷谕令各省督抚严厉弹压请愿学生。上谕称:国会期限已定,"不安本分之徒,藉速开国会为名,仍复到处鼓惑。各学堂学生,多系年幼无知,血气未定,往往被其愚弄,轻发传单,纷纷停课,聚众要求。闻奉天、直隶、四川等省均有此项情事,恐他省亦在所不免。似此无端荒弃正业,奔走呼号,日久恐酿成他变,贻害民生……前已面谕学部尚书唐景崇通饬各省严行禁止。著各省督抚再行剀切晓谕,随时弹压,严饬提学使及监督、提调、堂长、监学等,按照定章,随时开导、查禁,防范未然。倘再有前项情事,立即从严惩办,并将办学人员一并重处,以儆其余。如或仍前玩愒,以致滋生事端,定惟该督抚等是问。"④为了惩一儆百,直隶总督陈夔龙逮捕了天津学界领袖、普育女学堂校长温世霖,以"此次在津竟敢假请愿国会为名,结众敛钱,已属有害地方"和"擅捏通国学界同志会名义,妄称会长,遍电各省,广肆要结,同时罢课,意图煽惑,居心实不可问"为辞,奏请"严行惩儆"。1月9日,清廷谕令:"温世霖著即发往新疆,交地方官严加管束,以遏乱萌而弭隐患。"⑤在清政府的高压之下,以奉天、直隶为中心的第四次

---

① 《要求国会之热潮》,见1910年12月21日《大公报》,天津。
② 《宣统政纪》卷四十五,宣统二年十一月下庚申,《清实录》第60册,807页,北京,中华书局,1987。
③ 《联合进行》,见1910年12月22日《大公报》,天津。
④ 《宣统政纪》卷四十六,宣统二年十二月壬申,《清实录》第60册,817页。
⑤ 《宣统政纪》卷四十六,宣统二年十二月己卯,《清实录》第60册,824页。

国会请愿运动也以失败告终。

请愿运动的失败,暴露了清王朝专制统治的真面目,使广大人民群众,尤其是立宪派人士逐渐舍弃对政府的幻想,最终走上反清革命的道路。

第四节　皇族内阁与立宪的绝路

一　清廷推出皇族内阁

1910年12月6日，清廷谕令宪政编查馆修正宪政筹备清单。25日，清廷再次催促宪政编查馆迅速修正筹备清单，并纂拟内阁官制。1911年1月17日，宪政编查馆将修正宪政逐年筹备清单上奏，得到批准。

这次修正清单的要点有三：一为提前各项，如颁布内外官制及宣布宪法、皇室大典之类；二为增入各项，如设立内阁、颁布行政审判法之类；三为变通各项，如续办地方自治、续筹八旗生计之类。"现在钦奉谕旨，确定召集议院期限，凡于未开议院以前，关系紧要，必应办齐，而原单列在第六年以后者，兹均酌改年限，一律提前，以期无误。至组织内阁，特奉明谕，实为施行宪政之枢机，自应钦遵增入。其续办地方自治各条，循序渐进，计非旦夕所能观成，兹酌改为按年续办，以求实际而免阻碍。此外巡警、教育等项，皆属普通行政事务，故此次单内未经列入，仍应责成主管各衙门，按照原定清单，分别最要次要，妥筹办理。"修正后的具体情形如下：

宣统二年（1910年）：厘定内阁官制，厘定弼德院官制，颁布新刑律，续办地方自治，续办各级审判厅，续筹八旗生计。

宣统三年（1911年）：颁布内阁官制与设立内阁，颁布弼德院官制与设立弼德院，颁布施行内外官制，颁布施行各项官规，颁布会计法，厘定国家税、地方税各项章程，厘定皇室经费，颁布行政审判院法与设立行政审判院,颁布审计院法,颁布民律、商律、刑事民事诉讼律,颁布户籍法,汇报各省户口总数,续办地方自治,续办各级审判厅,续筹八旗生计。

宣统四年(1912年):颁布宪法,颁布皇室大典,颁布议院法,颁布上下议院议员选举法,举行上下议院议员选举,确定预算决算,设立审计院,实行新刑律、民律、商律、刑事民事诉讼律,续办地方自治,直省府、厅、州、县城治各级审判厅一律成立,续筹八旗生计。

宣统五年(1913年):颁布召集议员之诏,实行开设议院。

这个修正清单所列各项事宜,并未具体列出承办单位,而指望由即将成立的新内阁奏定。宪政编查馆奏称:"现拟修正各项,其在未设内阁以前,承办同办之各衙门,均仍照原单办理。惟皇室经费,除照原单由内务府、宪政编查馆同办外,应兼会同度支部办理。一俟新内阁已设、官制已定之后,所有承办同办之各衙门,如何酌定之处,届时应由新内阁奏明,请旨遵行。"①于是,新内阁的设立便成为筹备宪政的首要任务。

根据宪政编查馆修正清单规定,宣统二年(1910年),厘定内阁官制;宣统三年(1911年),颁布内阁官制,设立内阁。1911年5月8日,宪政编查馆会同会议政务处将所拟《内阁官制》与《内阁办事暂行章程》上奏,得到清廷谕旨的允准。《内阁官制》与《内阁办事暂行章程》对于新内阁的基本组织结构与职权作了明确的规定:内阁由国务大臣组成,国务大臣以内阁总理大臣、协理大臣和各部大臣充任,内阁总理大臣1人,协理大臣1—2人,各部大臣为外务、民政、度支、学务、陆军、海军、司法、农工商、邮传、理藩10部大臣各1人,国务大臣均候特旨简任,辅弼皇帝,担负责任。内阁职权为会议下列各项事宜:一是法律案及敕令案并官制,二是预算案及决算案,三是预算外之支出,四是条约及重要交涉,五是奏任以上各官之进退,六是各部权限之争议,七是特旨发交及议院移送之人民陈请事件,八是各部重要行政事件,九是按照法令应

---

① 《宪政编查馆大臣奕劻等拟呈修正宪政逐年筹备事宜折(附清单)》,见《清末筹备立宪档案史料》上册,88—92页。

经阁议事件,十是内阁总理大臣或各部大臣认为应经阁议事件。①

在内阁官制公布的同一天,清廷任命了国务大臣,责任内阁正式成立。国务大臣名单如下:总理大臣奕劻,协理大臣那桐、徐世昌,外务大臣梁敦彦,民政大臣善耆,度支大臣载泽,学务大臣唐景崇,陆军大臣廕昌,海军大臣载洵,司法大臣绍昌,农工商大臣溥伦,邮传大臣盛宣怀,理藩大臣寿耆。② 在这13名国务大臣中,满族9人,其中皇族7人,汉族仅4人。因此,时人颇为形象地称此内阁为"皇族内阁"。

设立责任内阁,自是筹办宪政题中应有之义。奕劻新内阁的出台,就其形式而言,在中国宪政史上可谓破天荒,本可大书特书,然而由于该内阁人员配置极端不合理,充分反映了清廷集权皇族的用意,显然与宪政精神背道而驰,因而使其民主性意义大打折扣,并进一步使全国人民,尤其是立宪派对清廷预备立宪的前途失去信心。

二 立宪政党昙花一现

清廷宣布预备立宪之初,各地立宪派组织了预备立宪公会、政闻社、宪政公会等立宪团体,为立宪政党的建立初步奠定了组织与思想基础。各省谘议局联合会的成立、资政院的开办以及几次全国规模的国会大请愿运动,使立宪派进一步加强了全国性的联合;与此同时,立宪派也逐渐认识到建立全国性政党的必要性,以为"凡立宪国不可无政党而可以利用之也"。③ 在此基础上,以谘议局与资政院议员为主体的立宪派开始筹组政党,为将来召开国会和实现政党政治做准备。于是,帝国宪政实进会、政学会、宪友会、辛亥俱乐部等政党应运而生。

(一) 帝国宪政实进会与政学会

帝国宪政实进会与政学会是由资政院议员发起组织的政党。1911年1月初,在资政院闭会前夕议决新刑律案的过程中,形成了对立的两派势力:赞成者投蓝票,以汪荣宝为代表,称为蓝票党;反对者投白票,

---

① 《宪政编查馆会议政务处会奏拟定内阁官制并办事暂行章程折(附清单二)》,见《清末筹备立宪档案史料》上册,561—565页。
② 《授奕劻为内阁总理大臣那桐徐世昌为协理大臣谕》《任命各部大臣谕》,见《清末筹备立宪档案史料》上册,566页。
③ 《近日各政党之政纲评》,见陈旭麓主编《宋教仁集》上册,230页。

以劳乃宣为代表,称为白票党。① 随后,帝国宪政实进会与政学会便分别以白票党和蓝票党为基础建立。

帝国宪政实进会由劳乃宣、宋育仁、喻长霖、马士杰、于邦华、陈树楷、陶葆廉等人发起,以陈宝琛为会长,于邦华、姚锡光为副会长。政纲十条:一、尊重君主立宪政体,使上下情意贯注,保持宪政之精神;二、发展地方自治能力,俾人民事业增进,巩固宪政之基础;三、体察现状,筹政治社会之改良;四、详核事实,图法律制度之完善;五、讲求经济,谋财政前途之稳固;六、振兴实业,图人民生计之发达;七、注重国民教育,以收普及之实效;八、提倡移民事业,以达拓殖之目的;九、研究外交政策,以固国际交涉之权力;十、筹划军事次第,期成完全健足之武备。② 帝国宪政实进会"本帝国主义,以谋宪政实力进行",设总会于京师,设分会于各省,设支会于府、厅、州、县。③ 会员近200人,遍及20个省份及八旗人士,④这表明帝国宪政实进会是一个全国性的政党。

帝国宪政实进会以"资政院钦选议员居多数",这主要是就其领导层而言,"发起人主要属于官僚系统",并接受载泽不少基金的资助,因此时人称之为"吏党"即官僚党。⑤ 正因为该党与官方关系密切,因而

---

① 关于蓝票党与白票党,论者多有混淆,详细考证参见张玉法《清季的立宪团体》,495—496页。
② 《帝国宪政实进会政纲》,见1911年10月18日《大公报》,天津。
③ 《帝国宪政实进会章程》,见1911年10月18日《大公报》,天津。
④ 各地主要会员如下:八旗有庄亲王(载功)、铠公(载铠)、寿公(寿全)、溥公(溥霱)、善将军(溥善)、希公(希璋)、全公(全荣)、文斌、庆恕、毓善、荣晋、乐泰、荣厚、文溥、文哲挥、定秀、恩华、奎祥、景安,奉天有陈瀛洲、王均堂、闵万田,顺直有张锡光、梁建章、李撝荣、王振尧、魏王邦、郭家骧、刘培极、齐树楷、刘春霖、梁建邦、刘焰、王其相、张毓书、张凤瑞、姚翼唐、蒋式惺、袁励准、赵云书、史履晋、凭恕、张兰、李士珍、李士钰、吴德镇、云诏、仇翰垣、张肇隆、王宗佑、王海铸、刘燮骏、于振宗、白堃、陈树楷、于邦华、苏芸林,江苏有许鼎霖、曹元忠、沈林一、夏寅官、顾栋臣、马士杰、王棠官、王仁俊、姚锡光、俞庆涛、田步蟾、陶世凤、陈露华、杨廷栋、何宾笙、胡国臣、程寿枏、赵椿年、许廷琛、方还、周廷弼、王季烈、潘鸿鼎,安徽有李经畲、龚心铭、孙多瑊、窦以玉、江荻、张鸿鼎、许承尧、阮忠枢、吴和泐、江谦,江西有汪龙光、高臣瑗、杨荫乔、马鲲、汪汝梅、邹国珥、张元通、张徕、邹日惟、毛玉麟、杨祖惠、余宗惺、刘芭、刘熙庸,浙江有劳乃宣、张祖廉、陶葆廉、蔡珦、吴士鉴、吴纬炳、喻长霖、钱宝书、陶文瀛、金兆丰、杜炳勋,福建有陈宝琛、康咏、黄豫河、杨树璜、邹含英、项朝钦、张选青、林炳章、陈蓉光、李兆年、李慕韩、杨廷纶,湖北有傅岳棻、谈钺、贺良朴、彭祖龄、叶开宾、陈国瓒、郑潢、胡柏年,湖南有黄瑞麒、李长록、胡祖荫、景景涛、郭间茅,山东有郑熙嘏、王佐长、柯绍忞、尹祚章,山西有王式通、吴新源、刘兴训、刘志詹,河南有王绍勋、陶毓瑞、魏联奎、陈善同、马耀宗,陕西有梁守典、卢润瀛,甘肃有宋振声、杨锡田、刘宝、王曜南、王锡镤、张政、李锡锻、杜德奥、宋育仁、张罗澄、罗迪楚、马图、李景、冯精忠、袁朝佐、张绍勋、吴桐林、刘宣、张康龄、马忠、甘应泉、施愚、董清峻、赵增犨、杨光湛、李时品、李湛阳,广东有罗乃馨、梁宓、曾习经,广西有赵炳麟、唐庚,云南有张之霖、王鸿图,贵州有胡祖同、牟琳、何曾苍、黄宝森、李伟,吉林有徐楼山、庆山。参见[日]宗方小太郎《一九一二年中国之政党结社》,见章伯锋、顾亚主编《近代稗海》第12辑,67—68页。
⑤ 《近日各政党之政纲评》,见陈旭麓主编《宋教仁集》上册,238页;[日]宗方小太郎:《一九一二年中国之政党结社》,见章伯锋、顾亚主编《近代稗海》第12辑,68页。

使其在政治上较为稳健,"其性质属保守党"。①

政学会又称"政学公会",以资政院中蓝票党为基本班底组成。1910年10月初,资政院开议不久,肃亲王善耆召见钦选议员汪荣宝和喀喇沁蒙古郡王贡桑诺尔布,"大有组织政党思想",嘱汪等邀集同志筹谋。② 1911年初,资政院闭会后,汪荣宝等蓝票党议员正式成立政学会,党员20多人,主要人物有汪荣宝、曹汝霖、章宗祥、陆宗舆等。该党接近官府,是当时四个政党中势力最小的政党。③

(二) 宪友会

宪友会是在国会请愿同志会和各省谘议局联合会的基础上成立的政党。1910年11月初,因第三次国会大请愿获得清廷缩改国会期限之结果,请愿代表团遵旨宣布解散,立宪派便以国会请愿同志会为基础着手改组政党,众推孙洪伊等人草拟党纲、党规。此事得到康有为、梁启超等海外立宪派势力的支持。孙洪伊曾致电梁启超"促动党名",梁启超为之拟名"帝国统一党"。④ 当孙洪伊等人以帝国统一党向民政部申请立案并获批准时,康有为欣喜万分,认为:"今统一党之注册于民政部也,乃中国政党发启明之初焰。民政部之许统一党注册也,为中国官认立党之雷震第一声。于是数千年专制禁党之旧俗,遂为埃及之僵尸、印度之灰塔,皆为古旧之前尘影事矣。"⑤ 此所谓帝国统一党即宪友会之先声。

1911年5月,各省谘议局联合会第二届常年会召开,为促成宪政之进行,同人又发起组党事宜,并将帝国统一党改组为宪友会。《宪友会章程》规定:一、宗旨:本会以"发展民权,完成宪政"为目的。二、政纲六条:(1) 尊重君主立宪政体,(2) 督促联责内阁,(3) 整厘行省政务,(4) 开发社会经济,(5) 讲求国民外交,(6) 提倡尚武教育。三、会员:凡中国人有选民资格、赞成本会宗旨者,皆得为本会会员。四、职

---

① 谢彬:《民国政党史》,30页,上海,学术研究会总会,1924。
② 汪荣宝:《汪荣宝日记》,宣统二年九月初五日,见沈云龙主编《近代中国史料丛刊三编》第63辑,649页,台北,文海出版社。
③ 参见张玉法《清季的立宪团体》,494页;侯宜杰《二十世纪初中国政治改革风潮——清末立宪运动史》,429—430页。
④ 梁启超:《致佛苏足下书》,见丁文江、赵丰田编《梁启超年谱长编》,529页。
⑤ 康有为:《民政部准帝国统一党注册论》,见《康有为与保皇会》,315页。

员:本会暂不设置会长;设常务干事3人,由全体会员大会选举产生;设文书员、会计员、庶务员各2人,调查员、编辑员、交际员各8人,均由常务干事商议推定。五、组织机构:设总部于京师,设支部于各省,总部为各支部之总机关,各支部应统属于总部。①

6月4日,宪友会在北京湖广会馆召开成立大会,与会者100多人。会议推举谢远涵为临时主席,黄为基、李文熙为临时书记。先投票选举雷奋、徐佛苏、孙洪伊为常务干事,籍忠寅、李文熙、谢远涵为候补。再由常务干事推定各科职员,暂以1/3为限,庶务员文耀,文书员李文熙、吴赐龄,会计员李素,交际员欧阳弁元、陈登山,调查员康士铎、何宗瀚,编辑员王葆心、余绍宋。然后由会员推定各省支部发起人:广西甘德藩、蒙经,湖北汤化龙、张国溶、郑万瞻,山西梁善济、李庆芳、李华炳、李素,奉天袁金铠,山东周树标,江西邹树声、宋名璋、叶先圻、罗家衡、郭志仁、谢远涵、黄为基,福建高登鲤、刘崇佑、林长民、林志钧,河南方贞、王敬芳,陕西李良才、郭忠清,四川蒲殿俊、何耀光、胡庸章、萧湘、罗纶、李新展,浙江汤尔和、马叙伦、陈黻宸,湖南谭延闿,吉林何印川,安徽窦以珏、陶冠禹、李国松、康达,直隶李榘、籍忠寅、齐树楷、李长生、高俊渉、张铭勋、刘春霖、王法勤,八旗恒钧、文耀,贵州杨寿篯,广东伦明、姚梓芳、黄节,江苏马良、沈恩孚、黄炎培、汪秉忠。② 随后,宪友会一面申请在民政部备案,获得合法政党地位;一面在湖南、山西、直隶、贵州、福建、江苏等省建立支部,将势力向全国各地扩展。

对于宪友会的成立,立宪派期望甚高。徐佛苏致书梁启超说:"现在此会已成立矣(名为宪友会)。其总揽者,系三头政治,弟与雷继兴、孙伯兰当选。此会声势极隆,三数月之内,各省必皆有分会成立,且有七八省占全盛之势,在宣统五年之国会,必占大多数议席。若中央总部能主持得法,各省又不分裂,则真泱泱大党之风也。弟对于国事,原始终认为万无可救,然除却救亡之外,亦不可无事以送生涯,故此会弟亦愿视为一生之大举也。"③徐佛苏所谓以他自己与雷奋、孙洪伊为首组

---

① 《宪友会章程》,见1911年6月10、11日《时报》,上海。
② 《宪友会开大会纪事》,见1911年6月10日《申报》,上海。
③ 徐佛苏:《致任公先生书》,见丁文江、赵丰田编《梁启超年谱长编》,549—550页。

成了宪友会中的"三头政治",表明宪友会代表了当时三股重要的立宪派势力:徐佛苏是康有为、梁启超等海外立宪派势力在国内的代表;雷奋是立宪运动初期以江浙预备立宪公会为中心的国内老牌立宪派势力的代表;孙洪伊则是在国会请愿运动的过程中形成的以各省谘议局联合会和国会请愿同志会为中心的国内新兴立宪派势力的代表。与帝国宪政实进会和政学会等官僚政党不同,宪友会党员"以谘议局联合会为中坚",是大多数在野的立宪派势力的代表,因此有"纯粹民党"之称。①

(三)辛亥俱乐部

辛亥俱乐部是介于"保守官僚党"帝国宪政实进会与"进步民党"宪友会之间的第三党。该党首先由资政院议员长福、罗杰、易宗夔、胡骏、黎尚雯等人发起组成,有"资政院中之吏党"或"纯官党"之称,甚至被人视为帝国宪政实进会之"别动队"。后来,随着党务的发展和党员的增加,大量民间志士加入进来,甚至革命党人宁调元、程明超、田桐、魏宸组、严启衡等人也成为其重要职员或会员,该党逐渐"公然亮出民党旗帜向政界号召",并转变为"纯粹之民党"。②

辛亥俱乐部酝酿于1911年初,6月15日召开成立大会,宣布政纲,正式成立。③其《规约》规定:辛亥俱乐部以"促政治改良,谋国利民福"为目的。政纲八条:一、阐扬立宪帝国之精神;二、提倡军国民教育;三、发展地方自治能力;四、主张保护政策,以振兴实业;五、整理财政,以增进富力;六、审度公私经济能力,以谋交通之发达;七、整饬军备,以充实国力;八、体察内外情势,确定外交方针。该党设本部于北京,设支部于各地。④

辛亥俱乐部成立时有会员60多人,后发展至270人之多。⑤

辛亥俱乐部成立后,即在各地建立支部,其中尤以湖南成绩显著。

---

① 《中国政党小史》,见1911年6月12日《时报》,上海。
② [日]宗方小太郎:《一九一二年中国之政党结社》,见章伯锋、顾亚主编《近代稗海》第12辑,70—72页;谢彬:《民国政党史》,32页。
③ 《辛亥俱乐部之初组织》,见1911年6月20日《时报》,上海。
④ 《辛亥俱乐部规约》,见1911年7月23—24日《帝国日报》,北京。
⑤ 辛亥俱乐部本部职员如下:常议员长福、郑际平、程明超、刘道仁、赵椿年、魏思具、刘颂虞、何藻翔、陈明官、王璟芳、陈懒宸、顾视高;评议员罗杰、汪龙光、牟琳、席绶、胡骏、张竞仁、刘冕执、杨悌、漆运钧、顾澄、易宗夔、陈懋鼎;庶务员等为刘诚、张友栋、褚家献、张东苏、袁本贵、宁调元、左宗树、田桐、刘泽熙、严启衡。参见[日]宗方小太郎《一九一二年中国之政党结社》,见章伯锋、顾亚主编《近代稗海》第12辑,71页。

7月9日,湖南支部在长沙召开成立大会,选举常议员黄忠浩、张人镜、李达璋等12人,候补11人,评议员左学谦、殷泽龙、粟勘时等10人,候补16人。10日,又召开职员会,选举黄忠浩为支部长,李达璋、俞峻为副支部长,左学谦为评议员长。① 随后,四川、福建、广东、湖北等地也建立了支部。

总之,帝国宪政实进会、政学会、宪友会、辛亥俱乐部等第一批立宪政党的建立,是政党合法化的标志,在近代中国宪政史上具有重要的历史意义。一方面,合法政党的出现,表明以立宪派为代表的人民政治觉悟的提高和民主意识的增长,这是清末宪政改革运动的重要成果;另一方面,清末立宪政党的建立,为民初政党建设和政党政治运作奠定了一定的思想和组织基础,提供了有益的经验。当然,清末立宪政党的种种弊端及其艰难生存的境况,其实也预示了政党及政党政治在近代中国尴尬的历史命运。

---

① 《湖南组织俱乐支部》,见1911年7月21日《时报》,上海。

第六章
全国革命高潮与武昌起义

　　同盟会成立以后,在努力发展组织机构和积极进行民主革命思想宣传的同时,坚定地走上了武装起义的反清革命道路。在清政府新政陷于绝境、立宪运动走进死胡同时,革命党人的武装起义此起彼伏,各地人民群众的反清斗争风起云涌,甚至立宪派也被卷进了革命运动的洪流之中,终于促成了全国革命高潮的到来。革命党人抓住有利时机,成功地举行了武昌起义,继湖北军政府成立以后,湖南、江西、安徽、陕西、山西、上海、浙江、江苏、广东、福建、云南、贵州、四川、广西14个省区纷纷独立,致使清王朝土崩瓦解。

第一节　革命党人领导的武装起义

一　革命党人的《革命方略》

1906年秋冬间,孙中山与黄兴、章太炎等人在日本制订了《中国同盟会革命方略》(以下简称《革命方略》)。起初,这个《革命方略》包括《军政府宣言》《军政府与各处国民军之关系》《军队之编制》《战士赏恤》《军律》《略地规则》《因粮规则》《安民布告》《对外宣言》《招降满洲将士布告》和《扫除满洲租税厘捐布告》11个文件。后来,孙中山等人又增补了《招军章程》和《招降清朝兵勇条件》两个文件。这样,《中国同盟会革命方略》共有13个文件。① 这个《革命方略》规定了同盟会领导资产阶级革命的一系列方针、政策与措施,确立了资产阶级民主革命的基本指导思想。《革命方略》主要包括以下四个方面的内容：

(一)革命纲领与革命程序

《军政府宣言》号召进行国民革命,起国民军,立军政府,推翻满清政府统治,建立民族的、国民的、社会的国家,即中华民国。《军政府宣言》详细地阐述了同盟会十六字誓词"驱除鞑虏,恢复中华,建立民国,平均地权"的三民主义革命纲领,同时规划了实现这个纲领必须经历"军法之治""约法之治""宪法之治"三个循序渐进的革命程序,并依此将整个革命过程划分为三个时期:"第一期为军政府率国民扫除旧污时

---

① 全文见广东省社会科学院历史研究室、中国社会科学院近代史研究所中华民国史研究室、中山大学历史系孙中山研究室合编《孙中山全集》第1卷,296—318页,北京,中华书局,1981。按:以下引文不一一注明。

代;第二期为军政府授地方自治权于人民,而自总揽国事之时代;第三期为军政府解除权柄,宪法上国家机关分掌国事之时代。"

(二) 国民军的建制及其奖罚制度

《军政府与各处国民军之关系》规定各处国民军之军务由军都督全权掌理,军都督受命于军政府,必须遵守军政府关于内政、外交的各项方针政策。《军队之编制》规定了国民军各军兵种的士兵编制、将官等级以及军饷份额。《战士赏恤》和《军律》规定了国民军的纪律和奖罚制度。《招军章程》规定国民军由18岁以上40岁以下的"凡有志愿充当国民军军人者"组成,包括"清朝兵勇投降国民军者"。入营之始,必须填写誓表,领取军约,宣誓遵守三民主义纲领和服从国民军军律。

(三) 武装起义及其善后措施

《略地规则》规定把清政府统治的地方,上自省会,下至州县,通过国民军攻取、义民响应或敌之文武官反正来附三种方式,置于军政府权力控制之下。《因粮规则》规定国民军每军设立因粮局,"专司因粮一事"。"因粮之标准,须每日以十人养一兵。凡军行所至之地,因人民之多寡以定驻军之多少。"因粮的办法有四:一为充公,即没收一切官业及反抗军政府之清朝官吏和其他分子之家产;二为收买,即给价收买军政府"境内一切可应军用之货物";三为借债及捐输,即向军政府境内有家产人家借用现银和按家产多少征收捐输;四为发行军事用票。《安民布告》宣称军政府以"为民除害"为第一宗旨,"军政府行动,一切俱有纪律,军队所过地方,对于国民决不侵害,我国民不必猜疑惊恐。为士者照常求学,为农者照常耕种,为工者照常作工,为商者照常买卖,老少男女照常安乐居家。"《招降满洲将士布告》认为国民军与满洲政府将士"皆中国人","论情谊则为兄弟,论地位则为仇雠,论心事则同是受满洲政府之压制",号召满洲将士"顾念大义,翻然来归,军政府必推诚相与,视为一体",并论功行赏、量才使用,或妥善安置回乡。《招降清朝兵勇条件》具体规定招降清朝兵勇条件八条,规定投降者"与义兵一体看待","不降者杀无赦"。《扫除满洲租税厘捐布告》控诉清朝政府横征暴敛,"处心积虑绝汉人之生计,以制汉人之死命",宣称革命以后"凡租税厘捐一切不便于民者,悉扫除之",当天下大定之时,制定中华民国宪法,实行"国民平等之制"和"国民参政之制","民国既立,则四万万人无一不得其所,非惟除满洲二百六十年之苛敛,且举中国数千年君主专制之治一扫空之"。

（四）对外政策

《对外宣言》规定对外政策七条,如承认此前清政府与各国缔结之条约及其所借外债,保护所有外人既得权利及境内之人民财产,不承认此后清政府与各国所立条约、所许各国权利及与各国所借外债,外人有助清政府以妨害国民军政府者概以敌视,没收外人接济清政府之一切可为战争用之物品。

孙中山等人为同盟会制定的《革命方略》,明确地规定了三民主义是民主革命的政治纲领,坚定地确立了武装起义为推翻清王朝建立中华民国的基本方针,同时还制定了一系列具体的关于内政、外交的政策与措施,这些对资产阶级民主革命运动都具有重要的指导意义。1906年以后,各地革命党人正是以此为指导,接连不断地举行了十几次反清武装起义,将资产阶级民主革命运动推向了新的高潮。

二 萍浏醴起义与西南边境起义

江西的萍乡与湖南的浏阳、醴陵是两省边境交界之处,也是会党活动颇为频繁的地区。自著名的会党首领马福益被清朝官府杀害以后,该地会党时刻不忘为马福益复仇,其反清革命情绪异常激昂。1906年春夏,长江流域洪涝凶荒,湖南、江西等地百姓普遍陷于饥馑状态,各种社会不安定因素潜滋暗长,郁结为一股强大的反政府力量,随时都有爆发的可能。恰在此时,同盟会会员刘道一、蔡绍南从日本回到湖南从事运动会党与联络新军的革命活动,及时地组织与策划了同盟会成立以后依靠会党力量发动的第一次反清武装起义。

刘道一、蔡绍南回湘后,即在长沙水陆洲(今橘子洲)边的船上召集了革命党人与会党首领蒋翊武、覃振、龚春台、刘崧衡等数十人参加的秘密会议。会上,刘道一转达了黄兴的意见:"革命军发难,以军队与会党同时并举为上策,否则亦必会党发难,军队急为响应之。"他认为:"今欲规取省城,宜集合会党于省城附近之萍、浏、醴各县,与运动成熟之军队联合,方可举事。"①会上基本上确定了分头运动新军与联络会党,于是年底发动武装起义的方案。

会后,刘道一留在长沙负责全盘筹划工作,蔡绍南则前往萍乡等地联络会党。经过蔡绍南、魏宗铨、龚春台等人不断奔走联系,实现了萍乡、浏阳、醴陵等地哥老会与武教师会的联合,成立洪江会,推举龚春台为大哥,以忠孝仁义堂为最高机关,下设文案、钱库、总管、训练、执法、交通、武库、巡查为内八堂,又设一至八路码头官为外八堂,负责发展会员、联络、侦察等事。洪江会成立后,会务发展迅速。龚春台、蔡绍南等人一面与姜守旦的洪福会等其他会党组织联系,一面秘密打造军械,准备举行武装起义。

1906年12月4日,萍浏醴起义正式爆发。龚春台、蔡绍南领导的起义军定名为"中华国民军南军革命先锋队",龚春台为都督。起义军发布《中华国民军起义檄文》,历数清廷十大罪状,号召"凡我汉族同胞无论老少男女、农工商兵等,皆有殄灭靼虏之责任,务各尽尔力,各抒尔能,以速成扫除丑夷、恢复汉家之鸿业……且必破除数千年之专制政体,不使君主一人独享特权于上。必建立共和民国与四万万同胞享平等之利益,获自由之幸福。而社会问题,尤当研究新法,使地权与民平均,不至富者愈富,成不平等之社会。"②檄文反映了同盟会革命纲领三民主义的基本精神,充分表明了同盟会对这次起义的领导作用,使这次起义具有与旧式会党起义完全不同的新特色。洪江会起义后,姜守旦的洪福会也宣布起义。他们自立旗号,称为"新中华大帝国南部起义恢复军"。在其《布告天下檄文》中,宣称"勿狃于立宪专制共和之成说",只要汉族中有人首倡大义、推翻清朝政府,就可以拥戴他为万世一系世袭的"中华大皇帝"。他们的目标是建立"新中华大帝国",③仍然保持了旧式会党起义的根本宗旨,表明这次起义革命队伍内部的复杂情况。当然,无论是洪江会还是洪福会,其反清"排满"的根本目标是一致的。因而,起义给了清政府以沉重的打击。清廷先后命湖广总督张之洞、湖

---

① 《黄兴传记》,见饶怀民编《刘揆一集》,170页,武汉,华中师范大学出版社,1991。
② 《中华国民军起义檄文》,见中国史学会主编《辛亥革命》第2册,477页,上海人民出版社,1959。
③ 《新中华大帝国南部起义恢复军布告天下檄文》,见《辛亥革命》第2册,479页。

南巡抚岑春蓂、江西巡抚吴重憙、两江总督端方调集湖南、湖北、江西、江苏等省新军、防营及团勇四五万人进行血腥镇压。"自洪杨(指太平天国——引者注)以来,清军出兵之众,以是役为最。"①起义坚持到次年1月,终归失败。

当萍浏醴起义的消息传到日本时,孙中山与黄兴先后派遣宁调元、胡瑛、杨卓林、孙毓筠、段云书、权道涵、廖德璠、李发根等人分赴湖南、湖北、江苏、安徽、江西等省运动军队,急图响应。可惜,起义很快就失败了,清政府在各省严厉地清查革命党人,刘道一、禹之谟、杨卓林等被捕遇害,宁调元、胡瑛、孙毓筠等人被捕入狱。日后孙中山称萍浏醴起义是"同盟会会员自动之义师",刘道一等人的牺牲是"为革命同盟会会员第一次之流血",②对于同盟会会员在这次起义中的作用给予了高度评价。

萍浏醴起义的失败,使长江流域的革命力量遭到严重损失。同盟会"知长江各省,一时不足有为,注重两广首义,愈益坚定"。③ 1907年3月,孙中山被日本政府驱逐出境,携胡汉民、汪精卫赴越南,在河内设立指挥西南边境起义的领导机关,准备先攻取广东、广西、云南,进而占领南部七省,然后北出长江,以定中原。为此,1907—1908年,孙中山、黄兴领导同盟会依靠会党的力量在西南边境地区连续举行了六次武装起义。

广东潮州黄冈起义。潮州三合会首领许雪秋(1875—1912)为南洋华侨富商,1906年加入同盟会,被孙中山委任为中华国民军东军都督,之后回国联络会党,谋划起义。萍浏醴起义事发后,许雪秋到香港见冯自由,介绍余丑、余通等会党头目加入同盟会,同时电告孙中山,拟在1907年春节后发动起义。孙中山复电要求必须与惠州、钦州、廉州等地约定同时举动。许雪秋留港等待时机,后决定在1907年5月25日起事。不久,风声渐露,引起了清朝官府对会党活动的密切注意。5月22日,余丑、陈涌波等人决定先发制人,聚集700多人在黄冈城外誓师

---

① 冯自由:《丙午萍浏醴革命军实录》,见《革命逸史》第6集,91页,北京,中华书局,1981。
② 《建国方略·有志竟成》,见《孙中山全集》第6卷,238页。
③ 《黄兴传记》,见饶怀民编《刘揆一集》,173页。

起义。23日,起义军攻占黄冈,成立军政府,以陈涌波、余丑分别为正、副司令,以"大明都督府孙"或"广东国民军大都督孙"的名义发布安民告示。起义队伍迅速发展到五六千人。两广总督周馥调集潮州镇总兵黄金福和水师提督李准率水陆两军进剿,起义军寡不敌众。27日,陈涌波、余丑为保存实力,决定解散起义军。这次起义仅坚持了几天便告失败。

广东惠州七女湖起义。为了使潮州、惠州两地起义互相策应,孙中山在委派许雪秋筹划潮州起义之后,又派邓子瑜在惠州地区发动。邓子瑜是惠州会党首领,后在香港、南洋经营旅馆业,并加入同盟会。1907年4月,邓子瑜从南洋到香港,委派会党首领陈纯、林旺、孙稳分别在归善、博罗、龙门等地分三路起事。6月2日,陈纯等在惠州城外10公里的七女湖聚众起义,发布反清讨满檄文。起义军连克泰尾、杨村、柏塘等地,直逼博罗县城。两广总督周馥急令驻惠巡防营沈兆麟部进剿,并令李准率进攻黄冈的清军夹击义军。陈纯等得知黄冈起义失败,其他地方未见响应,又无军械接济,不得不宣布解散起义队伍。

广东钦州防城起义。广西三合会首领王和顺(1869—1934),1907年3月加入同盟会,被孙中山委任为中华国民军南军都督,并受命回钦州发动起义。是年9月1日,王和顺率200多人在钦州王光山起义,以"中华国民军南军都督"的名义发布《告粤省同胞书》及《招降满洲将士布告》,受到人民群众的欢迎。5日,起义军攻克防城,队伍发展到3 000人。随后,起义军进攻钦州、灵山,均告失利,因无饷械接济,宣告失败。王和顺退回越南,余部退入十万大山。

广西镇南关起义。广东会党首领黄明堂(1870—1938),后加入同盟会,被孙中山委任为镇南关都督,受命策划镇南关起义。1907年12月2日,黄明堂率众攻占镇南关炮台。3日,孙中山与黄兴、胡汉民等人亲自登上炮台,鼓舞士气。4日,清军援兵进攻炮台,孙中山当即指挥起义军还击,并亲自发炮轰击清军。他颇有感慨地说:"反对清政府二十余年,此日始得亲发炮击清军耳。"[1]当晚,孙中山等人返回越南。

---

[1]《胡汉民自传》,载《近代史资料》总45号,21页,北京,1981。

随后几日,清军各路援兵猛攻炮台,黄明堂率义军拼命抵抗,终因枪弹告竭,不得不于8日退往越南境内。

两广钦廉上思起义。1908年3月,越南法国殖民当局应清政府的要求,将孙中山驱逐出境。孙中山临行前命胡汉民驻守河内机关部,同时命黄兴为总司令,再次在钦、廉地区发动起义。黄兴受命后,向法商购买一批军械,组织云南旅越侨民200多人为"中华国民军南路军",于3月27日向钦州进发。起义军连战皆捷,更于4月2日在马笃山大败清军郭人漳部,黄兴威名大振,会党纷纷投军,队伍扩大到600多人。此后,黄兴率领这支队伍在钦、廉、上思一带转战40多天,给清军以沉重的打击。后终因缺乏后援,饷械告竭,黄兴不得不宣布解散队伍,少数人退回越南,大部分人退守十万大山。

云南河口起义。1908年3月,孙中山离开越南之前,在嘱黄兴发动钦廉起义的同时,命黄明堂与王和顺、关仁甫谋划云南河口起义。4月30日,黄明堂率部起义,攻占河口,成立云贵都督府,并以"中华国民军南军都督"的名义发布安民告示,宣布军律,同时发表对外宣言。起义军不断招降清兵,连日攻克新街、万河、南溪等地,准备进攻个旧和蒙自。但由于起义军多为"变兵",很快就出现军心涣散的局面。5月7日,黄兴受孙中山的委托,以"云南国民军总司令"的名义亲自到河口督师,但也无济于事。与此同时,越南法国殖民当局禁运饷械接济起义军,而云贵总督锡良又调集大军猛烈反扑。26日,河口失守,黄明堂率部600多人退入越南,被法国殖民当局解除武装,强行遣散到新加坡等地。

至此,孙中山与黄兴领导的同盟会在西南边境发动的六次武装起义先后都以失败告终。应该说,这些起义对于打击清朝政府的统治,以及宣传同盟会的革命宗旨和扩大民主革命的影响,都有重要的意义,但是多次起义的连续失败也产生了一些负面的影响,同盟会内部的一些人更加怀疑孙中山的"边地革命"策略,并进一步加深了这些人对孙中山的不满情绪。这是促使同盟会组织涣散与分裂的一个重要原因。

三 徐锡麟、秋瑾与皖浙起义

在孙中山与黄兴领导的同盟会致力于西南边境起义的同时，徐锡麟、秋瑾等光复会骨干成员也在安徽安庆和浙江绍兴密谋发动反清武装起义。同盟会成立以后，蔡元培、章太炎、陶成章等光复会的重要领袖人物都先后加入同盟会，但内地的光复会组织仍然独立存在，"如江、浙、安徽，尚沿光复旧名"。①当时，光复会的活动重心已从上海转到浙皖地区，其实际的主要负责人就是徐锡麟与秋瑾。

徐锡麟（1873—1907），字伯荪，别号光汉子，浙江山阴人。1901年，他任教于绍兴府学堂，旋升副监督。1903年游历日本，受留日学生拒俄风潮的影响，产生"反满"革命思想。1904年，在上海由蔡元培介绍加入光复会。1905年初，受陶成章影响，广泛结纳浙江会党。9月，创办绍兴大通学堂，聘陶成章、龚宝铨等光复会骨干分子为教员，招纳浙江各处会党头目入堂学习兵操，为光复会培养反清革命人才。由于大通学堂《规约》规定"凡本学堂卒业者，即受本学校办事人之节制，本学校学生咸为光复会会友"，因而该学堂便成为光复会联络与组织会党人士的"草泽英雄聚会之渊薮"。②大通学堂创办后，"浙江革命之大本营遂由温台处会馆而移于大通学校，即光复会本部之事权亦已由上海而移于绍兴焉"。③当时，徐锡麟还与陶成章谋划通过捐官打入清政府内部，以谋取兵权相机起事。于是，徐锡麟捐了个道员。是年底，再赴日本，本拟进军校学军事，因眼睛近视被拒。1906年，从日本回国，以道员身份派往安徽，得到安徽巡抚恩铭（山西巡抚俞廉三的门生，俞是徐锡麟表伯）的重用，被委任为陆军小学堂会办，后升为安徽巡警处会办兼巡警学堂会办。徐锡麟遂以巡警学堂为基地，"并秘密联络驻安庆城外新军，及各处民军"，④同时，他还与正主持大通学堂的秋瑾互相联

---

① 龚翼星：《光复军志》，见上海社会科学院历史研究所编《辛亥革命在上海史料选辑》，199页，上海人民出版社，1981。
② 《浙案纪略》，见汤志钧编《陶成章集》，344—345页，北京，中华书局，1986。
③ 冯自由：《光复会》，见《革命逸史》第5集，56页。
④ 童杭时：《徐先烈伯荪先生事略》，见浙江省辛亥革命史研究会等编《辛亥革命浙江史料选辑》，435页，杭州，浙江人民出版社，1981。

系,密谋安徽与浙江同时举事。

秋瑾(1877—1907),字璿卿,号竞雄,又号鉴湖女侠,浙江山阴人。1904年,东渡日本留学,积极参加留日学生的革命活动,与陈撷芬等人在东京发起共爱会,又与冯自由、刘道一等人在横滨成立三合会。1905年回国,经徐锡麟介绍加入光复会。是年7月,再到日本,加入同盟会,被推为评议部评议员和浙江省主盟人。1906年初,因反对日本文部省颁布"取缔清国留学生规则"而回国,在上海协助创办中国公学。1907年1月,创办《中国女报》,"以开通风气、提倡女学、联感情、结团体,并为他日创设中国妇人协会之基础为宗旨"。[1] 3月,回绍兴接任大通学堂督办。秋瑾利用主持校事的时机,联络浙江各处会党,秘密编制光复军,共八军,以徐锡麟为首领,自己为协领,并用"光复汉族,大振国权"八字为八军番号。[2] 她为光复军起义起草的檄文称,"今日之时势,有不容不革命者","某等眷怀祖国之前程,默察天下之大势,知有不容己于革命,用是张我旗鼓,歼彼丑奴,为天下创。义旗指处,是我汉族,应表同情也。"[3]秋瑾与徐锡麟计划在浙皖两省同时起义。

光复会皖浙起义原计划在7月6日举行,后改为7月19日。6月中旬,绍兴会党裘文高突然召集台州会众于嵊县西乡起义,完全打乱了起义计划,引起了清朝官府对革命党人与会党动向的密切注意。7月1日,光复会会员叶仰高在上海被捕,供出了部分党员的别号或暗号。两江总督端方将所获名单通告恩铭,恩铭又转告巡警处会办徐锡麟,徐见自己的名号赫然在上,知事情即将败露,形势万分危急,于是决定乘巡警学堂学生毕业典礼之机,刺杀恩铭等皖省大吏,率先起事。

7月6日,安徽巡警学堂甲班学员举行毕业典礼。巡抚恩铭、布政使冯煦、按察使联裕等皖省大吏齐集学堂。典礼刚开始,徐锡麟借行礼之机枪击恩铭,恩铭身中七弹,随即死于抚署。徐锡麟与陈伯平、马宗汉率部分学生攻占军械所,不久便被清军包围,双方展开激战,陈伯平战死,徐锡麟、马宗汉等人被俘,后英勇就义。

---

[1]《创办中国女报之草章及意旨广告》,见中华书局上海编辑所编《秋瑾集》,10页,上海古籍出版社,1979。
[2] 陈去病:《鉴湖女侠秋瑾传》,见中国史学会主编《辛亥革命》第3册,185页。
[3]《普告同胞檄稿》,见《秋瑾集》,20—21页。

安庆起义的失败自然牵连到绍兴大通学堂。绍兴劣绅胡某早已向知府贵福告密,官府又查获徐锡麟与秋瑾等人联系的函件,徐锡麟之弟徐伟也供出了乃兄与秋瑾的关系,浙江巡抚张曾敭便决计命贵福带兵到大通学堂捕人。秋瑾得知安庆败讯后,即掩埋军械,焚烧党人名册,疏散学生,而自己决定留守大通学堂,以身殉国。7月13日,清兵包围大通学堂,逮捕了秋瑾等人。15日,秋瑾就义于绍兴轩亭口。徐锡麟、秋瑾领导的光复会皖浙起义至此完全失败。

四 安庆新军马炮营起义

同盟会西南边境历次起义失败以后,革命党人的武装起义策略开始从联络会党转向运动新军。安徽岳王会发动的安庆新军马炮营起义是这个转变的一个重要标志。

岳王会是安徽公学教员陈独秀、柏文蔚等人于1904年在安徽芜湖成立的一个革命团体。岳王会继承岳飞抵抗辽金之志,以尽力"排满"为宗旨,在芜湖设总会,南京、安庆设分会。后来,南京分会在柏文蔚、吴春阳的主持下全体加入了同盟会,芜湖总会也因陈独秀东渡日本而无形消散,岳王会的活动重心自然转移到安庆。岳王会安庆分会由常恒芳设立。1907年,徐锡麟发动安庆起义失败后,清朝官府大肆搜捕革命党人,常恒芳受到牵连,不得不离开安庆。之后,熊成基成为安庆岳王会分会的一个重要领导人。

熊成基(1887—1910),字味根,江苏甘泉人,寄居安徽芜湖。1904年,他考入安徽武备练军学堂,结识柏文蔚、倪映典等人,参加岳王会。后入南京炮兵速成学堂,毕业后任江南新军第9镇炮兵排长。1907年,熊成基调入安庆新军,先后任马营、炮营队官。其"平日革命宗旨,以推翻政府改革政治为主要,不尽系满汉种族之见"。[①] 熊成基在军队中颇有威望,士兵多能为他所用,因此,他能在士兵中顺利地开展革命活动。

1908年秋,清政府令湖北、江苏、安徽等省新军在太湖会演秋操。

---

① 《熊烈士供词》,见中国史学会主编《辛亥革命》第3册,240页。

熊成基等革命党人密谋乘秋操之机举行起义,夺取安庆,宣布安徽独立,然后攻占南京,北进中原。不料,清政府以安徽新军第31混成协成立不久,训练未备,令其不必前往会操。熊成基等人的秋操起义计划落空。正在此时,传来光绪皇帝与慈禧太后相继去世的消息,清朝官府人心惶惶,革命党人群情激奋,认为这是发动起义的大好时机。

11月19日,熊成基、范传甲、张劲夫、薛哲、田激扬等人秘密会议,决定当晚举行起义,由马营率先发动,炮营响应,然后会攻安庆。会上,熊成基被推为起义总指挥。当晚9时,田激扬率马营按计划发难,熊成基率炮营响应,随即北门外测绘学堂步兵营也发动起来。熊成基便督率马、炮、步各营会攻省城安庆。不料,安徽巡抚朱家宝早有防备,布置守军对安庆城进行严密防守;而原来计划负责打开城门迎接义军的新军2标2营管带薛哲又临阵畏缩,未能按时发动。结果,熊成基率军围攻安庆一昼夜也没有攻下。此时清军援兵已到,起义军内外受敌,只好突围出走。在清军的追击下,熊成基率部退至庐州,内部人心动摇,已无法再战,队伍解散,起义失败。熊成基逃往日本,加入同盟会,后潜赴东北活动。1910年1月30日,熊成基在哈尔滨因臧冠三告发其谋刺满族亲贵载洵,被捕入狱。他在供词中慷慨宣传革命宗旨,声称:"我今早死一日,我们之自由树早得一日鲜血,早得血一日,则早茂盛一日,花方早放一日。故我现望速死也。"①2月27日,熊成基在吉林遇难。

安庆新军起义虽然失败了,但它对于革命党人武装起义策略的转变有着重要的影响。此前,革命党人的武装起义主要是依靠会党的力量。会党诚然是一种重要的革命力量,但其乌合之众的弱点也是很明显的。同盟会西南边境历次起义失败后,孙中山等人从实际经验中认识到,会党的性质决定"其战斗自不如正式军队",今后将注意运动军队,尤其是下级军官与士兵。那时,同盟会已经开始注意到运动新军的战略意义。安庆新军起义无疑为革命党人运动新军提供了一个具体的范例,这是革命党人的武装起义策略从联络会党转变为运动新军的契机。

---

① 《熊烈士供词》,见中国史学会主编《辛亥革命》第3册,241页。

五 广州新军起义与黄花岗起义

当岳王会发动安庆新军起义的时候,同盟会会员倪映典等人也在广州新军中积极活动,密谋策反新军举行反清武装起义。

倪映典(1885—1910),字炳章,安徽合肥人。他先为岳王会会员,后加入同盟会。倪映典毕业于安徽武备练军学堂和南京炮兵速成学堂,曾任江南新军第9镇炮兵队官和安徽新军炮兵管带。后因与熊成基在安庆新军中密谋起义,被两江总督端方购捕,只身南下,改名投广州新军,任炮兵排长。当时,广州新军中流行集会听讲故事。倪映典利用这种形式讲述洪秀全、岳飞、韩世忠、清兵入关、扬州十日、嘉定三屠等历史人物事迹与史事,借机宣传"反满"革命思想,收效甚著。他"既长于煽动,又精力殊绝。其运动新军,乃进步至速,数月已与本团之连排长结纳……至一九〇九年(己酉)冬,士兵加盟入同盟会者三千余人"。① 与此同时,朱执信等人也以各种方式在广州新军及广东陆军中学、小学、讲武堂等处活动,发展了不少同盟会会员。这些工作为策动广州新军起义奠定了良好的基础。

1909年5月,孙中山离开南洋赴欧洲,把南洋党务委托给胡汉民,把军事策划委托给黄兴。10月,胡汉民在香港成立同盟会南方支部,开始策划广州起义。胡汉民、黄兴、赵声在香港统筹规划,以倪映典为运动新军总主任,同时派姚雨平、张醁村运动广州附近的巡防营,朱执信、胡毅生运动番禺、南海、顺德一带的民军。一切准备就绪,起义定于1910年2月24日(农历元宵节)发动。天有不测风云,2月9日,广州新军与巡警因故发生冲突,情况紧急,黄兴与倪映典、赵声等决定提前到2月15日举行起义。10日,事态进一步扩大,部分新军捣毁了巡警局,两广总督袁树勋怀疑有革命党人从中煽动,下令加强戒备,部分新军的枪械被收缴,水师提督李准所部已经全副武装,严密布防。在这危急时刻,倪映典当机立断,决定再次提前起义。12日晨,倪映典持枪冲入炮队一营,当场击毙管带齐汝汉,振臂高呼:"齐管带反对革命,我已

---

① 《胡汉民自传》,载《近代史资料》总45号,31页,北京,1981。

杀之矣！凡我同志，与及赞成革命者，请集队随我来！"①起义正式发动。倪映典率起义军进攻广州城，在东门外牛王庙遭遇清军李准、吴宗禹部。吴部管带李景濂、唐维炯、童常标以商谈反正条件为由诱倪映典入营中，李为同盟会会员，唐、童为倪之安徽同乡，倪深信不疑，但在倪退出时却被清军机枪乱射击毙。②倪映典牺牲后，起义军在失去统帅的情况下仍然与清军激战多时，无奈弹药匮乏，又无接济，次日即宣告失败。

广州新军起义失败后，在革命党人内部一度产生悲观情绪。这时，孙中山正在美国与荷马李（Homer Lea）、布斯（C. B. Boothe）商谈，试图向美国财团筹借巨款，准备继续革命。3月14日、28日，孙中山连续致电、致函黄兴，提议再次在广东筹备起义。5月13日，黄兴回信说明，孙中山的电、函使迷惘中的革命同志备受鼓舞，"各同志读之，有此极大希望，靡不欢跃之至"。他与赵声商议，"以为广东必可由省城下手，且必能由军队下手"，③明确提出仍在广州举行新军起义。

11月13日，孙中山在南洋槟榔屿召集同盟会干部会议，黄兴、赵声、胡汉民及南洋各埠与国内东南各省代表出席，并特邀光复会代表李燮和与会。会议正式决定再次在广州发动起义，具体计划是：先以青年革命党志士500人为选锋，在城内发难，以联络好的新军、防营与附近各处民军即时响应，全力攻占广州，然后以黄兴率一军出湖南趋湖北，以赵声率一军出江西趋南京，长江流域各省起兵响应，会师北伐，一举推翻清王朝。会上，孙中山对这次起义充满必胜的信心，他说："现在因新军之失败，一般清吏自以为吾党必不敢轻于再试，可以高枕无忧，防御必疏。至新军之失败虽属不幸，然因此影响于军界最巨。吾党同志果能鼓其勇气，乘此良机重谋大举，则克复广州易于反掌。如广州已得，吾党既有此绝好之根据地，以后发展更不难着着进行矣。"④会后，各人分头行动，开始进行筹备起义的各项工作。

---

① 潘林雄：《广东陆军首义经过》，见仇江编《广东新军庚戌起义资料汇编》，120页，广州，中山大学出版社，1990。
② 陈景吕：《我所知道的庚戌新军之役》，见仇江编《广东新军庚戌起义资料汇编》，128页。
③ 《复孙中山书》，见湖南省社会科学院编《黄兴集》，17页，北京，中华书局，1981。
④ 《在槟榔屿中国同盟会骨干会议的讲话》，见《孙中山全集》第1卷，493页。

1911年1月底,黄兴在香港成立起义的统一领导机构统筹部,黄兴为部长,赵声为副部长,下设八课:调度课,负责运动新旧军人,姚雨平任课长;交通课,负责联络江、浙、皖、鄂、湘、桂、闽、滇各省,赵声任课长;储备课,负责购运军械,胡毅生任课长;编制课,负责草定规则,陈炯明任课长;秘书课,负责掌管一切文件,胡汉民任课长;出纳课,负责掌管出纳财政,李海云任课长;调查课,负责侦察敌情,罗炽扬任课长;总务课,负责其他一切杂务,洪承点任课长。① 另设实行部,专门制造发难炸弹及暗杀用具,由方声洞等人负责。随即,各课分别派人潜入广州,设立秘密据点38处,各自开展活动。

总机关设立后,还开展了各项准备工作。一是筹款。这次起义在海外各地共筹得捐款15.7万多元,②其中美洲华侨7.7万多元,南洋英属各埠华侨4.7万多元,南洋荷属各埠华侨3.2万多元。二是购运枪械。在日本、越南、暹罗、香港等地购买枪支800多杆,子弹数万发,以各种方式秘密运往广州。三是组织选锋队。精选一批青年党员骨干作为起义发难的先锋,即所谓"选锋",选锋队其实就是敢死队,初定500人,后增至800人,各处革命志士争相参加,如林觉民、方声洞等人纷纷写下与亲人诀别的遗书,表示以身殉难的坚定决心。四是联络军界与会党。姚雨平负责联络新军和巡防营,朱执信、胡毅生负责联络番禺、南海、三水、顺德等地的民军。五是联络长江流域等省革命党人响应起义。谭人凤联络两湖;郑赞臣在上海设立机关,联络江苏、浙江、安徽;方君瑛前往桂林,联络广西新军。

4月8日,黄兴在香港统筹部召开发难会议,与会者数十人。会议决定分十路进攻:一路由黄兴率南洋及闽省同志百人攻总督署;二路由赵声率苏皖同志百人攻水师行台;三路由徐维扬、莫纪彭率北江同志百人攻督练公所;四路由陈炯明、胡毅生率民军及东江同志百余人防截旗满界及占领归德、大北两城楼;五路由黄侠毅、梁起率东莞同志百人攻警察署、广中协署,兼守大南门;六路由姚雨平率所部百人占领飞来庙,攻小北门,迎新军入;七路由李文甫率50人攻旗界石马槽军械局;八路

---

① 曹亚伯:《武昌革命真史》上册,275页,上海书店,1982。
② 冯自由:《加拿大同盟会史略》,见《革命逸史》第3集,327页。

由张醁村率50人占龙王庙；九路由洪承点率50人破西槐二巷炮营；十路由罗仲霍率50人破坏电信局。此外，另设放火委员，于租界租屋九处，以备临时放火，扰其军心。会议推定赵声为总司令，黄兴为副。①

起义日期原定于4月13日。这时发生了两起意外事件：一是革命党人吴镜从香港运炸弹往广州被清兵查获被捕，二是同盟会会员温生才刺杀了广州将军孚琦。这自然使清方加强戒备。同时，海外华侨的捐款与从日本等地购买的枪械又尚未到齐。于是，统筹部决定将起义日期推迟至4月26日。

4月23日，黄兴先行潜入广州，在小东营五号设立起义总指挥部，并最后改定起义日期为4月27日。当时，由于清方早已觉察到革命党人有起事的动向，两广总督张鸣岐、广东水师提督李准业已加强防备。广州城里的空气十分紧张。面对这种情况，对于是否如期起义的问题，革命党人内部发生意见分歧，陈炯明、胡毅生等人主张缓期再举，喻培伦、林文等人坚决主张立即起义。黄兴一度举棋不定，后在喻、林等人言行的激励下，决心拼死一搏。4月26日晚，黄兴与同志会议，根据尚有不少党人没有到的具体情况，决定将原计划十路进攻缩减为四路：黄兴一路进攻总督署，陈炯明一路进攻巡警教练所，姚雨平一路攻打小北门迎巡防营与新军入城；胡毅生一路攻打大南门。起义时间定在27日下午5时半。② 结果，陈炯明、胡毅生、姚雨平三路因故没有发动，事实上只有黄兴一路孤军奋战。

4月27日下午5时半，黄兴如期宣布起义，亲率选锋百余人进攻总督衙门。然而，两广总督张鸣岐早有准备，已先期逃到李准的水师行台。"死士多人以攻入督署，空洞无一人。观其情形，有如二三日前去者。"③黄兴等人从督署撤出时正与李准和张鸣岐的卫队相遇，激战中党人死伤多人，黄兴的右手也被打断两指。他们突围之后兵分三路：黄兴率10人欲出大南门与巡防营相接；徐维扬率花县40人欲出小北门迎接新军；其余川、闽同志及海防、南洋同志进攻督练公所。可惜，巡防

---

① 曹亚伯：《武昌革命真史》上册，295页。
② 《与胡汉民致谭德栋等书》，见《黄兴集》，51页。
③ 《致海外同志书》，见《黄兴集》，41页。

营与新军并没有起来响应起义。因此,这次起义只有黄兴率百余名选锋在城中左冲右突,孤军奋战,终因寡不敌众而失败。尽管如此,革命党人在这次起义中都表现得非常英勇壮烈,可歌可泣。喻培伦"一人当先,抛掷炸弹,防勇为之披靡,后失手遇害";李文甫"先攻督署时,非常猛烈,既出,伤其足,后为虏俘,从容谈笑以死";朱执信"攻督署时,奋勇当先,迥非平日文弱之态";林文、林觉民等福建同志"多在东毕业专门学校者,年少俊才,伤心俱烬"。① 据统计,这次起义牺牲的革命党人有姓名可考者共86人,其中有72人的遗骸后来被党人潘达微收葬于广州东郊白云山麓的黄花岗,此即著名的"黄花岗七十二烈士"。因此,这次起义也被称为黄花岗起义或黄花岗之役。又因起义那天为农历三月二十九日,这次起义又被称为广州"三·二九"之役。

黄花岗起义是同盟会几乎倾注了全部的人力、物力和财力所组织的规模最大的一次武装起义。起义的失败给同盟会造成了巨大的损失,如孙中山所言,"吾党菁华,付之一炬";但这次起义也沉重地打击了清朝统治者,尤其是烈士们用鲜血与生命激起了革命党人与全国人民的反清革命怒潮,"然是役也,碧血横飞,浩气四塞,草木为之含悲,风云因而变色,全国久蛰之人心,乃大兴奋,怨愤所积,如怒涛排壑,不可遏抑,不半载而武昌之大革命以成,则斯役之价值,直可惊天地、泣鬼神,与武昌革命之役并寿"。② 可以说,正是革命党人坚持不懈的努力,才有武昌起义的成功。

---

① 《与胡汉民致谭德栋等书》,见《黄兴集》,52—53页。
② 《〈黄花岗烈士事略〉序》,见《孙中山全集》第6卷,50页。

第二节 风起云涌的民众反抗斗争

在革命党人接连不断地举行反清武装起义的同时,全国各地人民群众自发的反抗斗争也是此起彼伏,层出不穷。据统计,1906—1911年的6年间,全国共发生各类民变事件989次,年均约165次,①无论是总的数量还是发生的频率,都远远超过1905年以前的情况。时论以为"二十行省之中,乱机遍伏……变乱四起"。② 如此频繁的民众反抗斗争,与革命党人的武装起义相互激荡,推动了全国革命高潮的到来。

一 抗粮抗租与长沙抢米风潮

由于全国许多地区灾荒频仍,农业歉收,加上官府横征暴敛,农民抗粮抗租事件时有发生。例如,1906年,江西吉安因官府催征田赋,引起乡民暴动,乡民聚众数千人,与官兵发生武装冲突;1907年,河南汝州因收成不丰,官府催纳租税甚急,乡民聚众反抗;1910年,浙江归安、乌程、德清等地乡民聚众数千人,因灾荒拒纳漕粮,等等。在农民起来抗粮抗租的同时,还发生了不少饥民聚众抢米和"吃大户"的事件。这在灾情严重的长江中下游地区是相当普遍的现象,其中尤以湖南长沙的抢米风潮影响最大。

1909年,号称湖南"鱼米之乡"的湘北洞庭湖区澧州、岳州、常德一

---

① 据张振鹤、丁原英《清末民变年表(上、下)》(见《近代史资料》总49、50号)统计,1906年190次,1907年185次,1908年107次,1909年141次,1910年247次,1911年119次。
② 长奥:《论莱阳民变事》,见《辛亥革命前十年间时论选集》第3卷,653页。

带发生严重洪灾,"统计各处灾民不下百余万人"。① 长沙及湘南衡阳、宝庆等地又遍遭旱灾、虫灾,收获不到七成,全省面临严重的饥荒。1910年初,全省已到处缺粮,饥民遍野,百姓流离失所,大量饥民涌进长沙。王先谦、叶德辉等地主豪绅囤积居奇,湘抚岑春蓂勾结外国洋行偷运粮食出境,不法米商与洋行又哄抬米价,致使长沙城里米价暴涨。"湘省从来米价每石恒二三千文上下,光绪三十二年水灾,亦不过四千余文。今尚未播种,价已七千以外,实为百数年所未见。"② 各米店早晚市价不同,一日数涨,甚至有价无米,"有竟日携钱而无处购米者"。③ 4月11日,长沙南门外挑水工黄贵荪一家因米价不断上涨而买不起米,全家投水自杀。市民闻此凶耗,无不义愤填膺。次日,南门外又发生碓坊主挑剔大钱、不给某老妇人买米之事。这更激起了群众的愤慨。人民在木工刘永福的带领下,捣毁了碓坊,并冲向鳌山庙巡警分局,要求官府平粜救灾。当局不但没有满足人民的要求,反而拘捕了刘永福等人。此举激起了群众更大的愤怒。附近群众包括泥工、木工、城市贫民及四乡农民,汇集各处饥民,共有万余人,蜂拥而至巡抚衙门,强烈要求释放被拘诸人和开仓平粜。湘抚岑春蓂惊恐万状,竟令卫队和新军开枪镇压,打死打伤数十人。群众毫不畏惧,围住巡抚衙门,"喧聚竟夜不散",长沙"城内之米肆数十家,亦被众抢劫殆尽"。14日,全城罢市,群众仍聚不散,岑春蓂再次下令新军开枪杀人。愤怒的群众放火焚毁了巡抚衙门,"城内外之学堂、教堂,及外人商店、居宅,咸被焚劫",外国传教士与洋商纷纷逃离长沙,或避居轮船以观动静,或乘轮船逃往汉口。④ 长沙的行动迅速影响到湖南其他地方,宁乡、浏阳、湘阴、平江、岳阳、益阳、澧州、湘潭、醴陵、平江等地群众相继而起,全省民情激昂。事态发展到几乎无法控制的地步,岑春蓂自请免职,由布政使庄赓良署理湖南巡抚。庄赓良接任后,采取剿抚兼施的两面手法:一面表示要抚

---

① 《岑春蓂奏湘省澧州等属灾重赈繁现拟提借官钱局银钱钞票以济急需折》,见饶怀民编《庚戌长沙"抢米"风潮资料汇编》,1页,《长沙文史资料》增刊,长沙,1990。
② 《王先谦等十余人致岑春蓂公函》,见饶怀民编《庚戌长沙"抢米"风潮资料汇编》,8页。
③ 《王先谦等三十人致岑春蓂禁米出境公呈》,见饶怀民编《庚戌长沙"抢米"风潮资料汇编》,5页。
④ 《湖南省城饥民焚毁巡抚衙门及教堂学堂》,见饶怀民编《庚戌长沙"抢米"风潮资料汇编》,57、58页。

恤死者，赈济饥民；一面又调动军队镇压"乱民"。与此同时，湖广总督瑞澂与长江水师提督程文炳调来水陆军协助镇压；英、美、法、德、日各国列强也派来军舰向群众示威。由于中外武装力量的联合绞杀，这场缺乏组织领导的群众暴动终于被镇压下去。

事后，为了缓和人民群众的反抗情绪，清政府对"肇衅酿患"的湖南地方官绅给予了严厉的惩处：巡抚岑春蓂、布政使庄赓良、巡警道赖承裕、盐法长宝道朱延熙、长沙协都司贵龄、左营守备周长泰、消防所所长游击龚培林、警务委员知县周腾等人均被革职；长沙知县余屏垣、善化知县郭中广革职留任；按察使周儒臣、长沙知府汪凤瀛降三级留任；劣绅前国子监祭酒王先谦、分省补用道孔宪教降五级调用；吏部主事叶德辉、候选道杨巩即行革职，交地方官严加管束。①

长沙抢米风潮由要求平价粜米而迅速发展为烧抚署、砸洋行、毁教堂的群众暴动，而且很快波及湖南各地，甚至引起全国震动。这表明在人民群众中蕴藏着巨大的反清革命力量，清王朝的统治基础已从根本上发生动摇。

二 抗捐抗税与莱阳民变

1905年以后，清政府以举办新政，尤其是进行预备立宪为由，进一步强征捐税，横征暴敛，激起了大规模的抗捐抗税风潮。1906年，直隶平山、灵寿因办警察，抽收捐款，群众起来抗捐，拆毁两县大堂，并殴打县官；1907年，四川邛州因抽收纸捐，群众打毁收捐纸行，并聚众进城示威；1908年，山西黎城群众抗拒种烟地亩税，痛骂并殴打前往"劝导"的县令；1909年，江西宜春因开办新政，官绅乘机弄权，任意抽收苛捐杂税，群众聚众持械围攻县城，等等。1910年，各地人民抗捐抗税斗争发展到高潮，其中以山东莱阳的民众暴动最具代表性。

1910年初春，莱阳发生严重的霜灾，"杀麦殆尽，粮价昂贵……缺食者十居八九"，②已是民不聊生。知县朱槐之"借口新政，于正赋外，

---

① 《宣统政纪》卷三十五，宣统二年四月下壬辰，《清实录》第60册，622页。
② 《山东旅京同乡莱阳事变实地调查报告书》，见中国史学会济南分会编《山东近代史资料》第2分册，6页，济南，山东人民出版社，1958。

更议加捐",种地植树、建造房屋、生儿育女、饲养牲畜,等等,无不苛征捐税,"计一县正杂各款,不过数万,今骤增至数十倍"。① 人民不堪重负。"夙有三害二蠹之称"的劣绅王圻、王景岳、于赞扬、张相谟、葛桂星,与官府同恶相济,朋比为奸。在如此灾荒之年,他们竟然不顾百姓的死活,肆意侵吞乡民用于备荒救急的积谷,引起群情共愤。5月21日,城北伯林庄社长曲士文(又作曲诗文)与永庄社长于祝三等人组织联庄会,集会议决清算被劣绅侵吞的社仓积谷。他们进城面见知县朱槐之,要求清查积谷和减免捐税。同时,有数百饥民群众随之拥入县衙,要求速发积谷救急。朱槐之见众怒难犯,表面上一一答应,以为缓兵之计;事后不但不照办,反而调集武装力量,准备对付群众的反抗。人民受骗之后更被激怒了。6月12日,数千愤怒的群众在曲士文的率领下冲进县城,包围县衙,烧毁了巡警局董事劣绅王景岳的住宅。不久,朱槐之因弹压不力被撤职。署理知县奎保照征各种捐税,并出示捉拿曲士文等人,还禀请候补道杨耀林率兵镇压群众的抗捐抗税运动。莱阳"全境一百八社之民,哄然哗变,以为认重税必饿死,不认重税必诛死,与其坐而待死,不如斗而决死"。② 7月3日,曲士文率众正式宣布起义,号召民众起来武力反抗官府,得到全县乡民的积极响应,起义队伍很快发展到十几万人。山东巡抚孙宝琦急调登州镇总兵李安堂与新军第5镇协统叶长盛率大军前往镇压。清兵所到之处,"戮其强壮,杀其幼稚,淫其妇女,掠其财物,然后纵火尽焚其室庐……计杀死之可知者一千六百余人,而妇女之羞忿自尽、老弱之无家可归自缢投井者不可数计,焚毁房屋共千余家之多,血流被道,哭声盈野,合境之人无不痛心疾首"。③ 在清军残酷的血腥镇压之下,起义终归失败。

莱阳民变事发后,山东旅京官绅柯绍忞、张春海等人纷纷联名向都察院上递代奏公呈,揭露"官绅激变,滥杀无辜"的实情,要求严惩有关

---

① 《御史王宝田奏莱阳、海阳二县相继煽变请简派大臣驰往妥筹抚定折》,见《山东近代史资料》第2分册,40—41页。
② 《御史王宝田奏莱阳、海阳二县相继煽变请简派大臣驰往妥筹抚定折》,见《山东近代史资料》第2分册,41页。
③ 《山东旅京士商举人张春海等历陈莱阳官绅激变实在情形恳请代奏呈》,见中国第一历史档案馆、北京师范大学历史系编选《辛亥革命前十年间民变档案史料》上册,177页,北京,中华书局,1985。

官绅。为了平息公愤,清政府采取了相应的惩处措施:将知县朱槐之革职,永不叙用;候补道杨耀林、署莱阳知县奎保、候选县丞王圻著即行革职;登州镇总兵李安堂著即开缺;绅士王景岳、葛桂星等均著褫革,并交地方官严加管束。①

与长沙抢米风潮一样,莱阳民变也充分显露了清王朝统治基础即将崩溃的冰山一角。如时论所云:"盖察事变所由起,验今日之民心,近征之道光之末年,远鉴之秦、隋之季世,则土崩之势,今已见端。月晕知风,础润知雨,窃恐踵莱阳而起者,祸变相寻而未有已也。"②

三 其他各类民众反抗斗争

(一)罢市与罢工

这个时期民众反抗斗争的主体主要还是农民,但广大商人、手工业者和一般城镇居民的罢市与产业工人的罢工也开始逐渐频繁起来。商人的罢市往往与抗捐抗税相联系。例如,1906 年,安徽芜湖因抽收路、矿、米捐,各商相率罢市;1907 年,浙江杭州全城茶馆抗收学堂捐相率罢市;1908 年,湖北汉口因官府要加征商税,专设商捐局,商人相约于开局之日罢市以为抵抗;1911 年,上海英、美租界及南市地区商民要求减免房租而相率罢市,等等。工人的罢工则主要是为了改善工作条件、提高工资待遇等经济利益。例如,1906 年,上海瑞纶丝厂女工近千人罢工,反对厂方无理扣发工人工资;1909 年,上海元丰、长纶、新大、协祥等丝厂工人先后罢工,反对厂方增加工时或要求清偿积欠工资,等等。这个时期的工人阶级虽然还没有作为一支独立的政治力量登上历史舞台,但日渐频繁的罢工活动业已初步显示这一新生社会力量的反抗精神与进步作用。

(二)反洋教

随着外国列强对华侵略的加深,人民群众的反洋教斗争也进一步发展。1906 年,以著名的南昌教案为中心,形成反洋教斗争的高潮。

---

① 《谕旨(监国摄政王钤章)》,见《山东近代史资料》第 2 分册,58 页。
② 长奥:《论莱阳民变事》,见《辛亥革命前十年间时论选集》第 3 卷,653 页。

当时,南昌知县江召棠因办理一起民教械斗案件赴教堂交涉,被法国传教士王安之刺死,引起南昌各界人民的极大愤慨,愤怒的群众起来捣毁法国与英国教堂四处,杀死王安之等法、英传教士及其家属八人。同年,在湖北襄阳、福建漳浦、安徽霍山、河南淮宁、浙江新城、贵州遵义、山西涉县、江西抚州等地也发生了民众反洋教事件。1907年以后,反洋教斗争仍是此起彼伏,连绵不断。

(三)秘密会社起事

秘密会社是一支重要的反清力量。革命党人曾经依靠会党的力量举行了一系列武装起义,如1906年的萍浏醴起义、1907—1908年两广边地的多次起义,等等。与此同时,各地秘密会社还自发地开展了各种反抗斗争。例如,1906年,河南淮宁、西平相继发生仁义会反清仇教起义;1907年,四川开县发生红灯教抗捐税起义;1909年,直隶宝坻的在理会会众捣毁丰台警察局;1910年,湖北大冶发生红灯会反清起义,等等。秘密会社起事往往与反洋教以及抗捐抗税等民众反抗斗争相结合,其矛头直指清政府及外国侵略势力。

(四)少数民族人民的反抗斗争

与广大汉族人民一样,东北、蒙古、新疆、青海、两广、贵州、云南等地少数民族包括满族人民,也发动了各种形式的反抗斗争。例如,1906年,奉天凤城发生满族人鲍化南领导的反抗山荒税斗争;同年,内蒙古郭尔罗斯旗爆发蒙族农牧民反清武装起义,起义持续4年之久;1906—1907年,贵州黔南苗族人民举行抗捐起义;1911年,海南琼山黎族、汉族人民联合举行反清武装起义,等等。各少数民族的反抗斗争同样是全国人民反清革命风潮的一个不可或缺的重要因子。

第三节　收回利权运动与保路风潮

一　收回利权运动勃兴

20世纪初,列强在所谓"保全主义"的幌子下对中国实行变相的瓜分政策,它们大肆在华掠夺铁路、矿山及其他利权,通过经济渗透等方式使中国处于事实上被瓜分的境地。控制铁路的修筑与经营权是列强侵华的重要手段,"现在列强,其和平瓜分中国手段,又只在得我铁路敷设权而已。铁路所至,即其兵力与移民之所至,而附近之矿产,亦为彼所有。故分得土地之多少,即以所得路线之多少为比例"。① "亡人国之法,计无巧妙于铁路者。"② 路矿利权关系到国家的存亡,不甘屈服的中国人民掀起了反帝爱国的收回利权运动,其中尤以收回铁路、矿山利权的斗争最为激烈。

收回路权运动肇始于湖南、湖北、广东三省人民收回粤汉铁路主权的斗争。1898、1900年,清政府由盛宣怀经手与美国合兴公司相继签订《粤汉铁路借款草合同》《粤汉铁路借款续和约》,规定粤汉铁路由合兴公司承造,全体工程在5年里完成。但是,由于合兴公司资本有限,筑路工程进展极为缓慢,直到1904年初,才建成该路南端广州至三水仅90华里的支线,干路全未开工;与此同时,合兴公司又将2/3的股票私自售给比利时人,改由比利时人建造粤汉铁路北段。比利时以法国

---

① 少陵:《中国国民立国之根本大计》,见中国科学院历史研究所第三所编《云南杂志选辑》,199页,北京,科学出版社,1958。
② 大悲:《呜呼腾越铁路之运命》,见《云南杂志选辑》,461页。

与俄国势力为后台,"比用法款,权即属法,卢汉铁路即已如此。若湘路再归比、法,法素助俄,合力侵占路权,其害不可思议。"①合兴公司私售股权,不仅违背了原订合约,而且可能使粤汉铁路置于美、比、法、俄多国控制之下,致使中国路权丧失。消息传出,舆论哗然。湖南、湖北、广东相关三省绅商士民纷纷上书当道,要求废约自办。湘绅公呈公电"力请废约,归湘自行承办";鄂省绅民"亦群起力争",广东商务局议决"力争废约"。②湘、鄂、粤三省绅民的反帝爱国行动,不仅得到其他各省人民的积极响应,而且得到湖广总督张之洞、两广总督岑春煊、湖南巡抚赵尔巽及其继任陆元鼎等地方大吏的大力支持。经过张之洞及驻美公使梁诚等人一年多的反复交涉,1905年8月29日,中美双方签定了《收回粤汉铁路美国合兴公司售让合同》,中国支付美国合兴公司675万美元,赎回粤汉铁路自办。③此举开创了赎路自办的先例,鼓舞了各地人民收回路权的斗争。

在收回粤汉铁路斗争胜利的鼓舞下,直隶、山东、江苏三省人民开展了收回津镇铁路的斗争。1899年,清政府由督办津镇铁路大臣许景澄等人与英、德两国银行签订了津镇铁路借款草合同,规定将津镇铁路以山东峄县为界分为南、北两段,分别由英国汇丰银行、德国德华银行借款承办,并说明勘路完毕再订正约。1903年,英、德完成勘路事宜,即催迫清政府改订正约。1905年,清政府与英、德代表正式谈判改定津镇铁路借款正约,引起了直隶、山东、江苏相关三省人民的强烈抗议。三省留日学生致电外务部,认为原津镇铁路借款草合同不是正式条约,"非条约则我自有撤回主权,英、德不得干涉。非正约则我不续约,两银行亦无如我何。此合同不利于我甚于粤汉,彼既兴工,尚可力争,此未订定,尤宜峻拒"。三省京官两次上书商部,认为:"若此路入英、德之手,是直隶、江苏、山东永为英德势力范围。平时则妨我主权,事事牵

---

① 《张之洞、赵尔巽致外务部电》,见宓汝成编《中国近代铁路史资料》第2册,758页,北京,中华书局,1984。
② 《张之洞、赵尔巽致外务部电》《广东商务局议决力争废约》,见宓汝成编《中国近代铁路史资料》第2册,758、759页。
③ 《收回粤汉铁路美国合兴公司售让合同》,见王铁崖《中外旧约章汇编》第2册,319页,北京,三联书店,1982。

制,有事则南北隔绝,声势不通,中原全局,关系甚巨……惟有援粤汉之例,废约自办,应可保利权而弭外患。"①三省绅商更是约集公议,筹款自办。1907年,三省京官恽毓鼎等153人联名上书都察院呈请代奏,要求津镇铁路"准由三省绅商自行筹款建筑",并请派威望素著之大员主持办理对外交涉事宜。清廷谕令袁世凯、张之洞妥商办理。②1908年1月,经过张之洞、袁世凯、梁敦彦等人的反复交涉,清政府与英、德两国改订了借款合同,将津镇铁路改为津浦(浦口)铁路,分借款、造路为两事,中国虽然向两国借款修造此路,但"建造工程以及管理一切之权,全归中国国家办理",③基本上达到了收回自办的目的。

持续数年的江浙两省人民收回苏杭甬路权的斗争,将全国收回路权的运动推向了高潮。1898年,督办铁路大臣盛宣怀与英国银公司签订了苏杭甬铁路草合同,使英国攫取了修筑从苏州经杭州到宁波的铁路利权。草约签订多年,修路工程迄未开工。1905年,浙江绅商在上海议决成立浙江铁路公司,公举汤寿潜、刘锦藻为正、副总理,要求废除苏杭甬铁路草合同,由绅商自行筹款修路,并一面集股,一面开工修筑杭州至嘉兴路段。次年,江苏绅商也成立江苏铁路公司,以王清穆为总理、张謇为协理,议决先筑与浙路相接的上海至嘉兴路段。江、浙绅商的举动使英国有关方面颇为不满。英国驻华公使萨道义(E. M. Satow)及其继任朱尔典(J. N. Jordan)不断地向清政府施加压力,无理要求清政府与英国银公司订立苏杭甬铁路正约,并禁止江浙两省绅商自办铁路。在英国的压力下,清政府于1907年10月应允向英国银公司借款150万英镑为修筑苏杭甬铁路的资金,并要求江浙绅商"勿得始终固执,强行争执,以昭大信,而全邦交"。④消息传开,激起了江浙两省绅、商、学各界人士的强烈反抗。苏路公司、浙路公司同时致电外务部,认为"论朝旨不宜借款,论民情则不愿借款",借款无异于饮鸩止

---

① 《留日学生致外务部电》《直、苏两省京官请废津镇铁路草合同致商部呈文》,见宓汝成编《中国近代铁路史资料》第2册,793页。
② 《直、鲁、苏三省京官恽毓鼎等一百五十三人呈》,见宓汝成编《中国近代铁路史资料》第2册,795—796页。
③ 《张之洞、袁世凯、梁敦彦会奏订定津浦铁路借款折》,见宓汝成编《中国近代铁路史资料》第2册,810—812页。
④ 《外务部奏报磋议借款情形折》《上谕》,见宓汝成编《中国近代铁路史资料》第2册,855—856页。

渴,"名曰借款,实则夺路"。浙江在籍官绅致电军机处,表示"债权他属,路权随之。生为浙人,一息尚存,为浙计,不能不为路计"。上海高等实业学堂全体学生致电邮传部,认为"名借款,实攘权。路失则江、浙陷,全部危!"浙路公司还致电川、陕、粤、鄂、皖、赣等省,请求各省"设法援助"。① 江浙两省各地人民纷纷成立拒款会,坚持集股商办。浙江省公民拒款会拟开全省联合大会,"筹集普通路股,共保大局",并拟联合全省国民公禀大吏,将主持借款之京官汪大燮、吴士鉴、章梫、许宝蘅四人"削去浙籍,永不认为浙人"。杭州汪氏宗族也集议致电京中,将汪大燮"屏斥出族,以谢清议"。② 浙路业务生邬钢和副工程师汤绪(迪绳)闻借款警耗,绝食而亡,以身殉路,更激起了广大人民群众普遍的同情与愤怒。在邬、汤两烈士牺牲精神的激励下,各界人士踊跃倾囊,筹集路股。正如浙路总理汤寿潜在浙江铁路公司股东全体特别大会上所说:"邬汤之殉,妇孺增戚,绍之饼师,杭之挑夫,沪之名伶,义愤所激,附股若竞,绅、商、学界类多闿达,夫岂相让?"③尽管如此,但人民群众激烈的反抗行为与各种积极的举措并没有动摇清政府借款筑路的既定方针。1908年3月,清政府与中英公司正式签订《沪杭甬铁路借款合同》。为了使江、浙铁路公司接受这笔借款,清政府玩弄花招,所谓"乃定一间接办法,电邮传部承借外债,转拨两省公司为筑路之用",即对英借款由邮传部负责,所借款项存于邮传部,江、浙铁路公司向邮传部承领"部拨借款"修筑沪杭甬铁路,并由邮传部制定《江浙铁路公司存款章程》,对于具体事宜予以详细规定,以为这样可以使沪杭甬路"仍系完全商办"。④ 对此,江、浙铁路公司采取相应的对策:既按章领取部分"部拨存款",存入银行不用,准备随时缴还,同时又不让英国总工程师过问路事。这便使英国不愿按期交付借款,而邮传部也就不能按期拨款。按上述章程规定,届期不拨或拨付不全,则章程作废。1909年5—8

---

① 《苏路公司致外务部电》《浙路公司致外务部电》《浙江在籍官绅致军机处电》《上海高等实业学堂全体学生致邮传部电》《浙路公司致川、陕、粤、鄂、皖、赣各省电》,见宓汝成编《中国近代铁路史资料》第2册,864—867页。
② 《杂录·公议卖路京官削除浙籍》,见墨悲编《江浙铁路风潮》第1册,上海,1907。
③ 《浙路纪事》,见《辛亥革命浙江史料选辑》,239页。
④ 《外务部奏片》《邮传部奏定江浙铁路公司存款章程》,见宓汝成编《中国近代铁路史资料》第2册,878页。

月,第一期借款逾期尚未拨清,明显违章,江、浙铁路公司便多次向邮传部提出应宣布《江浙铁路公司存款章程》作废,要求拒款废约。邮传部不予理睬。1910年8月,清廷调任盛宣怀为邮传部右侍郎,更引起了江、浙人士的强烈不满。汤寿潜电劾盛宣怀"既为借款之罪魁,又为拒款之祸首",认为"轮电矿政,国无寸效,徒以便盛宣怀之损中益外,假公肥私。其在上海甲第,丽如宫殿,享用过于王公,岂尚有人臣之度者。朝廷不察而登用之,意以备外交一日之用。不知外交之失败,皆为此辈所酿成",要求清廷"收回成命",或将盛"调离路事,以谢天下"。结果,清廷反而谕令将汤寿潜"即行革职,不准干预路事"。① 汤寿潜遭受革职处分的消息再一次激起江浙人民的保路风潮。浙江省城杭州"人心异常愤激,茶寮酒肆,以及衢巷之间,所谈者无非路事。有三两成群窃窃私语者,有对众扬言大声疾呼者,甚且谓现在情形实算政府强迫我人民暴动,我人民亦不能再守秩序云"。② 1911年2月,江、浙铁路公司相继呈报邮传部:经股东会议决,废除《江浙铁路公司存款章程》,裁撤沪杭甬路局,辞退英国总工程师。此举使英方极为不满,更使清政府颇感为难。在这种情况下,盛宣怀筹谋善后之策,最后与英方达成协议,一面将沪杭甬借款移作开封至徐州铁路借款,一面将沪杭甬铁路"归回部办"。③ 于是,所谓苏杭甬铁路风潮终于平息下来。

随着粤汉、津镇、沪杭甬三路沿线各省保路运动的兴起,四川、云南、山西、安徽、福建、陕西、河南、吉林等省保路运动也逐渐展开。一时间,各地人民纷纷奋起,拒借外债,集股办路,自保路权,蔚然成为全国性的保路风潮。

在进行收回路权斗争的同时,各地人民还开展了轰轰烈烈的收回矿权运动。攫取矿山开采权是列强掠夺中国利权的重要手段,清末10多年间,中国各地富饶的矿区基本上被列强所染指,严重地损害了中国国家主权,并阻碍了中国民族矿业的发展。随着民族资本主义经济的

---

① 《汤寿潜致军机处斥盛宣怀电》《谕令汤寿潜革职》,见宓汝成编《中国近代铁路史资料》第2册,884—885页。
② [日]支南珏一郎:《浙路风潮汤寿潜》,见政协浙江省萧山市委员会文史工作委员会编《汤寿潜史料专辑》,157页,《萧山文史资料选辑》(四),浙江萧山,1993。
③ 《盛宣怀致外务部拟沪杭甬问题善后策》,见宓汝成编《中国近代铁路史资料》第2册,889页。

发展和民族独立运动的高涨,以1904—1905年浙江人民收回衢州、严州、温州、处州四府矿权和福建人民收回建宁、邵武、汀州三府矿权的斗争为先导,各地人民掀起了收回矿权运动的高潮。在收回矿权运动的高潮中,影响较大并取得一定成效的有山西、安徽、山东、四川、云南等省。

山西收回盂、潞、泽、平等所属矿权。1898年,英国福公司(Peking Syndicate Ltd.,或译北京银公司)与山西商务局签订《山西开矿制铁以及转运各色矿产章程》,攫取了山西盂县、平定州、潞安、泽州、平阳等所属煤、铁及其他矿产60年的开采权。章程签订后,福公司并没有立即进行勘探开采。1905年2月,山西绅商成立同济矿务公司,开始自行开采山西矿产。与此同时,福公司也派工程师到平定州、盂县等地勘矿,并无理要求在山西开矿的专办权,而不准中国人自己开采。此举激起了山西全省绅民的强烈愤慨和激烈反抗。山西官绅解荣辂、梁善济等300多人联名上书,强烈要求废除与福公司签订的开矿章程。山西大学堂及师范、武备、警务、农林、商矿等学堂学生1 000多人也联名具禀,坚决主张筹款赎回矿权。山西留日学生也发布通告予以声援,并集体具禀外务部,要求撤废与福公司所订开矿章程。1906年10月,山西留日学生李培仁愤而蹈海自尽,以死相抗。其绝命书有云:"我非甘死好死,我实不忍见彼紫髯绿睛辈之坏我利权、制我死命也……政府如放弃保护责任,晋人即可停止纳租义务,约一日不废,税一日不纳,万众一心,我晋人应有之权利也。如和平手段不足,则继以破裂。"①李培仁的死,进一步激起了山西绅民的争矿高潮。1907年,山西同济矿务公司改组为保晋矿务公司,一面筹股自行开矿,一面派代表与福公司进行废约谈判。山西绅、商、学各界人士也多次集会,坚决抵制福公司在山西境内开矿,强烈要求废约自办。经过反复交涉,1908年1月,山西商务局与福公司订立《赎回英商福公司开矿合同》,用赎银275万两将福公司所占盂县、平定州、潞安、泽州、平阳等所属矿权全部收回。

安徽收回铜官山矿权。1902年5月,英商华伦公司与安徽商务局

---

① 《留东学生李烈士培仁蹈海绝命书》,见山西同乡会事务所编《山西矿务档案》,89—90页,日本东京,1907。

签订合同,攫取歙县、铜陵、宁国、广德、大通、潜山等所属煤、铁矿权。合同订立后,华伦公司并未进行勘矿,而一再要求展期。安徽绅、商、学界人士起来反抗,要求废约,收回矿区自办。1904年,华伦公司却与外务部签订了开采铜官山矿区的新合同,再一次激起了安徽人民收回矿权的热潮。1908年,华伦公司玩弄花招,私招日本三井洋行商股,企图与日本合办铜官山矿,遭到安徽全省绅民的坚决抵制。1909年,安徽路矿公会、芜湖商会、皖南教育会等团体以及各学堂纷纷举行集会,一致要求废约自办。安徽士绅还公举代表方履中、江峰青、吴传绮进京请愿。他们上书外务部,声称:"除抱定废约自办外,无论何项办法,无可与商。"①1911年,清政府外务部通过与英商谈判,用5万英镑赎回了铜官山矿权。

山东收回茅山五矿矿权。1899年,德商组成德华山东采矿公司,攫取了沂州、沂水、诸城、潍县、烟台等五处所属矿权,即时人所谓的茅山五矿之矿。1907年,原定勘矿期限业已逾期多年,德华采矿公司却迫使山东地方当局签订了延期的新合同。消息传出,山东各界人士群情激愤,纷纷设立保矿会,要求收回矿权自办。1908年,同盟会会员陈干、周树标等人联络各界人士上递公呈,要求废约,并以限制开矿、抵制德货为后盾。同时,山东籍旅京官商范之杰、柯绍忞等人还发起路矿研究所,联络各省路矿协会、上海路矿共济会及山东省商会等团体,协力抵制德商开矿。1909年,山东地方当局与德商谈判签约,用银34万两赎回了茅山五矿之矿权。

四川收回江北厅矿权。1904年,英商立德乐(A. J. Little)与四川矿务总局签订合同,攫取四川省江北厅所属煤、铁矿的开采权和运煤短程铁路的修筑权。随后,立德乐成立华英煤铁公司,肆意划界,广占民田,与当地绅民发生激烈冲突,引起了各界人士的强烈反抗。1908年,江北绅商桂荣昌、杨朝杰等人集资创办江合公司,以期抵制华英煤铁公司,力争收回路矿利权。江合公司的行为得到四川各界人士的广泛支持与声援。1909年,经过多次反复交涉,江合公司用银22万两,从华

---

① 《续记皖绅力争铜官山矿案事》,载《东方杂志》第6年第6期,上海,1910。

英煤铁公司赎回了江北厅各矿矿权。

云南收回昆明、澂江等七府矿权。1902年,英法隆兴公司与云南地方当局订立合同,攫取了云南昆明、澂江、临安、开化、元江、永北等七府矿权。1905年以后,随着全国各地收回矿权运动的兴起,云南各界人士也开展了收回七府矿权的斗争。云南留日学生强烈呼吁废约自办,他们认为:"欲救云南,保全铁路而外,必先保全矿产。欲保全矿产,实行自办而外,必须实行废约。"①云南士绅屡次集议废约,并设立矿务研究会,以备筹商对策。云南谘议局也开协议会,公呈废约。陆军小学堂学生赵永昌、杨越更是断指、割臂,草写血书,力争废约保矿。其血书沉痛地写道:"七府矿约之不废,则我等命脉已亡,死期近矣……矿权早复一日,即云南早安一日,亦实全局早安一日也。"②1911年,清政府用银150万两赎回了隆兴公司侵占的昆明、澂江等七府矿权。

此外,河南人民反对福公司侵占境内矿权的斗争,以及黑龙江收回都鲁河与吉拉林河砂金矿、奉天收回锦西暖池塘煤矿、湖北收回阳新炭山湾煤矿等处矿权的斗争,都是整个收回矿权运动的重要组成部分。

总之,收回路矿利权运动是一个具有相当群众规模的反帝爱国运动。运动的不断深入开展,不但在一定程度上挽回了部分被列强侵占的路矿利权,促进了中国民族路矿事业的发展,而且使全国人民逐渐对清政府感到失望,并自觉地转为对革命的同情和支持。随后,在此基础上兴起了湘鄂粤川保路风潮,并直接成为武昌起义的导火线,这绝不是偶然的。

二 铁路干线国有政策与湘鄂粤保路运动

清末的铁路建设关涉各方利害,因而成为矛盾的焦点。在收回利权运动中,广大人民群众通过不懈的努力斗争,清政府也相应地付出了不菲的赎款代价,总算从列强手中夺回部分路权。但是,由于列强的强大压力以及商办铁路自身的困境,清政府最终又不得不走上收归官办

---

① 义侠:《危哉云南七府矿产》,见《云南杂志选辑》,598页。
②《滇中争废矿约纪略》,见《云南杂志选辑》,612页。

与借债筑路的尴尬道路。

1908年,清政府谕令邮传部派员勘查商办各路工程,业已对商办铁路表示不满,而有收归官办的意图。上谕称:"近年各省官办铁路,皆能克期竣工,成效昭著。而绅商集股,请设各公司,奏办有年,多无起色,坐失大利,尤碍交通。"①在试图收归官办的同时,深陷财政困境的清政府又无奈地回归借债筑路的老路。1909年,督办粤汉、川汉铁路大臣张之洞与英、法、德三国银行团签订了湘、鄂境内粤汉铁路和鄂境川汉铁路借款草合同,拟借款550万英镑,分别聘用英德两国人为粤汉、川汉铁路相应路段的总工程师。随后,美国加入进来,三国银行团变为四国银行团。1910年,四国银行团订立铁路协定,合谋垄断粤汉、川汉铁路借款,并敦促清政府速订正式借款合同。

因为借债筑路方针与商办铁路政策相矛盾,于是清政府抛出了铁路干线国有政策。1911年5月9日,清廷上谕宣称:"国家必得有纵横四境诸大干路,方足以资行政而握中央之枢纽。从前规画未善,并无一定办法,以致全国路政错乱纷歧,不分枝干,不量民力,一纸呈请,辄行批准商办。乃数年以来,粤则收股及半,造路无多;川则倒账甚巨,参追无著;湘、鄂则开局多年,徒资坐耗。竭万民之膏脂,或以虚糜,或以侵蚀。恐旷时愈久,民累愈深,上下交受其害,贻误何堪设想!用特明白晓谕,昭示天下,干路均归国有,定为政策。所有宣统三年以前各省分设公司集股商办之干路,延误已久,应即由国家收回,赶紧兴筑,除支路仍准商民量力酌行外,其从前批准干路各案,一律取销。"②皇上一道谕旨便确立了所谓干路收归国有、支路准归商办的铁路干线国有政策。当然,如果清政府真的有能力承办干路,那也不会有什么问题;可是,清政府终究只能依靠大借外债。5月20日,盛宣怀代表清政府与英、法、德、美四国银行团在北京正式签订了《粤汉川汉铁路借款合同》(即《湖广铁路借款合同》),借款600万英镑,年利率5%,分40年还清,以两湖厘金、盐税等项收入作担保,湖南、湖北境内粤汉铁路应选用英国总工程师,湖北境内川汉铁路应选用德国、美国总工程师,四国银行团享

---

① 《上谕》,见宓汝成编《中国近代铁路史资料》第3册,1157页。
② 《光绪宣统两朝上谕档》第37册,92—93页。

有两湖境内粤汉、川汉铁路的修筑权,以及该路将来延展时继续借款修建的优先权。① 铁路干线国有政策的出笼与粤汉、川汉铁路借款合同的签订,便使清政府的卖国面目昭然若揭。时人以为:"果政府有钱,政府自造,不以路权抵借外款,不受外人干涉,真正是国家全力经营,又何尝不好? 无如此次以路抵款,是政府以全力夺自百姓而送与外人。"② 甚至护理四川总督王人文也直斥四国借款合同为丧权辱国,认为"合同乃举吾之国权、路权,一畀之四国,而内乱外患不可思议之大祸,亦将缘此合同,循环发生,不可究诘"。③ 果然,一场震动全国甚至给清政府带来灭顶之灾的湘鄂粤川保路运动即因此而起。

在湖南,当湘籍旅京资政院议员罗杰、黎尚雯等人探听到铁路国有的消息后,便迅速电告湖南士绅"请速力阻",湘路总公司当即致电军机处、外务部、邮传部,表示"湘路修有成路,力能完全自办,毋庸另借外债",并致电湘籍京官"设法直接挽救"。④ 在铁路国有政策公布的次日(5月10日),湖南谘议局致电湖北、广东、四川等相关省份谘议局,希望协力争取撤销铁路国有政策。湖南绅、商、学界人士群情激愤,各团体刊发传单,"谓湘省粤汉干路为全省命脉所关,将来借债修筑,湘人财产生命均操外人之手,若不极力收回,后患何堪设想"。5月14日,长沙各界人士在省教育总会开全体大会,到会者一万余人,均竭力主张"完全商办,实力进行",并决定16日由各团体呈请湘抚电奏"收回成命",声称"如不得请,将来或外人或督办到湘强事修筑,定即集全力抵抗,无论酿成如何巨案,在所不顾"。5月16日,长沙各团体代表同到巡抚衙门请愿,请求电奏;同时,长沙、株洲一带工人万余名也集体停工进城游行示威,"沿途声言如抚台不允上奏挽回,商须罢市,学须罢课,一般人民须抗租税"。终于迫使湘抚杨文鼎答应代奏。⑤ 杨文鼎上奏后,于5月31日遭到清廷的严旨申饬:"如有匪徒暗中鼓动,致生事端,

---

① 《粤汉川汉铁路借款合同》,见《中外旧约章汇编》第2册,722—731页。
② 《邮传部奏复铁路干线宜收归国有折(附:保路同志会随文驳斥意见)》,见戴执礼编《四川保路运动史料》,115页,北京,科学出版社,1959。
③ 《王人文奏川汉、粤汉铁路借款合同丧权辱国折》,见戴执礼编《四川保路运动史料》,200页。
④ 《湘路近事片片》,见1911年5月10日《民立报》,上海。
⑤ 《湖南省反对干路国有运动》,见宓汝成编《中国近代铁路史资料》第3册,1257页。

即著从严惩办。倘再措置失宜,酿成重案,定惟该抚是问。"①此举激起各界群众更加愤慨,谘议局议员纷纷辞职,各学堂学生相率停课。杨文鼎唯恐事态进一步恶化,采取了高压政策,进行严密防备:一方面,出示禁止开会,取缔印刷店和信行邮局,严格检查各种广告,尤其是军界与学界的信札;另一方面,每天派出巡防队、警察队及侦探队"沿街穿巷,四处巡逻,前往后继,昼夜不辍,手擎枪械,如防匪寇",以致长沙城内"街市行人,皆不敢偶语"。② 于是,湖南保路运动渐入低潮。

在湖北,京官哈汉章等人得悉盛宣怀奏请取消鄂路商办的消息后,便联名抗争,指劾盛宣怀罪状多端。5月9日,清廷发布铁路国有政策的当天,湖北谘议局在铁路公司召集军、商、学界会议,商讨对付借款问题,与会者千余人,众皆悲愤交集,尤恶盛宣怀,认为非设法对付不可,会议气氛空前激烈。③ 随后,汉口等地各界群众也时有集会,"演说国债路政等事,言词过涉激烈",但遭到湖广总督瑞澂的严厉压制。他一面特饬巡警道出示通告商、学、绅民,如有开会演说,应先申报,由各警区派员旁听纠察;一面派出警察随时侦探,"如有私行集会,言语谬妄情事,立予禁阻"。④ 在当局的行政高压下,湖北保路运动的中坚绅商阶层内部开始分化为激烈与和平两派:谘议局及汉口各保安、自治等会人员,仍然态度坚决,主张激烈对待;而商办铁路公司、铁路协会、商务总会各机关的主要负责人,则早已心灰意懒,主张和平对待。谘议局正、副议长汤化龙、张国溶曾三次电请铁路协会会长刘心源"晋京协同力争",但刘不为所动,"始以老病相却,终竟置之不复"。⑤ 与此同时,军、学各界人士慑于清廷的压力,也开始畏缩不前,"前此热念都化冷灰,无一人起而倡议争拒者。铁路公司黎玉屏见人心涣散,亦拟退还股本解散。"⑥于是,湖北保路运动也渐趋消沉。

在广东,6月6日,粤汉铁路公司在广州举行股东大会,与会者千

---

① 《宣统政纪》卷五十四,宣统三年五月辛丑,《清实录》第60册,971页。
② 《湖南人民反对干路国有的斗争》,见宓汝成编《中国近代铁路史资料》第3册,1260—1261页。
③ 《铁路国有上谕后湖北保路动态·一》,见武汉大学历史系中国近代史教研室编《辛亥革命在湖北史料选辑》,499页,武汉,湖北人民出版社,1981。
④ 《清大吏对湖北拒款保路之禁阻·四》,见《辛亥革命在湖北史料选辑》,510页。
⑤ 《湖北绅商对待鄂路国有之激烈、和平两派》,见《辛亥革命在湖北史料选辑》,503页。
⑥ 《铁路国有上谕后湖北保路动态·三》,见《辛亥革命在湖北史料选辑》,499—500页。

余人,会议通过几项重要决议:"万众一心,保持商办之局";"倘政府甘悖先朝成命,遣官强占粤路,粤人宜协力同心,妥筹对待";"拟先就公司置机关部",等等。据此,大会致电邮传部,要求"撤消国有令,以昭大信,以靖人心";又致电湖南、湖北、四川各省,表示"唇齿相关,希予支持";还致电内外股东,希望各地股东协力"向政府致电力争"。① 粤人的保路行动,得到海外华侨的有力声援。海防华商会馆致函粤路公司声明:"粤路国有,誓死不从","泰山可移,商办之局,断难摇撼";认为:"铁路国有,必须政府自有筑路能力。今大借外债,绝非国有;借曰国有,直为各国所有,自弃其人民以与各国。乱命断难盲从。……路亡国亡,政府虽欲卖国,我粤人断不能卖路。"甚至提出"有劫夺商路者,格杀勿论"的激烈言辞。② 两广总督张鸣岐对保路运动采取高压政策,一面通示各报馆严禁刊载有关反对铁路国有的言论,一面派出大量军警对于人民群众的保路活动进行严密防范。迫于广东地方当局的压力,粤路公司及各界团体的保路积极分子转而在香港开展活动。9月3日,粤路公司约请谘议局、商务总会、十善堂、七十二行、自治会、自治研究社、宏仁演说会、报界公会及全省各团体代表,在香港召开广东保路会成立大会,与会者不下万人。大会宣布成立广东保路会,以"破债约,保路权,维持完全商办,联合川、湘、鄂三省,一致进行"为宗旨。同时,大会决议:选派代表进京请愿;向粤督呈递请愿书,请为代奏;派人赴南洋各埠,联络华侨,设立分会,互相声援;将大会情形宣告中外,表示粤人政见。③ 广东保路运动得以持续进行。

三 四川保路运动与保路同志军起义

与湖南、湖北、广东三省保路运动相比,四川保路运动更加声势浩大,斗争激烈,影响深远。

清政府欲将铁路干线收归国有的消息传到四川,川人群情激愤,

---

① 《广东粤汉铁路公司股东大会记》《日本驻广东总领事濑川致外务大臣小村报告》,见宓汝成编《中国近代铁路史资料》第3册,1262—1263页。
② 《海防华商会馆致粤路公司函》,见宓汝成编《中国近代铁路史资料》第3册,1264页。
③ 《广东保路会召开成立大会记》,见宓汝成编《中国近代铁路史资料》第3册,1266页。

"函电纷驰,争议嚣然"。① 5月16日,川汉铁路董事局致电邮传部,恳求"俯顺民情,请予仍旧办理",强烈要求维持川汉铁路商办成案。② 5月底,四川谘议局、川汉铁路公司、川汉铁路董事局相继呈文护理四川总督王人文,恳请代奏收回铁路国有成命。王人文据情代奏,遭到朝廷谕旨严厉申斥,上谕宣称:铁路改归国有,"既经定为政策,决无反汗之理";川路"有亏倒巨款情事……朘削脂膏,徒归中饱,殃民误国,人所共知";川省谘议局难免受经手劣绅"请托"之嫌,其呈请收回成命,乃"强词夺理,情伪显然";而王人文"竟率行代奏,殊属不合"。③ 几次呈请毫无结果,人心愤激难平。随后,四川绅民又获悉四国银行团借款的详细内容,清政府名为借款、实则卖路的真相大白,川人拒款保路风潮急剧高涨。

6月17日,川汉铁路公司召集在省股东、谘议局议员和各团体代表举行大会,正式成立四川保路同志会,以"拒借洋款,废约保路,力图进行"为宗旨。④ 保路同志会以立宪派领袖蒲殿俊、罗纶分别为正、副会长,下设总务、讲演、文牍、交涉四部,各司其职,并刊发《四川保路同志会报告》为言论机关刊物。随即,保路同志会发布《四川保路同志会宣言书》,直斥刚上台就颁布铁路干线国有政策的新内阁(即皇族内阁)"蛮野专横,实贯古今中外而莫斯为甚",深刻地揭露了湖广铁路借款合同的卖国实质,"政府铁路借款合同,实葬送人民死地之合同也……实将三省三千六百里路政全权,完全授与外人"。宣言书强烈呼吁,对政府的卖国行径,国人"惟据死力争……不拒则可永永不再言立宪,不再言国会,不再开谘议局、资政院"。⑤ 保路同志会成立后,即广泛地开展演说宣传工作,并在各地组织分会机构。在同志会宣传鼓动下,人民群众争相入会,使同志会会员很快即逾10万人。与此同时,各地各界人士纷纷成立同志会分会,除各府、厅、州、县保路同志会外,尚有商界保路同志会、学界保路同志会、妇女保路同志会等名目,据统计达67个之

---

① 邓孝可:《川路今后处分议·附记》,见戴执礼编《四川保路运动史料》,124页。
② 《川汉铁路董事局呈邮传部请维川汉铁路商办成案电》,见戴执礼编《四川保路运动史料》,126页。
③ 《清帝申斥王人文代请暂缓接受川汉铁路谕》,见戴执礼编《四川保路运动史料》,159—160页。
④ 三余书社主人:《四川血·四川保路同志会简章》,见中国史学会主编《辛亥革命》第4册,403页。
⑤ 《四川保路同志会宣言书》,见戴执礼编《四川保路运动史料》,183—184页。

多,几乎遍布全川。① 保路同志会的成立,使四川保路运动进入一个有组织领导的新阶段。

起先,立宪派试图将保路运动限制在"文明争路"的范围内,希望以"叩阍"请愿的方式使清廷俯顺民情,收回成命。保路同志会成立后,即到总督衙门请愿要求代奏,得到护督王人文的支持。王人文不仅代奏罗纶等2400多人签名的公呈,而且还上奏严参盛宣怀丧权辱国,结果遭到革职的处分。8月初,保路同志会又派代表刘声元进京,会同在京的谘议局副议长萧湘等人"叩阍"请愿,结果又被押解回籍。立宪派"文明争路"的方针陷入困境。这时,素有"屠户"之称的赵尔丰正式接任四川总督,开始严厉压制保路运动。

8月中旬,由于盛宣怀和端方的阴谋策划,清廷钦派李稷勋强行接收川汉铁路宜(昌)万(县)段工程,在所谓"国有"的名义下公然劫夺了川路利权。消息传开,群众怒不可遏。8月24日,保路同志会召开群众大会,在广大群众的强烈要求下,决议立刻罢市、罢课。省城成都迅速实行商民罢市、学生罢课。成都本是一个繁华热闹的大都会,顿时变得冷冷清清,百业停闭,交易全无。为了保证斗争的合法性,保路同志会采取了一种供奉光绪皇帝牌位的策略,"各街居民,均用纸书德宗景皇帝神位,供以香火。有旁注'毅然立宪'者;有注'庶政公诸舆论,川路仍归商办'者;有书'光绪皇上在天之灵'者。有印刷者、有自行书写者,种种不一。然遵守先朝谕旨之意则同。万众一心,邀求收回成命而已。"②成都的罢市、罢课活动,迅速影响了四川各地,"南至邛、雅,西迄绵州,北近顺庆,东抵荣、隆、千里内外,府县乡镇,一律闭户,风潮所播,势及全川"。③ 在各地相继罢市、罢课的同时还发生了捣毁巡警署、自治局、经征局和教堂的暴力事件,表明四川保路运动已开始从所谓的"文明争路"向武装暴动方向发展。

9月1日,川汉铁路公司股东大会决议:"自本日起即实行不纳正粮,不纳捐输。已解者不上兑,未解者不必解。"同时"布告全国,声明以

---

① 参见隗瀛涛《四川保路运动史》,219、229页,成都,四川人民出版社,1981。
② 三余书社主人:《四川血·四川因铁路乱事始末情形记》,见中国史学会主编《辛亥革命》第4册,413页。
③ 《御史范之杰奏请和平处理川事折》,见戴执礼编《四川保路运动史料》,312页。

后不担任外债分厘"。① 如此全省规模的抗粮抗捐,使清政府颇感难堪。9月2日,清廷连下两道谕旨,一面要求赵尔丰切实弹压,一面特派端方赴川查办。清政府派端方带兵入川查办的消息传来,川人深感局势危急。9月5日,一份《川人自保之商榷书》在四川流传开来,该书宣称:"今因政府夺路劫款,转送外人,激动我七千万同胞,翻然悔悟。两月以来,其团结力、坚忍力、秩序力,中外鲜见,殊觉人心未死,尚有可为。及是时期,急就天然之利,辅以人事,一心一力,共图自保。"② 本来,这份《川人自保之商榷书》旨在呼吁川人自保路权,但赵尔丰却"因恶诸人之迫己,又恐政府之见罪,遂指自保为独立,谓独立即谋叛",③ 竟然顺势以所谓"川人自保"为镇压保路运动的借口。

9月7日,赵尔丰下令逮捕了保路运动的领袖人物蒲殿俊、罗纶、邓孝可、江三乘、王铭新、叶秉诚、张澜、彭芬、颜楷等人,并查封了保路同志会、川路公司以及各种宣传保路的报刊。消息传开,成都市民义愤填膺,上千群众手捧光绪皇帝灵牌,蜂拥而至总督衙门请愿,强烈要求释放蒲、罗等人。面对手无寸铁的请愿群众,残暴的赵尔丰竟然下令开枪镇压,当场打死32人,打伤无数,造成了震惊全国的"成都血案"。

成都血案发生后,赵尔丰下令实行全城戒严,紧闭城门,封锁交通、邮电,成都笼罩在白色恐怖之中。同盟会会员龙鸣剑、朱国琛、曹笃等人到城南农事试验场裁制木板,大书"赵尔丰先捕蒲、罗诸公,后剿四川各地,同志速起自救"21字,在夜间分投江中,木板顺流而下,很快传遍川西南,时人称之为"水电报"。④ 各地同志会闻讯,纷纷揭竿而起。9月8日,成都附近的同志军在同盟会会员秦载赓率领下首先起义。秦率同志军千余人进攻成都,得到各地同志军的响应。赵尔丰报称:"连日已到各团,计西有温江、郫县、崇庆州、灌县,南有成都、华阳、双流、新津及邛州、蒲江、大邑等十余州县。一县之中,又多分数起,民匪混杂,

---

① 《川汉铁路公司股东会议决不纳粮税通告》,见戴执礼编《四川保路运动史料》,294页。
② 《川人自保之商榷书》,见戴执礼编《四川保路运动史料》,305页。
③ 《川人意图独立论》,见1911年10月1日《民立报》,上海。
④ 熊克武等:《蜀党史稿》,见《辛亥革命史丛刊》编辑组编《辛亥革命史丛刊》第2辑,169页,北京,中华书局,1980。

每股均不下数千人,或至万人。"①各地同志军很快便汇集到20多万人,将成都围得水泄不通。赵尔丰已成瓮中之鳖,不得不通电求援。清廷急令湘、鄂、粤、黔、滇、陕六省派兵入川,并催令端方从湖北迅速起程,还特意起用开缺两广总督岑春煊前往四川会同赵尔丰办理剿抚事宜。但是,这些举措并不能阻挡革命潮流的奔涌勃发。9月25日,同盟会员吴玉章、王天杰等人在荣县宣布独立,正式建立革命党人的第一个县级政权,成为全川独立的先导。保路同志军起义的烽火迅速燃遍四川各地,清王朝在四川的统治开始土崩瓦解。

与湘鄂粤保路运动一样,四川保路运动也是立宪派发动与领导的群众性爱国运动。起初,立宪派试图将运动限制在"文明争路"的范围内,但事态的发展很快便使他们无法控制,和平的保路运动迅速转变为同志军武装起义,立宪派最终也不由自主地卷入革命的洪流。正如彭芬日后回忆所说:"迩时罢市、罢课、罢工,既历多日。市面恐慌,人心惶惑。予等骑虎难下,欲罢不能。每当演说时,愤激不顾前后,则听众欢迎。若果瞻顾前后,研究办法,则众极不满。愈演愈烈,已成风气,不易挽回矣。"②在保路运动基础上发展的保路同志军起义,最终点燃了武昌起义的导火线,促动了全国革命运动高潮的到来。

---

① 《赵尔丰致内阁请代奏围城同志军已被击退及布署防剿情形电》,见戴执礼编《四川保路运动史料》,347页。
② 彭芬:《辛亥逊清政变发源记》,见中国史学会主编《辛亥革命》第4册,334页。

第四节　武昌首义的酝酿与发动

一　文学社与共进会的革命活动

湖北武汉之所以成为辛亥革命的首义之区，与清末湖北新政的成败得失密切相关。由于湖广总督张之洞在湖北长期的苦心经营，使湖北成为清末新政的先进地区。正是湖北新政的发展，为革命造就了许多客观条件。一方面，湖北新政为革命客观上准备了物质条件和人才条件。新政时期的实业建设为革命运动的发展提供了一定的经济基础，特别是军事工业的建设，如汉阳兵工厂直接为武昌起义提供了武器装备；新政时期近代工商业经济的发展形成了绅商等新式社会群体，为革命提供了一定的阶级力量，尤其是新式学堂的创办、留学生的派遣与新军的编练，更是直接为革命提供了人才，新式学生与新军士兵是革命最主要的生力军。另一方面，湖北新政的发展激化了各种社会矛盾，加剧了社会危机，造就了革命形势。财政问题始终是晚清政府的一大难题，举办新政又势必增加政府的财政开支，使清政府进一步陷入财政困境；加上贪官污吏肆意中饱私囊，苛捐杂税多如牛毛，致使民不聊生，民怨鼎沸，人民"因为不堪忍受生活上之痛苦，所以需要革命，所以赞助革命"。[①] 武昌起义前夕的湖北社会业已成为革命的火药库，而清政府铁路国有政策激起的保路风潮更是火上浇油，革命的爆发已是不可避免了。

[①] 蔡寄鸥：《鄂州血史》，33页，上海，龙门联合书局，1958。

当然,武汉能够成为辛亥革命的首义之区,更与湖北革命党人的主观努力密不可分,是他们长期艰苦的革命宣传和组织工作的必然结果。20世纪初,革命党人在武汉地区较早地建立了科学补习所、群学社、日知会等革命团体。1907年初日知会被破坏后,湖北的革命活动一度陷入沉寂状态。"湖北自日知会失败后,官厅震于萍乡醴陵浏阳前案,侦刺极严,军学界,年余无敢谈革命者……然军中内在之活气,实日益滋长。彼此默识心通,缔结极固。一遇机会,仍可表暴于外也。"① 显然,湖北的革命活动并没有在沉寂中消亡,而是暗中孕育着爆发的因子。

1908年3月,湖北潜江人、原日知会会员任重远从四川回鄂,经李长龄介绍,加入新军第41标当兵。他们有鉴于同盟会在西南边境屡次起义没有成效,而图谋在武汉腹地召集原日知会同志,再结新社,以铁血振之。于是,任重远、李长龄便与黄申芗、郭抚宸、覃炳堃等人,同尚在汉阳狱中的李亚东商议组建湖北军队同盟会。经过任重远等人的分途联络,共征集同志400多人。7月26日,成立大会在武昌洪山罗公祠召开,正式宣告湖北军队同盟会成立。"鄂中军人,以久蒙压抑,突有组织,顿成蒸蒸气象"。军队同盟会的成立,使沉寂年余的湖北革命党人重新活跃起来。不久,由于任重远又离鄂赴川,遂使军队同盟会会务无形中停顿。尽管如此,但军队同盟会在湖北革命运动史上仍然有着重要的地位,"此虽昙花一现,实文学社之胚胎,且为湖北革命运动由军界自行组织团体之始"。②

军队同盟会活动停顿后,会员黄申芗、郭抚宸、杨王鹏、覃炳堃、钟畸、黄元吉、章裕昆、李长龄、梁维亚、曾省三等人筹谋改组为群治学社。1908年12月13日,群治学社在武昌小东门外金台茶馆召开成立大会。会议通过《宣言》《简章》,并议决两案:一是本社暂设庶务,维持社务进行,推钟畸担任庶务;二是本社同志不得介绍官佐入社,以防不虞。《宣言》宣扬爱国救亡,希望"研究学识,讲求自治,促睡狮之猛醒,挽既倒之狂澜"。《简章》宣称"以集合多数人知识,研究学问,提倡自治为宗旨";并规定严密的组织机构,设社长1人、文书2人、会计1人、庶务1

---

① 张难先:《湖北革命知之录》,145页,上海,商务印书馆,1946。
② 杨玉如编:《辛亥革命先著记》,18页,香港,文化资料供应社,1978。

人、评议员若干人,均由社员推任;还严格规定社员入社程序:"凡加入本社之同志,须得本社社员三人以上介绍,经本社派员考查,确认为与本社宗旨相合,愿守本社一切规章者,方得为本社社员"。① 相对于军队同盟会而言,群治学社在组织上显得更加严密和成熟。群治学社成立后,便以新军第41标为活动基地,迅速将组织发展到湖北新军各标;同时,还与秘密会党加强联系,并与湖北共进会互通声气,逐渐使湖北革命力量走向合流。1910年初,汉口《商务报》主笔詹大悲与同盟会员刘复基、蒋翊武加入了群治学社,成为社中骨干分子,《商务报》成为该社机关报。4月,长沙发生抢米风潮,群治学社与湖南共进会首领焦达峰相约乘机起事。后因长沙抢米风潮很快被镇压下去,群治学社未能在武汉发难,但已风声外露,引起了官府的注意,黄申芗等人纷纷外逃,《商务报》也被查封。群治学社的活动因此消沉。

1910年8月,群治学社社员李六如、杨王鹏、章裕昆等人聚议,决定避开群治学社的名义,改名为"振武学社"。9月18日,振武学社在黄土坡开一天酒馆召开成立大会,推杨王鹏为社长,李六如为文书兼庶务,并通过《简章》。《简章》规定建立严格的标、营、队代表制,"各标设标代表一人,由各标社员中推任之;各营设营代表一人,由各营社员中推任之;各队设队代表一人,由各队社员中推任之",②分别由各代表管理各标、营、队日常社务,组织更加严密。10月11日,振武学社在黄鹤楼召开代表会议,各代表报告社员人数,总计240余人,会议议决扩充社务,要求社员每人每月必须介绍新同志一人入社,但不得滥收。很快,振武学社便发展到近千人的规模。同时,詹大悲、何海鸣等人又集资在汉口创办《大江报》,为该社言论机关。振武学社社务的迅速发展,为湖北新军第21混成协协统黎元洪侦知,黎恐事态扩大,于己不利,因而不敢声张,只将杨王鹏、李六如等人开除军籍,以求息事宁人。杨王鹏、李六如等人被迫离鄂,社务交由蒋翊武主持。

1911年1月,有鉴于以振武学社的名义已不便开展活动,蒋翊武约詹大悲、刘复基、章裕昆等人在阅马厂集贤酒馆聚会,决议改振武学

---

① 张难先:《湖北革命知之录》,148页。
② 张难先:《湖北革命知之录》,152页。

社为文学社,推詹大悲起草《简章》,以"联合同志,研究文学"为名,掩护其革命活动。1月30日(春节),文学社在黄鹤楼的风渡楼召开成立大会,推蒋翊武为社长,詹大悲为文书部长,刘复基为评议部长,蔡大辅、王守愚为文书员,邹毓琳为会计兼庶务,并讨论进行方针,"均以扩大范围为要,号召同志尽力介绍新同志入社"。会后,社员分头行动,社务突飞猛进,"文学社成立仅月余,而声势几达湖北全军,其进展之速,初非意料所及"。① 3月15日,文学社在黄土坡招鹤酒楼召开第一次代表大会,会议增选旗人较多的第30标正目王宪章为副社长,以便在该标开展活动,派章裕昆前往尚无社员的马队第8标进行联络工作,还要求詹大悲主办的《大江报》尽量登载社员采访之新闻及其言论,并将该报免费赠送各营、队一份,以供同志阅览。文学社声势日壮,逐渐引人注目,尤其是广州黄花岗起义后,清政府加强了对新军的防范,使文学社日常工作难以开展,甚至常会都不能召集。于是,刘复基决计出营,暂居阅马厂文昌阁,担任各标、营同志之间的通讯联络工作,使社务得以继续发展。5月10日,文学社在武昌小朝街85号设立机关部,由刘复基常驻办公,王守愚、蔡大辅协助其工作。6月1日,文学社又设立阳夏支部,以胡玉珍为支部长,负责分驻汉口、汉阳及河南信阳的新军第42标中的文学社事务。至此,文学社社员已达3 000多人,约占湖北新军总数的1/5,成为武汉地区一支重要的革命力量。

在文学社组织力量不断发展壮大的同时,武汉地区另一个重要革命团体共进会也在积极开展革命活动。共进会于1907年8月成立于日本东京,主要是长江流域的革命党人因不满孙中山等人的边地革命策略,而在同盟会外独树一帜的致力于"长江革命"的反清革命团体。1909年,孙武回鄂活动,与黄申芗等人组织湖北共进会。首先,共进会在湖北的革命活动主要是以联络会党为工作重点,但收效甚微。孙武总结经验教训时认为:"对于各会党只可采取联合,不可依为心腹,必须运用现代新军坚订盟约,加紧秘密编制,推举代表,互通声息,以形成牵

---

① 章裕昆:《文学社武昌首义纪实》,21—22页,北京,三联书店,1952。

一发而动全身的形势,一气串连,互起作用。"① 于是,共进会在湖北的工作重点便转向运动新军。孙武"乃复重整旗鼓,与文学社争取军界党员。又因军界误传孙为孙文总理之弟(以其名为武),是以军人加入革命者极踊跃"。结果成效显著,湖北共进会在新军中的会员很快达到1 500多人。1911年初,共进会在武昌三道街胭脂巷24号设立秘密机关,由杨玉如、杨时杰负责主持联络工作。其时,居正、谭人凤受黄兴之托,相继来鄂策动新军响应广州黄花岗起义,得到湖北共进会的积极支持。随即,广州黄花岗起义失败,两湖革命党人便决心担负首义的重任。5月3日,湖北共进会骨干分子居正、孙武、刘公、杨时杰、杨玉如与湖南共进会首领焦达峰等人在武昌召开紧急会议,决议"中国革命以两湖为主动;如湖北首先起义,则湖南即日响应;湖南首先起义,则湖北即日响应;两湖能同时举义更好",并认文学社为"友党",表示要"争取文学社同志赞助,务期同舟共济,严防两败俱伤",还推杨时杰、查光佛、杨玉如与文学社联络,谋求通力合作。② 武汉地区两大革命团体共进会与文学社的联合便被提上湖北革命党人的议事日程。

本来,文学社在新军中发展,共进会起先在会党中发展,后来也转向新军,双方在湖北新军发展会员的过程中,由于固有的门户之见,摩擦和冲突在所难免,致使双方相互猜忌,并产生相当程度的隔阂。共进会的刘公对文学社表示"茫然",认为"他们的简章颇缺乏革命性";③文学社的蒋翊武则认为共进会那些"出了洋的人是不好惹的,我们一定会上他们的当"。双方的高层领导人对联合都抱非常谨慎的态度。但是,随着革命形势的发展,联合乃势所必然。事实上,文学社与共进会并没有根本对立的利害冲突,其反清革命的政治目标则是一致的,而且双方的不少成员尚有组织上的渊源关系,尤其是广大基层骨干分子以及一般的会员、社员都普遍感到应当而且必须联合,以为"合则力量聚而大,

---

① 李白贞:《共进会从成立到武昌起义前夕的活动》,见中国人民政治协商会议全国委员会文史资料研究委员会编《辛亥革命回忆录》第1集,508页,北京,中华书局,1961。
② 杨玉如编:《辛亥革命先著记》,26、36—37页。
③ 杨玉如编:《辛亥革命先著记》,37页。

分则力量散而小"。① 通过一些对双方均有好感的人士从中反复沟通，终于使两团体同意推举代表，正式商谈联合事宜。

1911年5月11日，文学社代表刘复基、王守愚、蔡大辅与共进会代表杨玉如、杨时杰、李作栋相聚于武昌长湖西街8号，正式举行第一次两团体联合会议。会上，双方表示了联合的意向，认为"合则两美，离则两伤"，应当风雨同舟、和衷共济，尤其是在新军中发展成员时，要"极力避免摩擦，万不可互争党员"。② 初次会谈双方都比较客气，但并没有涉及两团体联合的实质性问题。会后，双方有过多次接触，在谈到两团体联合后的领导人选问题时，双方争执不下，因而没有实质性进展。

其时，武汉地区的革命形势迅猛发展。7月，革命党人詹大悲、何海鸣主办的《大江报》发表《亡中国者和平也》与《大乱者救中国之妙药也》两篇时评，引起了当局的恐慌，《大江报》被查封，詹大悲、何海鸣被捕入狱。"此案发生后，外间空气顿形紧张"。③ 与此同时，保路风潮席卷湘鄂川粤，尤其是四川保路运动，更是如火如荼。9月，为了镇压四川人民的保路斗争及分散湖北新军的革命力量，清廷一方面令端方率第31、32标部分湖北新军入川，另一方面又令湖广总督瑞澂调拨第29、41标和马队第8标等部分湖北新军开往宜昌、沙市、岳州、襄阳等地。湖北新军的如此调拨，既分散了武汉地区积蓄已久的革命力量，使革命局势更显危急；同时也在一定程度上削弱了清政府在该地区原有的统治力量，这又为革命的发动提供了有利条件。这些都使湖北革命党人看到，在武汉发难已是势不可缓了。

9月12日，文学社举行代表会议，决议与共进会尽快实行团体合并，共同发难。9月14日，文学社与共进会在雄楚楼10号举行联席会议，两团体的重要干部孙武、蒋翊武、刘公、居正、刘复基、王宪章、杨玉如等人均出席了会议，会议重点讨论了两团体合并及在武昌共同发难的计划。孙武、刘复基等人相继发言，认为"武昌革命是文学社与共进会双方的事"，双方应该进行"积极的合作"，建立真正统一的革命战线。

---

① 陈孝芬：《辛亥武昌首义回忆》，见中国人民政治协商会议湖北省委员会编《辛亥首义回忆录》第1辑，71页，武汉，湖北人民出版社，1957。
② 杨玉如编：《辛亥革命先著记》，40页。
③ 章裕昆：《文学社武昌首义纪实》，27页。

对此,双方取得了共识。会议决议:文学社与共进会名义一律搁置不用,取消各团体负责人原有的领袖头衔,预选起义时负责统一指挥的主帅。由于刘公、孙武、居正、蒋翊武等互相谦让,均不肯担任,使主帅人选一时难以确定。会议最后决定派居正、杨玉如前往上海同盟会中部总会,邀请黄兴、宋教仁、谭人凤来鄂主持大举。① 文学社与共进会的组织联合得以真正实现,进一步加快了武汉地区的革命进程。

二 起义的爆发与成功

文学社与共进会实现团体联合后,基本上完成了发难的准备工作,只待黄兴、宋教仁、谭人凤来鄂主持大计。不料,当时黄兴还在香港而并不在上海;谭人凤正因病住院;宋教仁又因胡瑛托人"极言湖北不能发难",而对居正报告的信息疑信参半,"遂犹豫而欲留待克强矣"。② 黄兴、宋教仁、谭人凤迟迟不来,武汉的革命党人已是急不可待。

9月23日,文学社的刘复基代表已随新军外调的蒋翊武与共进会的孙武、邓玉麟、李作栋等人,在雄楚楼10号举行预备会,商议领导人选问题。会议初步达成一个折中方案:蒋翊武为军事总指挥,专管军事;孙武为军政部长,专管军事行政;刘公任总理,专管民政。涉及全体重大事件,则由三人集合大家共同商决处理。

24日,文学社与共进会在武昌胭脂巷11号召开联合代表大会,商讨军政府的组织与动员计划问题,有两团体的骨干分子及各标、营代表近百人(或说60多人)与会。会议由孙武主持,讨论刘复基所拟草案。这次会议作出了三项重要决议:

第一,确定八月十五日中秋节(10月6日)为首义日期,推举蒋翊武为临时总司令,孙武为参谋长,设军事总指挥部于武昌小朝街85号文学社机关部,设政治筹备处于汉口长清里98号共进会机关部(后迁至俄租界宝善里14号),并迅速电知湖南焦达峰同时发难。

第二,选定军政府组织人员:总理刘公;军事总指挥蒋翊武,参谋长

---

① 杨玉如编:《辛亥革命先著记》,46—48页。
② 《辛亥札记》,见罗福惠、萧怡编《居正文集》上册,38页,武汉,华中师范大学出版社,1989;《石叟牌词》,见石芳勤编《谭人凤集》,375页,长沙,湖南人民出版社,1985。

孙武兼;军务部正长孙武,副长蒋翊武兼;参议部正长蔡济民,副长高尚志、徐达明;内务部正长杨时杰,副长杨玉如;外交部正长宋教仁,副长居正;理财部正长李作栋,副长张振武;调查部正长邓玉麟,副长彭楚藩、刘复基;交通部正长丁立中,副长王炳楚。另外,还选定刘公、孙武、居正、李作栋等20人为政治筹备员,刘复基、邓玉麟、蔡济民、彭楚藩等29人为军务筹备员,并确定参谋、秘书、军械、司刑、司勋、司书、会计、庶务等各项具体人选。

第三,制定总动员计划:一是混成协工程、辎重两队总代表李鹏升首先在塘角放火为号,同营炮队总代表蔡鹏来率队响应,分别占领凤凰山炮台和青山,迎击海军;二是第8镇工程第8营总代表熊秉坤负责占领中和门内楚望台军械库,第8镇步队第29、30标总代表蔡济民、方维与测绘学堂总代表方兴率队响应,与工程营会合于楚望台,协同进攻总督署;三是第8镇炮队第8标代表徐万年率炮队由中和门进城,攻击总督署由附近8镇步队第32标代表陈子龙掩护;四是第8镇马队第8标代表沙金海及混成协马队代表陈孝芬警戒于城外;五是第8镇步队第31标代表江亚兰及第41标留守步队代表廖湘芸会同攻占蛇山,掩护炮队;六是汉口驻军混成协步队第42标之一部,由代表林翼支等率队响应,进占武胜关;七是汉阳兵工厂驻军混成协步队第42标之一部,由代表祝制六、胡玉珍等率队响应,占领龟山炮台;八是宪兵队代表彭楚藩担任侦察官方及各军队情报,邓玉麟、杨宏胜担任各部队之联络交通事宜。①

这次会议对武昌起义作了非常详细周密的部署。武昌起义已如在弦之箭。

就在文学社与共进会联席会议召开的当天午后,南湖炮队第8标第3营部分士兵因故与官长发生冲突,哄抢大炮,几至发生暴动事件。经此事变,革命党人八月十五日起义的消息渐被传开。其时,武汉三镇纷纷传说"八月十五杀鞑子",引起了清朝官方的极大恐慌。

---

① 以上参见李春萱《辛亥首义纪事本末》,见《辛亥首义回忆录》第2辑,127—130页;张难先《湖北革命知之录》,247—248页;蔡寄鸥《鄂州血史》,60页;杨玉如编《辛亥革命先著记》,50—52页;胡祖舜《六十谈往》,见《辛亥革命在湖北史料选辑》,62—63页。

10月3日,湖广总督瑞澂召集文武官员举行防务会议,决定调右路巡防营进城助防;加强总督衙门、军械库、汉阳兵工厂、租界与各码头的防务;调集水师"楚豫""楚谦""楚材""楚有"等兵舰夜间升火待命;命巡警昼夜巡察。同时下令收缴新军士兵的子弹和枪炮机栓,并要求新军各标营提前一天过中秋节,宣布八月十五日全城戒严,严禁士兵出营,有可疑形迹者,一律格杀勿论。

局势异常紧张,武汉的革命党人不得不采取相应的对策,调整原定的起义计划。其时,由于黄兴、宋教仁等人来鄂日期未定,湖南的焦达峰也函请暂缓发难,于是起义总指挥部只好决定改期于10月11日(八月二十日)起事,并催促在外的蒋翊武、杨玉如、居正等人迅速返鄂,共图大举。

10月9日下午3时左右,意外地发生了宝善里爆炸事件,①再一次打乱了既定的起义部署。当时,孙武等人在汉口俄租界宝善里14号机关装配炸弹,有人不慎将纸烟火星掉入炸药中,引起爆炸。顿时大火熊熊,浓烟滚滚。孙武的脸部被烧成重伤,当即被送往医院救治。俄租界巡捕闻讯赶来,查抄了室内所存为起义准备的旗帜、符号、文告、印信、钞票等物品及革命党人名册,并逮捕了刘公之妻及其弟刘同等人。随即,俄国驻汉口领事将刘同等人引渡给清方。在清朝官府的严刑逼供之下,有人吐露了革命党人武装起义的秘密情况。湖广总督瑞澂下令武汉全城戒严,军警四出,大肆搜捕革命党人。

武汉三镇风声鹤唳,草木皆兵,情况十分紧急。当时,刚从岳州赶回的蒋翊武正在武昌小朝街85号总指挥部与刘复基、王宪章、彭楚藩等人密谋起义计划。当得知宝善里机关失事后,众人力谋应急之策,刘复基、邓玉麟主张立即起义,得到大家基本一致的赞同。下午5时,蒋翊武以临时总司令的名义签发了起义命令,规定当晚12点以南湖炮队鸣炮为号,城内外同时起义。他们同时决定,将命令复写多份,派人分送各标、营;由邓玉麟负责通知南湖炮队,杨宏胜负责分送子弹、炸弹;

---

① 汉口宝善里爆炸事件的时间,历来有10月8日和10月9日两说,此处从10月9日说,详细考证参见张海鹏《宝善里炸药爆发时间考实》,原载《近代史研究》1987年第1期,北京,又见张海鹏《追求集——近代中国历史进程的探索》,223—233页,北京,社会科学文献出版社,1998。

蒋翊武、刘复基、彭楚藩等人在总指挥部等候起义的信号。结果,由于城内戒备森严,邓玉麟没有及时出城把命令送达南湖炮队。午夜12时,南湖的炮声未响,起义未能如期发动。与此同时,清方接到小朝街85号等处设有革命党机关的密报,湖广总督瑞澂与新军第8镇统制张彪立刻调集军警大肆搜捕查抄,逮捕了彭楚藩、刘复基、杨宏胜等革命党人数十人。① 瑞澂下令连夜突击审讯彭、刘、杨三人。三人在法堂上慷慨激昂,均承认为革命党人,并大骂清朝政府不止,表现得大义凛然,视死如归,相继于10日凌晨英勇就义。"临刑之时,三人神色益壮。刘尧澂(复基)更向大众演说,谓我是为四万万同胞受死,从此汉人独立,都不畏死,则异族专制,永不再见于中国,我是死得其所哉。"② 三人为革命献出了宝贵的生命,殉难时均年仅20多岁。

三烈士就义的消息传开,武汉全城震动。瑞澂饬令军警继续查抄革命党机关,搜捕革命党人,尤其对于新军,更是查拿甚严,声言要据革命党名册"按名拿捕",致使新军中的革命同志颇感危急,纷纷表示"与其就缚,不如今晚一齐动手,还可死里求生"。③ 于是,各标营革命党人遂约定当晚起义。当瑞澂电奏清廷已"弭患于初萌,定乱于俄顷……现在武昌汉口地方一律安谧",④正要邀功请赏之际,革命党人的枪声划破了武昌沉寂的夜空,敲响了清王朝倒台的丧钟。

10月10日晚8时许,新军第8镇工程第8营打响了武昌起义的第一枪。

工程第8营驻武昌中和门内、紫阳湖旁,乃湖北新军集中驻地和革命党人荟萃之区。该营革命基础深厚,组织健全,营总代表熊秉坤在士兵中素有威信,颇具号召力。该营率先发难,可得四处党人呼应。当天,熊秉坤已与营内及他部同志约定当晚起事。傍晚时分,2排排长陶

---

① 据记载,其时武汉各处共捕革命党人67人,其中汉口英租界2人,俄租界22人,武昌小朝街35人,雄楚楼北桥洋房5人,黄土坡小杂货店1人,督署2人。参见《湖北革命实录长编》,见中国人民政治协商会议湖北省武汉市委员会、中国社会科学院近代史研究所、湖北省博物馆、武汉市档案馆编《武昌起义档案资料选编》下卷,619—620页,武汉,湖北人民出版社,1983。
② 曹亚伯:《武昌革命真史》上册,391页。
③ 李春萱:《辛亥首义纪事本末》,见《辛亥首义回忆录》第2辑,143页。
④ 《宣统三年八月十九日湖广总督瑞澂致内阁军谘府陆军部请代奏电》,见中国史学会主编《辛亥革命》第5册,290页。

启胜查棚时,见士兵金兆龙臂缠白布、手持步枪,指为造反,双方发生口角,并相互扭打。金急呼同志动手,同棚士兵程定国应声而起,迅速用枪托猛击陶头部,陶负伤外逃,程当即开枪击中陶的腰部,"此即首义第一声"。① 第一枪打响后,在熊秉坤的号召下,营内革命士兵立即行动起来,击毙了前来弹压的代理管带阮荣发、队官黄坤荣、司务长张文涛,直扑楚望台军械库。在守卫士兵里革命同志的配合下,熊秉坤率军顺利地攻占了楚望台军械库。随后,工程营士兵纷纷赶到楚望台集合,很快汇集约400人。熊秉坤便以总代表的名义进行指挥,宣布起义部队为湖北革命军,并布置守卫楚望台、接应城外起义军进城和进攻总督署的战斗任务。随着聚集到楚望台的起义士兵越来越多,秩序渐见混乱,"熊秉坤虽为一营总代表,而其地位阶级与众无殊,其势指挥不能如意"。② 这时,有人找来既富军事知识而平时威望又高的队官吴兆麟,熊秉坤与各队代表商议,决定推举吴兆麟为革命军临时总指挥,暂时负责统一指挥。

工程第8营的枪声有如起义的号角,周围各标营的革命士兵闻声纷纷起来响应。离工程营最近的29标、第30标分别由代表蔡济民、彭纪麟集合队伍,直奔楚望台。临近的测绘学堂学生也在李翊东的号召下,全体整队奔赴楚望台。驻扎左旗营房的第31标和第41标的部分留守士兵在代表阙龙、廖湘芸等人率领下,起来响应起义。城北塘角混成协辎重队、工程队和炮队第11营的革命士兵起义后,一部分由总代表李鹏升率领绕城到中和门,直奔楚望台;其余大部分由总代表余凤斋率领破城攻占了凤凰山高地。城南南湖炮队第8标起义后,在城内工程营的接应下从中和门顺利进城,随即在楚望台和蛇山等处高地布设炮阵;同时,南湖炮队附近的32标和马队第8标的部分留守部队,也宣布响应起义。至此,武昌新军中的革命党人已全部参加了起义,各路革命军纷纷汇集楚望台、蛇山、凤凰山等高地布置了炮兵阵地,对湖广总督署形成围攻之势。

当时,驻扎武昌城内外的清军总兵力共9 000多人,陆续参加起义

---

① 熊秉坤:《武昌起义谈》,见中国史学会主编《辛亥革命》第5册,90页。
② 胡祖舜:《六十谈往》,见《辛亥革命在湖北史料选辑》,75页。

的革命军已达3 000—4 000人,清方直接控制的兵力尚有5 000多人。但由于清兵较分散,其实际作战能力并不强于革命军,尤其是革命军集中攻击督署时,直接与革命军对抗的只有守卫督署及其附近的第8镇司令部约2 000名清兵,因此无论是士气还是人数,革命军事实上在一定程度上都占了上风。

当晚11时许,革命军以工程营为主力,在其他各路起义军的配合下,向总督署连续发起了3次进攻。经过3个多小时的浴血奋战,到次日凌晨2时,革命军攻占了第8镇司令部。瑞澂见势不妙,害怕被包围,便责令张彪固守督署,自己则带领卫队仓皇逃往汉口江面上的"楚豫"舰。张彪见瑞澂先逃,知大势已去,也就命令教导队留下死守督署,自己则带着卫队和辎重第8营逃往汉口刘家庙。瑞澂、张彪逃跑后,清兵军心动摇,溃不成军,革命军很快占领了湖广总督署。11日清晨,革命军占领武昌全城,黄鹤楼上高高飘扬着十八星大旗,标志着武昌首义成功。

11日上午,武昌"光复"的消息很快传到一江之隔的汉阳、汉口。当时,新军混成协第42标第1营驻汉阳,第2营驻汉口。得知武昌"光复"后,1营代表胡玉珍与2营代表赵承武相约当晚同时起义。夜幕降临,胡玉珍在汉阳鸣枪为号,集合革命同志,宣布起义,并派人打开子弹库,分发子弹。管带汪炳山见状逃亡,队官宋锡全被革命士兵推为指挥。起义军迅速占领了钢药厂和兵工厂,并拉出3门大炮在龟山布设阵地,痛击清军"楚材"舰。12日凌晨,汉阳"光复"。与此同时,赵承武在汉口鸣枪发难,标统张永汉、管带陈钟麟见状逃走。12日,在汉阳援军的配合下,汉口起义军控制了除刘家庙地区以外的汉口全城。至此,武汉三镇全部"光复"。

三 湖北军政府的组建

武昌首义成功后,如何尽快组建革命政权以巩固和发展胜利的局面,便成为革命党人面临的首要任务。

10月11日上午,武昌"光复"未久,革命党人蔡济民、张振武、李作栋、高尚志、吴醒汉、徐达明、黄元吉、朱树烈、李翊东、王文锦、陈垒等

10余人聚集于阅马场谘议局开会,商议组建军政府事宜。会议讨论的首要问题便是军政府都督人选。当时众人以为必须推举一位有威望、有影响的人物,但是,湖北革命党人期待已久的黄兴、宋教仁、谭人凤等著名的革命领袖人物均尚未来到武昌,武汉本地的革命组织文学社与共进会的领导人蒋翊武、孙武、刘公等人也都因故不在武昌,而起义各军领袖又"都以资望浅,责任重,既莫能相当,亦不敢自专"。① 于是,会议决定推举代表民意机关的谘议局议长汤化龙。应革命党人之邀,汤化龙与谘议局副议长张国溶、夏寿康,秘书长石山俨,议员阮毓崧、沈维周、胡瑞霖、刘赓藻等人前来参加会议。由于时局尚不明朗,汤化龙对于出任都督颇感犹豫。他虽然表示赞同革命,但又按照姻亲胡瑞霖所谓"文人不知治兵,请别举贤能"的计策,以"此时正是军事时代,兄弟非军人,不知用兵"为辞予以推脱。② 随后,有人推举新军协统黎元洪,会议决定派蔡济民与刘赓藻去找黎。

黎元洪(1864—1928),字宋卿,湖北黄陂人。他早年毕业于天津北洋水师学堂,任职海军。甲午战争后,黎元洪随张之洞在湖北训练新军,曾多次赴日本考察军事,递升至第21混成协协统,成为湖北新军中地位仅次于第8镇统制张彪的高级将领。黎元洪素有"知兵""爱兵"的美誉,声望远在张彪之上,"为人有谨厚之称,以视张彪之不学无术、刻扣自肥,相去远矣,故独能得兵士欢心"。③ 保路运动中,黎元洪还以军界代表的身份参加湖北各界保路团体"铁路协会",并积极支持进京请愿,表现出较为开明的形象。因此,黎元洪是革命党人与立宪派等各方面都能接受的合适人选。

历史在这里开了一个令人非常尴尬的玩笑。黎元洪不仅并不是一个自觉的革命者,而且相反,他是一个镇压革命的刽子手。但历史却让他一夜之间摇身一变为革命元勋。武昌起义爆发之初,黎元洪是坚持血腥镇压的,他曾亲手杀害革命士兵周荣棠、邹玉溪等人。当革命军炮轰总督衙门时,他见形势不妙,便跑到黄土坡躲藏在部属刘文吉家里。

---

① 居正:《辛亥札记》,见《辛亥革命在湖北史料选辑》,146页。
② 逸民(黄中垲):《辛壬闻见录》,见湖北省图书馆辑《辛亥革命武昌首义史料辑录》,3页,北京,书目文献出版社,1981;曹亚伯:《武昌革命真史》中册,36页。
③ 胡祖舜:《六十谈往》,见《辛亥革命在湖北史料选辑》,80页。

在革命士兵将他强行"请"到楚望台见革命军临时总指挥吴兆麟时,他竟然质问吴:"你为什么要革命?这是要全家诛戮的事!你学问很好,资格很深,你万不该与革命党共同革命!你若不革命,你在军队进级很易。请你叫大家各回各营,事情太闹大了,更不得了!"①他根本不想革命,但革命党人却坚决不答应,硬要逼迫他"革命"。其时,蔡济民与刘赓藻也赶到了楚望台。黎元洪在吴兆麟等人的簇拥下来到谘议局,受到与会诸人的热烈欢迎。但是,对于出任都督一职,任凭立宪党人的婉劝和革命党人的胁迫,甚至以枪相逼,黎元洪仍是无动于衷,坚决拒绝。结果,革命党人李翊东代黎元洪签署了第一份安民告示——《中华民国军政府鄂军都督黎布告》。随着布告在武昌街头的广布,"黎都督"的名声也就不胫而走。木已成舟,黎元洪只好默认。就这样,黎元洪身不由己地被革命党人和立宪派人士推上了湖北军政府都督的宝座。

旧官僚黎元洪成为新生的革命政权的领导者,无疑是历史的机缘巧合。黎元洪以军政府都督的名义发布的第一份布告,公开宣告要推翻封建专制,建立中华民国。这是非常鼓舞人心的。"黎之布告出,往观者途为之塞,白发老翁亦以先睹为快,旅汉外籍人士闻之惊异,皆曰:'想不到黎协统也是革命党'。"②无论如何,黎元洪最终附从革命,不仅及时填补了革命党人群龙无首的人事权力真空,而且也在一定程度上稳定了革命局势,其积极作用是不容否认的。

黎元洪虽然被迫挂了都督的名,但他起初仍是以沉默处之,甚至一度还想自杀了之。随着汉阳、汉口相继"光复",来犯的清军也被革命军击溃,局势日渐明朗起来,黎元洪的态度开始悄然变化。10月13日,黎元洪为表示革命的决心,剪去了象征着与清王朝联系的辫子,并在都督府召开的军事会议上当众宣布:"自此以后,我即为军政府之一人,不计成败利钝,与诸君共生死。"③14日,谭人凤、居正从上海赶到武昌,看到湖北的局面并不令人乐观,秩序比较混乱,以为"主帅徒拥虚名,无以整肃三军",于是便想方设法提高黎元洪的威信。16日,他们策划了一

---

① 曹亚伯:《武昌革命真史》中册,34页。
② 胡赟:《辛亥史话》,见《辛亥首义回忆录》第1辑,211页。
③ 张难先:《湖北革命知之录》,280页。

次在阅马场设坛请都督誓师的仪式,由谭人凤向黎元洪授旗授剑,居正宣讲革命精神,黎元洪祭拜天地与黄帝,并宣誓、阅兵,正式就任军政府都督。①

都督人选确定后,接着便是军政府机构的组建。军政府成立初期几天里的组织状况非常混乱。"当其时也,军事初兴,众议纷纭。一制度也,时兴时废;一职任也,或甲或乙……当日都督以下之职任,多由三五人之主张,或凭个人之热心与兴趣以执役……所以军政府创始之组织,殊难稽考。"②长期以来,学术界普遍认为,当时革命党人成立了一个以新军排长蔡济民为首的15人组成的谋略处作为决策机关,实际主持军政府工作。据考证,"谋略处"其实根本不存在。10月11—14日,军政府下成立的主要组织机关如下:参谋部:部长杨开甲,副部长张景良,兵谋科长吴兆麟,参谋官20多人,秘书、书记、收发各若干人。参谋部是军政府初期成立最早且最重要的一个机关。交通部:李作栋为部长,李钦为副部长。军需部:向讦谟为部长,胡捷三为副部长。书记部:冯昌言为部长。民政部:张和伯为部长。测量部:由朱次璋建立。稽查部:蔡汉卿为部长,王子英为副部长。外交部:胡瑛为部长。另外,还特设执法处、侦探处、间谍处、招纳处。可见,在军政府初期各部处机构中,未见谋略处的存在,"谋略处"是长期以来对参谋部的误记。③

正是有鉴于军政府初期组织状况的混乱,军政府"虽有参谋、庶务、军事各部办事,规则均未厘定,喧嚣拥挤忙乱非常",谭人凤便要居正根据同盟会《革命方略》大旨,草拟各机关条例,准备重新组织。④ 其时,汤化龙与黄中垲等人颇有同感,认为军政府"所以凌乱无纪者,无法令可守耳",于是起草了一份《军政府组织条例》。这个条例虽然得到黎元洪的赞赏,却遭到军政府中革命党人的冷落,被扔进了字纸篓。汤化龙等人找到居正,告以草拟条例不得发表之苦衷,并出条例相示,得到居

---

① 居正:《辛亥札记》,见《辛亥革命在湖北史料选辑》,154页。
② 胡祖舜:《六十谈往》,见《辛亥革命在湖北史料选辑》,88页。
③ 这方面的考证参见张海鹏《湖北军政府"谋略处"考异》,原载《历史研究》1987年第4期,北京,又见《追求集——近代中国历史进程的探索》,234—253页。关于"谋略处"的情况,另可参考吴剑杰《谋略处考》,载《近代史研究》1987年第2期,北京。
④ 《石叟牌词》,见石芳勤编《谭人凤集》,379页。

正的大力支持。10月16日晚,居正召集党人大会,宣称条例是孙中山在海外预先制订的,"逐条朗诵,众无异议",获得一致通过。①

10月17日,《中华民国军政府暂行条例》正式颁布。该条例规定军政府下设4部:军令部、军务部、参谋部、政事部;政事部下设7局:外务局、内务局、财政局、司法局、交通局、文书局、编制局;军令、军务、参谋部自下级军官以上,政事部自局长以上,均由都督亲任。② 据此条例,确定军政府各部及政事部各局负责人名单如下:

军令部部长:杜锡钧(清军管带)
军务部部长:孙　武(共进会员)
参谋部部长:杨开甲(清军标统)
政事部部长:汤化龙(谘议局议长)
外务局局长:黄中垲(立宪派)
内务局局长:舒礼鉴(谘议局议员)
财政局局长:胡瑞霖(谘议局议员)
司法局局长:徐声金(立宪派)
交通局局长:马中骥(汉口宪政同志会成员)
文书局局长:阮毓崧(谘议局议员)
编制局局长:张国溶(谘议局副议长)

从以上的人事安排来看,湖北军政府显然是一个由旧官僚、立宪派与革命党人多种政治势力组成的联合体,其中以汤化龙为首的立宪派明显地占有优势。这是革命党人无法接受的。"政事部人选,革命军干部原无一人,遂激起一部分人之反感,谓其(汤化龙)曾主张君宪,固与革命主义不相容。"③10月25日,在孙武、刘公、张振武等人的提议下,军政府再次开会,修改了原先制订的组织条例。最重要的变动是取消了包揽大权的政事部,将原政事部下属7局中除文书局以外的6局升

---

① 逸民(黄中垲):《辛壬闻见录》,见湖北省图书馆辑《辛亥革命武昌首义史料辑录》,9—10页。
② 《中华民国军政府暂行条例》,见辛亥革命武昌起义纪念馆、政协湖北省委员会文史资料研究委员会合编《湖北军政府文献资料汇编》,50—52页,武汉大学出版社,1986。
③ 胡祖舜:《六十谈往》,见《辛亥革命在湖北史料选辑》,87页。

为部,与原有军令、军务、参谋3部,直属都督,组成军政府。① 据此改订的条例,确定军政府各部负责人名单如下:

军令部部长:杜锡钧(清军管带)
军务部部长:孙　武(共进会员)
参谋部部长:杨开甲(清军标统)
外交部部长:胡　瑛(同盟会员)
内务部部长:冯开濬(留日学生)
理财部部长:胡瑞霖(谘议局议员)
司法部部长:张知本(同盟会员)
交通部部长:熊继贞(同盟会员)
编制部部长:汤化龙(谘议局议长)

新的人事安排大大增强了革命党人的力量,相应地削弱了立宪派的力量。新的军政府虽然仍由旧官僚、立宪派与革命党人多种政治势力组成,但其实权已基本上控制在革命党人的手中。汤化龙因仅得一个有名无实的编制部部长,颇感失望,不久便与胡瑞霖、黄中垲等人悄然引退,离开武昌,前往上海、南京另谋活动。

与湖北军政府在武昌组建的同时,汉口成立了军政分府,由刚出狱的詹大悲任主任,何海鸣副之;汉阳也建立了革命政权,由系狱多年的革命党人李亚东任知府。

湖北军政府成立后,便立刻采取革命措施,颁布政策、法令,以巩固新生的革命政权。

第一,发布通电、文告,宣布革命宗旨。军政府从成立之日起,便以"黎都督"的名义陆续发布了《布告全国文》《布告海内人士电》《谕湖北各府州县政务及自治公所电》《檄各府州县文》《檄各督抚文》《布告汉族同胞之为满洲将士文》《宣布满清政府罪状檄》《致满政府电》《联合东南进讨满奴檄》《檄湖南文》《檄云南文》《檄南京文》《檄安徽文》《檄山东

---
① 《中华民国鄂军政府改订暂行条例》,见《湖北军政府文献资料汇编》,53页。

文》《檄河南文》等重要通电、文告,宣布革命宗旨,痛斥清朝专制政府,号召全国人民奋起响应革命,"永久建立共和政体,与世界列强并峙于太平洋之上,而共享万国和平之福"。①

第二,整顿内政,稳定社会秩序。颁布刑赏令 16 条,明确规定藏匿满人、藏匿侦探、买卖不平、伤害外人、扰乱商务、奸掳烧杀、邀约罢市、违抗义师者斩,乐输粮饷、接济军火、保护租界、守卫教堂、率众投降、劝导乡民、报告敌情、维持商务者赏。② 废除苛捐杂税,裁撤除盐、煤、酒、土膏各税捐外的所有税捐局卡和除海关以外的所有税关,豁免丁漕及除为地方所用者以外的各属杂税。以保商为宗旨,积极维护工商业的发展。为稳定市面,允许旧钞币一律按面值照常流通,并设立军界兑换所和商界兑换所,按人限量兑换。紧缩财政开支,实行低薪制,都督以下职官月薪仅支 20 元。禁止蓄辫、缠足和贩卖、吸食鸦片烟,革除官场陋习,树立社会新风,改善人民生计。

第三,照会各国驻汉口领事,谋求对外交涉。10 月 13 日,军政府向英、法、俄、德、日等各国驻汉口领事发出照会,宣布对外政策,希望得到列强的承认。照会声明:所有清政府前此与各国缔结条约继续有效,赔款外债照旧由各省如期如数摊还,保护各国在华既得权利和人民财产,不承认此后清政府与各国所立条约、所许权利及所借外债,各国帮助清政府则概以敌人视之,没收各国接济清政府的各种军用物品。③ 这是同盟会《革命方略》对外宣言的基本精神。各国领事团虽然宣布"严守中立",但并不承认湖北军政府,仍然对清政府心存侥幸。

第四,制定和颁布《鄂州约法》。宋教仁于 10 月下旬从上海到武昌后,便开始起草《鄂州约法》,后经革命同志孙武、刘公、居正等人共同审定,由军政府于 11 月 9 日正式公布。《鄂州约法》共 7 章 60 条,对鄂州政府的组织原则与人民的民主权利进行了明确的规定。主要内容有:(1) 鄂州政府由都督及其任命之政务委员与议会、法司构成;(2) 人民一律平等,有言论、著作刊行、集会结社、通信、信教、居住迁徙、财产、营

---

① 《中华民国军政府布告全国文》,见《湖北军政府文献资料汇编》,6 页。
② 《中华民国鄂军都督示》,见《湖北军政府文献资料汇编》,24 页。
③ 《湖北革命实录长编》,见《武昌起义档案资料选编》下卷,640 页。

业、人身、家宅等自由,有诉讼于法司和行政审判院、陈请于议会、陈诉于行政官署、应任官考试、选举与被选举等权利,并有纳税和当兵的义务;(3)都督由人民公举,任期三年,可连任一次,有总揽政务、暂时制定与公布法律、对外宣战媾和与缔结条约、统率水陆军队、制定官职官规、任命文武职员、颁授勋章荣典、宣告戒严与大赦特赦以及减刑复权等权力;(4)政务委员由都督任命,执行政务,发布命令,向议会提出法律案、编制会计预算、募集公债等议案;(5)议会由人民选举议员组成,有制订法律、议定条约、审理预算决算、向政务委员提出条陈、质问和弹劾政务委员等权力,并受理人民之陈请,送于政务委员;(6)法司由都督任命之法官组成,依法审判民事诉讼和刑事诉讼。①《鄂州约法》以西方资产阶级三权分立原则构建了近代中国第一个民主共和制政权,是中国历史上第一部具有宪法性质的地区性资产阶级民主立法,为以后南京临时政府制订和颁布《中华民国临时约法》提供了范本。

以上各种举措,充分显示了湖北军政府的资产阶级革命政权的性质。这对以后相继独立的各省军政府的组建,甚至南京临时政府的建设,都有相当程度的示范意义。

四　阳夏保卫战

武昌首义成功,汉阳、汉口"光复",湖北各府、州、县纷纷响应起义,相继建立各级新的革命政权。与此同时,清政府调集大量军队进攻武汉,革命党人开展了保卫武汉的战斗。这次战争主要在汉口、汉阳进行,因汉口时称"夏口",故史又称"阳夏保卫战"。

10月12日,清政府宣布将湖广总督瑞澂即行革职,仍著暂署湖广总督,戴罪立功。同时,命军谘府、陆军部迅速派陆军两镇赴鄂剿办,并命海军部饬萨镇冰和程允和督率海军兵轮与长江水师赴援,所有湖北各军及赴援军队均归前往督兵的陆军大臣廕昌节制调遣。14日,清政府将湖北至京畿间的军队重新编配成3军;廕昌督率赴鄂的陆军第4镇与第3、11混成协编为第1军;陆军第5镇与第5、39混成协编为

---

① 《中华民国鄂州临时约法草案》,见《湖北军政府文献资料汇编》,40—44页。

第2军,由冯国璋督率,听候调遣;禁卫军与第1镇编为第3军,由贝勒载涛督率,驻守京畿。① 清军以北洋军为主力,但因为袁世凯尚未出山,北洋军并不完全听从廕昌的指挥,因此清军内部互相掣肘,行动迟缓。17日,廕昌到达河南信阳,就地建立行营;当天,萨镇冰率"楚有""楚泰"各舰驶抵汉口。清军从水陆两面对武汉形成夹击之势,但由于其内部矛盾重重,并没有迅速集中优势兵力攻击革命军。

10月18日,阳夏保卫战正式打响。凌晨3时,武汉革命军主动出击,进攻盘踞汉口刘家庙的张彪残部和前来增援的部分河南军队。清军负隅顽抗,在江面上军舰炮火的掩护下凶猛反扑,革命军伤亡较多,被迫退回。下午2时,革命军再次组织进攻,并在铁路工人和附近农民的配合下,成功地狙击了一辆满载清军援兵的列车,歼敌400多人,缴获大批军事装备。19日,革命军在炮火的掩护下大举进攻,清军招架不住,纷纷溃逃滠口,革命军一举占领了刘家庙,缴获更多的军需物资,取得刘家庙大捷。初战告捷,武汉军民人心大为振奋。

刘家庙大捷后,革命军内部因攻守问题意见有分歧,或主乘胜追击,或主就地设防,双方相持不下,致使攻不力而守不固,坐视战机贻误。与此同时,清军集结优势兵力,并抢占从滠口到刘家庙之间的军事战略要地三道桥,做好了充分的全面反攻准备。10月26—27日,清军从水陆两面大举进犯革命军,遭到革命军英勇顽强的抵抗,双方在刘家庙附近展开了激烈的拉锯战,激战两昼夜,双方各伤亡2 000多人,清军重新占领刘家庙,革命军被迫退守汉口市区,形势万分危急。就在这个时候,黄兴偕宋教仁、田桐等人从上海来到武汉。

10月28日午后,黄兴到达武昌,首先与黎元洪会晤,力主坚守汉口、汉阳,等待各省起来响应,并毅然应承前往汉口率师督战的重任。"黎都督当令制就一丈二尺的黄字大旗两面,并挑选各机关各部队老官兵及奋勇学生千余人,随黄渡江,旗由领队人手执前进,使沿途人人知道'黄兴到汉督战';另一面旗,则插在黄兴督战司令部门口,表示黄兴在此,借以振奋军心。"② 黄兴到来,革命军士气大振。但与此同时,清

---

① 《宣统三年八月二十一、二十三日上谕》,见中国史学会主编《辛亥革命》第5册,291—293页。
② 李春萱:《辛亥首义纪事本末》,见《辛亥首义回忆录》第2辑,181页。

廷也在加紧调整部署,袁世凯正式出山,其亲信冯国璋取代廕昌接统第1军,段祺瑞接统第2军。29日,冯国璋到达汉口,接任前线指挥。30日,袁世凯从彰德南下,亲自到湖北孝感督阵。当时,集结在汉口的清军有1万多人,且配备了机枪和大炮等较为精良的武器;革命军仅6000多人,虽有高昂的革命斗志,但其由各路起义军临时拼凑而成,武器装备也不尽如人意,与清军相较,明显处于劣势。两军在汉口市区展开激烈的巷战,黄兴亲率敢死队督阵,革命军奋勇当先,拼死抵抗,使清军的进攻付出了惨重的代价,但终因力量悬殊,渐渐难以招架。冯国璋为了加快进攻的步伐,竟然下令焚烧民宅商铺。熊熊大火燃烧数日,繁华的汉口市区变成一片火海。11月2日,革命军被迫撤离汉口,坚守汉阳。

汉口失陷当天,湖北军政府召开紧急军事会议。会上,黄兴具体分析了汉口战事失利的原因,使革命党人认清了敌强我弱的严峻形势。会议决定,革命军先在汉阳坚守,等湖南援军开到后再反攻汉口。同时,会议还决定推举黄兴为战时总司令,节制调遣各省援鄂军队。[①] 11月3日,湖北军政府在阅马场筑起拜将台,齐集文武官员,仿效汉代刘邦拜韩信为大将的故事,由黎元洪亲授委任状、印信、令箭,公开任命黄兴为战时总司令。随后,黄兴在汉阳西门外昭忠祠组织总司令部,以李书城为参谋长,杨玺章为副参谋长,王孝缜为副官长,田桐为秘书长,日人萱野长知等为军事顾问。黄兴正式就任战时总司令,名正言顺地成为汉阳保卫战的前敌总指挥。

当时保卫汉阳的革命军连同湖南援军在内约两万人,而清军集结了三万多人,且在武器装备与军事训练方面占有明显优势。武汉革命党人内部仍在进攻还是防守这个战略问题上存在分歧:孙武、吴兆麟等人认为不宜发动进攻,主张坚守汉阳,黄兴则坚持主动出击,反攻汉口。

---

① 关于黄兴的职任名义问题,当时武汉革命队伍内部各种政治势力之间出现纷争。随黄兴同来武汉的同盟会员宋教仁、田桐与文学社员蒋翊武、杨王鹏等人建议公推黄兴为湖北、湖南大都督,或称"南方民军总司令",以便统辖各省赴援民军;而部分共进会员及首义新军军官如刘公、孙武、蔡济民、吴醒汉、杨玉如、吴兆麟等人,则坚持黄兴仍属鄂军都督名下,只用战时总司令名义,不冠"南方"二字。吴兆麟与杨王鹏争论激烈,后经宋教仁调解,采取了后一种意见,并决定由黎元洪登坛拜将,以示郑重其事。参见杨玉如编《辛亥革命先著记》,157—159页。

11月16日,黄兴以战时总司令的名义,命令革命军兵分三路进攻汉口。起初,进展还比较顺利,各路军队分别从武昌、汉阳渡江向汉口进发,尤其是湖南援军黄隆中部推进迅速。但是,与清军短兵相接后,由于清军占住有利地势,并用机关枪封锁路口,革命军前进困难。结果,在清军强大火力的猛烈攻击下,部分革命军慌乱溃逃,致使军心动摇,局面混乱不堪。黄兴只好下令退守汉阳,反攻汉口以失败告终。

反攻汉口失败,无疑是一次严重的军事决策失误,既挫伤了革命军的士气,又暴露了革命军的弱点,使汉阳防守的形势更趋紧张。① 正在此时,原拟进攻武汉的清朝海军舰队举行起义,并控制了武汉江面,使革命军力量有所增强,精神为之振奋。但是,汉阳的防守任务仍然非常艰巨。

11月21日,汉阳保卫战正式开始。清军从蔡甸和汉口分两路大举向汉阳发动进攻,遭到革命军的顽强抵抗,双方激战三天。至24日,革命军相继失守美娘山、仙女山、锅底山、扁担山、磨子山等重要阵地。汉阳屏障尽失,形势异常危急。25日,黄兴亲自坐镇前线督阵,军政府各机关人员,如参谋部副长杨玺章、稽查部长蔡汉卿、军务部副长张振武等人也纷纷上前线助战。革命军拼死夺回磨子山、扁担山,但很快就得而复失,湘军统领刘玉堂阵亡,张振武也在进攻锅底山时受伤,代价极为惨重。26日,两路清军会攻十里铺,占领黑山,革命军全线溃退,杨玺章壮烈牺牲。27日,汉阳失守。

当天,湖北军政府召开紧急会议。黄兴报告汉阳战争经过情形时说:"此次汉阳之役,非军队不多,非防御阵地不固,又非弹药粮秣不充足。其所以致败之原因:第一,系官长不用命;第二,军队无教育;第三,

---

① 时任黄兴总司令部参谋长的李书城日后反思,认为:"这次进攻汉口失败,不仅暴露了我军的弱点,也使敌人轻视我军,加强了敌军进攻汉阳的企图。这是因为我在战略战术上都犯了极大的错误所致。从战略上说,我军若不进攻汉口,敌人是不敢轻于进攻汉阳的。因为汉阳的防御工事相当坚固,并且作了些夸大的宣传,使敌军望而生畏。且敌我两军隔河对峙,船只都靠在我方河岸,敌是渡河攻坚,地势于我有利,于敌不利。我若坚守汉阳,可争取时间,得到更多省份的响应和所派援军的支援。如果这样,汉阳是尽可失的。从战术上说,我不懂得兵士是作战的基础,未查明军官和兵士的训练程度,只照书本上的作战公式下命令,结果三路进攻的负责军官一个被撤职,两个被处死。士兵不仅在战场上死伤了很多,而且在退却途中并无敌军追击,落水而死的亦竟达数百人之多。敌军是素有训练的北洋军,我以初成之师与之作阵地战,真是既不知彼也不知己,犯了军事上的大忌。"参见李书城《辛亥前后黄克强先生的革命活动》,见《辛亥革命回忆录》第1集,193—194页。

缺乏机关枪。有此三缺点,故每战失利……现在,武昌均系战败部队,不宜再用;用则仍败。为今之计,只有弃武昌而援南京。若得南京,然后组织北伐精锐军队,再图恢复可也。"黄兴"弃武昌而援南京"的主张,遭到武汉多数革命党人的强烈反对。张振武拔剑而起,慷慨陈词,力言武昌有"三不可弃",甚至扬言:"敢言弃武昌者斩!"范腾霄也坚决主张"应死守武昌,以待天下响应",众人鼓掌赞成。黄兴见众意难违,乃于当夜乘轮东下,黯然离鄂赴沪。①

历时一个半月的阳夏保卫战虽然以失败告终,但武汉革命军的英勇奋战,不仅捍卫了第一个新生的革命政权——湖北军政府,而且有效地牵制了清朝的主力军——北洋新军,为其他各省起义争取独立,创造了有利条件,进一步推动了全国革命形势的迅猛发展。

---

① 有人认为黄兴并没有提出放弃武昌的主张,黄兴自己也曾辩说:"汉阳之失,兴主张严守武昌,另调粤兵,而日本参谋某甲主张放弃武昌。世或以此咎兴,传闻之误也。"以上多处征引详参毛注青编著《黄兴年谱长编》,235—237 页。

第五节 各省奋起响应与清王朝统治崩溃

一 十四省区先后宣告独立

继武昌首义成功和湖北军政府建立之后,各省纷纷起来响应,在短短的两个月时间内,内地18省中有14省区先后宣告独立,建立革命政权。

（一）湖南

最早响应武昌起义的省份是与湖北紧密相连的湖南。两湖革命力量向来互相联络,关系密切。武昌起义前,湖南共进会首领焦达峰便与湖北共进会骨干分子孙武、刘公、居正等人相约:一省首义,另一省立即响应,或两湖同时举义。因此,当湖北革命党人积极谋划武昌起义的时候,湖南革命党人也在加紧进行革命组织与发动工作。武昌起义当天,湖南巡抚余诚格接到警报,便与巡防营中路统领黄忠浩急谋应变之策,决定把受革命党人影响的新军调离省城长沙,以分散革命力量,同时又把驻扎各府、州、县的巡防营调到长沙,以加强省城防备。情况危急,焦达峰、陈作新当即召集新军代表开会,议决10月18日发动起义。由于余诚格防范甚严,起义未能如期发动。19日,焦达峰等人再次集议,决定24日发难。后又因新军第50标代表姚运钧被捕,吐露了起义计划,余诚格限令长沙新军于22日全部开赴株洲,革命党人被迫提前发难。10月22日早晨8时,长沙新军正式宣布起义。起义军迅速攻占军装局和谘议局,随后会攻巡抚衙门。余诚格仓皇逃走,黄忠浩等顽固官吏被革命军处死。起义军占领巡抚衙门后,立即宣告成立中华民国湖南军政府(次日改称"中华民国军政府湖南都督府")。当晚,各界代表在谘议局集会,公举焦达峰为都督,陈作新为副都督。随后,湖南各属相继"光复"。湖南独立后,迅速组织援军参加阳夏保卫战,有力地支援了武汉的革命政权,并有效地推动了各省起来响应起义。遗憾的是,湖南革命党人焦达峰等人在建立革命政权以后忽视了巩固政权的重要性,以至于给阴谋夺权的立宪派人士以可乘之机。10月31日,立宪派勾结旧军官发动政变,杀死焦达峰、陈作新。谘议局议长、立宪派首领谭延闿继任都督,湖南革命政权完全落入立宪派手中。

(二)陕西

陕西与湖南同一天起义,是最早响应武昌起义的省份之一。在陕西,哥老会与刀客等会党组织颇为活跃,尤其是哥老会,其势力广泛渗透到新军之中。1907年,同盟会会员井勿幕等人从日本回国,在西安等地开展革命宣传和组织活动,积极联络新军和会党,成效显著。武昌起义的消息传到陕西后,在西安的同盟会员钱鼎、张钫与会党头目张云山、万炳南等人于10月17日秘密会议,决定于10月29日发动起义。其时,西安将军文瑞和护理陕西巡抚钱能训知新军不可恃,急调巡防营进城守备,并决定在10月23日将部分新军调离西安,以分散革命力量。钱鼎等人得知消息,便于10月22日召开紧急会议,决定当天起义,并当即推举同盟会会员、新军管带张凤翙为指挥,钱鼎为参赞。上午11时,起义正式发动。起义军迅速占领军装局和巡抚衙门等机关,并攻占旗人驻防的满城。原陕甘总督升允逃出西安,钱能训躲藏起来,后被拿获,文瑞投井自杀,西安全城"光复"。随即,张凤翙以秦陇复汉军大统领的名义发布安民告示,陕西各属闻讯相继光复。25日,革命党人与会党首领联合组织军政府,张凤翙正式担任大统领,钱鼎、万炳南为副大统领,张云山、吴世昌分别为正、副兵马都督,马玉贵、马福祥分别为正、副粮饷大都督,刘世杰、郭胜清为正、副军令大都督。与此同时,清廷谕令升允署理陕西巡抚,并调集河南与甘肃清军从东西两面会攻陕西,革命军奋起保卫新生的革命政权。

(三)江西

1911年10月23日,江西九江新军起义,成立军政分府,推新军标统马毓宝为都督,革命党人蒋群帮办军务兼参谋长。几天后,革命党人李烈钧回赣,蒋群慨然让出参谋长一职给他。九江独立的消息传到省城南昌,革命党人加紧谋划新军与青年学生起义。10月31日,起义发动,革命军迅速占领各衙门,南昌"光复"。11月1日,南昌各界代表集会,公推新军协统吴介璋为都督,吴改推巡抚冯汝骙,但冯思想顽固,拒绝受职。几经周折,吴介璋勉强应允出任都督,军政府建立。接着,萍乡、赣州、鄱阳等地相继"光复",且各自推举都督。江西全省独立后,一时形成多个都督分立、互不统属的局面。南昌都督吴介璋虽然得到起义新军的拥护,但遭到反正的巡防营的反对,不久辞职,由革命党人彭程万接任。彭程万资望不高,难以服众,旋即自动取消都督名义,并电劝萍乡、赣州、鄱阳等处都督一同取消,而共同拥护九江都督马毓宝为江西都督,使江西全省军政得以统一。马毓宝出任江西都督后,任人唯亲,并与会党沆瀣一气;而所部又居功自傲,目无法纪,致使民怨鼎沸。后来,李烈钧继任都督,改组军政府,整顿军队,镇压会党,江西政局渐趋稳定。

(四)山西

山西是北方地区革命党人相当活跃的省份,革命基础较好。两湖与邻省陕西相继起义独立后,山西巡抚陆钟琦与新军协统谭振德加紧设防,革命党人也加快了举义的进程。1911年10月29日,在革命党人的领导下,山西新军发难,迅速攻占巡抚衙门,击毙陆钟琦和谭振德,省城太原"光复"。当天,各界代表在谘议局召开会议,推同盟会会员、新军标统阎锡山为都督,同盟会会员、陆军小学堂监督温寿泉为副都督,谘议局副议长杜上化为总参议,正式成立军政府。清廷谕令第6镇统制吴禄贞为山西巡抚,派兵镇压山西革命。吴为老同盟会员,受命后便与山西军政府暗通声气,密谋成立燕晋联军,以吴禄贞为大都督兼总司令,阎锡山为副都督兼副总司令,温寿泉为参谋长,并拟联络第20镇统制张绍曾,会师进攻北京。11月7日,吴禄贞被袁世凯派人刺杀于石家庄,燕晋联军计划流产。清廷续派张锡銮为山西巡抚,带重兵进攻山西。消息传到太原,谘议局议长、立宪派首领梁善济等人准备集会欢迎,阎锡山被迫离开太原,撤往晋北。与此同时,革命党人光复大同等地,成立军政府,与清军持续作战。南北议和期间,阎锡山重返太原,继续担任山西都督。

(五)云南

云南是西南地区响应起义最早的省份。云南虽地处边陲,却是革命党人的重要活动地区。武昌起义后,积极倾向革命的新军协统蔡锷与革命党人李根源、唐继尧、罗佩金、刘存厚等人多次密谋,决定10月30日(重阳节)举行起义,并推举蔡锷为总指挥。同时,云贵总督李经羲与第19镇统制钟麟同也在急谋对策,加强防备。10月30日晚,起义正式爆发。革命军奋力攻打军械局和总督衙门,清军负隅顽抗,双方激战多时,伤亡惨重。直到次日上午,革命军终于占领了军械局和总督署,杀死钟麟同,俘获李经羲,控制昆明全城。11月1日,成立云南军政府,推蔡锷为都督,李根源为军政部长兼参议院长。云南军政府的政权基本上控制在革命党人手中。随后,云南各属相继"光复",很快完成了全省的独立。

(六)上海

上海是资产阶级革命派活动的中心地区,同盟会中部总会与光复会的活动都颇为活跃,民立报馆更是成为公开的革命机关。在"光复"上海的过程中,不仅同盟会与光复会两个革命组织进行了友好合作,革命派还得到了上海资产阶级的有力支持。宋教仁、陈其美等同盟会重要骨干分子与上海资产阶级绅商著名代表人物沈缦云、李平书等人组织中国国民总会,加强了与东南地区资产阶级的联系。拥有5 000人的上海商团武装,成为革命派依靠的基本力量。其时,陈其美与光复会首领李燮和还积极联络帮会、巡警、巡防营、新军、海军、学生等各种力量。一切准备基本就绪。1911年11月1日,陈其美、李燮和、李平书等人商议,将原定在江浙"光复"后发动的起义,提前到11月3日进行。11月3日午后,闸北巡警首先起事,在警官陈汉钦的率领下,占领巡警总局,"光复"闸北。接着,商团武装在南市发难,上海道台刘燕翼与知县田宝荣仓皇逃往租界,守城军警反正,上海县城"光复"。同时,吴淞各军反正易帜,推同盟会员黄汉湘任总司令。随后,陈其美率领商团武装与敢死队攻打最后一个堡垒——江南制造局,总办张士珩负隅顽抗。

陈其美只身入局劝降,被张扣押。起义军猛攻,与守军激战多时。次日凌晨,李燮和率援军赶到,在局内工人和反正炮兵的内应下,起义军攻占制造局,张士珩逃走,陈其美获救。11月4日上午,上海宣告"光复"。11月6日,沪军都督府(或称"上海军政府")成立,陈其美任都督,并兼任都督府司令部长,黄郛任参谋部长,钮永建任军务部长,伍廷芳任外交总长,李平书任民政部长,沈缦云任财政部长,王一亭任交通部长,毛仲芳任海军部长。沪军都督府基本上为同盟会派的革命党人所控制。光复会首领李燮和对此大为不满,转而到吴淞就任军政分府总司令,黄汉湘改任副司令。显然,革命党内部的派系矛盾并没有消除。但无论如何,上海"光复"的意义不容低估,它有力地推动了东南地区"光复"的进程。

(七)贵州

武昌起义的消息传到贵州后,张百麟领导的自治学社积极准备响应,他们重点发动新军和陆军小学,并设法取得立宪团体宪政预备会的支持。1911年11月2日,张百麟与宪政预备会会长任可澄等人会同谘议局议长谭西庚,劝说贵州巡抚沈瑜庆反正,遭到沈的拒绝。3日,陆军小学首举义旗,新军随即起义,革命党人、新军教练官杨荩诚被推为指挥,率义军攻打贵阳城。沈瑜庆见大势已去,被迫交出政权。4日,大汉贵州军政府成立,杨荩诚被推为都督,新军队官赵德全被推为副都督,同时成立总揽全省政务的枢密院,张百麟任院长,任可澄任副院长。贵州宣告独立,军政府政权初期基本上由自治学社掌握。后来,军政府内部派系矛盾激化,唐继尧率滇军入黔,推翻军政府,自任都督,控制贵州政权。

(八)浙江

浙江是革命团体同盟会和光复会都很活跃的省份,革命基础较好。武昌起义后,上海同盟会机关计划先在杭州起义,然后攻占上海,进军苏州和南京。为此,陈其美等人多次到杭州组织发动。不料,上海于11月3日先期起义。消息传到杭州,浙江革命党人便于4日率新军举义。5日,起义军顺利攻占抚署和旗营,俘获浙江巡抚增韫和署杭州将军德济,杭州"光复"。当天,浙江军政府成立,立宪派首领汤寿潜被推举为都督。汤提议立宪派人士陈黻宸、沈钧儒等人为军政府各部部长，遭到革命党人的反对。革命党人推举褚辅成为政事部部长，总管民政、财政、交通、外交、教育、实业各部，实际掌握了军政府大权。继杭州"光复"后，宁波、绍兴、嘉兴、湖州等府县相继宣布独立，浙江全省"光复"。

（九）江苏

清代江苏省为苏、宁分治，江苏巡抚驻苏州，两江总督驻江宁（南京）。清末江苏立宪派颇为活跃，巡抚程德全也以"开明"著称。他既与张謇等立宪派人士过从甚密，又与革命党人暗通关系。上海"光复"后，苏州新军起来响应，程德全接受立宪派和革命党人的劝告，宣布反正。1911年11月5日，江苏都督府（又称"苏军都督府"）成立，程德全任都督，张謇为民政部长，应德闳为财政部长，伍廷芳为交涉部长，郑言为执法部长。接着，无锡、常州、镇江、扬州等地相继"光复"。11月11日，沪军都督陈其美倡议组织江浙联军，会攻南京，得到苏军都督程德全和浙江都督汤寿潜的响应。13日，江浙联军设司令部于镇江，以原新军第9镇统制徐绍桢为总司令。联军由苏、浙、镇、淞、沪等军组成，总兵力1万多人。11月24日，联军分四路进攻南京，与守军激战多日，双方伤亡惨重。12月2日，联军攻克南京城，两江总督张人骏、江宁将军铁良逃走。随后，江苏都督府从苏州迁入南京，程德全继续担任都督。南京"光复"，为革命党人控制南部中国局势奠定了基础。

（十）广西

广西是会党与绿林活动的重要地区，同盟会曾在广西边境多次发动武装起义。武昌起义后，革命党人刘崛从香港返回梧州，于11月1日策动驻军和绿林武装率先宣布独立，建立梧州临时军政分府，推举原道台沈林一为总长。此前，省城桂林的革命党人也密谋于10月30日举义，后因届时天降暴雨而拟延期进行。11月7日，广西巡抚沈秉堃与布政使王芝祥接受革命党人与立宪派人士的劝说，宣布独立，改抚院为军政府，沈秉堃任都督，王芝祥与广西提督陆荣廷为副都督。接着，柳州、南宁等广西各属相继"光复"。后来，陆荣廷势力膨胀，挤走沈秉堃、王芝祥，自己继任都督，控制广西政权。

(十一)安徽

武昌起义后,安徽省城安庆的革命党人吴春阳、韩衍、管鹏等人集会,密谋于10月30日发难,并推定测绘学堂代表胡万泰为总指挥。不料,由于胡万泰届时临阵畏缩,安庆起义计划流产。随即,革命党人在寿州、合肥、芜湖等地相继宣告独立,成立军政分府。省城安庆颇显孤立。11月8日,在立宪派人士的劝说下,巡抚朱家宝在安庆宣布安徽独立,自任都督。此举遭到革命党人的强烈反对。11月11日,革命党人召集军、学等各界代表会议,重新宣布独立,推同盟会员王天培为都督,管鹏为军务部长,吴春阳为全省经略,并在督练公所成立都督府。朱家宝不甘示弱,便煽动巡防营以反对剪辫为名闹事,挤走王天培,独揽安徽军政大权。革命党人向江西九江军政府求援,九江都督马毓宝派黄焕章率赣军驰抵安庆,赶走朱家宝。黄焕章自立都督,遭到革命党人吴春阳的严词谴责,黄竟然将吴当场枪杀。安徽革命党人义愤填膺,准备武力驱黄。后经马毓宝派九江军政府参谋长李烈钧调解,撤回黄焕章部。安庆各界成立皖省维持统一机关处,暂时代行都督职权。后来,著名革命党人、同盟会员孙毓筠出任安徽都督,安徽政局逐渐稳定。

(十二)福建

同盟会福建分会的活动向来较为活跃,在福建奠定了较好的革命基础。武昌起义后,分会成员彭寿松从武汉归来,立即组建福建军警同盟会,在军警中加紧进行革命工作,甚至争取到福建新军第10镇统制孙道仁和第20协协统许崇智等高级将领加盟,成效显著。11月5日,分会会长郑祖荫与许崇智等人秘密会议,决定11月12日起义,以许崇智为前敌指挥。11月8日,福建谘议局劝说闽浙总督松寿交出政权,遭到拒绝。当天晚上,革命党人发难,新军反正,与旗兵激战一昼夜,奋勇击溃旗兵的抵抗,松寿吞金自杀,福州将军朴寿被正法,福州"光复"。11月11日,成立福建都督府,孙道仁任都督,同盟会员彭寿松、郑祖荫等10人为参事员,协同都督掌握政权。福建革命政权基本上被革命党人控制。

(十三)广东

广东是重要的革命策源地之一,自兴中会成立以来,革命党人便长期在广东进行革命活动。武昌起义后,同盟会南方支部在香港加紧部署"光复"广东的工作:由胡汉民、朱执信、胡毅生等人负责广州府,其他地方分东江、北江、西江、韩江为四军,分别由陈炯明、徐维扬、苏慎初、姚雨平负责。形势急速发展,广州、惠州民军迅速发动,很快便对广州城形成包围之势。同时,广州城内革命党机关采取暗杀行动,于10月25日炸死新任广州将军凤山。在革命力量的威慑之下,两广总督张鸣岐被迫接受地方绅商"和平独立"的劝告。11月9日,各界代表齐集谘议局会议,决定宣布广东独立,成立军政府,以张鸣岐为都督,但因张已事先逃往沙面租界,又不得不推举胡汉民为都督。10日,胡汉民从香港到广州就任,任命蒋尊簋为军政部长,李煜堂为财政部长,黎国廉为民政部长,王宠惠为司法部长,伍廷芳为外交部长,梁如浩为交通部长,王宠祐为实业部长,丘仓海为教育部长。随后,又以朱执信、廖仲恺、陈少白、胡毅生、姚雨平等人组织枢密处,并增选陈炯明为副都督。广东军政府政权完全掌握在革命党人手中。

(十四) 四川

四川保路运动与保路同志军起义揭开了辛亥革命的序幕,荣县的独立早于武昌起义,但四川全省独立与建立统一的革命政权,却为时甚晚。武昌起义后,11月22日,重庆首先宣布独立,成立蜀军政府,推举同盟会员张培爵、夏之时为正、副都督。接着,四川各府、州、县相继独立,省城成都陷于孤立状态。11月26日,清政府所派入川镇压保路运动的湖北新军在资州发动兵变,杀死钦差大臣、新授四川总督端方。其时,署理四川总督赵尔丰与立宪派妥协谈判,被迫交出政权。11月27日,由赵尔丰宣告四川地方自治,成立大汉四川军政府,以谘议局议长、立宪派首领蒲殿俊为都督,新军第17镇统制朱庆澜为副都督,赵尔丰仍暂居成都,充当顾问。对此,革命党人颇为不满。12月8日,成都发生兵变,军政府无力弹压,蒲殿俊、朱庆澜弃职潜逃。军政部长尹昌衡出城率新军平乱,被推为都督,谘议局副议长罗纶任副都督,重新组织军政府,由革命党与立宪派分任各部部长,联合执掌政权。随后,军政府借机处决阴谋叛乱的赵尔丰,逐渐稳定局势。四川宣布独立后,形成成都与重庆两个政治中心,直到民初才实现统一。

二 未独立省区内革命党人起义与人民反清斗争

在响应武昌起义的革命洪流中,虽然有的省区并未取得成功,仍在清政府的控制之下,但是在这些省区内革命党人的起义与人民的反清斗争,同样有力地动摇了清王朝的统治基础。

(一) 直隶

直隶地处京畿,是清王朝统治的心脏地区,向来戒备森严,革命党人从事革命宣传与组织活动非常困难。武昌起义前,直隶革命党人虽然在保定、天津等地建立了共和会、铁血会、振武社等革命组织,但成效并不显著,没有从根本上改变直隶革命力量弱小而分散、基础薄弱的局面。武昌起义后,直隶曾经一度出现对革命非常有利的形势。驻保定的新军第6镇统制吴禄贞与驻滦州的新军第20镇统制张绍曾都积极倾向革命。他们曾与山西都督阎锡山密谋筹组燕晋联军,拟合力直捣北京。结果,吴禄贞被袁世凯派人暗杀,张绍曾也被清廷革职,新军反正计划流产。1911年12月初,部分革命党人在天津成立同盟会京津保支部,推汪精卫与李煜瀛分别为正、副支部长。曾因刺杀摄政王载沣被捕入狱的汪精卫,被清廷开释出狱后与袁世凯关系暧昧,致使一些革命党人怀疑和不满。他们联合共和会、铁血会、振武社等革命小团体,又在天津成立北方革命协会,推同盟会员胡鄂公为会长。在同盟会京津保支部和北方革命协会的组织领导下,直隶革命党人在任丘、滦州、通县、天津等地多次发动武装起义,并组织了刺杀袁世凯的活动,结果都以失败而告终。

(二) 河南

武昌起义后,河南新军大部分被调往湖北镇压革命,给河南革命党人发动起义提供了有利的机会。1911年10月13日,河南同盟会支部长刘纯仁在开封法政学堂秘密召集会议,决定策动第29混成协部分留守开封的新军起义,拟推协统应龙翔为都督。后因应龙翔犹豫不决,被河南巡抚宝棻软禁,开封新军起义计划流产。革命党人转而联络嵩县王天纵的绿林武装,拟攻取洛阳,进逼开封。但是,防守洛阳的新军第12协协统周符麟早有防备。刘纯仁试图劝说周符麟反正,反被周残酷杀害。王天纵不得不放弃进攻洛阳的计划而率部南下，后来与湖北北伐军先锋队司令马云卿会师，"光复"南阳，王被推为河南临时都督兼北伐左路总司令。刘纯仁被害后，同盟会河南支部由刚从日本回国的张钟端主持。他在开封联络军警、学生与各州、县仁义会成员，准备12月22日发难。但因叛徒告密，计划泄露，张钟端、王天纵等革命骨干分子十余人被捕，随即惨遭杀害，开封起义计划再次落空。后来，革命党人刘积学等人逃到上海，在沪军都督陈其美的帮助下组织威武军，分兵进军河南，业已攻抵信阳、颍上，但由于南北议和而被遣散。

（三）山东

武昌起义的消息传到山东，革命党人丁惟汾等人积极谋划响应起义。时值省城济南盛传清政府欲以山东全省土地作抵押，向德国借巨款镇压革命，一时民声鼎沸，强烈要求谘议局开会加以抵制，但谘议局敷衍塞责，引起社会各界普遍不满。1911年11月7日，各界人士集会，一致要求推翻谘议局，同时成立山东全省各界联合会，推夏继泉为会长。11月13日，联合会召开大会，讨论山东独立问题。在社会各界的强大压力下，山东巡抚孙宝琦被迫承认山东独立，孙被推为都督，新军第5镇统制贾宾卿为副都督。就这样，山东宣布独立。事实上，孙宝琦并不想真正独立。他一方面电奏清廷，极力表白不得已的苦衷；另一方面又暗中勾结袁世凯，阴谋策动取消独立。11月24日，正是在袁世凯北洋军武力的支持下，孙宝琦宣布取消独立。仅仅十余天时间，一出山东独立的闹剧迅即谢幕。革命党人纷纷转到烟台等地发动起义，但都被反动武装所镇压。直到南北议和时期，山东基本上仍在清政府势力的控制之下。

（四）东北三省

东北是清王朝的发祥地，控制特别严密，革命党人的宣传与组织工作进展较为困难，但也取得了一定的成效。武昌起义后，奉天革命党人张榕、张根仁等人密谋起义，以促东北三省独立。1911年11月6日，张榕与新军第2混成协协统蓝天蔚等人密商具体事宜，因考虑到武装起义可能会引起日本在东北驻军的干涉，故决定用和平的手段逼走东三省总督赵尔巽，宣布东北三省独立，推举蓝天蔚为关东革命讨虏军大都督,张榕为奉天都督兼总司令。赵尔巽侦知内情,便加紧防范,急调巡防营统领张作霖率部进驻省城,以监视新军。11月12日,赵尔巽与立宪派首领、谘议局议长吴景濂和副议长袁金铠等人召集军、绅、商、学各界代表会议,成立奉天国民保安会,以赵尔巽为会长,吴景濂与新军第39混成协协统伍祯祥为副会长,下设8个部,部长都由旧官僚、旧军人或立宪派担任。随后,吉林、黑龙江也相继成立保安会,吉林巡抚陈昭常、黑龙江巡抚周树模分别出任会长。紧接着,东北三省各府、厅、州、县也纷纷成立保安会,均以地方官吏为会长。通过保安会的形式,东北三省政权被牢牢控制在旧势力手中。11月14日,赵尔巽又奏请解除蓝天蔚职务,并迫令其离开东北,革命党人力量遭到进一步打击,其谋求独立的计划落空。11月17日,奉天各革命团体组织联合急进会,会长为张榕,副会长为张根仁、柳大年、李德瑚,其主要领导人都是同盟会员或与同盟会有关系的人。急进会成立后,迅速向东三省各地发展,会员很快达到数万人之众。革命党人还在奉天庄河、复县、辽阳以及吉林长春、黑龙江哈尔滨等地多次发动起义,展开武装斗争,东三省革命形势迅猛发展。但是,革命党的重要领导人张榕犹疑不决,甚至仍对赵尔巽心存幻想,而迟迟不敢在奉天省城发难,结果反被张作霖杀害。东北三省的革命活动由于力量分散,缺乏强有力的领导核心,最终均被清政府无情地镇压下去。

(五)新疆

武昌起义的消息传到新疆省城迪化(今乌鲁木齐),部分开明士绅上书请愿,敦劝巡抚袁大化宣布独立,遭到袁的拒绝。袁下令搜捕革命党人,形势严峻。1911年12月28日,革命党人刘先俊等人聚集新军士兵和会党群众百余人,仓促发难,遭到清军血腥镇压,刘先俊等数十人被捕就义。稍后,伊犁革命党人于1912年1月7日起事,推举李辅黄为总指挥,迅速攻占将军衙署,处死伊犁将军志锐。10日,正式成立军政府,推举前任伊犁将军广福为都督,原新军协统、同盟会员杨缵绪为总司令,革命党人掌握实权。伊犁起义成功后,军政府即派军队进攻迪化,正与袁大化派来镇压的清军在精河等地相遇,双方展开激战,直到南北议和而停战。后来,袁世凯政府任命原新疆提法使杨增新为新疆都督。杨增新采取手段分化、屠杀革命党人,控制了新疆政权。

（六）甘肃

清代甘肃包括现在的甘肃、宁夏和青海的一部分。武昌起义和陕西独立的消息传到甘肃,甘肃的会党和革命党人积极起来响应,其中影响较大的是宁夏起义和秦州起义。1911年11月19日,宁夏会党首领刘华堂率众起义,攻占宁夏府城。21日,成立宁夏军政府,公推宁夏道孙延寿为革命军大元帅,刘华堂为总指挥。陕甘总督长庚派兵镇压,刘华堂弃城逃走,起义失败。其时,革命党人黄钺在省城兰州积极联络新军,图谋起义。1912年2月,黄钺以督练公所军事总参议、兵备处总理的名义率部进驻秦州,得到陕西兵马大都督张云山的支持,于3月11日宣布起义,成立甘肃临时军政府,黄自任甘肃临时都督。袁世凯就任临时大总统后,任命原甘肃布政使赵维熙为甘肃都督,秦州军政府于6月7日被迫解散。

另外,内蒙古地区的归化、陶林、丰镇、包头等地也发生过革命党人领导的武装起义,最后都被镇压。

总之,武昌起义成功后,湖北、湖南、陕西、江西、山西、云南、贵州、浙江、江苏、广西、安徽、福建、广东、四川与上海等省区,纷纷脱离清政府而宣告独立;直隶、河南、山东、奉天、吉林、黑龙江、新疆、甘肃、内蒙古等省区虽然仍在清政府的控制之下,但革命党人的武装起义与人民群众的反清斗争频繁发生,层出不穷。这些情况表明,清王朝的统治基础业已土崩瓦解。

三 清廷无法收拾残局与袁世凯东山再起

清王朝面临灭顶之灾,给蛰伏多时的袁世凯提供了重新出山的良机。

1911年10月11日,武昌起义的消息传到京师,庆亲王奕劻召集内阁会议,决定派陆军大臣廕昌督师前往湖北剿办,并由海军提督萨镇冰率兵轮赴援。次日发布谕旨。"廕昌督师,在当时已有点勉强,廕虽是德国陆军学生,未曾经过战役,受命后编调军队,颇觉运作为难。其实此项军队，均是北洋旧部，人人心目中只知有'我们袁宫保'。"①故廕昌难以如意指挥。于是，两年前被摄政王载沣开缺"回籍养疴"的袁世凯复出，便是势在必然了。

袁世凯自1909年被开缺后，回到河南彰德老家，表面上韬光养晦，甘作渔翁，垂钓洹上，似欲息影林泉，实则暗藏心机，养精蓄锐，随时伺机东山再起。当时袁世凯虽然下野，但仍然与各种政治势力保持密切的联系，并时刻关注国内局势的发展变化。他既可以依靠庆亲王奕劻和军机大臣那桐、徐世昌等同党探悉朝廷动向，利用亲信段祺瑞、冯国璋、王士珍、段芝贵、曹锟、姜桂题等人控制北洋新军，又与各国驻华使馆联系密切，取得列强的信任与支持，还与张謇等立宪派人士暗通款曲，相互达成默契。武昌事起，国内外多种政治势力都期待着袁世凯重新出山。英国《大陆报》特派员观察认为："其时只有一个人可以应付时局，只有一个人能在与南方军对垒时可以使北方军队服从，这个人就是被贬的袁世凯。"②袁世凯就是在如此"非袁不可"的氛围中成了清政府的救命稻草。1911年10月14日，奕劻向载沣提议起用袁世凯，得到那桐、徐世昌的附和。奕劻认为："此种非常局面，本人年老，绝对不能承当，袁有气魄，北洋军队都是他一手编练，若令其赴鄂剿办，必操胜算，否则畏葸迁延，不堪设想。且东交民巷（各国驻华使馆所在地——引者注）亦盛传非袁不能收拾。"③当天，清廷谕令袁世凯为湖广总督，督办剿抚事宜。

清廷虽然开始起用袁世凯，但仅给他一个湖广总督头衔，根本无法打动权势欲望正在急剧膨胀的袁世凯。于是，他声称"足疾"未愈，施展拖延战术，朝廷无可奈何。

清政府不能满足袁世凯的权势欲望，袁世凯也就按兵不动，待价而沽。当心腹旧将冯国璋到彰德请示面授机宜时，他不但要冯暂作壁上观，而且还借冯之口散布空气，宣称"非筹备周妥，计出万全，断难督师进攻"；当廕昌在前线失利而致电告急时，他仍是无动于衷，回电说：

---

① 张国淦编著：《辛亥革命史料》，108页，香港，大东图书公司，1980。
② [英]埃德温·丁格尔：《辛亥革命目击记：〈大陆报〉特派员的现场报道》，陈红民等译校，156页，北京，中国青年出版社，2002。
③ 张国淦编著：《辛亥革命史料》，108页。

"王师宜策万全,稍有失利,大局益危。必须筹备完全,厚集兵力,知彼知己,一鼓荡平。"①革命形势迅猛发展,南方各省纷纷宣布独立,清王朝统治摇摇欲坠,这些正是袁世凯要挟清廷的砝码。当时,英国《泰晤士报》驻北京记者莫理循转述日本武官青木宣纯的话说:"袁世凯的权力时时刻刻在增长。他会拥有独裁权力。他能得到他所要求的任何条件。他是皇室的惟一希望,他在中国有信誉,在外国有好名声,是惟一可望从目前的动乱中恢复秩序的一个人。"②果然,当残局进一步恶化时,清政府不得不继续作出让步。10月25日,清政府同意袁世凯的奏请,改派冯国璋为第1军总统,段祺瑞为第2军总统。27日,清廷召回陆军大臣廕昌,任命袁世凯为钦差大臣,"所有赴援之海陆各军,并长江水师,暨此次派出各项军队,均归该大臣节制调遣……此次湖北军务,军谘府、陆军部不为遥制,以一事权。"③袁世凯取得了清军在湖北前线的绝对指挥权。30日,袁世凯从彰德起程南下,进驻湖北孝感,亲自督师进攻革命军。11月1日,清军攻下汉口,蓄势进攻汉阳。

在袁世凯与清政府讨价还价的同时,立宪派在资政院中的活动也给清政府施加了很大的压力。10月22日,资政院第二次常年会召开。26日,资政院上奏"本标兼治以救危局"折。所谓"治本",就是要迅速组织完全责任内阁,并于明年提前召开国会,将宪法交资政院协定。④同时,资政院又专折参劾盛宣怀为"误国首恶"。清廷谕令将盛宣怀"即行革职,永不叙用"。⑤ 29日,资政院连上三折:一为实行完全责任内阁制度,不以亲贵充当国务大臣;二为将宪法交资政院协赞,实行真正立宪;三为速开党禁,赦免戊戌至辛亥期间各种政治犯。⑥ 立宪派仍在为立宪目标作最后一搏。

与此同时,新军第20镇统制张绍曾、第3镇协统卢永祥、第2混成

---

① 《袁世凯等主张对武汉革命军暂缓进攻函电》,见中国第二历史档案馆编《中华民国史档案资料汇编》第1辑,190页,南京,江苏古籍出版社,1991。
② 《致达·狄·布拉姆函》,见[澳]骆惠敏编《清末民初政情内幕——〈泰晤士报〉驻北京记者袁世凯政治顾问乔·厄·莫理循书信集》上册,刘桂梁等译,767页,上海,知识出版社,1986。
③ 张国淦编著:《辛亥革命史料》,107页。
④ 《宣统三年九月初五日资政院总裁世续等奏折》,见中国史学会主编《辛亥革命》第4册,83—84页。
⑤ 《光绪宣统两朝上谕档》第37册,267页。
⑥ 《宣统三年九月初八日资政院总裁世续等奏折》(三件),见中国史学会主编《辛亥革命》第4册,83—84页。

协统领蓝天蔚、第39协统领伍祯祥、第40协统领潘矩楹等人电奏清廷,代表各军将士请愿改革政治,提出政纲12条。主要内容是:大清皇帝万世一系;年内即开国会;由国会改定宪法;全国海陆军由皇帝统率,对内使用须遵守国会议决之特别条件;特赦并擢用一切国事犯;组织责任内阁,总理大臣由国会公举,国务大臣由总理推任,皇族永远不得充内阁总理大臣及国务大臣;增加人民负担、国家预算及关于媾和等国际条约,由国会议决;上议院议员由国民公选;军人有参与解决现时规定之宪法、国会组织法及国家一切重要问题之权。① 军人通电干政,更使清廷惶恐不安。

在各方面压力之下,清廷被迫妥协退让。10月30日,清廷接连颁下四道谕旨:一为下诏罪己,皇上承认自己"用人无方,施治寡术","川乱""鄂乱"等一切变乱"皆朕一人之咎",并表示要"誓与我国军民维新更始,实行宪政"。二为同意将宪法交资政院协赞。三为取消皇族内阁,组织完全内阁,不再以亲贵充国务大臣。四为赦免戊戌以来一切政治犯。② 这些都是对资政院奏折的积极回应。

11月1日,就在袁世凯督师攻克汉口的同一天,清廷批准内阁总理大臣奕劻与协理大臣那桐、徐世昌以及国务大臣载泽、载洵、溥伦、善耆等人辞职,并授袁世凯为内阁总理大臣,命其进京组织完全内阁。

11月3日,资政院上奏《宪法重大信条》19条,清廷谕令颁布,内容如下:

第一条　大清帝国皇统万世不易。

第二条　皇帝神圣不可侵犯。

第三条　皇帝之权,以宪法所规定者为限。

第四条　皇位为继承顺序,于宪法规定之。

第五条　宪法由资政院起草议决,由皇帝颁布之。

第六条　宪法改正提案权属于国会。

第七条　上院议员,由国民于有法定特别资格者公选之。

---

① 张国淦编著:《辛亥革命史料》,197—198页。
② 《光绪宣统两朝上谕档》第37册,278—281页。

第八条　总理大臣由国会公举,皇帝任命。其他国务大臣,由总理大臣推举,皇帝任命。皇族不得为总理大臣及其他国务大臣并各省行政长官。

第九条　总理大臣受国会弹劾时,非国会解散,即内阁辞职。但一次内阁不得为两次国会之解散。

第十条　陆海军直接由皇帝统率;但对内使用时,应依国会议决之特别条件,此外不得调遣。

第十一条　不得以命令代法律,除紧急命令,应择定条件外,以执行法律及法律所委任者为限。

第十二条　国际条约,非经国会议决,不得缔结。但媾和宣战,不在国会开会期中者,由国会追认。

第十三条　官制官规,以法律定之。

第十四条　本年度预算,未经国会议决者,不得照前年度预算开支。又预算案内,不得有既定之岁出;预算案外,不得为非常财政之处分。

第十五条　皇室经费之制定及增减,由国会议决。

第十六条　皇室大典不得与宪法相抵触。

第十七条　国务裁判机关,由两院组织之。

第十八条　国会议决事项,由皇帝颁布之。

第十九条　以上第八、第九、第十、第十二、第十三、第十四、第十五、第十八各条,国会未开以前,资政院适用之。①

11月8日,根据上述《宪法重大信条》第八条的规定,资政院重新选举袁世凯为内阁总理大臣,并由清廷正式任命。

11月13日,袁世凯进京组阁。16日,袁世凯推举各部国务大臣:外务大臣梁敦彦、副大臣胡惟德,民政大臣赵秉钧、副大臣乌珍,度支大臣严修、副大臣陈锦涛,学务大臣唐景崇、副大臣杨度,陆军大臣王士珍、副大臣田文烈,海军大臣萨镇冰、副大臣谭学衡,司法大臣沈家本、

---

① 《择期颁布君主立宪重要信条谕》,见故宫博物院明清档案部编《清末筹备立宪档案史料》上册,102—104页,北京,中华书局,1979。

副大臣梁启超,农工商大臣张謇、副大臣熙彦,邮传大臣杨士琦、副大臣梁如浩;理藩大臣达寿、副大臣荣勋。经清廷任命,正式组织责任内阁。①

12月6日,在袁世凯的压力之下,清廷被迫谕令监国摄政王载沣退归藩邸,不再预政。上谕称:"监国摄政王性情宽厚,谨慎小心,维求治綦殷而济变乏术,以至受人蒙蔽,贻害群生。自应俯如所请,准退监国摄政王之位。所钤监国摄政王章,著即缴销。仍以醇亲王退归藩邸,不再预政……嗣后用人行政,均责成内阁总理大臣、各国务大臣担负责任。"②于是袁世凯完全攫取了清廷行政大权。

尽管清廷正在加速朝着预备立宪的目标迈进,但为时已晚,客观形势今非昔比,在各省纷纷独立的全国革命大风潮中,立宪已经无法挽救风雨飘摇的清王朝。不但立宪派逐渐转入革命的洪流之中,业已攫取军政大权的袁世凯也在肆无忌惮地借革命之势而弃清廷以自重。11月底,北洋军攻下汉阳之后与革命军隔江对峙,袁世凯便准备与南方革命政府进行和谈。历史再次开了个玩笑:袁世凯本是清政府在危难之际搬出来的"救世主",然而这个"救世主"不但没有尽力拯救清王朝,而且还在关键时候擅用清王朝为筹码,做了一大笔政治交易,为自己换取了民国大总统的职位。

---

① 《光绪宣统两朝上谕档》第37册,304页。
② 《清帝准监国摄政王退归藩邸不再预政谕》,见《中华民国史档案资料汇编》第1辑,210页。

第七章
中华民国成立与清帝退位

　　武昌起义的成功和各省纷纷宣布独立,使统一的、全国性的革命政权的建设问题开始提上议事日程。革命派、立宪派、旧官僚等各种政治势力经过一段时期的明争暗斗,终于建立了以孙中山为首的资产阶级革命政权——中华民国南京临时政府。这是中国历史上第一个资产阶级民主共和国,此举无疑开创了中国历史的新纪元。然而,共和国建立之初,清政府仍然控制着北部中国的大部分地区,一时形成南北对峙的局面。乱世枭雄袁世凯玩弄两面手法,既挟清政府之势以对抗革命,又借革命之力给清政府施压,乘机在"南北和谈"中为自己捞足了政治资本,为民国初年中国政治留下了无穷隐患。但无论如何,清帝终于退位,腐朽的清王朝统治被推翻,在中国长达两千多年的封建君主专制制度从此宣告结束。

第一节　南北对峙与议和

一　列强的"中立"

武昌起义爆发后,英、法、德、俄、日等列强的最初反应,是采取保护租界与外侨的紧急防范措施,甚至不惜诉诸武力干涉。当逃匿长江兵舰上的湖广总督瑞澂向英国驻汉口总领事表示自己不能保护英租界,并请求英国军舰阻止起义军渡江进攻汉口时,英国驻华公使朱尔典应允"请求总司令官提供他所能提供的一切帮助";[①]当清政府陆军大臣廕昌秘密派人向日本求购枪支、弹药时,日本政府"决定由本国商人设法供应,予以充分援助"。[②] 但是,湖北军政府成立后,为了避免列强的武力干涉,迅速采取了保护租界及在华外国人生命财产安全的措施,并颁布相应的对外政策,积极争取列强保持中立。不仅湖北如此,其他相继独立各省也是一样。各国列强所担心的"排外"局面并没有出现。英国《泰晤士报》驻北京记者莫理循观察到:"所有迹象表明这纯粹是一场内部的、反政府的、反朝廷的运动。这是广泛的反对腐败政治的起义。各种迹象表明这场运动迄今不是针对外国人的。相反,各方都尽力和外国人修好。"[③]于是,在局势尚不明朗的时候,列强谨慎地采取了所谓

[①]《朱尔典爵士致格雷爵士电》,见胡滨译《英国蓝皮书有关辛亥革命资料选译》上册,1页,北京,中华书局,1984。
[②]《内田外务大臣致伊集院驻清公使电》,见邹念之编译《日本外交文书选译——关于辛亥革命》,43页,北京,中国社会科学出版社,1980。
[③]《致埃·特·新常富函》,见[澳]骆惠敏编《清末民初政情内幕——〈泰晤士报〉驻北京记者袁世凯政治顾问乔·厄·莫理循书信集》上册,刘桂梁等译,766页,上海,知识出版社,1986。

"严守中立"的态度。

1911年10月17日,驻汉口英、俄、法、德、日领事公派代表与武昌军政府都督黎元洪面晤,表示"承认民军为交战团,各国严守中立"。次日,各国领事发出会衔布告,宣称:"现值中国政府与中国民军互起战事。查国际公法:勿论何国政府与其国民开衅,该国国内法管辖之事,其驻在该国之外国人,无干涉权,并应严守中立,不得藏匿两有关系之职守者,亦不得辅助何方面之状态。据此,领事等自严守中立,并照租界规则,不准携带军械之武装人在租界内出现,以及在租界内储匿各式军械及炸药等事。此系本领事等遵守公法敦结交谊上应尽之天职,为此剀切布告。"①列强公开承认革命军是与清政府对等的交战团体,并表示严守中立,这样便正式确立了列强对辛亥革命的"中立"政策。

列强之所以对辛亥革命采取"中立"政策,主要有两方面的重要原因。

一方面,是列强之间错综复杂的利益关系的制约。时值第一次世界大战前夕,英、法、德等国正忙于欧洲事务,都不愿意花过多的精力卷入远东纠纷,只希望继续保持既有的均势格局。就英国而言,它在华既得利益最大,而革命政权主要控制了南中国地区,尤其是作为英国势力范围的长江流域,这使英国不得不采取谨慎的态度,尽量避免与革命政权发生冲突,以免直接损害自己的切身利益。日俄两国本想趁火打劫,但又不敢轻举妄动。日本侵华政策的第一步,是阴谋侵吞满洲。日本内阁认为:"鉴于帝国在政治上和经济上与清国之间具有极密切之关系,故我政府应不断努力,以求对清国占有优势的地位,并须多方策划,使满洲现状得以永恒持续。……进而确立帝国在满洲的地位,以求满洲问题的根本解决。"②俄国的目标是侵占满洲、蒙古和新疆,自然与日本发生利害冲突。这种冲突既可能导致两者之间你死我活的争斗,又可能使两者在对待中国问题方面采取一致行动。日俄战争后,俄国就试图与日本联合侵略中国,如沙皇尼古拉二世说过:"俄国在远东方面

---

① 曹亚伯:《武昌革命真史》中册,109、110页,上海书店,1982。
② 《日本政府关于对清政策问题的内阁会议决议》,见邹念之编译《日本外交文书选译——关于辛亥革命》,109页。

应与日本携手";俄代理外交大臣尼拉托夫上奏沙皇建议:"在目前情况中,为我国利益起见,对中国问题,应尽可能与东京内阁交换意见,以便不错过加强我国在中国地位的适宜时机。"①于是,日俄两国频繁接触,反复商讨共同援助清政府的问题。他们认为,革命运动的发生,"对于日俄两国所获得的特殊利益,实是一场很大的危险。迄今为止,日俄两国所获得的特殊利益,全系取自现存的满清朝廷。与其坐视事变自然消长,何如援助现存的满清朝廷,或将有利于维护日俄两国的利益。……只要时机一到,两国即可根据一九〇七年协约中规定的分界线分割满洲,并可进一步商谈如何分割蒙古的问题。"②日俄两国虽然大打自己的如意算盘,但并不敢擅自付诸行动。日本与英国有盟国关系,俄国与英、法也有协约关系,日、俄的行动不能不顾忌英法等国的态度。日本外务大臣内田康哉训令驻华公使伊集院彦吉:"帝国政府一面要随时做好应变准备,毫不松懈;一面要洞察形势发展真相,并探索各国动向。……我国在确定态度时,事先至少需与英国政府进行磋商,方为合宜。"③显然,日本非常关注英国等列强的动向。美国在远东地区的力量有限,虽然多年来力图向中国东北地区渗透侵略势力,但总难与得地理之便的日俄两国竞争,武力干涉只能更加有利于日俄两国扩大势力范围,因而美国极力反对日俄两国单独行动。美国和德国奉行的是列强"一致行动"的原则。正如德国代理外交大臣齐谋门所说:"在任何情况下我们希望避免个别国家单独行动,借此获得特殊利益。"④日俄两国只好收敛其武力干涉的意图,而与英、法、德、美等列强共同采取所谓"中立"政策。

另一方面,是革命形势迅猛发展的影响。武昌起义后各省纷纷独立,革命烽火很快便席卷大半个中国,这种狂飙突进的形势是列强所始

---

① 《代理外交大臣尼拉托夫上沙皇奏》,见张蓉初译《红档杂志有关中国交涉史料选译》,336、337 页,北京,三联书店,1957。
② 《本野驻俄大使与俄国总理大臣关于清国时局问题之谈话纪要》,见邹念之编译《日本外交文书选译——关于辛亥革命》,105—107 页。
③ 《内田外务大臣致伊集院驻清公使电》,见邹念之编译《日本外交文书选译——关于辛亥革命》,113—114 页。
④ 《代理外交大臣齐谋门致驻华盛顿大使本斯托夫伯爵、参事蒙格拉斯伯爵草稿》,见孙瑞芹译《德国外交文件有关中国交涉史料选译》第 3 卷,233 页,北京,商务印书馆,1960。

料不及的。当独立各省相继建立革命政权,形成与清政府对峙的局面时,列强一时无所适从,甚至对清廷失去信心。日本驻俄大使本野一郎与俄国总理大臣谈话时说:"革命党实力究竟如何,虽尚不得确知,但全国各地对于满清朝廷已经普遍心怀不满,则是无可怀疑之事实;而清国既无健全的军队,财政又很困难,政府军队若不能迅速平定变乱,则革命运动或将弥漫至全国各地,亦未可知……鉴于清国现政府之极端腐败与混乱,据本使所见,寄希望于满清朝廷这一派获得最后胜利,实属危险之极。"①显然,列强不会冒险支持一个即将崩溃的清王朝,而置自身于迅猛发展的革命力量的对立面。同时,革命政权的对外政策和行动,也使列强从恐惧于义和团式的"排外"紧张中有所解脱。他们看到:"运动进行的方式有条不紊以及对外国利益所表现出来的显著尊重,使得它同以前所有此类起事区别开来,并且在中国人中间获得了对它的一定程度的同情,而满清朝廷再也不能声称享有这种同情了。"②因此,在革命形势迅猛发展,而清政府的前途颇为微妙的时候,列强自然会谨慎地采取"中立"观望的态度。

需要说明的是,列强的"中立"政策是建立在武力威胁的基础之上的。武昌起义后,列强借口保护租界和外侨,迅速调动军舰驶入汉口港。据英国驻汉口代总领事葛福的报告,1911年10月16日,共有13艘外国军舰停泊在汉口港,其中英国5艘,美国3艘,德国与日本各2艘,法国1艘;此外还有2艘将于次日到达。③ 11月初,上海"光复"后,英国海军部训令驻香港部队做好准备,以便需要时立即派往上海。驻港部队包括工兵40人、炮兵80人、英国步兵350人、印度土著步兵150人,并配备4挺速射机关枪和4尊过山炮。④ 另据英国驻华使馆陆军武官韦乐沛12月15日的报告,当时各国驻北京至山海关铁路沿线官兵总数达7 021人,共配备45门野战炮和60门机关炮。其中英国2 840人,法国1 315人,日本1 216人,俄国585人,德国356人,美国

---

① 《本野驻俄大使与俄国总理大臣关于清国时局问题之谈话纪要》,见邹念之编译《日本外交文书选译——关于辛亥革命》,105—106页。
② 《朱尔典爵士致格雷爵士函》,见胡滨译《英国蓝皮书有关辛亥革命资料选译》上册,35页。
③ 《代总领事葛福致朱尔典爵士函》,见胡滨译《英国蓝皮书有关辛亥革命资料选译》上册,52页。
④ 《海军部致香港高级海军军官电》,见胡滨译《英国蓝皮书有关辛亥革命资料选译》上册,53页。

321人,意大利194人,奥地利125人,荷兰48人,比利时21人;分驻北京2 098人,天津4 553人,塘沽40人,唐山116人,秦皇岛78人,山海关136人。这些各国分遣部队从俄、日、德三国分驻中国东北北部、南部和青岛的部队中最容易获得增援,其第二个援军来源是西伯利亚、菲律宾、香港和印度。① 列强不仅调动军舰和军队进驻中国沿江与沿海的一些重要港口及战略要地,而且使其在中国周边殖民地的军队也进入军事戒备状态,以便随时征调赴援。

当然,列强并没有实际采取激烈的军事行动,而是始终打着"中立"的幌子,以坐收渔翁之利。在"中立"观望的过程中,列强清楚地看到,腐朽的清王朝行将崩溃,以载沣为首的清廷已经无力回天;于是,他们便寄希望于强权人物袁世凯建立一个强有力政府,以取代清政府。当袁世凯受命进京组阁的时候,英国外交大臣格雷致电驻华公使朱尔典说:"我们对袁世凯怀有很友好的感情和敬意。我们希望看到,作为革命的一个结果,有一个强有力的政府,能够与各国公正交往,并维持内部秩序和有利条件,使在中国建立起来的贸易获得进展。这样的一个政府将得到我们能够提供的一切外交上的支持。"② 于是,列强开始逐渐弃清廷而扶植袁世凯,意图使袁世凯成为他们在华的新的政治代理人。

二 议和呼声四起

袁世凯复出后,既想力图控制北方清朝政权,又要设法对付南方独立各省的革命力量。袁世凯深知南方革命力量不是完全可以用武力镇压的,而且即使能够镇压,对自己也没有好处,反而会使自己失去一个要挟清政府的重要筹码。于是,狡黠的袁世凯采取"剿抚兼施"的两面手法:一面派精锐的北洋军猛攻汉口、汉阳,迫使南方革命政权就范以屈从自己的意旨;一面又点到为止,并不想一举扑灭南方的革命力量,而是借以继续给清政府施加压力,以便达到自己进一步揽权的目的,最

---

① 《韦乐沛中校关于各国驻直隶省部队的人数、使馆卫队、为保护北京至沿海铁路交通所作安排等情况的报告》,见胡滨译《英国蓝皮书有关辛亥革命资料选译》上册,211—217页。
② 《格雷爵士致朱尔典电》,见胡滨译《英国蓝皮书有关辛亥革命资料选译》上册,58页。

后坐收"和议"之功,攫取全国最高统治权力。正如徐世昌所说:"以项城才略经历,自属过人,其对于时局,言剿改而言抚,言抚进而言和,纯出于项城之主持。汉口、汉阳以兵力威胁南方,攻占以后,决定不再进兵,只清理河淮南北一带,以巩固北方,即南京亦不派重兵往援。所有谕旨,均从宣布德意着笔,而资政院迎合民意,亦供项城之利用,经此酝酿,乃促成南北议和之局,此中运用,则非旁观者所能尽知也。"①

袁世凯被清廷起用之初,即通过与黎元洪有同乡旧谊的道员刘承恩散布"和平"空气。刘承恩连续两次致函黎元洪,并通过湖北争路代表张伯烈向革命党人转达了这样的信息:"袁氏可与革命军合作。拟即进省,报告黎都督。目前战事不能长久,当有和议的转机。"②1911年11月1日,北洋军攻下汉口之际,刘承恩第三次致函黎元洪,说明清廷已下罪己之诏,并宣布实行立宪,开放党禁,皇族不问国政,"国政尚可有挽回振兴之期",要求黎元洪"务宜设法和平了结",并表示"诸公皆大才槃槃,不独不咎既往,尚可定必重用,相助办理朝政"。③ 黎元洪复信力劝袁世凯反正,弃清朝而归民国,表面上义正词严,实则为议和预留地步。黎声称:"公果能来归乎?与吾侪共扶大义,将见四百兆之人,皆皈心于公,将来民国总选举时,第一任之中华共和大总统,公固不难从容猎取也。"④黄兴也以中华民国军政府战时总司令的名义致书袁世凯,表示了大致相同的意思。他说:"人才原有高下之分,起义断无先后之别。明公之才能,高出兴等万万。以拿破仑、华盛顿之资格,出而建拿破仑、华盛顿之事功,直捣黄龙,灭此朝食,非但湘、鄂人民戴明公为拿破仑、华盛顿,即南北各省当亦无有不拱手听命者。"⑤他们的意思非常清楚:只要袁世凯起来反清,将来就可以推举袁世凯为民国大总统,和谈当然不在话下。

11月11日,袁世凯派刘承恩和海军正参领蔡廷幹到武昌作试探

---

① 张国淦编著:《辛亥革命史料》,269页,香港,大东图书公司,1980。
② 梁钟汉:《我参加革命的经过》,见中国人民政治协商会议湖北省委员会编《辛亥首义回忆录》第2辑,26页,武汉,湖北人民出版社,1957。
③ 张国淦编著:《辛亥革命史料》,278页。
④ 李西屏:《武昌首义纪事》,见《辛亥首义回忆录》第4辑,53页。
⑤ 《致袁世凯书》,见湖南省社会科学院编《黄兴集》,82页,北京,中华书局,1981。

性的议和谈判。黎元洪率湖北军政府重要职员在议事厅接见了刘、蔡二人。刘、蔡提出以承认君主立宪为停战议和的先决条件,认为"除民主国体外,无论何种意见皆可代达袁项城代奏,请朝廷采择实行"。这正与革命军政府的民主共和宗旨相矛盾。尽管黎元洪"态度尚温和",但孙武、张振武等革命党人"见所开条件中有君主立宪一条",都表示反对,甚至有职员拔刀大喝:"谁主和,谁吃刀!"并有民众团体在都督府门前示威抗议。① 宋教仁说:"吾辈之目的原在共和,今满政府仍欲君主立宪,则吾辈之目的并未达。"即使立宪派人士如胡瑞霖也认为:"吾辈之所主张者在民主国体,今除民主国体不议,则此次实无可议之余地。"②结果,因双方在君主立宪与民主共和宗旨上存在根本分歧,谈判破裂。

其实袁世凯并不是真正地主张君主立宪,其"主张君主立宪,'留存本朝皇帝',非忠于清,其意盖别有所在"。其时袁世凯正受命进京组阁,这正好给了他完全控制清朝政府权力的良机,其标榜君主立宪显然是别有用心的。革命党人以归顺共和为条件而许诺袁世凯为民国大总统,袁世凯也并非无动于衷,实有难言之隐而已。"袁世凯惧第一期之大统领为他人所得,而又无能为毛遂之谋,故于各方面密遣心腹,竭力运动,己则扬言共和政体如何不宜于今日之中国。实则一俟运动成熟,遂尔实行,其所以反对共和者,意固别有所在。"③事实上,袁世凯本无所谓立宪或共和的政治成见,而实际只有攫取国家政权的政治野心。于是,袁世凯在完成组阁而基本控制清朝政府权力之后,便进而以武力迫使南方革命力量就范。

11月27日,冯国璋率军攻克汉阳,本欲乘胜进攻武昌,袁世凯"亲以长途电话勒止之"。④ 隔江对峙,其意在给武昌军政府施加压力。在北洋军强大攻势的威胁下,武昌岌岌可危。经过英国驻汉口代总领事葛福(H. Goffe,又译戈飞)的斡旋,黎元洪以湖北军政府都督的名义正

---

① 张国淦编著:《辛亥革命史料》,279页;蔡寄鸥:《鄂州血史》,130页,上海,龙门联合书局,1958。
② 《袁世凯尚敢言和平》,见1911年11月20日《民立报》,上海。
③ 白蕉:《袁世凯与中华民国》,见荣孟源、章伯锋主编《近代稗海》第3辑,16页,成都,四川人民出版社,1985。
④ 王锡彤:《抑斋自述》,郑永福、吕美颐点注,177页,开封,河南大学出版社,2001。

式提出停战条款三条:"一、停战十五天,在此期间内,目前各方所占领的领土应各自驻守。二、已加入革命党的所有省份的代表在上海集会,他们将选出全权代表与袁世凯所指派的代表进行谈判。三、如有必要,停战继续延长十五天。"①停战条款由湖北军政府主动提出,正中袁世凯的圈套。

袁世凯抓住有利时机,继续玩弄两面手法,通过进一步的军事打击,迫使武昌军政府尽快签定停战协议。12月1日,清军从龟山隔江炮击武昌,一举击中都督府,黎元洪仓皇逃往武昌城外数十里的葛店。当天,英国驻汉口代总领事葛福委派英人、万国商会会长盘恩,携带袁世凯关于停战三天的公文,在湖北军政府顾问孙发绪的陪同下,到武昌面见军政府参谋总长吴兆麟,提出只要在公文上盖上都督印,"即可停战"。当时因黎元洪出逃时已将印带走,吴兆麟与孙武等人商议临时赶刻一颗印盖上,就这样草签了停战协议。协议规定:民军与北军在武汉所占之地,不得变换;自12月2日(十月十二日)上午8时起,至5日(十五日)上午8时止,停战3日;民军与北军在停战范围、日期内,一律按兵不动,均由驻汉英国水师官监督。12月9日,双方又通过葛福续签停战15天的协议:时间从12月9日至24日;北京不遣兵向南,南军亦不遣兵向北;双方互派代表讨论大局;除晋、陕、蜀三省以外,南北全面停战。当天,黎元洪通电各省,一律遵行。② 至此,基本上实现南北停战,并即将开始议和。

袁世凯之所以力谋停战议和,其实只不过是企图利用和平的手段以达到自己篡夺革命成果的目的罢了。但此举的促成却与当时多种政治势力密不可分。

第一,革命派的妥协。当时有不少革命党人对革命的前途认识模糊,他们以为只要清帝退位,挂上民国的招牌,就是革命的成功。他们甚至对袁世凯寄予厚望,认为如果袁世凯能够放弃君主立宪而赞成民主共和,并迫使清帝退位,就可以拥戴他为民国大总统。如有人所谓:"项城赞成共和,则兵弭而中国可以不亡。项城若效忠清廷,则祸结而

---

① 《朱尔典爵士致格雷爵士电》,见胡滨译《英国蓝皮书有关辛亥革命资料选译》上册,96页。
② 张国淦编著:《辛亥革命史料》,284—286页。

中国必无幸存。中国之存亡,实惟项城一手操之。倘天牖其衷,项城能倾覆清廷,愿以大总统相属。"①更有甚者,汪精卫从刑部狱中释放出来后即被袁世凯收买,极尽恭维之能事,当面奉承袁氏,说:"中国非共和不可,共和非公促成不可,且非公担任不可。"②在袁世凯的巨款资助下,汪精卫与杨度等人组织国事共济会,极力鼓吹"停战""议和"。章太炎从日本回来后,便与立宪派、旧官僚张謇、赵凤昌、程德全等人沆瀣一气,宣扬"革命军起,革命党消"③的主张,在一定程度上涣散了革命力量。甚至黄兴也曾为袁氏所迷惑。他复电汪精卫时说道:"项城雄才英略,素负全国重望,能顾全大局,与民军为一致之行动,迅速推倒满清政府,令全国大势早定,外人早日承认,此全国人人所仰望。中华民国大统领一位,断推举项城无疑。"④宋教仁主持的同盟会机关报《民立报》,虽然揭露袁世凯想"为莽为操,一跃而居九五之尊",或"起而附和独立,冀夺总统而为之",但仍希望袁世凯迫使清帝退位,"而总统之席,袁氏终有时当选"。⑤当革命党人试图"以大总统饵袁世凯而推翻清室"时,⑥老辣的袁世凯自会因势利导,坐收一石二鸟之功。

第二,立宪派与旧官僚的附和。立宪派与旧官僚在武昌起义后之所以转向革命,虽是对清政府的失望,但更有迫不得已的苦衷。袁世凯复出后,张謇、汤寿潜、赵凤昌、程德全等江浙立宪派、旧官僚颇为活跃,无不寄希望于袁世凯统一大局。张謇致电袁世凯称:"公之明哲,瞻言百里。愿征广义,益宏远谟。为神州大陆洗四等国最近之大羞,毋为立宪共和留第二次革命之种子……公宜迅北,入定京师。防外撼以固根本,采众论以定政体。"⑦他们希望袁世凯能够俯采舆论,力赞共和。为此,张謇还与程德全会商,拟派江苏谘议局议员杨廷栋向袁世凯面陈赞成共和之意。当新军将领张绍曾、蓝天蔚等人兵谏清廷要求立宪时,张謇致函

---

① 钱基博:《辛亥南北议和别纪》,见中国史学会主编《辛亥革命》第8册,106页。
② 张国淦编著:《辛亥革命史料》,115页。
③ 《民国光复》,见汤志钧编《章太炎政论选集》下册,843页。
④ 《复汪精卫电》,见《黄兴集》,94页。
⑤ 《告唐绍仪》,见1911年12月16日《民立报》,上海。
⑥ 胡鄂公:《辛亥革命北方实录》,77页,上海,中华书局,1948。
⑦ 《致袁世凯电》,见张謇研究中心、南通市图书馆编《张謇全集》第1卷,178—179页,南京,江苏古籍出版社,1994。

相劝,希望张、蓝等人"赞助项城,早定大局",认为"若多一日蹉跎,则多一日糜烂"。①北洋军攻下汉阳后,武昌形势危急,张謇致函汤寿潜,认为"必须议和,庶免战事延长"。②显然,他们对停战议和持赞成的态度。

第三,外国势力的支持。如前所述,列强在武昌起义后便很快以"中立"作幌子,却有意扶植袁世凯,目的在于使他成为其统治中国的新的代理人。正是由于列强的直接插手,而使袁世凯与南方革命力量之间达成了停战议和协议。12月15日,南北议和即将开始,英、法、德、俄、美、日六国驻华使节决定以各国政府的名义,通过各国驻上海领事向议和专使说明:"中国目前的战事如继续进行,不仅使该国本身,而且也使外国人的重要利益和安全,容易遭到严重的危险。……必须尽快达成一项协议,以便停止目前的冲突,因为它相信这个意见是符合有关双方的愿望的。"③这是列强对南北议和的直接干预。

当然,并不是所有的人都赞同停战议和。事实上有不少独立省区的民军及一些社会团体仍然反对议和,而坚决主张北伐。江西军界通电表示:"此间有劲旅一镇,群思效死,联同北伐,誓灭丑虏而朝食。和议诡计,素祸中国,最后解决,惟待征诛。"④上海共和建设会、共和促进会致电各省都督军政分府,指出:"和议难信,人心皇皇,万勿为袁所愚而误大局,乞速北伐,君主立宪国民誓不承认。"⑤同盟会中一部分激烈派也是人言籍籍,"甚嚣尘上,北伐声浪,到处可闻"。⑥但是,这些言论并不能左右政局。于是,所谓"南北和谈"终究还是如期举行了。

三 南北和谈及幕后交易

1911年12月7日,清廷授袁世凯为全权大臣,命其委派代表驰赴南方讨论南北大局。袁世凯奉旨后,即委任唐绍仪为全权大臣总代表,严修、杨士琦为代表(严修未行),汪精卫(兆铭)、魏宸组、杨度为参赞(后汪

---

① 《致张绍曾函》,见《张謇全集》第1卷,181页。
② 《复汤寿潜函》,见《张謇全集》第1卷,189页。
③ 《朱尔典爵士致格雷爵士电》,见胡滨译《英国蓝皮书有关辛亥革命资料选译》上册,167页。
④ 《南昌电报》,见1911年12月28日《民立报》,上海。
⑤ 《上海共和建设会、共和促进会致各省都督军政分府电》,见1911年12月14日《申报》,上海。
⑥ 刘厚生编著:《张謇传记》,196页,上海书店,1985。

精卫改任南方参赞),又以在京每省一人为各省代表:直隶刘若曾、江苏许鼎霖、浙江章宗祥、广西关冕钧、福建严复、湖北张国淦、广东冯耿光(或曰陈锦涛)、山东侯延爽(或曰周自齐)、吉林齐照甲、湖南郑沅、江西蔡金台(或曰朱益藩)、贵州蹇企益、山西渠本翘、云南张锴、安徽孙多森、四川傅增湘、甘肃刘笃庆、陕西雷多寿(或曰于邦华)、蒙古熙钰、黑龙江广山。① 12月9日,南方11省公举伍廷芳为民军代表,并迅速组织议和班子:参赞温宗尧、汪精卫、王宠惠、钮永建,湖北特派代表胡瑛、王正廷,职员陈经、虞熙正、关文湛、余沅、沈宝善、何智辉、曾广勷、蔡序东、刘汝霖、朱文柄、李范之、张公室、曾广智、史丹鋑、潘茂昭。② 12月11日,唐绍仪率北方代表团抵达汉口,并于13日到武昌会晤黎元洪。当时汉口已落入北洋军之手,袁世凯本拟在汉口议和,但由于江浙立宪派张謇、赵凤昌等人的多方活动和南方代表伍廷芳的强烈要求,以及英国驻华公使朱尔典和驻沪总领事法磊士(E. D. H. Fraser)的居间撮合,最后双方决定议和地点定在上海。12月17日,唐绍仪一行到达上海。

12月18日,南北和谈在上海公共租界内市政厅正式开议。南北双方出席谈判会议的代表为:民国总代表伍廷芳、中央军政府代表王正廷、民国总代表参赞温宗尧、王宠惠、汪兆铭、钮永建,袁内阁代表唐绍仪及其随员欧赓祥、许鼎霖、赵椿年、冯懿同。谈判桌座次安排如图。③

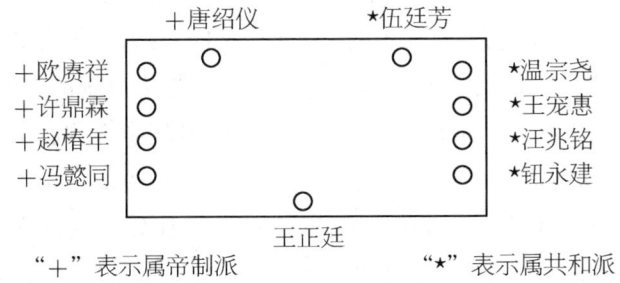

南北和谈座次示意图

---

① 张国淦编著:《辛亥革命史料》,288、289页;郭孝成:《议和始末》,见中国史学会主编《辛亥革命》第8册,68页。
② 观渡庐:《南北议和史料》,见中国史学会主编《辛亥革命》第8册,69—70页。
③ 南北代表名单参见《南北代表会议问答速记录》,见丁贤俊、喻作凤编《伍廷芳集》上册,385—386页,北京,中华书局,1993;谈判桌座次安排见[英]埃德温·丁格尔《辛亥革命目击记:〈大陆报〉特派员的现场报道》,陈红民等译校,125页,北京,中国青年出版社,2002。按:谈判桌边钮永建的位置原书误记为胡瑛,其实当时胡瑛并未出席谈判会议。

从12月18日至月底,共开五次会议,主要讨论了三个问题:停战、国体和国民会议问题。

关于停战问题。南北议和本以双方业已签订的停战协议为基础,但袁世凯在委派唐绍仪南下议和的同时,公然违反停战协议,派遣重兵向山西、陕西、安徽等省民军进攻。12月18日第一次会议一开始,伍廷芳就严正指出清军违约开战的事实,提议各处一律停战。唐绍仪认为是山西民军首先开战。双方便在谁先开战以及彼此在停战期内进占之地等问题上争论不休。会后调查结果显示,"停战期内,彼此均有违约进攻之事"。于是,在12月20日的第二次会议上,首先签订续停战条约,规定自原定停战下限12月24日起,续议停战7天,至12月31日,"期内两军于各省现在用兵地方,一律停止进攻"。[①]

关于国体问题。是在中国实行君主立宪还是民主共和,这是第二次会议讨论的主题。袁世凯本来就没有什么君主立宪或民主共和的政治成见,而只有攫取国家政权的政治野心,他之所以标榜君主立宪而反对民主共和,只不过是借清廷之势为筹码以与南方讨价还价而已。因此所谓国体问题的实质,就是如何处置清廷而安置袁世凯。从唐绍仪与伍廷芳的谈判来看,双方在这个问题上并没有根本的分歧。伍廷芳详细阐述了南方坚持在中国实行民主共和的理由,认为"为今之计,中国必须民主,由百姓公选大总统,重新缔造,我意以此说为确不可易"。唐绍仪表示,北方代表并"无反对之意向",自己的共和思想甚至比伍廷芳还早,并举黄兴以赞成共和为条件而推袁世凯为总统的电文,说明袁世凯也是赞成的,"不过不能出口耳"。显然,其用意无非在为袁氏谋总统之位。他关心的是如何用和平的办法达到这个目的,"免致清廷横生阻力"。伍廷芳主张清帝逊位,给予优待,认为只要承认共和,"则一切办法皆可商量"。双方议定,召集国民会议,决定君主民主问题,以多数为准。如唐绍仪所说:"开国会之后,必为民主,而又和平解决,使清廷易于下台,袁氏易于转移,军队易于收束。窃以为和平解决之法,无逾于此也。"[②]

[①]《南北代表会议问答速记录》,见丁贤俊、喻作凤编《伍廷芳集》上册,385—388、394页。
[②]《南北代表会议问答速记录》,见丁贤俊、喻作凤编《伍廷芳集》上册,390—394页。

事实上，在唐、伍公开谈判的同时，南北双方还进行了秘密的幕后交易。黄兴委派苏浙沪联军总参谋顾忠琛与段祺瑞秉承袁世凯旨意委派的保定姚村陆军小学堂监督廖宇春在上海甘肃路的文明书局秘密会谈。12月20日，廖宇春提出议和条件四条：第一，优待清室；第二，组织共和政体，公举袁项城为大总统；第三，优待满汉两方面之将士，并不负战时害敌之责任；第四，开临时国会，恢复各省秩序。顾忠琛认为："项城倾覆清室，即推为大总统；此当然事也。不然，此一废纸耳，何以明著之条文为哉！"于是修订为草约五条：第一，确定共和政体；第二，优待清皇室；第三，先推覆清政府者为大总统；第四，南北满汉军出力将士，各享其应得之优待，并不负战时害敌之责任；第五，同时组织临时议会，恢复各地之秩序。双方签署互换文本。① 可见，所谓国体问题、相关的清廷待遇以及袁世凯位置问题，都在这幕后交易中解决了。

关于国民会议问题。这是12月29、30、31日的第三、四、五次会议讨论的主要问题。双方约定：每省派代表3人，每人1票；各省到会代表有3/4，即可开议；江苏、安徽、江西、湖北、湖南、山西、陕西、浙江、福建、广东、广西、四川、云南、贵州由中华民国临时政府发电报召集，直隶、山东、河南、东三省、甘肃、新疆由清政府发电报召集，内外蒙古、西藏由两政府分别发电报召集；会议地点在上海；日期定于十一月二十日（1912年1月8日）。"唐代表允电达袁内阁，请其从速电复。"② 至此，议和似乎颇为顺利，只待袁世凯电复即可大功告成。

不料，袁氏未及电复，局势突变，议和陡起波折。其时，孙中山回国而被各省代表会议推举为临时大总统，并于1912年元旦在南京宣誓就职。袁世凯得知消息，颇为恼怒，眼看自己的大总统迷梦就要破碎，实在于心不甘。于是，他便以唐绍仪越权为由，完全否认唐、伍会谈的条款，认为唐、伍"会议各条，均未与本大臣商明，遽行签定，本大臣以其中有必须声明及碍难实行各节"，因而"不允承认，著令取消"。1911年12月31日，唐绍仪电请辞职。1912年1月2日，袁世凯请旨准其辞任，

---

① 钱基博：《辛亥南北议和别纪》，见中国史学会主编《辛亥革命》第8册，103、106页；廖少游：《新中国武装解决和平记》，32页，北京，陆军编译局印刷所，1912。
② 《南北代表会议问答速记录》，见丁贤俊、喻作凤编《伍廷芳集》上册，401、404页。

并致电伍廷芳,表示以后应商事件"由本大臣与贵代表直接往返电商"。① 此后,南北议和便由公开会谈而转为私下交易,"各方仍不断努力,故代表会形式上取消,而南北运用,未曾停止,仍由伍、唐在内幕沟通商洽"。②

---

① 《唐绍仪等辞议和代表职致清内阁电》《袁世凯关于议和一事直接电商致伍廷芳电》,见中国第二历史档案馆编《中华民国史档案资料汇编》第2辑,53页,南京,江苏古籍出版社,1991。
② 张国淦编著:《辛亥革命史料》,297页。

第二节　南京临时政府的组建

一　筹建中央政府过程中各派的斗争

武昌起义后,南方各省纷纷独立,筹建统一中央政府的问题开始提上议事日程。其时,武昌和上海成为南部中国两个政治中心:武昌为首义之区,革命力量集聚较多;上海为东南重镇,资产阶级与立宪派颇为活跃。正是以此两地为中心,各派政治势力为筹建统一中央政府而展开了激烈的争斗。

1911年11月7日,湖北军政府都督黎元洪致电苏州都督程德全,以"义军四应,大局略定,惟未建设政府,各国不能承认交战团体"为由,征询组建政府的意见。① 9日,湖北都督府又通电各省,请派全权委员赴武昌,组织临时政府,"是为各省民军倡议组织临时政府之始"。② 显然,武昌方面欲以首义之区执组织临时政府之牛耳。

当然,上海方面也不甘落后。11月11日,苏督程德全与浙督汤寿潜致电沪督陈其美,认为"上海一埠,为中外耳目所寄,又为交通便利、不受兵祸之地",主张仿效当年美国由各州会议共和建国的故事,建议在上海设立临时会议机关,请各省举派代表迅速来沪集议,"磋商对内对外妥善之方法,以期保疆土之统一,复人道之和平"。集议方法:各省旧时谘议局与现时都督府各派代表一人,均常驻上海;两省代表到会,

---

① 《黎元洪关于如何组织政府致苏州程都督电》,见辛亥革命武昌起义纪念馆、政协湖北省委员会文史资料研究委员会合编《湖北军政府文献资料汇编》,185页,武汉大学出版社,1986。
② 张难先:《湖北革命知之录》,390页,上海,商务印书馆,1946。

即行开议,续到者随到随议。商议大纲:关于公认外交代表,关于军事进行之联络方法,关于清皇室之处置。① 随后,陈其美据此通电各省都督,请派代表到上海商议组织临时政府事宜。12日,江苏都督府代表雷奋、沈恩孚与浙江都督府代表姚桐豫、高尔登,也通电各省,请各省公认伍廷芳、温宗尧为临时外交代表,并请各省派代表来沪,会商组织临时政府。②

虽然上海与武昌条件各有千秋,但相形之下,武昌略占优势。一来武昌的首义地位不可动摇,上海与江浙仅为响应之地;二来当时领导革命的同盟会重要领袖人物黄兴也在武昌,而上海则主要是附从革命的立宪派与旧官僚集聚之地。于是,上海方面退而求其次,提出"政府设鄂,议会设沪"③的方案,承认政府设在武昌,而力争议会设在上海。

11月15日,江苏都督府代表雷奋,沪军都督府代表袁希洛、俞寰澄、朱葆康,福建都督府代表林长民、潘祖彝在上海召开第一次会议,正式议决会名为"各省都督府代表联合会"。随后,又有镇江都督府代表马良、陶逊,山东都督府代表谢鸿焘、雷光宇,湖南都督府代表宋教仁等人陆续到会。会议一面电请湖北派代表来沪与会,一面表示"承认武昌为民国中央军政府,以鄂军都督执行中央政务"。武昌方面对开会地点设在上海表示异议,认为"既认湖北为中央军政府,则代表会亦自应在政府所在地,府、会地隔数千里,办事实多迟滞,非常时期,恐失机宜"。于是,湖北派代表居正、陶凤集赴沪磋商。在此前后,又有江北都督府代表王照、陈官彦、徐钟令,浙江都督府代表汤尔和、陈时夏,沪军都督府代表马君武、陈陶遗,直隶谘议局代表谷钟秀、张铭勋,河南谘议局代表黄可权等人相继到沪。在湖北代表居正等人的调停下,各省代表同意赴湖北开会,但各省留一人在上海,设立通信机关,"联络声气,以为

---

① 《苏州程都督、杭州汤都督致沪都督电》,见政协浙江省萧山市委员会文史工作委员会编《汤寿潜史料专辑》,594页,《萧山文史资料选辑》(四),浙江萧山,1993。
② 刘星楠:《辛亥各省代表会议日志》,见中国人民政治协商会议全国委员会文史资料研究委员会编《辛亥革命回忆录》第6集,241页,北京,中华书局,1963。
③ 《张謇等致庄蕴宽密函》,见上海社会科学院历史研究所编《辛亥革命在上海史料选辑》,1070页,上海人民出版社,1981。

鄂会后援"。①

11月28日,在上海的各省代表起程赴鄂。这时正值汉阳陷落,武昌面临龟山清军炮火的威胁,各省代表只好将会所设在汉口英租界顺昌洋行。11月30日召开第一次会议,与会代表共计11省23人:江苏雷奋、马君武、陈陶遗,浙江汤尔和、陈时夏、黄群、陈毅,福建潘祖彝,山东谢鸿焘、雷光宇,安徽王竹怀、许冠尧、赵斌,湖南谭人凤、邹代藩,广西张其锽,四川周代本,直隶谷钟秀,河南黄可权,湖北时象晋、胡瑛、王正廷、孙发绪。公推湖南代表谭人凤为议长。12月3日,会议通过由雷奋、马君武、王正廷起草的《中华民国临时政府组织大纲》。该大纲共4章21条,主要内容有:第一,关于临时大总统:临时大总统由各省都督府代表投票选举;临时大总统有统治全国和统率海陆军之权;临时大总统经参议院同意,有宣战、媾和、缔结条约、任用各部部长、派遣外交专使、设立临时中央审判厅之权。第二,关于参议院:参议院由各省都督府所派参议员组成,每省限3人,每人有一表决权;参议院职权除上述与临时大总统相关各权外,尚有议决临时政府之预算、检查临时政府之出纳、议决全国统一之税法币制及发行公债事件、议决暂行法律、议决临时大总统交议事件、答复临时大总统咨询事件等权;参议院未成立前,由各省都督府代表会代行其职权,每省表决权以一票为限。第三,关于行政各部:临时政府设外交、内务、财政、军务、交通五部,各部设部长一人。第四,附则:临时政府成立后六个月内,由临时大总统召集国民会议;临时政府组织大纲施行期限,以中华民国宪法成立之日为止。② 大纲对临时政府的组织作了初步规定。

正当各省代表在武汉开会的时候,江浙联军于12月2日攻克南京。12月4日,在武汉的各省代表全体会议议决:"临时政府设于南京,各省代表开临时大总统选举会于南京。有十省以上之代表到南京,即开选举会,临时大总统未举定以前,仍认鄂军都督府为中央军政府,有代表各省军政府之权。"同一天,留在上海的各省代表沈恩孚、俞寰

---

① 刘星楠:《辛亥各省代表会议日志》,见《辛亥革命回忆录》第6集,241—243页;张难先:《湖北革命知之录》,390—391页。

② 刘星楠:《辛亥各省代表会议日志》,见《辛亥革命回忆录》第6集,243—246页;张难先:《湖北革命知之录》,391—393页。

澄、朱葆康、林长民、马良、王照、欧阳振声、居正、陶凤集、吴景濂、刘兴甲、赵学臣、朱福诜,与江苏都督程德全、浙江都督汤寿潜、沪军都督陈其美,以及章太炎(炳麟)、章驾时、蔡元培、王一亭、黄宗仰(中央)、赵凤昌(竹君)、顾忠琛、彭锡范等人,也议决暂定南京为临时政府所在地,并投票选举黄兴为大元帅,黎元洪为副元帅。① 次日,上海方面为黄兴当选大元帅召开欢迎大会。由于各派政治势力矛盾错综复杂,黄兴以自己"才力不胜"而坚辞不受,建议"举首先起义之黎元洪为大元帅,再由各都督中举一副元帅",表示"愿领兵北伐,誓捣黄龙,以还我大汉河山而后已;至于组织政府,则非兴所能担任者",并认为"孙中山将次回国,可当此任"。众代表坚请,以为"方今军务倥偬,时间异常宝贵。孙君诚为数十年来热心革命之大伟人,然对外非常紧急,若无临时政府,一切交涉事宜,俱形棘手。况大元帅为一时权宜之计,将来中华底定,自当由全国公选大总统。"最后,黄兴才答应"暂时勉任"。②

上海的举动是由同盟会员陈其美、宋教仁与江浙立宪派、旧官僚张謇、汤寿潜、赵凤昌、程德全等人策动而成,此举表明在汉阳陷落、南京"光复"后以上海为中心的江浙方面在筹建临时政府过程中地位的上升。这引起了武汉方面的强烈不满。12月7日,在武汉的各省代表议决:由黎大都督致电沪都督,请其宣告取消大元帅、副元帅名目。第二天,黎元洪通电各省都督说明:"现忽据来电称,沪上有十四省代表推举黄兴为大元帅、元洪为副元帅之说,情节甚为支离,如实有其事,请设法声明取消,以免淆乱耳目。"③

12月12日,江西、浙江、湖北、湖南、奉天、河南、山西、福建、江苏、广西、广东、四川、直隶、安徽等14省代表39人分别从武汉、上海齐集南京。14日,全体代表会议选举浙江代表汤尔和为议长,广东代表王宠惠为副议长,并议决本月16日选举临时大总统。恰在此时,胡瑛、王正廷从武汉致函各省代表团,告知袁世凯所派议和代表唐绍仪抵鄂的消息,并要南京暂缓选举。其函曰:"探其意旨,极欲平和了结。瑛等讨

---

① 刘星楠:《辛亥各省代表会议日志》,见《辛亥革命回忆录》第6集,246、248页。
② 毛注青编著:《黄兴年谱长编》,243—244页,北京,中华书局,1991。
③ 黎元洪:《致各省都督》,见黎元洪《黎副总统政书》卷一,22页,武昌,湖北官纸印刷局,1914。

论此行,于我辈抱持之义,大有希望。瑛等与唐即日赴沪,宁会选举,务乞稍缓。俟唐、伍会商后再举,必得美满结果。此事关系极重,乞诸公极力维持。"①15日,从武汉到南京的浙江代表陈毅也向代表会议报告说:"袁内阁代表唐绍仪到汉时,黎大都督代表已与会晤,据唐代表称,袁内阁亦主张共和,但须由国民会议议决后,袁内阁据以告清廷,即可实行逊位。"于是,会议议决缓举临时大总统,承认上海所举大元帅、副元帅,并在《中华民国临时政府组织大纲》中增加一条:"大总统未举定以前,其职权由大元帅暂任之。"②显然,大总统之职有虚位待袁的意思。

12月17日,黄兴通电力辞大元帅之职,并推举黎元洪为大元帅。南京各省代表会议当即改举黎元洪为大元帅,黄兴为副元帅;又议决因黎大元帅暂驻武昌,由副元帅代行大元帅职权,组织临时政府。21日,黎元洪致电各省代表会议,表示接受大元帅名义,并委黄兴代行大元帅职权。在各省代表的催促下,黄兴勉强同意赴南京就职组织临时政府。就在这时,黄兴获悉孙中山正在回国途中并即将抵沪的消息,便暂时取消赴南京就职之行,而特意在上海等待孙中山的到来。他认为:"孙先生是同盟会的总理,他未回国时我可代表同盟会;现在他已在回国途中,我若不等待他到沪,抢先一步到南京就职,将使他感到不快,并使党内同志发生猜疑。"③孙中山归国,使得临时政府的组建有了众望所归的最合适的领袖人选。

二 孙中山宣告中华民国成立

1911年10月12日,正在美国科罗拉多州丹佛市为革命筹款而奔波的孙中山,从当地报纸上意外地获悉武昌起义成功的消息,心情异常兴奋。他本拟立即起程回国,"亲与革命之战,以快生平",但很快便理智地作出"先从外交方面致力,俟此问题解决而后回国"的决断。他在具体分析了当时的国际形势后认为:在六个与中国最有关系的列强中,

---

① 《胡瑛、王正廷致各省代表团函》,见《辛亥革命在上海史料选辑》,1075页。
② 刘星楠:《辛亥各省代表会议日志》,见《辛亥革命回忆录》第6集,250页。
③ 李书城:《辛亥前后黄克强先生的革命活动》,见《辛亥革命回忆录》第1集,196页。

美法两国是同情革命者,德俄两国是反对革命者,日本是民间同情而政府反对者,英国是民间同情而政府未定者,"是故吾之外交关键,可以举足轻重为我成败存亡所系者,厥为英国;倘使英国右我,则日本不能为患矣"。① 孙中山选取英国作为外交工作的关键,同时也尽力争取其他列强对中国革命的支持。

在美国,孙中山致函美国国务卿诺克斯(P. C. Knox),试图秘密求见,并通过日本驻纽约总领事水野幸吉的代表鹤冈永太郎,表示愿以公开身份访问日本,希望获得美国和日本政府的道义支持与物质援助,但都未能如愿以偿。11月2日,孙中山离开美国,于11日到达英国伦敦。孙中山向英国政府提出三点要求:"一、止绝清廷一切借款;二、制止日本援助清廷;三、取消各处英属政府之放逐令,以便予取道回国。"此要求得到英国政府的许诺。继而孙中山又与四国银行团主任"开商革命政府借款之事",没有结果。② 11月21日,孙中山离开伦敦,到达法国巴黎。孙中山广泛接触法国政界、财界、报界等各界人士,力图谋求其朝野力量的同情与支持。他还特意向东方汇理银行总裁西蒙(S. Simon)请求尽快"贷款予革命临时政府",遭到西蒙的断然拒绝;西蒙说明四国银行团及其政府目前在临时政府与清廷之间"决定就财政观点方面严格采取中立",并表示"一旦民军建立一个为全国所接受、为列强所承认之正规政府时,他们对于在财政上之帮助革命党,将不表反对"。③ 筹款之事毫无着落,孙中山只好于11月24日从马赛起程回国。

12月21日,孙中山到达香港。胡汉民、廖仲恺等人从广州前往迎接。晤谈之间,胡汉民力劝孙中山暂留广东,整兵蓄势而后北伐以收全局之功,反对立即北上沪宁。他认为:"先生一至沪宁,众情所属,必被推戴,幕府当在南京,而兵无可用,何以直捣黄龙?且以选举克强之事观之,则命令正未易行,元首且同虚器,何如留粤,就粤中各军整理,可立得精兵数万,鼓行而前,始有胜算,尽北洋数镇之力,两三月内,未能

---

① 《建国方略·有志竟成》,见《孙中山全集》第6卷,244—245页。
② 《建国方略·有志竟成》,见《孙中山全集》第6卷,246页。
③ 《与西蒙的谈话》,见《孙中山全集》第1卷,563页。

摧破东南,而吾事已济,以实力廓清强敌,乃真成南北统一之局,沪宁相较,事正相反,若骛虚声,且贻后悔。"孙中山则不以为然,坚决主张立即北上,建立统一的革命政府。他说:"以形势论,沪宁在前方,不以身当其冲,而退就粤中,以修战备,此为避难就易,四方同志正引领属望,至此其谓我何?……我若不至沪宁,则此一切对内对外大计主持,决非他人所能任。"①孙中山说服了胡汉民,并携胡汉民等人于当晚乘船离开香港北上赴沪。

12月25日,孙中山抵达上海,受到黄兴、陈其美等同盟会要人及社会各界人士的热烈欢迎。当天的《民立报》连称孙中山为"革命家之泰斗""中国之福星""中国之救世主","先生归来,国基可定,新上海光复后一月,当以此日为最荣"。② 孙中山成了全国人民公认的革命领袖。当时盛传孙中山带有巨款回国以助革命军军饷,中外各报记者纷纷以此相问,孙中山坦然回答说:"革命不在金钱,而全在热心。吾此次回国,未带金钱,所带者精神而已。"③其革命家气度与领袖风范令人感佩不已。

孙中山回国后,立即投身于组建政府的活动。当时,关于临时大总统人选,孙中山当选的呼声最高。但在革命党人内部意见也不完全一致,章太炎曾认为以功则黄兴,以才则宋教仁,以德则汪精卫,"同志多病其妄";宋教仁始则欲戴黄兴为总统,自己为总理,后"不得不服从党议"。12月26日,同盟会要人黄兴、宋教仁、陈其美、汪精卫、居正、马君武等人在哈同花园公宴孙中山,"决定先期分别向各省代表示意,选举中山先生为临时大总统,并由马君武著文在《民立报》披露"。晚上,他们又在孙中山寓所集会,讨论临时政府组织方案。宋教仁主张采内阁制,以黄兴为总理;孙中山主张采总统制,暂不设总理。他说:"内阁制乃平时不使元首当政治之冲,故以总理对国会负责,断非此非常时代所宜。吾人不能对于惟一置信推举之人,而复设防制之法度。余亦不肯徇诸人之意见,自居于神圣赘疣,以误革命之大计。"众人都支持孙中

---

① 《胡汉民自传》,载《近代史资料》总45号,53页,北京,1981。
② 血儿:《欢迎……欢迎》,见1911年12月25日《民立报》,上海。
③ 《与上海〈大陆报〉主笔的谈话》,见《孙中山全集》第1卷,573页。

山,黄兴也劝宋教仁不要坚持己见。① 结果,在同盟会高层领导内部基本达成总统制意向,并拟交由南京各省代表会议表决。但宋教仁仍然保留其内阁制意见。

12月27日,黄兴与宋教仁赴南京参加各省代表会议。会上,黄兴提议三事:"一、改用阳历,二、改为中华民国纪元,三、政府组织取总统制。"讨论结果:第一、二两事并为一案,全体赞成;第三事仍有分歧,宋教仁仍主内阁制,经黄兴剀切说明提案理由后,多数赞成总统制。②

12月29日,各省代表会议在南京用无记名投票法选举临时大总统。参加选举的代表共有17省49人:山西景耀月、李素、刘懋赏,陕西张蔚森、马步云、赵世钰,江苏袁希洛、陈陶遗、雷奋、马良,安徽王竹怀、许冠尧、赵斌,江西林森、赵士北、俞应麓、王有兰、汤漪,浙江汤尔和、陈时夏、黄群、陈毅、屈映光,福建潘祖彝,广东王宠惠、邓宪甫,广西马君武、章勤士,湖南谭人凤、廖名搢、邹代藩、刘揆一、欧阳振声,湖北马伯援、杨时杰、王正廷、胡瑛、居正,四川萧湘、周代本,云南吕志伊、段宇清、张一鹏,山东谢鸿焘、雷光宇,河南李槃、黄可权,直隶谷钟秀,奉天吴景濂。议长汤尔和为主席,刘之洁为监选员。首先公开先前推举的3位临时大总统候选人:孙中山、黎元洪、黄兴;然后正式投票选举临时大总统,每省1票,共计17票。投票结果:孙中山得16票,满投票总数2/3以上,当选为临时大总统。随后会议议决:各省代表具签名书,交正、副议长,到上海欢迎临时大总统到南京就职。③

孙中山得知当选的消息后,立即致电南京各省代表,表示接受。他说:"光复中华,皆我军民之力,文子身归国,毫发无功。竟承选举,何以克当?惟念北方未靖,民国初基,宏济艰难,凡我国民皆具有责任。诸公不计功能,加文重大之服务,文敢不黾勉从国民之后,当刻日赴宁就职。"④消息传出,国内各界人士与社团以及海外华侨,纷纷发来贺电,普天同庆。

---

① 《胡汉民自传》,载《近代史资料》总45号,54、55页,北京,1981;仇鳌:《辛亥革命前后杂忆》,见《辛亥革命回忆录》第1集,446页。
② 毛注青编著:《黄兴年谱长编》,253页。
③ 刘星楠:《辛亥各省代表会议日志》,见《辛亥革命回忆录》第6集,252页。
④ 《复南京各省代表电》,见《孙中山全集》第1卷,575页。

1912年1月1日上午10时,孙中山在各省代表联合会临时议长汤尔和、副议长王宠惠及沪军都督陈其美等人的陪同下,携同军事顾问荷马李和广东都督胡汉民等一行数十人,乘沪宁铁路专车离开上海赴南京就职。下午6时许,孙中山到达南京,并由黄兴等人迎接进入设在前两江总督衙门(太平天国时曾为天王府)的临时大总统府。当晚10时,在一片"共和万岁"的欢呼声中,举行了隆重的临时大总统就职典礼。孙中山庄严宣誓:"倾覆满洲专制政府,巩固中华民国,图谋民生幸福,此国民之公意,文实遵之,以忠于国,为众服务。至专制政府既倒,国内无变乱,民国卓立于世界,为列邦公认,斯时文当解临时大总统之职。谨以此誓于国民。"①随后,他又发布《临时大总统宣言书》,宣称:临时政府乃"革命时代之政府",其根本任务是"尽扫专制之流毒,确定共和,以达革命之宗旨,完国民之志愿";其内政方针是实现民族统一、领土统一、军政统一、内治统一、财政统一;其外交方针为:"临时政府成立以后,当尽文明国应尽之义务,以期享文明国应享之权利。满清时代辱国之举措与排外之心理,务一洗而去之;与我友邦益增睦谊,持和平主义,将使中国见重于国际社会,且将使世界渐趋于大同。"②

孙中山宣誓就职后,下令定国号为"中华民国",正式宣告了中华民国的成立。

三 南京临时政府的基本建制

孙中山就任临时大总统后,便开始组建临时政府的工作。鉴于《临时政府组织大纲》未设副总统,1911年12月31日,云南代表吕志伊、湖南代表宋教仁、湖北代表居正在各省代表会上提出修正案,经会议议决,增设副总统。1912年1月2日,根据《临时政府组织大纲》的有关规定,各省都督府代表会开始代行参议院职权,举定赵士北为临时议长,马君武为临时副议长。当天,安徽、江苏、浙江、福建、广西5省代表再次提出《临时政府组织大纲》修正案,将副总统的选举及其职权等条

---

① 《临时大总统誓词》,见《孙中山全集》第2卷,1页。
② 《临时大总统宣言书》,见《孙中山全集》第2卷,1—3页。

款正式写进《临时政府组织大纲》。①

1月3日,各省代表会以全票(17票)选举黎元洪为临时副总统。

当天,临时大总统孙中山莅会,并提议临时政府中央行政各部及其权限案,经代表会议决通过。该案规定,临时政府中央行政机构设陆军、海军、外交、司法、财政、内务、教育、实业、交通9部,各部设总长1人,次长1人。②据此,孙中山向代表会提出国务员9人名单:陆军总长黄兴,海军总长黄钟英,外交总长王宠惠,内务总长宋教仁,财政总长陈锦涛,司法总长伍廷芳,交通总长汤寿潜,实业总长张謇,教育总长章太炎。对这个名单,有些代表反对宋教仁、王宠惠、章太炎,有些代表主张改伍廷芳主外交,争执不决。黄兴与孙中山商量,认为"钝初(宋教仁)主张初组政府,须全用革命党,不用旧官僚,理由很充足。但在今日情势之下,新旧交替,而代表会又坚持反对钝初长内务,计不如部长取名,次长取实,改为程德全长内务,蔡元培长教育,秩庸(伍廷芳)与亮畴(王宠惠)对调。"孙中山说:"内、教两部,依兄议。外交问题我欲直接,秩老长者,诸多不便,故用亮畴,可以随时指示,我意甚决。商之代表会,外交、司法勿变更。"③结果只调整了内务、教育两部人选。代表会一致通过。

南京临时政府成立时各部总、次长名单如下:④

陆军总长黄　兴　　次长蒋作宾

海军总长黄钟英　　次长汤芗铭

司法总长伍廷芳　　次长吕志伊

外交总长王宠惠　　次长魏宸组

财政总长陈锦涛　　次长王鸿猷

内务总长程德全　　次长居　正

教育总长蔡元培　　次长景耀月

---

① 刘星楠:《辛亥各省代表会议日志》,见《辛亥革命回忆录》第6集,253、254页。
② 《中华民国临时政府中央各部及其权限》,见《中华民国史档案资料汇编》第2辑,8页。
③ 居正:《辛亥札记》,见武汉大学历史系中国近代史教研室编《辛亥革命在湖北史料选辑》,173页,武汉,湖北人民出版社,1981。
④ 《南京临时政府内阁简任员名单》,见《中华民国史档案资料汇编》第2辑,7页。

实业总长张　謇　　次长马君武
交通总长汤寿潜　次长于右任

  从这个名单看来,虽然在各部总长中同盟会会员仅居陆军、外交、教育3部,其余6部均为立宪派或旧官僚,但据上述黄兴所谓"部长取名,次长取实"的原则,各部次长除汤芗铭外,则都是同盟会的重要骨干人物。就各部总长的具体情况来看,"张、汤仅一度就职,与参列各部会议,即出住上海租界。程固虞租界卧病。伍以议和代表,不能管部务。陈日经营借款,亦常居租界。故五部悉由次长代理。部长之负责者,黄、王、蔡耳。时战事未已,中央行政不及于各省,各部亦备员而已;独克强兼参谋总长,军事全权集于一身,虽无内阁之名,实各部之领袖也。"① 在各部之外,又设立以宋教仁为局长的法制局和以胡汉民为秘书长的秘书处等机构。可见,南京临时政府虽然在形式上是由革命派、立宪派与旧官僚等多种政治势力联合执政,但实质上是一个由革命派居于主导地位的民主共和政府。

  南京临时政府行政机构组建后,便开始筹建立法机构——临时参议院。早在1911年12月29日,各省都督府代表联合会在选举孙中山为临时大总统以后,还议决通电各省都督府,"请每省选派参议员三人来宁组织参议院;参议员未到院以前,由本省代表暂留一人乃至三人,代行参议员职务"。② 随后,在各省代表会代行参议院职权的同时,各省所派参议员也陆续奔赴南京。

  1912年1月28日,南京临时参议院正式召开成立大会。由于道路阻隔等原因,各省参议员行程不一,有的省份未能如期到齐,便先由原派代表员暂行代理。"计已到者为广东、湖北、湖南、浙江、江苏、安徽、江西、山西、福建、广西十省,共参议员三十人。未到而以代表员代理者,为贵州、云南、陕西、四川、奉天、直隶、河南七省,共代理员十二人。"③

---

① 《胡汉民自传》,载《近代史资料》总45号,56—57页,北京,1981。
② 刘星楠:《辛亥各省代表会议日志》,见《辛亥革命回忆录》第6集,252页。
③ 平佚:《临时政府成立记》,见中国史学会主编《辛亥革命》第8册,9页。

孙中山出席成立大会,并发表祝辞说:"人有恒言:革命之事,破坏难,建设尤难。夫破坏云者,仁人志士,任侠勇夫,苦心焦虑于隐奥之中,而丧元断胫于为难之际,此其艰难困苦之状,诚有人所不及知者。及一旦事机成熟,倏然而发,若洪波之决危堤,一泻千里,虽欲御之而不可得,然后知其事似难而实易也。若夫建设之事则不然。建一议,赞助者居其前,则反对者居其后矣;立一法,今日见为利,则明日见为弊矣。又况所议者国家无穷之基,所创者亘古未有之制。其得也,五族之人受其福;其失也,五族之人受其祸。呜呼!破坏之难,各省志士先之矣;建设之难,则自今日以往,诸君子与文黾勉仔肩而弗敢推谢者也。矧为北房未灭,战云方急,立法事业,在在与戎机相待为用。破坏、建设之二难,毕萃于兹。诸君子勉哉!各尽乃智,竭乃力,以固民国之始基,以扬我族之大烈,则不徒文一人之颂祷,其四万万人实嘉赖之。"①孙中山对临时参议院寄予了殷切的期望。

据统计,南京临时参议院在1月28日成立至4月8日休会北迁的两个多月时间内,先后与会参议员共计67人,具体名单如下:②

广东:赵士北、钱树芬、丘仓海、<u>金　章</u>
湖南:欧阳振声、彭允彝、刘彦、<u>覃　振</u>
湖北:时功玖、刘成禺、张伯烈、<u>田　桐</u>、<u>刘道仁</u>、<u>胡秉柯</u>、
　　　<u>欧阳启勋</u>
江西:文　群、汤　漪、王有兰
广西:邓家彦、朱文劭、曾　彦、<u>刘　崛</u>
江苏:杨廷栋、凌文渊、陈陶遗
福建:林　森、陈承泽、潘祖彝、郑祖荫
安徽:常恒芳、凌　毅、范光启、<u>胡绍斌</u>
浙江:王正廷、殷汝骊、陈毓川、<u>黄　群</u>
山西:李　素、刘懋赏、景耀月

---

① 《祝参议院开院文》,见《孙中山全集》第2卷,44—45页。
② 参见耿云志等编著《西方民主在近代中国》,231—232页,北京,中国青年出版社,2003。按:所列67名参议员,无下划线的42人是1月31日临时参议院抽签排定议员座次时所记名单,有下划线的25人是此后增补陆续到院的议员。

贵州：平　刚、文崇高
云南：段宇清、张耀曾、席聘臣
陕西：赵世钰、张蔚森、马步云、康宝忠
四川：周代本、张懋隆、吴永珊、熊成章、黄树中、李肇甫
直隶：谷钟秀
奉天：吴景濂
山东：彭占元、刘星楠、于洪起、史泽咸、陈命官
河南：李　鍌、陈景南、丁廷骞、张善与、李载赓

上列参议院议员主要是由各省都督府根据《临时政府组织大纲》有关规定而委派产生的，虽然也有部分议员是由谘议局所派的立宪派人士，但革命党人始终占多数。因此，南京临时参议院与南京临时政府一样，也基本上由革命派所控制。

四　整饬内政的举措

南京临时政府成立后，在以孙中山为首的革命党人的领导下，颁布了一系列法规法令，采取各种政策与措施，进行革命政权的基本建设。

（一）政治方面

建立民主政体，实现五族共和。南京临时政府与临时参议院的建立，标志着资产阶级民主政体在中国大地的正式诞生。在此基础上，以孙中山为首的革命派力主实行五族共和的民族统一政策，实现国家的统一。什么是民族统一？孙中山在发布临时大总统就职宣言书时解释说："国家之本，在于人民。合汉、满、蒙、回、藏诸地为一国，即合汉、满、蒙、回、藏诸族为一人。是曰民族之统一。"①这是孙中山就任临时大总统时宣布的第一条内政方针。在孙中山看来，反对清朝君主专制统治的民主革命是全国人民顺应世界潮流的正义之举，"今全国同胞见及于此，群起解除专制，并非仇满，实欲合全国人民，无分汉、满、蒙、回、藏，

---

① 《临时大总统宣言书》，见《孙中山全集》第2卷，2页。

相与共享人类之自由。究之政体虽更,国犹是国"。① 民族统一是国家统一的基础,如孙中山所谓"共和民国,系结合汉、满、蒙、回、藏五大种族,同谋幸福……国家之事,由全国五族人共组织之"。② 南京临时政府的民族统一政策,有利于促进中华民族这个统一的多民族国家的建立和发展。

(二) 经济方面

保护私有财产,发展实业。1月28日,内务部奉临时大总统令通电各省都督、各军政分府颁布保护人民私有财产政策。具体如下:"(1) 凡在民国势力范围之人民,所有一切私产,均应归人民享有。(2) 前为清政府官产,现入民国势力范围者,应归民国政府享有。(3) 前为清政府官吏所得之私产,现无确实反对民国证据,已在民国保护之下者,应归该私人享有。(4) 现虽为清政府官吏,其本人确无反对民国之实据,而其财产在民国势力范围下者,应归民国政府保护,俟该本人投归民国时,将其财产交该本人享有。(5) 现为清政府官吏,而又为清政府出力反对民国政府,虐杀民国人民,其财产在民国势力范围内者,应一律查抄,归民国政府享有。"③ 后来,关于保护人民私有财产的精神还被写进《临时约法》之中。为了鼓励发展实业,临时政府特设实业部,并要求各省迅速成立实业司。同时鼓励民间兴办各种实业团体,于是南京的中华民国实业协会、上海的中华工学会、中华民国商学会、中华民国工业建设会等团体纷纷建立,形成一股兴办实业的热潮。临时政府还采取了一系列保护农工商业发展的政策和措施。农业方面,临时大总统令内务部通饬各省慎重农事,要求严加保护农民。"其有耕种之具不给者,公田由地方公款,私田由各田主设法资助,俟秋成后,计数取偿。各有司当知此事为国计民生所系,务当实力体行。"④ 工业方面,鼓励创办各种有利于国计民生的工矿企业,如煤矿、铁路、航运、机

---

① 《致北京喀尔沁王(贡桑诺尔布)等蒙古诸王公电》,载《南京临时政府公报》第4号,见中国科学院近代史研究所史料组编辑《辛亥革命资料》(《近代史资料》总25号),30页,北京,中华书局,1961。
② 《致大同府都统(何宗莲)电》,载《南京临时政府公报》第9号,见《辛亥革命资料》(《近代史资料》总25号),70—71页。
③ 《内务部通饬保护人民财产文电》,见《中华民国史档案资料汇编》第2辑,14页。
④ 《临时大总统关于慎重农事致内务部令》,见《中华民国史档案资料汇编》第2辑,35页。

械制造及各类工厂、公司，一经申请，立予批准立案。商业方面，由实业部制定商业注册章程，颁行全国，鼓励各类商业公司自由注册营业。

（三）军事方面

整肃军纪，整编军队。孙中山就任临时大总统的当天就发布了《告海陆军将士文》，要求全国海陆军将士"共励初心，守之勿失。弗婴心小忿而酿阋墙之讥，弗借口共和而昧服从之义，弗怠弛以遗远寇，弗骄矜以误事机，拥树民国，立于泰山磐石之安"。① 当时，南京各军云集，秩序混乱。临时政府设立南京卫戍总督，直属临时大总统，以徐绍桢任总督之职，专门负责南京卫戍事务。1月16日和20日，临时大总统连续发布约束士兵令，要求卫戍总督及各军司令切实奉行，认为"纪律严明，训练有素，然后能保军人之名誉，作民国之干城。我南京军队不乏爱国男儿，亦断不容少数不规则之行为，坏全体之名誉也"。② 2月4日，陆军部颁布《维持地方治安临时军律》12条，明文规定：任意掳掠、强奸妇女、焚杀良民、擅封民屋财产、硬搬良民箱笼及银钱者枪毙；勒索强买、私斗杀伤人者论情抵罪；私入良民家宅、行窃、赌博、纵酒行凶者罚；有类似以上滋扰情形者酌量罚办。③ 在整肃军纪的同时，南京临时政府还着手整编军队。当时云集南京的军队，有苏军、浙军、沪军、赣军、粤军等多省民军，以及革命党人组织的各种名目的敢死队、义勇队、光复军、国民军等，总数不下30万人。陆军部统一整编为21个师，并颁布各种条例、章程，进行正规的军事建制。

（四）法制方面

禁止刑讯、体罚，改革司法制度。3月2日、11日，临时大总统孙中山相继发布禁止刑讯、体罚令，痛斥前清旧司法体制滥用刑讯、体罚的野蛮行径，提倡近代司法的人道精神，要求内务部、司法部通饬所属："不论行政司法官署，及何种案件，一概不准刑讯。鞫狱当视证据之充实与否，不当偏重口供。其从前不法刑具，悉令焚毁。仍不时派员巡视，如有不肖官司，日久故智复萌，重煽亡清遗毒者，除褫夺官职外，付

---

① 《临时大总统告海陆军将士文》，见《中华民国史档案资料汇编》第2辑，3—4页。
② 《临时大总统严加约束士兵令》，见《中华民国史档案资料汇编》第2辑，161页。
③ 《陆军部颁行维持地方治安临时军律文（附军律及示谕）》，载《南京临时政府公报》第7号，见《辛亥革命资料》(《近代史资料》总25号)，49—50页。

所司治以应得之罪。"①"不论司法行政各官署,审理及判决民刑案件,不准再用笞杖、枷号及他项不法刑具,其罪当笞杖、枷号者,悉改科罚金、拘留。"②与此同时,南京临时政府着手改革司法官制。由司法部与法制局编订《司法官制草案》,并建立律师制度和法官考试制度,规定"所有司法人员,必须应法官考试合格人员,方能任用"。③ 至于刑法、民法、诉讼法等各种具体法律,由于南京临时政府存在时间短暂,尚来不及制订,仍基本上沿用前清各法,略加修改,暂时执行。如司法总长伍廷芳所谓:"本部现拟就前清制定之民律草案、第一次刑律草案、刑事民事诉讼法、法院编制法、商律、破产律、违警律中,除第一次刑律草案,关于帝室之罪全章及关于内乱罪之死刑,碍难适用外,余皆由民国政府声明继续有效,以为临时适用法律,俾司法者有所根据。"④

(五)新闻舆论方面

颁布暂行报律,有限度地开放言论。南京临时政府非常重视新闻舆论工作。1月29日,南京临时政府发行日报《临时政府公报》,以"宣布法令,发表中央及各地政事"为主旨。⑤ 3月初,南京临时政府内务部颁布《暂行报律》三章:"(1)新闻杂志已出版及今后出版者,其发行及编辑人姓名须向本部呈明注册,或就近地方高级官厅呈明咨部注册,兹定自暂行报律颁到之日起,截至阳历四月一号止,在此期限内其已出版之新闻杂志,各社须将本社发行及编辑人姓名呈明注册,其以后出版者须于发行前呈明注册,否则不准其发行。(2)流言煽惑关于共和国体,有破坏弊害者,除停止其出版外,其发行人编辑人并坐以应得之罪。(3)调查失实,污毁个人名誉者,被污毁人得要求其更正,要求更正而

---

① 《大总统令内务司法两部通饬所属禁止刑讯文》,载《南京临时政府公报》第27号,见《辛亥革命资料》(《近代史资料》总25号),216页。
② 《大总统令内务司法部通饬所属禁止体罚文》,载《南京临时政府公报》第35号,见《辛亥革命资料》(《近代史资料》总25号),271页。
③ 《大总统咨参议院请议决法制局拟定法官考试委员官职令及法官考试令草案文》,载《南京临时政府公报》第48号,见《辛亥革命资料》(《近代史资料》总25号),357页。
④ 《大总统据司法总长伍廷芳呈请适用民刑法律草案及民刑诉讼法咨参议院议决文》,载《南京临时政府公报》第47号,见《辛亥革命资料》(《近代史资料》总25号),352—353页。
⑤ 《本报暂定则例》,载《南京临时政府公报》第1号,见《辛亥革命资料》(《近代史资料》总25号),11页。

不履行时,经被污毁人提起诉讼,讯明得酌量科罚。"①该报律试图对新闻言论加以管制,尤其是力图限制和取缔有关破坏共和国体的反动言论。不料,此举遭到新闻界的强烈反对。上海报界俱进会及各报馆通电表示"报界全体万难承认",临时大总统孙中山只好令内务部予以取消。他指出:"该部所布暂行报律,虽出补偏救弊之苦心,实昧先后缓急之要序,使议者疑满清钳制舆论之恶政,复见于今日,甚无谓也。又,民国一切法律,皆当由参议院议决宣布乃为有效。该部所布暂行报律,既未经参议院议决,自无法律效力,不得以暂行二字,谓可从权办理。"②

（六）文化教育方面

改革教育方针,发展普通教育。关于教育方针,教育总长蔡元培发表《对于新教育之意见》一文,提出军国民教育、实利主义教育、公民道德教育、世界观教育、美感教育五项主义,作为共和民国的新教育方针。他认为:"军国民主义为体育,实利主义为智育,公民道德及美育皆毗于德育;而世界观则统三者而一之。"对于前清钦定教育宗旨的"忠君"与"尊孔"两条,蔡元培予以彻底否定,以为"忠君与共和政体不合,尊孔与信教自由相违",主张用世界观教育与美育取而代之。③ 这个教育方针在南京临时政府教育改革过程中已得到初步体现。蔡元培领导的教育部相继颁布《普通教育暂行办法》14条和《普通教育暂行课程标准》11条,对于旧的教育制度和教学内容进行了改革。《普通教育暂行办法》规定:各项学堂均改称学校,监督、堂长一律改称校长;初等小学校可以男女同校;各种教科书务必合乎共和民国宗旨,清学部颁行之教科书一律禁用;不合共和宗旨的各种教科书必须修改;小学读经科一律废止,手工科应加注重;高等小学以上体操科应注重兵式;旧时奖励出身一律废止,各类学校毕业者称该类学校毕业生。《普通教育暂行课程标准》具体规定了小学、中学、师范学校的科目设置:初等小学校科目为修身、国文、算术、游戏、体操,视地方情形得加设图画、手工、唱歌之一科或数

---

① 《内务部颁布暂行报律电文》,载《南京临时政府公报》第30号,见《辛亥革命资料》(《近代史资料》总25号),239页。
② 《大总统令内务部取消暂行报律文》,载《南京临时政府公报》第33号,见《辛亥革命资料》(《近代史资料》总25号),257页。
③ 《蔡元培对于新教育之意见》,见《中华民国史档案资料汇编》第2辑,468—475页。

科,女子加课以裁缝;高等小学校之科目为修身、国文、算术、中华历史、地理、博物、理化、图画、手工、体操(兼游戏),女子加裁缝,视地方情形得加设唱歌、外国语、农工商业之一科或数科;中学校之科目为修身、国文、外国语、历史、地理、数学、博物、理化、图画、手工、法制经济、音乐、体操,女子加家政、裁缝;师范学校之科目为修身、教育、国文、外国语、历史、地理、数学、博物、理化、法制经济、习字、图画、手工、音乐、体操,女子加家政、裁缝,视地方情形得加设农工商业之一科。① 关于高等教育,虽然尚未制定新的规章,南京临时政府教育部仍通电各省,要求各地高等以上学校"应令暂照旧章办理。惟《大清会典》《大清律例》《皇朝掌故》《国朝事实》及其他有碍民国精神暨非各学校应授之科目,宜一律废止。此外关于前清御批等书,一律禁止滥用"。② 南京临时政府积极发展普通教育,为民国时期学校教育的发展奠定了一定的基础。

总之,南京临时政府虽然存在时间短暂,处境非常困难,但还是在政治、经济、军事、法制、新闻舆论与文化教育等各项内政改革方面作出了积极的努力。虽然不少政策与措施并未完全付诸实施,成效也不显著,但这些举措都为近代中国民主共和制度的建设积累了必要的经验教训,其理论价值与历史意义都不容低估。

五　新形势下的新气象

革命的风暴在推动政权更替的同时,也促进了人们社会生活方式与风俗习惯改革潮流的兴起。1912 年 2 月 23 日,民国要人唐绍仪、蔡元培、刘冠雄、汪精卫、宋教仁、钮永键、戴季陶、王正廷等 26 人发起组织社会改良会。该会标榜"以人道主义及科学知识为标准而定改良现今社会之条件"为宗旨,主张"以人道主义去君权之专制,以科学知识去神权之迷信",希望培养具有共和思想之国民,提出:"尚公德,尊人权,贵贱平等,而无所谓骄谄,意志自由,而无所谓徽倖,不以法律所不及而

---

① 《教育部关于普通教育暂行办法及课程标准至副总统及各省都督咨》,见《中华民国史档案资料汇编》第 2 辑,463—467 页。
② 《教育部禁用前清各书通告各省电文》,载《南京临时政府公报》第 32 号,见《辛亥革命资料》(《近代史资料》总 25 号),254 页。

自恣,不以势力所能达而妄行,是皆共和思想之要素,而人人所当自勉者也。"《社会改良会章程》详细列举了36条需要改良的社会风习,涉及社会生活的方方面面,如不狎妓,不置婢妾,实行男女平等,提倡废止早婚,提倡自主结婚,承认离婚、再嫁之自由,不得歧视私生子,提倡少生儿女,禁止对儿童体罚,不得苛待佣工,废跪拜礼,废"大人""老爷"称呼,废缠足,不赌博,为官时不受馈赠,一切应酬礼仪宜去繁文缛节,戒除迎神、供奉偶像牌位及风水、阴阳禁忌等迷信,讲究公共卫生,戒除有碍风化之广告及各种印刷品,等等。① 民国初年,社会风习的改良不仅仅是社会团体或个人的行为,南京临时政府成立后,在这方面也做了大量的工作。

改元与改历。采用中华民国纪元和改用阳历都是由孙中山提议的。1911年12月31日,已经当选临时大总统的孙中山特派黄兴到南京出席各省代表会议,"议改用阳历,并以中华民国纪元。经议决自农历十一月十三日起,即阳历元旦,改用阳历,以中华民国纪元,称中华民国元年一月一日。"②1912年1月2日,孙中山就任临时大总统的次日,便通电各省都督正式宣布改历改元:"中华民国改用阳历,以黄帝纪元四千六百九年十一月十三日,为中华民国元年元旦。"③这是中国正式使用阳历纪年的开始。

提倡公仆意识与廉洁作风。1911年12月29日,孙中山被各省代表会选举为临时大总统,他在致各省都督电中称"今日代表选举,乃认文为公仆",④直视民国总统为国民公仆。这种公仆意识,在孙中山就任临时大总统以后仍然始终保持着。他曾发布通令,要求所有政府官员"须知凡属官员,皆系为民服务,官规具在,莫不负应尽之责任,而无特别之利益"。⑤ 孙中山自己更是以身作则,始终保持国民公仆形象。据孙中山的临时大总统府侍从队长郭汉章回忆:当时有位年过八旬的

---

① 《社会改良会宣言》《社会改良会章程》,见陈旭麓主编《宋教仁集》下册,377—379页,北京,中华书局,1981。
② 刘星楠:《辛亥各省代表会议日志》,见《辛亥革命回忆录》第6集,253页。
③ 《临时大总统改历改元通电》,见《孙中山全集》第2卷,5页。
④ 《致各省都督军司令长电》,见《孙中山全集》第1卷,575页。
⑤ 《为民服务通令》,见陈旭麓、郝盛潮主编《孙中山集外集》,680页,上海人民出版社,1990。

萧姓盐商特地从扬州赶到南京想瞻仰一下大总统的风采,以"看看民主气象"。孙中山热情地接待了他,与他亲切交谈,最后告诉他:"总统在职一天,就是国民的公仆,是为全国人民服务的。"萧老问道:"总统若是离职后呢?"孙中山回答:"总统离职以后,又回到人民的队伍里去,和老百姓一样。"萧姓老人告辞后情不自禁地发出"今天我总算见到民主了"的感叹。① 孙中山生活简朴,很平民化,在南京任临时大总统时,"扫除了中国旧官僚讲排场、摆架子的恶风,也减除了一些官僚式的繁文缛节,无论官阶大小都着同样制服……在南京开创了一种新时代的风气"。② 那就是廉洁奉公的工作作风。

改变称呼与废除跪拜礼仪。前清官场的"大人""老爷"等称呼,严格地反映了身份与地位的等级观念,显然与民主共和、人人平等的宗旨不合。孙中山特意下达总统令,革除前清官厅"大人""老爷"等称呼,要求"嗣后各官厅人员相称,咸以官职;民间普通称呼则曰先生,曰君,不得再沿前清官厅恶称。"③ 孙中山还提出废止跪拜礼,以普通相见为一鞠躬,最敬之礼为三鞠躬,得到南京各省代表会全体议决通过。④ 从此,人们相见时逐渐以鞠躬、握手等礼节取代跪拜礼。

限期剪辫与劝禁缠足。蓄辫,是清朝统治的象征;剪辫,便是"反满"革命的标志。革命党人在清末从事革命运动的时候已开始剪辫行动,表示与清王朝决裂的志向。武昌起义后,各独立省区的人民纷纷以剪辫行为来庆祝革命的胜利。孙中山还以临时大总统名义发布限期剪辫的命令,要求"凡未剪辫者,于令到之日,限二十日一律剪除净尽。有不尊者,违法论。"⑤ 由此掀起一个群众剪辫的高潮。当时浙江鄞县有剪辫诗云:"城市少年好事徒,手持快剪伺于途,瞥见豚尾及锋试,道旁观者拍手呼。"⑥ 此后虽然仍有不少前清遗老遗少头上拖着辫子,但剪辫业已成为一股新的社会风气。至于劝禁缠足,清末新政时期清政府

---

① 郭汉章:《南京临时大总统府三月见闻录》,见《辛亥革命回忆录》第6集,294页。
② 李书城:《辛亥前后黄克强先生的革命活动》,见《辛亥革命回忆录》第1集,199页。
③ 《临时大总统关于革除前清官厅称呼致内务部令》,见《中华民国史档案资料汇编》第2辑,31页。
④ 袁希洛:《我在辛亥革命时的一些经历和见闻》,见《辛亥革命回忆录》第6集,288页。
⑤ 《临时大总统关于限期剪辫致内务部令》,见《中华民国史档案资料汇编》第2辑,32页。
⑥ 《鄞县通志·文献志第四》,转引自严昌洪《中国近代社会风俗史》,236—237页,杭州,浙江人民出版社,1992。

曾经发布劝戒缠足的上谕，但因只是劝而不禁，收效不大。缠足作为一种残害女性身体与心灵的陋习，在清末并未根除。民国成立后，临时大总统孙中山发布劝禁缠足令称："当此除旧布新之际，此等恶俗尤宜先事革除，以培国本。"他要求内务部"速行通饬各省一体劝禁。其有故违禁令者，予其家属以相当之罚"。① 据此，内务部咨各省都督文称："已缠者，令其必放，未缠者，毋许再缠。倘乡僻愚民，仍执迷不悟，则或编为另户，以激其羞恶之心，或削其公权，以生其向隅之感。"②显然，南京临时政府进一步加大了反缠足的力度，女子放足的风气也因此大开。"女子裹脚从此解放了，已裹的放掉，已经裹小的也放大，社会上很自然地一致认定，民国纪元以后生下的女儿，一概不裹脚。"③事情当然不会如此绝对，但从此以后放足与不裹脚风气日渐盛行，则是毋庸置疑的。

禁烟与禁赌。鸦片是毒害近代中国的一个巨型毒瘤。临时大总统孙中山发布禁烟令称："鸦片流毒中国，垂及百年。推其为祸之烈，小足以破业陨身，大足以亡国灭种。"要求内务部厉行禁止，"务使百年病根，一旦拔除，强国保种，有厚望焉"。④ 赌博也是危害社会的一种陋习。南京临时政府内务部呈请临时大总统，要求严行禁赌，"无论何项赌博，一体禁除。凡人民宴会游饮集合各场所，一概不准重蹈赌博旧习。其店铺中有售卖各种赌具者，即著自行销毁，嗣后永远不准出售。责任各该地方巡警，严密稽查。倘有违犯，各按现行律科罪，以绝赌风而肃民纪"。⑤ 吸鸦片烟与赌博的风气稍有收敛。

禁止买卖人口与解放"贱民"。买卖人口与所谓疍户、惰民、丐户等"贱民"阶层的存在，是与人权平等的精神相违背的，为此，孙中山发布了禁止买卖人口和解放"贱民"的命令。禁止买卖人口令宣称："民国开国之始，凡属国人咸属平等。背此大义，与众共弃。……嗣后不得再有买卖人口情事，违者罚如令。其从前所结买卖契约悉予解除，视为雇主

---

① 《临时大总统关于劝禁缠足致内务部令》，见《中华民国史档案资料汇编》第2辑，35页。
② 《内务部咨各省都督禁止缠足文》，载《南京临时政府公报》第45号，见《辛亥革命资料》(《近代史资料》总25号)，336页。
③ 黄炎培：《我亲身经历的辛亥革命事实》，见《辛亥革命回忆录》第1集，68页。
④ 《临时大总统关于厉行禁烟法令致内务部令》，见《中华民国史档案资料汇编》第2辑，33、34页。
⑤ 《内务部为禁赌呈》，见《中华民国史档案资料汇编》第2辑，33页。

雇人之关系，并不得再有主奴名分。"①所谓解放"贱民"，就是给予疍户、惰民、丐户等"贱民"阶层以国家公民应有的人权，"对于国家社会之一切权利，公权若选举、参政等，私权若居住、言论、出版、集会、信教之自由等，均许一体享有，毋稍歧异，以重人权而彰公理"。②

禁绝贩卖"猪仔"与保护华侨。贩卖"猪仔"的悲惨历史与各国华侨的艰难生活境况，为长期侨居海外的孙中山所深悉。由于荷属侨民曹运郎等人的呈请，临时大总统孙中山一面命令广东都督严禁贩卖"猪仔"，认为"禁止猪仔出口，尤为刻不容缓之事……务使奸人绝迹，以重人道而崇国体"。一面又命令外务部妥筹杜绝贩卖及保护华侨办法。命令宣称："海疆各省，奸人拐贩猪仔，陷人涂炭，曩在清朝熟视无睹，致使被难同胞穷而无告。今民国既成，亟应拯救，以尊重人权，保全国体。又侨民散居各岛，工商自给者，亦实繁有徒，屡被外人凌虐，然含辛茹苦，挚爱宗邦。今民国人民同享自由幸福，何忍侨民向隅，不为援手。除令广东都督严行禁止猪仔出口外，合亟令行该部妥筹杜绝贩卖及保护侨民办法，务使博爱平等之义，实力推行。"③

可见，南京临时政府为推动社会改良采取了不少政策与措施。这些政策和措施的实行，逐渐改变了社会风习和人们的精神风貌，"所有卑贱、颓废、放荡行为，有些减少，有些完全消灭了"；"辛亥革命无数头颅所换得来的，除推翻封建帝制以外，广大民众的体格、品格相当提高了"。④民国初年，在封建帝制被推翻、民主共和国建立的新形势下，社会上一时出现了朝气蓬勃的新气象。

---

① 《大总统令内务部禁止买卖人口文》，载《南京临时政府公报》第27号，见《辛亥革命资料》（《近代史资料》总25号），216页。
② 《大总统通令开放疍户惰民等许其一体享有公权私权文》，载《南京临时政府公报》第41号，见《辛亥革命资料》（《近代史资料》总25号），302页。
③ 《临时大总统关于严禁贩卖猪仔致广东都督令》《临时大总统关于妥筹禁绝贩卖猪仔及保护华侨办法致外务部令》，见《中华民国史档案资料汇编》第2辑，36页。
④ 黄炎培：《我亲身经历的辛亥革命事实》，见《辛亥革命回忆录》第1集，68页。

第三节 清帝宣布退位

一 南方的北伐与妥协

武昌起义以后,南方各省在相继"光复"的过程中,为了推翻清王朝以取得革命的最后胜利,业已开始进行北伐的准备。

1911年11月3日,就在上海起义的当天,上海军政分府发布宣言书便宣称要"举北伐之师,讨将亡之虏"。① 随后,上海各界群众组织了各式各样的军事团体:有青年学生、革命党人及其他各界人士组织的中华学生军、学生北伐队、学生军、学生守卫团、中华民国学生军、学生北伐团、国民军北伐团、志愿决死团、义务宪兵队、中华民国北伐先锋队、十字军北伐队、沪宁北伐义勇军、铁血团、中华民国义军,有妇女组织的女民国军、女子北伐"光复"军、女子军事团、同盟女子经武练习队、女子尚武会,还有各省旅沪人士组织的河南北伐军支部、旅沪湘人北伐队、江西北伐队、直豫皖三省北伐军、蜀汉军、川滇黔桂四省北伐军。这些团体大都以北伐为目的,不仅从其命名上可以看出,而且其发表的宣言、章程有更清楚的说明。如学生北伐队"以渡黄河,捣幽燕,犁满虏之庭穴,启汉族之光荣为惟一之宗旨";国民军北伐团"以速行进军克复南北两京为宗旨";志愿决死团"以克复金陵、恢复江汉、直捣幽燕为宗旨";女子尚武会"目的在办理北伐军之后方勤务",等等。② 与此同时,

---
① 《上海军政分府宣言书》,见《辛亥革命在上海史料选辑》,139页。
② 《通电各省都督组织联军等》,见《辛亥革命在上海史料选辑》,371页。

沪军都督陈其美通电南方独立各省,建议组织北伐联军。电称:"北京未下,大局难平,拟组织联军,共谋北伐。现定蜀、湘、楚为第一军,由京汉路进行;宁、苏、皖、浙为第二军,由京浦路进行;闽、粤为第三军,由海道进行。"①12月5日,上海各界集会成立北伐联合会,推程德全为会长,章驾时为副会长,朱芸为司令。该会设立作为"民立战时行政机关"的中华全国军机统一总汇处,"以联合各省都督,会同北伐,招集兵队,统合军机,以期一致进行,共谋光复为宗旨"。② 陈其美的通电和北伐联合会的成立,表明上海方面希望南方独立各省联合起来统一进行北伐的强烈愿望。

与上海一样,其他南方独立省区也纷纷响起了北伐的呼声。如广东学生队发布宣言书,宣称:"驱逐满虏,唾手燕云,还我河山,复我自由;振大汉之天声,成共和之政府,将于今日基之矣。"他们组织北伐队,以"戡定中原,恢复神京"为宗旨。③ 广西省议院致电各省军政府:"乞速会兵北伐,勿再信和,贻误大局。"浙江共和促进会通电各报馆认为:"北伐计划已定,和议万不可迁就。"山西军政府代表告各省书称:"会师北伐,刍秣糇粮,晋虽编(偏)小,惟力是视,决不为天下后。"④贵州都督杨荩诚致电黎元洪,表示"拟亲督军北伐"。⑤ 其时,广东北伐军已率先付诸行动,由司令姚雨平、副司令马锦春"督师北上",进抵上海,准备"与各省义师讨贼"。⑥ 江浙联军也在南京召开军事大会,推举徐绍桢为北伐总司令,并通电各省都督,准备北伐。

南京临时政府成立后,南方独立各省的北伐呼声进一步高涨起来。各地军民纷纷表示:"北伐北伐,纵以吾辈之血,染成民国地图,亦所不

---

① 《学生北伐队简章》《国民军北伐团简章》《决死团招集团员简章》《女子尚武会招生广告》,见《辛亥革命在上海史料选辑》,557、571、577、600页。
② 《北伐联合会订定军机统一总汇处章程》,见"'中华民国'开国五十年文献编纂委员会"编纂《开国规模》,567页,台北,正中书局,1974。
③ 《岭表风云中之健儿》,见1911年11月26日《民立报》,上海。
④ 《广西省议院致各省军政府电》《浙江共和促进会致各报馆等电》《晋军政府代表告各省书》,见《辛亥革命在上海史料选辑》,262、264—265、272页。
⑤ 《杨荩诚致黎元洪电》,见贵州省社会科学院历史研究所编《贵州辛亥革命资料选编》,31页,贵阳,贵州人民出版社,1981。
⑥ 《粤军胡都督为出师北伐致沪鄂都督及黄大元帅照会》,见《开国规模》,584页。

惜";"和议恐不可恃。……誓与北军决一死战。"①临时大总统孙中山也坚决主张北伐。1912年1月4日,孙中山致电广东代理都督陈炯明称:"中央政府成立,士气百倍,和议无论如何,北伐断不可懈。广东民军勇敢素著,情愿北伐者甚多,宜速进发。"②孙中山甚至表示"拟俟和议决裂后,亲统大兵北伐"。③1月7日,孙中山致电黎元洪,确定了六路北伐的计划:"现在用兵方略,当以鄂、湘为第一军,由京汉铁道进;宁、皖为第二军,向河南进,与第一军会于开封、郑州之间;淮阳为第三军,烟台为第四军,向山东进,会于滦州、秦皇岛;合关外之兵为第五军,山、陕为第六军,向北京进。一、二、三、四军既达第一之目的后,与第五、六军直指敌巢。"④随后,集结在南京周围的粤军姚雨平部和皖军柏文蔚部沿津浦路北进,攻占徐州;关外大都督蓝天蔚部与沪军北伐先锋队刘基炎部先后从上海乘兵舰北上,进抵烟台,并拟进攻东北。除此而外,其他各路军队并未行动,北伐实际进展不大,最终在南北议和的妥协中夭折。

关于南北议和,南方的目的是清帝退位,试图以和平的手段达到革命的目的;袁世凯的目的则是取得政权,为此他不惜玩弄两面手法,"一方挟满族以难民党,一方则张民党以迫清廷,时人谓之新式曹操"。⑤民党、清廷、袁世凯三方的关系颇为微妙,民党与清廷势不两立,袁世凯恰好操纵其间。因此,南北议和其实只不过是民党与袁世凯之间如何处置清廷的一桩交易罢了,其关键有两个互为前提的条件:一是南方许诺袁世凯为民国大总统;二是袁世凯答应迫使清帝退位。

南北议和曾经因为南京临时政府的成立而一度出现波折,但南北双方事实上始终没有真正放弃议和,交易仍在秘密进行。袁世凯在唐绍仪辞去代表职务后便与伍廷芳直接通过电报联系,同时,唐绍仪仍在上海与伍廷芳不断地进行秘密交涉。这个时期,双方交涉的主要内容

---

① 《漳州司令官刘蔚等致孙中山等电》《大通军政分府黎宗岳致海军司令部电》,见《辛亥革命在上海史料选辑》,279页。
② 《致陈炯明电》,见《孙中山全集》第2卷,7—8页。
③ 《专电·南京电报》,见1912年1月12日《民立报》,上海。
④ 《复黎元洪电》,见《孙中山全集》第2卷,14页。
⑤ 《胡汉民自传》,载《近代史资料》总45号,58页,北京,1981。

集中在袁世凯迫使清帝退位的交换条件上,即孙中山在清帝退位后辞去临时大总统职务,并推举袁世凯为民国大总统。对此,南方各派政治势力基本上是赞同的,孙中山也并不反对。

早在孙中山当选临时大总统时,他曾致电袁世凯,说明南方组织临时政府乃形势所迫,"盖以东南诸省久缺统一之机关,行动非常困难,故以组织临时政府为生存之必要条件"。他同时表示自己出任临时大总统也是"暂时担任",仍在等待袁的反正,认为"公方以旋转乾坤自任,即知亿兆属望,而目前之地位尚不能不引嫌自避;故文虽暂时承乏,而虚位以待之心,终可大白于将来。望早定大计,以慰四万万人之渴望"。① 对此,袁世凯颇为不满。他一方面以唐绍仪越权为由,宣布取消唐的议和代表资格;另一方面又唆使段祺瑞、冯国璋、姜桂题等北洋将领联名电奏清廷,极力主张君主立宪而反对共和,并"吁请满族亲王和贵族们出钱继续打仗"。② 这实际上是在给南方施加压力。

1912年1月2日,孙中山再次向袁世凯重申希望以和平的方式达到革命的目的,并表示推袁为总统的诚意。他说:"倘由君之力,不劳战争,达国民之志愿,保民族之调和,清室亦得安乐,一举数善,推功让能,自是公论。"③但袁世凯仍然对南京组织临时政府和孙中山当选临时大总统心存疑虑。1月5日,袁世凯致电伍廷芳诘问:"此次选举总统是何用意?设国会议决为君主立宪,该政府暨总统是否亦即取消?"④同时,他还通过唐绍仪询问伍廷芳:"孙君肯让袁君,有何把握,乞速详示。"⑤迫切希望得到南方的切实保证。1月15日,孙中山通过伍廷芳向袁世凯明确表示:"如清帝实行退位,宣布共和,则临时政府决不食言,文即可正式宣布解职,以功以能,首推袁氏。"⑥袁世凯得到孙中山的这个保证后,便开始加紧进行"逼宫",迫使清帝退位。

---

① 《致袁世凯电》,见《孙中山全集》第1卷,576页。
② 《朱尔典爵士致格雷爵士电》,见胡滨译《英国蓝皮书有关辛亥革命资料选译》上册,201页。
③ 《复袁世凯电》,见《孙中山全集》第2卷,5页。
④ 《袁世凯电责南京组织政府电》,见《开国规模》,536页。
⑤ 《致孙文黄兴电》,见丁贤俊、喻作凤编《伍廷芳集》下册,440页。
⑥ 《复伍廷芳电》,见《孙中山全集》第2卷,23页。

二 袁世凯的逼宫

袁世凯早就对清廷怀有异心,武昌起义正是其实现野心的天赐良机。正如赵秉钧所说:"项城本具雄心,又善利用时机,武昌事起,举朝皇皇,起用项城,授以指挥全国军队全权,正是大有为时机,得以偿其抱负。"① 袁世凯被清廷起用之初,便开始预谋收拾南北局势。他曾派人密告梁士诒说:"南方军事,尚易结束,北方政治,头绪棼如,正赖燕孙(梁士诒)居中策划一切。请与唐少川(绍仪)预为布置。"② 正是依靠策士梁士诒、唐绍仪等人的"策划"和"布置",袁世凯得以在南北对峙的政局中纵横捭阖,最终实现了自己的政治野心。

袁世凯始终在玩弄两面手法,"一方面挟北方势力,与南方接洽;一方面借南方势力,以胁制北方"。③ 因此,在与南方议和谈判的过程中,袁世凯业已着手从多方面给清政府施加压力,为最后的逼宫作铺垫。1912年1月3日,驻俄公使陆徵祥联合驻外各国公使,电请清帝逊位。④ 1月4日,北京《官话报》发表社论,"敦促朝廷接受必不可免的事情并逊位","该报竟以路易十四和理查一世的命运告诫朝廷"。⑤ 1月12日,驻上海外国商会致电袁世凯、奕劻、载沣,认为清廷已对中国大部分地区失去控制效力,而全国大部分人民的思想是承认共和、反对专制政体,要求奕劻、载沣"迅速转致宫廷并各皇族,立刻设法俯顺舆情"。⑥ 1月15日,开缺两广总督袁树勋与四川总督岑春煊等人电奏,要求清廷"明降谕旨,早定共和政体,上法唐虞,特畀袁世凯以全权,与民军代表组合相当政府","俾天下知禅让美德,实出自朝廷本怀"。⑦ 以上大都出自袁世凯的授意和梁士诒等人的策划,由此而人为地造成

---

① 张国淦编著:《辛亥革命史料》,298页。
② 凤冈及门弟子编:《三水梁燕孙先生年谱》上册,100页,1946。
③ 张国淦编著:《辛亥革命史料》,298页。
④ 凤冈及门弟子编:《三水梁燕孙先生年谱》上册,105页。
⑤ 《致达·狄·布拉姆函》,见[澳]骆惠敏编《清末民初政情内幕——〈泰晤士报〉驻北京记者袁世凯政治顾问乔·厄·莫理循书信集》上册,刘桂梁等译,825页。
⑥ 《驻沪洋商团致袁内阁及奕劻、载沣建议七条译文稿》,见《辛亥革命在上海史料选辑》,1076—1077页。
⑦ 《宣统三年十一月二十七日开缺两广总督袁树勋等致内阁请代奏电》《宣统三年十一月二十七日四川总督岑春煊致内阁请代奏电》,见中国史学会主编《辛亥革命》第8册,160—161页。

了一个各方面要求清帝退位的氛围。

与此同时,袁世凯还把清帝退位的优待条件秘密地告诉庆亲王奕劻,说这是替清室和满人谋安全的最上办法,革命党既不让步,用兵实在危险。1月12日,清室王公亲贵就议和形势召开秘密会议,奕劻提出退位的话题,除了几个少年亲贵表示反对外,大都意气消沉。次日,载沣访袁,探询退位的问题,袁世凯敷衍了事。① 此刻,袁世凯对于清室的态度已经心中有数了。

1月16日,袁世凯亲自出马。他以内阁总理的身份,率全体国务大臣联衔上奏清廷,宣称清廷大局岌岌可危。奏曰:"战地范围,过为广阔,几于饷无可筹,兵不敷遣,度支艰难,计无所出,筹款之法,罗掘俱穷……常此迁延,必有内溃之一日。倘大局至此,虽效周室之播迁,已无相容之地。"南方民军"万众之心,坚持共和,别无可议"。各国列强因此次战祸而贸易损失不小,"若其久事争持,则难免不无干涉",希望清廷"俯鉴大势,以顺民心",否则将出现法国革命那样不堪设想的后果。"读法兰西革命之史,如能早顺舆情,何至路易之子孙,靡有孑遗也。"②当天,袁世凯在退朝回家途经东华门大街时,遭到革命党人张先培、杨禹昌、黄之萌等人的炸弹伏击,侍卫长袁金标毙命,并有护兵及巡警数人受伤,袁世凯得以逃脱,张、杨、黄三位革命党人被捕牺牲。袁世凯虚惊一场,便借故请假不再入朝,而仍在幕后操纵逼宫活动。

1月17日,清廷召开内阁会议。醇亲王载沣、庆亲王奕劻、恭亲王溥伟诸王及蒙古王公均与会,内阁总理大臣袁世凯称病未到,派民政大臣赵秉钧、邮传大臣梁士诒为代表。会上,赵秉钧传达了袁世凯的意旨,他说:"革命党势甚强,各省响应,北方军不足恃。袁总理欲设临时政府于天津,与彼开议,或和或战,再定办法。"此言一出,当即遭到恭亲王溥伟的强烈反对,双方唇枪舌剑,争执不下。最后,庆亲王奕劻打圆场,认为"事体重大,我辈亦不敢决,应请旨办理"。众人随声附和,会议不欢而散。③

---

① 参见李剑农《戊戌以后三十年中国政治史》,133页,北京,中华书局,1965。
② 张国淦编著:《辛亥革命史料》,299—300页。
③ 溥伟:《让国御前会议日记》,见中国史学会主编《辛亥革命》第8册,111—112页。

1月19日，清隆裕太后在养心殿召集满蒙王公亲贵"醇王、(溥)伟、睿王、肃王、庄王、润贝勒、涛贝勒、朗贝勒、泽公、那王、贡王、帕王、宾图王、博公"14人，举行御前会议，讨论君主立宪与民主共和问题。当太后提出"是君主好还是共和好"的问题时，众人均"力主君主"，认为"无主张共和之理"。太后再抖出奕劻与袁世凯所谓"革命党太厉害，我们没枪炮，没军饷，万不能打仗"及"必使摄政王退位"的说法，溥伟、那彦图、载泽、善耆等人纷纷表示反对。他们一面攻击"奕劻欺罔"，认为"嗣后不要再信他言"；一面坚决主战，甚至要求太后拿出宫中金银器皿，暂充战费，"虽不足数，然而军人感激，必能效死。如获一胜仗，则人心大定，恩以御众，胜则主威"。但隆裕太后已有无力回天之感，她说："胜了固然好，要是败了，连优待条件都没有，岂不是要亡国么？"会议无结果而散。①

同一天，外务大臣胡惟德、民政大臣赵秉钧、邮传大臣梁士诒联衔奏称："人心已去，君主制度恐难保全，恳赞同共和，以维大局。"②这显然是袁世凯意图的进一步公开表露。

为了最终迫使清廷就范，袁世凯再一次打出北洋势力这张王牌。1月26日，在袁世凯的授意下，段祺瑞联合北洋将领姜桂题、段芝贵、倪嗣冲、王占元、曹锟、李纯、潘矩楹、王怀庆、张怀芝等50人，致电内阁、军谘府、陆军部并王公大臣，请代奏清廷，建议清廷接受优待条件，赞同共和，否则后果不堪设想。电文曰："虽祺瑞等公忠自励，死生可保无他，而饷源告匮，兵气动摇，大势所趋，将心不固，一旦决裂，何所恃以为战。深恐丧师之后，宗社随倾，彼时皇室尊荣，宗藩生计，必均难求满志，即拟南北分立，勉强支持，而以人心论，则西北骚动，形既内溃，以地理论，则江海尽失，势成坐亡。"他们强烈要求清廷"明降谕旨，宣示中外，立定共和政体，以现内阁及国务大臣等，暂时代表政府"。其咄咄逼人之势，令清廷无处藏身，清帝退位问题已经毫无回旋余地。1月30日，清廷再次召开御前会议，"各亲贵王公对于共和，均不反对"。③

---

① 溥伟：《让国御前会议日记》，见中国史学会主编《辛亥革命》第8册，112—114页。
② 凤冈及门弟子编：《三水梁燕孙先生年谱》上册，105页。
③ 张国淦编著：《辛亥革命史料》，305—306页、311页。

2月3日,清廷发布上谕:"著授袁(世凯)以全权,研究一切办法,先行迅速与民军商酌条件,奏明请旨。"①一纸上谕,终于使清廷完全把自己的命运交给了袁世凯。

三 宗社党的反袁活动

在袁世凯逼宫的过程中,曾经一度遭到部分清室王公亲贵的激烈反对,并以这些清室王公亲贵为中心,迅速形成一股强大的反对清帝退位的政治势力,即宗社党。

宗社党"乃清帝退位以前,以清朝之皇族宗室及旗人为其核心,以及食清朝之禄之义士为挽救宗社而组织之政治团体"。② 其主要成员有恭亲王溥伟、肃亲王善耆、贝勒载洵、镇国公载泽、军谘使良弼、原陆军部尚书铁良等少数清室王公亲贵,另有蒙古王公那彦图和陕甘总督长庚、署陕西巡抚升允等蒙古族重臣。③ 他们以"君主立宪维持会"的名义,发布激烈的宣言,极力攻击袁世凯。对于袁世凯借停战议和以逼宫的行径,载泽奏劾其故意拖延,居心叵测。有云:"前借口军饷不足,不能开战;后颁国内短期公债,勒捐亲贵大臣,合内帑黄金八万两,款近千万,仍不开战,是何居心。"④宗社党人还以"直豫鲁晋奉吉黑七省文武官员绅商兵民"的名义上书袁世凯,指责其"甘心为曹莽之后裔,作外人之奴隶……始终欺负孤寡,卖国求荣",并散发《北京旗汉军民函》。函中说:袁世凯"巧取上旨,与为议和,待以敌国之礼,蔑视纲常,损辱国体,于斯为甚。况在汉阳克复以后,席全胜之威,忽倡和议,其居心更不可问。……观望弥月,坐耗饷糈,必使国事不可收拾而后已,必使我北省军民同遭涂炭而后已。嗟我同人,束手待毙,亦复何苦。司马昭之心,路人皆知"。⑤ 当袁世凯加紧进行逼宫活动而势必将清廷逼上绝路

---

① 《光绪宣统两朝上谕档》第37册,415页。
② [日]宗方小太郎:《一九一二年中国之政党结社》,见章伯锋、顾亚主编《近代稗海》第12辑,123页。
③ 参见林增平《民国初年宗社党摭谈》,见林增平《资产阶级与辛亥革命》,258页,长沙,湖南人民出版社,1991。
④ 杨玉如编:《辛亥革命先著记》,273页。
⑤ 《直豫鲁晋奉吉黑七省文武官员绅商兵民公上袁总理书》《北京旗汉军民函》,见吉迪整理《大树堂来鸿集》,载《近代史资料》总50号,182—184页,北京,1982。

的时候,宗社党也企图铤而走险,准备用激烈的手段对付袁世凯。时人记载:1月19日,"近来各亲贵协同宗社党首领良弼,运动第一镇禁卫军合力反对共和;王金绶等和之,遍发传单以冀耸动众心"。20日,"传闻宗社党运动成熟,京中将有暴动,袁内阁已处于危地"。23日,"宗社党上书袁内阁,其词旨极为严厉,略谓欲将我朝天下断送汉人,我辈决不容忍,愿与阁下同归澌灭。袁内阁览之,恍若芒刺在背,意不自安"。25日,"近日谣言四起,宗社党勾结禁卫军步军统领游缉队,将合而谋袁,同人大惧"。① 袁世凯也必欲除宗社党而后快。其党羽在北京街市散布说帖,"有'先刺良弼,后炸铁良,二良不死,满虏不亡'及'肃王好,肃王引贼反清了。载泽好,载泽家里堆元宝'等不伦不类之语"。② 他们在暗中伺机对付宗社党。

其时,革命党人也想除掉宗社党,因为宗社党"对共和政体,极端反对",③其"目的在拥护清室阻挠共和",是南北议和与实现共和道路上的最大障碍。尤其良弼,是宗社党里阻梗清帝退位的最主要的死硬分子。正如革命党人彭家珍所说:"良弼枭雄也,此獠不灭,终为革命大患,吾不急除之,人其谓我何!"于是,"毅然以狙击满清权要自任"的彭家珍便勇敢地挑起了刺杀良弼的重任。④

1月26日,就在段祺瑞联合北洋将领"兵谏"清帝退位的当天,革命党人彭家珍在良弼从肃亲王府回西城红罗厂寓所时投掷炸弹,将良弼炸伤,彭家珍当场牺牲,良弼也在两天后不治身亡。⑤ 良弼死后,宗社党闻风丧胆,纷纷逃离北京,潜往天津、大连、青岛等地租界。隆裕太后闻讯后颇感绝望,禁不住当朝掩面而泣曰:"梁士诒啊!赵秉钧啊!胡惟德啊!我母子二人性命,都在你三人手中,你们回去好好对袁世凯说,务要保全我们母子二人性命。"⑥时人评说彭家珍之弹与段祺瑞之

---

① 廖少游:《新中国武装解决和平记》,62—67页。
② 常顺:《赛臣被炸追记》,见《辛亥革命回忆录》第6集,390页。
③ 曹亚伯:《武昌革命真史》下册,579页。
④ 冯自由:《彭家珍事略》,见冯自由《革命逸史》第2集,287、288页,北京,中华书局,1981。
⑤ 有人认为,良弼系革命党人彭家珍所炸,而实际上背后有袁世凯插手。彭家珍炸良弼是被袁世凯所利用;良弼被炸伤后,最终由袁世凯指使赵秉钧买嘱医生所毒死。参见吴兆清《袁世凯与良弼被炸案》,载《近代史研究》1987年第2期,北京。
⑥ 凤冈及门弟子编:《三水梁燕孙先生年谱》上册,111页。

电,"足以夺禁卫军之魄,而褫宗社党之魂,实乃祛除共和障害之二大利器"。①

宗社党未能阻挡清帝退位的步伐。虽然善耆、升允等人此后仍以宗社党的名义聚集前清遗老遗少,托庇于天津、大连、青岛等地租界,甚至勾结日本等列强,不断地从事拥清复辟活动,但终究不能挽救清室宗社覆亡的命运。

四 清帝宣布退位

1912年南北和谈的重要议题涉及对清朝皇帝、皇族的待遇问题。处置清室的基本办法是:清帝退位,给予优待。

有关清帝退位的"优待条件",是经过南北双方反复商讨后确定的,也在一定程度上考虑了清室的意见。"此条件文字,盖经往返商讨数十次而后定,皆由(梁士诒)先生与唐少川(绍仪)先生居间传达,南方则由汪精卫先生主稿者居多,每次持稿入奏(隆裕)皇太后,则先生与赵秉钧也。太后逐字讨论,见解明快,对宗庙陵寝最为注意。"②

事实上,早在1911年12月29日唐绍仪与伍廷芳第三次会议时,已经初步提出有关优待条件。有关清皇帝之待遇条件规定:一、以待外国君主之礼待之;二、退居颐和园;三、优给岁俸数目,由国会定之;四、陵寝及宗庙,听其奉祀;五、保护其原私产。有关满蒙回藏之待遇条件规定:一、一律与汉人平等;二、保护其原有之私产;三、先筹八旗生计,于未筹定八旗生计以前,原有口粮,暂仍其旧;四、从前营业之限制,居住之限制,一律废除;五、所有王公等爵,概仍其旧。③ 但当时并没有对此进行具体讨论。

后来,清方提出要保存大清皇帝名号,并要"世世相承","仍居宫禁"等条。对此,孙中山、黄兴表示坚决反对。1912年1月18日,孙中山致电伍廷芳提出修改意见:"一、名号定为宣统皇帝,删去'世世相承'

---

① 廖少游:《新中国武装解决和平记》,72页。
② 凤冈及门弟子编:《三水梁燕孙先生年谱》上册,110页。
③ 《南北代表会议问答速记录》,见丁贤俊、喻作凤编《伍廷芳集》上册,395、396页。

四字。二、退居颐和园。"①同一天,黄兴也致电伍廷芳痛斥说:"议和愈出愈奇,殊为可笑!第一条仍保存大清皇帝之名称及'世世相称'字样,可谓无耻之极。第二条'仍居宫禁',是与未退位无异。第一、第二,为我军人之绝对的反对。"②1月19日,伍廷芳复电孙中山、黄兴,认为"若清帝退位,则共和目的已达,其他枝节,似可从宽",所谓清帝的名号只不过是个空名、"废物",不必重视,"仍居宫禁,改为暂居宫禁,将来迁移,势在必行,所争只在迟早"。③"优待条件"经过稍加修改,由伍廷芳于1月20日正式电告袁世凯内阁。

优待皇室之条件,规定:一、清帝退位之后,其名号仍存不废,以待外国君主之礼待之;二、暂居宫禁,日后退居颐和园;三、优定清帝岁俸年支若干,由民国政府提交国会议决,惟不少于三百万之数;四、所有陵寝宗庙得永远奉祀,并由民国妥为保护;五、德宗崇陵未完工程及奉安经费,由民国政府照实用数目支出;六、保护其原有私产。优待满蒙回藏人之条件,规定:一、与汉人平等;二、保护其应有之私产;三、先筹八旗生计,于未筹定以前,原有口粮,暂仍其旧;四、从前经营之限制、居住之限制,一律蠲除;五、所有王公世爵概仍其旧。④后又经过双方多次反复修改,于2月6日由南京临时参议院通过最后修正案,并电告袁世凯。

与此同时,胡汉民请张謇起草了《清帝退位诏书》,并由唐绍仪转电袁世凯。袁世凯对原稿做了几处文字修改,最关键的一处是把原稿"由袁世凯以全权与民军组织临时共和政府,协商统一办法"中的"与民军"三字后移,改为:"由袁世凯以全权组织临时共和政府,与民军协商统一办法。"⑤此处改动非同小可,因为关涉袁世凯统治权力来源问题,而使

---

① 《致伍廷芳电二件》,见《孙中山全集》第2卷,26页。
② 《致伍廷芳电》,见《黄兴集》,103页。
③ 《复孙文、黄兴电》,见丁贤俊、喻作凤编《伍廷芳集》上册,447—448页。
④ 《致袁世凯电》,见丁贤俊、喻作凤编《伍廷芳集》上册,448—449页。
⑤ 《手批清帝逊位诏书稿》,见骆宝善、刘路生主编《袁世凯全集》第19卷,545页,郑州,河南大学出版社,2013。

时人与后人多有误解,留下一桩历史公案。①

2月12日,由隆裕太后代行颁布退位诏书,并以谕旨宣告接受优待条件。②

《清帝退位诏书》宣称:

> 前因民军起事,各省响应,九夏沸腾,生灵涂炭,特命袁世凯遣员与民军代表讨论大局,议开国会,公决政体。两月以来,尚无确当办法,南北暌隔,彼此相持,商辍于途,士露于野,徒以国体一日不决,故民生一日不安。今全国人民心理多倾向共和,南中各省既倡议于前,北方诸将亦主张于后,人心所向,天命可知。予亦何忍因一姓之尊荣,拂兆民之好恶。是用外观大势,内审舆情,特率皇帝将统治权公诸全国,定为立宪共和国体,近慰海内厌乱望治之心,远协古圣天下为公之义。袁世凯前经资政院选为总理大臣,当兹新旧代谢之际,宜有南北统一之方,即由袁世凯以全权组织临时共和政府,与民军协商统一办法。总期人民安堵,海宇乂安,仍合满、蒙、汉、回、藏五族完全领土为一大中华民国。予与皇帝得以退处宽闲,优游岁月,长受国民之优礼,亲见郅治之告成,

---

① 袁世凯此处文字修改,很容易使人误解为清廷把统治权力直接交给了袁世凯。胡汉民回忆与张謇之子张孝若的记载较有代表性,他们认为:袁擅自在后面加入"授袁世凯全权"一语,狡猾地自以为乃是从清政府取得政权。孙中山发现后,大怒责其不当,但袁与唐推诿于清廷,"且以其为遗言之性质,无再起死回生而使之更正之理"(《胡汉民自传》,载《近代史资料》总45号,56—57页;张孝若:《南通张季直先生生传记》,155页)。甚至在辛亥百年之际,学界仍然有人翻出尘封久远的《清帝退位诏书》,把清帝退位描述为中国版的"光荣革命",认为清政府的统治权力是通过《清帝退位诏书》转移到袁世凯手中,意即袁世凯直接继承了清朝的统治权力(参见高全喜《立宪时刻:论〈清帝逊位诏书〉》,桂林,广西师范大学出版社,2011)。其实,这是极大的误解。针对袁世凯的小动作,孙中山当时就曾致电袁世凯严正指出:"至共和政府不能由清帝委任组织,若果行之,恐生莫大枝节。执事明于理势,当必知此。"[《孙中山致北京袁慰庭先生电》,载《南京临时政府公报》第18号,见《辛亥革命资料》(《近代史资料》总25号),144页]袁世凯先是委托心腹梁士诒等人通过唐绍仪致电孙中山做了如下解释:"清谕有'全权组织'字样,南方多反对者。实则此层系满洲王公疑惧,以为优待条件,此后无人保障,非有此语,几于旨不能降,并非项城意。故奉旨后,亦未遵照组织政府。清谕现在已归无效。若欲设法补救,除非清谕重降,自行取消不可。又万万无此办法。南方若坚持此意,实为无结果之风潮。"[《唐绍仪致南京孙大总统电》,载《南京临时政府公报》第20号,见《辛亥革命资料》(《近代史资料》总25号),163页。]在此,梁士诒等人清楚地说明所谓"清谕有'全权组织'字样",并非袁世凯之意("非项城意"),袁世凯"奉旨后,亦未遵照组织政府"。稍后,袁世凯又亲自致电孙中山、黎元洪、各部总长、参议院、各省都督、各军队长,直接说明:"孙大总统来电所论,共和政府不能由清帝委任组织,极为正确。现在北方各省军队暨全蒙代表皆以函电推举为临时大总统,清帝委任一层无足再论。然亦未遽组织者,特虑南北意见因此而生,统一愈难,实非国家之福。"(《致临时大总统孙文等电》,见骆宝善、刘路生主编《袁世凯全集》第19卷,577页)袁世凯也不以"清帝委任"为"然",而"总未遽组织"临时共和政府。尽管当时袁世凯也曾以"全权组织临时政府袁"的名义发布了布告,但很快就改为"新举临时大总统袁"的新身份发布命令。(《光绪宣统两朝上谕档》第37册,435—436页)事实上,袁世凯的统治权力并非来自清政府,而是来自南京临时参议院的选举,直接继承了南京临时政府。

② 《宣统政纪》卷七十,宣统三年十二月下戊午,《清实录》第60册,1293—1296页。

岂不懿欤。

清帝退位优待条件共分三部分：

甲、关于大清皇帝宣布赞成共和国体中华民国于大清皇帝辞位之后优待条件如左：第一款，大清皇帝辞位之后，尊号仍存不废，中华民国以待各外国君主之礼相待；第二款，大清皇帝辞位之后，岁用四百万两，俟改铸新币后改为四百万元，此款由中华民国拨用；第三款，大清皇帝辞位之后，暂居宫禁，日后移居颐和园，侍卫人等照常留用；第四款，大清皇帝辞位之后，其宗庙陵寝永远奉祀，由中华民国酌设卫兵妥慎保护；第五款，德宗崇陵未完工程如制妥修，其奉安典礼仍如旧制，所有实用经费均由中华民国支出；第六款，以前宫内所用各项执事人员可照常留用，惟以后不得再招阉人；第七款，大清皇帝辞位之后，其原有之私产由中华民国特别保护；第八款，原有之禁卫军归中华民国陆军部编制，额数俸饷仍如其旧。

乙、关于清族待遇之条件：一、清王公世爵概仍其旧；二、清皇族对于中华民国国家之公权及私权与国民同等；三、清皇族私产一体保护；四、清皇族免当兵之义务。

丙、关于满蒙回藏各族待遇之条件。今因满、蒙、回、藏各民族赞同共和，中华民国所以待遇者如左：一、与汉人平等；二、保护其原有之私产；三、王公世爵概仍其旧；四、王公中有生计过艰者，设法代筹生计；五、先筹八旗生计，于未筹定之前，八旗兵弁俸饷仍旧支放；六、从前营业、居住等限制，一律蠲除，各州、县听其自由入籍；七、满、蒙、回、藏原有之宗教，听其自由信仰。

清帝的退位，宣告了统治中国 268 年的清王朝的覆亡，中国最后一个君主专制王朝终于退出了历史舞台。

第八章
南京临时政府在内外交困中终结

　　中华民国南京临时政府的建立有开创历史新纪元的意义,但是临时政府建立后,很快便面临着内外交困的尴尬局面。在外交方面,列强始终不予承认其合法政府地位;在内政方面,财政又陷入极端困难的境地。新生革命政权一开始便举步维艰。在南京临时政府存在的短短三个多月时间里,革命派、立宪派与旧官僚等多种政治势力进行了你死我活的较量,其结果便使中华民国政权落入旧官僚势力代表袁世凯的手中,中国历史逐渐沉沦于北洋军阀统治的黑暗时代。

第一节　列强不承认南京临时政府

一　南京临时政府的外交政策

武昌起义后,湖北军政府为了避免列强的武力干涉,迅速采取了保护租界及在华外国人生命财产安全的措施,并根据同盟会《革命方略》对外宣言的基本精神,向英、法、俄、德、日等各国驻汉口领事发出照会,宣布对外政策,积极争取列强保持中立。不仅湖北如此,其他相继独立各省也大致如此。南京临时政府的对外政策与此一脉相承。

1912年1月1日,孙中山在就任临时大总统时发布的宣言书中,明确地宣布了"与我友邦益增睦谊,持和平主义"的对外方针。

1月5日,临时大总统孙中山向世界各国发布《对外宣言书》,正式宣布了南京临时政府的对外政策:

(一)凡革命以前所有满政府与各国缔结之条约,民国均认为有效,至于条约期满而止。其缔结于革命起事以后者,则否。

(二)革命以前,满政府所借之外债及所承认之赔款,民国亦承认偿还之责,不变更其条件。其在革命军兴以后者,则否。其前经订借、事后过付者亦否认。

(三)凡革命以前满政府所让与各国国家或各国个人种种之权利,民国政府亦照旧尊重之。其在革命军兴以后者,则否。

(四)凡各国人民之生命财产,在共和政府法权所及之域内,民国当一律尊重而保护之。

（五）吾人当竭尽心力，定为一定不易之宗旨，期建吾国家于坚定永久基础之上，务求适合于国力之发展。

（六）吾人必求所以增长国民之程度，保持其秩序，当立法之际，一以国民多数幸福为标准。

（七）凡满人安居乐业于民国法权之内者，民国当一视同仁，予以保护。

（八）吾人当更张法律，改订民、刑、商法及采矿规则；改良财政，蠲除工商各业种种之限制；并许国人以信教之自由。

《宣言书》还进一步强调说：

抑吾人更有进者，民国与世界各国政府人民之交际，此后必益求辑睦。深望各国既表同意于先，更笃友谊于后，提携亲爱，视前有加；当民国改建、一切未备之时，务守镇静之态，以俟其成，且协助吾人，俾种种大计，终得底定……吾中华民国全体，今布此和平善意之宣言书于世界，更深望吾国得列入公法所认国家团体之内，不徒享有种种之利益与特权，亦且与各国交相提挈，勉进世界文明于无穷。①

这个宣言书不仅承认了前清政府与列强签订的条约、所借外债及赔款，承认各国在华特权，保护各国在华人民的生命财产，而且承诺加强国力建设，增进国民程度，保护满人权益，并进行法律、财政等内政改革，以期使中华民国获得列强的承认，从而进入世界文明国行列之中。

南京临时政府试图根据"和平主义"的外交方针而确定的对外睦谊政策，目的在于希望以此求得列强的同情与支持，为新生的革命政权争取必要的外援，其善良愿望是毋庸置疑的。可是，结果并不令人乐观，列强表现得并不友好。《字林西报》曾攻击南京临时政府"独裁"，"远非一个民有、民治、民享的政府"，诬蔑它"仍然是几乎与清政府一样的寡头政治"。《纽约太阳报》也大肆攻击说："孙中山和他的朋友们非常缺

---

① 《对外宣言书》，见《孙中山全集》第2卷，10—11页。

乏管理国家的经验,他们没有维持中国领土完整和恢复和平的能力。"①

二 南京临时政府外交努力的失败

南京临时政府向各国发布外交政策后,列强的反应并不积极。为了争取列强早日承认,南京临时政府采取了主动的措施。1912年1月11、17、19日,临时政府外交总长王宠惠连续向各国发出照会,说明"民国政府已稳固建立,为求有助于我们同外国的往来,并更好地履行我们的国际义务,早日承认将是得策的",因而,强烈呼吁各国承认民国,"以避免政权交替期间发生祸乱",②但都没有结果。

与此同时,孙中山、黄兴等人也在采取积极的外交行动。1月11日,孙中山致电法国政府,通告任命张翼枢为中华民国临时政府驻法国政府全权代表,希望"两个姊妹共和国能建立友好关系,并能为推进文明及发展工商业而共同努力"。③ 随后,孙中山、黄兴又致电、致函日本政界元老山县有朋、井上馨,请求他们出面使"日本赞成民国",并"早邀各国之承认"。④ 2月3日,黎元洪也特派专使访问日本驻汉口总领事,声称"基于以往两国间之睦邻邦交,希望日本国政府能在此时率先承认中华民国"。⑤ 2月8日,南京临时政府外交总长王宠惠会见美国国务院代表邓尼(C. D. Tenney,或译"田尼"),讨论美国政府承认南京临时政府的问题。孙中山还接见美国特派记者麦考密克(F. McCormick,或译"姆科密克"),亲自呼吁美国承认临时政府。他说:"我们有一个政府。但是,我们却不为列强所承认,而成为不合法的政府……我们需要承认。你们应当承认我们。"但麦考密克告诉孙中山说:"美国现在不能承认南京临时政府。而且,美国也许会最后一个承

---

① 转引自余绳武《辛亥革命时期帝国主义列强的侵华政策》,见湖北省哲学社会科学学会联合会编《辛亥革命五十周年纪念论文集》上册,253页,北京,中华书局,1962。
② [美]李约翰:《清帝逊位与列强》,孙瑞芹、陈泽宪译,305—306页,北京,中华书局,1982。
③《致法国政府电》,见《孙中山全集》第2卷,16—17页。
④《致山县有朋电》《致井上馨电》,见陈旭麓、郝盛潮主编《孙中山集外集》,437、439页,上海人民出版社,1990;毛注青编著《黄兴年谱长编》,280页,北京,中华书局,1991。
⑤《松村驻汉口总领事致内田外务大臣电》,见邹念之编译《日本外交文书选译——关于辛亥革命》,202页,北京,中国社会科学出版社,1980。

认它。"麦氏的话正代表了美国政府的政策。当时美国国务院的一份内部报告称："美国这个时期的政策，就是决不和南京临时政府建立任何外交上的关系，而是与袁世凯保持非正式的但却是实质性的外交关系。"2月10日，孙中山又亲自接见了邓尼，再次请求美国的承认，"美国的外交代表，以毋庸置疑的明确性与毋庸置疑的强调语气告诉孙中山，美国是决不会承认南京政府的。"①结果，孙中山等人的各种努力都以失败而告终。

列强之所以不急于承认南京临时政府，是因为他们希望利用这个机会攫取更多的侵华权益。承认是有条件的。正如美国记者麦考密克与孙中山谈话时所说："假如中国能表现出治理自己的能力……以它内部分歧的解决来保障外人的利益，外国的承认是无问题的。"②日本政府曾经提出要与南京临时政府"建立一个攻守同盟"和依靠日本的陆海军为南京临时政府"建立一支军队"的两项要求，妄图达到独自控制"整个中国"的目的，以此为承认南京临时政府的条件，但遭到南京临时政府的断然拒绝。③ 显然，列强关注的主要是其在华利益。

1912年2月21日，日本政府向欧美列强提出一份关于承认民国政府的《备忘录》，宣称："当中国建成巩固之新政府，而此新政府又能显示出具有履行该国所承担之各项国际义务的意志和实力时，各国即应对此新政府予以承认。但鉴于中国目前现状，各国政府应在此时先就有关承认之各项问题加以慎重考虑。"为此，《备忘录》提出了两项建议：其一，各国宣布承认中华民国的先决条件是，中国新政府必须"明确表示正式承认"各外国在中国所享有的"一切权利、特权及豁免权"，同时应"郑重言明"对中国过去所负担的"一切外债"继续承担责任。其二，各国政府在承认问题上以及在正式承认以前所应采取的步骤上应遵循"共同行动准则"，即"各国政府应完全保持统一步调"。《备忘录》的根

---

① 以上参见卿斯美《辛亥革命时期列强对华政策初探》，见中华书局编辑部编《纪念辛亥革命七十周年学术讨论会论文集》中册，1358—1359页，北京，中华书局，1983。按：或称邓尼为美国驻华使馆中文秘书，麦考密克为美国国务卿诺克斯的友人，参见王耿雄编《孙中山史事详录（1911—1913）》，168页，天津人民出版社，1986。

② 《接见麦考密克时的谈话》，见《孙中山全集》第2卷，141页。

③ 参见卿斯美《辛亥革命时期列强对华政策初探》，见《纪念辛亥革命七十周年学术讨论会论文集》中册，1357页。

本目的是，以所谓承认问题为条件，"各国政府应进一步促使新政府做出足以说明其真正维护各国在中国的共同权利及利益之充分保证"。①当然，对于新生的民国政府来说，这无疑是一个阴险的陷阱：获得列强承认之日，便是落入列强魔掌之时。

日本的《备忘录》提出后，列强大都表示赞同。德国外交大臣明确地表示："帝国政府一贯赞成在中国问题上共同行动，因此愿赞成日本政府的建议。"②法国与俄国是盟国，法国政府早就有声明："准备在一切方面支持俄国。"③俄国更是与日本狼狈为奸。俄国外交大臣沙查诺夫曾经声称：俄国与日本"是中国的邻国，在中国有政治利益，以重要性而论，远较其他列强的政治利益为优越……因此，俄国和日本应特别利用目前的有利时机，以便巩固自己在中国的地位"。④因此，俄国政府对日本的提议"表示完全同意"，同时"认为无论如何必须乘此时机迫使中国特别承认日俄两国所享有之特殊权利和利益"。俄日两国商定，在此特殊条件满足之前，两国坚决不承认民国政府。俄国外交大臣认为："只要日俄两国政府能显示出强硬态度，对中国共和政府不予承认，其他列强恐亦不会急于承认。至少法国政府将同俄国政府采取同一立场。万一其他强国违反我两国意志而先予承认，日俄两国亦不必介意。而且，日俄两国若能坚持中国如不接受我方要求即坚决不承认其共和政府之坚定立场，相信最后中国亦必能接受我方条件。日俄两国政府如欲维持本国在满洲、蒙古之特殊权利及利益，并有意进一步加以巩固和扩张，则除此时机外将无其他良机可寻。"⑤可见，列强都在暗自盘算攫取更多的在华特权和利益，所谓承认问题其实只不过是个诱饵罢了。

列强最终并没有承认南京临时政府。这使新生的民国政府在外交上陷于孤立的困境，因而争取外援的计划纷纷落空。

---

① 《日本国政府备忘录》，见邹念之编译《日本外交文书选译——关于辛亥革命》，397—398 页。
② 《外交大臣基德伦致驻华盛顿大使本斯托夫伯爵、外交副大臣齐谋门草稿》，见孙瑞芹译《德国外交文件有关中国交涉史料选译》第 3 卷，251 页，北京，商务印书馆，1960。
③ 《法国外交部长致驻巴黎俄国大使照会》，见张蓉初译《红档杂志有关中国交涉史料选译》，359 页，北京，三联书店，1957。
④ 《外交大臣沙查诺夫上沙皇奏》，见张蓉初译《红档杂志有关中国交涉史料选译》，366 页。
⑤ 《本野驻俄大使致内田外务大臣电》，见邹念之编译《日本外交文书选译——关于辛亥革命》，402、403 页。

第二节　南京临时政府严重的财政危机

一　南京临时政府的财政政策与措施

财政问题乃政权生存至关重要的经济基础问题。孙中山在就任临时大总统时发布的宣言书中,明确地提出了"财政之统一"的方针。他说:"此后国家经费,取给于民,必期合于理财学理,而尤在改良社会经济组织,使人民知有生之乐。是曰财政之统一。"① 然而,这种充满民生主义精神的财政政策其实只是孙中山的一个美好理想,在南京临时政府时期根本没有实现的现实可能性。据在华外人的观察:"南京的共和政府根本不稳。它没有固定财政来源,也不能控制其治下各省的财政。事实上各省自行其是,也不希望有什么中央政府,特别是关于财政。"② 的确,南京临时政府要想实现财政统一是相当困难的。

在各省代表会议筹建统一中央政府的过程中,关于财政总长的人选问题,有人提议由著名实业家、理财专家张謇担任,张謇发表《对于新政府财政之意见书》,予以委婉的拒绝。张謇在这份意见书中对于南京临时政府的财政问题作了通盘筹划。首先,他说明了财政问题的重要性:"政府权力,首在统一军队,次在支配财政;而军队之能否统一,尤视财力之强弱为断。"接着,他便具体分析了南京临时政府的财政收支情况:财政岁出以赔款、海陆军费、行政费为大宗,估计每年须有 1.2 亿

---

① 《临时大总统宣言书》,见《孙中山全集》第 2 卷,2 页。
② 《左原笃介来函》,见[澳]骆惠敏编《清末民初政情内幕——〈泰晤士报〉驻北京记者袁世凯政治顾问乔·厄·莫理循书信集》上册,刘桂梁等译,864 页,上海,知识出版社,1986。

两,每月应有1 000万两;岁入主要有海关税3 000万两和两淮盐税1 000万两,共计4 000万两;收支相抵,尚差8 000万两。然后,他又提出了解决这个难题的两个关键问题:一是各省每年能供给中央政府若干万两?二是孙中山能否依靠其国际影响而募集外债1亿两或至少5 000万两?最后,他说:"以上两问题,如可立时解决,则无论何人,均可担任临时政府财政之职,不必下走("下走"为张謇自称——引者注)。如其不然,下走无点金术,虽牺牲之而无裨毫末。"①在此,张謇充分估计了南京临时政府面临的财政困难,并特别关注解决这些问题的具体筹款措施。

南京临时政府成立时,黄兴推荐张謇或熊希龄担任财政总长,孙中山坚持用没有明显政治党派立场的陈锦涛,他说:"财政不能授他派人,我知澜生(陈锦涛字——引者注)不敢有异同,且曾为清廷订币制,借款于国际,有信用。"②陈锦涛(1870—1939),广东南海人,美国耶鲁大学博士,留美期间与孙中山过从甚密,常讨论改革政府之外交、财政各问题,回国后获法政进士,历任大清银行稽核、预算司长、统计局长及度支部副大臣等职。孙中山任用陈锦涛为财政总长,主要是考虑到他的良好的西学教育背景,尤其是他与西方财界的友好关系。英国《泰晤士报》驻北京记者莫理循认为:"财政部长陈锦涛,是现代中国人中最有财政知识的人。据我所知,他在柏林会议上结识的外国银行家,如大卫·巴倍尔爵士,德国人伯格和美国人詹克斯等,对他的印象都极好。"③应该说,在新生的南京临时政府急需借外债解决严重的财政困难的特殊历史条件下,孙中山的这个考虑是完全可以理解的。

在各省自顾不暇而难以支援中央政府的情况下,南京临时政府采取了一系列筹款措施来解决财政困难。

第一,没收清政府及其官员的财产。1月28日,南京临时政府内务部奉临时大总统令通电各省都督、各军政分府,颁布保护人民财产

---

① 《对于新政府财政之意见书》,见张謇研究中心、南通市图书馆编《张謇全集》第1卷,234—236页,南京,江苏古籍出版社,1994。
② 《胡汉民自传》,载《近代史资料》总45号,56页,北京,1981。
③ 《致达·狄·布拉姆函》,见[澳]骆惠敏编《清末民初政情内幕——〈泰晤士报〉驻北京记者袁世凯政治顾问乔·厄·莫理循书信集》上册,刘桂梁等译,824页。

令。其中有两条称:"前为清政府官产,现入民国势力范围者,应归民国政府享有。""现为清政府官吏,而又为清政府出力反对民国政府,虐杀民国人民,其财产在民国势力范围内者,应一律查抄,归民国政府享有。"①

第二,海外筹饷募款。孙中山曾委托邓泽如以国债票向南洋华商征集大款;南京临时政府成立后,先则派任孙寿屏为驻澳筹饷特派员,继而简任交通总长汤寿潜充南洋劝募公债总理,并以林文庆佐之,再又委派何永亨、严汝麟前往日本募集华侨公债,又有泗水商务总会在当地设立"中华民国国债事务所"。②

第三,发行内债。1月8日,经临时参议院议决,由临时大总统批准,南京临时政府财政部发行军需公债1亿元,年利率8%,"此项公债,专以充临时政费及保卫治安之用";③1月31日,南京临时政府财政部又发行南京军用钞票100万元,"以维持市面,而协助饷糈"。④

第四,筹借外债。孙中山在武昌起义后赴英、法从事外交活动时,其中一个重要的目的就是借款,结果空手而归。随后,孙中山在香港与胡汉民、廖仲恺谈及建立临时政府问题时,特别提到财政问题,认为"就现时情形论之,必须借外债"。当时,孙中山尚能持乐观的态度,认为:"若新政府借外债,则一不失主权,二不用抵押,三利息甚轻"。⑤ 但是,南京临时政府成立后,列强迟迟不予承认,借款进展困难。在残酷的现实面前,孙中山不得不改变原来的想法,而主张用私人企业的名义出面借款,唯以获得贷款为目的,根本无法计较各种苛刻的附加条件。孙中山致电广东都督陈炯明称:"和议难恃,战端将开,胜负之机,操于借款。前文在外洋,本与数处有成议,乃各省代表必要临时政府,此'临时'字样,断难使各国立即承认,数处虽有成议,亦因之而阻迟,故现时借款必当以私人名义,尚不能用国家名义。今欲借各省之各种实业以为抵当,

---

① 《内务部通饬保护人民财产文电》,见中国第二历史档案馆编《中华民国史档案资料汇编》第2辑,14页,南京,江苏古籍出版社,1991。
② 参见朱志骞《南京临时政府财政问题之研究——中山先生辞让临时大总统的金钱因素》,61—62页,台北,知音出版社,1992。
③ 《中华民国八厘公债章程》,见《中华民国史档案资料汇编》第2辑,304页。
④ 《财政部发行军用钞票示谕稿》,见《中华民国史档案资料汇编》第2辑,386页。
⑤ 《与胡汉民廖仲恺的谈话》,见《孙中山全集》第1卷,568页。

而借款以应中央政府之急需。其办法用中央担任偿解，订立合同，务期于不损公司利益。"①一些重要的借款，诸如江苏铁路公司借款、轮船招商局借款、汉冶萍公司借款、华俄道胜银行借款以及中央银行设立案和满洲租借案，等等，都以不惜牺牲企业甚至民族利益为代价。

南京临时政府苦心经营，采取如上各种财政应急措施，但都成效不著，最终未能解决严重的财政问题。

二　南京临时政府的财政困境

南京临时政府入不敷出，财政陷入极端困难的境地。据财政部报告称："今自军兴以来用途益繁，支出之数不下亿万。所有田赋、漕粮、盐课、茶课、税捐等项向为入款之大宗者，今则无一可恃。即各行省有陆续征收者，而机关林立，实成分划之形，事权纷歧，甚于前清之世。中央政府文电交驰，催令报解，迄无一应，财政状况行将陷于无法律之悲境。"②南京临时政府的财政困难主要表现在军需浩繁而财源枯竭。

南京临时政府乃革命时代之政府，为了维持一支强大的革命武装，必须要有庞大的军费开支，这是临时政府领导人根本无法解决的财政难题。临时大总统孙中山认为："民国政府以军需孔急，非得巨款，无以解当前之困难。""度支困极，而民军待哺，日有哗溃之虞。"③陆军总长兼参谋总长黄兴更是穷于应付，"以空拳支拄多军之饷食……寝食俱废，至于吐血"，④但也无济于事。当时，聚集在南京的革命军队达数万人之多，欠饷问题非常严重，临时政府无法解决。南京城里"到处都有成群结队的骚动的士兵，叫嚷发放欠饷"，这种危险像瘟疫一样在各地区蔓延，使整个革命区域"构成一种普遍危险的情况"。⑤南京临时政府的生存，因财政危机而受到致命威胁。

财源枯竭使南京临时政府陷入"巧妇难为无米之炊"的困境，实在

---

① 《致陈炯明并广东省会及铁路公司电》，见《孙中山全集》第2卷，41—42页。
② 《财政部请将会计法草案咨交参议院议决呈》，载《南京临时政府公报》第56号，见《辛亥革命资料》（《近代史资料》总25号），429页。
③ 《致甘作培等电》《复张謇函》，见《孙中山全集》第2卷，81、142页。
④ 《胡汉民复函》，参见张孝若《南通张季直先生传记》，176页，上海，中华书局，1930。
⑤ 《朱尔典爵士致格雷爵士函》，见胡滨译《英国蓝皮书有关辛亥革命资料选译》下册，535页，北京，中华书局，1984。

无力应对各种艰难的局势。造成南京临时政府财源枯竭的诸多因素主要如下。

第一，列强控制海关税收。清政府的海关税收主要用来担保偿还外债和赔款，税款虽然由外籍税务司征收，但其保管和支付则完全由清政府委派的海关道或海关监督负责。武昌起义后，列强便加紧进行攫取中国海关税收控制权的活动。英籍海关总税务司安格联（F. A. Aglen）宣称："采取某种方针确保关税不致为革命党用作军费，并留供偿还外债，现在已经是时候了。"他主张："关税暂时由总税务司或领事团保管，如果能商定将税款存入外国银行，应尽先由总税务司保管。"① 后来，经清政府外务部同意，以英国公使朱尔典为首的外交团决定由上海各外国银行总董组织一个关税管理委员会，规定由海关总税务司将全国各处海关净存税款每星期汇交上海一次，均分收存于汇丰、德华、道胜三家银行，"以作归还该项洋债及赔款之用"，具体由上海税务司按照关税管理委员会决定之先后次序按期偿还各国外债。② 据此，列强控制了全部海关税收的管理权，以致偿付外债及赔款以外的大量"关余"也被冻结。"此项税款抵还洋债外，为数尚巨，竟听外人掌管，既失权利，复损国体。"③ 时人唯有叹息而已。

第二，独立各省无力供奉。南京临时政府虽然名义上控制十几个独立省区，但并没有实现真正的政治统一，所谓财政统一，其实也只是一句空话，独立各省对于中央政府没有丝毫的财政支持。财政部报告称："本部收入的款，向以全国赋税为大宗。自光复以来，各州县经征款项，应划归中央政府者，虽早经本部通电催解，而各该省迄未照解前来，以致收入亦无从概算……惟有吁恳大总统，令行各省都督，念国计关系之重，谅本部筹划之艰，将应解部款，从速催缴。"④ 为此，临时大总统孙

---

① 《1911年10月23日安格联致胡维德函》《1911年11月2日安格联致英国公使朱尔典函》，见对外贸易部海关管理局研究室编《中国海关与辛亥革命》，330页，北京，中华书局，1964。
② 《1912年1月21日外务部致领袖公使照会》《外务部附送安格联的节略》，见《中国海关与辛亥革命》，348—350页。
③ 《黎元洪致孙中山电》，载《南京临时政府公报》第18号，见《辛亥革命资料》（《近代史资料》总25号），148页。
④ 《大总统据财政部呈送各部院三月分概算书咨参议院请议决文》，载《南京临时政府公报》第43号，见《辛亥革命资料》（《近代史资料》总25号），321页。

中山通令各省都督,提出:"目下各地秩序已渐回复,各种法制未经颁布以前,其一切应行经征各款项,自当照旧征收,解交财政部,以充中央行政各费用。中央与地方,互相维持,新造民国,乃得立于不敝。"他希望各省都督"将应解部款,从速完缴,俾资挹注"。① 但是,各省自身财政支绌,"方忧自给不足,遑论供给政府"。② 正如张謇所说:临时政府财政总长亦不过管理江苏一省之财政而已,"近如浙江,远如广东,尚为完善之区,然亦无术可使统一;其他各省更有自顾不暇之势。且如湘、鄂等省,滥招军队,无饷无械,微特不能供给政府,势将向政府诛求不遂,谤怨随之,其机甚显"。③ 因此,出现孙中山所抱怨的各省"无一钱供给"④中央政府的结果,也就不足为怪。

第三,各种征募所得无几。两淮盐场为南京临时政府所控制,本可提供大宗盐税收入,但因战争影响,淮盐收入锐减,又因当时兼任两淮盐政总理的张謇加以阻挠,认为"无论军饷若何紧急,不可于盐价商本内有丝毫挪移","所收盐税已经指抵洋债者……千万不可擅行挪用,以免起外交困难问题",⑤使临时政府所得淮盐税款不及正常年份的1/10,约合银圆140万元(其中30万元转给沪军都督,实际为110万元)。⑥ 南京临时政府所采取的没收伪官财产和海外筹饷募款等应急措施,也是所得无多。例如,临时政府接收江南造币厂,未得赢利,江苏都督反而禀称该厂岁出所需至少不敷银400万至500万两,要求财政部每月拨给补助费银30万两,财政总长陈锦涛颇感为难。⑦ 据《申报》载,浙江军政府宣布没收效忠清廷的直隶总督陈夔龙在浙江的家产,并通知财政部管理,所得仅大屋1所、田地100余亩、存洋25 975元。⑧

---

① 《大总统通令各省都督将应解部款从速完缴以资挹注文》,载《南京临时政府公报》第45号,见《辛亥革命资料》(《近代史资料》总25号),337页。
② 《胡汉民自传》,载《近代史资料》总45号,59页,北京,1981。
③ 《为财政事致赵凤昌函》,见《张謇全集》第1卷,236页。
④ 《复章太炎函》,见《孙中山全集》第2卷,86页。
⑤ 《张謇致孙大总统电》〈盐政总理咨复外交部会同财政部通电各省盐税已经指抵洋债者不得挪用〉,载《南京临时政府公报》第9、12号,见《辛亥革命资料》(《近代史资料》总25号),72、92页。
⑥ 参见李荣昌《南京临时政府财政问题初探》,载《辛亥革命史丛刊》第5辑,59页,北京,中华书局,1983。
⑦ 《大总统令江苏都督遵照财政部议复江南造币厂办法文》,载《南京临时政府公报》第39号,见《辛亥革命资料》(《近代史资料》总25号),287—289页。
⑧ 《没收陈夔龙家产》,见1912年2月5日《申报》,上海。

海外华侨捐款助饷虽然踊跃,但数目极为有限。例如,加拿大域多利(今译"维多利亚")华侨捐得唐银23 000元,印度尼西亚吧城(今雅加达)中国同盟支会同人集有万元之款,美洲金山致公总堂国民救济局和中华革命军筹饷局收集各埠捐来军饷银4 300余元。① 国内社团、商民捐款也是热情高涨,但数额不大。如,上海女界协赞会劝募军饷得1.5万元,以5 000元交沪军都督府,1万元交临时政府财政部。商人张人杰、褚民谊等人集体捐款10万两,报效政府。② 南京临时政府还利用私人关系向港商借款18万两,向沪商刘锦藻借款20万两,向广肇潮帮商人借款40多万两,③等等。这些费尽心力罗致而来的款项,对于需财孔亟的南京临时政府来说,实无异于杯水车薪。

四是发行内债收效甚微。南京临时政府计划发行军需公债1亿元,但实际发行额仅为7 371 150元;且债票多由各省都督预先领去,或以贱价出卖,或以抵发军饷,临时政府直接募得之款,主要来自南洋华侨,不过500万元。④ 至于100万元军用钞票在南京的发行,本拟用以维持市面,结果事与愿违:南京军人"多以军用钞票,纷向各商店兑找现元,或交换货物,致起支吾,日有数处",致使南京城里"钱业、米店相率停市"。⑤

五是筹借外债多无着落。孙中山与南京临时政府都很重视借外债,但由于列强不承认南京临时政府,根本不相信其有偿还债务的能力,致使临时政府几乎陷入告贷无门的悲惨境地。结果,南京临时政府虽然通过张謇等私人关系,或以江苏铁路公司等民族资本企业作抵押的高昂代价,向日本的三井、大仓等财团借得850.1万元的外债,⑥这

---

① 《林礼斌致孙中山函》《杨鼎如等致孙中山函》《黄三德致孙中山函》,见黄彦、李伯新选编《孙中山藏档选编(辛亥革命前后)》,432、435、439页,北京,中华书局,1986。
② 《大总统复女界协赞会代表张昭汉程颖两女士募助军饷函》《大总统令财政部核议商人张人杰褚民谊等输集款项并协商交通内务两部受议办法文》,载《南京临时政府公报》第9、26号,见《辛亥革命资料》(《近代史资料》总25号),70、210页。
③ 《陈锦涛等关于港商催还南京临时政府借款文件》《北洋政府财政部关于刘锦藻请偿还南京政府借款文件》《孙文等关于偿还南京临时政府所借广潮帮借款文电》,见《中华民国史档案资料汇编》第2辑,314、318、335页。
④ 千家驹:《旧中国的公债统计表·附录》《旧中国发行公债史的研究·代序》,见千家驹《旧中国公债史资料》,366、369页,北京,中华书局,1984。
⑤ 《临时大总统为普儁等请变通军用钞票办法交财政部核办令》,见《中华民国史档案资料汇编》第2辑,388—389页。
⑥ 参见李荣昌《南京临时政府财政问题初探》,载《辛亥革命史丛刊》第5辑,56页。

是维持临时政府艰难运转的最重要的一笔活动经费。但这些饮鸩止渴的借款办法并不能真正解决临时政府急迫的财政危机。由此可见孙中山及其领导的南京临时政府在财政问题上无比尴尬的处境。以下是几笔借款的情况。

轮船招商局借款：1912年1月20日，沪军政府都督陈其美向招商局转达了中央政府有如最后通牒的急令："借贷外债以充军用，须将招商局抵押银一千万两，由中央政府担任还本付息，作何办理，限四十八点钟内函复，否则决裂。"同时，陈其美还向招商局转递了粤北伐军总司令姚雨平等以中华民国军界全体名义发的公函，更是以武力相威胁，声称如果"游移不允"，军界"将执干戈与贵局从事"。① 2月1日，招商局在上海张园召开临时股东大会，与会股东赞同将局产抵押借债，以解政府急需。但是，招商局内股东意见分歧颇大，尤其是尚未与会的外地股东多持强烈的反对态度，如有顺直股东6人、湖州股东36人、皖湘股东78人致函招商局总办、总董、董事会等，希望"保全到底"。他们坚决表示："此事如议董赞成，当与议董为难；如总办赞成，当与总办为难；如办事董赞成，当与办事董为难！ 总之，无论局中何人经手卖局，即为全体股东公敌，决不甘休也！""诸君倘果欲实行，我等当与诸君身家性命同归于尽！"2月6日，孙中山亲自致函招商局，进行劝告与疏通，认为"前者提出以招商局局产抵押借款之议，实于贵局之权利利益毫无所损"，并正式提出了中华民国政府以招商局全部财产作抵押向日本邮船株式会社借款日本金货1 000万元的《债约草案》，及临时政府对招商局承认借款后的优待条件："一、此项借款，其本利俱由中华民国政府担任偿还，不使招商局受丝毫之损害。二、招商局如承认此次借款，中华民国当承认招商局为民国国家邮船公司。三、扩张其外洋航路，予以相当之补助津贴，其详细办法可俟协商定之。"② 2月10日，招商局召开董事会特别会议，商讨抵押借款事宜，南京临时政府特派员陈其美、汪精卫与会。董事会决定接受临时政府的借款优待条件，并向招商局各股东发

---

① 中国第二历史档案馆：《南京临时政府拟以招商局产抵借日债史料》，载《历史档案》总第11期，43—44、51—52页，北京，1983。
② 中国第二历史档案馆：《南京临时政府拟以招商局产抵借日债史料》，载《历史档案》总第11期，50页，北京，1983。

布公告,认为"此次借款与我各位股东权利丝毫无损,虽暂将局产虚抵,而既由政府担任偿还,将来之危险无从发生,目前之利益亦无妨害,况尚有种种利益以为酬报,似毋庸疑虑"。① 后来,由于德国、美国、英国等列强相继起来抗议与抵制,招商局各处股东也发电反对,南京临时参议院又向临时政府提出质问书,结果以招商局抵押向日本借款之事终未能成立。②

汉冶萍公司借款:汉冶萍公司是当时中国大型的煤铁联合企业,清末民初鼎革之际,其命运颇为微妙。武昌起义后,汉冶萍公司总理及最大的股东盛宣怀逃亡日本,日本欲乘机侵夺该公司,便与盛宣怀密谋中日合办事宜,而盛宣怀正希图借日本的势力保住自己在公司中的产业,以免遭南京临时政府没收,双方一拍即合。巧的是,南京临时政府也希望由盛宣怀与汉冶萍公司出面,向日本财团借款,以解决财政困难问题,因而也只好答应盛宣怀与日本密谋的汉冶萍公司由中日合办的计划。③ 1912年1月26日和29日,南京临时政府及汉冶萍公司与日本三井物产株式会社在南京、盛宣怀的代表汉冶萍公司协理李维格与日商正金银行代表小田切万寿之助在神户,分别签订了两个内容大致相同的《汉冶萍公司中日合办草约》,规定:汉冶萍公司由中日合办;公司的股本为日金3 000万元,中日各半;公司向日本借款1 500万元,作为日人投入公司的股本,其中500万元由公司转借给政府。④ 通过这两个草约,南京临时政府以汉冶萍公司中日合办为条件,可以向日本借得日金500万元贷款。消息传出,全国舆论哗然。章太炎在上海《大共和日报》上发表致孙中山的公开信,指出:"大冶之铁,萍乡之煤,为中国第一矿产,坐付他人,何以立国? 公司虽由盛宣怀创办,而股本非出一人,地权犹在中国,纵使盛宣怀自行抵押,尚应出而禁制,况可扶同作事

---

① 《招商局董事会关于南京临时政府借款事项会议记录》,见《中华民国史档案资料汇编》第2辑,306页。
② 高劳:《临时政府借债汇记》,见中国史学会主编《辛亥革命》第8册,564页。
③ 参见全汉昇《汉冶萍公司史略》,155页,香港中文大学,1972。
④ 《汉冶萍公司中日合办草约》(南京、神户),见陈旭麓、顾廷龙、汪熙主编《辛亥革命前后——盛宣怀档案资料选辑之一》,235—236、240—241页,上海人民出版社,1979。

耶？……及今事未彰布，速与挽回，是所望于深思远计之英也。"①张謇致书孙中山、黄兴："凡他商业皆可与外人合资，惟铁厂则不可；铁厂容或可与他国合资，惟日人则万不可。日人处心积虑以谋我，非一日矣；然断断不能得志。盖全国三岛，无一铁矿，为日本一大憾事……数年以来，日人于铜官山，于大冶，于本溪湖，百端设法，思攘而有之；终亦不能如愿。今盛宣怀因内地产业为民军所占，又乘民国初立，军需孔亟，巧出其平日老猾手段以相尝试。吾政府不加深察，一受其饵，则于国防，于外交，皆为大失败。民国政府建立伊始，纵不能有善良政策，为国民所讴歌，亦何至因区区数百万之借款，贻他日无穷之累，为万国所喧笑？……至中日合办之说，则万不可行；未可因其以借款之故，稍予通融。"于是，他便以"事前不能参预，事后不能补救"为由，而愤然辞去实业总长之职。② 此时身在武昌的副总统黎元洪也连电南京临时政府及参议院，表达了湖北军政府方面的意见，认为"此间议会全体及各部处职员，均不敢承认此举。贵处如果有合资开办情事，希迅即设法取消……汉冶萍中日合办之约，决不可允"。③ 南京临时参议院认为，"抵押借债，不交参议院议决，显背《临时政府组织大纲》，即为违反宪法"，提出"严辞质问"，要求政府作出解释。④ 孙中山之所以同意汉冶萍借款，虽然有其迫不得已的苦衷，如他在复章太炎信中所谓"此事弟非不知利权有外溢之处，其不敢爱惜声名，冒不韪而为之者，犹之寒天解衣付质，疗饥为急"。⑤ 但是，在各处强大的舆论压力之下，孙中山最终选择了放弃汉冶萍借款计划，决定取消中日合办草约。为此，他致电正告盛宣怀"万不能以已由政府核准为借口"，要求盛氏"宜早设法废去此约"。⑥ 3月22日，汉冶萍公司在上海召开临时股东大会，到会者440人，计208 838股，持股超过公司全股的8/10，照章有议决之权，"全场

---

① 《布告反对汉冶萍抵押之真相》，见汤志钧编《章太炎政论选集》下册，560—561页，北京，中华书局，1977。
② 《为汉冶萍借款致孙总统、黄部长函》《辞实业部长电》，见《张謇全集》第1卷，238—240页。
③ 黎元洪：《致南京临时政府暨参议院》《致南京临时政府》，见黎元洪《黎副总统政书》卷六，24、28页，武昌，湖北官纸印刷局，1914。
④ 谷钟秀：《中华民国开国史》，66页，上海，泰东图书馆，1917。
⑤ 《复章太炎函》，见《孙中山全集》第2卷，85页。
⑥ 《盛宣怀致李维格密电》，见陈旭麓、顾廷龙、汪熙主编《辛亥革命前后——盛宣怀档案资料选辑之一》，253页。

一律反对合办",草约自行无效。次日,汉冶萍公司总理盛宣怀、协理李维格联函致小田切万寿之助,正式通告取消合办草约。①

华俄道胜银行借款:1912年2月21日,南京临时政府财政总长陈锦涛与华俄道胜银行草签了一份借款150万镑的合同,"五厘息,九七扣,一年期,用中央名义担保,毋庸抵押,由下次大宗借款内扣还。并须许以下次政府有大借款,如所索权利与他家相等,华俄银行有优先权"。26日,临时大总统孙中山咨请参议院即开临时会,提前议决。② 27日,参议院审查会审议借款合同,随后开会表决,到会议员14人,以8票之多数获得通过。28日,湖北议员刘成禹等人以昨天会议违背院章,提出反对意见。3月1日,参议院重新审议,并议决通过。但因借款合同内有"全国赋税作抵一节,及其他条件,丧失权利,贻害无穷",各省行政官及人民团体纷纷致电孙中山、袁世凯两总统,表示强烈反对。3月8日,由袁世凯通电正式取消。③

中央银行设立案:1911年底至1912年初,孙中山、黄兴曾经派特使何天炯到日本,寻求日本政府和财界对南京临时政府的政治支持和财政援助。日本政界和财界人士颇为活跃,企图以援助中国革命为由,乘机进一步维护和扩大日本在华的侵略权益。正是在这样的背景之下,日本财界要人阪谷芳郎提出了帮助中国筹建中央银行的建议。这时,孙中山领导的南京临时政府正为财政问题焦头烂额,于是便以取得日本1 000万元的借款为条件,接受了阪谷芳郎的建议,并于1912年1月10日正式委托阪谷芳郎筹建中央银行事宜。2月6日,日人原口要等人带着阪谷芳郎给孙中山的复信及其草拟的《中华国立中央银行特许札》,到南京面见孙中山。阪谷芳郎设计的中央银行方案主要内容如下:中国政府委任阪谷芳郎为国立中央银行总监,全权负责创设中央银行;该银行为集股有限公司,其资本金定为日币1亿元,其中政府股份3 000万元,以官有财产为股份证券之抵押,年利率6%,另外股份7 000

---

① 《盛宣怀、李维格致小田切万寿之助函》,见陈旭麓、顾廷龙、汪熙主编《辛亥革命前后——盛宣怀档案资料选辑之一》,261页。
② 《大总统准财政部电称拟借华俄道胜银行款项咨参议院提前决议文》,载《南京临时政府公报》第26号,见《辛亥革命资料》(《近代史资料》总25号),210页。
③ 高劳:《临时政府借债汇记》,见中国史学会主编《辛亥革命》第8册,566—567页。

万元,于国内或国外随便集股;该银行有发行纸币之特权,该特许札有效期为50年。据此可见,阪谷方案的主要目的就是控制中国的财政金融。孙中山不惜以此为代价而获取日本财团的贷款,确实有其难言之隐。筹设中央银行的整个过程是在秘密状态下进行的。阪谷芳郎在给孙中山的复信中说:"然招股份之事,贵国非经列国之承认,甚属困难,故各国承认之日,即拟为发表。"事实上,列强始终没有承认南京临时政府,因而上述特许札也就一直没有公开发表。其实,孙中山并没有得到所期望的日本财团1 000万元借款,因而很快就取消了设立中央银行的计划。①

满洲租借案:1912年2月3日,日本三井物产上海支店职员森格到南京访问孙中山,提出了以租借满洲为条件,向南京临时政府提供财政援助的方案。他说:"因俄国企图南下,德国控制青岛,故满洲始终有必要由日本之手保全。根据中国今日之局势,由中国政府之力恐难独力保全满洲,虽阁下亦确信如此,况且若据日本立场明确认识到,满洲仍一切由中国政府单独治理,不仅危险至极,而且满洲迟早难由中国政府独力保全,这一事实应是双方共有认识。满洲之命运既定,又考虑到革命政府有许多困难,无疑需要在地理上、历史上有特殊立场的日本援助才能完成。假如阁下舍去命运已定之满洲,决心完全将其置于日本势力之下,作为其代价以取得日本的特种之援助以完成革命大事,日本将立即答应其要求,并立即采取必要之手段。"他还特别说明这是日本政界元老桂太郎的主张,并希望孙中山或黄兴能够亲自到日本京都与桂太郎会谈。孙中山向森格坦诚地说明了临时政府严重的财政困难状况:"最近,革命政府的财政穷乏到了极点,假如军队财源不能尽快解决,将完全到达破产境地。万一此数日内没有足够资金以救燃眉之急,则即将陷入许多军队离散、革命政府瓦解之命运。"他表示,要在旧历年末前几天内筹措1 500万元借款。当天下午,森格致电三井物产顾问益田孝报告会谈情况,说明应在汉冶萍公司借款500万元之外,另给孙

---

① 以上参见李廷江《日本财界与辛亥革命》,196—269页,北京,中国社会科学出版社,1994。《阪谷芳郎与孙文之信》及《中华国立中央银行设立特许札》全文,见《发现南京政府时代特许日人阪谷设立国家银行事》,见黄远庸《远生遗著》下册卷3,113—118页,北京,商务印书馆,1984。

中山提供1000万元的借款。电称："日本为防革命（军）解散，在汉冶萍公司五百万日元以外，如立即借一千万元，则与袁世凯中止和议。"2月5日、6日，孙中山连电森格催促日本方面给予确切答复。8日，益田孝复电森格，只字未提1000万元借款的事，反而劝告孙中山、黄兴与袁世凯的和谈应"在于己有利地位上达成妥协"。结果，孙中山没有得到1000万元借款，招商局、汉冶萍等借款也连告失败，终于不得不在和谈中向袁世凯妥协。①

总之，流无可节，源无可开，且借贷无门，南京临时政府陷入无可挽救的财政危机。据有人研究、估算，南京临时政府财政收支平衡情况如下表：

南京临时政府财政收支统计表②

单位：万元（银圆）

收　　入		支　　出		收支相抵
借外债	850	政府各部及参议院行政经费	80	
发行公债及私人借款	277	海陆军费	1 400	
发行军钞	100	外债佣金支付和私人借款偿还	65	
淮盐税款	110	杂项开支	5	
没收敌产、杂税、官业收入、接受捐款及其他	50			
总计	1 387	总计	1 550	－163

从上表可以看出，南京临时政府主要靠借债度日，而庞大的军费开支使其不堪重负，终是入不抵出，在其存在的短短的3个月时间内，财政赤字达163万元之多。当时一些在华的英国人认为："革命派首领们

---

① 以上参见[日]藤井昇三《辛亥革命时期有关孙文的资料——森格关于"满洲问题"的书信》，李吉奎译，载《孙中山研究论丛》第7集，广州，中山大学学报论丛，1990。另参见藤井昇三《孙中山的对日态度——从对日依靠到对日批判》，载《纪念辛亥革命七十周年学术讨论会论文集》下册，2525—2537页；杨天石《孙中山与"租让满洲"问题》，载《近代史研究》1988年第6期，北京；李廷江《日本财界与辛亥革命》，252—258页；朱志骞《南京临时政府财政问题之研究——中山先生辞让临时大总统的金钱因素》，135—139页；李吉奎《孙中山与日本》，319—326页，广州，广东人民出版社，1996。

② 李荣昌：《南京临时政府财政问题初探》，载《辛亥革命史丛刊》第5辑，63页。

进行军事的和政治的斗争的主要困难是款项问题。……由于缺乏现款,无论在这个首都(南京)或各省,使他们在内政方面的改组不能获得任何进展。"①可见财政匮乏的确成为南京临时政府迅速夭折的一个重要原因。

---

① 《赫德爵士的备忘录》《伟晋颂领事致朱尔典爵士函》,见胡滨译《英国蓝皮书有关辛亥革命资料选译》下册,466、454 页。

第三节 各派政治势力的明争暗斗

一 袁世凯与孙中山的矛盾和斗争

清帝退位前后,袁世凯在政权交接的关键环节上一再玩弄阴谋,始则企图完全抛开南京临时政府而另行组建新的政府,继而拒绝南下就职,坚持临时政府定都北京,以便达到完全控制全国政权的目的。对此,以孙中山为首的革命党人展开了坚决的斗争。

(一)关于清政权的交接

在逼迫清帝退位的过程中,袁世凯"决计专从清室入手",使"袁政府系由清室递嬗而来",①以便从根本上摆脱南方革命党人的控制。为了取得列强的支持,袁世凯派人密访英国驻华公使朱尔典,提出"如果朝廷愿意让位给袁世凯,或者是授权给他建立临时政府,各国是否将承认他"的问题,朱尔典认为袁世凯已经"博得了各国的信任",并相信他和南方革命党人"相互之间应当能够达成协议"。② 在探明了列强的态度以后,袁世凯便致电伍廷芳,要求在清帝退位后两天内,取消南京临时政府,由袁世凯在北京组织新的临时政府。孙中山对袁世凯的阴谋坚决予以揭露和抨击。

1912年1月18—20日,孙中山连电伍廷芳,要他转告唐绍仪,向袁世凯提出如下条件:一、清帝退位,其一切政权同时取消,不得私授于

---

① 张国淦编著:《辛亥革命史料》,298页,香港,大东图书馆,1980。
② 《朱尔典爵士致格雷爵士电》,见胡滨译《英国蓝皮书有关辛亥革命资料选译》上册,241页。

其臣;二、在北京不得更设临时政府;三、各国承认中华民国之后,临时总统即行辞职,请参议院公举袁为大总统。他特别强调:"此于民国安危最有关系,在所必争,请唐告前途当计及远大,毋生异议,盖袁不得于民国未举之先,接受满清统治权以自重。"①1月22日,孙中山又致电伍廷芳和各报馆,公开揭露袁世凯在北京另立政府的阴谋,宣称:"袁意不独欲去满政府,并须同时取消民国政府,自在北京另行组织临时政府,则此种临时政府将为君主立宪政府乎?抑民主政府乎?人谁知之?纵彼有谓为民主政府,又谁为保证?"他提出最后解决办法五条,要求袁世凯向各国驻华使节通告清帝退位的消息,并宣布"绝对赞同共和主义"的政见,以表示与清朝政府断绝关系而变为民国国民,否则后果自负,"战争复起,天下流血,其罪当有所归"。②1月27日,孙中山致电各国驻华公使,坚决表示:袁世凯欲令南京临时政府立即解散,"此则为民国所万难照办者",并揭露袁世凯的用意"实欲使北京政府、民国政府并行解散,俾得以一人而独揽大权"。③1月29日,孙中山致电伍廷芳并在报上揭露袁世凯肆意破坏议和大局的罪状,认为袁世凯在议和过程中背信弃义,"种种失信,为全国军民所共愤……今以袁世凯一人阻力之故,致令共和之目的不能速达,又令清帝不能享逊让之美名,则袁世凯不特为民国之蠹,且实为清帝之仇。此次停战之期届满,民国万不允再行展期,若因而再启兵衅,全惟袁世凯是咎,举国军民,均欲灭袁氏而后朝食。"④

孙中山一连串的揭露和抨击,使袁世凯陷于十分被动的境地,"袁世凯和他的手下人为所发生的事情乱了手脚"。⑤当时,袁世凯尚未取得清帝退位的同意,在孙中山公布有关条件后,此前袁氏与南方之间用清帝退位换取民国总统的秘密交易便再也无法遮掩,而被完全公开了。袁世凯只好进一步加紧逼宫的步伐。

---

① 《致伍廷芳电》,见《孙中山全集》第2卷,26、27、31页。
② 《致伍廷芳及各报馆电》,见《孙中山全集》第2卷,34—35页。
③ 《致各国公使电》,见陈旭麓、郝盛潮主编《孙中山集外集》,436页,上海人民出版社,1990。
④ 《致伍廷芳电》,见《孙中山全集》第2卷,50页。
⑤ 《致达·狄·布拉姆》,见[澳]骆惠敏编《清末民初政情内幕——〈泰晤士报〉驻北京记者袁世凯政治顾问乔·厄·莫理循书信集》上册,刘桂梁等译,842页。

清帝退位后,袁世凯立即致电南京临时政府和临时参议院,表示绝对赞同共和制度,宣称"共和为最良国体,世界之公认……大清皇帝既明诏辞位,业经世凯署名,则宣布之日,为帝政之终局,即民国之始基,从此努力进行,务令达到圆满地位,永不使君主政体再行于中国。"①此后,袁世凯经南京临时参议院选举为临时大总统,从南京临时政府继承了新生民国政权的统治权。

(二)关于临时政府设立地点

袁世凯代孙中山为临时大总统后,本应到南京就职,但他借故拒绝南下,因此发生了一场关于临时政府所设地点问题的定都之争。

2月13日,孙中山向临时参议院辞职时,曾经提出临时政府地点设在南京和新任总统必须到南京就职等附加条件,"以袁氏难制,欲令迁都江宁以困之"。② 显然,孙中山此举目的在于将袁世凯调离北方老巢,置于南方革命势力的控制范围内,以防备其反革命阴谋。

但是,孙中山的良苦用心不仅遭到许多立宪派、旧官僚的反对,甚至也不被一般革命党人所理解。2月14日,南京临时参议院开会讨论临时政府地点问题,革命党人李肇甫提议临时政府地点须在北京,并陈述其理由,得到众人附议,投票表决结果,以20票对8票的多数通过。③ 当时英国驻南京领事伟晋颂也看出,"参议院的大多数议员很急于实现和平,所以他们投票支持北京为临时首都,目的在于清除那个使成立联合政府的谈判获得胜利结果的惟一障碍,即首都的所在地问题"。④ 对于这个结果,孙中山与黄兴极为不满。他们召集参议院中的革命党人李肇甫、黄复生、邓家彦等人诘问,邓、黄等人请求政府再交参议院复议。黄兴异常气愤,宣称:"政府决不为此委曲之手续,议院自动的翻案,尽于今日;否则吾将以宪兵入院,缚所有同盟会员去。"⑤随即,胡汉民与吴玉章等人加紧活动,一面以临时大总统名义向参议院发出

---

① 《袁世凯致南京孙大总统、参议院、各部总长、武昌黎副总统电》,载《南京临时政府公报》第15号,见《辛亥革命资料》(《近代史资料》总25号),117页。
② 章太炎:《章太炎先生自定年谱》,19页,上海书店,1986。
③ 《参议院议事录》,南京,1912年2月14日。
④ 《伟晋颂领事致朱尔典爵士函》,见胡滨译《英国蓝皮书有关辛亥革命资料选译》下册,491页。
⑤ 《胡汉民自传》,载《近代史资料》总45号,58页,北京。

复议咨文,一面暗中疏通议员,"通知所有的革命党人,必须按照孙中山先生的意见投票"。①2月15日,临时参议院复议临时政府地点案,结果以19票对7票的多数通过临时政府设于南京。②当天,袁世凯被参议院选举为新任临时大总统,孙中山在贺电中特别说明"临时政府地点定在南京",并表示要派专使奉请袁氏"来宁接事";③孙中山还致函袁世凯,说明临时政府设在南京具有现实政治上的革命性意义,并声明临时政府所在地不一定就是将来永久性的都会地点。他说:"今所急要者,但以新国民暂时中央机关之所在,系乎中外之具瞻,勿任天下怀庙宫未改之嫌,而使官僚有城社尚存之感。则燕京暂置为闲邑,宁府首建为新都,非特公之与文必表同意于国民,即凡南北主张共和及疾首于旧日腐败官僚政治之群公,宁有间焉。至于异日久定之都会,地点之所宜,俟大局既奠,决之正式国论,今且勿预计也。"他恳切地希望袁世凯"毋以道途为苦",迅速南下就职。④

袁世凯自然不会轻易离开北方这片经营多年的地盘,而自投罗网地甘受革命势力的摆布和控制。他在清帝退位时为表赞同共和而致电南京临时政府与临时参议院,虽然表示"极愿南行",但又借口"北方秩序不易维持,军旅如林,须加部署,而东北人心未尽一致,稍有动摇,牵涉各国",⑤委婉地拒绝南下。2月15日,当袁世凯得知临时参议院议决临时政府设在南京的消息后,当即致电孙中山等表示实在难以接受,甚至以"退归田里"相威胁。他说:"南行之愿,真电业已声明。然暂时羁绊在此,实为北方危机隐伏,全国半数之生命财产,万难恝置……若专为个人职任计,舍北而南,则实有无穷窒碍。北方军民意见尚多纷歧,隐患实繁。皇族受外人愚弄,根株潜长;北京外交团向以凯离北为虑,屡经言及;奉、江两省时有动摇;外蒙各盟迭来警告。内讧外患,递引互牵。若因凯一去,一切变端立见,殊非爱国救世之素志。若举人自

---

① 吴玉章:《辛亥革命》,159页,北京,人民出版社,1973。
② 《参议院议事录》,南京,1912年2月15日。
③ 《致袁世凯电二件·一》,见《孙中山全集》第2卷,98页。
④ 《孙文为促袁南下致袁世凯函》,见《中华民国史档案资料汇编》第2辑,84—85页。
⑤ 《袁世凯致南京孙大总统、参议院、各部总长、武昌黎副总统电》,载《南京临时政府公报》第15号,见《辛亥革命资料》(《近代史资料》总25号),117—118页。

代,实无措置各方面合宜之人。然长此不能统一,外人无可承认,险象环集,大局益危。反复思维,与其孙大总统辞职,不如世凯退居,盖就民设之政府、民举之总统而谋统一,其事较便。今日之计,惟有由南京政府将北方各省及各军队妥筹接收以后,世凯立即退归田里,为共和之国民。当未接收以前,仍当竭智尽愚,暂维秩序。"①袁世凯拒绝南下的冠冕堂皇的理由主要有二:一是北方各省的秩序问题,二是外国列强的干涉问题。正如张謇为袁世凯所做的时局分析及其进献的相应对策:"公不能南之义,一面有北数省人民,一面有在京外交团。……目前第一难题,即要公南来。解此题者只有二法:一从在京外交团着手;一从北数省人民着手。"②袁世凯始终坚持这两点,以孙中山为首的南方革命势力对此也无可奈何。

袁世凯反对迁都南京的主张,得到立宪派、旧官僚、部分革命党人以及外国在华势力等多种政治力量的应和与支持。2月13日,与孙中山向临时参议院提出临时政府应设在南京的同时,章太炎在《时报》上公开发表《致南京参议会论建都书》,认为迁都南京有"五害":军事战略上不能控驭北方,北方文化将益形衰落,政治上有土崩瓦解之忧,难以震慑拥清复辟势力,外国使馆搬迁困难。因而主张"犹不如仍旧"建都北京。③ 无独有偶,同盟会机关报《民立报》同一天也发表署名空海的社论《建都私议》,认为"国都宜在北京,此稍有识者所同意也"。该文详细列举了应建都北京的八条理由:谋政治之统一,谋经济之发展,谋财政之撙节,避外交上之烦难,筹边防之支持,谋兵权之统一,达"光复"之目的,巩固共和之基础。④ 但是,这些并没有阻止南京临时参议院通过将临时政府地点设在南京的决议。

2月21日,中华民国联合会、民社、国民协会以及《民立报》《神州日报》《时事新报》《大共和日报》等七家社团与报馆,在《民立报》上联合发表公电,致南京参议院、苏州都督庄蕴宽并转黎元洪副总统及各省都督、议会、督抚、谘议局,认为:"北都关系外交、内政最巨,若舍北取南,

---

① 《袁君世凯致孙大总统电》,见1912年2月17日《民立报》号外,上海。
② 《致袁世凯电》《为时局致袁总统函》,见《张謇全集》第1卷,214、242页。
③ 《致南京参议会论建都书》,见汤志钧编《章太炎政论选集》下册,562—563页。
④ 空海:《建都私议》,见1912年2月13日《民立报》,上海。

帝党有死灰复燃之虑,强敌有乘机侵略之虞。况立法为行政所侵,不能保其独立,民国开此恶例,尤可寒心。望公电抗议,以全大局。"①同一天,苏州都督庄蕴宽也在《申报》上发表致以孙中山为首的南京临时政府、参议院及社会各界的公电。电文认为:"至政府地点之应设在南京,与新总统之是否须到南京,当就事实上论之,不可参以主客尔我之见,致起中外猜疑。今姑设为问题数则:一、现势上之观念,如袁公南来,北方各省能否保持秩序?满、蒙等处能无联外人、拥幼主以破坏全局之事否?一、地点与历史上之观念,披览地图,南并能控制西北各边否?中国古时除洪武一代外,南京有建都之价值否?一、外界上之观念,东西各国能不反对迁都否?以鄙见测之,舍北就南,种种危险,将使和平解决之共和政体自生荆棘,致启争端,曲直固不必言,利害岂能不计?……顾以大局所系,自当尊公理而舍私图,统一政府之必在京、津,毫无疑义。"②随后,安徽都督孙毓筠、浙江都督蒋尊簋、湖南都督谭延闿、江西都督马毓宝、福建都督孙道仁、云南都督蔡锷、广西都督陆荣廷、江北都督蒋雁行以及南京军界要人浙军司令朱瑞、粤军司令姚雨平、第一军团长柏文蔚、光复军司令李燮和等人,纷纷发布通电,反对迁都南京,主张定都北京。

北方各界对于迁都南京更是持强烈的反对态度。据《申报》记载,旅居天津的各省商人通电认为:"临时政府宜北不宜南……现清帝甫经逊位,人心摇惑,若令袁公往南接任总统,北方必有变乱,东三省、内外蒙古控制尤难,于民国前途恐多危险。"③又据《民立报》记载,京中各政团及各界"咸以袁总统如驻南京,蒙古、东三省势难震慑,且外交必多困难,本求统一,实召分裂"。各团各界联合呈递请愿书,要求袁世凯坚持定见,力排众说,"即日在北方就职,速行宣告各国,以定人心"。直、鲁、豫谘议局为首都地点事致电袁世凯和南京临时参议院,提出南迁窒碍甚多,计有"五虑":关东外患日亟,京师未靖,各国啧有烦言,外国使馆难以安置,不能控驭蒙藩与回疆。认为"南不如北",坚持"临时政府实

---

① 《公电》,见1912年2月21日《民立报》,上海。
② 《苏州庄都督电》,见1912年2月21日《申报》,上海。
③ 《天津各省商人电》,见1912年2月28日《申报》,上海。

仍以北京为上"。在京蒙古王公也对于临时政府设在南京之说表示"大为不愿",他们集会推举代表谒见袁世凯,认为:"首都地点仍宜设在北京。缘中国以二十二行省而论,则设立南京为宜;若合满、蒙、回、藏而言,则北京实为适中之地。"并说:"既合五大族成一共和国,蒙、藏各处尤宜注意。"①然而这些意见基本上都不出袁世凯坚持的那两点。

在武昌的黎元洪集团本来企图在南北相争不下时从中渔利,力争定都武昌,但并没有多少支持的力量,于是在鼓噪一时之后也倾向支持袁世凯。2月27日,在各处纷纷通电支持定都北京的促动下,黎元洪上书宣称:"欲为民国谋统一、规久远,则临时政府自应以地形险要、交通便利、能凭全国枢纽者为适当之地点。居中驭远,莫若武昌,有识者类能言之。第值此新陈代谢,情谊未孚,陕疆有战云未靖之忧,胜国有死灰复燃之虑,蒙、藏诸边,尤为岌岌,倘非假因利乘便之势,从容坐镇,必不能维持秩序,控制中边,稍一疏虞,将至人心动摇,邻邦干涉,内忧外患,迭起丛生。言念及此,深为焦灼……窃谓暂时权宜之计,必仍规定燕京,借消隐患。将来宅中建国,仍在武昌,既足涤三百年旧染之污,亦可辟亿万世奠安之局。折衷定策,莫此为宜。如蒙允诺,即请从速组织临时政府,规划一切。"②黎元洪虽然仍然坚持将来应定都武昌的意见,但也公开表示了支持在北京建立临时政府的主张。

外国在华势力也公然支持袁世凯。据《民立报》记载,各国公使对于迁都南京"颇不谓然"。他们认为:"北京为东亚之中心,数百年来皆建为都会。况且庚子以后,东交民巷一带,已缔立专约,各使署及洋行建筑费巨工大,煞费经营,不独为各外商生民财产所托,于各邦国体诚有重大之关系。今南政府不待各国承认,率以一二人之私见,遽议迁都……南政府轻视外交,要用正式干涉。"各国公使为此集会。英国公使朱尔典在会上说:"现在中国政体既已解决,南北两方面争持甚力者,仅在建设临时政府地点问题。现在南北两面相较,南方之摇动,究不若北方之稳固。设使袁总统一旦南去,情形甚属危险。"其他各国公使均

---

① 《国都问题之争执》,见1912年2月29日《民立报》,上海。
② 黎元洪:《上大总统并致各机关》,见《黎副总统政书》卷七,19页。

表赞同,并拟照会外务部。① 外国势力的态度是非常鲜明的。

在定都问题的南北之争中有多种政治势力是支持袁世凯的,如《民立报》所谓"各都督、各督抚、各军团、各报馆、各政党、各绅商,大多数主张北京"。② 这个情况对于以孙中山为首的南方革命势力非常不利。

孙中山、黄兴等南方革命势力也不甘沉默,仍然坚持原议,并对建都北京之说展开了反击。黄兴针对庄蕴宽、章太炎及《民立报》所论定都北京的理由,予以一一驳斥,认为:"袁公虽与清廷脱离关系,尚与清帝共处一城。民国政府移就北京,有民军受降之嫌,军队必大鼓噪。且临时政府既立,万不能瞬息取消。清帝既退其统治权,统一政府未成立以前,当仍在南京,临时政府自应受之于政府所在地,更无移政府而送其接受之理……袁能南来,以北方领袖之宏才,为民国统一之元首,南方服其坦白,北方服其威重,感情融洽,统一之局可以大定。种种研究,临时政府地点必以南京为适宜。"③南京临时政府外交次长魏宸组致电庄蕴宽,指责庄之通电"有类于耸动社会,反对政府,扰乱秩序",并逐一反驳了庄蕴宽主张建都北京的理由:"维持秩序,赖有兵力,固与袁之在南在北无关也。控制西北,亦视兵力与政治若何,决不因京城为转移;英于印度,法于安南,美于菲律宾,未闻因京城之远而失之也。联外人,拥幼主,系公过虑。夫外人果欲保全清帝,于武昌起事之日,以一纸书或可办到,岂尚待今日哉?至各国反对一节,尤为大谬。义师一起,商务全消,各国何尝不反对,吾人故未尝先求外人之同意,而后施行革命也。"④联军总司令孙岳、参谋长李鼎扬、军旅长米占元、镇军团长臧在新、宁军团长谢时致电孙中山、袁世凯、黄兴及各都督、各司令、各省督抚、各谘议局、各报馆,对于庄蕴宽等人"建都应在北京"的主张表示不以为然,认为:"建都北京,其害有三:一、人心之趋向,一如旧日。二、中原幅员广大,偏处一隅,则尾大不掉。三、对于满族之胶葛,永无断

---

① 《国都问题之争执》,见 1912 年 2 月 29 日《民立报》,上海。
② 空海:《民国统一之机熟》,见 1912 年 3 月 8 日《民立报》,上海。
③ 《复庄蕴宽李书城书》,见湖南省社会科学院编《黄兴集》,130—131 页,北京,中华书局,1981。
④ 《魏宸组致江苏庄都督电》,载《南京临时政府公报》第 19 号,见《辛亥革命资料》(《近代史资料》总 25 号),156 页。

绝。"①梅馨、蒋国经、赵恒惕、黄本璞、覃振以汉口湘桂联军8 000人的名义,致电孙中山、黄兴表示:"南部暗潮汹涌,藉非袁公南来,万不足以维大局、安人心……袁果赞成共和,则请速推诚布公,毅然南来,俾南北政府统一组织成立,庶内部不起猜疑,外交得免破坏,五大族幸甚。若犹眷恋于专制巢穴,负隅思逞,不惜人言,不顾天命,内讧外患,民国危矣。则某等誓必提兵北上,拼一死战,不血洗二百余年之秽污地,不为黄汉子孙。"②可见,南方革命势力的反对也是相当激烈的。

与此同时,孙中山一面继续函、电敦促袁世凯南下;一面力争主动,派遣以蔡元培为首的欢迎代表团,偕唐绍仪北上,专程迎请袁世凯南下就职。迎袁代表团以教育总长蔡元培为欢迎专使,外交次长魏宸组、海军顾问刘冠雄、参谋次长钮永建、法制局局长宋教仁、陆军部军需局长曾昭文、步兵第31团长黄恺元、湖北外交司长王正廷、前议和参赞汪精卫为欢迎员。③ 阵容颇为壮观。

2月21日,蔡元培专使代表团启程北上。26日,唐绍仪与汪精卫先期抵京,并于当晚谒见袁世凯,晤谈临时政府地点问题。27日,迎袁代表团全部进京,受到袁世凯的热烈欢迎。袁世凯派胡惟德到火车站迎接,同时前往欢迎的尚有以段祺瑞为首的各军高级将领,以及各商会代表与军队、巡警、学生等人群,"排列如堵",火车站装饰得甚为美观,"全城皆飞五色新旗"。各代表寓居贵胄法政学堂。④ 28日,袁世凯在迎宾馆会见蔡元培一行,"一见面则允许赴宁就职",并拟以唐绍仪在北京留守。⑤ 这时,南方专使已不再拘泥于"建都问题及临时政府地点问题",而只专注于迎请袁世凯南下就职。正如蔡元培所说:"袁公之就职于南京,准之理论,按之时局,实为神圣不可侵犯之条件。而培等欢迎之目的,专属于是,与其他建都问题及临时政府地点问题均了无关系者

---

① 《联军总司令孙岳等通电》,载《南京临时政府公报》第18号,见《辛亥革命资料》(《近代史资料》总25号),146页。
② 《汉口湘桂联军电》,见1912年2月29日《申报》,上海。
③ 《复袁世凯电》,见《孙中山全集》第2卷,108页。
④ 《纪南京代表行抵北京之盛况》,见1912年2月28日《申报》,上海。
⑤ 《盛国华致盛宣怀函》,见陈旭麓、顾廷龙、汪熙主编《辛亥革命前后——盛宣怀档案资料选辑之一》,266页。

也。"①袁世凯始终没有表示不能南行之意,蔡元培等人也对此深信不疑。

2月29日夜晚,袁世凯的亲信曹锟所属第3镇在北京发动兵变。乱兵"始焚东城,继抢城外",在京城内外大肆烧杀抢掠,商民店铺、居所损失数以千计,迎袁专使寓所也不能幸免,蔡元培等人被迫仓皇逃避使馆区的六国饭店。3月1日夜,乱兵"复抢西城,计焚两钟之久,枪声彻夜不绝。丰台同时兵变,竟开大炮"。这次兵变是袁世凯故意制造的,如时人所谓"初意系授意稍为暴动,借免南行之意"。②继北京兵变之后,天津、保定等地也发生军队哗变事件。如此造成北方局势动荡的迹象,为袁世凯拒绝南下提供了有利的借口。

一时间,要求袁世凯在北京组织统一政府的呼声再次高涨。南北军政各界、各社团、商会、报馆纷纷通电、上书,反对袁世凯南下。副总统黎元洪致电各省及各机关,认为"舍南京不至乱,舍北京必至亡",如果南北相争持久不决,将导致"兵亡""民亡""国亡""种亡"的严重后果。北军将领段祺瑞、姜桂题、冯国璋发布通电,断然主张:"兹就内情、外交、边部各方面观之,临时政府必应设于北京,大总统受任必暂难离京一步,统一政府必须旦夕组定。"③上海的《申报》《新闻报》《时报》《神州日报》《时事新报》《民立报》《天铎报》《爱国报》《民报》《大共和日报》《民声报》联衔致电孙中山和南京临时参议院:"国都及临时政府地点应在北,其理由早经各报暨庄都督详细说明,即旅北商民,亦公电赞同。因日久相持,人心不定,致肇京、津、保定之变,商业损失益巨。倘再迁延,易启外人干涉,良用危惧。务恳迅赐协商允妥,亟就北京组织完全政府,建定国都,以期南北统一。"④外国势力也开始加紧活动。驻北京的外国公使团紧急集会,决定从天津再调兵1 000人,增援使馆卫队,并每天在街道上进行武装巡逻,"以便对现存统治当局给予道义上的支

---

① 《蔡专使元培代表布告全国文》,见中国史学会主编《辛亥革命》第8册,124页。
② 《盛国华致盛宣怀函》,见陈旭麓、顾廷龙、汪熙主编《辛亥革命前后——盛宣怀档案资料选辑之一》,266、267页。
③ 黎元洪:《致各省各机关》《附北京段姜冯三军统通电》,见《黎副总统政书》卷8,3、4页。
④ 《申报等公电孙大总统、参议院》,载《南京临时政府公报》第33号,见《辛亥革命资料》(《近代史资料》总25号),260页。

持"。① 各国以保护使馆为名,陆续增兵北京;同时放出言论,希望袁世凯迅速在北京组织统一政府。

在这种情况下,迎袁专使蔡元培等人不得不接连致电南京临时政府,提议改变临时政府地点,同意袁世凯在北京就职。他们电称:"前月二十九日夜,北京军队忽起变乱,一般舆论以袁将南行为其主要之一原因。内乱既起,外人干涉之象亦现,无政府之状态,其害不可终日。于是一方面袁君颇不能南行,而一方面则统一政府不可不即日成立,在事实上已有不可易之理由。培等会议数次,全体一致,谓不能不牺牲我等此来之目的,以全垂危之大局。"②事已至此,孙中山与南方革命势力也无可奈何。

3月6日,南京临时参议院议决政府交议《关于袁总统受职与重行组织统一政府办法案》。议员汤漪提议袁世凯"来电既谓北京略已平靖,即应电请袁君南来就职",少数赞成,被否决。议员邓家彦提议"电允袁总统在北京受职",多数赞成,可决。议员谷钟秀提议关于袁世凯受职与重行组织统一政府办法六条,议决如下:第一,由参议院电知袁大总统允其在北京就职;第二,袁大总统接电后即电参议院宣誓;第三,参议院接到宣誓之电后即复电认为已经受职;第四,袁大总统受职后即将拟派国务总理及各国务员姓名电知参议院求其同意;第五,国务总理及各国务员委定后即在南京接收临时政府交代事宜;第六,孙大总统于交代之日始行解职。③对南京临时参议院的决议,孙中山完全赞同。第二天,孙中山致电袁世凯表示:"尤望即依参议院所开手续,正式受职……早定大局。"④于是,袁世凯便着手在北京组织临时统一政府。

二 立宪派、旧官僚与革命派的纷争

在武昌起义以后的革命大风潮中,不少立宪派、旧官僚自觉不自觉地抛弃清廷,及时地转向革命,附从革命,这对于革命形势的迅猛发展

---

① 《朱尔典爵士致格雷爵士函》,见胡滨译《英国蓝皮书有关辛亥革命资料选译》下册,494页。
② 曹亚伯:《武昌革命真史》下册,740页,上海书店,1982。
③ 《参议院议事录》,南京,1912年3月6日。
④ 《孙文关于参议院议决袁在北京受职复袁世凯电》,见《中华民国史档案资料汇编》第2辑,105页。

并迅速取得成功,无疑功不可没;但是,在随后的革命政权建设过程中,这些立宪派、旧官僚又难以与革命派同心同德、共济时艰,而是互起攻讦,甚至处处为难,以致政争不已,不仅涣散了革命阵线,而且削弱了革命力量,致使革命政权很快落入旧势力代表袁世凯的手中。在这一点上,他们是难辞其咎的。

如前所述,在各省独立的过程中,立宪派、旧官僚与革命派既有合作,也有争斗,并因此而分享了革命政权。当时,各省建立的军政府大都是由革命派、立宪派、旧官僚三种势力组成的联合体,有不少立宪派、旧官僚占住重要职位,甚至成为军政府都督,如湖北都督黎元洪、苏州都督程德全是典型的旧官僚,浙江都督汤寿潜、湖南都督谭延闿是著名的立宪派人物。随着各省纷纷独立,筹组统一的中央政府之事被提上议事日程,立宪派、旧官僚颇显活跃,尤其江浙名流张謇、汤寿潜、赵凤昌、程德全、庄蕴宽、雷奋、杨廷栋等人,企图控制统一中央政府的组织权,在上海与武昌两派势力之间纵横捭阖。南北议和期间,这些立宪派、旧官僚更是在南方革命势力与北方袁世凯势力之间上下其手,操纵自如。南京临时政府成立后,张謇、汤寿潜、程德全虽挂名南京临时政府总长,但常住上海租界;孙中山函聘赵凤昌为枢密顾问,赵在上海坚辞不就;汤化龙也匿居上海不就临时政府法制局副局长之职。显然,这些立宪派、旧官僚们对革命派掌握的新生的革命政权采取了消极的不合作态度。不仅如此,他们甚至还在组织上依托中华民国联合会和统一党,与同盟会和南京临时政府在政见上处于对立状态。

中华民国联合会和统一党与革命党人章太炎密切相关。1911年11月中旬,章太炎从日本回到上海,立即投入紧张的政治活动当中,"担任调人之职,为联合之谋"。① 当时,随着革命形势的发展,各种政治势力都在谋求筹组新的统一政府。在武昌的谭人凤等革命党人致电包括章太炎在内的各地革命党同志称,"民国渐次成立,请诸君速来鄂组织一切",② 显然是要各地革命党人到武昌组织民国政府。章太炎回电说:"革命军起,革命党消,天下为公,乃克有济。今读来电,以革命党

---

① 《章炳麟致民立报社书》,见1911年11月21日《民立报》,上海。
② 《本馆接各省紧要电报》,见1911年11月30日《民立报》,上海。

人召集革命党人,是欲以一党组织政府,若守此见,人心解体矣。诸君能战则战,不能战弗以党见破坏大局。"①,章太炎公开提出了"革命军起,革命党消"的口号。毋庸讳言,从辛亥革命的角度看,这个口号反对同盟会一党领导的意思是很明显的,其对革命的破坏性影响不容低估。革命领袖孙中山日后反思辛亥革命失败的原因时认为:这个口号在当时造成了"一种很可怪的空气",某些旧官僚与革命党人彼此唱和,瓦解了革命精神,"后来革命党的失败,都是在这句话上面,这是我们大家不可不彻底觉悟的"。② 但是,如果从民国政治建设的角度看,就会发现这个口号应该还有另一层意思:在革命成功以后,取消革命政党,建立近代普通政党,进行民主宪政的国家建设。这是民国之初进行政党政治建设的"毁党造党论"社会思潮的反映,是章太炎创立近代政党、进行政党政治建设的理论依据。③ 正是在这种思想的指导下,章太炎一回国就立即谋求组建政党。当时,章太炎在上海常与张謇见面,"会商民国成立以后的政治建设。一面谋巩固民主根基,一面谋民权民气在正当的轨道上发扬,尤其着重在政党的建设。认为要进行政治上的演进,政见上的表现,必得有对待的二党在同一国体之下,各自团结,拿政纲政见互相切磋,互相砥砺;使人民有从违择舍的自由和信从。"④后来,他们组织了中华民国联合会与统一党。

1912年1月3日,中华民国联合会在上海成立,以"联合全国,扶助完全共和政府之成立"为宗旨。⑤ 联合会的干部体制采用会长负责制,由正副会长、干事、参议员构成。具体情况如下:正会长章太炎,副会长程德全,参议员江苏唐文治、张謇,浙江蔡元培、应德闳,湖南熊希龄、张通典,湖北黄侃,安徽汪德渊、程承泽,四川黄云鹏、贺孝齐,江西刘树堂、邹凌沅,广西陈郁璠,云南陈荣昌,广东邓实,甘肃牛载坤,贵州

---

① 《章炳麟之消弭党见》,见1911年12月12日《大公报》,天津。
② 《在上海中国国民党本部的演说》,见《孙中山全集》第5卷,262页。按:以往学术界论及这个口号时多持否定的态度,主要强调其反对同盟会与分裂革命派的负面影响。参见徐辉琪《"革命军起,革命党消"口号的由来及其评价》,载《近代史研究》,1983年第4期,北京;徐立亭《革命派的分裂与章太炎的口号——"革命军起,革命党消"析》,载《吉林大学社会科学学报》1993年第6期,长春。
③ 参见李细珠《"革命军起,革命党消"新解》,载《中山大学研究生学刊》,1996年第3期,广州。
④ 张孝若:《南通张季直先生传记》,165页。
⑤ 《中华民国联合会章程》,见统一党本部编《统一党第一次报告》,1页,京师,京华印书局,1913。

符诗镕、王朴,驻会干事江苏唐演、浙江黄理中、江西符鼎升、湖南章驾时、四川廖希贤、福建林长民、山西景耀月、贵州王朴、安徽江谦。① 1月4日,联合会发刊《大共和日报》,为其言论机关报。中华民国联合会是南京临时政府时期成立的第一个重要的政治团体,其明确表示"本会性质对于政府立于监督补助地位"。②

3月2日,中华民国联合会根据章程"改会为党",正式成立统一党,以"统一全国,建设强固中央政府,促进完美共和政治"为宗旨。③统一党的干部体制采用理事合议制,由理事、参事、干事、评议员构成。统一党成立时本部职员如下:理事:章太炎、张謇、程德全、熊希龄、宋教仁;参事:汤寿潜、赵凤昌、唐文治、陈荣昌、邓实、应德闳、王清穆、叶景葵、庄蕴宽、蒋尊簋、唐绍仪、汤化龙、温宗尧;干事:总务科黄云鹏、孟森,书记科康宝忠、刘莹泽、王朴、马质、钱芥尘、易宗周,会计科黄理中、张弧,交际科王印川、林长民、王观铭、龚焕辰、杨择、王绍鏊,庶务科章驾时、王秀琳;基金监:赵凤昌;评议员:江苏唐文治、陈则民、浙江应德闳、陈毓楠、四川黄云鹏、曾道、安徽汪德渊、刘慎怡、湖南章驾时、邓起枢、广西周应熙、汪凤翔、河南张达善、江西李约、贵州杨华、宁士桢、直隶纪文瀚。④ 统一党成立的第二天,同盟会也由秘密革命团体改为公开的政党,形成南京临时政府时期相对立的两个重要政党。

从上述开列的中华民国联合会与统一党的干部成员来看,其党员构成融合了革命派、立宪派、旧官僚三种政治势力。据记载,中华民国联合会成立时,"凡国人之主张共和及统一建国者,不问其南北新旧,有无党籍,率可入会"。统一党更是"兼容各派,共赴一鹄,直开后来政党联合阵线之先河,弥为国人所乐附"。⑤ 正如统一党的《宣言》所称:"本党本集革命、宪政、中立诸党而成,无故无新,惟善是与。只求主义不涉危险,立论不近偏枯,行事不趋狂暴,在官不闻贪佞者,皆愿相互提携,

---

① 《中华民国联合会成立大会纪事》《中华民国联合会启事》,见1912年1月4、7日《大共和日报》,上海。
② 章太炎:《中华民国联合会第一次大会章》,见1912年1月5日《大共和日报》,上海。
③ 《统一党章程》,见统一党本部编《统一党第一次报告》,11页。
④ 《联合会改党记事》《统一党启事》,见1912年3月3日和8日《大共和日报》,上海;[日]宗方小太郎:《一九一二年中国之政党结社》,见《近代稗海》第12辑,83页。
⑤ 赵尊岳:《惜阴堂辛亥革命记》,载《近代史资料》总第53号,78—79页,1983。

研求至当。"①当然，上述名单中不少人实际上是挂名的。如宋教仁当时正随迎袁专使蔡元培在北京，当得知被统一党举为理事时，即在京发电辞职，回南京后又致电《民立报》登报发表声明。②事实上，无论是中华民国联合会还是统一党，真正起控制作用的核心人物还是章太炎与江浙立宪派、旧官僚张謇、程德全、赵凤昌等人。

南京临时政府时期，同盟会根据"部长取名，次长取实"的原则，基本上掌握了政府权力，俨然一执政党；而中华民国联合会与统一党虽然有党员入阁，但始终处于在野党的地位。两党之间存在许多政见分歧。中华民国联合会与统一党可谓是同盟会及南京临时政府重要的持不同政见者，前者对后者的种种举措多持强烈的反对态度。

例如，反对改用阳历。南京临时政府建立之初，临时大总统孙中山根据各省都督府代表会议的决议，宣布自1912年1月1日起改用阳历。章太炎以《大共和日报》社长的名义连续发表宣言，认为此举由各省都督府代表组织的参事会所议定，"不合法制"，故反对改用阳历。宣言称："本年改用阳历，由参事会所议定。寻今日南北未一，观听互殊，岂容遽改正朔？况此次参事会，大半即各省都督府代表之变名，既非国民公选，何有决议改历之权？故在议员未选、历书未颁，对于此等少数空言，断难遵行。""历法为人民所公用，非官吏所独用。阳历诚便于从事，然改变人民所用之旧贯，非民选议员，不得有决议之权。今以都督府代表擅议，故曰少数；有其议而不颁历书，故曰空言。各军政府虽依用，民间未有历书，虽有东西人通用之历，依法宜自政府刊行颁布。故曰断难遵行。凡事当决于民议，不决于是非。仆非反对阳历，乃反对用阳历者之不合法制。"③

再如，反对南京临时参议院与《临时约法》。在中华民国联合会成立大会上，蔡元培曾提议"请愿临时政府组织民选参议院"。④嗣后，联合会与临时大总统孙中山对此两次交换意见。首先，联合会上书临时大总统，从法理上认为共和政治当有民选议院，所谓"共和政治之精神，

---

① 《统一党宣言》，见1912年3月21日《大共和日报》，上海。
② 《南京电报》，见1912年3月11日《民立报》，上海。
③ 《宣言十》《宣言十一》，见汤志钧编《章太炎政论选集》下册，539、547页。
④ 《中华民国联合会成立大会纪事》，见1912年1月4日《大共和日报》，上海。

在伸张民权,而伸张民权之机关,即在民选议院,此诚今日所当亟而不可草率将事者"。上书对于由各省都督府代表组织的议事机构不以为然,认为是"以行政之员而参与立法","仅足以代表各省都督府,而不能代表全国人民之总意","止能参预行政事宜,不得干预立法权",要求临时大总统"通告各省,召集省议会,选举议员,速赴南京,组织参议院……庶符民国共和政治尊重民权之至意"。临时大总统则从事理上申述临时政府时期只当有临时参议院,认为"临时参议院由各省都督派员组织,原不过一时权宜,岂遂认为定制?目下光复各地,军政犹布,地方未靖。即欲召集省议会,选举议员,机关、手续俱无从着手;必待民选告成,乃议立法,又非临时政府建设之意;且北伐之举,有进无退,江淮频警,楚氛甚恶,临时政府所枕戈不遑者,方在破房一事。民选议会,当俟北房破灭后议之,在此非谓理有不可,盖于势有不能也"。接着,联合会退而求其次,认为临时参议院仅为"一时权宜",主张限制其立法权。其复书称:"大总统既知此种议会为一时权宜,不为定制,以后关于永久之法,应请限制此会不得妄议。其万不得已一时急于施行者,但可取用章程格令等名,不得以法律名义颁布,庶几权限划清,思无出位。"对此,临时大总统表示认可,认为其所论限制临时参议院立法权"切中时弊","当加意致谨"。① 1912年1月28日,南京临时参议院成立,由各省都督各派代表三人组成,与中华民国联合会民选议院主张大相径庭。南北议和成功后,统一党又重提民选问题,主张撤销临时参议院,认为"参议院者,实各省都督所派之代表团,而南京临时政府之假署立法机关也,其非国民之代表国民之立法机关,自事实上法理上言之,了无疑义……今南北既已统一,自为单独之国家立法机关当归民选,其裁撤当即在目前"。② 更有甚者,孙中山辞去临时大总统时颁布了由临时参议院制定并通过的《临时约法》,统一党认为这显然与中华民国联合会希望限制临时参议院立法权的主张相违背,故而对其大加非议:"国民为共和国主人,有主权者,参议员为都督府之差官,无主权者,故国民对

---

① 《本会呈请组织参议院文》《临时大总统复本会书》《本会复临时大总统书》《临时大总统再复本会书》,见统一党本部编《统一党第一次报告》,5—7页。
② 相如:《论参议院之应撤》,见1912年3月12日《大共和日报》,上海。

参议院之《临时约法》有不承认之权,此最简明之理由也。虽然,使该院所制定者尚属可行,其制定手续虽不适法,吾国民亦可宥其越权之罪,委曲承认;乃按该约法规定既多纰缪,性质又不尽合临时,吾国民若再缄默不定,则是自弃其天职尔。"①统一党认为《临时约法》由不合法的临时参议院制定,不合立法手续,且其本身又不完备,因而建议国民不予承认。

当然,中华民国联合会和统一党还有不少政见与同盟会及南京临时政府不同。如章太炎、张謇、庄蕴宽等人致电、致函,强烈反对以孙中山为首的南京临时政府以汉冶萍公司抵押借款及其定都南京的主张,已如前述,此不赘言。值得注意的是,他们所持各种反对理由,大都合理合法,冠冕堂皇,给南京临时政府施加了很大的压力,使其处境颇为尴尬。

应该看到,南京临时政府时期,民初政坛上的政治格局主要是以孙中山为首的同盟会派革命势力与袁世凯势力的竞争,而中华民国联合会和统一党处处表现与同盟会及南京临时政府存在政见分歧,这无疑在客观上是有利于袁世凯的。"当时同盟会与统一党以主义分急进、渐进相对峙,遂令枭雄袁世凯乘隙而入,施其操纵惯技,坐享渔人之利。"②正如统一党的重要党员王绍鏊日后回忆时所认为,统一党"实际上是不知不觉地做了袁世凯的应声虫"。③

三 革命派内部的矛盾

南京临时政府成立后,很快便陷入内外交困的艰难境地:列强不予承认,财政危机严重,同时还面临着袁世凯势力的威胁,而立宪派、旧官僚又处处为难,革命政权岌岌可危。这要求革命派团结一致、共渡难关,但革命派内部也是矛盾重重。

革命派内部的矛盾主要是源于不少革命党人对革命艰巨性的认识

---

① 匪石:《否认临时约法》,见 1912 年 3 月 26 日《大共和日报》,上海。据考证,此文乃章太炎授意匪石所作。参见谢樱宁《章太炎年谱摭遗》,66—67 页,北京,中国社会科学出版社,1987。
② 马震东:《袁氏当国史》,133 页,上海,中华书局,1930。
③ 王绍鏊:《辛亥革命时期政党活动的点滴回忆》,见中国人民政治协商会议全国委员会文史资料研究委员会编《辛亥革命回忆录》第 1 集,401 页,北京,中华书局,1961。

不足及其权利享乐思想的泛滥。随着革命形势的发展,在民国建立与清帝退位这种政治转换的表象中,一些革命党人便沉溺于"革命成功"的幻觉,开始迷失了革命的目标与前进的方向。"自辛亥革命以后,热心消灭,奋斗之精神逐渐丧失。人人皆以为辛亥革命推翻满清便是革命成功,革命事业不肯继续做去。"①此时一些革命党人便居功自傲,很快滋生权利享乐思想。"当时同志中志得意满、行为浪漫者颇不乏人;'逢人称首义,无兵不元勋',舍本偏于逐末,革命止于革官。"②他们"开始蜕变,逐渐地丧失革命意志,而一味追求个人的官职和利禄"。③这些革命党人以革命为做官发财的捷径,于是在夺取政权之后为了权位与利益而互起纷争,以至内讧不已。正如孙中山日后批评所说:"当时党人已大有争权夺利之思想,其势将不可压。"④

当然,革命派内部的纷争,既有权利思想的作祟,还因政见的不同而引起。下面是几方面的矛盾情形:

(一)武汉与南京的矛盾

武汉是首义之区,湖北革命党人自视甚高,居功揽权之心甚切。在筹建统一中央政府的时候,他们曾经与上海各种政治势力展开了激烈的争夺,试图掌握临时政府的组织权。南京临时政府成立时,他们又多方活动,想方设法为自己谋取职位。刘成禺、时功玖等人要求孙中山"宜宠异武昌诸将,勿令怨望",⑤但没有结果。孙武亲自到南京活动,欲在临时政府谋一陆军次长之职,也未能如愿。南京临时政府除给黎元洪以副总统职位外,并没有给其他武昌首义诸人以特别的位置。由于对权力分配的失望,湖北革命党人对孙中山和南京临时政府颇为不满。他们认为:"南京政府排鄂,鄂人功高多材,应另树一帜,以与之相抗。"⑥

1912年1月16日,孙武、刘成禺等人在上海发起成立民社。民社

---

① 《在广州大本营对国民党员的演说》,见《孙中山全集》第8卷,432页。
② 潘康时:《潘怡如自传》,见中国人民政治协商会议湖北省委员会编《辛亥首义回忆录》第3辑,41页,武汉,湖北人民出版社,1957—1961。
③ 吴玉章:《辛亥革命》,156页。
④ 《致邓泽如函二件·二》,见《孙中山全集》第3卷,126页。
⑤ 《章太炎先生自定年谱》,19页。
⑥ 李西屏:《武昌起义纪事》,见《辛亥首义回忆录》第4辑,85页。

之名"援卢梭人民社会之旨",其宗旨标榜"对于统一共和政治持进步主义,以谋国利民福"。① 民社主要干部名单如下:理事长:黎元洪;常务理事:孙武、刘成禺、饶汉祥、张伯烈、孙发绪;总干事:吴敬恒;干事:秘书科何雯,庶务科汪彭年,主计科张伯烈,招待科宁调元;评议员:李登辉、王正廷、周恢、项骧、张伯烈、孙发绪、张振武。② 民社拥黎元洪为领袖,其核心人物是失意的革命党人孙武、刘成禺和湖北军政府中的政客张伯烈、孙发绪、饶汉祥,其社员以湖北军政界人士为多。"湖北籍的国会议员,湖北的师旅长,以及各部首脑人物,多系民社主要分子。"民社本部设在上海,基地却在武昌,其经费由湖北军政府直接资助。据记载,湖北理财部部长李作栋曾一次拨给民社活动经费5万元。民社的基本政治态度就是"反孙倒黄,捧黎拥袁",可谓武昌首义集团对抗孙中山和南京临时政府的重要政治团体。③ "民社组织之日,正南京政府成立之时。对于南京的一切设施,监督得极其严紧。例如汉冶萍与外人合办一事,招商局抵押借款一事,合同并未订结,武昌就严电反对起来……和议未成,政局未定,而南方革命阵营中,已经造成了武昌与南京的矛盾。"④

3月1日,湖北籍参议员刘成禺、时功玖、张伯烈因反对南京临时政府向华俄道胜银行借款而愤然辞职,由此引起了一场否定南京临时参议院的政治风波。⑤ 刘成禺等人的举动,得到几乎同时辞职的江苏籍参议员杨廷栋等人的支持与配合,他们通电要求各省议会另选参议员,组织临时中央议会,从而否定南京临时参议院,进而否定其所制定并颁布的《中华民国临时约法》,对南京临时政府进行了猛烈的攻击。

(二)光复会与同盟会的矛盾

光复会与同盟会是两个重要的革命团体,它们都为革命的成功作出了巨大的贡献,这是不可否认的;但是,由于两者之间的历史纠葛,积怨甚深,势同水火。革命成功之后,为了谋取权势与地位,双方的矛盾

---

① 《民社缘起》《民社规约》,见章伯锋、李宗一主编《北洋军阀》第1卷,346页,武汉出版社,1990。
② 参见张玉法《民国初年的政党》,93页,台北,"中央研究院"近代史研究所专刊第49期,1985。
③ 以上参见万鸿喈《民社成立与黎袁勾结》,见《辛亥革命回忆录》第2集,107页。
④ 蔡寄鸥:《鄂州血史》,174页,上海,龙门联合书局,1958。
⑤ 参见胡绳武《民元南京参议院风波》,载《近代史研究》1989年第5期,北京。

不可避免地进一步显露出来。上海"光复",是同盟会陈其美与光复会李燮和通力合作的结果。但是在组建沪军都督府时,陈其美不仅利用手腕为自己取得都督职位,而且多用同盟会会员掌管都督府重要职权,对光复会一系排斥甚力,仅予李燮和以参谋之职,使李燮和及光复会党人颇为不满。在李燮和避走吴淞、出任吴淞军政分府都督后,陈其美及其党羽"甚为嫉妒",居然多次派人暗杀。李燮和在吴淞另树一帜,为了"不受制于陈其美",决定将吴淞军政分府隶属于江苏都督程德全治下,并取消都督名号,改任吴淞军政分府水陆军总司令。① 上海"光复"前后,陈其美与李燮和的矛盾,表明同盟会与光复会的裂痕难以弥合。

1912年1月14日,陈其美派人暗杀光复会领袖人物陶成章于上海法租界广慈医院,造成民国初年第一起震惊全国的政治暗杀事件。与排挤李燮和一样,暗杀陶成章也是陈其美对付光复会的重要步骤。这是早有预谋的。据说,上海"光复"前夕,陈其美曾经"密约亲信同志"集议,商谈武昌起义后同盟会的应对策略。陈其美说:"今日武昌为首义之区,南北两京,尚在满清之手,各省自听命于武昌。而武昌起义者,又均系光复会人。长江一带,本为光复会势力所弥漫,今以首义示天下,同盟会将无立足之地。所以吾人为同盟会计,为报答孙先生多年奔走革命计,不得不继武昌而立奇功于长江下游。苟能从光复上海入手,次第光复江、浙、南京、皖、赣以达北京,共和告成,同盟会化为永占优势之政党,始可无恨。今观武昌军政府,令李燮和以总司令名义来沪,协助光复,其居心可知。况李燮和又为陶成章之亲信者。吾同志中诸好友,能有出奇制胜之策否?"②显然,当时陈其美等人便在谋划以"出奇制胜之策"对付光复会的李燮和、陶成章等人,以保住同盟会"永占优势"的地位。当然,要想在上海与江浙地区等光复会的活动重地"出奇制胜",陈其美只有不择手段了。陈其美不惜用如此卑劣的手段对付自己的同盟军,并不能真正有效地解决同盟会与光复会之间的派系纷争问题,反而只能进一步增大双方的敌对矛盾,同时相应地削弱自己的战斗力。

---

① 参见饶怀民《李燮和与沪宁光复》,117—141页,长沙,湖南师范大学出版社,1998。
② 章天觉:《回忆辛亥》,载《辛亥革命史丛刊》第2辑,156页,北京,中华书局,1980。

广东是同盟会势力控制的重要基地,陈炯明出任都督后,为加强同盟会的统治力量,力图压制与打击光复会等异己势力。汕头民军司令光复会员许雪秋、陈芸生"与同盟会员之领军者不合,势成水火"。[①] 为此,光复会会长章太炎致书临时大总统孙中山,指出:"同盟、光复二会,日益轧轹……几有贵族、平民之分。"他认为,光复会与同盟会本来应该是平等的,两党的革命目标基本上是相同的,光复会也为革命作出了应有的贡献,虽然两党领袖政见稍有区别,但绝不能自相残杀。他对于同盟会压制光复会之事深表不满,并说明其严重后果:"若以名号相争,而令挟私复怨者,得借是以为名,无损于虏,徒令粤东糜烂。"[②]孙中山致电陈炯明及同盟会,完全赞同章太炎关于同盟会与光复会两党关系的意见,并指示陈炯明"解释调处"。他认为:"同盟、光复二会在昔同为革命党之团体……两会欣戴宗国,同仇建虏,非只良友,有如弟昆。纵前兹一二首领政见稍殊,初无关于全体。今兹民国新立,建虏未平,正宜协力同心,以达共同之目的,岂有猜贰而生阋墙。"[③]无论是章太炎还是孙中山,在主观上似乎都希望同盟、光复两会能够泯灭党见,和衷共济,但事实上两者仍是纷争不已,其结果只不过是革命阵线里有生力量的内耗,而客观上给袁世凯攫取革命成果以可乘之机。

(三) 同盟会内部的矛盾

同盟会自成立以后,历经共进会独树一帜、光复会重建及同盟会中部总会在上海成立等事件,在组织上逐渐趋于涣散状态。武昌起义突然爆发,同盟会在组织上和思想上都缺乏充分的准备,以至于在如何应对时局及如何自处等关键问题上,同盟会内部的认识非常混乱。章太炎宣扬"革命军起,革命党消"。老革命党人刘揆一主张:"自今以后,务皆以提倡共和民主政体、组织中华民国政党为共同纯一之宗旨。凡从前所设立如同盟会、宪政公会、宪友会、辛亥俱乐部以及一切党会诸名义,应请一律取消,化除畛域,共建新猷。"[④]对此,同盟会的机关报《民

---

① 冯自由:《光复会》,见《革命逸史》第5集,66页。
② 《致临时大总统书》,见汤志钧编《章太炎政论选集》下册,557—558页。
③ 《致陈炯明及中国同盟会电》,见《孙中山全集》第2卷,46—47页。
④ 《布告政党请取消从前党会名义书》,见饶怀民编《刘揆一集》,40页,武汉,华中师范大学出版社,1991。

立报》也表示赞同,认为:"非有此种涵天盖地之识量,万不足以救党派分歧之中国。"①宋教仁更是直接"主张解散同盟会另组政党","选择同盟会中稳健分子,集为政党,变名更署,与同盟会分离"。② 这些关于取消同盟会和另组政党的言论,一时甚嚣尘上,使同盟会几乎面临解体的危险。

1911年12月30日,归国不久的孙中山在上海召开了同盟会本部临时会议,改订了同盟会暂行章程,并发表《中国同盟会意见书》。意见书承认了同盟会的涣散状态,"意见不相统属,议论歧为万途";号召党人加强团结,希望"吾党宜益广其结纳,罗致硕人,以闳其力,惟必先自结合,以成坚固不破之群"。同时还严肃地批评了"革命军起,革命党消"的言论,以为"是儒生阘茸之言,无一粲之值"。意见书还宣称同盟会应勇敢地承担领导革命的重任:"当千钧一发之时,则冒锋镝、捐肝脑为前驱以争其最后者,舍吾党其谁属?"该书重申实现民族、民权、民生三大主义的革命理想,"欲造成圆满纯固之国家,以副其始志者,则必完全贯彻此三大主义而无遗"。最后,意见书还表明了要在适当的时候将同盟会改为公开政党的意向:"俟民国成立,全局大定之后,再订开全体大会,改为最闳大之政党,仍其主义,别草新制,公布天下。"③这次会议的召开,表明了孙中山等同盟会最高层领导人试图重新振兴同盟会势力的希望及其努力的方向,应该说是非常必要和及时的,但效果并不理想。

事实上,当时同盟会内部的分裂业已显露端倪。随后,章太炎与江浙立宪派,旧官僚张謇、程德全等人组织了中华民国联合会,湖北革命党人孙武、刘成禺等人拥戴黎元洪成立了民社。章太炎、孙武等人既从同盟会分裂出来,又公然攻击同盟会,使同盟会备受压力。1912年1月22日,同盟会总部在南京举行会员大会,有18省会员到会,约2 000人,规模盛大。胡汉民代表孙中山出席,并提议修正誓词为"颠覆满清

---

① 《说丛》,见1911年12月12日《民立报》,上海。
② 《宋遯初君死后之观察》,见《远生遗著》下册卷3,94页;《致张继、于右任书》,见汤志钧编《章太炎政论选集》下册,587页。
③ 《中国同盟会意见书》,见《孙中山全集》第1卷,577—579页。

政府,巩固中华民国,实行民生主义",并得到会众赞成。① 会议在讨论同盟会的改组问题时,会员意见出现分歧:右派以宋教仁为代表,认为"武装革命已告终了,应改为公开之政党,从事于宪法国会之运动,立于代表国民监督政府之地位,不宜复带秘密之性质"。左派以胡汉民为代表,认为"革命之目的,并未达到,让权袁氏,前途尤多危险,党中宜保存从来秘密工作,而更推广之,不宜倾重合法的政治竞争,而公开一切"。讨论的结果是右派占多数。② 这种意见分歧,正是同盟会内部分别以孙中山与宋教仁为代表的两派政治势力不同政见的反映。当时,正值南北和谈的关键时刻,清帝尚未退位,孙中山对让位给袁世凯也心有不甘,于是希望继续保持同盟会的革命性质;而宋教仁向来主张实行政党政治,当然希望将同盟会改组为公开政党,以实现其责任内阁制理想。

3月3日,同盟会本部再次在南京召开全体大会,到会者数千人,正式决定由秘密革命团体改为公开政党,以"巩固中华民国,实行民生主义"为宗旨。大会宣布政纲九条:第一,完成行政统一,促进地方自治;第二,实行种族进(同)化;第三,采用国家社会政策;第四,普及义务教育;第五,主张男女平权;第六,励行征兵制度;第七,整理财政,厘定税制;第八,力谋国民(际)平等;第九,注重移民垦殖事业。③ 改组后的同盟会本部主要职员如下:总理孙文,协理黄兴、黎元洪;总务部主任干事汪兆铭;交际部主任干事张继;政事部主任干事宋教仁;理财部主任干事居正;文事部主任干事李肇甫;评议部议长张耀曾,副议长田桐。④ 孙中山、黄兴对同盟会的改组是赞同的。但由于孙、黄政务繁忙,难兼党务,即使卸任之后,也主要是忙于实业建设,而黎元洪又是挂名的,胡

---

① 《南京要电》,见1912年1月23日《天铎报》,上海。
② 《胡汉民自传》,载《近代史资料》总45号,61页,北京,1981。
③ 《南京电报》,见1912年3月5日《民立报》,上海。按:原载政纲第2、8两条文字有误,现据《中国同盟会总章草案》(见1912年3月6日《民立报》,上海)予以改正。
④ 《中国同盟会本部职员一览》,见黄彦、李伯新选编《孙中山藏档选编(辛亥革命前后)》,384—385页,北京,中华书局,1986。按:《民立报》记载,改组后的同盟会本部职员在总理、协理以下有10位干事:平刚、刘揆一、宋教仁、马和、李肇甫、胡汉民、张继、汪兆铭、居正、田桐(参见《同盟会新职员表》,见1912年3月6日《民立报》,上海)。此说为以往多种相关论著所沿用。其实,据《中国同盟会总章》规定,该会分设5个干事部:总务部、交际部、政事部、理财部、文事部,各部设主任干事1人,主任干事由全体会员投票选举10人,呈总理选任(见《孙中山全集》第2卷,162页)。由此可知,《民立报》所载10位干事名单,只是由大会选举的主任干事候选人,最后的5位主任干事汪兆铭、张继、宋教仁、居正、李肇甫应是总理孙中山从那10位候选人名单中选任的。

汉民后任广东都督,汪兆铭不久出国留学,这样便使"实际的党务,落入较温和的宋教仁之手"。①

同盟会改组其实也是其内部矛盾分化的结果。尤其值得注意的是,同盟会本是秘密革命团体,改组为公开政党后,其性质遂发生变化,如章士钊所谓"从前之名称虽未易,而其实质则已消"。"同盟会既为政党,则今后之所为,当谋避免普通政治结社之行动,而力崇党德,实行党纲。政党者,与国会相依为命者也,故党员当为议员,否则为议员候补者,余则恃选民而已。"②改组后的同盟会希图逐渐步入政党政治的轨道,其从前所有的革命性便将随之而丧失。后来,宋教仁以此同盟会为基础,联合其他几个小团体,组建国民党,更是如孙中山所谓已"完全变为政党,革命精神遂以消失"。③ 因此,同盟会的改组,不但没有形成一个强有力的革命领导核心,反而在一定程度上削弱了本来就并不够强大的革命力量,终于难以粉碎袁世凯势力攫取民国政权的阴谋。

总之,在清末以及民初政局演变的过程中,各派政治势力展开了激烈的明争暗斗,"立宪派和革命派与清政府斗;摄政王与袁世凯及立宪派和革命党斗;善耆与载沣弟兄斗,结果均归失败,成功者只一袁世凯。"④事实上,孙中山等革命党人在政治手腕方面根本不是旧官僚政客袁世凯的对手,立宪派、旧官僚与革命派组织的反清革命联合阵线在清王朝垮台之后又互起纷争,革命派内部也随之不断分化而矛盾重重。种种迹象表明,袁世凯能够成为这场政治角逐中最后的赢家,是有多方面原因的。

---

① 参见张玉法《民国初年的政党》,46 页。
② 行严:《论同盟会》,见 1912 年 3 月 6 日《民立报》,上海。
③ 《在广州国民党党务会议的讲话》,见《孙中山全集》第 8 卷,268 页。
④ 李泰棻:《独树一帜的善耆》,见中国人民政治协商会议全国委员会文史资料委员会编《晚清宫廷生活见闻》,81 页,北京,中国文史出版社,2000。

第四节　袁世凯攫取中华民国政权

一　"非袁莫属"局面的形成

袁世凯何以能够攫取民国政权？这是学界探讨较多的问题。① 综括而言，清末民初鼎革之际，有多种因素促成了"非袁莫属"局面的形成，从而将袁世凯推向了民国政治权力的顶峰。

（一）袁世凯的军事实力与政治手腕

袁世凯是靠编练北洋新军起家的，北洋军是袁世凯最大的政治资本。武昌起义之后，被黜多年的袁世凯能够迅速东山再起，并实际控制清政府的军政大权，就是因为他手中掌握着一支强大的北洋军。北洋军是清末"中国陆军的核心"，与南方民军相比，虽然在数量上可能并不占优势，"可是作为一支战斗力量来说，他们统一的指挥、训练和划一的装备，都使他们优于民军"。② 当时，一些外国军事观察家通过对广州、上海、苏州、武昌和南京等地驻军的研究，认为："革命军队显然不如忠于清皇朝的军队……除了极少数例外，革命军队一般都是'军纪涣散的乌合之众'。如果北洋军队全力支撑清皇朝，革命军队将不是它的对

---

① 参见徐梁柏《应该重新评价"孙中山让位"》，载《社会科学战线》1980 年第 4 期，长春；宝成关《论南北议和与孙中山让位》，载《纪念辛亥革命七十周年学术讨论会论文集》上册，872—893 页；单宝《袁世凯窃取政权的原因》，载《史学月刊》1984 年第 5 期，开封；韩明《孙中山让位于袁世凯原因新议》，载《历史研究》1986 年第 5 期，北京；胡绳武《孙中山让位于袁世凯的历史环境》，载《历史研究》1987 年第 1 期，北京；林家有、王文清《舆论转向对孙中山让权的影响》，载《孙中山研究论丛》第 8 集，广州，中山大学学报论丛，1991。

② 参见[美]拉尔夫·尔·鲍威尔《1895—1912 年中国军事力量的兴起》，陈霞飞等译，125、298 页，北京，中国社会科学出版社，1979。

手。"①南方民军的情况到底如何呢？据胡汉民回忆说："南京军队隶编于陆军部者，号称十七师，然惟粤、浙两军有战斗力……其他各部，乃俱不啻乌合，不能应敌。盖当时党人对于军队，不知如法国革命及苏俄革命时所用之方法，能破坏之于敌人之手，而不能运用之于本党主义之下。由下级干部骤起为将，学问经验，非其所堪。又往往只求兵数增加，不讲实力，此为各省通病，而南京则尤甚也。"②显然，南方民军要战胜北洋军是相当困难的。正因为有强大的北洋军的存在，才使南方革命势力对袁世凯不敢等闲视之。

更重要的是，狡诈的袁世凯还善于在清廷与革命党两派政治势力之间玩弄两面手法，就是他自己所谓的"拔树方法"。他说："几百年大树，专用猛力，虽折断，无法去根。只有左右'晃'的一法，'晃'，'晃'，晃之不已，根土松动，全根一拔即起。我的军队忽进忽退，就是'晃'的一法。"③袁世凯一面借革命党势力胁制清廷就范，一面又挟清廷势力与革命党交易，从而操纵南北和谈，牺牲清廷与革命党双方面的利益，自己坐收渔人之利。

（二）民族资产阶级的推崇

袁世凯在清末新政中所塑造的革新形象得到了民族资产阶级的认可与信任。袁世凯在直隶总督兼北洋大臣任上积极推行新政，成效显著，使北洋新政一时成为各省效仿的典范，所谓"北洋实业曾发一灿烂之曙光，一时建设，百废并举，有如旭日之东升，为全国所瞻式"。④与此同时，袁世凯在民族资产阶级心目中的形象也逐渐高大起来。袁世凯被清廷罢黜时，时论认为"袁世凯者，举办新政之最有魄力人也。袁去而新政虽不至退缩，然强忍不屈、冥意孤行而又深明于中外时局者，京内外诸大老中如袁者，曾有几人？"⑤张謇亲到洹上村访问袁世凯并参观北洋新政设施后，对袁氏赞佩不已，认为"袁为总督时，气象自不

---

① 参见[澳]冯兆基《军事近代化与中国革命》，郭太风译，284页，上海人民出版社，1994。
② 《胡汉民自传》，载《近代史资料》总45号，59页，北京，1981。
③ 黄炎培：《我亲身经历的辛亥革命事实》，见《辛亥革命回忆录》第1集，66页。
④ 周叔媜：《周止庵先生别传》，1页，1948。
⑤ 《对于政府退袁宫保之确评》，见1909年1月16日《大公报》，天津。

凡","远在碌碌诸公之上","举世督抚,谁能及之?"①甚至孙中山也曾表示"平日甚慕其为人"。孙认为:"在前清官场中,项城有真实能力,勇于干事,迥异常庸。其在北洋练兵,卓著成效,故此人而入民国,亦必为重要人物……余信袁之为人,很有肩膀,其头脑亦甚清楚,见天下事均能明彻,而思想亦很新。"②可见,袁世凯在民族资产阶级心目中的形象与地位确实非同一般。

民国初年,民族资产阶级希望"强人"袁世凯能够结束混乱的局面,为民族资本主义的发展开辟道路。革命推翻了顽固腐朽的清王朝,为民族资本主义的进一步发展创造了美好的前景。但是,革命也带来了社会局势的动荡不安,并给民族资产阶级的切身利益带来直接的伤害,使他们经常处于惶惶不可终日的惊恐与忧虑状态。"官绅商人之有财者,则既知政府之不足恃,又不敢投诚于革命军,惟恐各处土匪乘机而起,于己之财产有损,或提存款,或购金圆,或存外国银行,终日营营,惟此是务,而商业因而牵动。商界中人,大半惟忧各地起乱,于己商业有碍。"③民族资产阶级对于袁世凯出山结束民初混乱动荡的局面寄予深切厚望。他们认为:"袁世凯自此次出山以来,沐清廷之殊遇,负民军之重望,海内人士咸喁喁然向北而翘颈跂踵曰,袁氏一出而战祸于以弭,大局于以定,一身之向背,关系一国之安危焉者也。"④在他们的心目中,袁世凯的形象就如同"救世主"那般崇高。如时论所谓:"袁世凯,中华民国之骄子也。彼挟其天生之聪明,政海之经验,强有力之军队,出山以来,决意停战,力主议和,百余日间,兵不血刃,遂使清帝退位,民国成立……雄才大略,震烁今古,虽比之华盛顿、拿破仑,又何多让。"⑤正是这种"非袁不可"的心理定势,促使民族资产阶级选择了袁世凯。

(三)立宪派与旧官僚的拥戴

武昌起义后,袁世凯一时成为各政治势力公认的能够收拾局面的合适人选,而立宪派与旧官僚拥戴尤力。如张謇日后所谓:"辛亥之役,

---

① 《啬翁自订年谱》《日记》,见《张謇全集》第6卷,875、650、655页。
② 《在上海国民党欢迎会的演说》,见《孙中山全集》第2卷,484页。
③ 《今日各种人之心理》,见1911年10月19日《申报》,上海。
④ 《测袁篇》,见1912年1月28日《申报》,上海。
⑤ 空海:《袁世凯》,见1912年2月22日《民立报》,上海。

海内骚然;中外人士,咸以非洹上(袁世凯——引者注)不能统一全国。故南中各省拥护不遗余力;凡可以巩固中央者,举不惜牺牲一切以徇之。苏鄂两省,尤为显著。"①当时,张謇、赵凤昌、马相伯、黄炎培等江浙立宪派人士经常在上海赵宅"惜阴堂"商讨时局,密谋策划,很快作出拥袁的决策。他们认为:"全国人心是一致要求独立的;革命军热情、勇敢、牺牲精神是有余的,可惜实力太不足。腐朽的清廷看到各地纷纷起义,已很惊骇;各省督抚纷纷劝清帝让位。在这种情况下,只有利用拥有实力的袁世凯去劝清廷,可能生效。谁能说袁世凯呢?只有久在袁世凯幕下的张一麐能说世凯。"②由于他们的活动,各省都督府代表会议作出决定:"如袁世凯反正,当公举为临时大总统。"③后来,他们操纵了南北议和。即使在孙中山业已就任临时大总统、南京临时政府成立以后,他们仍然不改初衷,始终坚持拥袁。就在南北议和的关键时刻,张謇致电袁世凯称:"甲日满退,乙日拥公;东南诸方,一切通过。"④对袁世凯作出的郑重许诺,促使袁世凯加紧进行了结和议的步伐。后来的结果证明了他们先前的承诺:清帝退位之后,袁世凯便由南京临时参议院公举为临时大总统。

(四)外国势力的支持与帮助

在半殖民地半封建社会的近代中国,外国势力对中国政局的影响是一股不容忽视的力量。袁世凯能够在民初顺利地攫取民国政权,也与外国势力的支持和帮助有着密切的关系。武昌起义之后,列强便蓄意制造"非袁不可收拾"的舆论,给清廷施加压力,迫使清廷尽快起用袁世凯,使袁世凯得以东山再起。当袁世凯刚被清廷起用的时候,列强便为之鼓掌欢迎,认为:"袁世凯是一个强有力的人物……在这个国家碰到空前困难的时期,如果还有人能够出来挽回局势,我们相信,也只有袁世凯了。"⑤当时,在南北局势尚不明朗的情况下,列强虽然标榜"中立",却插手南北议和,暗中为袁世凯出谋划策,并公然向革命党人发出

---

① 《劝告袁氏退休致徐菊人函》,见《张謇全集》第1卷,350页。
② 黄炎培:《我亲身经历的辛亥革命事实》,见《辛亥革命回忆录》第1集,66页。
③ 张难先:《湖北革命知之录》,391页,上海,商务印书馆,1946。
④ 《劝告袁内阁速决大计电》,见《张謇全集》第1卷,232页。
⑤ 《〈汉口日报〉编辑部编印的〈革命日志〉》,见《中国海关与辛亥革命》,363页。

警告：民国总统不能让孙中山或黎元洪做，只能让袁世凯做，否则便得不到列强的承认。英国《泰晤士报》记者莫理循说："我在上海见到不少共和派的首领，我认为我帮袁世凯做了许多工作。我向他们指出，任命像孙中山或黎元洪这样的领袖为民国的总统，绝不能指望得到列强的早日承认。孙中山对中国的情况一无所知，而黎元洪则在省外毫无地位。我对他们说，只有袁世凯才能得到列强的信任，因为他已经显示出他的治理国家的才能比中国当代的任何政治家为高。革命党领袖们对我说，他们肯定会任命袁世凯为中华民国首任总统，他们并且准备用书面写下这种谅解。"①后来，事态的发展与莫理循的设想略有差距，南京临时政府成立时，袁世凯没有当成"首任总统"；但是，正如莫理循所预计的，以孙中山为临时大总统的南京临时政府果然始终没有得到列强的外交承认。

列强还以"中立"为幌子在财政上对南京临时政府进行封锁和扼杀，使南京临时政府急需借贷的外债毫无着落，陷入严重的财政危机之中。不仅如此，列强还肆意攻击南方革命党人及革命领袖孙中山，污蔑他们没有能力建立统一的共和政府。一些外国舆论认为"共和运动，定致全国分裂"，"惟恐北京政府倒后，共和党不能组织完全，乏统一全国之力，势必陷于恐怖时代"，甚至说"孙逸仙不知军事，就任以来，颇为人所反对，决不能与各省革党连合无间。盖孙之思想太高，于中国社会程度不合。彼之所计划者，中国人民殊茫然也"。②

与此同时，列强则极力支持和帮助袁世凯。他们甚至不顾"中立"，想方设法给袁世凯提供贷款，认为："行动的时间已经到了，如果列强不欲担负使北京政府瘫痪的后果。袁世凯必须得到支持，因为只有他是稳定的保障。"③列强对袁世凯极尽吹捧之能事，认为袁世凯就是当时中国所需要的"强健有为之大政治家"，也是"将来中国之真主人"。他们宣称："现时孙之劲敌为袁，于大局最有希望，而得操最后之胜利，以

---

① 《致达·狄·布拉姆函》，见[澳]骆惠敏编《清末民初政情内幕——〈泰晤士报〉驻北京记者袁世凯政治顾问乔·厄·莫理循书信集》上册，刘桂梁等译，818页。
② 《欧报对于中国革命之舆论》，见中国史学会主编《辛亥革命》第8册，498、499、508页。
③ 《驻北京公使哈豪森致外部电》，见孙瑞芹译《德国外交文件有关中国交涉史料选译》第3卷，208页。

底定中国者,亦惟袁一人而已。"①正如俄国驻华公使所说:"袁世凯的威信在很大的程度上是外国人所造成而被他们所大加吹嘘的。"②列强拥袁抑孙的态度非常明显,这对民国初年中国政治权力转换的影响不容低估。

(五)孙中山、黄兴等革命党人的妥协与退让

孙中山、黄兴等革命党人对于袁世凯的认识与态度有一个逐渐转变的过程。当袁世凯背弃共和而专制自为的面目尚未暴露之前,他们尚且期望袁世凯起而反清,以期尽快完成全国统一,达到"以和平收革命之功"的目的。

孙中山在武昌起义后回国的途中,已经表示了可以让袁世凯做总统的意向。他曾从巴黎致电民国军政府称:"总统自当推定黎君,闻黎有请推袁之说,合宜亦善。总之,随宜推定,但求早巩国基。"③当孙中山途经香港会晤胡汉民等时,特意解释了利用袁世凯以达和平革命目的的用意。他说:"谓袁世凯不可信,诚然;但我因而利用之,使推翻二百六十余年贵族专制之满洲,则贤于用兵十万。纵其欲继满洲以为恶,而其基础已远不如,覆之自易,故今日可先成一圆满之段落。"④所以,孙中山就任南京临时大总统时,曾当即向袁表示只是"暂时承乏",而终将"虚位以待"袁氏。当清帝退位后,孙中山即遵守诺言,一面向南京临时参议院提出辞职,一面推举袁世凯继任临时大总统。当时,孙中山多次表示,通过辛亥革命,三民主义的革命理想中的民族、民权主义目的已经达到,今后将主要致力于民生主义。孙中山自辞职以后,便少问政事,而专心于实业建设及社会事业。他曾认为:"维持现状,我不如袁,规划将来,袁不如我。为中国目前计,此十年内,似仍宜以袁氏为总统,我专尽力于社会事业。"⑤正如孙中山日后所说:"自袁杀宋教仁君之后,弟始决心不助袁。"⑥可见,就是在宋教仁被刺之前,应该说孙中

---

① 《欧报对于中国革命之舆论》,见中国史学会主编《辛亥革命》第8册,497、508页。
② 《驻北京公使致外交大臣急件》,见张蓉初译《红档杂志有关中国交涉史料选译》,382页。
③ 《致民国军政府电》,见《孙中山全集》第1卷,547页。
④ 《胡汉民自传》,载《近代史资料》总45号,53页,北京,1981。
⑤ 《与某人的谈话》,见《孙中山全集》第2卷,440页。
⑥ 《复黄芸苏函》,见《孙中山全集》第3卷,128页。

山对袁世凯基本上还是信任的。

其他革命党人如黄兴,也曾期望袁世凯为拿破仑、华盛顿。当清帝退位、袁世凯继孙中山为民国总统以后,黄兴便萌生功成退隐的想法。他致电袁世凯称:"今南北一家,总统得人,民国从此万年,迥非当日可比也。吾辈十余年兢兢业业以求者,真正之和平,圆满之幸福。今目的已达,掉臂林泉,所得多矣。"①另外,如胡汉民、汪精卫等人也是如此。"精卫、汉民,中山之张良、陈平也。精卫在京,既与袁克定商约调停,许推袁世凯为大总统,又附和汉民、君武等之意见,推中山上台。何为既登台矣,则应极力夹辅,求达最终之目的,乃闻宣统退位之诏一下,精卫急欲践前言,汉民亦极力劝中山辞职。"②胡汉民日后回忆,说当时同盟会"内外负重要责任之同志,则悉倾于和议……故精卫极意斡旋于伍廷芳、唐绍仪之间,而余则力挽先生(孙中山——引者注)之意于内。余与精卫二人,可云功之首,而又罪之魁!"③

当时,虽然也有某些激烈的革命党人,如戴季陶,指责袁世凯为"专制魔王",甚至认为袁世凯"欲作皇帝",④但这只是极少数人对政局中权力转移不满的呐喊,并未得到大多数人的普遍支持,更未成为革命党人的主流意识。有人认为:"当宋案未发生以前,国民党实未尝梦及不举项城为正式大总统。"⑤可见,在民国初年相当长的一段时期内,一般革命党人根本不可能认清袁世凯的真面目,因而对袁世凯期望殷殷,也就不足为怪。

孙中山日后反思,认为"我的辞职是一个巨大的政治错误","为革命第一次失败之根源"。⑥ 这只是后见之明。孙中山、黄兴等革命党人对袁世凯的妥协与退让,其后果确实是灾难性的,但这是当时时势所造成,乃无可奈何之事。正是由于各种主客观因素的机缘巧合,让袁世凯

---

① 《致袁世凯电》,见《黄兴集》,133页。
② 《石叟牌词》,见石芳勤编《谭人凤集》,397页,长沙,湖南人民出版社,1985。
③ 《胡汉民自传》,载《近代史资料》总45号,59、60页,北京,1981。
④ 《袁世凯专横无道》《什么民国》,见唐文权、桑兵编《戴季陶集》,399、490页,武汉,华中师范大学出版社,1990。
⑤ 《为解决刺宋案献策》,见上海社会科学院历史研究所编《辛亥革命在上海史料选辑》,1100页,上海人民出版社,1981。
⑥ 《复苏俄外交人民委员齐契林书》《中国国民党第一次全国代表大会宣言》,见《孙中山全集》第5、9卷,592、114页。

乘势而起,一举攫取了民国政权。袁世凯是那个特定历史时代造就的特殊"英雄"人物。时代选择了袁世凯,袁世凯一时成为时代的"宠儿"。后来的历史证明这并不是一个恰当的选择,国人为此而付出了惨痛的代价。

二 孙中山辞去临时大总统职务和颁布《中华民国临时约法》

1912年2月13日,就在清帝退位的第二天,孙中山在得悉清帝退位的诏书和袁世凯赞成共和的通电后,便遵守诺言,向南京临时参议院提出咨文,辞去临时大总统职务,并举袁世凯以代之。

辞职咨文宣称:"今既宣布退位,赞成共和,承认中华民国,从此帝制永不留存于中国之内,民国目的亦已达到。当缔造民国之始,本总统被选为公仆,宣言、誓书,实以倾覆专制,巩固民国,图谋民生幸福为任。誓言专制政府既倒,国内无变乱,民国卓立于世界,为列邦公认,本总统即行解职。现在清帝退位,专制已除,南北一心,更无变乱,民国为各国承认旦夕可期。本总统当践誓言,辞职引退。"举袁咨文认为:"此次清帝退位,南北统一,袁君之力实多,发表政见,更为绝对赞同,举为公仆,必能尽忠民国。且袁君富于经验,民国统一,赖有建设之才,故敢以私见贡荐于贵院。请为民国前途熟计,无失当选之人。"①

孙中山让位于袁世凯,乃"非袁莫属"的形势使然,似乎顺理成章。但在当时,也有部分激烈的革命党人表示非常失望和强烈不满。南京部分革命将领集会,"主张立即出兵北伐"。② 广东部分革命军致电陆军部,"大不满意于新大总统,并云决意北伐"。③ 湖南革命志士邹永成更是义愤填膺,"见一班老同志只图苟安,马马糊糊便把民国重任交把靠不住的袁世凯,辜负我们从前的一片心血。因此忧闷于心,决计自杀。"他无比悲愤地写下一首绝命诗:"轰轰革命十余年,志灭胡儿着祖鞭,不料猿猴筋斗出,共和成梦我归天。"他投黄浦江自杀,幸被人及时

---

① 《咨参议院辞临时大总统职文》《咨参议院推荐袁世凯文》,见《孙中山全集》第2卷,84、85页。
② 耿毅:《辛亥广西援鄂回忆录》,见《辛亥革命资料》(《近代史资料》总25号),484页。
③ 《陆军部电报》,载《南京临时政府公报》第24号,见《辛亥革命资料》(《近代史资料》总25号),196页。

救起。① 可见，他们的反对态度是颇为坚决的。

其实，孙中山让位于袁世凯，也有迫不得已的苦衷。在这些革命党人激烈言行的压力下，孙中山不得不公开作出解释。他曾致电老革命党人谭人凤和民立报馆，宣称："文等所求者，倾覆满清专制政府，创立中华民国也。清帝退位，民国统一，继此建设之事，自宜让熟有政治经验之人。项城以和平手段达到目的，功绩如是，何不可推诚？且总统不过国民公仆，当守宪法，从舆论。文前兹所誓忠于民国者，项城亦不能改。若在吾党，不必身揽政权，亦自有其天职，更不必以名位而为本党进退之征。"②在此，孙中山既说明了自己为顾全大局而让位予袁世凯的隐衷，也表明了对袁世凯应有的戒备心态。

事实上，为了防止袁世凯破坏共和，恢复专制，孙中山还曾特意在辞职咨文中提出三项附加条件："（1）临时政府地点设于南京，为各省代表所议定，不能更改；（2）辞职后，俟参议院举定新总统亲到南京受任之时，大总统及国务各员乃行辞职；（3）临时政府约法为参议院所制定，新总统必须遵守颁布之一切法制章程。"③如前所述，前两条由于袁世凯的阴谋抵制而未见成效。于是，孙中山只好寄希望于第三条，希望用一部《中华民国临时约法》来约束新任临时大总统袁世凯的所作所为。

各省代表联合会在武汉集会时期就制定了《中华民国临时政府组织大纲》。大纲的内容主要局限于临时政府的组织问题，尚不具备宪法性质。1912年1月5日，湖南、江西、浙江、云南、陕西5省代表提出临时政府组织大纲应加入人民权利义务一章案，各省代表会举定审查员景耀月、张一鹏、吕志伊、王有兰、马君武等5人进行审查。1月25日，景耀月等5人提出《中华民国临时约法草案》，共6章49条，是为第一个草案。草案提出后，各省代表会临时议长赵士北指定林森、陈泽宪、凌文渊、刘成禺、汤漪、王正廷、张伯烈、杨廷栋、平刚等9人进行审查。2月6日，王正廷提出，参议院正式成立前，交付审查各案，延未报告，

---

① 《邹永成回忆录》，载《近代史资料》第10号，118页，北京，1956。
② 《复谭人凤及民立报馆电》，见《孙中山全集》第2卷，110页。
③ 《咨参议院辞临时大总统职文》，见《孙中山全集》第2卷，84页。

应重新审查。2月7日,林森等9人审查委员会将尚未完成审查的由景耀月等人提出的约法草案交参议院审议会重新审议。2月15日,审议长李肇甫做审议报告。2月16日,临时参议院决定将审议报告交付由议长林森指定的特别审员邓家彦、李肇甫、熊成章、钱树芬、谷钟秀、殷汝骊、欧阳振声、张继、汤漪等9人进行特别审查。2月17日,邓家彦等9人特别审查会提出审查报告,是为第二个草案,共7章55条。随后,参议院对此草案逐条审议。3月8日,全案通过。①

3月11日,就在袁世凯就任临时大总统的第二日,尚未解职的临时大总统孙中山公布了经南京临时参议院议决的《中华民国临时约法》。

《中华民国临时约法》共7章56条,主要内容如下:第一,总纲:中华民国由中华人民组织;主权属于国民全体;领土为22行省、内外蒙古、西藏、青海;以参议院、临时大总统、国务员、法院行使其统治权。第二,关于人民:中华民国人民一律平等,无种族阶级宗教之区别;人民享有身体、家宅、财产、经营、言论、著作、刊行、集会、结社、通信、迁徙、信教之自由;人民有请愿、陈诉、诉讼、考试、选举及被选举之权;人民有依法纳税与服兵役的义务。第三,关于参议院:中华民国立法权由参议院行使;参议院由各地方选派参议员组织,每行省、内蒙古、外蒙古、西藏各5人,青海1人,每参议员有1票表决权;参议院有议决一切法律、议决临时政府预算决算、议决全国税法与币制及度量衡之准则、议决公债之募集及国库负担之契约、承诺临时大总统任命国务员及外交大使公使、承诺临时大总统宣战媾和与缔结条约及宣告大赦、答复临时政府咨询事件、受理人民之请愿、建议于政府、质问国务员、咨请临时政府查办官吏纳贿违法事件、弹劾临时大总统谋叛行为及国务员失职或违法行为等职权;参议院议决事件咨由临时大总统公布施行,如否认,需声明理由咨院复议;参议院以国会成立之日解散,其职权由国会行使。第四,关于临时大总统、副总统:临时大总统、副总统由参议院选举;临时大总统代表临时政府,总揽政务,公布法律,发布命令;临时大总统有统

---

① 参见张亦工《〈中华民国临时约法〉起草人辨正》,载《历史研究》1983年第3期,北京;邹小站《关于南京临时政府与〈临时约法〉的几个问题》,载《近代史研究》1997年第3期,北京。

帅全国海陆军、制定官制官规、任免文武职员、宣战媾和、缔结条约、依法宣告戒严、接受外国大使公使、提出法律案于参议院、颁给勋章及其他荣典之职权,有宣告大赦、特赦、减刑、复权等职权;临时大总统受参议院弹劾后,由最高法院全院审判官互选9人,组织特别法庭审判;临时大总统因故去职或不能视事时,由临时副总统代行其职权。第五,关于国务员:国务总理及各部总长均称国务员;国务员辅佐临时大总统负其责任,在临时大总统提出法律案、公布法律及发布命令时,须副署;国务员及其委员得于参议院出席及发言;国务员受参议院弹劾后,临时大总统应免其职,但得交参议院复议一次。第六,关于法院:法院以临时大总统及司法总长分别任命之法官组织;法院依法律审判民事诉讼及刑事诉讼,一般应公开审判;法官独立审判,不受上级官厅之干涉;法官在任中不得减俸或转职,非依法律受刑罚宣告或应免职之惩戒处分,不得解职。第七,附则:本约法施行后10个月内,由临时大总统召集国会,国会之组织及选举法由参议院定之;中华民国宪法由国会制定,宪法未施行前,本约法之效力与宪法等;本约法由参议院议员2/3以上,由临时大总统提议,经参议员4/5以上之出席,出席员3/4之可决,得增修之;本约法自公布之日施行,同时废止《临时政府组织大纲》。①

《中华民国临时约法》贯彻了主权在民、三权分立等近代西方资产阶级共和宪法的基本原则,具有鲜明的资产阶级民主色彩,是中华民国第一部具有宪法性质的国家根本大法。与清末新政时期清政府颁布的具有君权宪法性质的《钦定宪法大纲》相比,《中华民国临时约法》具有鲜明的民权宪法性质,人民的民主权利在此得到较为充分的肯定;与湖北军政府颁布的具有宪法性质的地区性民主立法《鄂州约法》相比,《中华民国临时约法》则更具全国性意义,内容也更加系统完备。因此,《中华民国临时约法》在中国宪政史上的重要意义不容低估。

需要特别说明的是,关于临时政府的组织形式问题,《中华民国临时约法》与《中华民国临时政府组织大纲》有很大的不同,即改总统制为内阁制。孙中山本来是坚决主张总统制而反对内阁制的,他之所以赞

---

① 《中华民国临时约法》,见《中华民国史档案资料汇编》第2辑,106—110页。

同在《中华民国临时约法》中改总统制为内阁制,显然有限制袁世凯专权以保障民主共和而维护民国的目的。正如宋教仁所谓:"改总统制为内阁制,则总统政治上之权力至微,虽有野心者,亦不得不就范。"①这是孙中山的善良愿望,真可谓用心良苦。但是,在一个民主与法制观念极端淡薄而专制与强权仍在肆意横行的时代,一纸宪法条文终究是难有实际约束效力的。

三 袁世凯就任临时大总统与临时政府北迁

1912年2月15日,南京临时参议院召开临时大总统选举会,以黎元洪与袁世凯为候选人,17省议员一致选举袁世凯为新任临时大总统。参议院致电袁世凯称:"查世界历史,选举大总统满场一致者,只华盛顿一人,公为再见,同人深幸公为世界之第二华盛顿,我中华民国之第一华盛顿。"②2月16日,袁世凯致电参议院,欣然表示接受,电称:"凯之私愿,始终以国利民福为归,当此危急存亡之际,国民既以公义相责难,凯何敢以一己之意见,辜全国之厚期。"③当天下午,袁世凯在外务部大楼剪去自己的发辫,④公开表示与清朝的决裂和对共和的赞同。

2月20日,参议院又选举黎元洪为临时副总统。

3月8日,袁世凯将受职誓词电告南京临时参议院,得到参议院的认可,并由原任临时大总统孙中山通电布告全国。3月10日,袁世凯在北京正式宣誓就任临时大总统。誓词称:"民国建设造端,百凡待治,世凯深愿竭其能力,发扬共和之精神,涤荡专制之瑕秽,谨守宪法,依国民之愿望,蕲达国家于安全强固之域,俾五大民族同臻乐利。凡兹志愿,率履勿逾。俟召集国会,选定第一期大总统,世凯即行解职。"⑤就这样,袁世凯登上了中华民国临时大总统的宝座。

关于统一政府的组织问题,根据《中华民国临时约法》,应采用责任内阁制。3月9日,袁世凯提出派唐绍仪为国务总理,电告孙中山,交

---

① 《胡汉民自传》,载《近代史资料》总45号,63页,北京,1981。
② 《参议院为选定临时大总统致袁世凯电》,见《中华民国史档案资料汇编》第2辑,83页。
③ 《袁世凯致参议院电》,见《中华民国史档案资料汇编》第2辑,85页。
④ 参见李学通《袁世凯剪发辫日期考》,载《近代史研究》2002年第3期,北京。
⑤ 《孙文关于袁世凯受职誓词电》,见《中华民国史档案资料汇编》第2辑,105页。

参议院议决。11日,经参议院多数同意,予以通过。① 3月13日,袁世凯正式任命唐绍仪为国务总理。随后,唐绍仪便前往南京组阁。

3月16日,袁世凯又向孙中山提出内阁各部成员名单,交参议院议决。名单如下:外交部陆徵祥,内务部赵秉钧,财政部熊希龄,教育部范源濂,陆军部段祺瑞,海军部蓝天蔚,司法部王宠惠,农林部宋教仁,工业部陈槐,商业部刘炳炎,交通部陈其美,邮电部梁士诒。② 这个名单遭到南方革命党人的反对。尤其对于陆军部总长人选,他们坚持仍由黄兴担任,而坚决反对段祺瑞。参议院借口袁世凯交来各部总长人数与议案部数不符而"停议",原定内阁设10部,而袁提出12部总长,参议院建议工、商合设一部,交通、邮电仍合一部,特致电袁世凯"请改正"。南京军界集会,更是公开"反对段祺瑞任陆军总长"。③ 对此,袁世凯也不退让。双方相持不下时,立宪派、旧官僚赵凤昌等人从中活动,建议黄兴出任参谋总长,以为调和之计。他们致电黄兴、汪精卫说:"内阁不速成立,危险万状,其原皆在陆部一席不决。南军队所主张,北方亦有万难。现内乱外交,均极纷逼,倘再迟延,必致不测。万不得已,仍当以克(黄兴)就参谋为调和计。"④3月29日,袁世凯任命黄兴为参谋总长,黄兴复电坚辞,同时在参议院公开表示不接受陆军部总长一职,南北关于新任阁员的矛盾因此得以化解。当天,南京临时参议院议决唐绍仪提交的各部国务员名单,得票情况如下:外交总长陆徵祥38票,内务总长赵秉钧30票,陆军总长段祺瑞29票,海军总长刘冠雄35票,财政总长熊希龄30票,司法总长王宠惠38票,教育总长蔡元培38票,农林总长宋教仁34票,工商总长陈其美21票,交通总长梁如浩17票。因到会参议员39人,梁如浩得票未过半数不获通过。⑤ 3月30日,经黄兴、蔡元培介绍,由孙中山主盟,唐绍仪宣誓加入同盟会。⑥ 同

---

① 据记载,袁世凯提出唐绍仪任国务总理时,同盟会坚持国务总理必须由同盟会会员担任,后由旧官僚赵凤昌提出折中的办法,建议唐绍仪加入同盟会,并出任国务总理,得到双方的赞同。参见刘厚生编著《张謇传记》,196—197页,上海书店,1985。
② 《孙文关于袁世凯拟派国务员姓名致参议院咨》,见《中华民国史档案资料汇编》第2辑,117页。
③ 《南京专电》,见1912年3月16、17日《民立报》,上海。
④ 《赵凤昌等致汪精卫电》,见《辛亥革命在上海史料选辑》,1083—1084页。
⑤ 《参议院议事录》,南京,1912年3月29日。
⑥ 参见毛注青编著《黄兴年谱长编》,290—291页。

一天,袁世凯任命各部国务员,交通总长暂由国务总理唐绍仪兼任。唐绍仪内阁正式组成。

在唐绍仪内阁的10名国务员中,同盟会员有蔡元培、宋教仁、王宠惠、陈其美和新入会的国务总理唐绍仪,正好占半数,因此这个内阁被称为"同盟会内阁"。① 但事实上同盟会并没有掌握实权,内阁中的内务、陆军、海军、财政、外交等几个重要部门都由袁世凯的亲信或支持者掌握,可以说唐绍仪内阁的实权基本上由袁世凯所控制。

3月31日,袁世凯任命黄兴为南京留守。《南京留守条例》规定:南京留守直隶大总统,有维持整理南方各军及南京地面之责;凡南方陆军、水师、要塞及南京府知事、交涉、巡警所管事务,均归留守统理;南方各军及南京地方各官厅人员,统由留守会同江苏都督任免,申报大总统;南方如有事变,留守得先调遣军队、军舰,相机处置,随即申报大总统;南京留守府俟南京军队整理就绪,即行裁撤。② 可见,南京留守府的设置,只不过是袁世凯为安置黄兴以维持南方局势稳定的暂时举措。

同一日,同盟会在南京商务总会为孙中山解除临时大总统职务开饯别会,到会会员约400多人(或曰1 000人)。孙中山当场发表关于民生主义与社会革命的长篇演说,认为"本党所抱民族、民权主义已达,今后实行民生主义"。③

4月1日,孙中山与南京临时政府各部总长、次长赴临时参议院举行解职典礼,正式宣布解除临时大总统职务。孙中山在解职辞中说:任职三个月"均为中华民国草创之时代","三月以来,南北统一,战事告终,造成完全无缺之中华民国,此皆中国国民及全国军人之力所致。……本总统今日解职,并非功成身退,实欲以中华民国国民之地位,与各国民之力量,与四万万人协力造成中华民国之巩固基础,以冀

---

① 谷钟秀:《中华民国开国史》,101页。
②《袁世凯公布南京留守条例令》,见《中华民国史档案资料汇编》第2辑,141—142页。
③《南京电报》,见1912年4月1日和3日《民立报》,上海。孙中山演说全文《在南京同盟会会员饯别会的演说》,见《孙中山全集》第2卷,318—324页。这篇演说的前半部分先后被译成法文、英文、俄文等多种文字:法文载于同年7月11日比利时工人党机关报——布鲁塞尔《人民报》;英文载于7月13日美国纽约的《独立杂志》;俄文由法文转译,7月15日载于俄国布尔什维克报纸《涅瓦明星报》,该报同时还发表了列宁的评论文章《中国的民主主义和民粹主义》。

世界之和平。"①当天,孙中山又向全国发布解职通令称:"此后国中一切政务,悉取决于统一政府。本处各部办事人员,仍各照旧供职,以待新国务员接理,勿得懈怠推诿,致多旷废……所愿吾百僚执事,公忠体国,勿以私见害大局;吾海陆军士谨守秩序,勿以共和昧服从;吾五大族人民亲爱团结,日益巩固,奋发有为,宣扬国光,俾吾艰难缔造之民国,与天壤共立于不敝。"②4月4日,孙中山接受上海《文汇报》记者采访,在回答"退职后将何所从事"的问题时说:"政治上革命今已如愿而偿矣,后当竭力从事于社会上革命。"③孙中山退职后,仍然希望致力于民国的社会经济建设事业。

4月5日,南京临时参议院议决:"现临时政府北上在即,拟自初八日(星期一)起休会十五日,克定二十一日齐集北京,二十五日开会。"④此后,南京临时政府与临时参议院陆续北迁。

1912年6月14日,黄兴交卸南京留守职务,发布解职通电和布告各界文,宣称:"民军起义,实首南方各省,南北统一后议设留守,不过因时制宜,而北方物议沸腾,或疑与政府对峙,或谓机关不一易兆分离。兹幸南方各军整理已有端倪,若不及早取消,不独有碍行政统一,且使南北猜疑益深,实非民国前途之福。""不如将留守机关早日取消,可使南北猜疑尽泯,庶几行政统一,民国基础日趋巩固。故自去月十三日起,迭次电请大总统取消留守一职,至本月四日始奉令允许,所余军队分别归陆军部、江苏都督管辖。兹于十四日已将一切经手事件交代妥帖,此后机关概已付托后人,务望各勿猜嫌,同舟共济。"⑤从此,正式撤销南京留守府。

南京临时政府结束后,中华民国政权完全控制在以袁世凯为首的北洋军阀势力手中。"无量头颅无量血,可怜购得假共和。"无数革命先

---

① 《在南京参议院解职辞》,见《孙中山全集》第2卷,317—318页。
② 《大总统通告解职令文》,载《南京临时政府公报》第56号,见《辛亥革命资料》(《近代史资料》总25号),426页。
③ 《在上海答〈文汇报〉记者问》,见《孙中山全集》第2卷,331—332页。
④ 《参议院议事录》,南京,1912年4月5日。
⑤ 《解职通电》《布告各界文》,见《黄兴集》,230、231页。

烈用鲜血换来的中华民国，仅剩下一块共和国的招牌，封建专制的实质与此前相较有过之而无不及。正如孙中山日后对民初历史反思时所谓："有民国之名，而无民国之实"；"辛亥之结果，清帝退位而止"。① 此后，中国历史逐渐沉沦于北洋军阀统治的黑暗时代。

---

① 《中国革命史》，见《孙中山全集》第7卷，66、69页。

第九章
清末民初的文化观念与社会生活变迁

　　清末民初是近代中国历史转变的一个关键时期。在新政、立宪与革命三个政治运动交互变奏的过程中,发生了政治层面的结构性变革:君主专制制度被推翻,民主共和国建立起来,中国政治开始从传统向现代转型。与此政治大变动相伴生的便是文化观念和社会生活的变迁。作为观念形态的精英文化以及与人们日常社会生活密切相关的世俗文化,都在随着政治变动而相应地发生变动,并在一定程度上反映着政治变革的广度与深度。

第一节 传统学术思想与学科体系的转型

一 传统经学权威的没落

自汉武帝独尊儒术以后,以孔子为代表的儒家经学便成为中国传统社会主要的统治学说。综观自西汉至清朝2 000多年的经学史,经学形态虽屡变,然大致不出汉学与宋学二途,其中汉学又有今文经学与古文经学之分,宋学则有程朱理学与陆王心学之别。章太炎论清学史称:"清世理学之言,竭而无余华;多忌,故歌诗文史桔;愚民,故经世先王之志衰。三事皆有作者,然其弗逮宋明远甚。家有智慧,大凑于说经,亦以纾死,而其术近工眇踔善矣。"①有清一代,满族统治者为了加强思想领域的控制而接受汉族的统治学说,虽然尊崇程朱理学为官方哲学,使理学得到政府足够的重视,但在高压的文化专制政策之下,学者大都专注于汉学,以致乾嘉时期考据学大盛和今文经学复兴,使汉学由附庸蔚为大国,其发展极致,便形成如梁启超所谓"汉学专制"的局面,②成为中国学术史上的一个高峰。嘉道以后,世局大变,由于西学东渐的冲击,使传统经学面临着严重的挑战,并逐渐发生蜕变。清末民初,传统经学在应对西学挑战的过程中终于败下阵来,随着中国传统社会的解体与崩溃,经学逐渐走向没落,并且最终作为一种政治意识形态退出历史舞台。

---

① 章太炎:《訄书重刻本·清儒第十二》,见章太炎《章太炎全集》第3册,155页,上海人民出版社,1984。
② 梁启超:《清代学术概论》,见朱维铮校注《梁启超论清学史二种》,58页,上海,复旦大学出版社,1985。

经学走向没落时期的主要代表人物,今文经学有王闿运、廖平、康有为、皮锡瑞,古文经学有俞樾、孙诒让、章太炎、刘师培,其中尤以康有为与章太炎为传统经学最后的两位大师。

王闿运(1832—1916),字壬秋,一字壬父,湖南湘潭人,举人出身。他曾有志用事,为晚清重臣肃顺、曾国藩幕僚。后退隐讲学,主讲成都尊经书院、长沙校经书院和衡阳船山书院。"先生于学,初由礼始,考三代之制度,详品物之所用,然后达《春秋》微言,张公羊,申何学。"著有《周易说》《尚书笺》《尚书大传补注》《诗经补笺》《礼经笺》《周官笺》《礼记笺》《春秋公羊传笺》《论语训》《尔雅集解》等经学著作多种,"凡皆简要,而兼采今古"。① 王闿运在近代主要以文名于世,在经学上虽"兼采今古",而实是今文学名家,代表作为《春秋公羊传笺》,但成就有限。如梁启超所谓:"闿运以治《公羊》闻于时,然故文人耳,经学所造甚浅,其所著《公羊笺》,尚不逮孔广森。"②但是,王闿运在主讲成都尊经书院时培养了一个著名的学生廖平,在晚清今文经学史上的影响与地位均不可低估。

廖平(1852—1932),字季平,晚号六译,四川井研人,进士出身。他早年师事王闿运,治今文经学。主要经学著作有《今古学考》《古学考》(《辟刘篇》的增订本)《知圣篇》及《孔经哲学发微》等。其学以善变著称,生平凡六变:一变为"平分今古",二变为"尊今抑古",三变为"今小古大",四变为"天人之学",五变为"天人大小",六变为专讲"天学"。前三变论今古之学,后三变论天人之学。廖平之学前两变时期,尚能谨守今文家法,三变始则有异,以后愈发离奇,终至流于荒唐怪诞的境地。尽管如此,廖平在晚清今文经学史上仍占有一席之地,③尤其是其经学二变时期(1887—1897年)鲜明的"尊今抑古"取向,"以尊今者作为《知圣篇》,辟古者作为《辟刘篇》",④直接影响了康有为的经学取向。

---

① 支伟成:《清代朴学大师列传》上册,262—265页,长沙,岳麓书社,1986。
② 梁启超:《清代学术概论》,见朱维铮校注《梁启超论清学史二种》,63页。
③ 廖平在近代今文学史上是连接龚自珍、魏源到康有为的一个"中间环节"。参见刘大年《评近代经学》,见中国社会科学院科研局组织编选《中国社会科学院学者文选·刘大年集》,387—388页,北京,中国社会科学出版社,2000。
④ 廖平:《四益馆经学四变记·二变记》,见李耀仙主编《廖平学术论著选集》(一),547页,成都,巴蜀书社,1989。

康有为(1858—1927)是晚清今文经学运动的中心人物,但他早年并不治今文经学,而是"酷好《周礼》",对古文经学情有独钟。他曾著《何氏纠缪》,专攻东汉今文学大师何休,"既而自悟其非,焚去"。这一转变是在1888年上清帝第一书失败后。其时他在广州见到今文学家廖平,"见廖平所著书,乃尽弃其旧说",此后成为今文经学的"集成者"。①戊戌时期,康有为刊行惊世骇俗的《新学伪经考》(1891年)和《孔子改制考》(1898年)两书,用今文经学说构筑了一个完整的维新变法理论体系,不仅将维新变法运动推向高潮,而且在思想界掀起一股今文学运动的狂飙。除此而外,康有为重要的今文学著作还有1897年所著的《礼运注》和《春秋董氏学》,以及戊戌政变以后流亡海外时期,于1901—1902年完成的《春秋笔削大义微言考》《中庸注》《孟子微》《论语注》《大学注》和《大同书》。康有为依据今文经学的变易观和"三统""三世"说,糅合《礼运》的"小康""大同"思想,兼容进化论等近代西方社会政治理论,构建了一个人类社会演化的理想图式:从"据乱世",至"升平世",再至"太平世",即由"小康"而"大同"。当时,康有为以经术比附政治,在高悬"大同"理想的同时,坚持君主立宪的渐进变革道路,以对抗革命派急进的民主革命主张。他说:"今日由小康而大同,由君主而至民主,正当过渡之世,孔子所谓升平之世也,万无一跃超飞之理。凡君主专制、立宪、民主三法,必当一一循序行之,若紊其序,则必大乱。"②在此,康有为把今文经学"以经术饰政论"的精神发挥到极致,借论学之道极力宣扬了自己的政治理想。

皮锡瑞(1850—1908),字鹿门,又字麓云,湖南善化人,举人出身。皮氏治学崇今文,尤敬服西汉今文学大师伏生,自命其居所曰师伏堂,学者因称"师伏先生"。皮锡瑞早年有志于经世,既困于科场,遂潜心讲学著书,曾主讲桂阳龙潭书院和南昌经训书院,"以西京微言大义教诏学者,说经当守家法,词章必宗家数"。甲午战后,深受民族危机的刺激,经世之志勃发,出任南学会学长,积极参与维新变法运动。戊戌政

---

① 楼宇烈整理:《康南海自编年谱》,10页,北京,中华书局,1992;梁启超:《清代学术概论》,见朱维铮校注《梁启超论清学史二种》,63页。
② 康有为:《答南北美洲诸华商论中国只可行立宪不可行革命书》,见汤志钧编《康有为政论集》上册,476页。

变后,被管在籍,专意著述。①皮氏"治经出入古今文之间,颇与湘绮相类,而笃信《公羊》'改制'之说"。著有《今文尚书考证》《尚书大传疏证》《古文尚书冤词平议》《尚书古文疏证辨证》《尚书中候疏证》《史记引尚书考》《郑志疏证》《三疾疏证》《圣证论补评》《鲁礼禘祫义疏证》《六艺论疏证》《孝经郑注疏》《驳五经异义疏证》《五经通论》《春秋讲义》《王制笺》等经学著作多种,尤以《五经通论》(后以《经学通论》为名刊行于世)"胪陈其所心得,示学人以涂术"。②另著有《经学历史》一书,对中国经学史进行了初步系统的梳理,将自孔子时代起至清代的全部经学史分为开辟、流传、昌明、极盛、中衰、分立、统一、变古、积衰、复盛10个时期,大略勾勒出传统经学产生、发展、演变的历史脉络,开辟了经学史研究的新途径。

俞樾(1821—1907),字荫甫,号曲园,浙江德清人,翰林出身。俞樾曾任河南学政,旋被罢官。嗣后专意讲学著书,相继主讲苏州紫阳、上海求志、德清清溪、归安龙湖等书院。他晚年主讲杭州诂经精舍30多年,"足迹不逾江浙,而声名扬溢海内外"。俞樾治学,严格遵循高邮王氏(念孙、引之)父子的朴学路径,"专依为宗",著有《群经平议》《诸子平议》《古书疑义举例》等经学与诸子学研究方面的重要著作。"其《群经平议》,则继《经义述闻》而作,小有未逮;《诸子平议》,乃几与《读书杂志》抗衡;《古书疑义举例》,条理毕贯,视《经传释词》变而愈工,且益恢廓矣。"③俞樾是晚清著名的古文经学家。章太炎曾在诂经精舍从其问学达8年之久,所受影响颇深,基本奠定了治学路径。

孙诒让(1848—1908),字仲容,浙江瑞安人,举人出身。他秉承家学渊源,究心朴学,著述颇丰,主要经学与子学著作有《周礼正义》《札迻》《墨子间诂》等多种。"盖其学术,实兼包金榜、钱大昕、段玉裁、王念孙四家。其明大义,钩深穷高,几驾四家上。岿然为清三百年朴学之殿,洵不诬矣。"④孙诒让对古文经《周礼》的研究用力最多,成就最大。

---

① 皮名举:《皮鹿门先生传略》,见皮锡瑞《经学历史》,周予同注释,350—351页,北京,中华书局,1989。
② 支伟成:《清代朴学大师列传》上册,267—268页。
③ 支伟成:《清代朴学大师列传》上册,230—231页。
④ 支伟成:《清代朴学大师列传》上册,232—234页。

他费时 20 年精心结撰的巨著《周礼正义》，是清代《周礼》研究的集大成之作，如梁启超所谓"可算清代经学家最后的一部书，也是最好的一部书"。①庚子事变后，孙诒让以《周礼》比附西法，"捃《周礼》合于远西政治者，类区科列，论说征引，推勘富强所由，如合符契"，②撰成《周礼政要》一书，走上通经致用的道路。

章太炎(1869—1936)，是晚清古文经学派的核心人物。他幼承家学，从朴学入手，已略具治学根基。青年时期在杭州诂经精舍，师事著名古文经学家俞樾，得到系统的汉学训练，"言稽古之学"，"出入八年，相得也"。③早年主要经学著作有《膏兰室札记》和《春秋左传读》。章太炎治经专尚古文，如其自述所称"专慕刘子骏，刻印自言私淑"。④当时，正值康有为等人大张今文学说，鼓吹维新变法，章太炎也主张"革政"，故虽以今文经学为"诡诞"，但尚未大加挞伐，所谓"论学虽殊，而行谊政术自合也"。⑤庚子事变后，康有为由维新变法转入保皇立宪，章太炎则由改良转入革命，时移世易，政术相歧。1902 年，章太炎开始"删革"《訄书》，意图与"尊清者"划清界限。从此，章太炎便从思想上用古文抨击今文，否定孔子是"托古改制"的素王，只承认孔子为古代伟大的史学家，所谓"古良史也"，同时又极力推崇被康有为否定的东汉古文经学的开创者刘歆，认为"孔子死，名实足以伉者，汉之刘歆"。⑥显然，章太炎的"订孔"，其意实在"订康"，最直接的目的在于廓清保皇立宪的迷雾，掀起"排满"革命的怒潮。1906 年东渡日本后，章太炎在继续鼓吹革命的同时，还在东京开设国学讲习会，聚徒讲学，并写成《刘子政左氏说》《庄子解诂》《齐物论释》《小学答问》《新方言》《文始》《国故论衡》等大量学术著作。其中尤以《国故论衡》最具代表性。该书综论小学、文学、诸子学，对清代汉学作了一次全面性的总结，既是"清代汉学的绝

---

① 梁启超：《中国近三百年学术史》，见朱维铮校注《梁启超论清学史二种》，308 页。
② 张謇：《孙诒君墓表》，见张謇研究中心、南通市图书馆编《张謇全集》第 5 卷，上册，428 页，南京，江苏古籍出版社，1994。
③ 章太炎：《说林·谢本师》，载《民报》第 9 号，日本东京，1906。
④ 章太炎：《章太炎先生自定年谱》，4 页，上海书店，1986。
⑤ 容谷校点：《章太炎旅台文录·康氏复书》，见《中国文化研究集刊》第 1 辑，357 页，上海，复旦大学出版社，1984。
⑥ 章太炎：《訄书重刻本·订孔第二》，见《章太炎全集》第 3 册，135 页。

唱",又开启了中国学术从传统向现代转型的历程。①

刘师培(1884—1919),字申叔,号左盦,江苏仪征人,举人出身。其曾祖文淇、祖父毓崧、伯父寿曾,均为当时知名的古文经学家,尤以祖孙三代相继共注《左传》一书而著称于世。刘师培幼承家学,并有超迈之势。其"为人虽短视口吃,而敏捷过诸父。一目辄十行下,记诵久而弗渝。既传先业,守古文家法,攻左氏"。② 主要经学著作有《春秋左氏传例略》《佚礼考》《礼经旧说考略》《周礼古注集疏》《周书补正》等多种。与章太炎一样,作为古文经学家的刘师培也曾从思想上用古文猛烈地抨击今文。1906年底至1907年初,他在《国粹学报》上连载《汉代古文学辨诬》和《论孔子无改制之事》等长篇论文,认为"经学之中古文为优",今文逊于古文有四:一为晚出,二为妄诞,三为口授,四为分歧,不但古文经非刘歆伪作,实则"凡今文之书皆有汉儒伪窜之文",故今文不足信。③ 同时,他又否认孔子改制之说,认为孔子并不是改制创教的"素王"与"教主",所谓"改革制度之权均操于君主,未有以庶民而操改制之柄者",孔子不是帝王,以孔子为"素王"之说始自纬书,而"纬书不足信,则知孔子之不称王,知孔子之不称王,即知孔子之未尝改制,无稽之说其亦可以息喙矣"。④ 但是,与章太炎不太一样的是,刘师培在政治上的表现颇为异类。当他初入革命道路之时,便趋向激进,鼓吹"排满复汉"不遗余力,堪称"激烈派第一人"。他既是国粹派的主将,又是宣扬无政府主义的重要代表人物。但是,就在他走向激烈的巅峰时期,他却突然转向投靠清政府,变为革命的叛徒。民国初年,刘师培还列名"筹安会六君子",成为袁世凯帝制自为的帮凶,使自己的政治生涯更加黯然失色。这是刘师培的悲哀。在某种意义上或许可以说,作为学者的刘师培的学术成就为其政治活动所累,正如蔡元培为之作传时发出的感叹:"向使君委身学术,不为外缘所扰,以康强其身,而尽瘁于著述,

---

① 参见朱维铮《〈国故论衡〉校本引言》,见朱维铮《求索真文明:晚清学术史论》,284—298页,上海古籍出版社,1996。
② 支伟成:《清代朴学大师列传》上册,212页。
③ 刘师培:《汉代古文学辨诬》,见刘师培《刘申叔先生遗书》第44册,37—39页,宁武南氏校印本,1934。
④ 刘师培:《论孔子无改制之事》,见《刘申叔先生遗书》第45册,1、8、11页。

其所成就宁可限量？惜哉！"①当然，如果刘师培真的能与政治绝缘，那么后人或许可以看到一个学术成就更大的经师刘师培，但同时也就可能看不到刘师培在近代政治思想史上的影响了。事实上，作为经学家的刘师培之所以不能忘情于政治，正是传统经学在清末民初走向衰败的重要表征。

具体而言，传统经学在清末民初的没落，主要表现有三：

第一，经学内部的自我批判与否定。其时，以康有为与章太炎为代表的今古文经学之争，同改良与革命的政治运动相纠结，使情形显得颇为复杂。康有为崇信今文经学，尤其是汉儒董仲舒的公羊学，以之为通往孔学真谛的不二法门，所谓"因董子以通《公羊》，因《公羊》以通《春秋》，因《春秋》以通六经，而窥孔子之道本"。②戊戌时期，康有为刊布著名的《新学伪经考》，从今文经学的立场，对古文经学进行猛烈的抨击，宣称两千年来历代统治者尊奉的古文经书都是刘歆等人伪造的假货，"始作伪，乱圣制者，自刘歆，布行伪经，篡孔统者，成于郑玄。阅二千年岁月日时之绵暧，聚百千万亿衿缨之问学，统二十朝王者礼乐制度之崇严，咸奉伪经为圣法，诵读尊信，奉持施行。"③这是他对传统经学第一次狂风暴雨式的冲击。同时，康有为又在《孔子改制考》中用今文公羊学说的观点，重建孔子作为改制"素王"与立法"教主"的权威，极力神化孔子"为神明，为圣王，为万世作师，为万民作保，为大地教主。生于乱世，乃据乱而立三世之法，而垂精太平"。④康有为的这些思想，对于推动维新变法运动无疑起了积极的作用。但在此之后，康有为仍然坚持"孔子改制"等今文公羊学说，鼓吹保皇立宪，则就未免落伍了，其因此而遭到章太炎等革命派人士用古文经学进行攻击也就不足为怪。章太炎等古文经学家攻击今文经学的焦点是，力图剥去今文经学家给孔子与六经披上的神圣外衣，以恢复其本来的面目。在今文经学家看来，孔子是"托古改制"的"素王"和为万世立法的"教主"，《诗》《书》《礼》《乐》《易》《春秋》六经都是孔子为改制所作，并用以为万世立法的经典。

---

① 蔡元培：《刘君申叔事略》，见李妙根编《刘师培论学论政》，547页，上海，复旦大学出版社，1990。
② 康有为：《春秋董氏学自序》，见汤志钧编《康有为政论集》上册，196页。
③ 康有为：《新学伪经考序》，见汤志钧编《康有为政论集》上册，92—93页。
④ 康有为：《孔子改制考序》，见汤志钧编《康有为政论集》上册，198页。

康有为认为:"孔子之为教主,为神明圣王,何在?曰:在六经。六经皆孔子所作也,汉以前之说莫不然也。学者知六经为孔子所作,然后孔子之为大圣,为教主,范围万世而独称尊者,乃可明也。"①皮锡瑞说:"孔子之教何在?即在所作六经之内。故孔子为万世师表,六经即万世教科书……故必以六经为孔子作,始可以言经学;必知孔子作经以教万世之旨,始可以言经学。"②对此,章太炎从古文经学的立场发言,作了三点重要的辩驳。其一,认为六经并非孔子特意为改制所作,其实只是孔子依据既有旧籍删定而成。他说:"六艺者,道、墨所周闻。故墨子称《诗》、《书》、《春秋》,多太史中秘书。女商事魏君也,衡说之以《诗》、《书》、《礼》、《乐》,从说之以《金版》、《六弢》……异时老、墨诸公,不降志于删定六艺,而孔氏擅其威。"③其二,认为六经并不是孔子为万世立法的经典,其实只是孔子删定的保存古史的史书。他秉承浙东学派史学大家章学诚"六经皆史"的观点,认为"六经都是古史","经外并没有史,经就是古人的史,史就是后世的经"。具体而言,"《尚书》、《春秋》固然是史,《诗经》也记王朝列国的政治,《礼》、《乐》都是周朝的法制,这不是史,又是什么东西?惟有《易经》,似乎与史不大相关。殊不知道,《周礼》有太卜的官,是掌《周易》的,《易经》原是卜筮的书,古来太史和卜筮测天的官,都算一类,所以《易经》也是史"。④ 其三,认为孔子并不是改制的"素王"和立法的"教主",其实只是整理古籍以保存古史的史家。他说:"孔氏之教,本以历史为宗,宗孔氏者,当沙汰其干禄致用之术,惟取前王成迹可以感怀者,流连弗替。《春秋》而上,则有六经,固孔氏历史之学也。《春秋》而下,则有《史记》、《汉书》以至历代书志、纪传,亦孔氏历史之学也。"⑤孔子是史学宗主,六经是与《史记》《汉书》一样的史书。这样,通过对今文经学神秘怪诞之论的批驳,章太炎便把孔子从神还原成人,把六经从圣经还原成史书,传统经学的神圣意义自然因此而

---

① 康有为:《孔子改制考》,见姜义华等编校《康有为全集》第3集,285页,上海古籍出版社,1992。
② 皮锡瑞:《经学历史》,26—27页。
③ 章太炎:《訄书重刻本·订孔第二》,见《章太炎全集》第3册,134页。
④ 独角:《论经的大意》,载《教育今语杂志》第2期,转引自姜义华《章太炎思想研究》,445页,上海人民出版社,1985。
⑤ 章太炎:《答铁铮》,见《章太炎全集》第4册,371页。

大打折扣。可见,无论是戊戌时期康有为对古文经学的批判,还是辛亥时期章太炎等人对今文经学的攻击,都是对传统经学的巨大冲击。这些发自经学内部的自我批判与否定,无疑都显示了传统经学严重的信用危机。

第二,经学史学化与经史地位的互易。章太炎以六经为史书,主张用治史的方法治经,所谓"六艺,史也","夷六艺于古史,徒料简事类,不曰吐言为律,则上世社会污隆之迹,犹大略可知"。① 在他看来,经学研究的主要目的是探究古代历史实际,而不是"通经致用"。"故说经者,所以存古,非以是适今也。"② 因此,他主张用"实事求是"的史学考据的方法治经,"学者将以实事求是,有用与否,固不暇计……学者在辨名实,知情伪,虽致用不足尚,虽无用不足卑。古之学者,学为君也;今之学者,学为匠也。为君者,南面之术,观世文质而已矣;为匠者,必有规矩绳墨,模形惟肖,审谛如帝,用弥天地,而不求是,则绝之"。③ 显然,经学史学化的结果,便使经学的神圣光泽进一步减退,而作为一般的学术研究门类,沦为与史学同等的地位。与此同时,则是史学地位的上升。章太炎的国粹派同人大都赞同"六经皆史"说,并把史学的地位提升到传统学术宗主的高度。刘师培认为:"史为一代盛衰之所系,即为一代学术之总归。"邓实说:"周秦诸子为古今学术一大总归,而史又为周秦诸子学术一大总归。"马叙伦进而认为:"夫史者,群籍之总称,凡天下之籍,不问其为政治为宗教为教育,莫不可隶于史。是故史者,群籍之君也。"④ 经史地位的互易,更使史学蔚为大国,而经学日渐沦为史学的附庸。

第三,经学作为意识形态权威的失落。这有两方面的原因:其一是学术文化方面的,即西学东渐的冲击和经学经世功能的丧失。近代以来,伴随着西力东侵而来的西学东渐,强烈地刺激了中国传统学术经世意识的勃发。应该说,中国的近代化运动是从向西方学习的基础上起

---

① 章太炎:《訄书重刻本·清儒第十二》,见《章太炎全集》第3册,154、159页。
② 章太炎:《与人论朴学报书》,见《章太炎全集》第4册,153页。
③ 章太炎:《与王鹤鸣书》,见《章太炎全集》第4册,151—152页。
④ 刘师培、邓实、马叙伦所说参见胡逢祥、张文建《中国近代史学思潮与流派》,275—276页,上海,华东师范大学出版社,1991。

步的,但从洋务、维新到新政的依次递进的近代化过程中,其根本的指导思想基本没有突破"中体西用"的藩篱。尽管"西用"的范围在不断扩大,但"中体"的限制也在日渐加强,并最终直接制约了近代化的进程。因此,20世纪初年,在中国面临着亡国灭种的危急关头,当人们反思中国近代化运动成效不著的原因时,便自然地迁怒于"中学"的无用。有人曾经尖锐地发问:"且中国有何种学问适用于目前,而能救我四万万同胞急切之大祸也?"①答案自然是否定的。"海波沸腾,宇内士夫,痛时事之日亟,以为中国之变,古未有其变,中国之学,诚不足以救中国。"②"今之忧世君子,睹神州之不振,悲中夏之沦亡,则疾首痛心于数千年之古学,以为学之无用而致于此也。"③在他们看来,中国传统学术的经世功能已经丧失殆尽。与此同时,便是西学的风靡与新学的衍生,更使传统经学难有藏身立足之地。如张之洞所谓:"近日风气,士人渐喜新学,顿厌旧学,实有经籍道息之忧。"④又如皮锡瑞所说:"乃自新学出,而薄视旧学,遂有烧经之说。"⑤传统经学面临着严重的生存危机。

其二是社会政治方面的,即制度变革的影响。戊戌维新至新政时期,科举制度的改革与废除,以及新式学堂的开办与留学教育的兴起,使传统经学逐渐丧失其赖以存在的制度基础,新学渐有取代旧学之势。其时,"士皆舍孔孟之学而学洋夷之学","洋学既盛,孔孟之学遂无人讲"。⑥尽管张之洞等人在制定新学制时也曾特别考虑到经学在新教育体制中的重要位置,他们在《学务纲要》中特列"中小学堂宜注重读经以存圣教"一条。⑦然而,科举制废除以后,新学得以迅猛发展,对经学的生存问题提出了严峻挑战。"近来学堂新进之士,蔑先正而喜新奇,急功利而忘道谊,种种怪风恶俗,令人不忍睹闻。至有议请废罢四书五经者,有中小学堂并无读经讲经功课者,甚至有师范学堂改订章程,声明不列

---

① 《劝同乡父老遣子弟航洋游学书》,见张枬、王忍之编《辛亥革命前十年间时论选集》第1卷上册,381页,北京,三联书店,1977。
② 黄节:《"国粹学报"叙》,见《辛亥革命前十年间时论选集》第2卷上册,44页。
③ 邓实:《国学无用辨》,见《辛亥革命前十年间时论选集》第2卷下册,632页。
④ 《致瑞安黄仲韬学士》,见苑书义等主编《张之洞全集》第11册,9175—9176页,石家庄,河北人民出版社,1998。
⑤ 皮锡瑞:《经学历史》,周予同注释,341页。
⑥ 刘大鹏:《退想斋日记》,乔志强标注,152、227页,太原,山西人民出版社,1990。
⑦ 张百熙、荣庆、张之洞:《奏定学堂章程·学务纲要》,6页,武昌,湖北学务处,1904。

读经专科者,人心如是,习尚如是,循是以往,各项学堂于经学一科,虽列其目亦止视为具文,有名无实。"①新学之士尤其是从国外回来的留学生,以追新趋西为时髦,以至于到了数典忘祖的地步,"其于本国文有不能缀句者,本国经传历史及现今情势有茫乎不知者",因此时人惊呼,"保存国粹主义,为今日一大问题"。② 其时创办存古学堂热潮的勃兴与国粹主义思潮的盛行,正表明传统经学确实面临着存亡绝续的关键时刻。

在清末,朝野双方的努力,最终并没有挽救传统经学走向衰败的命运。辛亥革命推翻了清王朝,结束了中国2000多年的君主专制制度,更是从根本上摧毁了传统经学赖以存在的政治制度。民国初年,南京临时政府教育总长蔡元培发布新教育意见时明确指出:"忠君与共和政体不合,尊孔与信教自由相违。"③教育部发布的《普通教育暂行办法》14条也专列一条:"小学读经科一律废止。"④随后,蔡元培主持临时教育会议,在议决"学校不拜孔子案"时,"经议员再三讨论,若将此案明白宣布,恐起社会上无谓之风潮;只须于学校管理规程内删除此节,则旧日仪式自可消灭于无形"。⑤ 此案虽未向社会公布,但实际上却在暗中废除了学校拜孔仪式。这样,在民主共和的精神理念之下,孔子的权威陡然下落,传统经学作为政治意识形态而终被逐出历史舞台。

当然,经学的没落并不等于立即消亡。一方面,经学虽然作为政治意识形态在民初退出了历史舞台,但在民国时期,仍然有不少独裁者不时地召唤经学的亡灵,以为自己的独裁统治服务。独裁者乐此不疲,尊孔读经逆流时而沉渣泛起,此即经学史家周予同所谓的"僵尸的出祟":"在这样奇怪的国度里,僵尸穿戴着古衣冠,冒充着神灵,到民间去作

---

① 《光绪三十三年(1907)升任两湖总督张奏设存古学堂折》,见朱有瓛主编《中国近代学制史料》第2辑下册,506页,上海,华东师范大学出版社,1987—1993。
② 孙宝瑄:《忘山庐日记》下册,939页,上海古籍出版社,1983。
③ 《蔡元培对于新教育之意见》,见中国第二历史档案馆编《中华民国史档案资料汇编》第2辑,474页,南京,江苏古籍出版社,1991。
④ 《教育部关于普通教育暂行办法及课程标准致副总统呈及各省都督咨》,见《中华民国史档案资料汇编》第2辑,463页。
⑤ 《临时教育会议日记》,见朱有瓛主编《中国近代学制史料》第3辑上册,10—11页。

崇，几乎是常有的事。"①另一方面，经学虽然已被撕破神秘的面纱，失去了神圣的光泽，但其仍然作为一种学术形态而存在，尤其是经学史的研究，即使在五四以后中国现代学术门类建立时，仍然是哲学、史学等现代新学科的重要研究领域。

二 诸子学在近代的复兴

清末民初之际，在经学走向没落的同时，传统学术领域里另一个重要的变化便是诸子学的复兴。② 经学与诸子学地位的彼此消长，既是传统学术内部结构的变动，也是近代社会政治变局的结果使然。

先秦诸子曾经开创了百家争鸣的繁荣的学术局面。但是，自汉武帝独尊儒术以后，以孔子为代表的儒家经学便成为中国学术文化的主流和正统，使非儒学派的诸子学日渐处于伏流与异端的地位。长期以来，诸子学研究虽然也是不绝如缕，但始终未能从根本上改变其作为儒家经学附庸的命运，以至于形成如梁启超所谓"汉以后无子书"③的尴尬窘迫的学术境况。明末清初，著名学者兼思想家李贽、方以智、王夫之、傅山等人，敢于无视俗学（理学）的压力，在批判理学的过程中倾心致力于诸子学研究，尤其傅山更是自称老庄信徒，并公然倡导诸子复兴，成为卓越的诸子学大家。然而，他们的努力也没有真正改变诸子的厄运，他们在当时或被视为异端或被迫归隐不出的命运便是明证。乾嘉时期，经学考证大盛，又在一定程度上为诸子考证的兴起提供了契机。汪中、焦循、凌廷堪、毕沅、孙星衍、王念孙等著名学者，在从事经学考证的同时，逐渐将治学范围扩大到诸子学领域。汪中精研《荀子》《墨子》，极力发掘荀学、墨学的价值，甚至将荀、墨提升到与孔、孟并列平等的地位，其说颇为惊世骇俗，因而被正统儒家学者指斥为"名教罪人"，以致其诸子学著作多不传世，今仅于《述学》中概略可见。王念孙著《读书杂志》，遍考《老子》《庄子》《墨子》《荀子》《管子》《韩非子》《淮南子》

---

① 周予同：《僵尸的出祟——异哉所谓学校读经问题》，见朱维铮编《周予同经学史论著选集》，591页，上海人民出版社，1983。
② 以下关于诸子学复兴基本情形的论述，主要参考罗检秋《近代诸子学与文化思潮》，北京，中国社会科学出版社，1998。
③ 梁启超：《西学书目表后序》，见梁启超《饮冰室合集》文集之一，128页，北京，中华书局，1996。

《晏子春秋》《吕氏春秋》等子书,其考证范围之广与方法之精严,既可谓当时诸子考证的代表作,又为后世诸子学研究开辟了新方向。尽管如此,汪中、王念孙等人的诸子学研究仍然深受儒学正统的制约,难脱儒学思想的羁绊,他们的努力虽然为诸子学的复兴作了一定的准备,但最终并没有促使诸子学在乾嘉时期得以全面复兴。

诸子学在近代的复兴始于晚清时期。其具体原因有二:

一是经世致用的需要,诸子学为嘉道以后经世思潮的勃兴提供了重要的思想资源。嘉道以来,随着内忧外患的社会政治危机与民族危机的日益加深,传统的儒学面临着挑战,儒学以外的诸子学也同样面临着挑战,也即说,中国思想传统从整体上面临着挑战。这种挑战来自西方,也来自中国本土,这是一个时代性的大变局;嘉道以来经世思潮的勃兴正是中国本土思想传统从多方面回应时代变局挑战的必然结果。这期间,有识之士在利用传统儒学"通经致用"的同时,也积极发挥了诸子学"通子致用"的功能。龚自珍"出于九经七纬、诸子百家,足以继往开来,自成一家"。姚莹主张采老庄而用之,并倡言"《管子》一书皆言治道"。路德以墨学为针砭时弊、救济民生的思想武器,公然提出"假道于墨"的经世济民主张。魏源著《老子本义》,极力发掘其经世价值,以之为"救世之书"。甚至以理学经世派著称的曾国藩也明确标榜其"修己治人之术"正是"以老庄为体,禹墨为用",对诸子的经世价值颇为看重。他说:"周末诸子各有极至之诣……若游心能如老庄之虚静,治身能如墨翟之勤俭,齐民能如管商之严整,而又持之以不自是之心,偏者裁之,缺者补之,则诸子皆可师,不可弃也。"[①]后来的维新派人物唐才常虽然以诸子为孔学"支派",但对诸子学的经世价值也给予了足够的重视。他认为:"欲救今日民穷财尽、公私窳敝之病,则必治之以管学;欲救今日士、农、工、商各怀私心之病,则必治之以墨学;欲救今日吏治废弛、弄文乱法之病,则必治之以申、韩之学。"[②]可见,对诸子学经世价值的发掘,是诸子学在晚清得以复兴的一个重要原因。

[①] 以上自龚自珍至曾国藩各说参见罗检秋《近代诸子学与文化思潮》,52—56、65页。
[②] 唐才常:《治新学先读古子书说》,见湖南省哲学社会科学研究所编《唐才常集》,31页,北京,中华书局,1982。

二是向西方学习的需要,诸子学成为近代中西文化交流会通的重要思想桥梁。在西学东渐的过程中,如何应对西方文化便成为中国士大夫必须思考的一个重要问题,其间出现了一种称之为"西学中源说"的中西文化观。这是一柄双刃剑:守旧派以为西学源出中国,不必外求,因而拒斥西学,反对向西方学习;开新派以为西学源出中国,向西方学习正是"礼失而求诸野",并不会变夏为夷。"西学中源说"的一个重要内容就是西学源于诸子。持此说者认为,诸子学说与近代西方文化有某些相通之处,这正是中国向西方学习并吸纳接受西学的思想基础。邹伯奇、陈澧认为西方科技大多可从《墨子》找到源头,"故谓西法源出《墨子》可也"。薛福成也说"《墨子》一书导西学之先者甚多",如光学、重学、机械学等均出自《墨子》。他还认为《庄子》也与"近来泰西之学有相出入者"。张自牧更认为,西方天文、算学、重学、机器、测量、植物、农务、数学、声学、热学、光学、电学、气象、地理、化学、医学等,"其源多出于《墨子》及《关尹》《淮南》《亢仓》《论衡》诸书"。不仅科学技术如此,即使西方政教也多源于诸子。薛福成认为,西方各国治国之法与重商思想均"暗合《管子》之旨"。黄遵宪认为,西方"用法类乎申韩,其设官类乎《周礼》,其行政类乎《管子》者十盖七八"。在他们看来,甚至西方的基督教也源于《墨子》,所谓"耶稣之学,墨子爱无差等之学也"。① 他们将诸子之学与近代西学相比附,难免牵强附会,但却为接纳西学找到了理论支点,同时也为诸子学的复兴开辟了道路。正如后来国粹派人物邓实所说:"西学入华,宿儒瞠目,而考其实际,多与诸子相符。于是而周秦学派遂兴,吹秦灰之已死,扬祖国之耿光,亚洲古学复兴,非其时耶。""夫以诸子之学,而与西来之学,其相因缘而并兴者,是盖有故焉。一则诸子之书,其所含之义理,于西人心理、伦理、名学、社会、历史、政法、一切声光化电之学,无所不包,任举其一端,而皆有冥合之处,互观参考,而所得良多。故治西学者,无不兼治诸子之学。"② 在此,诸子学成了会通中西文化的媒介,其在晚清西学东渐过程中的复兴也就势所必然了。

---

① 以上自邹伯奇至黄遵宪各说参见罗检秋《近代诸子学与文化思潮》,73—77页。
② 邓实:《古学复兴论》,见《国粹学报》第1年第1册第9期,上海,1905。

诸子学在近代的复兴,既与中国传统学术内部结构中经学与子学地位的彼此消长有关,也与近代中国社会中西学东渐及其所激发的经世救亡潮流相一致。随着学术界和思想界对诸子学的关注与重视,校释子书渐成风气,先秦诸子典籍得到系统的整理,诸子学说的思想价值得以充分发掘和阐释,致使诸子学风靡学界,蔚然可观。此种情形,用胡适的话来描述就是:"从前作经学附属品的诸子学,到此时代,竟成专门学。一般普通学者,崇拜子书,也往往过于儒书。岂但是'附庸蔚为大国',检(简)直是'婢作夫人'了。"①诸子学的复兴恰与经学的江河日下形成鲜明对照。

诸子学在近代的复兴与发展大致经历了两个阶段:从"考据之学"到"义理之学"。

第一阶段:19世纪末,诸子学研究的重心仍然是沿着乾嘉学派的老路,运用考据学方法校勘、训释子书,其基本的学术形态仍是"考据之学",主要代表人物有俞樾、孙诒让、戴望、王先谦、王先慎。

俞樾著《诸子平议》,完全采用高邮王氏的考据方法,仿王念孙《读书杂志》而作,内外证结合,广引古籍,校勘文字,训释音义,涉及《管子》《荀子》《淮南子》《墨子》《庄子》《吕氏春秋》《春秋繁露》《贾子》《列子》《杨子》等子书,所在多有创获,足可与王氏《读书杂志》相抗衡。②

孙诒让所著《札迻》,与俞樾《诸子平议》相类,也是仿王念孙《读书杂志》而作,广涉管、老、庄、韩、列、公孙龙诸家,校训精审。"每下一义,妥耴宁极,渾入凑理。书少于《诸子平议》,校雠之勤,倍《诸子平议》。"③孙诒让诸子学研究的主要贡献在于校训《墨子》,其《墨子间诂》一书,广泛吸取乾隆以来毕沅、王念孙父子、洪颐煊、苏时学、俞樾、戴望等人校注成果,成为清代校训《墨子》的高峰。"盖自此书出,然后《墨子》人人可读。现代墨学复活,全由此书导之……古今注《墨子》者固莫能过此书。"④该书成为晚清墨学复兴的里程碑之作。

戴望著《管子校正》,集王念孙、洪颐煊、俞樾诸家之长,对《管子》一

---

① 胡适:《中国哲学史大纲》卷上,9页,北京,商务印书馆,1987。
② 章太炎:《俞先生传》,见《章太炎全集》第4册,211页。
③ 章太炎:《孙诒让传》,见《章太炎全集》第4册,213页。
④ 梁启超:《中国近三百年学术史》,见朱维铮校注《梁启超论清学史二种》,360页。

书进行了详细的校正,成为清代考证《管子》的集大成之作。

王先谦著有《庄子集解》和《荀子集解》。《庄子集解》广取前人注疏成果,共计征引前人《庄子》校注20多家,经史子集等古籍40多种,提供了一个较好的《庄子》读本。《荀子集解》以杨倞注本为底本,综合乾嘉以来10多家校注成果,"用高邮王氏《读书杂志》例,取诸家校本,参稽考订,补正杨注凡数百事,可谓兰陵功臣"。① 该书为清代考据《荀子》的总结性著作。

王先慎仿从兄王先谦《荀子集解》例而著《韩非子集解》,以宋乾道本为底本,广征清代各家相关校注,并以唐、宋类书等资料参照考释,成为清代第一部全面校释《韩非子》的学术著作。

另外,陈澧的《东塾读书记》,王闿运的《庄子注》《墨子注》,苏时学的《墨子刊误》,曹耀湘的《墨子笺》,易顺鼎的《读老札记》《读老札记补遗》,刘鸿典的《庄子约解》,郭庆藩的《庄子集释》,马其昶的《庄子故》,等等,也对相关子书的考订、校释作出了重要的贡献。

这个时期诸子学研究的主流,主要是文字的校勘和音义的训诂,较少义理的阐释,基本不出传统考据学的藩篱,正如刘师培所谓"乃诸子之考证学,而非诸子之义理学也"。②

第二阶段:20世纪初,诸子学研究的重心发生重大转向,开始运用近代西方哲学与社会科学方法,阐释诸子学说的思想价值与社会意义,其基本的学术形态已转变为"义理之学",主要代表人物有梁启超、严复、章太炎、刘师培、王国维。

梁启超著《子墨子学说》《管子传》,着重阐述了墨、法两家思想。梁启超开始采用近代西方社会科学的理论和方法研治墨学,将墨学与古希腊学说、近代欧洲哲学社会科学以及基督教相比较,认为墨子经济学说与边沁的功利主义、墨子"兼爱"思想与西方社会主义及基督教的博爱精神、墨子政治主张与西方国家学说均有相通之处。如他在阐述墨子的政治思想时说:"墨子之政术,民约论派之政术也。泰西民约主义,起于霍布士,盛于陆克,而大成于卢梭。墨子之说,则视霍布士为优,而

---

① 支伟成:《清代朴学大师列传》下册,641页。
② 刘师培:《周末学术史序·总序》,见《刘申叔先生遗书》第14册,2页。

精密不逮陆、卢二氏。"①在此,梁启超将墨子政治思想与近代西方民主精神相比附,显然是出于思想启蒙的需要。在《管子传》中,梁启超认为近代西方的国家思想、法治精神、经济竞争与帝国主义等思想理念,都可以在《管子》中找到源头。如他着重阐述了《管子》一书的"法治主义"的政治思想,便认为管子是近代"法治主义"的始祖。他说:"今世立宪之国家,学者称为法治国。法治国者,谓以法为治之国也。夫世界将来之政治,其有能更微于今日之立宪政治者与否,吾不敢知。藉曰有之,而要不能舍法以为治,则吾所敢断言也。故法治者,治之极轨也。而通五洲万国数千年间,其最初发明此法治主义以成一家言者谁乎?则我国之管子也。"②梁启超对法家思想近代意义的阐述,也是出于宣传君主立宪政治思想的需要。

严复批注《老子》《庄子》,成《〈老子〉评语》《〈庄子〉评语》两种。他运用近代西方进化论理论与民主政治思想阐释老庄学说,认为老庄学说与达尔文、孟德斯鸠、斯宾塞相通。在《〈老子〉评语》中,严复将老子的"无为而治"思想比附近代西方的民主思想,认为"纯是民主主义。读法儒孟德斯鸠《法意》一书,有以征吾言之不妄也"。③ 在《〈庄子〉评语》中,严复将庄子顺其自然的思想比附近代西方的自由思想。他说:"挽近欧西平等自由之旨,庄生往往发之。详玩其说,皆可见也。"④严复对老庄的评点,多有附会之处,其思想意义远过其学术价值。

章太炎在诸子学研究方面自视甚高,曾自命为中国文化尤其是诸子学的最后传人。他说:"吾死以后,中夏文化亦亡矣。""经史小学传者有人,光昌之期,庶几可待;文章各有造诣,无待传薪,惟示之格律,免入歧途可矣。惟诸子哲理,恐将成广陵散矣。"⑤其诸子学研究著作主要有《诸子学略说》《庄子解故》《国故论衡》《齐物论释》等数种。章太炎研究诸子学,首先是服从其"反满"革命宣传的政治目的。他从国粹主义的立场出发,宣扬子儒平等,着意发掘先秦非儒学派如老庄、墨家、法家

---

① 梁启超:《子墨子学说》,见《饮冰室合集》专集之三十七,37页。
② 梁启超:《管子传》,见《饮冰室合集》专集之二十八,12页。
③ 严复:《〈老子〉评语》,见王栻主编《严复集》第4册,1095页,北京,中华书局,1986。
④ 严复:《〈庄子〉评语》,见王栻主编《严复集》第4册,1146页。
⑤ 参见汤志钧编《章太炎年谱长编》上册,474页,北京,中华书局,1979。

等诸子学说的思想价值,批判、否定了"独尊儒术"的历史传统和康有为建立"孔教"的思想主张。因此,章太炎研究诸子学,便主要是致力于诸子学说思想意蕴的阐释。他曾明确地指出,研究诸子的方法与经学考证不同,诸子学说自成体系,仅用考据方法是不够的,应当重在义理阐释。他说:"说经之学,所谓疏证,惟是考其典章制度与其事迹而已。其是非且勿论也……若诸子则不然。彼所学者,主观之学,要在寻求义理,不在考迹异同。"①章太炎将佛学与西方哲学贯通在其诸子学研究之中,如其在《齐物论释》中所说:"《齐物》大旨,多契佛经";"轮回之义,庄生、释迦、柏剌图所同";"康德之批判哲学,《华严》之事理无碍,事事无碍,乃庄生所笼罩"。② 这些可为典型的例证。其主要表现在两个方面:一是用印度的因明学与西方近代逻辑学理论阐释先秦诸子主要是墨家与荀子的逻辑思想,其代表作是《诸子学略说》和《国故论衡》;二是用佛教的华严、法相之学与西方古代希腊、近代德国哲学阐释道家尤其是《庄子》的哲学思想,并借以建立自己的哲学思想体系,其代表作是《齐物论释》。章太炎旨在阐释诸子哲理的研究路径,已经与19世纪末以孙诒让为代表的考据学研究方法不可同日而语了。对此,胡适给予了高度的评价,认为"到章太炎方才于校勘训诂的诸子学之外,别出一种有条理系统的诸子学"。③

刘师培广泛涉猎老子、墨子、管子、庄子、荀子、韩非子等诸子学说,其研治诸子各书,"或名《补释》,或名《斠补》,大致前期所著名《补释》,后期所著名《斠补》"。④ 这里所谓的前、后期大致以1908年为界。刘师培学术思想的转向与其政治态度的转变密切相关,此前的刘师培与章太炎一样,也是一位激进的"反满"革命青年,他的诸子学研究主要是阐释诸子学说的思想价值和社会意义,以为其宣扬国粹主义和无政府主义的政治目的服务;此后的刘师培叛变革命,转而投靠清政府,政治上日趋消沉,学术上的思想性也渐趋减弱,其诸子学研究重心便转入文字考据的途径。刘师培的诸子学研究著作主要有《荀子补释》《法言补

---

① 章太炎:《诸子学略说》,见汤志钧编《章太炎政论选集》上册,286页,北京,中华书局,1977。
② 章太炎:《齐物论释定本》,见《章太炎全集》第6册,83、118、108页。
③ 胡适:《中国哲学史大纲》卷上,30页。
④ 钱玄同:《刘申叔先生遗书总目·编后记》,见刘师培《刘申叔先生遗书》第1册,12页。

释》《晏子春秋补释》《管子斠补》《庄子斠补》等。他曾经试图以近代西方社会科学研究方法来构建先秦学术史体系,据其《周末学术史序》,他将先秦学术分为心理学、伦理学、论理学、社会学、宗教学、政法学、计学、兵学、教育学、理科学、哲理学、术数学、文字学、工艺学、法律学、文章学等16门学科,这基本上是一个近代学科体系。在此,刘师培用近代西方学术方法阐述了儒、道、墨、法、阴阳等诸子学说。如他认为道家、阴阳家学说与西方社会学相通,道家"乃社会学之归纳派",阴阳家"乃社会学之分析派"。① 他对儒家、墨家伦理思想以及法家政治、经济思想的阐释,都大量使用了近代西方社会科学理论,已基本上步入近代学术研究的路径。

王国维早年究心西方哲学,对康德、叔本华、尼采哲学颇有心得。1905、1906年,王国维在《教育世界》上发表《周秦诸子之名学》《墨子之学说》《老子之学说》《列子之学说》等论文,将西方哲学观念引入诸子学研究领域,为诸子学研究开辟了新途径。

这个时期,还出现了一系列的诸子学研究论著,如王闿运的《老子注》,王仁俊的《老子异同》《老子正谊》,张其淦的《老子约》,区大典的《老子讲义》,谢无量的《老子哲学》,奚侗的《庄子补注》,宁调元的《庄子补释》,马叙伦的《庄子外篇札记》,王景义的《墨商》,侯应琛的《墨子精华》,张煊的《墨子经学新解》,易白沙的《述墨》,姚永朴的《诸子考略》,陈黻宸的《诸子哲学》等。这些论著有的仍然停留在相关子书文字校注的层面上,但大多已经注重诸子学说思想价值与社会意义的阐释,这是当时诸子学研究的主流及其发展方向。

诸子学在近代的复兴,经历了从考据之学到义理之学的发展过程。20世纪初,对诸子义理的阐释,已经成为诸子学研究的中心。由于诸子学说的思想价值与社会意义逐渐突显出来,使得诸子学得以摆脱经学附庸的命运,而获得学术独立的地位。同时,随着近代西方学术方法被广泛引入诸子学研究领域,以近代学术的眼光阐释诸子学便成为学术发展的趋势,也使诸子学研究逐渐脱离传统考据学

---

① 刘师培:《周末学术史序·社会学史序》,见《刘申叔先生遗书》第14册,8页。

的路途,并具备近代学术形态,从而在一定程度上推动了中国传统学术体系的近代转型。

三 传统学科体系的近代转型

随着传统经学的没落,中国传统学术思想体系渐趋崩溃;同时,在西学东渐的过程中,近代西方学科分类思想逐渐输入,促使中国传统学术向近代学术转型,其结果便是近代学科体系的初步建立。①

中国传统学科体系大致是与经、史、子、集四部图书分类相对应的所谓"四部之学",包括经学、史学、诸子学和词章学。近代学科体系主要是由文、理、法、农、工、商、医七科构成的所谓"七科之学",具体包括文、史、哲、数、理、化、政、经、法、地、农、工、医等多门现代学科。中国传统学科体系的近代转型,就是从"四部之学"转向"七科之学",也即从传统的分科不明、讲求博通的"通人之学"向近代分科治学的"专门之学"的转变。这个过程在晚清时期业已开始,到民初便略具规模。

19世纪中、晚期,在西学东渐的过程中,西方近代学术分科的观念逐渐传入中国,中国学人在了解与接受这些分科观念的同时,纷纷提出了自己的分科方案。

西方近代学术分科观念传入中国及其在中国社会传播的途径主要有三:

一是新式学堂的课程设置。近代中国最早的新式学堂是外国传教士创办的教会学校。通过对若干教会学校课程设置的考察,可以看到西方近代学术分科观念传入近代中国的初始情形。1839年,澳门马礼逊学校的课程设置分英文与中文两科:英文科有英文、地理、历史、天文、算术、代数、几何、力学、音乐、伦理学、《圣经》讲解等课程;中文科有《四书》《五经》等课程。② 1877年5月,在上海举行的基督教传教士全

---

① 以下关于传统学科体系近代转型的论述,主要参考左玉河《从"四部之学"到"七科之学"——晚清学术分科问题的综合考察》,载中国社会科学院近代史研究所编《中国社会科学院近代史研究所青年学术论坛·2000年卷》,北京,社会科学文献出版社,2001。
② 参见吴义雄《马礼逊学校与容闳留美前所受的教育》,见吴文莱主编《容闳与中国近代化》,586—604页,珠海出版社,1999。

体大会上成立学校教科书委员会,该会任命丁韪良、韦廉臣、狄考文、林乐知、黎力基、傅兰雅等人负责筹备编写教会学校小学教材。随后,丁韪良等人计划编写初、高级两套教材。其基本科目有以下10类:一为教义问答手册,二为算术、几何、代数、测量学、物理学、天文学,三为地质学、矿物学、化学、植物学、动物学、解剖学、生理学,四为自然地理、政治地理、宗教地理、自然史,五为古代史纲要、现代史纲要、中国史、英国史、美国史,六为西方工业,七为语言、文法、逻辑、心理哲学、伦理科学、政治经济学,八为声乐、器乐、绘画,九为地图、植物与动物图表,十为教学艺术。① 1881年,上海中西书院的课程设置,除中学以外,西学主要有西文、西语、数学(代数、勾股、三角、微积分)、地理、化学、重学、天文、全体功用、航海测量、金石类考、万国公法、富国策等。② 1884年,江苏镇江女塾课程设置为:西学有《圣经》、英文、算法、心算、数学、代数、形学、动物学、植物学、地理学、格物入门、全体入门、圣教史记、大美国史记、万国通史、万国通鉴、泰西新史、性学举隅等;中学有《三字经》《百家姓》《千字文》《四书》《诗经》《左传》等。③ 通过这些教会学校,近代西方的一些基本的学科概念,如数学、物理学、化学、天文学、地理学、生物学、经济学、历史学、哲学等开始传入中国。其时,中国自己设立的一些新式学堂也纷纷仿效其"分科立学"的原则组织教学。据1876年公布的京师同文馆课程表可知,同文馆的课程设置基本上体现了西方"分科立学"的观念与原则。其课程除汉文经学外,主要是西学,包括外国语言文字、各国地图、各国史略、数理启蒙、代数学、格物、机器、几何、三角、微积分、航海测算、化学、天文测算、万国公法、地理金石、富国策等,其中格致之学又分为力学、水学、声学、气学、火学、光学、电学7门,并以动植物学附属之。④ 1895年,盛宣怀拟设天津中西学堂,分头等、二等两级,其头等学堂课程分为普通学和专门学两类:普通学有几何学、三角勾股学、格物学、微分学、重学、化学、花草学、考究禽兽学、地学、金

---

① 韦廉臣:《学校教科书委员会的报告》,见朱有瓛主编《中国近代学制史料》第4辑,33—34页。
② 林乐知:《中西书院课程规条》,见朱有瓛主编《中国近代学制史料》第4辑,286—287页。
③ 《镇江女塾功课简表》,见朱有瓛主编《中国近代学制史料》第4辑,342—343页。
④ 《光绪二年(1876)公布的(同文馆)八年课程表》《(清会典)记同文馆各科课程内容》,见朱有瓛主编《中国近代学制史料》第1辑上册,71—79页。

石学、天文工程初学、驾驶并量地法、笔绘图并机器绘图、各国史鉴、万国公法、理财富国学、作英文论、翻译英文等；专门学有工程学、电学、矿务学、机器学、律例学。① 1897年，张元济等人呈请设立北京通艺学堂，其课程分文学门和艺术门两类：文学门有舆地志、泰西近史、名学（即辨学）、计学（即理财学）、公法学、理学（即哲学）、政学（西名波立特）、教化学（西名伊特斯）、人种论；艺术门有算学、几何（即形学）、代数、三角术（平弧并课）、化学、格物学（水、火、电、光、音、重在内）、天学（历象在内）、地学（即地质学）、人身学、制造学（汽机、铁轨在内）。② 在这些新式学堂中，已经普遍设置了西方近代人文社会科学、自然科学及应用科学的一些基本学科。可见，西方近代"分科立学"观念与原则已为中国新式学堂所普遍采纳。

　　二是西书的翻译与出版。翻译、出版西书也是西方近代学术分科观念传入中国的重要途径。据统计，1843—1860年，在香港及广州、上海、宁波、福州、厦门五地共出版各种西学书籍434种，其中宗教宣传品329种，占75.8%；天文、地理、数学、医学、历史、经济等书籍105种，占24.2%。1860—1900年，各地共出版各种西书555种，其中哲学、历史学、法学、文学、教育学等人文社会科学123种，占22%；算学、重学、电学、化学、光学、动植物学等自然科学162种，占29%；工艺、矿务、船政等应用科学225种，占41%；另有游记、杂著、议论等45种，占8%。具体而言，京师同文馆师生共译著西书26种，按近代学术分科观念大致可分为12类。各类的情况如下：法律学6种：《万国公法》《法国律例》《公法便览》《公法会通》《中国古世公法论略》《新加坡律例》；外交学1种：《星轺指掌》；历史学2种：《各国史略》《俄国史略》；经济学1种：《富国策》；物理学3种：《格物入门》《格物测算》《电理测微》；化学3种：《化学指南》《化学阐原》《分化津梁》；生理学1种：《全体通考》；数学2种：《算学课艺》《弧三角阐微》；天文学2种：《星学发轫》《坤象究原》；历法学1种：《中西合历》；医药学1种：《药材通考》；外语工具书3种：《同文

---

① 《盛宣怀拟设天津中西学堂禀（附章程、功课）》，见朱有瓛主编《中国近代学制史料》第1辑下册，493—494页。
② 《通艺学堂章程》，见朱有瓛主编《中国近代学制史料》第1辑下册，715页。

津梁》《汉法字汇》《英文举隅》。江南制造局翻译馆共译书 160 种,其中史志 6 种,政治 3 种,交涉 7 种,兵制 12 种,兵学 21 种,船政 6 种,学务 2 种,工程 4 种,农学 9 种,矿学 10 种,工艺 18 种,商学 3 种,格致 3 种,算学 7 种,电学 4 种,化学 8 种,声学 1 种,光学 1 种,天学 2 种,地学 3 种,医学 11 种,图学 7 种,补遗 2 种,附刻 10 种,涉及历史、政治、外交、军事、教育、经济、数学、物理、化学、天文、地理、农学、医学、船政、矿务、工程、工艺等多种近代学科。① 1896 年,梁启超著《西学书目表》,将当时中国所译西书分为西学、西政、西教三大类,其中西学类大致相当于自然科学,包括算学、重学、电学、化学、声学、光学、汽学、天学、地学、全体学、动植物学、医学、图学等 13 门;西政类大致相当于社会科学,包括史志、官制、学制、法律、农政、矿政、工政、商政、兵政、船政等 10 门。② 1898 年,康有为刊印《日本书目志》,将所知日本出版的西学书目分为生理、理学、宗教、图史、政治、法律、农业、工业、商业、教育、文学、文字语言、美术、小说、兵书等 15 门,各门之下又分若干科目,如生理门分生理学、学校用生理学、生理学通俗、解剖学(附组织学)、卫生学、药物学、药局方、处方、调剂、药用、药用动物学、医用化学及分析学、病理学、诊断学、内科学、治疗学、霉菌学、诸病说、外科学、皮肤病及霉毒学、眼科学、耳科学、齿科学、产科学等 24 科目;理学门分理学总记、学校用理科、物理学、横文物理学、理化学、化学、横文化学、分析学、天文学、历法学、气象学、地质学、矿学、地震学、博物学、生物学、人类学、动物学、植物学、哲学、论理学、横文论理学、心理学、伦理学等 24 科目。③ 如此精细的图书分类,表明以康有为为代表的中国学人已经充分了解并接受了西方近代学术分科观念。

三是对西方及日本学校制度的介绍。西方近代学术分科观念与其学校教育制度密切相关,通过对西方及日本学校制度的介绍,也为近代中国人了解与认识西方分科观念提供了重要途径。1895 年,郑观应在其增订的《盛世危言》十四卷本《学校上》后,附录《德国学校规制》与

---

① 以上参见熊月之《西学东渐与晚清社会》,8、11—12、322—323、500、538—550 页。
② 梁启超:《西学书目表序例》,见《饮冰室合集》文集之一,123 页。
③ 康有为:《日本书目志》,见姜义华编校《康有为全集》第 3 集,587—590、622—623 页。

《英、法、俄、美、日本学校规制》，简要地介绍了欧、美、日各国的学校制度。他认为，德国的学校制度最为完备，其太学院分经学、法学、智学、医学四科；经学为教中之事，分耶稣、天主两类；法学为考古今政事利弊异同，及奉使外国、修辞通商、有关国例之事；智学为格物、性理、文字语言之类；医学统核全身内外诸部位、经络表里功用、病源、制配药品、胎产接生诸法。其余按"分科立学"原则，设立一些专科学院，所谓"自正学而外，一切学问无不为之设立学堂"，计有医学院、技艺院、格物院、船政院、武学院、通商院、农政院、丹青院、律学院、师道院、宣道院、女学院等十余种之多。关于英国学制，他介绍了牛津、剑桥两所大学的课程，主要有：各国语言文字、象纬舆图教学、重学、格物学、化学、医学、算学、光学、性理学、声学、画学、诗歌学、气力学、测量学、师范学、书法学、药性学、金石学、草木学、机器学、治术学、文字减笔学、生物学、律例学、古例、今例、印度律、万国律、罗马律学、史学、万国公法、出使章程学等数十门。关于日本学制，他介绍了东京帝国大学的学科结构，计分法、医、工、文、理五科。法科分法律、政治二目，医科分察验、解剖、内科、外科、目科五目，工科分土木、机械、造船、造军器、造房屋、应用化学六目，文科分哲学、本国文学、史学、博言学四目，理科分数学、物理、化学、动物、植物、地质六目。① 1898年，康有为在《请开学校折》中介绍英国、美国的大学分科时说："英大学分文、史、算、印度学、阿喇伯学、远东学，于哲学中别自为科。美则加农工商于大学，日本从之。夫学至于专门止矣。"②同年，张之洞派姚锡光等人到日本考察学校，要求"将政治学、法律学、武学、航海学、农学、工学、山林学、医学、矿学、电学、铁道学、理化学、测量学、商业学各种学校，选材授课之法，以及武备学分枪、炮、图绘、乘马各种课程，或随时笔记，或购取章程赍归，务详勿略，借资考镜"。③ 姚锡光在东京两个月，对日本陆军省和文部省的学校进行了全面考察，回国后向张之洞详细汇报了日本学校的情况。他介绍日本大学体制分文、法、理、工、农、医六科，各科科目如下：文科有舆图、历史、

---

① 郑观应：《盛世危言·学校上》，见夏东元编《郑观应集》上册，245—261页。
② 康有为：《请开学校折》，见中国史学会主编《戊戌变法》第2册，218页，上海人民出版社，1957。
③ 《札委姚锡光等前往日本游历详考各种学校章程》，见苑书义等主编《张之洞全集》第5册，3560页。

汉文、本国掌故、各国掌故、各国语言文字,法科有公法、本国法律、各国法律、赋税度支诸法、银行商律各国条约诸学,理科有算学、化学、地质学、动物学、植物学、光学、电学、重学、声学,工科有应用电学、应用化学、土木学、桥梁学、铁道学、造船学、机器学、采矿学、兵器制造学,农科有树艺学、林木学、畜牧学、兽医学、蚕学、培溉之方、去虫之法、土质之宜,医科有内、外、妇、稚、治伤、调药诸科。① 张之洞后来还多次派人到日本考察学制。这些都为其近代学术分科观念的形成及其在新政时期主持制定全国新学制提供了基本的思想资源。

西方近代分科观念传入中国及其在中国社会的广泛传播,促使中国学人在反思传统学术思想体系弊端的同时,积极了解和接受近代西方"分科立学""分科治学"的观念,并在综合中学与西学的基础上,纷纷提出近代中国新的学术分科方案。

洋务时期,一些洋务派及早期维新派思想家如冯桂芬、郑观应、王韬、陈虬、何启、胡礼垣等人,都提出了自己的学术分科设想,其中以郑观应最具代表性。郑观应主张将学校分为文学与武学两类,其中文学类又分为六科:文学科为诗文、词赋、章奏、笺启之类,政事科为吏治、兵刑、钱谷之类,言语科为各国语言文字、律例、公法、条约、交涉、聘问之类,格致科为声学、光学、电学、化学之类,艺学科为天文、地理、测算、制造之类,杂学科为商务、开矿、税则、农政、医学之类。②

甲午战争以后,维新变法运动兴起。随着中国学人对西学了解与认识的程度进一步加深,其学术分科观念也更趋明朗化。其中以孙家鼐为京师大学堂拟定的分科方案最为系统。孙家鼐主张将京师大学堂分为十科:天学科,附以算学;地学科,附以矿学;道学科,附以各教源流;政学科,附以西国政治及律例;文学科,附以各国语言文字;武学科,附以水师;农学科,附以种植水利;工学科,附以制造格致各国;商学科,附以轮舟、铁路、电报;医学科,附以地产植物各化学。③

20世纪初,随着近代学术分科观念为更多的中国学人所认识与接

---

① 姚锡光:《查看日本学校大概情形手折》,见《东瀛学校举概》,13—14页,1899。
② 郑观应:《盛世危言·考试下》,见夏东元编《郑观应集》上册,299—300页。
③ 孙家鼐:《议复开办京师大学堂折》,见中国史学会主编《戊戌变法》第2册,427页。

受,以此为基础,在学制变革的过程中最后从制度上初步确立了中国的近代学术分科体系。

其时,近代分科观念已较为普及,不少趋新的学人开始用西学分科观念比附中国传统旧学。如孙宝瑄认为:"《周易》,哲学也;《尚书》、《三礼》、《春秋》,史学也;《论语》、《孝经》,修身伦理学也;《毛诗》,美术学也;《尔雅》,博物学也。故我国十三经,可称三代以前普通学。经学为三代以前普通学,声言训诂为三代以前语言文字学。余数年来,专以新理新法治旧学,故能破除旧时一切科臼障碍。"①显然,孙宝瑄已经接受了不少新的近代学科观念。

当然,传统学术体系的近代转型,不仅仅在于某些学人形成了近代学术分科观念,或提出了一些近代学术分科方案,更重要的应当是制度建设,即建立一套完整的近代学科体制。

1901年,清政府开始实施新政。张之洞、刘坤一在著名的《江楚会奏变法三折》中,参酌英、法、德、日各国学制,提出一个在大学分设经学、史学、格致学、政治学、兵学、农学、工学的"七科分学"的方案:一为经学,包括中国经学、文学;二为史学,包括中外史学、地理学;三为格致学,包括中外天文学、外国物理学、化学、电学、力学、光学;四为政治学,包括中外政治学、外国律法学、财政学、交涉学;五为兵学,包括外国战法学、军械学、经理学、军医学;六为农学;七为工学,包括测算学、绘图学、道路、河渠、营垒、制造军械火药等事。②《江楚会奏变法三折》推动了清末新政的展开,学制变革也开始启动,但张之洞这个"七科分学"方案并没有被有关人士所采纳。

1902年,管学大臣张百熙制定"壬寅学制",在《钦定京师大学堂章程》中又提出一个与上述张之洞方案颇不相同的新的"七科分学"方案:一为政治科,包括政治学、法律学2门;二为文学科,包括经学、史学、理学、诸子学、掌故学、词章学、外国语言文字学7门;三为格致科,包括天文学、地质学、高等算学、化学、物理学、动植物学6门;四为农业科,包

---

① 孙宝瑄:《忘山庐日记》上册,529—530页。
② 张之洞等:《变通政治人才为先遵旨筹议折》,见苑书义等主编《张之洞全集》第2册,1397—1398页。

括农艺学、农业化学、林学、兽医学4门;五为工艺学,包括土木工学、机器工学、造船学、造兵器学、电气工学、建筑学、应用化学、采矿冶金学8门;六为商务科,包括簿计学、产业制造学、商业语言学、商法学、商业史学、商业地理学6门;七为医术科,包括医学、药学2门。① 因为"壬寅学制"最终并没有实行,因此张百熙这个"七科分学"方案也自然被搁置起来。

1903年,张之洞奉旨会同管学大臣荣庆、张百熙修订新学制,在"壬寅学制"的基础上制定了"癸卯学制"。他们在《奏定大学堂章程》中,参考欧美各国学制,尤其是仿照日本大学文、法、医、格致、农、工六科分立的制度,并增立经学与商科两科,提出一个大学"八科分学"的方案:一为经学科,分周易学、尚书学、毛诗学、春秋左传学、春秋三传学、周礼学、仪礼学、礼记学、论语学、孟子学、理学11门;二为政法科,分政治学、法律学2门;三为文学科,分中国史学、万国史学、中外地理学、中国文学、英国文学、法国文学、俄国文学、德国文学、日本国文学9门;四为医科,分医学、药学2门;五为格致学科,分算学、星学、物理学、化学、动植物学、地质学6门;六为农科,分农学、农艺化学、林学、兽医学4门;七为工科,分土木工学、机器工学、造船学、造兵器学、电气工学、建筑学、应用化学、火药学、采矿及冶金学9门;八为商科,分银行及保险学、贸易及贩运学、关税学3门。② 这个分科方案最显著的特点就是对经学的尊崇,其不但将经学科位列各科之首,而且在经学科下分列11门类,也是各科之最,可见其重视经学的程度。对此,张之洞在《学务纲要》中解释说:"外国学堂有宗教一门,中国之经书,即是中国之宗教。若学堂不读经书,则是尧舜禹汤文武周公孔子之道,所谓三纲五常者,尽行废绝,中国必不能立国矣。学失其本则无学,政失其本则无政。其本既失,则爱国爱类之心亦随之改易矣,安有富强之望乎?故无论学生将来所执何业,在学堂时经书必宜诵读讲解。"③显然,这是张之洞毕生所信奉的"中体西用"精神的具体体现。因为"癸卯学制"被清廷颁布施

---

① 《钦定京师大学堂章程》,见朱有瓛主编《中国近代学制史料》第2辑上册,755页。
② 张百熙、荣庆、张之洞:《奏定学堂章程·大学堂附通儒院章程》,91—95页。
③ 张百熙、荣庆、张之洞:《奏定学堂章程·学务纲要》,6页。

行,所以张之洞等人这个"八科分学"方案便以新学制为基础,初步建立了近代中国学术分科的新体系。在这个体系中,经学、文学两科基本保存了中国传统旧学,政法、格致、农、工、医、商六科则大致确立了近代西学的地位。

毋庸讳言,经"癸卯学制"确立的这个"八科分学"方案具有鲜明的保守性特征。因此,此方案在当时便遭到不少有识之士的责难与批评,其中尤以王国维的意见最富创造性。王国维认为这个"八科分学"方案最大的缺陷就是没有哲学科,因而主张改善经学、文学两科,给哲学以应有的地位。其具体意见是:"可合经学科大学于文学科大学中,而定文学科大学之各科为五:一经学科,二理学科,三史学科,四国文学科,五外国文学科。"这样,就是废弃原有"八科"中的经学科,将经学科并于文学科中,成为与理学、史学、中国文学、外国文学平等并列的二级学科,这便形成了一个新的"七科分学"方案。其中所谓的"理学科",包括哲学概论、中国哲学史、印度哲学史、西洋哲学史、心理学、伦理学、名学、美学、社会学、教育学10门科目,其实就是哲学科。① 王国维的这个新方案,在民初基本上被采纳到新学制中。

1912年底至1913年初,民国教育部公布《大学令》和《大学规程》,将大学分为文、理、法、商、医、农、工七科,正式取消了大学经学科。大学文科分为哲学、文学、历史学、地理学4门,理科分为数学、星学、理论物理学、实验物理学、化学、动物学、植物学、地质学、矿物学9门,法科分为法律学、政治学、经济学3门,商科分为银行学、保险学、外国贸易学、领事学、税关仓库学、交通学6门,医科分为医学、药学2门,农科分为农学、农艺化学、林学、兽医学4门,工科分为土木工学、机械工学、船用机关学、造船学、造兵学、电气工学、建筑学、应用化学、火药学、采矿学、冶金学11门。② 就这样,"七科之学"的近代学科体系便得以初步确立。

晚清至民初时期中国传统学科体系的近代转型尚是一个开端。其

---

① 王国维:《奏定经学科大学文学科大学章程书后》,见朱有瓛主编《中国近代学制史料》第2辑上册,829页。
② 《1912年10月24日教育部公布大学令》《1913年1月12日教育部公布大学规程》,见朱有瓛主编《中国近代学制史料》第3辑下册,1、3页。

时,中国传统学术与近代西方学术虽然已被初步整合到一个文、理、法、商、医、农、工"七科分学"的框架中,但要真正完成传统学术近代化与西方学术中国化的转型,则尚需时日。这个过程将在"五四"以后直至 19 世纪 30 年代初才基本完成。

第二节 近代新学科的初创与科技的发展

一 近代人文社会科学的发轫

19世纪末20世纪初,在西学东渐的过程中,西方近代人文社会科学的理论与方法逐渐输入中国,在介绍与传播这些新的学科理论与方法的基础上,中国学人开始进行了近代新学科体系的理论建构,使近代中国新史学、哲学、政治学、经济学、社会学、伦理学、逻辑学、美学等人文社会科学得以初步创立,①积极地推动了中国传统学科体系的近代转型。

(一) 新史学

史学,为中国旧学所固有,如梁启超所谓"于今日泰西通行诸学科中,为中国所固有者,惟史学"。② 近代新史学,则是在吸收西方近代史学理论与方法,并对旧史学进行批判改造的基础上形成的新学科。一方面是对西方近代史学理论与方法的介绍。1902年,留日学生汪荣宝据日本史学论著译编《史学概论》一文,在《译书汇编》上发表;1903年,日本史学家浮田和民的《史学原论》,也被留日学生译成中文,并以《新史学》为名出版,等等。这些论著较为系统地介绍了一些西方近代史学理论与方法。在此前后,著名传教士李提摩太所译《泰西新史揽要》、林乐知所著《中东战记本末》,以及英国史学大家巴克尔的《英国文明史》、

---

① 以下有关述论主要参考龚书铎主编《中国近代文化概论》第8章,北京,中华书局,1997。
② 梁启超:《新史学》,见《饮冰室合集》文集之九,1页。

日本学者白河次郎与国府种德合著的《支那文明史》等史学著作,也被纷纷译成中文面世,为近代中国新史学的建构提供了范例。另一方面是对传统旧史学的批判。1902年,梁启超在《新民丛报》上发表《新史学》,正式揭橥"史界革命"的旗帜。他深刻揭露旧史学有"四蔽""二病"。"四蔽"为"知有朝廷而不知有国家","知有个人而不知有群体","知有陈迹而不知有今务","知有事实而不知有理想";"二病"为"能铺叙而不能别裁","能因袭而不能创作"。在他看来,所谓二十四史实是"二十四姓之家谱",一部丰富多彩的中国历史竟被写成"相斫书""墓志铭""纪念碑""蜡人院"。因而,"史界革命"势在必行,"史界革命不起,则吾国遂不可救,悠悠万事,惟此为大"。① 其时,邓实在《政艺通报》上发表《史学通论》,马叙伦在《新世界学报》上发表《史学总论》,呼应"史界革命",新史学思潮于是勃兴。新史学的基本内容有四:一是以进化史观取代历史循环论;二是以民众史学取代帝王将相家谱式的旧史学;三是史学方法的多元化及其研究领域的扩大,广泛吸收政治学、经济学、人类学、社会学、伦理学、语言学等相关学科的研究方法,对人类社会历史进行全方位的研究;四是史书编写体例的变革,用新式章节体取代编年、纪传、纪事本末等旧史书体例。1901年,梁启超的《中国史叙论》和章太炎的《中国通史略例》,都提出了编撰新的中国通史的构想。1903—1906年,曾鲲化的《中国历史》、夏曾佑的《最新中学中国历史教科书》和刘师培的《中国历史教科书》等相继出版,为近代中国新史学学科建设奠定了初步的基石。另外,殷墟甲骨、敦煌文书、汉晋木简、商周铜器及一些史前遗址遗物的发现,不仅为新史学建设提供了大量新史料,而且为近代中国考古学的建立奠定了基础,其中罗振玉、王国维作出了开创性的贡献。

(二)哲学

中国传统学术虽然具有丰富的哲学思想,但在传统学术门类中并没有"哲学"的名目,哲学作为一门近代新学科,是在西学东渐的过程中产生的。19世纪末20世纪初,西方哲学传入中国之时,学界或以"智

---

① 梁启超:《新史学》,见《饮冰室合集》文集之九,3—7页。

学""理学""心智之学""心灵之学"等名词对译。"哲学"是日本学界的用语,后被中国学者借用并成为一个新的学科名称。何谓哲学?时人以为:"哲学二字,译西语之 philosophy 而成,自语学上言之,则爱贤智之义也。毕达哥拉士所下之定义,以为哲学者,因爱智识而求智识之学也;亚里士多德亦以为求智识之学;而斯多噶学派以为穷道德之学;伊壁鸠鲁学派以为求幸福之学。哲学之定义,如此纷纷不一。虽然,希腊人哲学之定义,则以相当之法研究包举宇宙与根本智识之原理之学也。约言之,则哲学者,可称原理之学。"[①]他们认识到,哲学是探究宇宙与人类社会一般规律的科学。其时,西方一些重要的哲学思想流派及其代表人物大都被介绍进来,诸如苏格拉底、柏拉图、亚里士多德、培根、牛顿、孟德斯鸠、康德、黑格尔、詹姆士等著名哲学家渐被中国学界所知晓。特别值得一提的是,严复译述《天演论》,系统地介绍了达尔文、斯宾塞、赫胥黎的进化论学说,对近代中国哲学的形成与发展产生了巨大的影响。从康有为、梁启超到章太炎、孙中山,他们的哲学思想都无不深深地烙上了进化论的印迹。中国哲学因此而逐渐脱离传统经学的羁绊,并初步具备近代形态。

(三)政治学

近代中国政治学也是在译介西方政治学理论的基础上产生的。1902年,卢梭的《民约论》经杨廷栋译出,由上海文明书局出版,名《路索民约论》。1903年,严复、马君武分别翻译了约翰·穆勒的《论自由》,严氏译本由商务印书馆出版,名《群己权界论》;马氏译本由译书汇编社刊印,名《自由原理》。同年,张相文由日译本转译孟德斯鸠《论法的精神》,名《万法精理》,由上海文明书局刊行。1909年,严复又从英文本翻译《论法的精神》,名《法意》,由商务印书馆出版。1904年,严复翻译甄克思的《政治史》,由商务印书馆印行,名《社会通诠》。其他如约翰·穆勒的《代议政体论》、伯伦知理的《国家论》等,也有中文译本行世。通过这些译介工作,西方近代政治学说如"天赋人权","社会契约","三权分立","自由、平等、博爱"等思想理念,逐渐为国人所认识与

---

① 公猛:《希腊古代哲学史概论》,载《浙江潮》第4期,日本东京,1903。

接受,从而为近代中国政治学的学科建设奠定了基础。

（四）经济学

西方经济学在近代被译介过来时,有"平准学""计学""生计学"等多种名目。"经济"一词为中国所固有,其本义有经国济世、经世济民之意,大致相当于现在所谓的"政治";而作为近代新学科门类经济学中的"经济"概念,也是从日语转借的。近代中国对西方经济学的译介,首推严复。1901—1902年,严复翻译的英国著名经济学家亚当·斯密的经典著作《国富论》,以《原富》为名,由上海南洋公学译书院出版,系统地介绍了西方古典经济学的理论体系。1902年,梁启超著《生计学学说沿革小史》,对于从古希腊到亚当·斯密的西方经济学史作了简要介绍。随后,陈昌绪译的《计学平议》、熊崇煦与章勤士合译的《经济学概论》等,对西方经济学流派及其代表人物,如英国学派的亚当·斯密、大卫·李嘉图,德国学派的李斯特、罗杰斯等人的经济学思想,作了较为全面的介绍。近代中国的经济学就是在译介西方经济学的基础上产生的。

（五）社会学

社会学在近代西方也是一门新兴学科,由法国实证主义哲学家孔德于19世纪中叶创立。随后,有关社会学的知识便逐渐传入中国,时人多以"群学"名之。中文"社会学"一词,最早见于谭嗣同《仁学》。其云:"凡为仁学者……于西书当通《新约》及算学、格致、社会学之书。"① 1902年,章太炎翻译了日本人岸本能武太所著的《社会学》,由上海广智书局出版,这是第一本西方社会学著作的中文译本。1903年,严复翻译了斯宾塞《社会学原理》的绪论《社会学研究法》,名《群学肄言》,作为学习与研究社会学的入门书,所谓"《群学肄言》,非群学也,言所以治群学之涂术而已"。② 其时,西方社会学中译主要著作还有马君武译斯宾塞的《社会学原理》、吴建常译美国学者吉丁斯的《社会学理论》、金鸣銮译日本学者澁江保的《社会学》、林纾与魏易合译德国学者哈伯兰的《民种学》等。与此同时,一些新式学堂开始开设社会学课程。

---

① 谭嗣同:《仁学》,见蔡尚思、方行编《谭嗣同全集》(增订本),293页,北京,中华书局,1998。
② 严复:《〈群学肄言〉译余赘语》,见王栻主编《严复集》第1册,125页。

（六）伦理学

20世纪初，西方近代伦理学著作也被大量译介进来。主要中译著作有上海广智书局译印日本学者户水宽人的《道德进化论》、蔡元培译德国学者保尔孙的《伦理学原理》、麦鼎华译日本学者元良勇次郎的《伦理学》、樊炳清译日本文部省编的《伦理书》等。另外，在《新民丛报》《教育世界》《女子世界》《学报》等报纸杂志上，也发表了不少译介西方伦理学的文章，如《泰西伦理学变迁大势》(《新民丛报》第4年第21号)、《汗德(康德)之伦理学及宗教论》(《教育世界》第123号)、《男女交际论》(《女子世界》第2年第6期)等。这些译介论著介绍了西方近代伦理学的一些基本知识、理论与方法，对近代中国伦理学的学科建设有一定的促进作用。1910年，商务印书馆出版了蔡元培所著的《中国伦理学史》，是借鉴西方伦理学研究理论与方法清理中国伦理思想史的开拓性著作。该书参考日本学者木村鹰太郎和久保得二用西方学术史方法研究东洋(尤其是中国)伦理学史的著作，系统地论述了从先秦到清代的中国伦理思想变迁史。在书的结尾，蔡氏特别强调了西方伦理学说的输入对近代中国伦理学建构的影响，认为"吾国之伦理学界，其将由是而发展其新思想也，盖无疑也"。[①]

（七）逻辑学

中国传统学术，如先秦诸子的墨家、名家著作有着丰富的逻辑思想，但在传统学术门类中并没有逻辑学。近代中国逻辑学的形成，主要得益于西方逻辑学思想的输入。早在明末，李之藻翻译了《名理探》；19世纪末，英国传教士翻译了《辨学启蒙》，由广学会出版。这两本书介绍了一些西方近代逻辑学的基本知识，但在中国学界影响并不大。20世纪初，国人对西方近代逻辑学论著译介较多，大都以"辨学""名学""论理学"名之，其中尤以严复居功至伟。严复在介绍西方哲学社会科学时特别重视逻辑学，他认为逻辑学"如贝根(培根)言，是学为一切法之法，一切学之学"。[②] 1900年，严复在上海开设名学会，讲授逻辑学。1905年、1909年，严复先后出版了两部重要的逻辑学译著：《穆勒名学》和译

[①] 蔡元培：《中国伦理学史》，151页，上海书店，1984。
[②] 严复：《〈穆勒名学〉按语》，见王栻主编《严复集》第4册，1028页。

自英国学者耶芳斯《逻辑学初级读本》的《名学浅说》。"自严先生译此二书,论理学始风行国内,一方学校设为课程,一方学者用为致学方法。"①可见其对于近代中国逻辑学学科建设的影响之大。与此同时,王国维译耶芳斯《逻辑学初级读本》为《辨学》,林祖同译日人清野勉的《论理学达恉》,田吴炤译日人十时弥的《论理学纲要》,胡茂如译日人大西祝的《论理学》等,也陆续出版。这些译著多为教科书,为近代中国逻辑学学科体系的建构奠定了初步的基础。

(八)美学

美学也是近代西方一门新兴学科。20世纪初,西方美学思想开始传入中国,其时主要的译介论著有:王国维的《叔本华与尼采》《叔本华之哲学及其教育学说》《汗德(康德)画像赞》,蓝公武的《斯宾塞之美论》,章行严的《康德美学》,侯毅译日本学者高山林次郎的《近世美学》等,其中尤以王国维贡献最大。他不仅较为系统地介绍了康德、叔本华、尼采等人的美学思想,而且还运用所接受的西方美学思想研治中国古典文学,其代表作有《红楼梦评论》《人间词话》《宋元戏曲史》等,王国维会通西方近代艺术的典型学说与中国传统艺术的意境理论,创造性地提出了美学上的"境界"说,开启了中国美学的近代化进程。他在《人间词话》中说:"词以境界为最上,有境界则自成高格,自有名句,五代北宋之词所以独绝者在此……境非独谓景物也,喜怒哀乐亦人心中之一境界,故能写真景物真感情者谓之有境界,否则谓之无境界。"②另外,特别值得一提的是蔡元培对美育(美感教育)的倡导。民初,蔡元培以南京临时政府教育总长的身份发布《对于新教育之意见》,认为"世界观、美育主义二者,为超轶政治之教育";美感教育是世界观教育的重要途径,"美感者含美丽与尊严而言之,介乎现象世界与实体世界之间,而为之津梁"。③美育的目的主要是培养学生的美感和审美情趣,以树立积极向上的人生观与世界观。

---

① 郭湛波:《近五十年中国思想史》,183页,济南,山东人民出版社,1997。
② 王国维:《人间词话》卷上,见王国维《王国维遗书》第9册,459—460页,上海书店出版社,1996。
③ 《蔡元培对于新教育之意见》,见中国第二历史档案馆编《中华民国史档案资料汇编》第2辑,472—473页。

二 近代自然科学的兴起

中国古代科学技术曾经长期占据世界领先地位,但到近代以后,则远远落后于西方。近代中国自然科学各门类,如数学、物理学、化学、天文学、地学、生物学、医学等学科的兴起,是在西学东渐过程中近代西方自然科学理论与方法不断输入的结果。[①]

(一) 数学

晚清时期,中国传统数学也有一定的发展,并开始逐步向近代数学转变。其主要代表人物及其代表作有:项名达著《椭圆求周长》,首次提出求椭圆周长的正确方法,与西方数学家用椭圆积分法所得相同;戴煦著《求表捷术》,创立指数为任意有理数的二项定理展开式,简化了对数表达法,该书被英国传教士艾约瑟译成英文;李善兰著《则古昔斋算学十四种》,在尖锥术、垛积术、素数论等方面取得重要成就,其中《方圆阐幽》将尖锥术正确运用于圆面积、三角函数、幂函数、对数等方面,《垛积术》提出了著名的"李善兰恒等式",《考数根法》证明了法国数学家费尔玛提出的素数论方面的定理"费尔玛定理"。同时,西方近代数学论著也被大量译介进来,其中以李善兰与华蘅芳成就最大。李善兰与伟烈亚力合译了《几何原本》的后9卷以及《代数学》《代微积拾级》《圆锥曲线说》《奈端数理》等5种著作。华蘅芳与傅兰雅合译了《代数术》《微积溯源》《三角数理》《代数难题解法》《决疑数学》《算式解法》《合数术》等7种著作。这些译著使西方近代代数学、解析几何、微积分、概率论等数学理论知识开始传入中国,为近代中国数学学科体系的建构奠定了初步的基础。当时,在新式学堂中大都开设了数学课程。社会上还出现了专门的数学报刊,如1900年杜亚泉在上海创办《中外算报》,1912年崔朝庆在南通创办《数学杂志》。清末民初,胡敦复、郑桐荪、秦汾、王仁辅、胡明复、姜立夫等人留学美国著名学府,专攻数学,学有所成,为中国数学的现代化建设作出了重要贡献。

[①] 以下述论主要参考龚书铎主编《中国近代文化概论》第11章;白寿彝总主编、龚书铎主编《中国通史·近代前编》下册丁编,第33—40章,上海人民出版社,1999。

(二) 物理学

中国传统物理学在晚清的发展,大致可以郑复光和邹伯奇的光学研究为代表。郑复光所著《镜镜詅痴》《费隐与知录》和邹伯奇所著《格术补》,在光学理论研究,尤其是透镜和透镜组成像理论方面的成就达到了中国传统光学的顶峰。西方近代物理学在晚清的输入也主要是通过译书。当时墨海书馆、京师同文馆、江南制造局翻译馆等机构翻译出版了大量西方科技书籍,其中较重要的物理学译著有王韬与伟烈亚力合译的《重学浅说》、李善兰与艾约瑟合译的《重学》、张福僖与艾约瑟合译的《光论》、赵元益与金楷理合译的《光学》、徐建寅与傅兰雅合译的《声学》和《电学》、周郇与傅兰雅合译的《电学纲目》、王季烈与傅兰雅合译的《通物电光》、范熙庸与卫理合译的《无线电报》等。1900年,王季烈与藤田丰八翻译了日本学者饭盛挺造编著的《物理学》,由江南制造局翻译馆刊出,借用日文汉字的"物理学"一词,从此正式作为一门近代中国新学科的名称而流行开来。在清末新式学堂中,也大都开设了物理学课程。日本与欧美的一些物理学教科书被翻译过来,如日本学者木村骏吉的《新编小物理学》、中村清二的《近世物理学教科书》、田丸卓郎的《物理学新教科书》及英国学者埃弗雷特的《物理学》等。其时还有不少中国人自己编著的物理学教材出现,如上海文明书局和商务印书馆编译出版的《物理教科书》《物理学讲义》《初等物理教科书》《中学教科书物理学》等。近代中国的物理学基础教育得以逐步开展起来。同时,在出国留学热潮中,攻读物理学也成为不少有识之士的追求。1907年,李复几获得德国波恩皇家大学高等物理学博士学位,成为近代中国第一位物理学博士。其他如何育杰、张贻惠、李耀邦、胡刚复、梅贻琦、颜任光、饶毓泰、丁燮林等人也赴欧美、日本留学,专攻物理学,学成回国后大都从事物理学的教学与研究工作,有力地推动了近代中国物理学的学科建设。

(三) 化学

近代化学知识首先是由传教士和教会学校传播进来的。1839年在澳门创办的马礼逊学校就开设了化学课,讲授了粗浅的化学知识。1855年,上海墨海书馆出版了英国传教士合信编译的《博物新编》,其中有关化学知识的内容涉及元素理论,并简要介绍了氧气、氢气、氮气、二氧化碳、硫酸、硝酸、盐酸等化学物质的性质和制法。19世纪中后期,翻译出版了大量西方近代化学论著,主要有:江南制造局翻译馆出版的徐寿与傅兰雅译的《化学鉴原》《化学鉴原续编》《化学鉴原补编》《化学考质》《化学求数》《物体遇热改易记》,徐建寅与傅兰雅译的《化学分原》,汪振声与傅兰雅译的《化学工艺》,《格致汇编》上连载的《化学卫生论》和《化学器》,以及京师同文馆翻译出版的《化学指南》《化学阐原》《分化津梁》等。其中尤以徐寿贡献最大,他在翻译《化学鉴原》时,创造了化学元素的汉译法,即取元素西文名称的第一音节音译为汉字并加偏旁以区别元素类别的所谓"华字命名"法,如钾、钠、钙、锰、镁、锌、镍、钴等元素即依此方法命名。此法很快为近代中国化学界所接受,并沿用至今。20世纪初,西方近代化学知识得到进一步传播。1900年,杜亚泉在上海创办《亚泉杂志》,介绍了十多种新发现的元素,如惰性元素氩、氟,放射性元素镭、钋等,还专门介绍了门捷列夫元素周期律。新学制颁布后,不少新式学堂设置了化学课程。在留日热潮中,大批日本化学教科书被翻译过来,如余呈文译《中等化学教科书》,何燏时译《中等最新化学教科书》,胡朝阳译《普通化学教科书》,范迪吉等译《无机化学讲义》《有机化学讲义》,杜亚泉译《化学新教科书》等。大量日文汉字化学名词,如无机化学、有机化学、分析化学、物理化学、生物化学、元素、分子、原子等,被直接借用过来,成为近代中国化学基本术语。清末民初,曹承嘏、丁绪贤、张子高、杨石先、吴承洛、黄鸿龙、戴安邦等人留学欧美各国,专攻化学,成为中国近代化学教育与研究的开创者。

(四) 天文学

西方近代天文学知识的系统输入,始于鸦片战争之后。在魏源的《海国图志》中,译载了几篇关于哥白尼学说的文章,并附录了地球沿椭圆形轨道绕太阳运行的运行图。1859年,李善兰与伟烈亚力合译英国著名天文学家约翰·赫歇尔的名著《天文学纲要》,取名《谈天》,由上海墨海书馆出版。该书以哥白尼的日心地动说、开普勒的行星运动定律和牛顿的万有引力定律为基础,系统地介绍了太阳系结构和天体运动规律、天体力学基本理论、天体测量方法,以及恒星周年视差、行星摄动理论、彗星轨道理论、太阳黑子理论、光行差和小行星、天王星、海王星等一系列天文学新发现的成果,展示了西方近代天文学知识与理论的基本面貌。1879年,徐建寅与伟烈亚力又补充了一些最新的天文学成果,由江南制造局翻译馆出版《谈天》的增订本。此外,还有英国传教士合信编译的《天文略论》、郑昌棪与林乐知合译的《格致启蒙·天文学》、王韬与伟烈亚力合译的《天学图说》等,以及传教士创办的杂志《六合丛谈》《益智新录》《格致汇编》等,也介绍了一些西方近代天文学知识。近代中国的天文学教育极不发达,虽然京师同文馆早在1866年即增设天文算学馆,1903年颁布的新学制也明确规定在格致科大学设星学门,但直到1917年才在济南齐鲁大学建立第一个天文系。晚清时期的中国天文气象事业基本上为外国势力所控制,列强在华设立了不少天文台和气象观测站,如法国的上海徐家汇天文台,英国的香港皇家气象台,德国的皇家青岛观象台,以及日本、俄国在台湾、新疆、东北等地设立了多种气象测候所。1912年,民国政府在北京设立中央观象台。1916年,张謇在南通创办军山气象台,为近代中国第一个民办气象台。特别值得一提的是,竺可桢于1910年留学美国,1913年转入哈佛大学专攻气象学,后来为近代中国的天文学、气象学学科建设作出了开创性贡献。

（五）地学

地学包括地理学与地质学。近代以来,由于民族危机的刺激,边疆地理学与域外地理学得以勃兴。姚莹的《康輶纪行》、何秋涛的《朔方备乘》、张穆的《蒙古游牧记》可谓边疆地理学的代表作。而较早系统介绍世界地理知识的著作当首推魏源的《海国图志》和徐继畬的《瀛寰志略》。1871年、1873年,江南制造局翻译馆出版了华蘅芳与美国传教士玛高温合译的《金石识别》(译自英国矿物学家代那的《矿物学手册》)和《地学浅释》(译自英国地质学家雷侠儿的《地质学纲要》),系统地介绍了西方近代地质学的基本知识。张相文、章鸿钊是近代中国地理学、地质学的奠基人。张相文于1899年任上海南洋公学地理教员,以后长期从事地理学教育与研究工作。1901—1905年,张相文编著《初等地理教科书》《中等本国地理教科书》《地文学》《最新地质学教科书》,为中国人自编地理学、地质学教科书开创了先例。1909年,张相文与张伯苓等人在天津成立中国地学会,次年又创办《地学杂志》,它们分别为中国最早的地学研究专业学术团体与期刊。章鸿钊1911年毕业于日本东京帝国大学地质系,毕业论文《杭州府邻区地质》是中国学者运用近代地质学理论研究中国地质学的开山之作。1912年,章鸿钊出任民国政府实业部矿政司地质科科长,发表《中华地质调查私议》和《调查地质咨文》,对中国地质调查工作作了初步规划。1913年,章鸿钊与丁文江等人在北京设立地质研究所,招收学生就读,成为一个兼有地质学研究与人才教育的专门学术机构。此外,翁文灏、丁文江、李四光等人留学欧美,专攻地质学,回国之后致力于地质学的研究与教育工作,为近代中国地质学学科建设与地质学事业的发展作出了不可磨灭的贡献。

(六)生物学

西方近代生物学知识的输入,最初也是以翻译为媒介的。1851年英国传教士合信译的《全体新论》,及稍后另一英国传教医师德贞所译的《全体通论》,都是较早介绍人体解剖学知识的译著。1858年,李善兰与英国传教士韦廉臣编译《植物学》,由上海墨海书馆出版,较系统地介绍了西方近代植物学的基础理论知识。19世纪末20世纪初,一些报刊发表了不少译介生物学知识的文章。1897年上海农学会罗振玉等人创办的《农学报》,发表了《植物始产诸地》《阿芙蓉考》及日本学者松村任三的《植物学教科书》《普通动物学》《日本昆虫学》等文。1903年上海科学仪器馆钟观光等人创办的《科学世界》,刊载了《原生物》《论动物学之效用》及虞和钦的《植物对营养之适应说》、虞和寅的《植物学略史》、胡雪斋的《植物营养上之紧要原质》等文。1906年上海宏文馆薛蛰龙等人创办的《理学杂志》,发表了仲篪的《野外植物》、侠民的《植物学语汇》、公侠的《论动物之本能与其习惯》及《昆虫采集之预备》等文。此外,如《金陵光》《地学杂志》《东方杂志》等刊物也刊登了一些生物学科普文章。清末新学制颁布后,又编译出版了不少生物学教科书与教学参考书,如1906年山西大学堂翻译出版了《植物学教科书》,上海宏文馆出版了中学教材《动物学》《植物学》和参考书《博物学大辞典》,1911年商务印书馆出版了奚若等人翻译的《胡尔德氏植物学教科书》。特别值得提及的是,1905年杜亚泉主持编辑大型工具书《植物学大辞典》,历时13年,1918年由商务印书馆出版,书中收集植物名称和植物学名词8 980条,附图1 000多幅,对普及近代植物学知识和推动近代中国植物学的发展有重要的意义。与此同时,一批青年学子如陈嵘、梁希、黄以仁、张珽、张巨伯、韩安、邹树文、秉志、金邦正、凌道扬、钱崇澍、胡先骕等人留学日本及欧美,主攻生物学,成为近代中国生物学教育与科研的中坚力量。

(七) 医学

近代西医传入中国后,促使中国传统医学领域发生了结构性变革,由中医一统天下而逐渐变为中西医并峙的局面。近代西医理论知识输入的主要途径有四:一是教会医院与医学堂的创办。1820—1860年,外国人在香港、澳门及通商五口地区共开设了14所医院,如广州博济医院、香港医院、宁波华美医院、上海仁济医院等。据统计,到1905年,全国教会医院达166所,诊所241处。自1866年广州南华医学校建立,到1911年,教会医学堂达数十所之多,较著名的有广州夏葛医学校、上海震旦医学院和同济医学院、北京协和医学校、四川华西协和大学医学院、沈阳南满医学堂等。二是西医书籍的译介。1851—1859年,英国传教士合信编译《全体新论》《西医略论》《内科新说》《妇婴新说》与《博物新编》,后来合编为《合信氏医书五种》,介绍了不少西医基本知识。1859—1886年,美国传教士嘉约翰编译了《西医略解》《西药略说》《割症全书》《内科全书》《炎症论说》《皮肤新编》等西医书籍20多种。另外,英国传教士德贞、傅兰雅等人也编译了一些西医书籍。1906年,江苏人丁福保在上海设立医学书局,有组织地编译出版西医书籍,到1914年成书68种,合编为《丁氏医学丛书》,较系统地介绍了西医知识。三是医学期刊的创办。清末民初,专门的医学期刊约有20种,如北京的《中华医学杂志》,上海的《博医学报》《医学世界》《中西医学报》《医学杂志》,广州的《西医新报》《医学报》《西医知新报》《医学卫生报》,浙江的《绍兴医药学报》,江苏镇江的《医学扶轮报》,以及留日学生在东京创办的《医药学报》《卫生世界》等,都是近代西医理论知识在华传播的重要媒介。四是留学生。最早的医学留学生是广东人黄宽,他在

1846年与容闳一起留学美国,1850年考入英国爱丁堡大学医科,1857年毕业回国后在广州博济医院行医,并在南华医学校任教。20世纪初,在留学热潮中,更多的青年学子赴日本、欧美学医,成为促进近代西医理论知识在中国传播的重要力量。如颜福庆于1909年获得美国耶鲁大学医学博士学位,回国后在民初出任长沙湘雅医学院院长,为近代中国的医学教育事业作出了重要贡献。

三 近代应用科学技术的发展

近代科学的发展推动了应用技术的进步。鸦片战争以后,在西学东渐的过程中,西方近代应用科技逐渐传入中国,并在交通、通信、能源以及冶金、采矿、化工、纺织、造纸、印刷等轻、重工业领域逐渐得到推广使用,既大大地提高了近代中国社会生产力发展水平,又在一定程度上促进了近代中国应用科学技术的发展。下面择要略作介绍。①

(一) 造船

1807年,美国人富尔顿建成第一艘蒸汽机明轮船,并在哈德逊河上试航成功,在世界近代造船史上具有划时代的意义。西方造船技术经历了近半个世纪的木质轮船时代,于1850年进入铁木混结构船(即铁肋船)时代,1860年又出现钢质船。此时,近代中国的轮船制造业尚未起步。1865年,在曾国藩创办的安庆内军械所,著名科学家徐寿、华蘅芳等人成功地试制近代中国第一艘蒸汽机木质明轮船"黄鹄"号。1866、1867年,福州船政局与江南制造局船坞先后建成,是为近代中国最重要的两家造船厂。1868年,江南制造局船坞造成第一艘木壳轮船"恬吉"号;1885年,又造成第一艘钢质兵船"保民"号。1867—1885年,江南制造局船坞共造船15艘,总排水量为10 490吨。此后一度处于停滞状态,至1905年,船坞从制造局分离出来,改为商办,称江南船坞。1905—1911年,江南船坞共造船136艘,总排水量为21 040吨。1912年,江南船坞又改称"江南造船所",获得进一步的发展。福州船政局于

---

① 主要参考白寿彝总主编、龚书铎主编《中国通史·近代前编》上册丙编,第4、7章;吴熙政主编《中国近现代技术史》,北京,科学出版社,2000。

1869年造成第一艘木壳轮船"万年清"号，1877年造成第一艘铁肋船"威远"号，1888年又造成第一艘钢质船"龙威"号。1866—1907年，福州船政局共造船44艘，其中木质船19艘，铁肋船9艘，钢质船16艘。其他近代造船厂还有广东黄埔船局、直隶大沽船坞、旅顺船坞、青岛造船厂等，规模均不大。近代中国造船业尚处于起步阶段。

(二) 铁路

1825年，英国建成了世界上第一条铁路，并试车成功，开创了世界近代交通史上的新纪元。1876年，英国怡和洋行擅自在中国领土上修建了一条从上海到吴淞长达14.5公里的窄轨铁路，随后被清政府购回拆毁。1881年，清政府修建了一条从唐山到胥各庄长约10公里的轻轨铁路，这是近代中国人自己修筑的第一条铁路。据统计，到1911年，中国境内总共约有铁路9 618.1公里，其中外国列强控制下的铁路有8 952.48公里，占总数的93.1%，中国自主铁路只有665.62公里，仅占总数的6.9%。①值得提及的是詹天佑主持修筑的京张铁路。詹天佑为留美幼童出身，1881年获美国耶鲁大学土木工程学士学位，1888年受聘为中国铁路公司工程师。1905年，清政府设京张铁路局，任命詹天佑为总工程师兼会办（后升任总办），负责修筑北京到张家口的铁路。京张铁路全长约200公里，途经居庸关、八达岭等险要地区，山路崎岖，地形复杂，工程难度极大。外国媒体公然讥讽说：能修造此路的中国工程师尚未出世。詹天佑不畏艰险，毅然受命，亲自勘定最佳线路，精心制作施工方案。他在八达岭山区创造性地设计出"之"字形线路，科学地解决了山路施工的技术性难题。总计全路共开凿隧道1 645米，架设桥梁125座，挖掘涵洞200多个，动用土石方约200万立方。经过4年的艰苦工作，至1909年10月，京张铁路全线通车，比原计划提前了2年，并节省了4%的工款。京张铁路的成功修建，揭开了近代中国铁路史的新篇章。

(三) 航空

西方近代航空知识传入中国，是通过译介科普著作和科幻小说以

---

① 《帝国主义对中国铁路的控制》，见严中平等编《中国近代经济史统计资料选辑》，190页，北京，科学出版社，1955。

及外国飞行家来华进行飞行表演等途径。如1855年上海墨海书馆出版的英国传教士合信编译的《博物新编》，就介绍了氢气球和降落伞；1903年海天独啸子翻译日本押川春浪的《空中飞艇》，传播了飞艇知识；1911年法国飞行家环龙自带两架飞机到上海江湾跑马场进行了三次飞行表演（最后不幸遇难），使更多的中国人初步了解了一些飞机知识。事实上，当时已有一些旅外华侨华人开始探索航空知识的奥秘，并试制飞艇、飞机等飞行器。澳洲华侨谢缵泰于1899年采用铝合金为主要材料，用电动机驱动的螺旋桨为推动装置，设计制造了一架名为"中国"号的飞艇。旅美华侨余焜和于1910年自己设计制成一架飞艇，并试飞成功。自1903年美国人莱特兄弟发明并试飞飞机成功以后，中国人也很快实现了自己的飞行梦想。旅美华人冯如于1909年终于研制成功一架飞机，并顺利试飞。1910年，冯如又制成一架飞机，曾试飞10余次，并获得美国国际航空学会颁发的甲等飞行员证书。1911年2月，冯如携带自己所制两架飞机回国，准备发展中国的航空事业。1912年8月25日，冯如在广州燕塘进行飞行表演，不幸失事遇难，年仅29岁，为近代中国的航空事业献出了宝贵的生命。另一个旅美华侨谭根，也在1910年制成一架水上飞机，并参加芝加哥万国飞机制造比赛大会，获水上机组第一名。后来，谭根还多次在夏威夷、日本、南洋等地作飞行表演，并成功飞越菲律宾境内2 416米高的马荣火山，创造了当时一项世界飞行高度纪录。另外，清政府在1909年以后也曾派遣一些留学生出国学习制造和驾驶飞机的技术，如留英的厉汝燕，留法的秦国镛、潘世忠、张绍程、姚锡九，留日的李宝焌、刘佐成等人，他们回国后大都在民初进入了军事航空领域。

（四）电信

近代电信技术主要有有线电报、电话、无线电报三种，首先是由外国势力引进并控制，随后便由中国仿办并自主建设。1868年，美国旗昌洋行在上海租界私设电报线，这是列强在中国开设的第一条电报线。1871年，丹麦大北电报公司在俄国等列强的支持下，敷设了从海参崴经长崎到上海，以及从上海到香港的水线，沟通了北连日本、俄国，南接欧美各国的国际电报通信线路。接着，英国大东电报公司等外国电信机构也纷纷在中国沿海港口敷设水线,甚至非法登陆,严重威胁了中国国家主权。有识之士为保利权,呼吁自主兴建电报通信。1877年,福建巡抚丁日昌在台湾建成一条从台南到高雄全长95公里的电报线,这是近代中国第一条自主兴建的陆路电报线。1879年,直隶总督李鸿章在天津试办电报成功,便于次年奏请在天津设立电报总局,并于1881年建成从天津至上海全长1 636公里的南北电报干线。至1899年,各地先后建成粤港、沪粤、川汉、川滇、粤桂、湘鄂、赣粤、闽台、津奉、津保、保陕、陕新等线,总长约45 000公里,初步构成全国各大城市之间的干线通信网络。自1876年美国人贝尔发明电话以后不久,丹麦大北公司于1881年就在上海租界安装了电话,并于1882年在上海设立了第一个电话交换所。随后,英、德等国又在汉口、厦门、青岛、烟台等地开办市内电话。1900年,丹麦人濮尔生在天津租界开设电铃公司,并于次年开通京津之间的长途电话。清政府于1899年在天津的衙署官邸首先安装了少量电话,并于1905年收购了濮尔生的电铃公司设备,将京津之间的长途电话线收回自办。至1911年,天津、南京、苏州、武汉、广州、北京、上海、奉天、太原、厦门、烟台、昆明等地都开办了市内电话,中国总计共有电信局所503个、电话交换机容量8 872门、电话用户8 369户。自1895年意大利人马可尼发明无线电报后,欧美列强竞相效用,并很快推广到中国。1904年,法国在秦皇岛高地设立了无线电柱。1905年,俄国在烟台建立无线电台。同年,两广总督在广州督署及马口、前山、威远等军事要塞和"广海""宝壁""龙骧"等江防舰艇设置无线电报机;北洋大臣也在天津、保定、北京南苑等处行营及"海圻""海容""海筹""海琛"等军舰上安置无线电报机。1906年,广东琼州海线中断,开始使用无线电进行民用通信。1907年,江苏吴淞与崇明之间也使用了无线电通信。无线电通信虽然在清末发展缓慢,但因其技术优势而终将取代有线电报。

(五)电力

1879年,在上海公共租界虹口乍浦路的一家外商仓库里,一台10马力的发电机成功发电,点燃了炭极电弧灯,这是电力在近代中国的第一次应用。1882年,英商集资在上海租界成立上海电气公司,创建中国第一座发电厂——上海乍浦路火电厂。该厂的建立比1875年在法国建立的世界上第一座火电厂仅晚7年,比美国第一座火电厂晚3年,与英国第一座火电厂同年,比日本最早的火电厂还早5年。1888年,张之洞在两广总督衙门旁边建立发电厂,使衙门里亮起了电灯。同年底,紫禁城里也开始用电灯照明。1905年,在台湾淡水河支流新店溪建成的龟山水电站,是近代中国第一座水电站。据统计,1882—1911年,英、法、美、俄、德、日等列强在上海、香港、广州、天津、北京、大连、青岛、汉口等20多个城市相继兴建了约30座电灯厂(公司);同期内,中国官僚、民族工商业者在上海、宁波、杭州、福州、汕头、苏州、镇江、芜湖、武昌、重庆、成都、昆明、开封、长沙、济南、烟台、太原、吉林、满洲里、齐齐哈尔、台北等40多个城市,也相继开办了40多座电灯厂(公司)。这70多座发电厂的发电设备总容量约有37 000千瓦。当时中国的电力主要用于照明,在一些城市里电灯逐渐取代了煤气灯。

(六)冶金

冶金技术的发展主要表现在钢铁冶炼的近代化。1885年,贵州巡抚潘霨奏请兴办青溪铁厂,1890年建成投产。不久即因资金与管理等方面的问题而停产。这是近代中国兴办钢铁厂的最初尝试。1890年,湖广总督张之洞奏请兴建汉阳铁厂,1894年正式投产。全厂包括炼生铁厂、炼熟铁厂、炼贝色麻钢厂、炼西门士钢厂、造钢轨厂、造铁货厂、机器厂、铸铁厂、打铁厂、造鱼片钩钉厂等大小10个分厂,内置248立方米高炉2座、8吨酸性贝色麻转炉2座、10吨碱性马丁平炉1座。由于大冶铁矿石含磷较高,贝色麻炉不能排磷,必须改用碱性马丁炉。1904年,汉阳铁厂进行了大规模的技术改造,拆除了原有的2座贝色麻转炉和10吨小马丁炉,改建30吨马丁炉4座,并新建250吨炼铁高炉和150吨混铁炉各1座,还更新了一些其他机器设备。经过技术改造之后,汉阳铁厂的产量得到大幅度提高,生铁产量1902年为15 825吨,1910年猛增到119 360吨,钢产量至1919年达50 113吨。1908年,汉阳铁厂与大冶铁矿、萍乡煤矿合组成汉冶萍联合公司,成为当时亚洲最大的钢铁联合企业。在钢铁工业发展的同时,金、银、铜、锡、锑、铅、锌等有色金属工业也逐步发展起来,出现了一些采用新式机械采矿的厂矿,如漠河金矿、云南蒙自锡矿、贵州铜仁锑矿、湖南水口山铅锌矿等,但当时各种有色金属的冶炼技术仍大多采用土法,只有极少数采用西法(如湖南1910年建立的黑铅炼厂,从美国采购机器设备,用鼓风炉火法冶炼,日炼铅砂50吨),有色金属的冶炼技术亟待改进。

(七)化工

近代中国的化工厂最早是由外国人开办的,如:1853年,英商在上海开办老德记药房,配制西药;1870年,英商在上海开办美查肥皂厂,生产肥皂等日用化工产品;1889年,英商在上海开办美查制酸厂,用铅室法生产硫酸。在西方近代化学知识与化工技术输入的影响下,近代中国化学工业开始起步,当时稍具规模的民族化工业主要生产硫酸、纯碱及一些轻化工产品。1867年,江南制造局建成了采用铅室法技术制硫酸的工厂。1876年,天津机器局建立磷硝厂,用铅室法生产硫酸,日产量达2吨。1880年,上海燧昌自来火局开始生产火柴。1888年,叶澄衷在上海创办燮昌火柴第一厂,日产梗硫磺火柴36万盒。1889年,唐廷枢创办唐山细棉土厂(即后来的启新水泥厂),开始生产水泥。1903年,山西人李京客在内蒙古白彦淖设立大兴号作坊,开始生产锭子碱。1910年,北京人董立衡在吉林大布苏湖成立天惠公司,生产面碱,年产700—800吨。1914年,范旭东在天津开办了久大精盐公司,用粗盐再结晶技术制造精盐。1915年,上海建起开林油漆厂和瑞太石粉厂,生产油漆等装饰材料。同年,广州建立广东兄弟创制树胶公司,生产胶鞋。1917年,范旭东创办永利制碱公司,拟采用苏尔维法生产纯碱,后来该公司发展为永利化学工业公司,在近代中国化工领域颇具影响。总之,近代中国化工生产设备与技术主要依靠外国,民族化工业尚在萌芽状态。

(八)纺织

19世纪末,中国纺织业开始引进欧美动力纺织机器。如甘肃兰州织呢局引进德国全套毛纺机器的纺、织、染设备,上海机器织布局和湖北织布局引进英国和部分美国的全套棉纺、棉织机器设备。这些机器设备的技术水平,在当时世界上是先进的。但是,当时中国没有自己的纺织技术人员,完全不懂操作技术,只能依靠聘请的外国技术人员;而且这些引进的设备,又多不能与国产原料相适应,以致在一定程度上影响了技术的实际改进与产品质量的提高。在这种情况下,国内纺织厂主要是生产14英支的棉纱,织造14磅的粗棉布,而且所需工人甚多,大致每万锭的工厂需用工人650人。20世纪初,随着英国、日本等外资在华开办纺织厂的增多,当时世界上先进的纺织技术,如自动换行、三罗拉双区牵伸、皮圈式牵伸等逐渐传入。同时,民族资本家为维护利权集资办厂,聘请留学生及外资厂里的熟练工人为技术骨干,还自行培养技术人才,使中国技术人员逐渐掌握了动力机器纺织技术,并不断改进提高。据统计,到1919年,中国棉纺有143万锭,其中日资33万多锭,英资24万多锭;纺织厂织机近8 000台,其中日资近2 000台,英资近2 400台。尽管近代中国纺织业的半殖民地性质仍然非常明显,但就纺织技术而言,其进步是显著的,手工纺织业正在逐渐向近代机器纺织工业过渡。

(九)印刷

印刷术是国人引以为自豪的古代四大发明之一,传统的雕版印刷与活字印刷在近代仍有较强的生命力。其时,西方近代印刷术的传入,使中国印刷技术获得了进一步的发展。首先传入的是凸版印刷术。1807年,英国传教士马礼逊来中国传教,后在马六甲设立印刷所,雇用中国工人刻模铸字,于1819年印成第一部中文版《圣经》。这是制作中文铅活字、使用凸版印刷技术的开端。凸版印刷术分泥版、纸型铅版、照相铜锌版等多种,在清末相继传入,标志着凸版印刷术的不断发展。同时,从手扳架印刷机、手摇轮转机到蒸汽引擎和自来火引擎印刷机,以及以电气马达为动力的华府台单滚筒印刷机的相继引进,表明凸版印刷机械设备也在不断更新。其次传入的是平版印刷术。平版印刷术包括石版、珂罗版、照相平版、胶印等。1832年,单色石印术传入,随后便有彩色石印、照相石印、影印、马口铁平印、珂罗版平印、金属版平印、胶印等印刷技术陆续传入。平版印刷机最先使用的是木质石印架,英国人美查于1876年在上海开办点石斋印书局时改用轮转石印机,后来商务印书馆购进轮转铝版印刷机,上海英美烟草公司又在1911年最先使用小型胶印机。从石印到胶印,是平版印刷术的重大改进。再次传入的是凹版印刷术。凹版印刷术有雕刻铜版和影写版两种。雕刻铜版的传入又分南北两系。南方系为意大利派,由王肇铉于1889年所写《铜刻小记》一文将之最先从日本传入,商务印书馆于1905年聘请日本雕刻技师来华,使雕刻铜版技术在中国得以初步发展。北方系为美国派。清政府在1908年设立度支部印刷局,随后聘请美国技师,并从美国引进万能雕刻机全套设备,于1910年成功地制造出大清银行钢凹版钞票印样。凹版印刷术的使用,大大地提高了中国的印钞技术水平。清末民初,外国势力在中国建立的印刷机构有50多家,其中以墨海书馆、美华书馆和申报馆最具代表性;国人也创办了不少新式印刷机构,规模较大的有同文书局、商务印书馆、度支部印刷局和中华书局等。其中商务印书馆与中华书局可谓近代中国最著名的两大出版印刷企业,影响尤为深远。

第三节　文学艺术的新动向

一　严复、林纾与翻译文学

翻译是沟通中西文化的桥梁。晚清时期,在西学东渐的过程中,翻译之风蔚起,译才辈出,其中严复与林纾可谓双峰并峙,如康有为所谓"译才并世数严、林"。① 严复与林纾的翻译各具特色,在当时社会上产生了广泛而巨大的影响,足以使他们赢得译林宗师的地位。

严复是近代中国著名的启蒙思想家。他早年留学英国,精通英文,具有独立翻译西学原著的能力。严复译书的根本目的在于进行社会政治思想启蒙,故其所译西书主要是哲学社会科学著作,如"严译名著丛刊"8种:《天演论》《群己权界论》《原富》《群学肄言》《穆勒名学》《法意》《社会通诠》《名学浅说》,以及《支那教案论》《中国教育议》《美术通论》等,涉及哲学、政治学、经济学、社会学、逻辑学、法学、美学等多种学科。严译西书10多种,数量不少,其影响不可低估。严复译书,多加按语,阐释原书,抒发己意,具有鲜明的经世精神。他介绍的进化论学说在近代中国曾经风靡一时,他宣扬的天赋人权与自由、平等、博爱思想也曾在知识界起了振聋发聩的启蒙作用。梁启超认为:"西洋留学生与本国

---

① 康有为诗《琴南先生写〈万木草堂图〉,题诗见赠,赋谢》(载《庸言》1卷7号):"译才并世数严、林,百部虞初救世心。喜剩灵光经历劫,谁伤正则日行吟。唐人顽艳多哀感,欧俗风流所入深。多谢郑虔三绝笔,草堂风雨日披寻。"康氏以"严、林"并称,"一句话得罪两个人",严复、林纾均不满意。严复不想与林纾比肩平列。"严复一向瞧不起林纾,看见这首诗,就说康有为胡闹,天下哪一个外国字也不认识的'译才',自己真羞与为伍。"林纾则不愿屈居严复之后:"在这首诗里,严复只是个陪客,难道非用'十二侵'韵不可,不能用'十四盐'韵,来一句'译才并世数林、严'么?"这是文人之间"好名争名"的一个有趣的例证。参见钱锺书《林纾的翻译》,薛绥之、张俊才编《林纾研究资料》,319、320页,福州,福建人民出版社,1983。

思想界发生影响者,复其首也。"蔡元培说:"五十年来介绍西洋哲学者,要推侯官严复为第一。"胡适称:"严复为介绍近世思想之第一人。"①严复刻意用古文翻译西书,文字雕琢,文笔古雅。著名桐城派古文大家吴汝纶颇为赞赏,并乐为之序,以为"自吾国之译西书,未有能及严子者","文如几道,可与言译书矣"。②严复曾自称:"吾译正以待多读中国古书之人。"③可见,严复进行思想启蒙的对象主要在于上层社会。

值得提出的是,严复确立了翻译的三条标准:信、达、雅。他说:"译事三难:信、达、雅。求其信已大难矣,顾信矣不达,虽译犹不译也,则达尚焉。""此在译者将全文神理,融会于心,则下笔抒词,自然互备。至原文词理本深,难于共喻,则当前后引衬,以显其意。凡此经营,皆以为达,为达即所以为信也。""《易》曰:'修辞立诚。'子曰:'辞达而已。'又曰:'言之无文,行之不远。'三曰乃文章正轨,亦即为译事楷模,故信达而外,求其尔雅。"④信,即内容忠实于原著;达,即语言表达准确;雅,即文字古朴典雅。信、达、雅,既是翻译的基本准则,也是翻译的最高境界。这三条翻译标准的提出,对后世的翻译有重要的指导意义。这是严复在近代中国翻译史上的又一杰出贡献。

林纾(1852—1924),字琴南,号畏庐,别号冷红生、长安卖画翁等,福建闽县人。幼家贫,刻苦力学,举人出身。历任五城中学、金台书院、实业学校、闽学堂、京师大学堂等教职。一生事业,以翻译西洋小说为大宗。1898年,林纾与友人王寿昌尝试合译法国著名作家小仲马的《巴黎茶花女遗事》,次年刻印出版,引起轰动。"可怜一卷茶花女,断尽支那荡子肠!"⑤林纾用典雅的古文译述西洋小说,收到了意想不到的效果。初译大获成功,使林纾颇受鼓舞,从此与译书结下不解之缘,"林译小说"之名遂不胫而走,成为清末民初文坛一道独特的风景。据统计,林纾一生共翻译181种作品(其中18种未刊印),涉及11个国家

---

① 梁、蔡、胡之说,转引自郭湛波《近五十年中国思想史》,49页,济南,山东人民出版社,1997。
② 吴汝纶:《天演论序》,见施培毅、徐寿凯校点《吴汝纶全集》第1册,147—148页,合肥,黄山书社,2002。
③ 严复:《与梁启超书》,见王栻主编《严复集》第3册,517页。
④ 严复:《天演论·译例言》,见王栻主编《严复集》第5册,1321—1322页。
⑤ 严复:《甲辰出都呈同里诸公》,见王栻主编《严复集》第2册,365页。

104位作家,其中英国60位作家105种作品,法国21位作家28种作品,美国15位作家23种作品,俄国1位作家11种作品,德国、西班牙、比利时、希腊、瑞士、挪威、日本各1位作家1种作品,另有7种佚名作品。这些作品中有不少名著,如《凯彻遗事》(《裘利斯·恺撒》)、《鲁滨逊漂流记》、《海外轩渠录》(《格列佛游记》)、《吟边燕语》(《莎士比亚故事集》)、《撒克逊劫后英雄略》(《艾凡赫》)、《迦茵小传》、《块肉余生述》(《大卫·科波菲尔》)、《滑稽外史》、《贼史》(《雾都孤儿》)、《拊掌录》、《黑奴吁天录》(《汤姆叔叔的小屋》)、《双雄义死录》(《九三年》)、《巴黎茶花女遗事》、《伊索寓言》、《现身说法》、《魔侠传》(《堂·吉诃德》)、《不如归》等。这些作品涉及的著名作家有英国的莎士比亚、狄更斯、司各特、哈格德、柯南·道尔,法国的大仲马、小仲马、雨果、巴尔扎克,美国的华盛顿·欧文、斯托夫人,俄国的托尔斯泰,挪威的易卜生,西班牙的塞万提斯,日本的德富健次郎等。① 林纾不懂外文,协助林纾翻译的口述者共有19人,他们是:浙江静海陈家麟、仁和魏易、桐乡蔡璐,江苏吴县毛文钟,江西铅山胡朝梁,广西永福力树萲,福建长乐曾宗巩,侯官林凯、严璩、严潜、李世中、王寿昌、王庆骥,闽县廖琇昆、陈器、林驺、王庆通,闽侯魏瀚、叶于沅。其中口述最多的是陈家麟,其次是魏易,再次是曾宗巩、王庆通、毛文钟,其余则一二种而已。②

　　林纾的翻译,因其不通外文,完全依靠他人口述,弊病固然不少。郑振铎总结主要有三条。一是滥译。林译作品约有1/3可算是名著,其余则属二三流作品,可以不必译的。二是误译。如将莎士比亚、易卜生等人极好的剧本,添加叙事而删减对话,译成蹩脚的小说。三是任意删节原文。如把雨果很厚的《九三年》译成薄薄的《双雄义死录》。这些弊病确实都与口述者相关,林纾自有难言的苦衷。他说:"鄙人不审西文,但能笔述,即有讹错,均出不知。"但郑振铎对林纾翻译的贡献给予了充分的肯定。他认为林纾的翻译称得较完美者有40多种,"在中国,恐怕译了四十余种的世界名著的人,除了林先生外,到现在还不曾有过

---

① 参见俞久洪《林纾翻译作品考索》,见薛绥之、张俊才编《林纾研究资料》,403—427页。
② 参见马祖毅《中国翻译简史》,311—313页,北京,中国对外翻译出版公司,1984。

一个人呀!"①林译小说为中国文坛开辟了一条通往西洋文学这个新世界的途径,直接影响了从鲁迅、周作人、郭沫若、茅盾、郑振铎、朱自清到钱锺书的一两代文学家。如郭沫若认为,林译小说"是我最嗜好的一种读物","对于我后来在文学的倾向上有一个决定的影响"。周作人称:"我们几乎都因了林译才知道外国有小说,引起一点对于外国文学的兴味,我个人还曾经很模仿过他的译文。"②钱锺书说:"林纾的翻译所起的'媒'的作用,已经是文学史上公认的事实……我自己就是读了他的翻译而增加学习外国语文的兴趣的……接触了林译,我才知道西洋小说会那么迷人。"③可见,林译小说对于推动近代中国文学的发展有着重要的贡献。正如阿英所说:"他使中国知识阶级,接近了外国文学,认识了不少的第一流作家,使他们从外国文学里去学习,以促进本国文学发展。"④

当时翻译小说者,除林纾而外,著名的尚有陈冷血、周桂笙、徐念慈、伍光建、吴梼、鲁迅、周作人、曾朴、马君武、包天笑、周瘦鹃等人。据不完全统计,1899—1916年全国共出版翻译小说796种。以国籍而论,英国最多,293种;法国第二,113种;日本第三,80种;其余为美国78种,俄国21种,德国8种;其他203种。⑤这是当时翻译小说的一个大概情况。

值得注意的是,与严复翻译近代西方哲学社会科学著作旨在启蒙的情形相似,林纾等人翻译西洋小说的目的也蕴涵了一定的经世精神,这是当时救亡图存的时代背景使然。庚子事变后,林纾译竟《黑奴吁天录》,有跋云:"今当变政之始,而吾书适成,人人即蠲弃故纸,勤求新学,则吾书虽俚浅,亦足为振作志气,爱国保种之一助。"⑥其时,孙宝瑄购得《小说报》,发表观感说:"西人小说每处处作惊人之笔,使人不可猜测,而又不肯明言,须待人终卷而后了悟,此实叙事之常例也,即中国小

---

① 郑振铎:《林琴南先生》,见薛绥之、张俊才编《林纾研究资料》,159—161页。
② 转引自寒光《林琴南·文学界的评论》,见薛绥之、张俊才编《林纾研究资料》,210、211、217页。
③ 钱锺书:《林纾的翻译》,见薛绥之、张俊才编《林纾研究资料》,295—296页。
④ 阿英:《晚清小说史》,213页,北京,东方出版社,1996。
⑤ 参见陈平原《二十世纪中国小说史》第1卷,50页,北京大学出版社,1997。
⑥ 林纾:《〈黑奴吁天录〉跋》,见薛绥之、张俊才编《林纾研究资料》,104页。

说何独不然？但中国喜言妖邪鬼怪，任意捏造，往往不合情理；西人亦往往说怪说奇，使人惊愕不定，及审观之，皆于人情物理无不密合者，此其所以胜我国也。观西人政治小说，可以悟政治原理；观科学小说，可以通种种格物原理；观包探小说，可以觇西国人情土俗及其居心之险诈诡变，有非我国所能及者。故观我国小说，不过排遣而已；观西人小说，大有助于学问也。"①可见，时人对于西洋小说，不仅从文学的角度欣赏，而且可以吸收西学新知，获得思想启蒙。可以说，林译小说能够风靡一时，正是在一定程度上契合了时代的心声。一个相反的例证是，鲁迅、周作人兄弟虽然"就对文学的理解上，以及忠实于原作方面"都远远超过林纾，他们直译的《域外小说集》在文学上的价值不可否认，但在当时却少人问津，1909年出版后，"十年之中，只销了二十一册……究竟免不了最后的失败"。② 这一点确实引人深思。

二　晚清四大谴责小说

晚清时期，是中国小说史上的一个繁荣时代。1902年，梁启超在《新小说》杂志创刊号上发表《论小说与群治之关系》，正式提出"小说界革命"的口号。他说："欲新一国之民，不可不先新一国之小说。故欲新道德，必新小说。欲新宗教，必新小说。欲新政治，必新小说。欲新风俗，必新小说。欲新学艺，必新小说。乃至欲新人心，欲新人格，必新小说。"他认为，因为"小说有不可思议之力支配人道故"，所以小说不是"小道""稗言"，而是"为文学之最上乘"。他深刻地批判了旧小说"诲盗诲淫"的实质，主张必须革新小说，所谓"欲改良群治，必自小说界革命始，欲新民，必自新小说始"，③揭示"小说界革命"的经世意义。

梁启超创办的《新小说》，是近代中国第一家专刊小说的杂志。自"小说界革命"的旗号打出后，应者如云，同类刊物如《绣像小说》《新新小说》《月月小说》《小说林》《小说时报》《小说月报》《小说世界》《小说图画报》《新世界小说社报》《小说大观》等，在清末民初如雨后春笋般涌

---

① 孙宝瑄：《忘山庐日记》上册，710页。
② 阿英：《晚清小说史》，218—220页。
③ 梁启超：《论小说与群治之关系》，见《饮冰室合集》文集之10，6、7、10页。

现。同时,小说创作与翻译也达到高潮,呈现一派繁荣的景象。据日本学者樽本照雄《新编增补清末民初小说目录》的最新统计,其时中国小说共有19 156种,其中创作小说13 810种,翻译小说5 346种。①当时小说的一个显著特点,就是揭露腐败政治的内幕和批判黑暗的现实社会,如鲁迅所谓"光绪庚子(一九〇〇)后,谴责小说之出特盛"。"盖嘉庆以来,虽屡平内乱(白莲教、太平天国、捻、回),亦屡挫于外敌(英、法、日本),细民暗昧,尚啜茗听平逆武功,有识者则已翻然思改革,凭敌忾之心,呼维新与爱国,而于'富强'尤致意焉。戊戌变政既不成,越二年即庚子岁而有义和团之变,群乃知政府不足与图治,顿有掊击之意矣。其在小说,则揭发伏藏,显其弊恶,而于时政,严加纠弹,或更扩充,并及风俗。虽命意在于匡世,似与讽刺小说同伦,而辞气浮露,笔无藏锋,甚且过甚其辞,以合时人嗜好,则其度量技术之相去亦远矣,故别谓之谴责小说。"②可见,晚清时期谴责小说的兴盛正是现实社会政治恶化的产物。

晚清谴责小说的主要代表作有四:一是李伯元的《官场现形记》,二是吴趼人的《二十年目睹之怪现状》,三是刘鹗的《老残游记》,四是曾朴的《孽海花》。

李伯元(1867—1906),名宝嘉,别号南亭亭长,江苏武进人。秀才出身,少不得志。"夙抱大志,俯仰不凡,怀匡救之才,而耻于趋附,故当世无知者。遂以痛哭流涕之笔,写嬉笑怒骂之文。"③李伯元曾在上海创办《指南报》《游戏报》《繁华报》等娱乐小报。后受聘商务印书馆,主编《绣像小说》杂志。李伯元撰著《庚子国变弹词》及《海天鸿雪记》《中国现在记》《文明小史》《活地狱》《官场现形记》等小说多种,其中尤以《官场现形记》与《文明小史》最著名。《官场现形记》共60回,1903年起由《繁华报》连载,同时由繁华报馆分册陆续印行。作者"有东方之谐谑,与淳于之滑稽;又熟知夫官之龌龊卑鄙之要凡,昏聩糊涂之大旨",④在

---

① [日]樽本照雄编:《新编增补清末民初小说目录·本书的使用方法》,2页,济南,齐鲁书社,2003。按:樽本照雄的统计包括各种再版、重印版、影印版。
② 鲁迅:《中国小说史略》,226页,济南,齐鲁书社,2002。
③ 吴沃尧:《李伯元传》,见魏绍昌编《李伯元研究资料》,10页,上海古籍出版社,1980。
④ 茂苑惜秋生:《〈官场现形记〉序》,见魏绍昌编《李伯元研究资料》,84页。

此书中用辛辣诙谐的笔法,深刻地揭露了从王公大臣到州县官吏、佐杂的整个清朝官场中种种腐败丑恶的现象。"凡所叙述,皆迎合,钻营,蒙混,罗掘,倾轧等故事,兼及士人之热心于作吏,及官吏闺中之隐情。头绪既繁,脚色复伙,其记事遂率与一人俱起,亦即与其人俱讫,若断若续,与《儒林外史》略同。"①《官场现形记》正如时人所谓,乃"官场之照妖镜、燃渚犀",②无情地照出了清朝官场的一幅群丑图,具有强烈的批判现实的精神。

吴趼人(1866—1910),原名沃尧,字茧人,别号我佛山人,广东南海人。曾在上海为《字林沪报》《采风报》《奇新报》《寓言报》等报刊写小品文,后创作长篇小说,并与周桂笙等人创办《月月小说》杂志。一生撰著小说30多种,如《二十年目睹之怪现状》《九命奇冤》《电术奇谈》《瞎骗奇闻》《痛史》《恨海》《劫余灰》《上海游骖录》《最近社会龌龊史》《发财秘诀》《新石头记》等,尤以《二十年目睹之怪现状》知名于世。《二十年目睹之怪现状》于1903年开始在《新小说》上连载,1907—1909年印成单行本8册,共108回。全书以自号"九死一生"者20年的经历见闻为线索,揭露了晚清官场、商场与上海洋场从贪官污吏、奸商恶霸、文痞讼棍到流氓地痞等各色人等卑鄙无耻、恶劣庸俗、龌龊污秽的怪相。作者借"九死一生"之口声称这20年所见只有"蛇虫鼠蚁""豺狼虎豹""魑魅魍魉"三种东西,"通本所述,不离此类人物之言行"。③《二十年目睹之怪现状》可谓晚清社会政治阴暗面的真实写照。

刘鹗(1857—1909),字铁云,江苏丹徒人。曾因治理黄河有功,声誉大起,渐至以知府用。后上书当道,主张借外资修筑卢汉、津镇铁路和开采山西煤矿,为世所不容,目为"汉奸"。庚子事变中,以低价购太仓粟米,设平粜局,赈济饥民,后被人诬陷以"私散仓粟"罪名,流放新疆,客死乌鲁木齐。刘鹗是最早收集甲骨的学者,曾将所藏刊印《铁云藏龟》,为甲骨文研究提供了重要资料。刘鹗所著《老残游记》20回,署名"洪都百炼生",1903年起先后在上海《绣像小说》和天津《日日新闻》

---

① 鲁迅:《中国小说史略》,227页。
② 《谭瀛室随笔》,见魏绍昌编《李伯元研究资料》,109页。
③ 鲁迅:《中国小说史略》,230页。

上连载,1906年由商务印书馆出版单行本。全书以江湖游医老残在山东一带游历的见闻为线索,严厉抨击了晚清官僚的昏庸、残暴,其特点在于揭露了那些道貌岸然的"清官"之可恨尤甚于赃官。所谓"赃官可恨,人人知之,清官尤可恨,人多不知。盖赃官自知其病,不敢公然为非,清官则自以为不要钱,何所不可?刚愎自用,小则杀人,大则误国,吾人亲目所见,不知凡几。历来小说皆揭赃官之恶,有揭清官之恶者,自《老残游记》始。"该书揭发了晚清官僚毓贤、徐桐、李秉衡一班人甚于赃官的罪恶,可谓"晚清社会之写实作"。[1] 刘鹗所著小说虽仅有《老残游记》一种,但足以在晚清小说史上占据一席之地。

曾朴(1872—1935),字孟朴,江苏常熟人。举人出身,任内阁中书,结识京官李文田、文廷式、翁同龢、张荫桓及维新党人谭嗣同、唐才常等人,参与维新运动。后为两江总督端方幕僚,民国时期任江苏省议员及财政厅长等职。曾朴是晚清"小说界革命"的积极支持者,1904年与友人徐念慈等人在上海创办小说林书店,"专以发行小说为目的",希望"打破当时一般学者轻视小说的心理"。[2] 1907年,他又创办《小说林》月刊,刊载著、译新小说。曾朴还翻译了雨果的《九三年》等法国小说。《孽海花》20回本于1905年由小说林社出版,署"爱自由者发起、东亚病夫编述"。"东亚病夫"即曾朴,"爱自由者"是金松岑。金松岑(1874—1947),又名金一、金天翮,号天放楼主人,江苏吴江人。他曾参加爱国学社,与章太炎、邹容、蔡元培等人倡言革命。他在《国粹学报》《新小说》等刊物发表宣传革命的文章,著有《女界钟》,提倡妇女解放,并翻译介绍孙中山等人革命事迹的《三十三年落花梦》和俄国虚无党史《自由血》。1903年,金松岑开始创作《孽海花》,并于次年将第一、二回在《江苏》杂志发表。随后,金松岑把写好的6回稿子寄给曾朴,由曾朴改写成20回交小说林社于1905年刊出。后来,曾朴又不断地续写此书,先在《小说林》上发表5回。1927年,曾朴在上海开设真美善书店,并创刊《真美善》杂志,并于次年在真美善书店出版《孽海花》30回本。曾朴后又在《真美善》杂志发表5回,使《孽海花》共得35回。该书其实

---

[1] 阿英:《晚清小说史》,30页。
[2] 曾虚白:《曾孟朴年谱》,见魏绍昌编《孽海花资料》,167页,上海古籍出版社,1982。

尚未续完，与曾朴原计划60回相差近半。《孽海花》以清末状元、出使德国大臣洪钧与名妓赛金花的故事为基本线索，描写了晚清从同治初年到戊戌时期30年间社会与政治变革的历史，涉及朝野从顽固派、洋务派、改良派到革命派等各派政治势力错综复杂的关系，并能追随从改良到革命的时代潮流，引起了广泛的社会反响。如曾朴自称："这书实在是个幸运儿，一出版后，意外的得了社会上大多数的欢迎，再版至十五次，行销不下五万部。"①阿英认为："《孽海花》所以然能得到这样热烈欢迎，原因主要在思想性。此书所表现的思想，其进步是超越了当时一切被目为第一流的作家而上的，即李伯元、吴趼人亦不得不屈居其下。盖李伯元与吴趼人之思想，虽代表了一种进步的倾向，但始终不能跳出'老新党'范畴，拥护清廷，反对革命。而《孽海花》则表示了一种很强的革命倾向。"②

晚清谴责小说不止以上四种，其实还有大量同类作品，但就流品而言，则大多等而下之了，如鲁迅所言，"以抉摘社会弊恶自命，撰作此类小说者尚多，顾什九学步前数书，而甚不逮，徒作谯呵之文，转无感人之力，旋生旋灭，亦多不完。其下者乃至丑诋私敌，等于谤书；又或有嫚骂之志而无抒写之才，则遂堕落而为'黑幕小说'"。③ 另外，晚清小说数量虽多，但艺术水准并不高，根本无法与中国小说最高峰的《红楼梦》《水浒传》《三国演义》《西游记》四大名著相提并论，甚至也不能与前清著名讽刺小说《儒林外史》相比。如鲁迅论《官场现形记》时，说它虚实结构与《儒林外史》略同，"然臆说颇多，难云实录，无自序所谓'含蓄酝酿'之实，殊不足望文木老人（吴敬梓）后尘。"鲁迅论《二十年目睹之怪现状》时说："惜描写失之张皇，时或伤于溢恶，言违真实，则感人之力顿微，终不过连篇'话柄'，仅足供闲散者谈笑之资而已。"④尽管如此，晚清谴责小说对现实社会富有批判精神，因而具有重要的思想启蒙意义。

---

① 《曾朴谈〈孽海花〉》，见魏绍昌编《孽海花资料》，129页。
② 阿英：《晚清小说史》，25页。
③ 鲁迅：《中国小说史略》，236页。
④ 鲁迅：《中国小说史略》，227、230页。

三 南社与革命诗歌

晚清诗坛拟古之风极盛,其流派大致有三:一为以王闿运为首的汉魏六朝诗派;二为以樊增祥、易顺鼎为代表的中晚唐诗派;三为宋诗派。其中以宋诗派影响最大。嘉、道之际宋诗运动勃兴,程恩泽、祁寯藻肇其端,曾国藩张其帜,何绍基、郑珍、莫友芝乘势而起,至同、光时期蔚为大观,形成具有晚清诗坛霸主地位的所谓"同光体"。同光体的主要代表人物是陈三立、陈衍、郑孝胥、沈曾植、陈宝琛等人。陈衍说:"同光体者,苏戡(郑孝胥)与余戏称同光以来诗人不墨守盛唐者。"[①]钱基博论曰:"至同光体者,闽县郑孝胥之伦,所为题目同、光以来诗人,不专宗盛唐者也;出入南北宋,标举梅尧臣、王安石、黄庭坚、陈师道、陈与义以为宗尚,枯涩深微,包举万象;盖衍桐城姚氏、湘乡曾氏之诗脉,而不屑寄人篱下,欲以自开宗者也。"[②]同光体诗人反对"墨守盛唐",虽主宋诗,但不专宗宋诗。他们力图打破唐诗宋诗的界限,以兼采并蓄而独创一格。陈衍认为"诗莫盛于三元",将唐代开元、元和与宋代元祐并列,甚至说:"今人强分唐诗宋诗,又咎同光以来舍唐诗不为而为宋诗,不知宋诗皆推本唐人诗法,力破余地耳。"他们作诗,多以唐代杜甫、韩愈和宋代苏轼、王安石、黄庭坚等人为模仿对象。与王闿运"力追魏晋"和樊增祥"究心于中晚唐"的诗风相较,陈衍等同光体诗人敢于打通唐宋,其境界自然略高一筹。但是,同光体同样的拟古风格又不可避免地与现实疏离,沈曾植"作诗喜用僻典",陈三立"好用奇字",使其诗"生涩奥衍"。[③] 这种颇类学院派的诗,其社会影响是相当有限的,于是晚清"诗界革命"应运而生。

虽然黄遵宪、夏曾佑、谭嗣同等人已有革新诗歌的意向与行动,但明确提出"诗界革命"口号的是梁启超。1899年12月25日,梁启超在乘船从日本到檀香山的旅途中百无聊赖,乃作诗、论诗以自遣。他在游记中说:"余虽不能诗,然尝好论诗,以为诗之境界,被千余年来鹦鹉名

[①] 陈衍:《沈乙盦诗叙》,见陈步编《陈石遗集》上册,507页,福州,福建人民出版社,2001。
[②] 钱基博:《现代中国文学史》,202页,长沙,岳麓书社,1986。
[③] 参见钱基博《现代中国文学史》,247—248、201—202页。

士(余尝戏名词章家为鹦鹉名士,自觉过于尖刻)占尽矣。虽有佳章佳句,一读之,似在某集中曾相见者,是最可恨也。故今日不作诗则已,若作诗,必为诗界之哥伦布、玛赛郎然后可。犹欧洲之地力已尽,生产过度,不能不求新地于阿米利加及太平洋沿岸也。欲为诗界之哥伦布、玛赛郎,不可不备三长。第一要新意境,第二要新语句,而又须以古人之风格入之,然后成其为诗。不然,如移木星、金星之动物以实美洲,瑰伟则瑰伟矣,其如不类何。若三者具备,则可以为二十世纪支那之诗王矣……吾虽不能诗,惟将竭力输入欧洲之精神思想,以供来者之诗料可乎?要之,支那非有诗界革命,则诗运殆将绝。"①可见,梁启超提倡的"诗界革命",是要开拓诗歌创作的新领域,运用新的表现手法,并输入欧洲的新精神、新思想,给新诗注入新的内容,以达到新的境界。这显然是针对晚清诗坛在拟古旗帜下使诗歌创作形式僵化、内容陈腐的现状而发的,可谓切中肯綮。当然,梁启超关注的不仅是诗歌的艺术价值,更重要的是其社会政治启蒙意义。在这方面,随后兴起的革命文学团体南社的表现最为引人注目。

南社酝酿于 1907 年,正式成立于 1909 年。南社的"南"与"北"相对而言,南社之设即有"反对北庭"之意。② 1909 年 11 月 13 日,南社在苏州虎丘张国维祠召开成立会,到会社友 17 人:陈去病、柳亚子、朱梁任、庞檗子、陈陶遗、沈道非、俞剑华、冯心侠、赵厚生、林立山、朱少屏、诸贞壮、胡栗长、黄滨虹、林秋叶、蔡哲夫、景耀月,其中 14 人为同盟会员。另有来宾 2 人:张采甄、张季龙。会上选举职员:陈去病为文选编辑员,高旭为诗选编辑员,庞檗子为词选编辑员,柳亚子为书记员,朱少屏为会计员。③ 南社成立时虽 10 多人,但在清末很快便发展到 200 多人,民初更达 1 100 多人。"慷慨之夫、刚强之士归之,意气用事之徒亦归之,不得志于满清、无由奋迹于利禄之途者亦归之。流品虽杂,目标则一。略其心迹,论其文章,固一时代影响之反感,而不可以忽者

---

① 梁启超:《夏威夷游记》,见《饮冰室合集》专集之二十二,189—191 页。
② 柳亚子:《新南社成立布告》,见王晶垚、王学庄、孙彩霞编《柳亚子选集》上册,202 页,北京,人民出版社,1989。
③ 柳亚子:《我和南社的关系》,见王晶垚、王学庄、孙彩霞编《柳亚子选集》下册,1095—1097 页。

也。"①南社就是这样一个在反清旗帜下聚集起来的庞杂而松散的革命文学团体。陈去病、高旭、柳亚子是南社的发起人,也是南社的骨干人物。

陈去病(1874—1933),原名庆林,字佩忍,后改名去病,字巢南,江苏吴江人。早年以文才著称于世。1898年,与同乡金天翮等人创立雪耻学会,响应维新运动。1902年加入中国教育会。1903年东渡日本,参加拒俄运动。1904年在上海任《警钟日报》主笔,并创办《二十世纪大舞台》,提倡戏剧革命,同时为《国粹学报》撰稿。1906年加入中国同盟会,正式成为革命党人。1907年在上海组织神交社,"隐然是南社的楔子"。② 1909年11月6日,陈去病在《民吁报》上发表《南社雅集小启》,称:"爰集鸥侣,觞于虎丘。踵东坡之逸韵,载展重阳;萃南国之名流,来寻胜会。"③他召集南社同人于11月13日在苏州虎丘第一次雅集。

高旭(1877—1925),字天梅,又字剑公、钝剑、慧云等,江苏金山人。其家世富庶,早岁以诗文著名。1903年创办《觉民》月刊。1904年,他留学日本法政大学,结识孙中山,发刊《醒狮》杂志,在留日学界颇为活跃,后成为同盟会江苏分会会长。1906年,在上海创办健行公学,提倡革命,"有第二爱国学社的倾向"。④ 此后,高旭与陈去病、柳亚子经常函牍往来,诗词唱和,反复酝酿发起南社。1909年10月17日,高旭在《民吁报》上发表《南社启》,宣布结社宗旨,称:"欲存国魂,必自存国学始。而中国国学中之尤为可贵者,端推文学……今者不揣鄙陋,与陈子巢南、柳子亚卢有南社之结,欲一洗前代结社之积弊,以作海内文学之导师。"⑤

柳亚子(1887—1958),谱名慰高,号安如,江苏吴江人。因崇拜法国启蒙思想家卢梭的天赋人权学说,改名人权,号亚卢,"以亚洲的卢梭

---

① 胡朴安:《南社丛选自序》,见胡朴安编《南社丛选》第1册,上海,国学社,1936。
② 柳亚子:《我和南社的关系》,见王晶垚、王学庄、孙彩霞编《柳亚子选集》下册,1091页。
③ 参见杨天石、王学庄编著《南社史长编》,137页,北京,中国人民大学出版社,1995。
④ 柳亚子:《我和南社的关系》,见王晶垚、王学庄、孙彩霞编《柳亚子选集》下册,1091页。
⑤ 参见杨天石、王学庄编著《南社史长编》,129—130页。

自命"。① 后又因仰慕南宋爱国词人辛弃疾,改名弃疾,终以亚子行世。1902年到吴江县城应试,结识陈去病,气味相投。1903年加入中国教育会,并进爱国学社就读,受教于章太炎、蔡元培等人,萌发革命思想。1906年加入同盟会与光复会。此后与陈去病、高旭酝酿发起南社,提倡以文学为革命服务。

南社诗人响应"诗界革命",提倡"唐音",反对"宋诗",主张诗歌直接为反清革命宣传服务。高旭从进化论的角度对"诗界革命"表示赞同。他说:"世界日新,文界、诗界当造出一新天地,此一定之公例也。"他非常推崇"诗界革命"的主将黄遵宪,认为"黄公度诗独辟异境,不愧中国诗界之哥伦布矣,近世洵无第二人"。② 柳亚子对同光体宋诗充斥诗坛颇为不满,而"与同人倡南社,思振唐音以斥伧楚,而尤重布衣之诗"。③ 他不仅不满同光体宋诗,甚至对王闿运汉魏六朝诗和樊增祥、易顺鼎中晚唐诗也欲口诛笔伐。其论诗绝句有云:"少闻曲笔湘军志,老负虚名太史公。古色斓斑真意少,吾先无取是王(闿运)翁。""郑(孝胥)陈(三立)枯寂无生趣,樊(增祥)易(顺鼎)淫哇乱正声。一笑嗣宗广武语,而今竖子尽成名。"④ 其实,柳亚子等人提倡"唐音",崇尚"布衣之诗",反对宋诗及各种拟古之诗,主要是针对那些忠于清室而号称清朝臣子与逊国遗老的拟古诗人。他日后回忆说:"从满清末年到民国初年,江西诗派盛行,他们都以黄山谷为鼻祖,而推尊为现代宗师的,却是陈散原、郑海藏二位先生,高自标榜,称为同光体,大有去天尺五之概。我呢,对于宋诗本身,本来没有什么仇怨,我就是不满意于满清的一切,尤其是一般亡国大夫的遗老们。"⑤ 显然,南社的宗旨主要是服务于反清革命的政治目标。高旭曾经发表《愿无尽斋诗话》,阐述文学主张,认为作诗应"鼓吹人权,排斥专制,唤起人民独立思想,增进人民种族观念"。⑥ 后来,柳亚子、叶楚伧等人在发起新南社而总结南社的历史时,

---

① 柳亚子:《关于我的名号》,见王晶垚、王学庄、孙彩霞编《柳亚子选集》下册,1076页。
② 参见杨天石、王学庄编著《南社史长编》,154页。
③ 柳亚子:《胡寄尘诗序》,见王晶垚、王学庄、孙彩霞编《柳亚子选集》上册,101页。
④ 柳亚子:《论诗六绝句》,见王晶垚、王学庄、孙彩霞编《柳亚子选集》下册,715页。
⑤ 柳亚子:《我和朱鸳雏的公案》,见王晶垚、王学庄、孙彩霞编《柳亚子选集》下册,1111页。
⑥ 参见杨天石、王学庄编著《南社史长编》,153页。

认为"南社是应和同盟会而起的文学研究机关……南社在民元以前,惟一使命是提倡民族气节"。① 就南社及其诗歌的政治意义而言,这个估价大致与史实相符。

可见,南社的诗歌无论在文学艺术上还是在政治思想上,都具有鲜明的革命性,既为清末民初诗坛带来了一股清新的空气,也为反清革命思想的传播起到了推波助澜的作用。

四 语言文字改革与白话文、世界语

清末语言文字改革的直接动因在于社会思想启蒙的需要,即开民智。这是戊戌时期维新派积极倡导的志业。1896年,梁启超为沈学的文字改革方案《盛世元音》作序称:"国恶乎强?民智,斯国强矣。民恶乎智?尽天下人而读书、而识字,斯民智矣。"他认为,欧美诸国与日本之所以强盛,是因为有极高的识字率,中国则反是。究其原因,则在于中国文字固有的"言文相离"与识字难的弊端。他征引黄遵宪《日本国志》的话说:"语言与文字离,则通文者少;语言与文字合,则通文者多。中国文字多,有一字而兼数音,则审音也难;有一音而具数字,则择字也难;有一字而数十撇画,则识字也又难。"因此,中国文字"能达于上,不能逮于下",是进行普及教育以广开民智的最大障碍,文字改革势在必行。"文与言合,而读书识字之智民,可以日多矣。"②

刘师培在1903年专作《中国文字流弊论》一文,认为有五:一是字形递变而旧意不可考,二是一字数义而丐词生,三是假借多而本意失,四是数字一义,五是点画之繁。"有此五弊,此中国文字所以难通也。盖言语与文字合则识字者多,言语与文字离则识字者少。"刘师培也以文字改良为"筹教育普及之第一策"。为此,他提出了两项改革措施,即"用俗语"和"造新字"。③ 在刘师培看来,所谓"用俗语",即是提倡白话文;至于"造新字",他没有明言,其实正与当时业已大兴的汉语拼音运动相合。

---

① 《新南社发起宣言书》,参见郑逸梅编著《南社丛谈》,56—57页,上海人民出版社,1981。
② 梁启超:《沈氏音书序》,见《饮冰室合集》文集之二,1—2页。
③ 刘师培:《中国文字流弊论》,见李妙根编《刘师培论学论政》,4—6页。

清末汉语拼音运动的基本宗旨是"言文一致"和"统一语言"(或曰"国语统一")。①

1892年,福建同安人卢戆章在厦门出版《一目了然初阶》(中国切音新字厦腔),提出清末第一种切音字方案。卢戆章的切音新字方案共有55个字母,其中厦门音36个,漳州音加2个,泉州音加7个,另有10个用于拼各地音,这些字母均采用拉丁字母及其变体。在《一目了然初阶》的自序中,卢戆章说明切音字是学习汉字的捷径,所谓"字母与切法习完,凡字无师能自通"。同时,使用切音字可以达到言文一致的效果,即"字话一律,则读于口遂即达于心"。他还主张用南京话来统一全国语言,"若以南京话为通行之正字,为各省之正音,则十九省语言既从一律,文话皆相通"。他认为,欧美诸国与日本男女都能读书识字,就是使用切音字的缘故。因此,他对中国推广使用切音字的前景充满信心,"若以切音字与汉字并列……不数月,通国家家户户,男女老少,无不识字,成为自古以来一大文明之国矣。切音字乌可不举行,以自异于万国哉!"据统计,自卢戆章提出第一种切音字方案以后,清末20年间(1892—1911)共出现28种汉语拼音方案。就字母形体而言,有拉丁字母、速记符号、汉字笔画、数码及自造符号多种。在各种方案中,除了卢戆章的《一目了然初阶》外,影响较大的还有蔡锡勇的《传音快字》、沈学的《盛世元音》、王炳耀的《拼音字谱》、王照的《官话合声字母》、田廷俊的《数目代字诀》、力捷三的《无师自通切音官话字书》、劳乃宣的《合声简字谱》、朱文熊的《江苏新字母》、刘孟扬的《中国音标字书》、黄虚白的《汉文音和简易识字法》等。② 其中又以王照和劳乃宣推行尤力,可谓清末汉语拼音运动的领袖人物。

王照(1859—1933),字黎青,号小航,又号芦中穷士,晚年自号水东,直隶宁河人。出身官宦之家。青少年时代喜读译印时务书籍,亲族乡人以为"魔气"。光绪二十年(1894年)中式进士,为翰林院庶吉士,散馆后任礼部主事。戊戌时期,王照积极参加维新变法活动,曾应诏上

---

① 倪海曙:《清末汉语拼音运动编年史》,15页,上海人民出版社,1959;黎锦熙:《国语运动史纲》卷一,10页,《民国丛书》第2编52册,上海书店,1990。
② 以上参见倪海曙《清末汉语拼音运动编年史》,9—25页。

书言事,受礼部尚书怀塔布、许应骙阻格多时。光绪皇帝震怒,将怀塔布、许应骙等礼部六堂官革职,而超擢王照为四品京堂候补,并赏三品顶戴,预为出使大臣。不料政变爆发,王照遭革职通缉,被迫流亡日本。

1900年,王照秘密回国,潜伏天津,参照中国传统反切法及西文字母、日文假名,创制官话字母。他曾自述经过说:"余今者偷息津门,空耗岁月,故自课以创制官话字母。闭户掩卷,逐字审听,口呼手画,积数十日,考得一切字音转变皆在喉中。喉音为总,不可与唇、舌、齿、腭并列。凡反切之下一字,皆必用喉音。反切旧法,牵合支离,类例繁多,半真半假,徒乱人意。即西文、东文各字母,亦皆喉音未备,不便采用。于是创为喉音及音母字共若干,皆假借旧字减笔为偏旁形。概用两拼,使愚稚易习。"①王照的官话字母方案共有62个字母,其中12个喉音(即韵母),50个音母(即声母),这些字母系模仿日文假名而采用汉字笔画或偏旁。王照主张用官话字母专拼"言文一致"的白话,并强调用"京话"(即官话)来统一全国语言。他说:"用此字母,专拼白话。语言必归一致,宜取京话。因北至黑龙江,西至陇,西南至滇,南至江,东至海,纵横万里,约二百兆人,皆与京话略同。其余桂、粤、闽、浙、吴、楚、晋,与京音不同,亦且各不相通。是推广之便,莫如京话,故可定名曰官话。官者公也,古今皆有此解。公用之话,自宜择其占幅员人数多者。"②此后,王照开始全力从事汉语拼音和普及教育的工作。1901年,王照的《官话合声字母》由中国留学生在日本东京排印出版,并逐渐在留日学生中传播开来。王照也开始在北京、天津、保定一带宣传官话字母。1903年,他在北京设立官话字母义塾,重印《官话合声字母》为课本,并出版《官话字母义塾丛刊》。1904年,他在保定创办拼音官话书报社,并出版《对兵说话》。1905年,他又在北京开办官话字母第一号义塾,并把拼音官话书报社从保定迁到北京,还出版《初学拼音官话书》多种,创刊《拼音官话报》一种。所幸的是,他的举动得到了一些社会名流与政要,如翰林院编修严修、京师大学堂总教习吴汝纶以及直隶总督兼北

---

① 王照:《官话合声字母原序》,见王照《小航文存》卷一,29页,1931年刻本。
② 王照:《摘录官话字母癸卯再版凡例十一条》,见《小航文存》卷一,33页。

洋大臣袁世凯等的直接或间接的支持，因而影响日大，"设塾于都城、直省，并出书报，陆续推广于各州县；今已有塾数十处，识此字者已数万人"。① 可见，王照的官话字母在北方推行业已初见成效。与此同时，由于劳乃宣的提倡，官话字母也开始向南方发展。

劳乃宣(1843—1921)，字季瑄，号玉初，又号矩斋，晚号韧叟，浙江桐乡人。同治十年(1871年)进士。历任临榆、南皮等县知县，并曾主持南洋公学、浙江求是书院、浙江大学堂。劳氏政治上虽然保守，但他是清末有名的硕学鸿儒，对音韵学颇有研究。1905年，劳乃宣在南京见到王照的《官话合声字母》，非常欣赏，但可惜其专用京音，不利于在南方通行。于是，他便与王照商议，以原有官话字母方案为基础，增加南京与苏州方言的声、韵母，拟成宁音和吴音两种方言的官话字母方案，称"合声简字"。1906年，劳乃宣的《增订合声简字谱》(宁音谱)和《重订合声简字谱》(吴音谱)在南京出版。他特别说明了其方言拼音方案是与旨在统一语言的官话字母方案相反相成的道理："今于官话原谱，别增母、韵符号，以合南音，似与语言画一之道相反。不知此字之长，专在肖声；先通此字，则无论何等语言，皆能以声状出，于学官话至为易易，是相反而适相成也。俟此字本地语音习熟后，即当教以京音，使阅官话各书报，自能收事半功倍之效。"② 在劳乃宣的推动下，两江总督周馥及其继任端方不但在南京设立简字半日学堂，而且还要求各级小学一律学习合声简字。同时，简字还被推广到浙江、安徽、四川等地。1908年，劳乃宣被慈禧太后召见，进呈《简字谱录》，请旨颁行天下。他在《进呈简字谱录折》中慷慨陈词："今日欲救中国，非教育普及不可；欲教育普及，非有易识之字不可；欲为易识之字，非用拼音之法不可。"③ 其折交学部核议，结果被搁置下来。1910年，劳乃宣一面与赵炳麟、汪荣宝在北京设立简字研究会，积极向社会推广合声简字；一面上书学部尚书唐景崇，催促议奏合声简字，结果仍然没有下文。其时，清廷正式开设资政院。王照、劳乃宣便邀集同志，纷纷上书向资政院请愿。议员

---

① 劳乃宣：《增订合声简字谱序》，转引自倪海曙《清末汉语拼音运动编年史》，122页。
② 劳乃宣：《增订合声简字谱序》，转引自倪海曙《清末汉语拼音运动编年史》，124页。
③ 劳乃宣：《进呈简字谱录折》，见劳乃宣《桐乡劳先生遗稿》卷四，1页，桐乡卢氏校刊本，1927。

江谦首先对学部分年筹办国语教育事项提出质问说帖,质问学部是否用合声字拼合国语以及是否用标准京音统一国语等问题,有议员方还、许鼎霖、汪荣宝、严复、罗杰、陆宗舆等32人连署。随后,有直隶、江宁、四川等地学界及官吏联合向资政院陈请颁行官话简字,计有陈请书5起,列名者约400人。资政院成立一个特任股员会,推严复为股员长,审查各处陈请的提案。审查的结论是:"本股员会审查得官话简字,即一种简笔之拼音字。拼音简字与我国魏晋以来相传反切之法,作用则一而繁简不同。反切繁难,故通者较少;简字便捷,故妇孺易知。反切足以补六书之缺,千余年来相沿不废;则简字足以补汉字之缺,为范正音读拼合国语之用,亦复无疑。且今日筹备立宪,方谋普及教育,统一国语,则不得不急图国语教育;谋国语教育,则不得不添造音标文字。"建议将"简字"正名为"音标",由学部试办推行。1911年,学部召开中央教育会议,由张謇任正会长,张元济、傅增湘任副会长,正式讨论并通过了《统一国语办法案》,认为:"各方发音至歧,宜以京音为主。""话须正当雅驯,合乎名学,宜以官话为主。"这就明确地规定了以京音、官话审定标准国语的基本原则。① 此后不久,清政府被革命所推翻,此案终究未能施行。

提倡白话文也是清末语言文字改革的重要内容。白话文是相对于文言文来说的语体文,其显著的特点是言文一致,通俗易懂,正如黄遵宪所谓的"我手写我口"。② 如同汉语拼音运动一样,清末白话文的兴起,也是有识之士借以开民智而进行社会思想启蒙的现实政治目标使然。1898年,裘廷梁创办《无锡白话报》,倡言"白话为维新之本",所论"白话之益"有八:一曰省日力,二曰除骄气,三曰免枉读,四曰保圣教,五曰便幼学,六曰炼心力,七曰少弃才,八曰便贫民。时论认为:"愚天下之具,莫文言若;智天下之具,莫白话若。"其结论是:"文言兴而后实学废,白话行而后实学兴,实学不兴是谓无民。"③1904年,陈独秀在《开

---

① 以上参见倪海曙《清末汉语拼音运动编年史》,209—236页;黎锦熙《国语运动史纲》卷一,31—33页,见《民国丛书》第2编52册。
② 黄遵宪:《人境庐诗草·杂感》,见吴振清、徐勇、王家祥编校整理《黄遵宪集》上卷,90页,天津人民出版社,2003。
③《论白话为维新之本》,见《辛亥革命前十年间时论选集》第1卷上册,40、42页。

办安徽俗话报的缘故》中称:"现在各种日报旬报,虽然出得不少,却都是深文奥意,满纸的之乎者也矣焉哉字眼,没有多读书的人,那里能够看得懂呢?这样说起来,只有用最浅近最好懂的俗话,写在纸上,做成一种俗话报,才算是顶好的法子。"其创办《安徽俗话报》的目的,就是"要用顶浅俗的话说,告诉我们安徽人,教大家好通达学问,明白时事。"[1]19世纪末20世纪初,无论是维新志士还是革命党人,都把白话文当做思想宣传的有力武器,这是白话文在清末勃兴的重要原因。

  不能忽视的一点是,清政府举办的新政,也在一定程度上对白话文的兴起有推波助澜的作用。1904年,清政府颁布《奏定学堂章程》,明确规定要以官音统一全国语言,并在各级学堂逐步推行官话教育。《学务纲要》规定"各学堂皆学官音",并具体说明:"各国言语,全国皆归一致,故同国之人,其情易洽,实由小学堂教字母拼音始。中国民间,各操土音,致一省之人,彼此不能通语,办事动多扞格。兹拟以官音统一天下之语言,故自师范以及高等小学堂,均于中国文一科内,附入官话一门……将来各省学堂教员,凡授科学,均以官音讲解。"[2]1907年,直隶总督袁世凯在天津举办地方自治时,特别重视用白话进行宣传工作。他说:"地方自治,为我国创办之事,非先以预备,则不能实行。目前教育未周,识字之民尚少,设有误会,流弊滋多。乃遴派曾习法政、熟谙土风之士绅为宣讲员,周历城乡,宣讲自治利益,复编印法政官话报,分发津属州县,以资传习,并将自治利益编成白话,张贴广告,以期家喻户晓,振聩发聋。此派宣讲员与编官话报及白话广告之情形也。"[3]政府对白话文的提倡,自然对社会起一定的导向作用。

  清末白话文兴起的最重要的表征,一是大量白话报刊的创办。据近人最新研究统计,晚清白话报刊达229种之多。[4] 就地域而言,不仅北京、上海等通都大邑有,而且远及偏僻的蒙古、西藏地区。其中较重

---

[1] 陈独秀:《开办安徽俗话报的缘故》《安徽俗话报的章程》,见任建树、张统模、吴信忠编《陈独秀著作选》第1卷,22、24页,上海人民出版社,1993。
[2] 张百熙、荣庆、张之洞:《奏定学堂章程·学务纲要》,17—18页。
[3] 袁世凯:《奏报天津试办地方自治情形折》,见廖一中等整理《袁世凯奏议》下册,1520页,天津古籍出版社,1987。
[4] 黄振萍:《晚清白话问题研究》,见葛兆光主编《清华汉学研究》第3辑,200页,北京,清华大学出版社,2000。

要的有北京的《京话日报》、上海的《中国白话报》,以及《无锡白话报》《杭州白话报》《安徽俗话报》《苏州白话报》《宁波白话报》《绍兴白话报》等。二是大量白话小说的创作。白话小说虽然不始于晚清,但在晚清小说界革命的旗帜下,白话小说因切合社会政治启蒙的时代潮流而地位大升。白话体小说被时人视为"小说之正宗","盖小说固以通俗逮下为功,而欲通俗逮下,则非白话不能也"。① 据估计,清末刊行的白话小说在1500种以上,②是白话文运动的重要内容。三是白话教科书的编印。1897年,上海南洋公学编辑《蒙学读本》,"专取习见习闻之事物,演以通俗文字,要使童子由已知而达于未知",是较早用白话编辑教科书的范例。1900年,陈荣衮(子褒)在《论训蒙宜用浅白读本》一文中,提倡训蒙课本应像日本那样采用浅白文字。为此,他以日常生活题材编写了《妇孺须知》《妇孺三字书》《妇孺新读本》等多种白话教材。1906年,江楚编译官书局出版了日本教材《日本历史》的中译本,以及《女学修身教科书》《孝悌忠义图说》等白话教科书。据较为保守的估计,晚清白话教科书有50多种。③ 四是官府白话文告的出现。1903年,四川总督岑春煊出了一份劝戒缠足的白话告示,流传甚广,收效显著,成为不少官员效仿的榜样,甚至有人上书当道,提出以后大小衙门的告示都用白话的建议。以此为契机,清末新政时期出现了许多关于戒缠足、禁烟、社会治安及市政管理等方面的白话告示。④ 可见,白话文在清末已经逐步影响到人们日常生活的各个方面。

世界语问题也与语言文字改革密切相关。废除汉字,提倡世界语,是清末语言文字改革运动中的极端主张。这是中国留学生在法国巴黎创办的无政府主义刊物《新世纪》上首先提出来的。

1907年,李石曾从进化论的角度,提出了文字革命与进化以及世界文字将趋于统一的观点,认为"象形表意之字,必代之以合声之字","且将合世界之文字而为一"。在他看来,中国语言文字改革的理想前

---

① 管达如:《说小说》,见《小说月报》三卷七期,转引自陈平原《二十世纪中国小说史》第1卷,191页,北京大学出版社,1997。
② 参见陈万雄《五四新文化的源流》,160页,北京,三联书店,1997。
③ 以上参见黄振萍《晚清白话问题研究》,见葛兆光主编《清华汉学研究》第3辑,196—197页。
④ 参见李孝悌《清末的下层社会启蒙运动:1901—1911》,35—47页,石家庄,河北教育出版社,2001。

途,就是向西文或万国文进化,所谓"直以西文或万国文代中文者,此语言文字同革命也"。① 李石曾在此所说的"万国文",应当就是时人所谓的"万国新语"(即世界语)的初始说法。

1908年,《新世纪》发表署名"前行"的文章《编造中国新语凡例》,正式提出要废除汉字,而代之以万国新语,并先行编造中国新语为之过渡的主张。"中国现有文字问之不适于用,迟早必废,稍有翻译阅历者,无不能译之矣。既废现有文字,则必用最佳最易之万国新语,亦有识者所具有同情者矣。一旦欲使万国新语通行全国,恐持论太高,而去实行犹远。因时合势,期于可行,其在介通现有文字及万国新语,而预为通行万国新语地乎。编造中国新语,使能逐字译万国新语,即此意也。"② 此论既出,讨论"新语"问题者渐多。他们纷纷投书《新世纪》,反对另造中国新语,而主张直接使用万国新语。不但"前行"改变初衷、主张"径用万国新语",其他人更是言辞激烈。如"笃信子"说:"如人既渴望万国新语,而欲预备之,正可直授以万国新语,岂当更误以可怪之中国新语?……中国略有野蛮之符号,中国尚未有文字;万国新语便是中国之文字。中国热心人,愿求其同类作识字人者,自己学万国新语,教人学万国新语。"③

"新世纪"派无政府主义者废除汉字、改用万国新语的主张,遭到国粹派学者章太炎的反对。他认为,此论其谬有二:一是万国新语不能用来统一世界语言,其易行于欧洲,但难行于中国。"欧洲诸族,因与原语无大差违,习之自为径易。其在汉土,排列先后之异,纽母繁简之殊,韵部多寡之分,器物有无之别,两相径挺。此其荦荦大者。强为转变,欲其调达如簧,固不能矣。乃夫丘里之言,偏冒众有,人情互异,虽欲转变无由。"二是汉语语音繁富,远胜欧洲语言,改用万国新语就是改优从劣。"言语文字者,所以为别,声繁则易别而为优,声简则难别而为劣。日本尝欲用罗甸字母,以彼发音简少,故罗甸足以相资。汉土则不然。纵分音纽,自梵土悉昙而外,纽之繁富,未有过于汉土者也。横分音韵,

---

① 真:《进化与革命》,载《新世纪》第20号,法国巴黎,1907。
② 前行:《编造中国新语凡例》,载《新世纪》第40号,法国巴黎,1908。
③ 燃料:《新语问题之杂答》,载《新世纪》第44号,法国巴黎,1908。

梵韵复不若汉韵繁矣。视欧洲音,直觳语耳。"因此不能改用万国新语。"尽用彼语,则吐辞述学,势有不周;独用彼音,则繁简相差,声有未尽。谈者不深惟其利病,而傶焉以除旧布新为号,岂其智有未喻,亦骛名而不求实之过哉。"①

随后,《新世纪》又发表吴稚晖的《书〈驳中国用万国新语说〉后》和署名"苏格兰君"的《废除汉文议》,对章太炎的驳论进行反驳,进一步坚持废除汉字而改用万国新语的主张。吴稚晖虽然认为中国人的智识程度较低,不能"一跃即能采用万国新语",但等到"各国亦且厌弃其本国之语言文字,徒为赘累;而中国人守其中国文,尤格格与世界不相入,为无穷周章之苦难。于是所谓时机已熟,当废汉文,而用万国新语,遂得人人之同意。"②

以章太炎为代表的国粹派视语言文字为国粹的一部分,是应当保存的对象,因而反对废除汉字而改用万国新语。以吴稚晖为代表的《新世纪》派无政府主义者则视语言文字为交流工具,为了交流的便利,必须废除繁难的中国汉字,而改用没有国界限制的万国新语。双方由于观念的歧异而发生了激烈的争论,但并没有什么实质性的结果。清末关于世界语(万国新语)问题,仅限于少数人之间的争论,只不过是整个语言文字改革进程中的一个小插曲而已。

五 戏剧改良与话剧、电影的引进

戏剧与诗歌、小说一样,也是清末维新志士和革命党人进行社会启蒙和反清革命宣传的思想武器。"戏剧改良"的口号如同"诗界革命""小说界革命"的口号一样,也在清末严重的民族危机与政治危机的历史背景下应运提出。1904 年 10 月,陈去病、汪笑侬、柳亚子等人在上海创办《二十世纪大舞台》,标榜"以改革恶俗,开通民智,提倡民族主义,唤起国家思想,为惟一之目的",③明确提出了"他们清楚认识到戏

---

① 章绛(章炳麟):《驳中国用万国新语说》,见《辛亥革命前十年间时论选集》第 3 卷,22—26 页。
② 燃料:《书〈驳中国用万国新语说〉后》,载《新世纪》第 57 号,法国巴黎,1908。
③ 参见杨天石《二十世纪大舞台》,载丁守和主编《辛亥革命时期期刊介绍》第 1 集,483 页,北京,人民出版社,1982。

剧改良"的口号,认为用戏剧形式表演"扬州十日之屠,嘉定万家之惨,以及虏酋丑类之慆淫,烈士遗民之盅苾"和"法兰西之革命,美利坚之独立,意大利、希腊恢复之光荣,印度、波兰灭亡之惨酷"的历史,以激发国人"反满"革命的民族情绪,"此皆戏剧改良所有事,而为此《二十世纪大舞台》发起之精神"。①《二十世纪大舞台》是近代中国最早的专业戏剧杂志。它的创办,将清末戏剧改良运动推向了高潮。

如何进行戏剧改良?陈独秀在《安徽俗话报》上发表《论戏曲》一文,提出了五项办法:一是要多多地新排有益风化的戏,二是可采用西法,三是不唱神仙鬼怪的戏,四是不可唱淫戏,五是除去富贵功名的俗套。至于戏剧改良的目的,该文认为戏曲是当时最好的开通风气的法子,办学堂缓不济急,做小说、开报馆不利于不识字的人,"惟有戏曲改良,多唱些暗对时事开通风气的新戏,无论高下三等人,看看都可以感动,便是聋子也看得见,瞎子也听得见,这不是开通风气第一方便的法门吗?"②他们清楚地认识到戏剧改良具有社会启蒙的现实意义。

改革传统戏剧的一些粗俗陈腐的内容,编演反映时代精神的新剧目,是清末戏剧改良的一项重要内容。据阿英在《晚清戏曲小说目》中所作统计,晚清共有各种戏曲剧本161种,其中传奇54种,杂剧40种,地方戏51种,话剧16种。这是非常保守的统计。③晚清杂剧、传奇题材广泛,内容丰富,大致可以分为如下五种类型:一是反对帝国主义侵略的剧本。如《非熊梦》谱写东北人民反抗沙俄侵占黑龙江事,《武陵春》谱写抗击八国联军侵华事,《海峤春》谱写反抗美国华工禁约事,等等。二是歌颂历代英雄的剧本。如谱写祖逖故事的有《渡江楫》,谱写岳飞抗金故事的有《黄龙府》,谱写文天祥事迹的有《爱国魂》《指南公》《指南梦》,谱写史可法及其部将刘应瑞事迹的有《陆沉痛》《孤臣泪》,谱写郑成功事迹的有《海国英雄记》,等等。三是歌颂新时代革命党人的剧本。如谱写秋瑾殉难故事的有《六月霜》《轩亭血》《轩亭冤》《轩亭秋》

---

① 柳亚子:《〈二十世纪大舞台〉发刊词》,见王晶垚、王学庄、孙彩霞编《柳亚子选集》上册,53页。
② 陈独秀:《论戏曲》,见任建树、张统模、吴信忠编《陈独秀著作选》第1卷,88—89页。
③ 据近人研究,从1903年到1912年,在革命报刊上发表的杂剧、传奇、京剧和其他地方戏等各类戏曲剧本,就不下六七十种。参见龚书铎《辛亥革命与戏剧》,见龚书铎《中国近代文化探索》,159页,北京师范大学出版社,1988。

《碧血碑》《秋海棠》《侠女魂》,谱写徐锡麟刺杀巡抚恩铭故事的有《苍鹰击》《皖江血》《开国奇冤》,等等。四是谱写外国革命故事的剧本。如《学海潮》谱写古巴学生反抗西班牙统治者压迫的故事,《断头台》谱写法兰西山岳党的故事,《侠情记》谱写意大利革命志士的故事,《唤国魂》谱写希腊革命故事,等等。五是提倡妇女解放的剧本。如《同情梦》《女中华》《松陵新女儿》《广东新女儿》《爱国女儿》等。另外,还有一些剧本,如《招隐居》描写鸦片之害,《维新梦》描写维新变法事迹。① 这些剧本都具有鲜明的时代特色和新的内容,既是清末改革与革命潮流急剧高涨的产物,又在一定程度上推动了清末改革与革命运动的历史进程。

学习西方,引进话剧等新剧种,是清末戏剧改良的又一项重要内容。话剧在清末称为"新剧"或"文明戏"。1907年,留日学生曾孝谷、李叔同(息霜)、欧阳予倩等人组织春柳社,在东京演出话剧《茶花女》(第三幕)和《黑奴吁天录》,标志着中国话剧的正式诞生。随后不久,王钟声在上海组织春阳社,演出另外改编的剧本《黑奴吁天录》,这是话剧在中国本土演出的开端。王钟声还创办了一所培养新剧演员的通鉴学校,这是近代中国第一所戏剧学校。1908年,王钟声开始到北京、天津等地演出,将新剧艺术传播到北方。他先后演过的新剧,主要有《秋瑾》《徐锡麟》《官场现形记》《热泪》《爱国血》《宦海潮》等,大多是宣传革命、揭露清政府腐败统治的具有时代气息的剧目。1910年,任天知在上海成立职业新剧团——进化团,适应革命形势发展的需要,编演了《黄金赤血》《共和万岁》《黄鹤楼》等革命新剧,并在长江沿岸的主要城市开展新剧启蒙运动。民国初年,新剧活动一度非常活跃,除上海以外,江苏、浙江、安徽、湖南、湖北、福建、广东、河南、北京等地都成立了新剧团体。1912年3月,原春柳社的部分成员陆镜若、欧阳予倩等在上海组织新剧同志会,建立春柳剧场,成为不同于进化团的新剧艺术的另一个有影

---

① 以上参见周妙中《清代戏曲史》,354—360页,郑州,中州古籍出版社,1987。

响的流派。① 春柳社—新剧同志会与进化团的新剧活动,是西方话剧作为"文明新剧"被引进近代中国后的初始形态。

与话剧一样,电影也是从西方引进的。电影是在近代产生于欧美而传入中国的一门新兴艺术。② 1895年12月28日,法国埃米尔兄弟在巴黎一家咖啡馆里首次正式公开放映他们制作的影片,从而揭开了世界电影时代的帷幕。此后不久,电影经香港传入中国,并在上海首先放映。1896年8月11日,上海徐园又一村在"戏法""焰火"等游艺杂耍节目中,穿插放映"西洋影戏",这是电影在中国公开放映的开端。随后有美国、西班牙、日本等外国商人陆续在上海、香港、台湾、北京等地放映电影。1903年,中国商人林祝三自欧美回国,携带放映机及影片,在北京打磨厂借天乐茶园作营业性放映,这是中国人自己在国内放映电影的开始。

电影传入之初,一般被称为"西洋影戏"或"电光影戏""电光活动影戏"。1905年6月16日,《大公报》首次使用"电影"一词,以后便逐渐取代过去的名称,为社会所承认,并沿用至今。③

电影传入中国初期,基本上是外国人的天下。在中国最早放映电影的是外国人,最早拍摄影片的同样是外国人。1898年,美国人在香港、上海摄制了六部风光短片:《香港商团》《香港总督府》《香港码头》《香港街景》和《上海街景》《上海警察》。1900年,英国人和日本人分别在北京拍摄了有关义和团题材的影片《袭击教会》和《义和团事件》。几年之后,中国人才开始尝试自己拍摄电影。

1905年,北京丰泰照相馆老板任庆泰(字景丰)拍摄了著名京剧演员谭鑫培表演的戏曲片《定军山》,开创了中国人自己拍摄影片的先河,在中国电影史上具有里程碑的意义。1909年,在香港摄制的短故事片

---

① 以上参见龚书铎《辛亥革命与戏剧》《王钟声》,见《中国近代文化探索》,164—167、206—209页。按:关于清末民初在上海的初期话剧(即文明新剧)分成以陆镜若为代表的春柳社—新剧同志会系统和以任天知为代表的进化团系统的一般情况,可参考欧阳予倩的说法(田汉:《谈欧阳予倩同志的话剧创作》,见苏关鑫编《欧阳予倩研究资料》,355页,北京,中国戏剧出版社,1989)。

② 以下关于电影的叙述主要参考郦苏元、胡菊彬《中国无声电影史》,2—50页,北京,中国电影出版社,1996。

③ 闵杰:《近代中国社会文化变迁录》第2卷,420页,杭州,浙江人民出版社,1998。

《偷烧鸭》,是中国最早摄制的故事影片。[①] 1911年,上海著名的杂技魔术家朱连魁与美利公司合作拍摄新闻纪录片《武汉战争》,真实地记录了武昌起义后革命军反清战斗的一些历史画面。1913年,上海亚细亚影戏公司在著名京剧演员夏月润、夏月珊等人的帮助和参与下,摄制了一部反映"二次革命"的新闻纪录片《上海战争》。同年,上海新民公司以承包的方式为亚细亚影戏公司摄制了故事短片《难夫难妻》(又名《洞房花烛》),由郑正秋编剧,并与张石川联合导演,完整地讲述了一个包办婚姻的故事,这是中国大陆最早的故事短片。中国电影从戏曲片开始,逐渐有了纪录片、故事片等种类,初步确立了中国电影种类的基本框架。据统计,从1905年到1921年,中国共拍摄各种影片87部,其中戏曲片13部,新闻片12部,纪录片21部,科教片7部,滑稽短片28部,故事片6部。这是中国电影早期的成就。

[①] 王云缦:《中国电影艺术史略》,138页,北京,中国国际广播出版社,1989。

第四节　宗教思想与文化的变迁

一　佛学思想的入世转向

佛教自两汉之际传入中国以后,通过与儒学、道教长期的冲突对峙和交融共处,业已成为中国传统文化的一个重要组成部分。近代以来,在西学东渐的过程中,中国传统文化从整体上面临着严峻的挑战,极大地刺激了经世致用思潮的勃兴。有识之士力图从传统文化中寻求经世的思想资源,致使诸子学、今文经学、程朱理学、陆王心学乃至佛学等传统思想学说均在晚清时期得以复兴。佛学在晚清复兴,具有鲜明的时代特色,即是佛学思想由出世向入世的转向,以致有所谓"佛教救世主义"的兴起。

清末民初信仰佛教、研治佛学者大致可以分为居士、寺僧和学人三类,与此相应地形成三种佛学形态:一是以杨文会、欧阳渐等为代表的居士佛学;二是以敬安、太虚等为代表的寺僧佛学;三是以康有为、章太炎等为代表的学人佛学。这三种佛学本是各具特色,宗旨各异(居士佛学旨在弘法,寺僧佛学旨在卫教,学人佛学旨在利生),但三者又有基本的共同点,那就是对积极入世精神的追求,即希图以佛学经世来实现救亡图存的社会政治目标。这是近代佛学与时代潮流相契合的一面。

(一)居士佛学

居士佛学的昂扬发达,是近代佛学的一个显著特色。近代居士佛学最重要的两个代表人物是杨文会和欧阳渐。

杨文会(1837—1911),号仁山,安徽石埭人。他早年入曾国藩幕府,后随曾纪泽、刘瑞芬出使英、法。26岁开始学佛,但因生计所迫,只能在公务之余静心修炼,如其日后自叙:"从事于宦途者三十年。内而吴楚,外而英法。公务之暇,游心释典。""日日办公,日日学佛,未尝懈退。"①杨文会对近代佛学的贡献主要有二:一是刻印佛经。1866年,杨文会在南京创设金陵刻经处,开始广泛搜罗佛教文献,集资刻印佛经。他曾在出使英国期间结识日本佛教学者南条文雄,后得南条之助,从日本收集到藏外散佚的佛学经典280多种,择要刊刻流通。杨文会"弘法四十余年,流通经典至百余万卷,印刷佛像至十余万张",②为近代佛学的发展提供了宝贵的文献资料。二是兴办佛学教育。1908年,杨文会在南京创办佛教学堂祇洹精舍,专门培养佛学人才。他认为:"能令天下僧尼,人人讲求如来教法,与经世之学,互相辉映,岂非国家之盛事乎!"③1910年,他又在南京组织佛学研究会,成为专门研治佛学的机构。晚清研治佛学的居士、寺僧、学人,如欧阳渐、太虚、康有为、梁启超、谭嗣同、章太炎等人,大多直接或间接地深受杨文会的影响。正如梁启超所说:"文会深通《法相》、《华严》两宗,而以《净土》教学者,学者渐敬信之。……晚清所谓新学家者,殆无一不与佛学有关;而凡有真信仰者,率皈依文会。"④由此可见杨文会对于近代佛学发展与演变的巨大而深远的影响。在近代中国佛学史上,杨文会一生致力于刻经、办学等弘扬佛法的事业,可谓开风气之先的人物。

欧阳渐(1871—1943),字竟无,江西宜黄人。他幼习举业,精制艺,后就读于南昌经训书院,博涉经史,兼工天算。甲午战起,他痛国事日非,慨杂学无济,欲专治陆王心学以补救时弊,既而受友人桂伯华的影响,开始关注佛学。1904年,欧阳渐到南京谒见杨文会,更加坚定了学佛的信念。1906年,他因生母病逝,哀恸欲绝,于是"断肉食,绝色欲,杜仕进,归心佛法"。次年,赴南京从杨文会游,随即东渡日本,访求佛教遗籍,数月后回国出任两广优级师范讲席,旋因病免。1910年,他再

---

① 杨文会:《等不等观杂录卷五·谢客启》《等不等观杂录卷六·与廖迪心世臧书》,见周继旨校点《杨仁山全集》,414、468页。
② 欧阳渐:《杨仁山居士事略》,见《杨仁山全集》,585页。
③ 杨文会:《等不等观杂录卷一·释氏学堂内班课程刍议》,见《杨仁山全集》,334页。
④ 梁启超:《清代学术概论》,见《饮冰室合集》专集之三十四,73页。

赴南京,最终皈依杨文会门下。① 1911年,杨文会去世后,欧阳渐继承其弘扬佛法的遗志,并发扬光大,成为近代居士佛学的第二代传人。一方面,他主持金陵刻经处,辑印《藏要》,刊布流通佛教经籍;另一方面,在祇洹精舍的基础上于1922年创办支那内学院,"以阐扬佛教,养成弘法利世之才,非养成出家自利之士为宗旨"。② 内学院聚集了吕澂、王恩洋、梁启超、梁漱溟、熊十力、汤用彤等著名佛教居士和学者,将近代居士佛学推向了高峰。欧阳渐精研法相、唯识学,并创造性地辨法相、唯识为二宗。他说:"盖弥勒学者,发挥法相与唯识二事也。初但法相,后创唯识。弥勒《瑜伽》中诠法相于《本事分》,而诠唯识于《抉择分》。是法平等曰法相,万法统一曰唯识。二事可相摄而不可相淆,亦复不可相乱,此弥勒学也。"③ 他认为只有法相、唯识才是佛教的真谛,而中国化的佛教天台、华严及禅宗并不是真正的佛法。同时,他还以佛释儒,援儒入佛,著《孔学杂著》《中庸传》《论语课》《孟子课》《毛诗课》等,会通儒佛,以儒家自强不息的积极入世精神,为佛学注入应世的活力。他积极宣扬"佛法非宗教非哲学而为今时所必需"。对于有关佛法"以出世为归,以厌世为始,一切都是消极主义"的问难,他坚定地回答说:"佛不出世,佛不厌世,佛法非消极,佛法非退屈。治世御侮,济乱持危,亦菩萨之所有事也。"④ 可见欧阳渐佛学思想的积极入世精神。

(二)寺僧佛学

近代寺僧佛学的主要代表人物是敬安与太虚。敬安(1852—1913),字寄禅,别号八指头陀,俗姓黄,名读山,湖南湘潭人。少小孤贫,身世苦难。1868年,到湘阴法华寺出家;同年冬,到南岳祝圣寺受比丘戒;随后到衡阳岐山仁瑞寺学禅,既而开始学诗。数年之后,敬安游学江、浙,参禅吟诗,成为近代中国著名的诗僧。1879年,在宁波阿育王寺舍利塔前燃去二指供佛,此后便自号"八指头陀"。1886年后,

---

① 吕澂:《亲教师欧阳先生事略》,见王雷泉编选《悲愤而后有学——欧阳渐文选》,437页,上海远东出版社,1996。
② 欧阳渐:《内学院简章》,转引自麻天祥《晚清佛学与近代社会思潮》卷上,111页,台北,文津出版社,1992。
③ 欧阳渐:《辨唯识法相》,见王雷泉编选《悲愤而后有学——欧阳渐文选》,94页。
④ 欧阳渐:《佛法为今时所必需》,见王雷泉编选《悲愤而后有学——欧阳渐文选》,22页。

他相继住持衡阳罗汉寺、衡山上封寺与大善寺、宁乡沩山密印寺、湘阴神鼎寺、长沙上林寺及宁波天童寺等七座禅寺,成为近代禅宗的重要代表人物。1912年,各地佛教代表在上海筹组中华佛教总会,公推敬安为会长。敬安虽身入禅林,而时刻心存救世之念,所谓"我虽学佛未忘世"。有诗句云:"平生忧国泪,多少在朝衣。""国步艰危际,孤臣涕泪中。""谁谓孤云意无著,国仇未报老僧羞!"①这些悲愤的诗句,表达了敬安法师爱国救亡的淑世情怀。

太虚(1890—1947),俗姓吕,俗名淦森、沛林,浙江崇德人。幼年失怙,随外祖母寄居道庵。1904年,到苏州小九华寺出家,法名唯心。随后到镇海依师祖奘年于玉皇殿,为立表字太虚,后多以此法号行世。同年底,太虚又到宁波天童寺从敬安法师受戒,并由敬安介绍到宁波永丰寺从歧昌学《法华》《楞严》等经。此后数年里,他游学江、浙、粤等地,从敬安、谛闲等人受学,广泛阅读佛教经典,并于1909年就学于南京祇洹精舍,亲炙杨文会教泽。这期间,太虚还与"开僧界风气之先"的华山法师订交,并结识革命僧人栖云,开始与革命党人往来,思想渐趋激进。在华山、栖云及一些革命党人的影响下,他阅读了康有为的《大同书》,谭嗣同的《仁学》,严复的《天演论》,邹容的《革命军》,章太炎主编的《民报》及其《告佛子书》《告白衣书》,梁启超主编的《新民丛报》及其《新民说》,并涉猎托尔斯泰、巴枯宁、蒲鲁东、克鲁泡特金、马克思等人的译著。正如其弟子印顺所说:"大师以佛学救世之宏愿,由此勃发而不复能自遏,一转先之超俗入真而为回真向俗。""大师之政治思想,乃由君宪而国民革命,而社会革命,而无政府主义。"②在民初,他甚至还有参加"中华民国统一国民党"的举动,③以至于有人或谐称其为"政治和尚"。政治思想上的激进自然影响了他的佛学思想主张,他曾试图"作激昂之佛教革新运动"。1913年初,在佛教界为敬安法师开的追悼大会上,太虚的演说提出了对佛教的三种革命:"一、教理的革命;二、教制

---

① 《八指头陀诗文集》,转引自郭朋等《中国近代佛学思想史稿》,39页,成都,巴蜀书社,1992。
② 释印顺编著:《太虚法师年谱》,10—11、17页,北京,宗教文化出版社,1995。
③ 释印顺编著:《太虚法师年谱》,32页。

的革命;三、教产的革命。"①他希望从思想、制度、经济三方面,对于日趋衰败的佛教进行革命性的改造,以期振衰起靡,但结果未能如愿。民初政治的反动,尤其使太虚颇感失望。如他日后自叙所谓:"欧战爆发,对于西洋的学说及自己以佛法救世的力量发生怀疑,觉到如此的荒弃光阴下去,甚不值得。"②1914年以后,太虚到浙江普陀山闭关苦修近三年,专意坐禅、礼佛、研经、著书,佛学造诣更进一境。民国时期,太虚在国内各地及日本、欧美、东南亚各国积极弘扬佛法,成为具有世界影响的高僧。

(三) 学人佛学

众多学人研治佛学,是佛学在近代中国得以复兴的一个重要原因。学者与思想家们为了改革与革命的社会政治目的,试图从佛学中寻求应时救世的精神武器,致使学人佛学勃兴,从而对近代佛学的入世转向起了推波助澜的作用。

如果说近代早期改革思想的代表人物龚自珍、魏源晚年笃信佛学,甚至受菩萨戒,皈依佛门,尚有因愤世而遁世的意味,那么戊戌时期的维新派思想家康有为、梁启超、谭嗣同等人研治佛学,则是以救世为鹄的入世精神的充分显露。孙宝瑄《忘山庐日记》称:"荔轩以治佛学为蹈空。余谓:我国向来治佛学者,大抵穷愁郁抑不得志之徒,以此为排遣之计,故堕于空也。若真能治佛学者,其慈悲热力,不知增长若干度,救世之心愈切矣。救世之心切,则一切有益于群之事,无不慷慨担任,且能堪破生死一关,如谭浏阳其人者,谁谓佛学之空哉!且以经济著名如康梁辈,皆研治佛学之人,如谓习佛便空,则此一辈人皆当息影空山,为方外人,何必抢攘于朝堂之上,以图变法救国耶?公辈既不读佛书,不知佛学之大,而妄加訾议,似可不必。"③

康、梁、谭等人的维新变法思想确实吸收了佛学的精神养料。康有为早年隐居南海西樵山苦读时,就曾"潜心佛典,深有所悟";随后在长兴学舍授徒,又"以孔学、佛学、宋明学为体,以史学、西学为用"。佛学

---

① 太虚:《我的佛教改进运动略史》,见黄夏年主编《太虚集》,407、412页,北京,中国社会科学出版社,1995。
② 太虚:《我的宗教经验》,见黄夏年主编《太虚集》,403—404页。
③ 孙宝瑄:《忘山庐日记》上册,392—393页。

是构建康有为思想体系的重要因子,如梁启超所谓:"先生于佛教,尤为受用者也。先生由阳明学以入佛学,故最得力于禅宗,而以华严宗为归宿焉。其为学也,即心是佛,无得无证……所谓历无量劫行菩萨行是也。以故日以救国救民为事,以为舍此外更无佛法。"①康有为在《大同书》中关于世界大同理想的理论建构,就吸收了佛教的"众生平等""普度众生"等教义。他说:"大同之世,惟神仙与佛学二者大行……仙学太粗,其微言奥理无多,令人醉心者有限;若佛学之博大精微,至于言语道断,心行路绝,虽有圣哲无所措手,其所包容尤为深远……故大同之后,始为仙学,后为佛学,下智为仙学,上智为佛学。"②在他看来,佛学将是大同世界的最高境界。

梁启超早年师从康有为时,佛学是其受教的重要内容;晚年还特意到南京支那内学院从欧阳渐问唯识学。他曾自称为"夙尊佛法之人",以为虽"不能深造,顾亦好焉,其所著论,往往推挹佛教",③可见其与佛教的不解之缘。梁氏一生撰述了《中国佛法兴衰沿革说略》《佛教之初输入》等多种关于佛教史与佛学理论方面的论著,辑为《佛学研究十八篇》。作为学者兼思想家,梁启超特别关注佛教的入世与救世精神。他认为,中国化的佛教禅宗就是"应用的佛教,世间的佛教"。④ 在《论佛教与群治之关系》一文中,他称引佛说谓:"己已得度,回向度他,是为佛行;未能自度,而先度人,是为菩萨发心。"为此,他力辩"佛教之信仰乃入世而非厌世",认为有了佛所谓敢于"下地狱"的精神,则"小之可以救一国,大之可以度世界"。⑤ 他不但极力发掘佛学的经世功能,而且在理性认识上也非常推崇佛教。他说:"佛教是建设在极严密、极忠实的认识论之上,用巧妙的分析法,解剖宇宙及人生成立之要素及其活动方式,更进而评判其价值,因以求得最大之自由解放,而达人生最高之目的者也。"⑥他几乎把佛教在人类精神史上的地位,推崇到了无以复加

---

① 梁启超:《南海康先生传》,见《饮冰室合集》文集之六,61—62、70页。
② 康有为:《大同书》,301页,北京,古籍出版社,1956。
③ 梁启超:《清代学术概论》,见《饮冰室合集》专集之三十四,74、73页。
④ 梁启超:《治国学的两条大路》,见《饮冰室合集》文集之三十九,119页。
⑤ 梁启超:《论佛教与群治之关系》,见《饮冰室合集》文集之十,47、48页。
⑥ 梁启超:《佛陀时代及原始佛教教理纲要》,见《饮冰室合集》专集之五十四,9页。

的高度。

谭嗣同在南京做候补知府时，曾到金陵刻经处从杨文会学佛一年，"治佛教之'唯识宗'、'华严宗'，用以为思想之基础"，①著成《仁学》一书。佛学是谭嗣同构建其仁学思想体系的重要因素，如其自叙所谓"凡为仁学者，于佛书当通《华严》及心宗、相宗之书"。谭嗣同对佛教给予了至高无上的评价，认为"佛能统孔、耶"，"佛教大矣，孔次之，耶为小"。② 他不仅信仰佛教，把佛学作为构建自己思想体系的精神基础，而且付诸实践，以佛学作为改造世界和革新社会的政治力量。正如梁启超所说："然真学佛而真能赴以积极精神者，谭嗣同外，殆未易一二见焉。"③谭嗣同的佛学思想具有鲜明的入世与救世精神，所谓"救人之外无事功，即度众生之外无佛法"。佛学是谭嗣同反对封建专制思想与制度的理论武器。他以佛教"众生平等"的教义，认为君臣、父子、夫妇、兄弟都是朋友，反对三纲五常的等级秩序观念。他说："其在佛教，则尽率其君若臣与夫父母妻子兄弟眷属天亲，一一出家受戒，会于法会，是又普化彼四伦者，同为朋友矣。"他还极力赞扬佛教的"威力""奋迅""勇猛""大雄""大无畏"等精神，认为"善学佛者，未有不震动奋厉而雄强刚猛者"。④ 谭嗣同正是以此精神高呼冲决封建网罗的口号，奋起反对封建专制主义制度，并最终为维新变法事业而献身。

辛亥时期革命党人中也有不少信佛学佛之士，如黄宗仰、苏曼殊、章太炎等。黄宗仰是著名的革命僧人，南社诗人苏曼殊则亦僧亦俗，章太炎是以学者兼思想家而学佛的代表人物。章太炎曾自叙平生学术经历为"始则转俗成真，终乃回真向俗"，即经历了一个由儒而佛，又由佛而儒的转变过程。他由儒入佛的大致经过是："少时治经，谨守朴学……继阅佛藏，涉猎《华严》、《法华》、《涅槃》诸经，义解渐深，卒未窥其究竟。及囚系上海，三岁不觌，专修慈氏、世亲之书，此一术也，以分析名相始，以排遣名相终，从入之涂，与平生朴学相似，易于契机，解此

---

① 梁启超：《清代学术概论》，见《饮冰室合集》专集之三十四，67页。
② 谭嗣同：《仁学》，见蔡尚思、方行编《谭嗣同全集》（增订本），293、289、333页。
③ 梁启超：《清代学术概论》，见《饮冰室合集》专集之三十四，73页。
④ 谭嗣同：《仁学》，见蔡尚思、方行编《谭嗣同全集》（增订本），371、351、321页。

以还,乃达大乘深趣。"①其时正值章太炎革命思想激昂的时候,佛学自然成为他鼓吹革命的精神力量。在演说革命道德建设时,他主张"用宗教发起信心,增进国民的道德"。他认为孔教、基督教皆"不可用",只有佛教是"最可用的"。他特别推崇佛教的华严宗和法相宗,认为:"这华严宗所说,要在普度众生,头目脑髓,都可施舍与人,在道德上最为有益。这法相宗所说,就是万法惟心。一切有形的色相,无形的法尘,总是幻见幻想,并非实在真有……要有这种信仰,才得勇猛无畏,众志成城,方可干得事来。"他还鼓吹用佛教的平等说进行反清"排满"革命,推翻封建君主专制制度,实行民权。他说:"佛教最重平等,所以妨碍平等的东西,必要除去。满洲政府待我汉人种种不平,岂不应该攘逐?……照佛教说,逐满复汉,正是份内的事。又且佛教最恨君权,大乘戒律都说'国王暴虐,菩萨有权,应当废黜'……这更与恢复民权的话相合。所以提倡佛教,为社会道德上起见,固是最要;为我们革命军的道德上起见,亦是最要。"②显然,当时章太炎提倡佛教,旨在培养国民道德和振起革命精神。

佛学在近代中国复兴的一个重要表现,就是回应时代变局的入世转向,这在居士佛学、寺僧佛学与学人佛学中都有不同程度的反映。在近代中国面临危急存亡之际,不少有识之士希望佛学能承担起一份救亡图存的责任,因而纷纷转向研治佛学,极力挖掘佛学的入世思想和救世精神。不可否认,近代佛学确实为某些思想家和政治家从事改革与革命的政治活动提供了一定的精神动力;但也必须指出,那种希图依靠佛学来实现救国救民的社会政治目标的理想,其实是不现实的,历史已经对此作出了否定的回答。

二 基督教文化事业的发展

19世纪末,基督教在中国传播,主要是依靠列强的武力支持与不平等条约的庇护。传教士与教徒的种种不法行为,致使民教冲突事件

---

① 章太炎:《菿汉微言》,见汤志钧编《章太炎政论选集》下册,736、734页。
② 章太炎:《东京留学生欢迎会演说辞》,见汤志钧编《章太炎政论选集》上册,272—276页。

迭起,中国人民的反洋教斗争层出不穷,至义和团运动达到高峰。这期间,教会事业因各种教案的打击,发展较为缓慢。20世纪初,历经庚子事变的严重挫折,教会很快从低谷走向发展的高潮。其具体原因主要有二:一方面是教会内部对传教方式的调整。教会通过对自身在一定程度上的反省与检讨,采取了一些较为积极的发展教会事业的措施,如限制传教士涉足中国的政治、外交与司法诉讼活动,加强对教徒的思想控制,扩大慈善事业,培植中国教徒充当神职人员,避免传教士卷入与一般中国人的纠纷之中,等等。另一方面是教会外部社会政治环境的变化。庚子事变后《辛丑条约》的签订,使清政府进一步屈服于列强的压力之下,尤其是清政府内部的顽固排外势力遭到沉重的打击,使官绅阶层对教会的敌意有所减弱。民国初年,临时大总统孙中山颁布的《中华民国临时约法》,明确地规定了"人民有信教之自由"的条款。这些都自然有利于促进教会事业的发展。1901—1920年,是基督教教会势力发展最迅猛的时期,也是近代中国教会史上的一个所谓"黄金时代"。①

近代中国基督教教会势力在庚子以后20年里获得了巨大的发展。据美国传教士乐灵生(Frank J. Rawlinson)于1922年发表的《前二十年中国基督教运动之改革与进步》称:"庚子年以前,为基督教创业之时期,虽事业颇不完全,而福音已遍布于各省矣。厥后于地理上之拓展,尤为迅速。试合天主、耶稣二教之基督徒而计,每二百人中,有基督徒一人。而全国幅员之中,为基督教认为责任地者,更有四分之三,并七省全为基督教责任地之所在。至近二十年内所建设之宣教师驻在地,则与前九十三年之数目相等,即自庚子年后所建设之三百三十七总堂,或占全数百分之四十八是也。又五万人口以上之大城,除十八城外,余均有基督教之开始事业……且福音堂之布满于全国,已达有一万处。"②这个时期基督教教会势力的发展,可以教徒与传教士人数激增的情况得到印证。据大略统计,天主教徒,1901年为70万人,1910年增至130万人,1918年又增至190万人;天主教传教士,1901年为800

---

① 以上论述参见顾长声《传教士与近代中国》(增补本),247—249页,上海人民出版社,1991;顾卫民《基督教与近代中国社会》,351—360页,上海人民出版社,1996。
② 中华续行委办会调查特委会编:《中华归主:中国基督教事业统计》第1编,3页,上海,商务印书馆,1922。

人,1910年增至1 400人。基督教新教徒,1901年为8万人,1904年增至13万人,1918年又增至35万人;新教传教士,1901年为1 500人,1914年增至5 400人。① 至1918年,合计天主教与基督新教教徒共有225万人,约占当时全国4亿多总人口数的0.5％,足证上述乐灵生所谓"合天主、耶稣二教之基督徒而计,每二百人中,有基督徒一人"之言不虚。另外,俄国东正教的势力也不可忽视。当时,东正教主要活动在北京及其郊县、天津、上海、汉口、广东、浙江及东三省地区。据统计,1906年,中国东正教教徒有3万人左右。②

随着基督教教会在华势力的扩张,基督教传教士为了传教的目的而开展的文化事业也得到进一步发展。这主要有三个方面。

一是创办报刊。自1815年英国传教士马礼逊在马六甲创办第一份中文期刊《察世俗每月统纪传》后,在相当长一段时期内,中国报刊传媒几乎被传教士所垄断。据统计,19世纪40—90年代,传教士创办了中、外文报刊近170种,约占同期中国报刊总数的95％。其中较著名的主要有《遐迩贯珍》、《六合丛谈》、《中外新报》、《教会新报》(后改名《万国公报》)、《中西闻见录》、《益闻录》(后改名《格致益闻汇报》《圣教杂志》)、《圣心报》、《学塾月报》、《新学月报》等。这些报刊虽然在19世纪末创办,但有不少在20世纪初仍有重要影响。如《万国公报》1876年发行1 800份,1897年增至5 000份,1903年激增至54 396份,成为当时中国国内发行量最大的刊物。③ 20世纪初,在国内民报蓬勃兴起的同时,基督教教会也继续创办了一些新报刊。如基督教新教最大的出版机构广学会除继续出版《万国公报》外,还出版了《中西教会报》(后改名《教会公报》)、《大同报》、《女铎》、《福幼报》等报刊。天主教教会也创办了各种中、外文期刊30多种。④ 传教士创办的报刊在传播基督福音的同时,也传播了不少西方近代的科学知识。"外人之传教也,均以输入学术为接近社会之方法。故最初发行之报纸,其材料之大部分,舍

---

① 参见顾长声《传教士与近代中国》(增补本),249、250页。
② 参见张绥《东正教和东正教在中国》,251、254页,上海,学林出版社,1986。
③ 以上参见方汉奇《中国近代报刊史》,18—20、29页,太原,山西人民出版社,1981。
④ 参见顾卫民《基督教与近代中国社会》,396、399页。

宗教外，即为声光化电之学。"①可见，报刊是传教士借传播学术以达到传教目的的重要途径。

二是翻译和出版书籍。广学会是基督教新教传教士创办的最重要的翻译出版机构。1887年，英国传教士韦廉臣等人在上海创办同文书会，韦廉臣任总干事。1890年，韦廉臣去世，由李提摩太接任总干事，并于1894年改名为广学会，英文名为"The Society for the Diffusion of Christian and General Knowledge among the Chinese"，意即"在中国人中间广传基督教及一般知识的会社"。据统计，至1911年，广学会共编译出版书籍461种，其中纯宗教性书籍138种，占总数29.93%；非宗教性书籍238种，占总数51.63%；含有宗教意味的但也含有其他内容的书籍85种，占总数18.44%。② 其时，天主教的重要出版机构主要有上海徐家汇土山湾印书馆、北京北堂遣使会印书馆、四川重庆圣家书局、湖北武昌天主堂印书馆、福建福州天主堂印书馆、山东济南府天主堂印书馆、直隶正定府天主堂印书馆等。其先后出版的书报刊物不下数十万种（册）。③ 与报刊一样，传教士翻译出版的书籍既传播了基督福音，又传播了近代西学知识。

三是兴办教会学校。清末民初，教会学校发展迅速，可以一份统计数据为证。基督教新教教会学校学生人数1889年为16836人，1906年为57683人，1912年为138937人，1915年为172973人，1919年为212819人，④30年间增长了近12倍。教会学校业已发展成为一个包括小学、中学、大学和各种专科学校的多层次、多学科的教育体系。1920—1921年，天主教教会学校有6255所，其中男校3518所，女校2615所，师范学校16所，专门学校61所，神学院45所，共有学生144344人。同时期内，基督教新教教会学校有7046所，其中初等小学5637所，高等小学962所，另有中学、大学、师范学校、神学院等447

---

① 戈公振：《中国报学史》，109页，北京，三联书店，1986。
② 参见熊月之《西学东渐与晚清社会》，553—554页。
③ 参见顾卫民《基督教与近代中国社会》，399页。
④ 《全国基督教会学校学生历年增进表》，见朱有瓛主编《中国近代学制史料》第4辑，390页。

所,共有学生 212 819 人。① 总计天主教与新教两类教会学校共有 13 301所,学生 35 万多人。当时中国官立学校共有 57 267 所,学生 163 万人,与教会学校相比,学校的比例为 4.3∶1,学生的比例为 4.66∶1。特别值得注意的是,教会大学的创办甚至还超过了国内大学的速度与规模。1920 年以前,共有 14 所教会大学,其中 13 所为新教创办,它们是山东联合大学(后为齐鲁大学)、福建协和大学、金陵女子大学、杭州之江大学、武昌文华大学(后为华中大学)、福州华南女子文理学院、广州岭南大学、金陵大学、上海圣约翰大学、上海沪江大学、苏州东吴大学、成都华西协和大学、北京汇文大学(后为燕京大学)。另有上海震旦大学,为天主教创办。② 当时中国国立大学只有北京大学、北洋大学和山西大学 3 所,另有私立大学 5 所,总数尚不及教会大学。可见教会学校在近代中国文化教育领域的势力之大,其影响不可低估。

毫无疑问,基督教文化事业的发展是完全服从其传教目的的。正如美国传教士狄考文所说:"传教士是为着基督教的利益而来办教育的。虽然教育本身具有很大好处,但是这些好处并不足以促使教会动用金钱,和它的男女信徒们去奉献自己的力量……教育是基督教会的一根很重要支柱,不能漠然视之。重要的问题是,要怎样使教育工作为教会的最高目标服务。"③可以说,办报、译书与办学等文化活动,都是基督教在近代中国传播的重要手段。但与此同时,基督教这些文化事业的发展,又客观上促进了近代西方文化在中国的传播,推动了近代中国文化事业的发展与进步,这对加强近代中西文化的交流有积极意义。

---

① 《中国基督教教育调查会记天主教会之教育事业》《全国基督教大会报告书〈论今日基督教之教育状况〉》,见朱有瓛主编《中国近代学制史料》第 4 辑,149、154—155 页。
② 参见[美]杰西·格·卢茨《中国教会大学史(1850—1950)》,曾钜生译,506—509 页,杭州,浙江教育出版社,1987。
③ [美]狄考文:《怎样使教育工作更有效地促进中国基督教事业》,见朱有瓛主编《中国近代学制史料》第 4 辑,94—95 页。

第五节　社会心理与风习的嬗变

一　社会生活陋俗的进化

清末民初是一个社会政治变革的过渡时代。随着急剧的政治变动,人们的日常社会生活观念与习俗也在悄然发生变革。新事物的兴起与旧事物的消灭,是这个变革时代最显著的标志。如时人所谓:"自武昌发难,一声霹雳,万蛰昭苏,曾不半稔,共和成立。政体既易,一切典章文物风教制度,罔不有革新气象,而旧者日归淘汰,斯固天演之公例然也。爰就所见濡笔记之:共和政体成,专制政体灭;中华民国成,清朝灭;总统成,皇帝灭;新内阁成,旧内阁灭;新官制成,旧官制灭;新教育兴,旧教育灭;枪炮兴,弓矢灭;新礼服兴,翎顶补服灭;剪发兴,辫子灭;盘云髻兴,堕马髻灭;爱国帽兴,瓜皮帽灭;爱华兜兴,女兜灭;天足兴,纤足灭;放足鞋兴,菱鞋灭;阳历兴,农历灭;鞠躬礼兴,拜跪礼灭;卡片兴,大名刺灭;马路兴,城垣巷栅灭;律师兴,讼师灭;枪毙兴,斩绞灭;舞台名词兴,茶园名词灭;旅馆名词兴,客栈名词灭……有心人于事物盛衰之间,足以觇国家未来之兴替、社会未来之文野。"①清末民初正是一个在政治、经济、文化教育与社会生活等各个领域发生整体性结构变革的时代。

社会生活习俗变革的一个重要方面是陋俗的进化。清末以来,在中国社会现代化的进程中,国人在日常社会生活方面进行了广泛的陋

---

① 吴冰心:《新陈代谢》,见 1912 年 3 月 5 日《时报》,上海。

俗变革,其中尤以禁缠足、剪辫以及婚俗、社交礼仪等方面的变革较深入。

女子缠足之风,绵延上千年,是清末以来有识之士力图革除的一项陋习。不仅维新志士和革命党人积极主张放足,反对缠足,而且此举还得到政府的支持与提倡。禁缠足既是清末新政的重要内容,也是民初民国政府革新的重要举措。正是由于民间人士的呼吁和政府的倡导,因而在清末民初形成一股不缠足的社会风气。上海、天津、广东、福建、浙江、湖南、湖北、山东、奉天等地纷纷成立不缠足会或天足会,并于1906年出现全国性的不缠足团体——中国天足会。据当时报刊记载,在广州,"女学大兴,放足的十有八九,都说放的是文明,缠的是野蛮"。① 在天津,"妇女不缠足的风气开通多了,或有入天足会的,或有不入天足会也不缠足的。约略着算计,天津一处,总有三四百家。有这三四百家文明种子,渐渐发生,不愁将来不都改过来,这也算是一件最可喜的事"。② "天津不缠足的,已有三分之一了。"③ 到民初,人们的观感是:"昔日女子多缠足,今日女子多天足。"④ 这些报道说明城市居民中有一些女子已开始不缠足。其时,在报刊上还出现有知识青年公开征求天足女子为妻的征婚广告。⑤ 这也表明社会对不缠足现象有了一定程度的认同。然而,由于习惯势力的影响,清末民初的不缠足运动虽然开展得轰轰烈烈,但并没有最终根除缠足陋习。

男子蓄辫,是清朝统治的象征。在清末,剪辫与否已经成为是否革命的标志,所谓"世之论尊王与革命党派者,不以言论,不以事实,惟以去辫不去辫,为尊王、革命两党之一大标识"。⑥ 流亡海外的革命党人多以剪辫表明其反清的意旨,流风所及,国内新式学堂学生与新军士兵也纷纷效仿,"南京自组织新军以来,军界中人纷纷截落发辫者不可胜数"。⑦ 学界剪辫风气也是颇为盛行,朝廷屡禁不止。1910年冬,资政

---

① 江东:《记杭州放足会》,载《浙江潮》第2期,日本东京,1903。
② 《缠足的妇女请听》,见1905年3月31日《大公报》,天津。
③ 《庆云毕君缓珊劝戒缠足浅说》,见1905年4月17日《大公报》,天津。
④ 匹志:《今昔女子观》,见1912年2月1日《申报》,上海。
⑤ 《求偶》,见1902年6月26日《大公报》,天津。
⑥ 匪石:《野获一夕话》,载《浙江潮》第2期,日本东京,1903。
⑦ 《饬禁兵士剪辫》,见1906年5月9日《大公报》,天津。

院通过剪辫易服案,使剪辫运动"一时风发云涌,大有不可遏抑之势,而以学界之热度为最高"。① 据报载,在天津,"自剪发风气开通后,本埠工商学界实行者几于无日无之"。② 在北京,"学界剪发之事刻已盛行"。③ 在上海,由伍廷芳发起,各界在张园举行剪辫大会,到者二万余人,设有义务剪发处,"理发匠十数人操刀待割,其时但闻拍掌声、叫好声、剪刀声、光头人互相道贺声……计二小时之间,当场剪发者已得三百余人。"④1911年12月7日,在武昌起义的冲击下,清政府终于批准资政院的奏请,谕允臣民自由剪辫。据报载,12月13日,内阁总理大臣袁世凯带头剪辫,"以为各界之倡"。随后,"各国务大臣、次官,及其他稍明时势之各京官,并袁所统各军队,已纷纷剪去。即外间一班社会,风闻而剪者亦为不鲜"。⑤ 在民初,南京临时政府以临时大总统孙中山的名义发布限期剪辫令,进一步掀起了剪辫的风潮。据记载,广东宣布独立之日,剪辫者达20多万人,"无论老弱少壮之男子以及士农工商兵,罔不争先恐后,纷将天然锁链剪去。是日堤岸一带之剪辫店,自朝至暮,挤拥非常,操此业者,几致食亦无暇"。⑥ 剪辫一时成了革命的标志,"不剪辫不算革命,并且也不算时髦,走不进大衙门去说话,走不进学堂去读书。所以革命不到几时,年轻的男子们,早把发辫剪了。"⑦ 顽固守旧之徒继续蓄辫不剪,即刻招致社会舆论的非议。"民国此次革命,莫不以剪除发辫为第一标记。其有保存发辫者,非讥之为豚尾,即詈之为满奴,甚欲削夺其选举权,以实行强迫手段。"⑧剪辫具有深刻的社会政治意义,可谓民国气象更新的一个重要表征。

婚俗的变革表现在由传统的封建包办婚姻向西式文明结婚的转变。传统婚姻由父母之命、媒妁之言包办而成,完全无视青年男女双方

---

① 《闲评二》,见1910年12月23日《大公报》,天津。
② 《剪发汇记》,见1910年11月29日《大公报》,天津。
③ 《学生剪发可自由矣》,见1910年12月6日《大公报》,天津。
④ 《张园剪发之大会》,见1911年1月26日《大公报》,天津。
⑤ 《袁总理之提倡剪发》,见1911年12月17日《大公报》,天津。按:据李学通考证,袁世凯剪辫实在1912年2月16日,参见《袁世凯剪发辫日期考》,载《近代史研究》2002年第3期,北京。
⑥ 大汉热心人:《广东独立记》,见中国科学院近代史研究所史料组编辑《辛亥革命资料》(《近代史资料》总25号),456页,北京,中华书局,1961。
⑦ 忍庐:《辛亥革命在贵阳》,见贵州省社会科学院历史研究所编《贵州辛亥革命资料选编》,354页,贵阳,贵州人民出版社,1981。
⑧ 《闲评二》,见1912年11月20日《大公报》,天津。

的主观意志。尤其是女子,更是婚姻的牺牲品,不知酿成了多少人间惨剧。这是有识之士极力抨击的一大陋俗。1900 年,蔡元培公开提出选择配偶的五项条件:"(一)女子须天足,(二)女子须识字,(三)男方不娶妾,(四)男死后女可再嫁,(五)男女两方意见不合可以离婚。"①其中后三项反对纳妾、提倡女子可以再嫁及离婚,是对传统婚姻观的正面挑战。1904 年,陈王发表《论婚礼之弊》一文,对传统婚姻陋俗进行了系统的批判。他指出,中国旧式婚礼通弊有六:一是男女不相见之弊,二是父母专婚之弊,三是媒妁之弊,四是聘仪奁赠之弊,五是早聘早婚之弊,六是繁文缛节之弊。他对西方男女自由恋爱结婚的婚俗颇为推崇,认为是"风俗之至则,人伦之乐事",并主张学习西俗,以改变中国的旧式婚姻陋俗。他提出:"以独立分居为根据地,以自由结婚为归着点,扫荡社会上种种风云,打破家庭间重重魔障,使全国婚界放一层异彩,为同胞男女辟一片新土,破坏男女之依赖,推倒专制之恶风,遏绝媒妁之干涉,斩芟仪文之琐屑。"②孙宝瑄也对西方自由恋爱结婚的婚俗赞叹不已。他说:"世界文明之极则,男女自择配偶。""夫妇配合,宜由自择,欧人之风也。然与苟合有别,何也?盖当未结为夫妇之先,彼此先为朋友,必待二三年之久,互相察知性情之如何,品行之如何,以及身体之强弱,学问之优劣,无不体验周备,然后两情认许,再以父母老成之敏眼认可之,方能订盟结缡,至不易也。"③1905 年,法国司达康女士所撰《婚姻谈》一书,由中国驻法二等参赞官刘式训翻译出版,这是西式婚礼在中国开始流行的一个重要标志。④清末民初,西式文明婚礼已在上海、北京、天津、广州等大都会成为时尚。有人认为文明婚礼的好处有三:"梳一东洋头,披件西式衣,穿双西式履,凡凤冠霞帔、锦衣绣裙、红鞋绿袜一概不用,便利一;马车一到,昂然登舆,香花簇拥,四无障碍,无须伪啼假哭、扶持背负,便利二;宣读婚约,互换约指,才一鞠躬,即携手

---

① 林文铮、陈觉民:《蔡孑民先生二三事》,中国人民政治协商会议浙江省委员会文史资料研究委员会编《浙江辛亥革命回忆录》,13 页,杭州,浙江人民出版社,1981。
② 陈王:《论婚礼之弊》,见《辛亥革命前十年间时论选集》第 1 卷下册,854—858 页。
③ 孙宝瑄:《忘山庐日记》上册,612 页。
④ 闵杰:《近代中国社会文化变迁录》第 2 卷,437 页。

同归,无俟相催请、跪拜起立之烦,便利三。"①自由恋爱、文明结婚成为时髦青年的理想追求。有诗为证:"无媒婚嫁始文明,奠雁牵羊礼早更。最爱万人齐着眼,看侬亲手挽郎行。"②文明结婚的出现,是对封建包办婚姻的巨大冲击,此后便逐渐成为一种新的社会风尚。

社交礼仪的变革,首先表现在男女社交初现端倪。在传统社会中,由于"男女之大防"观念的限制,女子是不宜出来进行公开社交活动的。清末以来,随着西方近代自由平等学说的传入以及妇女解放思想的传播,女子社交不可避免。戊戌时期,已有妇女参与戒缠足、兴女学等社会改良活动。1901年,在上海张园拒俄集会上,薛锦琴女士公开发表演讲,震动海内外,可谓妇女介入政治活动的开端。③辛亥时期,有许多女子,如秋瑾等人参加了反清革命运动。民国初年,妇女还掀起了轰轰烈烈的参政风潮。不过,总的说来,由于礼教的束缚,这一时期男女社交仍被社会舆论所控制,起色不大,仅略显端倪而已。④其次,见面礼节由跪拜、作揖改为鞠躬、握手。跪拜礼是传统社会中一种基本的礼节,用于维护尊卑等级制度和伦常关系。清末有识之士批评跪拜礼含有臣服之意,是造成国民奴隶性格的重要根源,批评说:"叩头也,请安也,长跪也,匍匐也,唱诺也,恳恩也,极人世可怜之状,不可告人之事,而吾各级社会中,居然行之大廷,视同典礼。"⑤1906年,两广总督岑春煊发布示谕,痛斥屈膝请安之礼"婢膝奴颜,有伤气节",宣布废除官场跪拜礼仪,要求各级官员"入见概用长揖,普免屈膝请安俗礼"。随后,湖北、江苏、河南、江西等省,均于当年废除了这一礼节,改为下官见上级,初见三揖,常见一揖。⑥民初,临时政府明令废除叩拜、相揖、请安、拱手等旧式礼节,改行以鞠躬礼为主,通常的"文明仪式"为"脱帽、鞠躬、握手、鼓掌、洋式名片"。⑦再次,称呼由尊卑改为平等。1906年,江苏巡抚陈夔龙在宣布废除跪拜礼的同时,禁止各级官员在公牍中使用

---

① 是龙:《自由女之新婚谈》,见1912年9月19日《申报》,上海。
② 息影庐:《新女界杂咏》,见1912年5月1日《申报》,上海。
③ 参见闵杰《近代中国社会文化变迁录》第2卷,195—197页。
④ 梁景和:《近代中国陋俗文化嬗变研究》,268页,北京,首都师范大学出版社,1998。
⑤ 《箴奴隶》,见《辛亥革命前十年间时论选集》第1卷下册,705页。
⑥ 参见闵杰《近代中国社会文化变迁录》第2卷,513—514页。
⑦ 参见胡绳武、金冲及《辛亥革命史稿》第4卷,112页,上海人民出版社,1991。

"卑"字,要求"嗣后通省府、州、厅、县以下公牍中,一律免称卑字"。①民国初年,南京临时政府明文规定,要改变官厅中"大人""老爷"的称呼,概以官职相称,民间普通称呼则为"先生""君"。此后,虽然"大人"与"老爷"之类的称呼并没有立刻绝迹,但"先生"与"君"等称呼则逐渐流行开来。

清末民初社会生活习俗的变革与政治变革相辅相成,基本上是以西方近代自由、平等观念为思想基础。因此,在参照西方生活习俗以革除传统陋习的同时,社会上出现了模仿西方生活方式的风气,逐渐形成了一种趋西与洋化的社会风尚。

二 社会风尚的趋西与洋化

清末民初社会风尚的趋西与洋化表现在社会生活的各个方面,包括衣食住行、娱乐休闲与生活观念等。这种现象是与随着西力东侵而来的西俗东渐相伴生的,一般首先出现在沿海沿江的通商口岸,然后逐渐向内地通都大邑辐射,最后再慢慢地向广大农村地区渗透。可以说,这是与中国社会现代化进程相伴始终的一个漫长的过程,在清末民初仅开其端而已。

近代中国服饰的趋西与洋化,首先零星地出现在香港、广州、上海等通商口岸,洋行里的买办可谓开风气之先者。随后,在改革与革命的进程中,剪辫易服思潮兴起。有识之士一面痛斥旧式服装的弊病,认为"今之辫、服,牵掣行动,妨碍操作,游历他邦,则都市腾笑,申申骂予;于时为不宜,于民为不便",因而提倡西服。他们认为剪辫易服其利有八:可借以变法,借以养廉,可以强兵,可以强种,可便行役,可振工艺,可善外交,可弭教案,②把剪辫易服提高到救亡图存的政治高度。在清末,不少革命党人已经剪辫易服,穿起了西装。到民初,更是一度出现改穿西装的热潮。尤其是都市时髦男女,纷纷闻风而动,改穿洋服、戴洋帽者甚多。1912年10月,民国政府在废弃清朝服制的同时,公布了新的

---

① 《苏抚陈通饬各属革除官场陋习札文》,见 1906 年 5 月 30 日《大公报》,天津。
② 《剪辫易服说》,见《辛亥革命前十年间时论选集》第 1 卷上册,472—475 页。

服制,其男女礼服、常服均对西服多有参照之处。与此同时,孙中山结合中西服装的优点,创制了中西合璧的中山装,它一时成为中国男子礼服的流行装。民初服装千姿百态,"西装东装,汉装满装,应有尽有,庞杂至不可名状"。① 与逊清遗老仍然钟情于满装不同,新派人士则多以西装为时髦。

西餐于中外通商初期首先在广东、上海等地流行。起初主要是供外国人享用,华人往食者不多。在上海,"外国菜馆为西人宴会之所,开设外虹口等处,抛球打牌皆可随意为之","华人间亦往食"。后来,华人吃西餐者渐多,所谓"向时华人鲜过问者,近则裙屐少年,巨股大贾,往往携姬挈眷,异味争尝"。② 庚子事变后,西餐开始在京津地区流行起来。在北京,玉楼春、清华楼、海晏楼等"洋饭馆"相继开设,吃西餐渐成时髦风气。"近年北京人于西学西艺虽不知讲求,而染洋习者正复不少。"③随着西餐的传入,西式饮料与食品也开始流传进来。如天津同宴楼饭店"专做包办英法大菜,西式点心,各国驰名洋酒、汽水等诸品,罐头食物俱全"。④ 当时传入的西式食品种类繁多,如洋酒有啤酒、香槟、白兰地,饮料有汽水、冰激凌、冰棍、奶茶、咖啡,糕点有面包、饼干、蛋糕,以及各种糖果、罐头食品,等等。清末民初以来,这些西式饮料与食品逐渐进入人们的日常生活,在一定程度上改变了中国人的饮食结构与饮食习惯,其影响是深远的。

近代中国西式建筑出现较早的地方,是上海、广州、汉口、天津等地的租界。据近人研究统计,1843—1919 年,上海租界内的居住建筑多属于四坡顶的简单洋房,其中 1910—1919 年新建的 4 000 幢建筑,从式样到结构全部采用了西洋风格。有人描写当时的上海是"穷奢极丽筑洋楼,亘古繁华第一州"。⑤ 受租界风气的影响,其他一些通都大邑也有不少西式建筑。如在沈阳,"建筑宏丽,悉法欧西";在青岛,"市内

---

① 《闲评二》,见 1912 年 9 月 8 日《大公报》,天津。
② 参见闵杰《近代中国社会文化变迁录》第 2 卷,662—663 页。
③ 《群尚洋习》,见 1903 年 8 月 10 日《大公报》,天津。
④ 《新开同宴楼洋饭店》,见 1905 年 5 月 25 日《大公报》,天津。
⑤ 参见孙燕京《晚清社会风尚研究》,42 页,北京,中国人民大学出版社,2002。

住屋多属欧式建筑";在杭州,"西湖多别墅,且大率为西式建筑"。① 与此同时,西式家具也成为富户人家的时髦摆设。如在上海,"从前家中陈设不过榆树器具及瓷瓶铜盆,已觉十分体面。今上海人红木房间,觉得寻常之极,一定要铁床、皮榻、电灯、风扇,才觉得适意"。② 可见,西式家居业已成为新派人物的时髦追求。

近代西式交通工具的引进,除火车、轮船等大型长途运输工具外,尚有多种市内交通用具。一是西式马车。1793 年,马戛尔尼曾代表英皇乔治三世赠送乾隆皇帝两辆华丽的四轮双马车,此为西式马车传来中国之始。19 世纪中叶,西式马车开始在香港、上海、广州等地风行,北京在 20 世纪初年才比较常见。二是人力车,又称"东洋车",约在 1869 年首先输入香港,1874 年输入上海,后来便很快在城市中推广和流行开来。三是自行车,又称"脚踏车"。鸦片战争以后,自行车传入中国,先在通商口岸,后进入内地城市。1900 年左右,自行车进入中国人的日常生活,至今已成为普通百姓重要的日常交通工具。四是汽车。1901 年,旅沪匈牙利人李恩时将第一批两辆汽车输入上海,是为汽车输入中国之始。1907 年,北京至巴黎的汽车拉力赛成功举办,轰动一时。受此影响,中国第一家汽车公司——蒙古汽车公司于次年成立。1911 年,上海已有汽车数百辆之多。其时,汽车还主要用于市内交通。五是电车。1899 年,北京城南马家堡至永定门的电车轨道正式通车,是为中国内地通行电车之始。1906—1907 年,天津、上海相继开通有轨电车。此后,电车便逐渐成为重要的城市交通工具。随着新式交通工具的引进,上海、天津、汉口等城市开始修建西式马路,并使用煤气灯、电灯照明,市容大有改观。③ 种类繁多的近代西式交通工具的引进,以及相应的交通设施建设,不仅改善了传统的交通状况,而且在一定程度上推动了城市市政建设的现代化。

娱乐休闲方式的西化倾向也很明显。电影于 1896 年传入中国后,20 世纪初年便成为城市居民一项重要的娱乐。不仅上海、天津等大城

---

① 参见严昌洪《中国近代社会风俗史》,95 页,杭州,浙江人民出版社,1992。
② 虎痴:《做上海人安得不穷》,见 1912 年 8 月 9 日《申报》,上海。
③ 以上参见严昌洪《中国近代社会风俗史》,96—98 页;闵杰《近代中国社会文化变迁录》第 2 卷,143—145、186—193、326—332、474—477 页。

市观者如堵,而且在比较偏远的广西的一些中小城市也颇受欢迎。据报载:"近有希腊商人二名、法人一名,由河内至龙州,拟在南宁、贵县、郁林、梧州等处开演影戏,所带像片,大有可观,一时之欲扩眼界者无不先睹为快。"①话剧于1907年传入中国后,很快便成为时髦人士又一种高雅的文化娱乐。同时,还有不少西式娱乐休闲方式,如音乐、跳舞、游泳、射击、台球、集邮、摄影、赛马、彩票等,也纷纷传入中国,并逐渐流行。如有人对西洋舞会赞赏有加,认为"西洋礼法最佳,此等社交,乐而有礼,男女和合,故最能怡悦心情,较之中国人每会必为牧猪奴等戏者大异矣。必此等社交发达,而后风俗移易"。②再如,有人用留声机欣赏音乐,形情怡然自得。有诗云:"小院静无人,但闻歌声缓。歌声何处来,天机自流转。"③西式娱乐休闲方式的引进,使人们的精神生活更加丰富多彩。

随着生活方式的趋西与洋化,人们的生活观念也发生了相应的变化。新的生活观念是与一定的社会政治环境相适应的。清末民初,无论是清政府的新政,还是立宪派的立宪运动和革命派的民主革命,一切政治活动都以西方为榜样,因而趋西与洋化自然成为社会生活观念变迁的新潮流。当时人们普遍认为,西方近代的社会生活建立在天赋人权、自由平等的理性原则基础之上,是人类理想的社会生活模式,代表着社会进步的方向;中国传统的社会生活充满着陈规陋俗,必须以西方模式为标准,进行彻底的改革;趋西与洋化是文明、进步,否则便是顽固、保守。因而刻意追求西化或洋化便成时髦之举。据报载:"革命巨子,多由海外归来,草冠革履,呢服羽衣,已成惯常,喜用外货,亦无足异。无如政界中人,互相效法,以为非此不能厕身新人物之列。""官绅富室,器必洋式食必西餐者无论矣。其少有优裕者亦必备洋服数袭,以示维新。下此衣食艰难之辈,亦多舍自制之草帽,而购外来之草帽。今夏购草帽之狂热,竟较之买公债券认国民捐,跃跃实逾万倍。"④趋西与洋化成为新派的代名词,人们自然趋之若鹜。

---

① 《电光影戏过宁》,见1909年8月28日《大公报》,天津。
② 黄远庸:《喜日记·其二》,见黄远庸《远生遗著》卷三,215页,北京,商务印书馆,1984。
③ 孙宝瑄:《忘山庐日记》下册,871页。
④ 《论维持国货》,见1912年6月1日《大公报》,天津。

社会风尚的趋西与洋化,是与近代中国向西方学习的基本潮流相一致的。在此过程中,传统社会里一些愚昧落后的陈规陋俗,因受到西方近代文明风尚的冲击与洗礼而渐渐衰败甚至消亡;同时又引进并吸收了一些西方近代文明风尚的新因素,使近代中国社会生活方式与观念逐步迈上现代化的历程。应该说,这是具有一定进步意义的。但是,社会风尚的趋西与洋化一旦非理性化,便可能滑进盲目崇洋的泥潭。有人讽刺这种盲目崇洋现象说:"中华国民禀特质,不务精神尚形式。大汉虚传统一名,满目五光兼十色。更有西装新少年,短衣窄袖娇自怜。足踏黄革履,鼻架金丝边。自诩开通世莫敌,爱皮西地口头禅。醉心争购舶来品,金钱浪掷轻利权。"①学其皮毛,弃其精髓,甚至数典忘祖,这可能走向事物的反面。

三 社会心理的崇洋与民族文化自信心的陷落

清末以来社会崇洋心理的形成,是严重的民族危机和国势衰微的产物。近代中国以屈辱的鸦片战争为开端,之后又在一系列的对外战争挫败中渐趋沉沦,陷于半殖民地半封建社会的深渊,这对民族心理的伤害是深重的。在西力东侵与西学东渐的巨大压力之下,国人从"天朝上国"的迷梦中惊醒,民族心理防线迅速崩溃,对外观念发生根本性的变化,心态急剧逆转,由妄自尊大、蔑视夷狄转而趋于崇洋,甚至于媚外。这在社会各阶层中都有不同程度的表现。

庚子事变后,清政府在列强的淫威之下几乎完全丧失了民族抵抗意识,统治者唯有俯首称臣,一味以媚外为能事,所谓"一变而为媚外之目的、媚外之成见……但能与外人不决裂者,无论失若大之利权,必膺上赏"。② 官僚阶层更是媚态毕露,奉西人若神明。"见一外国人则崇之拜之,视之如无所不知无所不能之上帝。虽外国一流氓,其入中国也,其声价可以埒周孔。官吏士夫与交接者,得其一顾盼,登龙门不如也。"③知识阶层中兴起一股"醉心欧化"的潮流,有人甚至以"欧化"为

---

① 剑仙:《西装叹》,见 1912 年 4 月 22 日《申报》,上海。
② 《论媚外之祸》,载《新民丛报》第 1 年第 16 号,日本东京,1902。
③ 《崇拜外国者流看者》,载《新民丛报》第 1 年第 5 号,日本东京,1902。

救亡图存的唯一途径。"今之见晓识时之士,谋所以救中夏之道,莫不同声而出于一途曰:欧化也,欧化也。"①普通民众阶层也有从"排外主义"转向"媚外主义"的苗头。据说在八国联军侵占北京期间,"家家户户,都高挂着顺民旗;口口声声,都高喊着洋大人。因惊生惧,因惧生媚,于是把从前扶清灭洋的排外主义,变成个托庇捧臀的媚外主义。因此人人媚外,举国如狂"。②这段话虽然可能有不少夸张的成分,但在一定程度上反映了社会心态变迁的一个面相。

随着欧风美雨强势文化的肆意渗透,人们的生活方式与观念逐渐趋西与洋化;这种生活方式与观念的变化,直接影响到人们的社会心理。其中崇洋心理是在社会风尚趋西与洋化的极端化状态下的社会心态,基本标志是唯西是尚、唯洋是尊。在这种心理状态之下,自卑心态油然而生,民族文化自信心开始陷落。这在清末民初已渐显端倪。

在清末,一些时髦青年学生已经开始盲目崇洋:"他们看着外国事,不论是非美恶,没有一样儿不好的,看着自己的国里,没有一点儿是的,所以学外国人惟恐不像。"③有首竹枝词讽刺说:"洋帽洋衣洋式鞋,短胡两撇口边开。平生第一伤心事,碧眼生成学不来。"④在民初,崇洋之风更甚,社会上出现了偏爱洋货的现象。时人描述道:"中国之缎甚好,偏爱穿外国缎;中国之纱甚好,偏爱买外国纱;中国之呢甚好,偏爱用外国呢;中国之戏甚好,偏爱看外国戏;中国之话甚好,偏爱说外国话;中国之酒甚好,偏爱饮外国酒;中国之菜甚好,偏爱吃外国大餐;中国之木器甚好,偏爱摆外国家生;中国之旅馆甚好,偏爱挂外国商旗;中国之学堂甚好,偏爱进外国学堂;中国之女人甚好,偏爱娶外国老婆。"⑤不仅时髦青年如此,"小滑头识几个英文,满口也司也司,像煞有介事"。⑥甚至政府官员也不例外。有署名"中国人"者的文章讥讽民国国务员的

---

① 许守微:《论国粹无阻于欧化》,载《国粹学报》第1年第1册第7期,上海,1905。
② 锋郎:《媚外性》,载《杭州白话报》第2年第21期,1903年。转引自赵立彬《20世纪30—40年代全盘西化思潮研究》,29页,广州,中山大学历史系博士学位论文,1999。当时柳亚子有一段相似的记述:"近者庚子之变,联军八国,翩然入京,顺民之旗,户户高悬;洎其退也,德政之牌,署衙千百,演此丑剧,为世界笑。"(柳人权:《后叙》,见爱自由者金一《女界钟》,86页,上海,大同书局,1903。)
③《附件》,见1903年4月17日《大公报》。
④《公余日录》卷十,转引自胡绳武、金冲及《辛亥革命史稿》第4卷,115页。
⑤ 白水乐生:《偏爱》,见1912年3月11日《申报》,上海。
⑥ 魏唐醉汉:《像煞有介事一打》,见1912年5月15日《申报》,上海。

崇洋形象是:"头戴外国帽,眼架金丝镜,口吸纸卷烟,身着哔叽服,脚踏软皮鞋,吃西菜,住洋房,点电灯,卧铜床,以至台凳、毡毯、面盆、手巾、痰盂、便桶,无一非外国货,算来衣食住处处仿效外国人,独惜其身非外国产。"①当中国人恨不能从精神与身体都变成外国人的时候,还有什么比这更可悲哀的呢?

崇洋风气盛行,最严重的后果就是民族文化自信心的陷落,及由此而来的爱国心衰减。一些"心醉西风者流,蔑弃吾数千年之道德学术风俗,以求伍于他人"。② 有人甚至成为"醉心欧化"的"国奴"和"学奴"。他们认为:"中国之学,诚不足以救中国。于是醉心欧化,举一事革一弊,至于风俗习惯之各不相侔者,靡不惟东西之学说是依。"③以吴稚晖为代表的《新世纪》派无政府主义者,甚至提出废除汉文汉字而采用万国新语(世界语)的激烈主张。钱玄同日后回忆,认为章太炎当年之所以倡言保存国粹,乃痛心于"举国不见汉仪",并感慨于"满街尽是洋奴"。④ 钱之所言未免过甚其辞,但章之所虑实则事出有因。民国初年,针对国人盲目崇洋的现象,有人指出:"革命以前爱国人多,革命以后爱国人少。"甚至有人"爱外洋,不爱祖国"。⑤ 胡适猛烈抨击了留学界"数典忘祖"的弊病,认为:"今留学界之大病,在于数典忘祖。吾见有毕业大学而不能执笔作一汉文家书者矣,有毕业大学而不能自书其名者矣,有毕业工科而不知中国有佛道二教者矣……今吾国留学生,乃不知其国古代文化之发达、文学之优美、历史之光荣、民俗之敦厚,一入他国,目眩于其物质文明之进步,则惊叹颠倒,以为吾国视此真有天堂地狱之别。于是由惊叹而艳羡,由艳羡而鄙弃故国,而出主入奴之势成矣。于是人之唾余,都成珠玉;人之瓦砾,都成琼瑶。及其归也,遂欲举吾国数千年之礼教文字风节俗尚,一扫而空之,以为不如是不足以言改

---

① 中国人:《中华民国国务员之衣食住》,见 1912 年 5 月 7 日《申报》,上海。
② 梁启超:《新民说》,见《饮冰室合集》专集之四,7 页。
③ 黄节:《国粹学报叙》,载《国粹学报》第 1 年第 1 册第 1 期,上海,1905。
④《钱玄同日记》第 16 册,1917 年 1 月 1 日,参见杨天石《振兴中国文化的曲折寻求——论辛亥前后至"五四"时期的钱玄同》,见杨天石《寻求历史的谜底——近代中国的政治与人物》,372 页,北京,首都师范大学出版社,1993。
⑤《心直口快》,见 1912 年 5 月 8 日和 9 日《申报》,上海。

革也。"① 显然,这些都是崇洋心理在作怪。

就广义的文化史意义而言,一部近代中国历史,也是传统中国与近代西方之间两种文化冲突和交融的历史,其间交织着屈辱、沉沦与奋争的多个面相。梁启超在《五十年中国进化概论》中,对于近代中国历史演进的历程,从中西文化比较的角度作了一番精彩的描述。他说:"第一期先从器物上感觉不足。这种感觉,从鸦片战争后渐渐发动,到同治年间借了外国兵来平内乱,于是曾国藩、李鸿章一班人,很觉得外国的船坚炮利,确是我们所不及。对于这方面的事项,觉得有舍己从人的必要……第二期是从制度上感觉不足。自从和日本打了一个败仗下来,国内有心人,真像睡梦中著了一个霹雳,因想道堂堂中国为什么衰败到这田地,都为的是政制不良……第三期便是从文化根本上感觉不足。第二期所经过时间,比较的很长——从甲午战役起到民国六七年间止,约二十年的中间,政治界虽变迁很大,思想界只能算同一个色彩。简单说,这二十年间,都是觉得我们政治、法律等等,远不如人,恨不得把人家的组织形式,一件件搬进来,以为但能够这样,万事都有办法了。"② 对梁启超这段话可以作两方面的概括:就积极方面而言,近代中国人向西方学习的历程经历了器物、制度、文化三个层次的思想认识的深化过程;就消极方面来看,这一过程也是近代中国人的民族文化自信心逐步衰落的过程。

近代中国严重的民族危机与文化危机,迫使国人在反抗西方列强侵略的同时转而向西方学习,以救亡图存。由于内忧外患危机的日趋严峻,促使向西方学习的取向逐渐与传统疏离,其极端形式便是激烈地反传统,甚至全盘否定传统。这种思想倾向在戊戌时期业已初显端倪。正如张之洞在《劝学篇》中所说:"大率近日风气,其赞羡西学者,自视中国朝政民风无一是处,殆不足比于人数,自视其高曾祖父,亦无不可鄙贱者,甚且归咎于数千年以前,历代帝王无一善政、历代将相师儒无一人才。"③ 这种中国"百事不如人"的认知心态的形成,便是民族文化自

---

① 胡适:《非留学篇》,载 1914 年 1 月《留美学生年报》,见欧阳哲生编《胡适文集》第 9 册,672—673 页,北京大学出版社,1998。
② 梁启超:《五十年中国进化概论》,见《饮冰室合集》文集之三十九,43—45 页。
③ 张之洞:《益智第一·愚民辨》,见《劝学篇》外篇,4 页。

信心陷落的显著标志,其结果便可能导致激烈地反传统和全盘西化两种极端行为。可见,五四时期激烈的反传统精神及其以后的全盘西化思潮都可以在清末找到其思想渊源。

主要参考文献

一 中文部分

(一) 馆藏档案

1. 中国第一历史档案馆藏档案：军机处、内阁、学部、宪政编查馆、资政院、会议政务处等卷宗
2. 中国社会科学院近代史研究所图书馆藏档案：张之洞档案、鹿传霖档案、瞿鸿禨档案、锡良档案、张曾敫档案、奏折丛钞、时务汇录等

(二) 报纸杂志

1. 大公报. 天津
2. 大共和日报. 上海
3. 大陆. 上海
4. 帝国日报. 北京
5. 东方杂志. 上海
6. 广益丛报. 重庆
7. 国粹学报. 上海
8. 国风报. 上海
9. 汉口中西报. 汉口
10. 湖北学生界. 日本东京
11. 湖南文史资料选辑. 长沙
12. 畿辅公言报. 北京
13. 江苏. 日本东京
14. 近代史研究. 北京
15. 近代史资料. 北京

16. 京华报.北京
17. 警钟日报.上海
18. 历史档案.北京
19. 历史研究.北京
20. 民报.日本东京
21. 民立报.上海
22. 内阁官报.北京
23. 清议报.日本横滨
24. 四川.日本东京
25. 申报.上海
26. 盛京时报.奉天
27. 时报.上海
28. 天铎报.上海
29. 天义.日本东京
30. 云南.日本东京
31. 新民丛报.日本横滨
32. 新世纪.法国巴黎
33. 浙江潮.日本东京
34. 政艺通报.上海
35. 政治官报.北京
36. 正宗爱国报.北京
37. 中外日报.上海

(三) 已刊书目

1. 阿英.晚清小说史.北京:东方出版社,1996
2. [英]埃德温·丁格尔.辛亥革命目击记:《大陆报》特派员的现场报道.陈红民等译校.北京:中国青年出版社,2002
3. 爱自由者金一.女界钟.上海:大同书局,1903
4. 白寿彝总主编,龚书铎主编.中国通史·近代前编.上海人民出版社,1999
5. 卞孝萱,唐文权编.民国人物碑传集.北京:团结出版社,1995
6. 卞孝萱,唐文权编.辛亥人物碑传集.北京:团结出版社,1991
7. 卞修全.立宪思潮与清末法制改革.北京:中国社会科学出版社,2003
8. 蔡寄鸥.鄂州血史.上海:龙门联合书局,1958
9. 蔡尚思,方行编.谭嗣同全集.增订本.北京:中华书局,1998
10. 蔡元培.中国伦理学史.上海书店,1984
11. 参议院议决案汇编·甲部.南京,1912
12. 参议院议事录.南京,1912
13. 曹汝霖.一生之回忆.香港:春秋杂志社,1966
14. 曹亚伯.武昌革命真史.上海书店,1982

15. 陈春华,郭兴仁,王远大译. 俄国外交文书选译(有关中国部分). 北京:中华书局,1988
16. 陈德溥编. 陈黻宸集. 北京:中华书局,1995
17. 陈夔龙. 梦蕉亭杂记. 上海古籍书店,1983
18. 陈夔龙. 庸庵尚书奏议. 出版地不详,1913
19. 陈孟坚. 民报与辛亥革命. 台北:正中书局,1986
20. 陈平原. 二十世纪中国小说史. 第一卷. 北京大学出版社,1997
21. 陈平原. 中国现代学术之建立——以章太炎、胡适之为中心. 北京大学出版社,1998
22. 陈其泰. 清代公羊学. 北京:东方出版社,1997
23. 陈少明等. 被解释的传统——近代思想史新论. 广州:中山大学出版社,1995
24. 陈诗启. 中国近代海关史(晚清部分). 北京:人民出版社,1993
25. 陈万雄. 五四新文化的源流. 北京:三联书店,1997
26. 陈锡祺主编. 孙中山年谱长编. 北京:中华书局,1991
27. 陈霞飞主编. 中国海关密档——赫德、金登干函电汇编(1874—1907). 北京:中华书局,1990—1996
28. 陈旭麓,顾廷龙,汪熙主编. 汉冶萍公司——盛宣怀档案资料选辑之四. 上海人民出版社,1984、1986
29. 陈旭麓,顾廷龙,汪熙主编. 辛亥革命前后——盛宣怀档案资料选辑之一. 上海人民出版社,1979
30. 陈旭麓,郝盛潮主编. 孙中山集外集. 上海人民出版社,1990
31. 陈旭麓. 近代中国社会的新陈代谢. 上海人民出版社,1992
32. 陈旭麓主编. 宋教仁集. 北京:中华书局,1981
33. 陈学恂,田正平编. 中国近代教育史料汇编·留学教育. 上海教育出版社,1991
34. 陈衍撰,陈步编. 陈石遗集. 福州:福建人民出版社,2001
35. 陈翊林. 最近三十年中国教育史. 上海太平洋书店,1931
36. 迟云飞. 宋教仁与中国民主宪政. 长沙:湖南师范大学出版社,1997
37. 仇江编. 广东新军庚戌起义资料汇编. 广州:中山大学出版社,1990
38. 大清法规大全. 政学社印行本
39. 大清光绪新法令. 上海:商务印书馆,宣统年间刊印本
40. 戴鸿慈. 出使九国日记. 长沙:岳麓书社,1986
41. 戴执礼编. 四川保路运动史料. 北京:科学出版社,1959
42. 邓伟志. 近代中国家庭的变革. 上海人民出版社,1994
43. 第一次福建谘议局议事速记录. 1909
44. 第二次福建谘议局议事速记录. 1910
45. 第三次福建谘议局(临时会)议事速记录. 1910

46. 第四次福建谘议局临时会速记录.1910
47. 丁名楠等.帝国主义侵华史.第二卷.北京:人民出版社,1986
48. 丁守和主编.辛亥革命时期期刊介绍.北京:人民出版社,1982－1986
49. 丁文江,赵丰田编.梁启超年谱长编.上海人民出版社,1983
50. 丁贤俊,喻作凤编.伍廷芳集.北京:中华书局,1993
51. 董方奎.清末政体变革与国情之论争——梁启超与立宪政治.武汉:华中师范大学出版社,1991
52. 窦坤.莫理循与清末民初的中国.福州:福建教育出版社,2005
53. 杜恂诚.民族资本主义与旧中国政府.上海社会科学院出版社,1991
54. 端方.端忠敏公奏稿.出版地不详.1918刊本
55. 段云章编著.孙文与日本史事编年.广州:广东人民出版社,1996
56. 段云章,倪俊明编.陈炯明集.广州:中山大学出版社,1998
57. 段云章,邱捷.孙中山与中国近代军阀.成都:四川人民出版社,1990
58. 对外贸易部海关管理局研究室编.中国海关与辛亥革命.北京:中华书局,1964
59. 樊百川.中国轮船航运业的兴起.成都:四川人民出版社,1985
60. 方汉奇.中国近代报刊史.太原:山西人民出版社,1981
61. 方志钦编.康梁与保皇会.天津古籍出版社,1997
62. 房兆楹辑.清末民初洋学学生题名录初辑.台北:"中央研究院"近代史研究所,1962
63. [美]费正清编.剑桥中国晚清史.北京:中国社会科学出版社,1985
64. 鄢瑞松.湖北谘议局第一次常年会议决案报告书.1909
65. 冯契.中国近代哲学的革命进程.上海人民出版社,1999
66. 冯天瑜,何晓明.张之洞评传.南京大学出版社,1991
67. [澳]冯兆基.军事近代化与中国革命.郭太风译.上海人民出版社,1994
68. 冯自由.革命逸史.北京:中华书局,1981
69. 冯自由.华侨革命开国史.上海:商务印书馆,1947
70. 冯自由.中国革命运动二十六年组织史.上海:商务印书馆,1948
71. 冯自由.中华民国开国前革命史.上海:中国文化服务社,1946
72. 凤冈及门弟子编.三水梁燕孙先生年谱.1946
73. 甘韩辑.皇朝经世文新编续集.清末刊本
74. 甘厚慈辑.北洋公牍类纂.京城益森印刷有限公司,1907
75. 甘厚慈辑.北洋公牍类纂续编.京城益森印刷有限公司,1910
76. 高鸿志.英国与中国边疆危机(1637－1912).哈尔滨:黑龙江教育出版社,1998
77. 高平叔编.蔡元培全集.北京:中华书局,1984－1989
78. 高全喜.立宪时刻:论《清帝逊位诏书》.桂林:广西师范大学出版社,2011
79. 高旺.晚清中国的政治转型——以清末宪政改革为中心.北京:中国社会

科学出版社,2003
80. 高振农. 佛教文化与近代中国. 上海社会科学院出版社,1992
81. 戈公振. 中国报学史. 北京:三联书店,1986
82. 鸽子. 隐藏的宫廷档案——1906年光绪派大臣考察西方政治纪实. 北京:民族出版社,2000
83. 耿云志,崔志海. 梁启超. 广州:广东人民出版社,1994
84. 耿云志等编著. 西方民主在近代中国. 北京:中国青年出版社,2003
85. 龚书铎. 中国近代文化探索. 北京师范大学出版社,1988
86. 龚书铎主编. 中国近代文化概论. 北京:中华书局,1997
87. 谷钟秀. 中华民国开国史. 上海:泰东图书局,1917
88. 故宫博物院明清档案部编. 清末筹备立宪档案史料. 北京:中华书局,1979
89. 顾长声. 传教士与近代中国. 增补本. 上海人民出版社,1991
90. 顾卫民. 基督教与近代中国社会. 上海人民出版社,1996
91. 关晓红. 晚清学部研究. 广州:广东教育出版社,2000
92. 广东省社会科学院历史研究室,中国社会科学院近代史研究所中华民国史研究室,中山大学历史系孙中山研究室合编. 孙中山全集. 北京:中华书局,1981
93. 广东省哲学社会科学研究所历史研究室编. 朱执信集. 北京:中华书局,1979
94. 广东谘议局第二次常年会报告书. 1910
95. 广东谘议局第一次临时会报告书. 1909
96. 贵州省社会科学院历史研究所编. 贵州辛亥革命资料选编. 贵阳:贵州人民出版社,1981
97. 郭长海,余菊贞编. 高旭集. 北京:社会科学文献出版社,2003
98. 郭长海,余菊贞编. 柳亚子文集补编. 北京:社会科学文献出版社,2004
99. 郭汉民. 晚清社会思潮研究. 北京:中国社会科学出版社,2003
100. 郭汉民主编. 中国近代史实正误. 长沙:湖南人民出版社,1989
101. 郭朋等. 中国近代佛学思想史稿. 成都:巴蜀书社,1992
102. 郭世佑. 晚清政治革命新论. 长沙:湖南人民出版社,1997
103. 郭延礼. 中国近代文学发展史. 济南:山东教育出版社,1990—1993
104. 郭延礼. 中西文化碰撞与近代文学. 济南:山东教育出版社,2000
105. 郭湛波. 近五十年中国思想史. 济南:山东人民出版社,1997
106. 国会请愿代表第二次呈都察院代奏书汇录. 北京,中国社会科学院近代史研究所图书馆藏刊本,出版时间不详
107. 国会同志会. 国会鼓吹. 上海:广智书局,1910
108. 国家图书馆分馆编. 清末时事采新汇选. 北京图书馆出版社,2003
109. 郝盛潮主编. 孙中山集外集补编. 上海人民出版社,1994
110. 何一民. 转型时期的社会新群体——近代知识分子与晚清四川社会研

究.成都:四川大学出版社,1992

111. [英]赫德.这些从秦国来——中国问题论集.叶凤美译.天津古籍出版社,2005

112. 侯宜杰.二十世纪初中国政治改革风潮——清末立宪运动史.北京:人民出版社,1993

113. 侯宜杰.袁世凯传.北京:人民出版社,2004

114. 胡滨译.英国蓝皮书有关辛亥革命资料选译.北京:中华书局,1984

115. 胡鄂公.辛亥革命北方实录.上海:中华书局,1948

116. 胡逢祥,张文建.中国近代史学思潮与流派.上海:华东师范大学出版社,1991

117. 胡国枢.光复会与浙江辛亥革命.杭州出版社,2002

118. 胡朴安编.南社丛选.上海:国学社,1936

119. 胡绳武.清末民初历史与社会.上海人民出版社,2002

120. 胡适.中国哲学史大纲.北京:商务印书馆,1987

121. 胡思敬.丙午厘定官制刍论.南昌:退庐,1920

122. 胡思敬.国闻备乘.上海书店出版社,1997

123. 胡珠生编.东瓯三先生集补编.上海社会科学院出版社,2005

124. 胡珠生编.宋恕集.北京:中华书局,1993

125. 湖北省博物馆编.武昌起义档案资料续编.北京:中国文史出版社,1991

126. 湖北省图书馆辑.辛亥革命武昌首义史料辑录.北京:书目文献出版社,1981

127. 湖北省哲学社会科学学会联合会编.辛亥革命五十周年纪念论文集.北京:中华书局,1962

128. 湖南省社会科学院编.黄兴集.北京:中华书局,1981

129. 湖南省哲学社会科学研究所编.唐才常集.北京:中华书局,1982

130. 黄福庆.清末留日学生.台北:"中央研究院"近代史研究所专刊第34期,1975

131. 黄霖.近代文学批评史.上海古籍出版社,1993

132. 黄夏年主编.太虚集.北京:中国社会科学出版社,1995

133. 黄彦,李伯新选编.孙中山藏档选编(辛亥革命前后).北京:中华书局,1986

134. 黄逸峰,姜铎,唐传泗,徐鼎新.旧中国民族资产阶级.南京:江苏古籍出版社,1990

135. [澳]黄宇和.孙逸仙伦敦蒙难真相.上海书店出版社,2004

136. 黄远庸.远生遗著.北京:商务印书馆,1984

137. 黄遵宪,钱仲联笺注.人境庐诗草笺注.上海古籍出版社,1999

138. 吉林省档案馆,吉林省社会科学院历史所编.清代吉林档案史料选编·辛亥革命.长春:内部发行,1981

139. 贾士毅.民国财政史.上海:商务印书馆,1934
140. 江春霖.梅阳江侍御奏议.出版地与时间不详
141. 江苏谘议局第二年度报告.1910
142. 江苏谘议局第一年度报告.1909
143. 姜义华等编校.康有为全集.上海古籍出版社,1987—1992
144. 姜义华.章太炎思想研究.上海人民出版社,1985
145. 蒋国保等.晚清哲学.合肥:安徽人民出版社,2002
146. [美]杰西·格·卢茨.中国教会大学史(1850—1950).曾钜生译.杭州:浙江教育出版社,1987
147. 金冲及,胡绳武.辛亥革命史稿.上海人民出版社,1981—1991
148. 金毓黻.宣统政纪.沈阳:辽海书社,1934
149. 康有为.大同书.北京:古籍出版社,1956
150. [美]拉尔夫·尔·鲍威尔.1895—1912年中国军事力量的兴起.陈霞飞等译.北京:中国社会科学出版社,1979
151. 劳乃宣.桐乡劳先生遗稿.桐乡卢氏校刊本,1927
152. 劳祖德整理.郑孝胥日记.北京:中华书局,1993
153. 乐正.近代上海人社会心态(1860—1916).上海人民出版社,1991
154. 黎锦熙.国语运动史纲.见:民国丛书第2编52册.上海书店,1990
155. 黎元洪.黎副总统政书.武昌:湖北官纸印刷局,1914
156. 李长莉.晚清上海社会的变迁——生活与伦理的近代化.天津人民出版社,2002
157. 李恩涵.晚清的收回矿权运动.台北:"中央研究院"近代史研究所专刊第8期,1963
158. 李帆.刘师培与中西学术.北京师范大学出版社,2003
159. 李贵连.沈家本与中国法律现代化.北京:光明日报出版社,1989
160. 李国祁.中国现代化的区域研究·闽浙台地区(1860—1916).台北:"中央研究院"近代史研究所专刊第44期,1982
161. 李吉奎.孙中山与日本.广州:广东人民出版社,1996
162. 李剑农.戊戌以后三十年中国政治史.北京:中华书局,1965
163. 李妙根编.刘师培论学论政.上海:复旦大学出版社,1990
164. 李庆芳.立宪魂.日本东京:中国宪政讲习会,1907
165. 李廷江.日本财界与辛亥革命.北京:中国社会科学出版社,1994
166. 李喜所,元青.梁启超传.北京:人民出版社,1993
167. 李细珠.张之洞与清末新政研究.上海书店出版社,2003
168. 李向平.救世与救心——中国近代佛教复兴思潮研究.上海人民出版社,1993
169. 李孝悌.清末的下层社会启蒙运动:1901—1911.石家庄:河北教育出版社,2001

170. 李新主编.中华民国史·第一编.北京:中华书局,1981
171. 李耀仙主编.廖平学术论著选集.成都:巴蜀书社,1989
172. 李又宁,张玉法主编.近代中国女权运动史料.台北:龙文出版社,1995
173. [美]李约翰.清帝逊位与列强.孙瑞芹,陈泽宪译.北京:中华书局,1982
174. 李宗一.袁世凯传.北京:中华书局,1980
175. 郦苏元,胡菊彬.中国无声电影史.北京:中国电影出版社,1996
176. 梁景和.近代中国陋俗文化嬗变研究.北京:首都师范大学出版社,1998
177. 梁景和.清末国民意识与参政意识研究.长沙:湖南教育出版社,1999
178. 梁启超.饮冰室合集.北京:中华书局,1996
179. 廖少游.新中国武装解决和平记.北京:陆军编译局印刷所,1912
180. 廖一中等整理.袁世凯奏议.天津古籍出版社,1987
181. 林家有主编.辛亥革命运动史.广州:中山大学出版社,1991
182. 林增平,杨慎之主编.黄兴研究.长沙:湖南师范大学出版社,1990
183. 林增平.资产阶级与辛亥革命.长沙:湖南出版社,1991
184. 刘大年.赤门谈史录.北京:人民出版社,1981
185. 刘大鹏.退想斋日记.乔志强标注.太原:山西人民出版社,1990
186. 刘厚生编著.张謇传记.上海书店,1985
187. 刘锦藻.清朝续文献通考.上海:商务印书馆,1937
188. 刘培华.近代中外关系史.北京大学出版社,1986
189. 刘晴波主编.杨度集.长沙:湖南人民出版社,1986
190. 刘师培.刘申叔先生遗书.宁武南氏校印本,1934
191. 刘体仁.异辞录.上海书店,1984
192. 刘伟.晚清督抚政治——中央与地方关系研究.武汉:湖北教育出版社,2003
193. 刘泱泱主编.辛亥革命新论.长沙:湖南出版社,1996
194. 刘增合.鸦片税收与清末新政.北京:三联书店,2005
195. 刘志琴主编.近代中国社会文化变迁录.杭州:浙江人民出版社,1998
196. 楼宇烈整理.康南海自编年谱.北京:中华书局,1992
197. 鲁迅.中国小说史略.济南:齐鲁书社,2002
198. 吕顺长.清末浙江与日本.上海古籍出版社,2001
199. 罗尔纲.晚清兵志.北京:中华书局,1997
200. 罗福惠,萧怡编.居正文集.武汉:华中师范大学出版社,1989
201. 罗福惠.辛亥时期的精英文化研究.武汉:华中师范大学出版社,2001
202. 罗检秋.近代诸子学与文化思潮.北京:中国社会科学出版社,1998
203. 罗志田.国家与学术:清季民初关于"国学"的思想论争.北京:三联书店,2003
204. 罗志田.权势转移——近代中国的思想、社会与学术.武汉:湖北人民出版社,1999

205. 骆宝善,刘路生主编.袁世凯全集.郑州:河南大学出版社,2013
206. [澳]骆惠敏编.清末民初政情内幕——《泰晤士报》驻北京记者袁世凯政治顾问乔·厄·莫理循书信集.刘桂梁等译.上海:知识出版社,1986
207. 麻天祥等.中国近代学术史.长沙:湖南师范大学出版社,2001
208. 麻天祥.反观人生的玄览之路——近现代中国佛学研究.贵阳:贵州人民出版社,1994
209. 麻天祥.晚清佛学与近代社会思潮.台北:文津出版社,1992
210. 马敏.官商之间——社会剧变中的近代绅商.天津人民出版社,1995
211. 马敏.过渡形态——中国早期资产阶级构成之谜.北京:中国社会科学出版社,1994
212. [美]马士.中华帝国对外关系史.张汇文等译.上海书店出版社,2000
213. 马小泉.国家与社会:清末地方自治与宪政改革.开封:河南大学出版社,2001
214. 马震东.袁氏当国史.上海:中华书局,1930
215. 马祖毅.中国翻译简史.北京:中国对外翻译出版公司,1984
216. 毛注青编著.黄兴年谱长编.北京:中华书局,1991
217. 宓汝成编.中国近代铁路史资料.北京:中华书局,1984
218. 莫世祥编.马君武集.武汉:华中师范大学出版社,1991
219. 墨悲编.江浙铁路风潮.上海:1907
220. 倪海曙.清末汉语拼音运动编年史.上海人民出版社,1959
221. 欧阳哲生编.胡适文集.北京大学出版社,1998
222. 彭国兴,刘晴波编.秦力山集.北京:中华书局,1987
223. 皮锡瑞.经学历史.周予同注释.北京:中华书局,1989
224. 皮锡瑞.经学通论.北京:中华书局,1982
225. 亓冰峰.清末革命与君宪论争.台北:"中央研究院"近代史研究所专刊第19期,1966
226. 千家驹编.旧中国公债史资料.北京:中华书局,1984
227. 千家驹,郭彦岗合著.中国货币发展简史和表解.北京:人民出版社,1982
228. 钱基博.现代中国文学史.长沙:岳麓书社,1986
229. 钱穆.中国近三百年学术史.北京:商务印书馆,1997
230. 钱仲联编.广清碑传集.苏州大学出版社,1999
231. 钱仲联主编.清诗纪事.南京:江苏古籍出版社,1989
232. 清代碑传全集.上海古籍出版社,1987
233. 清实录(德宗实录).北京:中华书局,1987
234. 全汉昇.汉冶萍公司史略.香港中文大学,1972
235. 饶怀民编.庚戌长沙"抢米"风潮资料汇编.见:长沙文史资料增刊.长沙,1990

236. 饶怀民编.刘揆一集.武汉:华中师范大学出版社,1991
237. 饶怀民编.杨毓麟集.长沙:岳麓书社,2001
238. 饶怀民.李燮和与沪宁光复.长沙:湖南师范大学出版社,1998
239. [美]任达.新政革命与日本:中国(1898—1912).李仲贤译.南京:江苏人民出版社,1998
240. 任建树,张统模,吴信忠编.陈独秀著作选.上海人民出版社,1993
241. 荣孟源,章伯锋主编.近代稗海.成都:四川人民出版社,1985—1989
242. [美]塞缪尔·P.亨廷顿.变动社会的政治秩序.张岱云等译.上海译文出版社,1989
243. 桑兵.庚子勤王与晚清政局.北京大学出版社,2004
244. 桑兵.清末新知识界的社团与活动.北京:三联书店,1995
245. 桑兵.晚清民国的国学研究.上海古籍出版社,2001
246. 桑兵.晚清学堂学生与社会变迁.上海:学林出版社,1995
247. 桑咸之.晚清政治与文化.北京:中国社会科学出版社,1996
248. 山西同乡会事务所编.山西矿务档案.日本东京:1907
249. 上海社会科学院历史研究所编.辛亥革命在上海史料选辑.上海人民出版社,1981
250. 上海市文物保管委员会编.康有为与保皇会.上海人民出版社,1982
251. 上海图书馆编.汪康年师友书札.上海古籍出版社,1986—1989
252. 尚小明.留日学生与清末新政.南昌:江西教育出版社,2002
253. 沈家本.沈寄簃先生遗书.北京:中国书店,1990
254. 沈桐生辑.光绪政要.扬州:江苏广陵古籍刻印社,1991
255. 沈渭滨.孙中山与辛亥革命.上海人民出版社,1993
256. 沈晓敏.处常与求变——清末民初的浙江咨议局和省议会.北京:三联书店,2005
257. 沈云龙主编《近代中国史料丛刊续编》.台北:文海出版社,1983
258. 沈祖宪,吴闿生编纂.容庵弟子记.线装铅印本,1913
259. 施培毅,徐寿凯校点.吴汝纶全集.合肥:黄山书社,2002
260. 石芳勤编.谭人凤集.长沙:湖南人民出版社,1985
261. 时萌.中国近代文学论稿.上海古籍出版社,1986
262. [日]实藤惠秀.中国人留学日本史.谭汝谦,林启彦译.北京:三联书店,1983
263. [美]史扶邻.孙中山——勉为其难的革命家.丘权政,符致兴译.北京:中国华侨出版社,1996
264. [美]史扶邻.孙中山与中国革命的起源.丘权政,符致兴译.北京:中国社会科学出版社,1981
265. 史和,姚福申,叶翠娣编.中国近代报刊名录.福州:福建人民出版社,1991

266. [美]史华兹.寻求富强——严复与西方.叶凤美译.南京:江苏人民出版社,1995
267. 史晓风整理.恽毓鼎澄斋日记.杭州:浙江古籍出版社,2004
268. 释印顺编著.太虚法师年谱.北京:宗教文化出版社,1995
269. 舒新城.近代中国留学史.上海:中华书局,1933
270. 苏关鑫编.欧阳予倩研究资料.北京:中国戏剧出版社,1989
271. 苏绍柄编辑.山钟集.上海:鸿文书局,1905
272. 苏云峰.张之洞与湖北教育改革.台北:"中央研究院"近代史研究所专刊第35期,1976
273. 苏云峰.中国现代化的区域研究·湖北省(1860—1916).台北:"中央研究院"近代史研究所专刊第41期,1981
274. 孙宝瑄.忘山庐日记.上海古籍出版社,1983
275. 孙瑞芹译.德国外交文件有关中国交涉史料选译.北京:商务印书馆,1960
276. 孙燕京.晚清社会风尚研究.北京:中国人民大学出版社,2002
277. 汤志钧编.康有为政论集.北京:中华书局,1998
278. 汤志钧编.陶成章集.北京:中华书局,1986
279. 汤志钧编.章太炎年谱长编.北京:中华书局,1979
280. 汤志钧编.章太炎政论选集.北京:中华书局,1977
281. 汤志钧.近代经学与政治.北京:中华书局,1995
282. 唐文权编.雷铁厓集.武汉:华中师范大学出版社,1986
283. 唐文权,罗福惠.章太炎思想研究.武汉:华中师范大学出版社,1986
284. 唐文权,桑兵编.戴季陶集.武汉:华中师范大学出版社,1990
285. 陶绪.晚清民族主义思潮.北京:人民出版社,1995
286. 天津市档案馆等.天津商会档案汇编(1903—1911).天津人民出版社,1989
287. 天津市历史博物馆馆藏.北洋军阀史料.天津古籍出版社,1996
288. 统一党本部.统一党第一次报告.京师:京华印书局,1913
289. 汪敬虞.外国资本在近代中国的金融活动.北京:人民出版社,1999
290. 汪敬虞.中国近代工业史资料.北京:科学出版社,1957
291. 汪荣宝.汪荣宝日记.见:沈云龙主编.近代中国史料丛刊三编.第63辑.台北:文海出版社
292. 汪诒年.汪穰卿先生传记.杭州汪氏铸版,1938
293. 王耿雄编.孙中山史事详录(1911—1913).天津人民出版社,1986
294. 王光祈译.辛亥革命与列强态度.上海:中华书局,1929
295. 王国维.王国维遗书.上海书店出版社,1996
296. 王家俭.清末民初我国警察制度现代化的历程(1901—1928).台北:台湾商务印书馆,1984

297. 王晶垚,王学庄,孙彩霞编.柳亚子选集.北京:人民出版社,1989
298. 王克非.中日近代对西方政治哲学思想的摄取——严复与日本启蒙学者.北京:中国社会科学出版社,1996
299. 王雷泉编选.悲愤而后有学——欧阳渐文选.上海远东出版社,1996
300. 王立兴.中国近代文学考论.南京大学出版社,1992
301. 王奇生.中国留学生的历史轨迹.武汉:湖北教育出版社,1992
302. 王蘧常.沈寐叟年谱.见:民国丛书第3编(76).上海书店,1991
303. 王戎笙主编.清代全史.沈阳:辽宁人民出版社,1995
304. 王世杰,钱端升.比较宪法.北京:商务印书馆,1999
305. 王栻主编.严复集.北京:中华书局,1986
306. 王树枏编.张文襄公全集.北平:文华斋,1928
307. 王铁崖编.中外旧约章汇编.北京:三联书店,1982
308. 王锡彤.抑斋自述.郑永福,吕美颐点注.开封:河南大学出版社,2001
309. 王晓秋,尚小明主编.戊戌维新与清末新政——晚清改革史研究.北京大学出版社,1998
310. 王亚南.中国官僚政治研究.北京:中国社会科学出版社,1981
311. 王彦威辑.清季外交史料.北平:出版者不详,1932
312. 王玉棠.刘坤一评传.广州:暨南大学出版社,1990
313. 王元化主编.学术集林.上海远东出版社,1995
314. 王云缦.中国电影艺术史略.北京:中国国际广播出版社,1989
315. 王芸生编著.六十年来中国与日本.北京:三联书店,1980
316. 王照.小航文存.出版地不详.1931
317. 王致中.中国铁路外债研究(1887—1911).北京:经济科学出版社,2003
318. [美]韦慕廷.孙中山——壮志未酬的爱国者.杨慎之译.广州:中山大学出版社,1986
319. 韦庆远,高放,刘文源.清末宪政史.北京:中国人民大学出版社,1993
320. 隗瀛涛.四川保路运动史.成都:四川人民出版社,1981
321. 隗瀛涛,赵清主编.四川辛亥革命史料.成都:四川人民出版社,1981
322. 魏建猷.中国近代货币史.上海:群联出版社,1955
323. 魏绍昌编.李伯元研究资料.上海古籍出版社,1980
324. 魏绍昌编.孽海花资料.上海古籍出版社,1982
325. 吴承明.中国资本主义与国内市场.北京:中国社会科学出版社,1985
326. 吴春梅.一次失控的近代化改革——关于清末新政的理性思考.合肥:安徽大学出版社,1998
327. 吴丰培编.赵尔丰川边奏牍.成都:四川民族出版社,1984
328. 吴丰培辑.清季筹藏奏牍.国立北平研究院史学研究会,1938
329. 吴剑杰主编.湖北谘议局文献资料汇编.武汉大学出版社,1991
330. 吴文莱主编.容闳与中国近代化.珠海出版社,1999

331. 吴熙政主编. 中国近现代技术史. 北京:科学出版社,2000
332. 吴雁南等主编. 中国近代社会思潮. 长沙:湖南教育出版社,1998
333. 吴永述,刘治襄记. 庚子西狩丛谈. 长沙:岳麓书社,1985
334. 吴玉章. 辛亥革命. 北京:人民出版社,1973
335. 吴振清,徐勇,王家祥编校整理. 黄遵宪集. 天津人民出版社,2003
336. 武汉大学历史系中国近代史教研室编. 辛亥革命在湖北史料选辑. 武汉:湖北人民出版社,1981
337. [澳]西里尔·珀尔. 北京的莫理循. 檀东鍟、窦坤译. 福州:福建教育出版社,2003
338. [日]狭间直树编. 梁启超·明治日本·西方. 北京:社会科学文献出版社,2001
339. 夏东元编. 郑观应集. 上海人民出版社,1982
340. 夏东元. 盛宣怀传. 天津:南开大学出版社,1998
341. 夏晓虹. 晚清社会与文化. 石家庄:河北教育出版社,2001
342. 夏晓虹. 晚清文人妇女观. 北京:作家出版社,1995
343. 献可编著. 近百年来帝国主义在华银行发行纸币概况. 上海人民出版社,1958
344. 萧功秦. 危机中的变革——清末现代化进程中的激进与保守. 上海三联书店,1999
345. 萧一山. 清代通史. 北京:中华书局,1986
346. 谢彬. 民国政党史. 上海:学术研究会总会,1924
347. 谢国兴. 中国现代化的区域研究·安徽省(1860－1937). 台北:"中央研究院"近代史研究所专刊(64),1991
348. 谢兴尧整理点校注释. 荣庆日记. 西安:西北大学出版社,1986
349. 谢樱宁. 章太炎年谱摭遗. 北京:中国社会科学出版社,1987
350. 谢缵泰. 中华民国革命秘史. 江煦棠,马颂明译. 见:中国人民政治协商会议广东省委员会文史资料研究委员会编. 孙中山与辛亥革命史料专辑. 广州:广东人民出版社,1981
351. 辛丑变法汇钞. 北京:全国图书馆文献缩微复制中心,2004
352. 辛亥革命武昌起义纪念馆,政协湖北省委员会文史资料研究委员会合编. 湖北军政府文献资料汇编. 武汉大学出版社,1986
353. 熊月之. 西学东渐与晚清社会. 上海人民出版社,1994
354. 熊月之. 中国近代民主思想史. 上海人民出版社,1986
355. 徐鼎新,钱小明. 上海总商会史. 上海社会科学院出版社,1991
356. 徐辉琪编辑. 李烈钧文集. 南昌:江西人民出版社,1988
357. 徐义生. 中国近代外债史统计资料. 北京:中华书局,1962
358. 徐有朋编辑. 袁大总统书牍汇编. 上海广益书局,1926
359. 许同莘编. 张文襄公年谱. 上海:商务印书馆,1947

360. 宣统政纪.清实录第 60 册,北京:中华书局,1987
361. [美]薛君度.黄兴与中国革命.杨慎之译.长沙:湖南人民出版社,1980
362. [美]薛君度,刘志琴主编.近代中国社会生活与观念变迁.北京:中国社会科学出版社,2001
363. 薛绥之,张俊才编.林纾研究资料.福州:福建人民出版社,1983
364. 严昌洪,许小青.癸卯年万岁:1903 年的革命思潮与革命运动.武汉:华中师范大学出版社,2001
365. 严昌洪.中国近代社会风俗史.杭州:浙江人民出版社,1992
366. 严中平等编.中国近代经济史资料选辑.北京:科学出版社,1955
367. 颜廷亮.晚清小说理论.北京:中华书局,1996
368. 扬州师范学院历史系编.辛亥革命江苏地区史料.南京:江苏人民出版社,1961
369. 阳海清,孙式礼,张德英编.辛亥革命稀见史料汇编.北京:中华全国图书馆文献缩微复制中心,1997
370. 杨立强.清末民初资产阶级与社会变动.上海人民出版社,2003
371. 杨天石.从帝制走向共和——辛亥前后史事发微.北京:社会科学文献出版社,2002
372. 杨天石,王学庄编.拒俄运动.北京:中国社会科学出版社,1979
373. 杨天石,王学庄编著.南社史长编.北京:中国人民大学出版社,1995
374. 杨天石.寻求历史的谜底——近代中国的政治与人物.北京:首都师范大学出版社,1993
375. 杨文会.杨仁山全集.周继旨校点.合肥:黄山书社,2000
376. 杨玉如编.辛亥革命先著记.北京:科学出版社,1958;香港:文化资料供应社,1978
377. 姚辉,朱馥生.陈英士评传.北京:团结出版社,1989
378. 姚锡光.尘牍丛钞.京师:1908
379. 姚锡光.东瀛学校举概.出版地不详.1899
380. 虞和平.商会与中国早期现代化.上海人民出版社,1993
381. 袁英光,刘寅生编著.王国维年谱长编.天津人民出版社,1996
382. 苑书义等主编.张之洞全集.石家庄:河北人民出版社,1998
383. 载泽.考察政治日记.长沙:岳麓书社,1986
384. 曾业英编.蔡松坡集.上海人民出版社,1984
385. 张百熙,荣庆,张之洞.奏定学堂章程.武昌:湖北学务处,1904
386. 张存武.光绪卅一年中美工约风潮.台北:"中央研究院"近代史研究所专刊第 13 期,1966
387. 张国淦编著.辛亥革命史料.香港:大东图书公司,1980
388. 张海鹏.追求集——近代中国历史进程的探索.北京:社会科学文献出版社,1998

389. 张后铨主编. 招商局史(近代部分). 北京:人民交通出版社,1988
390. 张华腾,苏全有. 袁世凯与中国近代化. 西宁:青海人民出版社,1999
391. 张继煦. 张文襄公治鄂记. 武汉:湖北通志馆,1947
392. 张謇研究中心,南通市图书馆编. 张謇全集. 南京:江苏古籍出版社,1994
393. 张礼恒. 从西方到东方——伍廷芳与中国近代社会的演进. 北京:商务印书馆,2002
394. 张连起. 清末新政史. 哈尔滨:黑龙江人民出版社,1994
395. 张枬,王忍之编. 辛亥革命前十年间时论选集. 北京:三联书店,1977—1978
396. 张难先. 湖北革命知之录. 上海:商务印书馆,1946
397. 张朋园. 立宪派与辛亥革命. 台北:中国学术著作奖助委员会,1969
398. 张朋园. 梁启超与清季革命. 台北:"中央研究院"近代史研究所专刊第11期,1964
399. 张朋园. 中国现代化的区域研究·湖南省(1860—1916). 台北:"中央研究院"近代史研究所专刊第46期,1983
400. 张岂之主编. 中国近代史学学术史. 北京:中国社会科学出版社,1996
401. 张蓉初译. 红档杂志有关中国交涉史料选译. 北京:三联书店,1957
402. 张树年,张人凤编. 张元济书札. 北京:商务印书馆,1997
403. 张绥. 东正教与东正教在中国. 上海:学林出版社,1986
404. 张孝若. 南通张季直先生传记. 上海:中华书局,1930
405. 张一麐. 心太平室集. 出版地不详,1947
406. 张玉法. 民国初年的政党. 台北:"中央研究院"近代史研究所专刊第49期,1985
407. 张玉法. 清季的革命团体. 台北:"中央研究院"近代史研究所专刊第32期,1982
408. 张玉法. 清季的立宪团体. 台北:"中央研究院"近代史研究所专刊第28期,1985
409. 张玉法. 中国现代化的区域研究·山东省(1860—1916). 台北:"中央研究院"近代史研究所专刊第43期,1982
410. 张仲礼. 中国绅士——关于其在19世纪中国社会中作用的研究. 李荣昌译. 上海社会科学院出版社,1991
411. 章伯锋,李宗一主编. 北洋军阀. 武汉出版社,1990
412. 章开沅等主编. 苏州商会档案丛编. 武汉:华中师范大学出版社,1991
413. 章开沅. 开拓者的足迹——张謇传稿. 北京:中华书局,1986
414. 章开沅,林增平主编. 辛亥革命史. 北京:人民出版社,1980—1981
415. 章开沅,田彤. 张謇与近代社会. 武汉:华中师范大学出版社,2001
416. 章开沅. 辛亥革命与近代社会. 天津人民出版社,1985
417. 章念驰编. 章太炎生平与学术. 北京:三联书店,1988

418. 章太炎.章太炎全集.上海人民出版社,1982—1985
419. 章太炎.章太炎先生自定年谱.上海书店,1986
420. 章裕昆.文学社武昌首义纪实.北京:三联书店,1952
421. 赵炳麟.赵柏岩集.出版时间不详
422. 赵尔巽等.清史稿.北京:中华书局,1976
423. 赵军.折断了的杠杆——清末新政与明治维新比较研究.长沙:湖南出版社,1992
424. 赵启霖.瀞园集.武昌:益善书局,1931
425. 赵云田.清末新政研究——20世纪初的中国边疆.哈尔滨:黑龙江教育出版社,2004
426. 浙江省辛亥革命史研究会,浙江图书馆编.辛亥革命浙江史料选辑.杭州:浙江人民出版社,1981
427. 浙江谘议局第一届常年会议事录.1909
428. 浙江谘议局议决案.1909
429. 郑东梦编.檀山华侨.美国檀香山:檀山华侨编印社,1929
430. 郑匡民.梁启超启蒙思想的东学背景.上海书店出版社,2003
431. 郑师渠.晚清国粹派——文化思想研究.北京师范大学出版社,1993
432. 郑曦原编.帝国的回忆——纽约时报晚清观察记.李方惠等译.北京:三联书店,2001
433. 郑逸梅编著.南社丛谈.上海人民出版社,1981
434. 政协浙江省萧山市委员会文史工作委员会编.汤寿潜史料专辑.见:萧山文史资料选辑(四).浙江萧山:1993
435. 支伟成.清代朴学大师列传.长沙:岳麓书社,1986
436. 直省谘议局议员联合会第二届报告书.1910
437. 中共陕西省委党史资料征集研究委员会.辛亥革命在陕西.西安:陕西人民出版社,1986
438. 中国第二历史档案馆编.中华民国史档案资料汇编.南京:江苏古籍出版社,1991
439. 中国第一历史档案馆,北京师范大学历史系编选.辛亥革命前十年间民变档案史料.北京:中华书局,1985
440. 中国第一历史档案馆编.光绪朝硃批奏折.北京:中华书局,1995
441. 中国第一历史档案馆编.光绪宣统两朝上谕档.桂林:广西师范大学出版社,1996
442. 中国第一历史档案馆,福建师范大学历史系编.清末教案.北京:中华书局,1996—1998
443. 中国科学院近代史研究所史料组编辑.辛亥革命资料(《近代史资料》总25号).北京:中华书局,1961
444. 中国科学院历史研究所第三所编辑.云南贵州辛亥革命资料.北京:科学

出版社,1959
445. 中国科学院历史研究所第三所编. 云南杂志选辑. 北京:科学出版社,1958
446. 中国科学院历史研究所第三所主编. 刘坤一遗集. 北京:中华书局,1959
447. 中国科学院历史研究所第三所主编. 锡良遗稿. 北京:中华书局,1959
448. 中国人民银行总行参事室金融史料组编. 中国近代货币史资料. 北京:中华书局,1964
449. 中国人民政治协商会议湖北省暨武汉市委员会,中国社会科学院近代史研究所,湖北省博物馆,武汉市档案馆编. 武昌起义档案资料选编. 武汉:湖北人民出版社,1981—1983
450. 中国人民政治协商会议湖北省委员会编. 辛亥首义回忆录. 武汉:湖北人民出版社,1957—1961
451. 中国人民政治协商会议全国委员会文史资料研究委员会. 晚清宫廷生活见闻. 北京:文史资料出版社,1982
452. 中国人民政治协商会议全国委员会文史资料研究委员会. 辛亥革命回忆录. 北京:中华书局,1961—1963
453. 中国人民政治协商会议浙江省委员会文史资料研究委员会. 浙江辛亥革命回忆录. 杭州:浙江人民出版社,1981
454. 中国社会科学院近代史研究所编. 中国社会科学院近代史研究所青年学术论坛·2000年卷. 北京:社会科学文献出版社,2001
455. 中国社会科学院近代史研究所近代史资料编辑组编. 华侨与辛亥革命. 北京:中国社会科学出版社,1981
456. 中国社会科学院近代史研究所近代史资料编辑组编. 杨儒庚辛存稿. 北京:中国社会科学出版社,1980
457. 中国社会科学院近代史研究所中华民国史组编. 中华民国史资料丛稿·专题资料选辑. 北京:中华书局,1978
458. 中国社会科学院科研局组织编选. 刘大年集. 北京:中国社会科学出版社,2000
459. 中国史学会编. 辛亥革命与20世纪的中国. 北京:中央文献出版社,2002
460. 中国史学会济南分会编. 山东近代史资料. 济南:山东人民出版社,1958
461. 中国史学会主编. 戊戌变法. 上海人民出版社,1957
462. 中国史学会主编. 辛亥革命. 上海人民出版社,1959
463. 中国史学会主编. 义和团. 上海人民出版社,1961
464. "'中华民国'开国五十年文献编纂委员会"编纂. 开国规模. 台北:正中书局,1974
465. 中华人民共和国海关总署研究室编译. 辛丑和约订立以后的商约谈判. 北京:中华书局,1994
466. 中华书局编辑部编. 纪念辛亥革命七十周年学术讨论会论文集. 北京:中

华书局,1983
467. 中华书局编辑部编.辛亥革命与近代中国——纪念辛亥革命八十周年国际学术讨论会论文集.北京:中华书局,1994
468. 中华书局上海编辑所编.秋瑾集.上海古籍出版社,1979
469. 中华续行委办会调查特委会编.中华归主——中国基督教事业统计.上海:商务印书馆,1922
470. 中南地区辛亥革命史研究会,湖南省历史学会编.纪念辛亥革命七十周年青年学术讨论会论文选.北京:中华书局,1983
471. 重庆地方史资料组.重庆蜀军政府资料选编.重庆地方史资料丛刊,1981
472. 周馥.周悫慎公全集.秋浦周氏校刊本,1922
473. 周佳荣.苏报与清末政治思潮.香港:昭明出版社有限公司,1979
474. 周妙中.清代戏曲史.郑州:中州古籍出版社,1987
475. 周叔姬.周止庵先生别传,1948
476. [美]周锡瑞.改良与革命——辛亥革命在两湖.杨慎之译.北京:中华书局,1982
477. 周永林编.邹容文集.重庆出版社,1983
478. 周育民.晚清财政与社会变迁.上海人民出版社,2000
479. 周志初.晚清财政经济研究.济南:齐鲁书社,2002
480. 周作人讲校.中国新文学的源流.北平:人文书店,1934
481. 朱寿朋编.光绪朝东华录.北京:中华书局,1984
482. 朱英.晚清经济政策与改革措施.武汉:华中师范大学出版社,1996
483. 朱维铮编.周予同经学史论著选集.上海人民出版社,1983
484. 朱维铮.求索真文明——晚清学术史论.上海古籍出版社,1996
485. 朱维铮校注.梁启超论清学史二种.上海:复旦大学出版社,1985
486. 朱英.辛亥革命时期新式商人社团研究.北京:中国人民大学出版社,1991
487. 朱有瓛主编.中国近代学制史料.上海:华东师范大学出版社,1987—1993
488. 朱育和,欧阳军喜,舒文.辛亥革命史.北京:人民出版社,2001
489. 朱志骞.南京临时政府财政问题之研究——中山先生辞让临时大总统的金钱因素.台北:知音出版社,1992
490. 朱英.转型时期的社会与国家.武汉:华中师范大学出版社,1997
491. 朱宗震.孙中山在民国初年的决策研究.成都:四川人民出版社,1991
492. 资政院第一次常年会议场速记录.北京,1910
493. 资政院第一次常年会议事录.北京,1910
494. 邹鲁编.中国国民党史稿.上海:民智书局,1929
495. 邹念之编译.日本外交文书选译——关于辛亥革命.北京:中国社会科学出版社,1980

496. 邹小站. 章士钊社会政治思想研究(1903—1927). 长沙:湖南教育出版社,2001
497. [日]樽本照雄编. 新编增补清末民初小说目录. 济南:齐鲁书社,2003
498. 左玉河. 从四部之学到七科之学——学术分科与近代中国知识系统之创建. 上海书店出版社,2004

二 英文部分

1. Charlton M. Lewis, *Prologue to the Chinese Revolution: the Transformation of Ideas and Institutions in Hunan Province*, 1891—1907. Cambridge: Harvard University Press, 1976.
2. Daniel H. Bays, *China Enters the Twentieth Century: Chang Chih-tung and the Issues of a New Age*, 1895—1909. Ann Arbor: University of Michigan Press, 1978.
3. Edward J. M. Rhoads, *China's Republican Revolution: the Case of Kwangtung*, 1895—1913. Cambridge: Harvard University Press, 1975.
4. John H. Fincher, *Chinese Democracy: The Self-Government Movement in Local, Provincial and National Politics*, 1905—1914. Canberra: Australian National University Press, 1981.
5. Mary B. Rankin, *Early Chinese Revolutionaries: Radical Intellectuals in Shanghai and Chekiang*, 1902—1911. Cambridge: Harvard University Press, 1971.
6. Mary C. Wright, ed., *China in Revolution: the First Phase*, 1900—1913. New Haven: Yale University Press, 1968.
7. Meribeth E. Cameron, *The Reform Movement in China*, 1898—1912. Stanford University Press, 1931.
8. Min Tu-ki, *National Polity and Local Power: the Transformation of Late Imperial China*. Cambridge: Harvard University Press, 1989.
9. Norbert Meienberger, *The Emergence of Constitutional Government in China*, 1905—1908: *The Concept Sanctioned by the Empress Dowager Tz'u-hsi*. Bern: Peter Lang, 1980.
10. Roger R. Thompson, *China's Local Councils in the Age of Constitutional Reform*, 1898—1911. Cambridge: Harvard University Press, 1995.
11. Roger V. Des Forges, *Hsi-Liang and the Chinese National Revolution*. New Haven: Yale University Press, 1973.
12. Seungioo Yoon, *The Formation, Reformation, and Transformation of Zhang Zhidong's Document Commissioners*, 1885—1909. Cambridge: Harvard University Press, 1999.

13. Sheng-hsiung Liao, *The Quest for Constitutionalism in Late Ch'ing China: The Pioneering Phase*. The Florida State University, PH. D. ,1978.
14. Stephen R. MacKinnon, *Power and Politics in Late Imperial China: Yuan Shi-kai in Beijing and Tianjin*, 1901—1908. Berkeley: University of California Press,1980.
15. William Ayers, *Chang Chih-tung and Educational Reform in China*. Cambridge: Harvard University Press,1971.

人名索引

A

阿列克谢耶夫　74
艾约瑟　576,577
安格联　488

B

巴枯宁　199,200,202,203,619
柏文蔚　172,356,465,503
阪谷芳郎　494,495
坂本珍弥　176
包天笑　593
宝　棻　330,331,416
宝　熙　252
毕　沅　552,555
伯伦知理　572

C

蔡　锷　167,411,503
蔡济民　392,395—399,405
蔡金台　437
蔡　钧　130,131,137
蔡乃煌　265
蔡绍南　349,350
蔡廷幹　432
蔡元培　132,134,143,159,163,
　　　　164,171,208,214,354,
　　　　444,450,457,458,
　　　　506—508,510,512,
　　　　534,535,546,547,551,
　　　　574,575,591,597,602,
　　　　631
曹鸿勋　248
曹　锟　60,420,469,507
曹汝霖　243,252,341
曹亚伯　165,166,168—170,
　　　　175,176,360,361,394,
　　　　397,398,428,471,508
曹耀湘　556
岑春蓂　248,280,351,364,365
岑春煊　6,24,228,231,243,
　　　　248,249,263—265,
　　　　288,370,384,467,609,
　　　　632

查光佛 389
廓 昌 339,403—405,419—421,427
长福(寿卿) 319,320,343
长 庚 419,470
陈宝琛 313,315,318,340,599
陈宝箴 104
陈 璧 19
陈伯平 171,355
陈 炽 90
陈登山 310,323,328,342
陈独秀 159,162,172,356,607,608,612
陈 范 132,163
陈黻宸 90,270,271,303,342,343,413,559
陈锦涛 423,437,450,485,489,490,494
陈炯明 360,361,415,465,486,487,518
陈夔龙 248,258,307,324,330,331,335,489,632
陈 澧 554,556
陈其美 217,218,411—413,417,441,442,444,447,449,464,491,517,534,535
陈千秋 180
陈 虬 565
陈去病 137,171,184,191,355,600—602,611
陈荣衮 609
陈三立(散原) 599,602
陈善同 318,340
陈少白 147,148,150—152,154,156,175,181—183,208,415
陈师道 599

陈时夏 270,442,443,448
陈树楷 310,318,340
陈陶遗 208,442,443,448,452,600
陈天华 68,132,136,143,159,164—166,168,169,175,176,184,185,295
陈撷芬 172,355
陈 衍 599
陈 毅 252,443,445,448
陈昭常 300,305,331,418
陈作新 408,409
程璧光 147
程德全 248,331,413,435,441,444,450,464,509—512,517,519
程家柽 135,136,175,176
程奎光 147
仇 亮 168
褚辅成 413
褚民谊 202,490
慈禧太后 1,4—7,16,42,43,67,68,169,182,227,229,230,232,237,245,262—267,319,357,606

D

达赖十三世 80
达 寿 253—255,424
大隈重信 154,182,234
戴鸿慈 231—233,237,238,240,243,244,246,255,271,324
戴季陶 458,528
戴 望 555
戴 煦 576
但 焘 176,184,208

德　寿　155
邓邦述　243
邓家彦　175,176,452,500,508,531
邓　实　159,191—193,195,196,510,511,549,550,554,571
邓文辉(邓文翚)　172,208,212
邓孝可　294,328,381,383
邓荫南　149,150,155
邓玉麟　391—394
狄楚青(狄葆贤)　228,292—294
狄考文　561,627
丁宝铨　330,331
丁福保　581
丁惟汾　207,417
丁韪良　561
丁文江　183,186,255,285,291,292,294,295,298,319,341,342,580
董　康　252
董修武　176,208
杜　潜　208
杜上化　270,410
杜　羲　207
杜亚泉　133,576,578,581
端　方　24,84,136,137,163,202,228,230—233,237,238,240,243,244,255,258,278,292,294,351,355,358,382—384,390,415,597,606
段祺瑞　57,58,60,405,420,421,439,466,469,471,506,507,534
段芝贵　60,263,264,420,469

E

恩格斯　200

恩　铭　248,354,355,613
恩　寿　248
儿玉源太郎　154

F

法磊士　437
樊增祥　7,599,602
樊　锥　167
范旭东　587
范源濂　534
方　表　296,298
方　皋　257
方　还　310,314,319,322,323,328,340,607
方履中　270,375
方声洞　360
冯耿光　437
冯桂芬　565
冯国璋　57,404,405,420,421,433,466,507
冯镜如　152,181
冯懋龙　129
冯　如　584
冯汝骙　306,331,410
冯斯栾　129,130
冯　煦　355
冯紫珊　152
冯自由　130,132,147—149,151,152,154,156—159,161,162,164,172—177,180—184,194,202,208,209,211,217,351,354,355,360,471,518
凤　全　129
凤　山　415
孚　琦　361
浮田和民　570

符鼎升　511
符诗镕　511
傅兰雅　561,576—578,581
傅增湘　437,607

G

刚　毅　3,6,160
高登鲤　270,302,342
高　旭(高天梅、高剑公)　191,600—602
格　雷　427,430,431,434,436,466,487,498,508
葛　福　430,433,434
宫崎弥藏　154
宫崎寅藏　154,174,175,181,275
龚宝铨　171,208,214,354
龚春台　349,350
龚焕辰　511
龚自珍　542,553,620
贡桑诺尔布　341,454
辜鸿铭　120
古德诺(古纳)　71
谷思慎　176,207
谷钟秀　442,443,448,453,493,508,531,535
顾忠琛　439,444
光绪皇帝(载湉)　3—7,160,182,227,237,245,259,262,264—267,357,382,383,605
郭汉章　459,460
郭沫若　593
郭庆藩　556
郭人漳　353

H

哈汉章　379
韩文举　183
合　信　577,579—581,584
何海鸣　387,390,401
何　启　120,147,154,565
何秋涛　579
何天瀚　176,208
何天炯　175,208,494
何　震　199,200,202
荷马李　359,449
贺璧理　69
贺金声　127
贺孝齐　510
贺之才　169,172,174
赫　德　29,67,70,72,73,497
洪　钧　598
洪秀全　157,358
侯延爽　293—295,437
胡鄂公　416,435
胡刚复　577
胡汉民　118,176,184,208—211,216—218,351—353,358—362,415,446—449,451,465,473,474,485—487,489,500,519,520,523,527,528,533
胡礼垣　565
胡汝霖　257
胡瑞霖　397,400,401,433
胡　适　555,558,591,639,640
胡惟德　233,423,469,471,506
胡先骕　581
胡毅生　175,358,360,361,415
胡　瑛　168—170,176,351,391,399,401,437,

胡燏棻 42
胡元倓 167,168
华蘅芳 576,579,582
华盛顿 157,432,524,528,533
华世奎 253
怀塔布 605
黄滨虹 600
黄郛 412
黄复生 500
黄节 191,192,194—197,342,550,639
黄侃 184,191,193,510
黄可权 293,442,443,448
黄宽 119,581
黄理中 511
黄群 443,448,452
黄绍箕 10
黄申芗 386—388
黄树中 208,453
黄庭坚(山谷) 599,602
黄为基 328,342
黄兴(黄轸) 136,137,143,149,164,167—169,172—177,208,210—213,215,217,218,295,347,349—354,358—362,389,391,393,397,404—407,432,435,438,439,442,444,445,447—451,459,466,472,473,481,485,487,493—496,500,505,506,520,527,528,534—536
黄炎培 171,342,461,462,523,525

443—445,448

黄咏商 150
黄与之 189,319
黄元吉 386,396
黄中垲 397,399—401
黄忠浩 344,408
黄钟英 450
黄宗羲 194
黄宗仰 132,173,444,622
黄遵宪 554,599,602,603,607

J

戢元丞 130,132
籍忠寅 317,318,342
蹇念(企)益 136,437
江春霖 324
江谦 318,340,511,607
江绍杰 257
江辛 314,316,320
姜桂题 420,466,469,507
姜立夫 576
姜守旦 350
蒋维乔 132
蒋翊武 349,387—394,397,405
蒋智由(观云) 132,156,186,285,290—293,295,296
蒋尊簋 171,175,176,415,503,511
蒋作宾 450
焦达峰 211—213,387,389,391,393,408,409
焦循 552
堺利彦 199,200
金邦平 243,312
金榜 544
金楷理 577
金鸣銮 573
金天翮(金松岑) 159,162,597,

精　琪　29
井上馨　481
景　芳　299
景廷宾　127
景耀月　207,448,450,452,511,
　　　　530,531,600
敬　安　616,618,619
居　正　212,217,389—393,397—
　　　　400,402,408,442,444,
　　　　447—450,520

K

康宝忠　175,176,207,453,511
康　德　558,559,572,574,575
康德黎　153
康广仁　180,181
康有为　5,104,106,129,143,
　　　　147,154,157—161,
　　　　163,180—185,226,
　　　　227,265,276,290—
　　　　292,294,319,341,343,
　　　　542,543,545,547—
　　　　549,558,563,564,572,
　　　　590,616,617,619—621
柯绍忞　340,366,375
克鲁泡特金　200,202,203,619
孔　德　573
孔广森　542
孔宪教　365
孔　子　195,205,541,543—
　　　　548,551,552,567
蒯光典　120,228,257
蒯寿枢　135,136
奎　俊　243
崑　冈　8

L

拉姆斯道夫　75,76
蓝公武　575
蓝天蔚　135,417,418,422,435,
　　　　465,534
劳乃宣　35,133,313,340,604,
　　　　606
老　子　202,552,553,557—559
雷　奋　114,130,257,287,290,
　　　　293,309,310,313—
　　　　315,317,320,322,327,
　　　　328,342,343,442,443,
　　　　448,509
黎尚雯　316—318,343,378
黎元洪　34,387,397—399,404,
　　　　405,428,432—434,
　　　　437,441,444,445,448,
　　　　450,464,465,474,481,
　　　　488,493,502,504,507,
　　　　509,515,516,519,520,
　　　　526,533
黎宗岳　325,328,465
李秉衡　597
李伯元　595,596,598
李　纯　469
李根源　411
李鸿章　6—8,42,43,49,74—
　　　　76,120,145,148,154,
　　　　585,640
李家驹　254,255,258,317
李经羲　298,307,331,411
李景濂　359
李　榘　315—317,342
李良材(才)　270,342
李烈钧　410,414
李六如　387
李平书(李钟珏)　90,288,411,
　　　　　　　　412
李庆芳　342
李善兰　576—578,580

李盛铎	7,16,229,232,234		157,159,160,180—186,189,225—228,255,256,275,276,285,290—292,294—296,298,319,329,341—343,424,541—543,545,552,555—557,563,570—573,590,591,594,599,600,603,617—622,639,640
李石曾	202,203,609,610		
李书城	124,135,168,169,171,175,405,406,445,460,505		
李叔同	613		
李四光	580		
李 素	315,318,328,333,342,448,452		
李提摩太	570,626		
李维格	492—494	梁如浩	49,415,424,534
李文甫	360,362	梁善济	270,271,303,330,342,374,410
李文田	597		
李文熙	310,317,318,320,342	梁士诒	467—469,471,472,474,534
李燮和	168,171,214—216,359,411,412,503,517		
		梁漱溟	618
李兴锐	10	廖名缙(搢)	169,257,296,448
李亚东	170,386,401	廖 平	542,543
李翊东	395,396,398	廖湘芸	392,395
李煜堂	415	廖宇春	439
李煜瀛	416	廖仲恺	176,184,208,415,446,486
李肇甫	208,453,500,520,531		
李 准	352,358,359,361	林长民	135,136,302,323,342,442,444,511
李自重	130,208		
李作栋	390—392,396,399,516	林觉民	360,362
力捷三	604	林乐知	561,570,579
联 芳	18	林辂存	302
联 魁	248,331	林 森	172,448,452,530,531
联 裕	355	林绍年	229,248,258,264,265,298
良 弼	267,470,471		
梁 诚	119,138,232,370	林时塽	208
梁鼎芬	10	林 纾	573,590—594
梁敦彦	49,50,119,339,371,423	林文庆	486
		林 獬	199
梁焕彝	167	林志钧	342
梁慕光	172,176	铃木久五郎	210
梁启超	25,48,90,104—107,123,127,129,143,154,	刘成禺	452,494,515,516,519,530

刘承恩	432	龙绂瑞	168,296
刘崇佑	270,302,309,310,323,342	龙鸣剑	383
刘春霖	317,318,340,342	龙泽厚	132,134
刘道一	168,169,172,175,349—351,355	龙 璋	168
刘 鹗	595—597	隆裕太后	267,469,471,472,474
刘复基	387,388,390—394	卢戆章	604
刘赓藻	397,398	卢 梭	130,158,516,556,572,601
刘 公	389—393,397,400,402,405,408	卢永祥	421
刘冠雄	458,506,534	鲁迅(周树人)	159,171,593—596,598
刘锦藻	371,490	陆宝忠	246
刘静庵	170	陆皓东	146—148,150—152,155
刘 崛	208,413,452	陆荣廷	413,503
刘揆一	167—169,175,208,211,215,295,350,351,448,518,520	陆润庠	243
		陆亚发	128
		陆元鼎	370
刘坤一	7,9—11,16,24,27,34,37,69—71,76,227,229,566	陆徵祥	467,534
		陆钟琦	410
		陆宗舆	243,318,341,607
		鹿传霖	7,8,48,246,252,324
刘懋赏	448,452	路 德	553
刘瑞芬	617	吕 澂	618
刘若曾	252,437	吕大森	169,170
刘善渥	323,328	吕海寰	69—73
刘师培	132,159,184,191—194,196,197,199—202,211,542,546,547,549,556,558,559,571,603	吕志伊	208,218,448—450,530
		罗 杰	310,314—316,318—320,323,343,378,573,607
		罗 纶	270,271,303,342,381—383,415
刘 歆	545—547	罗 普	114,183,292,293
刘兴甲	323,444	罗振玉	105,571,580
刘星楠	442—445,448,450,451,453,459		
		M	
刘学询	154		
刘 彦	452	马步云	448,453
刘永福	364	马福益	168,169,349
柳亚子	171,191,600—602,611,612,638	马君武	130—132,134,175,176,191,442,443,

马　凯　69—71
马克思　199,200,203,619
马礼逊　560,577,588,625
马良(马相伯)　256,287,293,294,299,342,442,444,448,525
马叙伦　191,192,342,549,559,571
马玉贵　409
马毓宝　410,414,503
马宗汉　171,355
麦鼎华　293,574
麦孟华(孺博)　183,292—294,319
毛庆蕃　48
蒙　经　208,310,342
孟德斯鸠　130,557,572
孟　森　258,288—290,309,310,511
孟昭常　257,288—290,310,313,315,317,322,323,328
闵荷生　313,323
末永节　175
莫理循　305,421,427,467,484,485,499,526
墨　子　544,548,552,554—559
牟　琳　270,314,316,320,340,343

N

拿破仑　236,432,524,528
那　桐　19,243,246,266,324,330,334,339,420,422
那彦图　469,470
南条文雄　617
内田康哉　429

447—449,451,530,572,573,593

内田良平　154,175
尼　采　559,575
倪嗣冲　469
倪映典　172,356,358,359
宁调元　343,351,516,559
牛顿(奈端)　572,576,578
牛广生　329
牛载坤　510
钮永建　135,137,412,437,506

O

欧榘甲　183,274,275
欧阳渐　616—618,621
欧阳予倩　613,614
欧阳振声　444,448,452,531

P

潘矩楹　422,469
潘祖彝　218,442,443,448,452
庞檗子　600
庞鸿书　248,331
培　根　572,574
裴式楷　69,70
彭楚藩　392—394
彭　芬　383,384
彭纪麟　395
彭家珍　471
皮锡瑞　542—544,548,550
平冈浩太郎　154
平　刚　208,453,520,530
平山周　154,181,275
蒲殿俊　270,271,303,309,310,330,342,381,383,415
蒲鲁东(布鲁东)　199,200,202,203,619
濮振声　127
朴　寿　414
溥　良　246,331

溥　伦　256,259,267,268,312,
　　　　313,315,318,324,331,
　　　　339,422
溥　颋　246
溥　伟　468—470
溥仪(宣统皇帝)　266,268,313,
　　　　472

Q

瞿鸿禨　18,19,228,241,243,
　　　　246,263—265
钱能训　244,409
钱玄同　558,639
乔治三世　635
秦力山　130,159
秦瑞玠　288,289
秦毓鎏　131,136,168,172
秦载赓　383
庆　山　257,270,298,299,340
丘逢甲(丘仓海)　270,415,452
秋　瑾　171,172,176,208,214,
　　　　354—356,612,613,632
裘廷梁　607
曲士(诗)文　366
犬养毅　154,181,292

R

饶汉祥　516
任可澄　301,412
任庆泰　614
任天知　613,614
任重远　386
日置益　71
荣赫鹏　79
荣　禄　7,8,42,48,160,263
荣　庆　19,22,24,33,241,243,
　　　　245,246,550,567,608
容　闳　118,119,560,582

柔克义　138,140
瑞　澂　322,331,365,379,390,
　　　　393,394,396,403,427
睿亲王　313,320

S

萨道义　69,81,371
萨镇冰　403,404,419,423
赛金花　598
山田良政　154
山县有朋　481
善耆(肃亲王)　266,267,319,324,
　　　　329,330,339,
　　　　341,422,469,
　　　　470,472,521
尚其亨　232,234
邵　羲　257,288,289,315,317,
　　　　318
绍　昌　339
绍　英　231,232
沈葆桢　120
沈秉堃　413
沈佩民　171
沈恩孚　342,442,443
沈家本　34,35,37,38,246,312—
　　　　315,423
沈　荩　157
沈钧儒　256,270,298,310,413
沈林一　252,313,317,340,413
沈缦云　411,412
沈懋昭　326,327
沈翔云　130
沈　学　603,604
沈瑜庆　412
沈曾植　7,10,11,16,34,599
升　允　243,248,409,470,472
盛宣怀　7,49,69—73,99,101,
　　　　148,245,339,369,371,

373,377,379,382,421,492—494,506,507,561,562
施蒂纳 200,203
时功璧 169,170
时功玖 169,175,208,452,515,516
史坚如 155
矢野文雄 115
世 续 243,252,324,421
寿 耆 243,246,339
叔本华 559,575
斯宾塞 130,557,572,573,575
松 寿 330,414
宋教仁 143,164,168—170,175—177,184,208,210,211,217,218,295,296,339,340,391—393,397,402,404,405,411,433,435,442,444,447—451,458,459,506,511,512,519—521,527,533—535
宋居仁 149,150
宋育仁 340
宋跃如 150
苏曼殊 168,622
粟勘时 344
穗积八束 234,239
孙宝琦 229—231,243,258,331,366,417
孙宝瑄 7,228,551,566,593,594,620,631,636
孙道仁 414,503
孙发绪 434,443,516
孙洪伊 257,309,310,315,323,324,326—330,341—343
孙家鼐 241,243,264,268,565

孙揆均 131
孙 眉 145,146,149,150,183,215
孙 武 212,388—393,397,400—402,405,408,433,434,515,516,519
孙诒让 542,544,545,555,558
孙毓筠 171,176,207,351,414,503
孙中山(孙文、孙逸仙) 4,107,129,143,145—157,159,170,173,184,207—218,275,319,347,349,351,354,357—359,362,388,389,400,425,439,444—455,457,459—462,465,466,472—474,479—482,484—496,498—503,505—510,512—516,518—522,524—537,572,597,601,624,630,634

T

太 虚 616—620

覃炳堃　386
覃　振　176,349,452,506
谭人凤　211,213,215,217,218,
　　　　360,389,391,397—
　　　　399,443,448,509,528,
　　　　530
谭嗣同　104,573,597,599,617,
　　　　619,620,622
谭西庚　270,412
谭鑫培　614
谭学衡　423
谭延闿　270,271,296,303,342,
　　　　409,503,509
汤化龙　270,271,301,303,309,
　　　　310,342,379,397,
　　　　399—401,509,511
汤觉顿（汤叡）　181,292—294,
　　　　　　　315,330
汤寿潜　10,90,140,226,228,
　　　　257,287—289,292,
　　　　294,371—373,412,
　　　　413,435,436,441,442,
　　　　444,450,451,486,509,
　　　　511
汤芗铭　450,451
汤　槱　135,137
唐才常　4,160,183,553,597
唐继尧　411,412
唐景崇　335,339,423,606
唐绍仪　49,81,119,263,435—
　　　　440,444,445,458,
　　　　465—467,472—474,
　　　　498,506,511,528,
　　　　533—535
唐廷枢　587
唐文治　510,511
陶葆廉　313,340
陶成章　128,171,172,184,208,
　　　　213—216,292,354,517
陶凤集　442,444
陶　模　10,24
陶　镕　314,316,317
田　桐　175—177,343,404,405,
　　　　452,520
田吴炤　575
铁　良　19,34,57,60,170,228,
　　　　241,243,245,246,413,
　　　　470,471
头山满　154
托尔斯泰　200,203,592,619

W

瓦德西　65,66
万炳南　409
万福华　169
汪大燮　131,253—255,372
汪德渊　136,510,511
汪　东　184,185
汪公权　199
汪精卫（汪兆铭）　175,176,184,
　　　　　　　　185,198,211,
　　　　　　　　215,351,416,
　　　　　　　　435—437,
　　　　　　　　447,458,472,
　　　　　　　　491,506,520,
　　　　　　　　521,528,534
汪康年　90,104,135,140
汪龙光　309,310,316—318,328,
　　　　340,343
汪彭年　516
汪荣宝　131,135,243,252,313,
　　　　315,339,341,570,606,
　　　　607
汪笑侬　611
汪振声　578
王宠惠　130,174,415,437,444,

	448—450,481,534,535
王宠祐	415
王恩洋	618
王法勤	309,310,319,323,328,342
王观铭	207,511
王国维	105,556,559,568,571,575
王汉	170
王和顺	128,352,353
王璟芳	130,135,136,320,343
王闿运(湘绮)	295,542,544,556,559,599,602
王念孙	544,552,553,555
王清穆	288,371,511
王庆平	252
王人文	378,381,382
王仁俊	340,559
王绍鏊	511,514
王士珍	57,60,420,423
王韬	148,565,577,579
王天杰	384
王天培	414
王天纵	416,417
王同愈	288
王文韶	8,18,28,76
王先谦	364,365,555,556
王先慎	555,556
王宪章	388,390,393
王一亭	412,444
王引之	159
王英楷	57,58,60
王有兰	448,452,530
王占元	60,469
王照	442,444,604—606
王正廷	437,443—445,448,452,458,506,516,530
王之春	10,134,169
王芝祥	413
王钟声	613,614
韦廉臣	561,580,626
维特	75,76,79,234
伟晋颂	497,500
伟烈亚力	576—579
魏宸组	343,436,450,505,506
魏光焘	163,228
魏兰	171,214—216
魏源	89,542,553,578,579,620
魏宗铨	350
温生才	361
温世霖	257,319,330,335
温宗尧	437,442,511
文廷式	597
文耀	327,328,342
翁同龢	597
吴长纯	58,60
吴长庆	42
吴春阳	171,175,207,356,414
吴赐龄	309,310,315—318,320,323,328,342
吴鼎昌	172,176
吴凤岭	61
吴趼人	595,596,598
吴景濂	270,271,303,334,418,444,448,453
吴敬梓	598
吴禄贞	168,169,410,416
吴汝纶	591,605
吴士鉴	340,372
吴世昌	409
吴廷燮	244,252
吴醒汉	396,405
吴玉章(吴永珊)	176,208,211,213,384,453,500,501,515
吴樾	232

吴兆麟 395,398,399,405,434
吴稚晖(吴敬恒) 131,132,134,159,163,164,202,516,611,639
吴重熹 248,351
伍廷芳 19,34,35,37,71,120,412,413,415,437—440,442,450,456,465,466,472,473,498,499,528,630

X

锡　良 243,248,305,331,334,353
熙　彦 243,424
熙　瑛 19
夏瑞芳 228
夏寿康 270,301,397
夏曾佑 571,599
萧　湘 270,330,342,382,448
小村寿太郎 79
小室健次郎 173
小田切万寿之助 71,492,494
谢远涵 270,342
谢缵泰 150—152,180,181,584
幸德秋水 199
熊秉坤 392,394,395
熊成基 172,356—358
熊成章 453,531
熊范舆 256,296—298
熊克武 176,383
熊十力 618
熊希龄 290—292,296,485,510,511,534
徐佛苏 290—296,298,319,342,343
徐继畬 579

徐建寅 577—579
徐　勤 181—183,292—294
徐绍桢 413,455,464
徐世昌 19,231,232,241,243,246,263,300,330,339,420,422,432
徐　寿 578,582
徐寿朋 18
徐维扬 360,361,415
徐锡麟 171,172,214,354—356,613
许鼎霖 288,313,315,317,320,322,340,437,607
许雪秋 351,352,518
许应骙 10,605
萱野长知 154,405
薛福成 554
荀　子 552,555,556,558

Y

严　复 104—107,120,437,556,557,572—574,590,591,593,607,619
严信厚 101
严　修 19,423,436,605
阎凤阁 270,310,330
阎锡山 410,411,416
颜福庆 582
杨翠喜 264
杨德邻 296,298
杨　度 67,68,105,175,226,255,256,290—292,295—298,423,435,436
杨　巩 365
杨鹤龄 147,150
杨宏胜 392—394
杨衢云 148,150—152,154,180,181

杨时杰	389,390,392,448		249,251—253,
杨士琦	49,243,424,436		259,263—268,
杨士骧	248		313,316,324,
杨廷栋	114,130,290,309,310,		330,334,338,
	322,340,435,452,509,		339,419,420,
	516,530,572		422,467—469
杨王鹏	386,387,405	益田孝	495,496
杨文鼎	307,316,331,378,379	殷汝骊	452,531
杨文会	616—619,622	尹昌衡	415
杨玺章	405,406	印 顺	619
杨耀林	366,367	应德闳	413,510,511
杨荫杭	114,130,172	尤 列	147,172
杨玉如	213,386,389—393,405,	有 泰	80
	470	于邦华	310,314—318,340,437
杨毓麟(麐)	136,143,159,167—	于式枚	253—255,295
	169,275,295	于右任	451,519
杨增新	419	余诚格	408
姚宏业	169	余联沅	10
姚锡光	25,340,564,565	俞廉三	10,354
姚 莹	553,579	俞明震	163
姚永朴	559	俞 樾	159,542,544,545,555
姚雨平	358,360,361,415,464,	禹之谟	351
	465,491,503	喻长霖	315,340
叶楚伧	602	喻培伦	361,362
叶德辉	364,365	毓 朗	19,232,267,324,330,
叶景葵	511		332
叶 澜	131,135,136	毓 贤	597
伊集院彦吉	429	袁保恒	42
伊藤博文	234,235,239	袁保龄	42
易白沙	559	袁保庆	42
易顺鼎	556,599,602	袁保中	42
易宗夔	257,314—318,320,333,	袁大化	418
	343	袁甲三	42
廕 昌	420	袁金标	468
奕劻(庆亲王)	6,8,18,19,30,	袁金铠	270,334,342,418
	36,37,72,74—	袁克定	528
	76,228,241,	袁世凯	7,10,19,21,24,31,32,
	243,245,246,		34,38,42—61,71,106,

135,137,228,231,240, 241,243,245,246,249, 252, 253, 263—267, 292,294,297,305,371, 404, 405, 410, 416—425, 427, 431—440, 444, 465—471, 473, 474,477,482,484,485, 494, 496, 498—509, 514, 518, 520—531, 533—536, 546, 606, 608,630

袁树勋 101,163,307,324,331, 358,467
袁希洛 442,448,460
约翰·穆勒 572
恽毓鼎 265,371

Z

载 沣 240, 241, 252, 264—268,292,294,313,320, 327,329,331,332,334, 416,420,424,431,467, 468,521
载 涛 266,267,319,324,404
载 洵 266,267,319,339,357, 422,470
载 漪 3
载 泽 29,231,232,234—240, 243,249,255,267,292, 294,296,321,324,330, 332, 339, 340, 422, 469—471
载 振 19,243,246,264
曾广铨 154
曾国藩 542,553,582,599,616, 640
曾纪泽 617

曾鲲化 571
曾 朴 593,595,597,598
曾 铸 90,138—140
增 祺 74,75
增 韫 298,303,305,306,412
詹大悲 387,388,390,401
詹天佑 50,119,583
战殿臣 270,310
张百麟 301,412
张百熙 22, 24, 33, 241, 243, 246,550,566,567,608
张百祥 211,212
张 彪 34,394,396,397,404
张伯烈 432,452,516,530
张伯苓 580
张凤翔 409
张国淦 252,420—422,432—435, 437,440,467—469,498
张国溶 270,301,310,342,379, 397,400
张 弧 511
张怀芝 60,469
张 继 130—132,143,162,168, 169,175,176,184,199, 206,207,211,217,292, 294,519,520,531
张 謇 7,10,11,88—92,105—107,140,226—229,257, 270, 271, 285, 287—290,292,294,303,308, 322—324, 329, 371, 413, 420, 424, 435—437,442,444,450,451, 473,474,484,485,487, 489, 490, 493, 502, 509—512, 514, 519, 523—525, 534, 545, 579,607

张 澜	383		211,213—216,292,
张醁村	358,361		347,354,435,444,447,
张鸣岐	278,307,320,331,361,		450,489,492,493,500,
	380,415		502,505,509—512,
张难先	169,170,212,386,387,		514,515,518,519,541,
	392,398,441,443,525		542,544—549,555—
张人骏	248,308,413		558,571—573,597,
张绍曾	410,416,421,435,436		602,610,611,616,617,
张通典	172,510		619,622,623,639
张相文	572,579,580	章学诚	548
张耀曾	453,520	章裕昆	386—388,390
张 翼	49,481	章 梓	208,215,218
张元济	104,288,289,562,607	章宗祥	130,252,341,437
张云山	409,419	章宗元	252,318,320
张曾敭	248,356	赵秉钧	19,56,232,423,467—
张肇桐	135,136		469,471,472,534
张振武	392,396,400,406,407,	赵炳麟	313—315,317,340,606
	433,516	赵尔丰	382—384,415
张之洞	1,3—5,7,9—11,16,22,	赵尔巽	24,33,248,258,292,
	24,27,28,31—38,42,		294,330,370,417,418
	49,50,60,69—71,76,	赵凤昌	226,228,229,435,437,
	82,89,92,104,106,113,		444,489,509,511,512,
	115,169,227—229,231,		525,534
	243,248,249,252,255,	赵恒惕	506
	266,297,350,370,371,	赵启霖	249,264
	377,385,397,550,564—	赵 声	159,171,172,217,218,
	568,586,608,640		358—361
张作霖	418	赵士北	448,449,452,530
章鸿钊	579,580	赵世钰	207,448,453
章驾时	444,464,511	赵舒翘	6
章勤士	448,573	赵维熙	419
章士钊(行严)	143,159,162,	郑观应	89—92,148,157,563—
	163,164,168,		565
	169,175,521,	郑贯一	129,130
	575	郑际平	316,318,320,323,343
章太炎	130,132,143,158—164,	郑士良	147,150—152,154,155
	166,171,184,192—	郑孝胥(海藏)	10,90,226,257,
	194,197—199,210,		285,287—289,

	292,294,599		436,437,466,487,488,
郑 玄	547		497,498,500,504,508
郑 言	413	朱福诜	288,444
郑 沅	437	朱和中	169,174
郑赞臣	360	朱槐之	365—367
郑 珍	599	朱家宝	263,331,357,414
郑振铎	592,593	朱庆澜	415
郑正秋	615	朱 瑞	503
郑祖荫	172,302,414,452	朱执信	175,176,184,185,358,
志 锐	418		360,362,415
周代本	443,448,453	竺可桢	579
周符麟	416	庄赓良	364,365
周 馥	24,228,231,243,248,	庄亲王(载功)	313,319,340
	352,606	庄蕴宽	442,502,503,505,509,
周桂笙	593,596		511,514
周宏业	130,135,136	邹伯奇	554,577
周树标	309,310,323,328,342,	邹代藩	443,448
	375	邹凌沅	510
周树模	244,331,418	邹 容	143,158,159,161—164,
周学熙	46,48		166,597,619
周震麟	168	邹永成	217,529,530
周自齐	437	左孝同	252
周作人	593,594	左学谦	310,344
朱尔典	371,427,430,431,434,